# 中国人口统计年鉴

# CHINA POPULATION STATISTICS YEARBOOK

## 1993

国家统计局人口统计司 编

中国统计出版社

(京)新登字 041 号

**中国人口统计年鉴**

CHINA POPULAION STATISTICS YEARBOOK

**1993**

国家统计局人口统计司 编

*

中国统计出版社出版
新华书店北京发行所发行
北京顺义振华印刷厂印刷

*

787×1092 毫米　　16 开本　30.25 印张　80 万字
1993 年 10 月第 1 版　　1993 年 10 月北京第 1 次印刷
印数:1—3000
ISBN 7—5037—1356—9/C·815
定价：40.00 元

# 《中国人口统计年鉴》编委会

# 编 辑 说 明

一、《中国人口统计年鉴—1993》是一部全面反映中华人民共和国各种人口状况的资料性年刊，全书收集了全国和各省、自治区、直辖市大量的人口数据，以及世界各国的主要人口数据。

二、全书内容分为八个部分，即：(一)1992 年全国人口变动抽样调查数据；(二)1990 年全国人口普查数据；(三)1990 年全国人口普查分析文章；(四)全国历年人口统计数据；(五)全国户籍统计人口数据；(六)全国计划生育统计人口数据；(七)全国民政统计人口数据；(八)世界各国主要人口数据。

三、为了满足社会各部门的需要，本期年鉴同时公布人口普查、人口抽样调查和户籍统计等多方面的人口数据。由于统计的方法不同，以及某些原因，数据不可能完全一致，请读者在使用时加以注意。

四、1984 年后新建制的市和镇包括大量的农业人口，特别是近几年来，许多乡改为镇，使镇人口猛增，市镇中的非农业人口所占比重较 1984 年以前相对降低较多。为了便于各部门使用，1990 年全国人口普查采用两种口径进行汇总市镇人口，1992 年全国人口抽样调查全部采用第二口径汇总市镇人口。两种口径划分如下：

第一种口径(按行政建制)：

市人口——市管辖区域内的全部人口(含市辖镇，不含市辖县)；

镇人口——县辖镇的全部人口(不含市辖镇)；

县人口——县辖乡人口。

第二种口径：

市人口——设区的市的区人口和不设区的市所辖的街道人口；

镇人口——不设区的市所辖镇的居民委员会人口和县辖镇的居民委员会人口；

县人口——除上述两种人口以外的全部人口。

五、除注明含中国人民解放军现役军人和台湾、香港、澳门人数的表外，其它表均为大陆30个省、自治区、直辖市的人口数。

六、本年鉴的编辑得到公安部三局、国家计生委计划统计司、民政部综合计划司等单位的大力支持，谨此致谢。

七、本年鉴表中的符号说明：

“…”表示数据不足本表最小单位数；

“空格”或“—”表示该项统计指标数据不详或无该项数据；

“※”或“①”表示本表下有注解。

# 目　　录

## 第一部分　1992 年全国人口变动抽样调查数据



## 第二部分　1990 年全国人口普查数据

## 第三部分 1990年全国人口普查分析文章



## 第四部分 全国历年人口统计数据

## 第五部分　全国户籍统计人口数据(1992年度)



## 第六部分　全国计划生育统计人口数据(1992年度)

## 第七部分　全国民政统计人口数据(1992年度)



## 第八部分　世界各国主要人口数据

# Note From Ihe Compiler

Ⅰ. "CHINA POPULATION STATISTICS YEARBOOK ———1993" is an annual statistical reference publication, intending to provide summary statistics on the population of the People's Republic of China. The yearbook containspopulation data at national and provincial level as well as the major population data of other countries on the world.

Ⅱ. The yearbook consists of 8 chapters, namely: figures of the national population change survey in 1992; figures of the 1990 population census ; brief analytical papers on the 1990 population census; figures of population statistics over the past year; figures of the household registration in 1992; figures of the family planning statistics; figuresof the national civil administration statistics and major figures of othercountries in the world.

Ⅲ. In order to meet the needs of different departments or institutions, this yearbook contains the data from various sources, such as population census, population change survey and household registration. As the definition and data collection method are not the same, data under the same or similar heading might be different. The readers should pay attention to this when they use the data.

Ⅳ. The new cities and towns organized since 1984, have a large numberof agricultural population, in recent years many townships ( a former rural administrative unit under the county ) changed into town, so that the numbers of town population sharply increased and the percentages of the non—agricultural population in cities and towns in China lower than before. For the convenience of the users, the data of city and town population is published with two concepts in chapter of "figures of the 1990 population census" and the data of city and town population is publishedwith the second concept in chapter of " figures of the national populationchange survey in 1992" . The two concepts are as follows:

The first concept (according to the administrative division):

City population —— total population living in the administrative division of the cities (including towns under the jurisdiction of city but excluding counties under the jurisdiction of city);

Town population —— total population living in the administrative division of the towns under the counties (excluding towns under the jurisdiction of city);

County population —— total population of townships under the counties.

The secend concept:

City population —— total population living in the districts of cities which are sub—divided into districts and those living in the street committees of cities which are not sub—divided into districts;

Town population —— total population living in the neighborhood committees of towns under the jurisdiction of cities which are not sub—dividedinto districts and those living in the neighborhood committees of towns directly under county's jurisdiction;

County population —— total population that are not including in the cities and towns.

Ⅴ. All the data refer to the total population of the 30 provinces, autonomous regions and municipalities of the mainland of China, unless it is specified that it includes the servicemen and the population of Taiwan Province, Hongkong and Macao.

Ⅵ. Some data in the yearbook 1993, are provided by the Department of Planning and Statistics of State Family Planning Commission, Department of Synthetic and Planning of Civil Administration Ministry, the Third Bureau of Public Scurity Ministry and other departments.

Ⅶ. The explanation of symbols in the tables of this yearbook:

"..." : magnitude less than minimum unit employed.

"  "or"____": data unknow or not available.

"※"or "①": note below the table.

# CONTENTS

## Part I Figures of annual national population sample survey in 1992



## Part Ⅱ Figures of the 1990 population census

**Part Ⅲ Papers on the national population census in 1990**

**Part Ⅳ Figures of population statistics over the years**



**Part Ⅴ Figures of the household registration in 1991**

**Part Ⅵ Figures of national planned parenthood statistics**



**Part Ⅶ Figures of national civil administration**



**Part Ⅷ Main figures of each country in the world**

# 第 一 部 分

# 1992年全国人口变动

# 抽样调查数据

（电子计算机汇总）

# 说　　明

1992年人口变动情况抽样调查是以全国为总体，以省为次总体，采取分层、等距、整群概率抽样方法进行的。在全国(除台湾省)30个省、自治区、直辖市共调查了770个县(市、区)，2 889个乡(镇、街道)，6 873个调查小区的457 012户，共1 810 939人。经加权汇总，1992年全国人口出生率为18.24‰，死亡率为6.64‰，自然增长率为11.60‰。经样本推算，1992年末全国30个省、自治区、直辖市总人口为117 171万人，出生人口为2 119万人，净增人口为1 348万人。

各表中的绝对数为样本数(表1－1除外)，推算全国总体时需要按各省、自治区、直辖市人口占全国人口的比重加权；表中的相对数(百分比)可直接使用。

# 1—1 省、自治区、直辖市总人口及人口自然变动情况

| 地区 | 出生率 (‰) | 死亡率 (‰) | 自增率 (‰) | 总人口 (万人) |
|---|---|---|---|---|
| 总计 | 18.24 | 6.64 | 11.60 | 117 171 |
| 北京 | 9.22 | 6.11 | 3.11 | 1 102 |
| 天津 | 12.50 | 6.00 | 6.50 | 920 |
| 河北 | 15.33 | 6.43 | 8.90 | 6 275 |
| 山西 | 19.59 | 6.94 | 12.65 | 2 979 |
| 内蒙 | 17.07 | 6.73 | 10.34 | 2 207 |
| 辽宁 | 12.57 | 6.11 | 6.46 | 4 016 |
| 吉林 | 15.74 | 6.57 | 9.17 | 2 532 |
| 黑龙江 | 16.25 | 6.12 | 10.13 | 3 608 |
| 上海 | 7.28 | 6.74 | 0.54 | 1 345 |
| 江苏 | 15.71 | 6.76 | 8.95 | 6 911 |
| 浙江 | 14.72 | 6.57 | 8.15 | 4 236 |
| 安徽 | 18.76 | 6.14 | 12.62 | 5 834 |
| 福建 | 18.18 | 6.02 | 12.16 | 3 116 |
| 江西 | 19.53 | 7.07 | 12.46 | 3 913 |
| 山东 | 11.43 | 6.88 | 4.55 | 8 610 |
| 河南 | 18.13 | 6.99 | 11.14 | 8 862 |
| 湖北 | 19.05 | 6.87 | 12.17 | 5 580 |
| 湖南 | 16.70 | 7.30 | 9.40 | 6 267 |
| 广东 | 19.31 | 6.17 | 13.14 | 6 525 |
| 广西 | 20.19 | 7.28 | 12.91 | 4 380 |
| 海南 | 21.31 | 6.07 | 15.24 | 686 |
| 四川 | 16.27 | 7.03 | 9.24 | 10 998 |
| 贵州 | 22.40 | 8.52 | 13.88 | 3 361 |
| 云南 | 21.00 | 8.00 | 13.00 | 3 832 |
| 西藏 | 23.63 | 8.09 | 15.54 | 228 |
| 陕西 | 18.85 | 6.57 | 12.28 | 3 405 |
| 甘肃 | 19.37 | 6.64 | 12.73 | 2 314 |
| 青海 | 22.54 | 8.14 | 14.40 | 461 |
| 宁夏 | 20.11 | 5.36 | 14.75 | 487 |
| 新疆 | 22.80 | 7.84 | 14.96 | 1 581 |

注:1. 全国数据根据抽样误差和调查误差进行了修正,分省数据未经修正。
2. 全国数据为我国大陆30个省、自治区、直辖市和中国人民解放军现役军人的数据,不含台湾省和港澳地区中国同胞,分省数据未含中国人民解放军现役军人。

## 1－2 省、自治区、直辖市分性别的人口数

| 地　　区 | 人口数（人） | | | 占总人口的百分比（%） | | | 性别比 |
|---|---|---|---|---|---|---|---|
| | 合　计 | 男 | 女 | 合　计 | 男 | 女 | （女＝100） |
| **总　计** | 1 819 056 | 926 812 | 892 244 | 100.00 | 100.00 | 100.00 | 103.87 |
| 北　京 | 92 800 | 46 678 | 46 122 | 5.10 | 5.04 | 5.17 | 101.21 |
| 天　津 | 87 427 | 43 675 | 43 752 | 4.81 | 4.71 | 4.90 | 99.82 |
| 河　北 | 65 744 | 33 110 | 32 634 | 3.61 | 3.57 | 3.66 | 101.46 |
| 山　西 | 51 187 | 26 365 | 24 822 | 2.81 | 2.84 | 2.78 | 106.22 |
| 内　蒙 | 60 216 | 31 169 | 29 047 | 3.31 | 3.36 | 3.26 | 107.31 |
| 辽　宁 | 51 292 | 26 112 | 25 180 | 2.82 | 2.82 | 2.82 | 103.70 |
| 吉　林 | 50 327 | 25 713 | 24 614 | 2.77 | 2.77 | 2.76 | 104.46 |
| 黑龙江 | 54 982 | 28 088 | 26 894 | 3.02 | 3.03 | 3.01 | 104.44 |
| 上　海 | 50 836 | 25 060 | 25 776 | 2.79 | 2.70 | 2.89 | 97.22 |
| 江　苏 | 64 221 | 32 368 | 31 853 | 3.53 | 3.49 | 3.57 | 101.62 |
| 浙　江 | 52 427 | 26 653 | 25 774 | 2.88 | 2.88 | 2.89 | 103.41 |
| 安　徽 | 62 846 | 32 430 | 30 416 | 3.45 | 3.50 | 3.41 | 106.62 |
| 福　建 | 82 400 | 41 691 | 40 709 | 4.53 | 4.50 | 4.56 | 102.41 |
| 江　西 | 67 370 | 34 548 | 32 822 | 3.70 | 3.73 | 3.68 | 105.26 |
| 山　东 | 69 591 | 35 167 | 34 424 | 3.83 | 3.79 | 3.86 | 102.16 |
| 河　南 | 71 273 | 36 219 | 35 054 | 3.92 | 3.91 | 3.93 | 103.32 |
| 湖　北 | 61 398 | 31 215 | 30 183 | 3.38 | 3.37 | 3.38 | 103.42 |
| 湖　南 | 58 472 | 30 120 | 28 352 | 3.21 | 3.25 | 3.18 | 106.24 |
| 广　东 | 82 202 | 41 454 | 40 748 | 4.52 | 4.47 | 4.57 | 101.73 |
| 广　西 | 50 529 | 26 160 | 24 369 | 2.78 | 2.82 | 2.73 | 107.35 |
| 海　南 | 50 322 | 26 046 | 24 276 | 2.77 | 2.81 | 2.72 | 107.29 |
| 四　川 | 80 829 | 41 410 | 39 419 | 4.44 | 4.47 | 4.42 | 105.05 |
| 贵　州 | 62 293 | 32 476 | 29 817 | 3.42 | 3.50 | 3.34 | 108.92 |
| 云　南 | 46 203 | 23 699 | 22 504 | 2.54 | 2.56 | 2.52 | 105.31 |
| 西　藏 | 3 005 | 1 466 | 1 539 | 0.17 | 0.16 | 0.17 | 95.26 |
| 陕　西 | 62 745 | 32 122 | 30 623 | 3.45 | 3.47 | 3.43 | 104.90 |
| 甘　肃 | 63 488 | 32 578 | 30 910 | 3.49 | 3.52 | 3.46 | 105.40 |
| 青　海 | 51 803 | 26 509 | 25 294 | 2.85 | 2.86 | 2.83 | 104.80 |
| 宁　夏 | 59 895 | 30 513 | 29 382 | 3.29 | 3.29 | 3.29 | 103.85 |
| 新　疆 | 50 933 | 25 998 | 24 935 | 2.80 | 2.81 | 2.79 | 104.26 |

## 1—3 全国分年龄、性别的人口数

| 年龄（岁） | 人口数（人） | | | 占总人口的百分比(%) | | | 性别比 |
|---|---|---|---|---|---|---|---|
| | 合计 | 男 | 女 | 合计 | 男 | 女 | (女=100) |
| 总计 | 1 819 056 | 926 812 | 892 244 | 100.00 | 100.00 | 100.00 | 103.87 |
| 0—4 | 167 867 | 89 387 | 78 480 | 9.23 | 9.64 | 8.80 | 113.90 |
| 0 | 28 709 | 15 414 | 13 295 | 1.58 | 1.66 | 1.49 | 115.94 |
| 1 | 27 587 | 14 899 | 12 688 | 1.52 | 1.61 | 1.42 | 117.43 |
| 2 | 35 390 | 18 912 | 16 478 | 1.95 | 2.04 | 1.85 | 114.77 |
| 3 | 38 928 | 20 566 | 18 362 | 2.14 | 2.22 | 2.06 | 112.00 |
| 4 | 37 253 | 19 596 | 17 657 | 2.05 | 2.11 | 1.98 | 110.98 |
| 5—9 | 174 046 | 90 292 | 83 754 | 9.57 | 9.74 | 9.39 | 107.81 |
| 5 | 40 152 | 20 710 | 19 442 | 2.21 | 2.23 | 2.18 | 106.52 |
| 6 | 36 771 | 19 083 | 17 688 | 2.02 | 2.06 | 1.98 | 107.89 |
| 7 | 32 628 | 16 869 | 15 759 | 1.79 | 1.82 | 1.77 | 107.04 |
| 8 | 32 898 | 17 182 | 15 716 | 1.81 | 1.85 | 1.76 | 109.33 |
| 9 | 31 597 | 16 448 | 15 149 | 1.74 | 1.77 | 1.70 | 108.57 |
| 10—14 | 160 237 | 82 687 | 77 550 | 8.81 | 8.92 | 8.69 | 106.62 |
| 10 | 35 793 | 18 587 | 17 206 | 1.97 | 2.01 | 1.93 | 108.03 |
| 11 | 32 162 | 16 642 | 15 520 | 1.77 | 1.80 | 1.74 | 107.23 |
| 12 | 29 532 | 15 294 | 14 238 | 1.62 | 1.65 | 1.60 | 107.42 |
| 13 | 31 509 | 16 232 | 15 277 | 1.73 | 1.75 | 1.71 | 106.25 |
| 14 | 31 241 | 15 932 | 15 309 | 1.72 | 1.72 | 1.72 | 104.07 |
| 15—19 | 159 284 | 81 881 | 77 403 | 8.76 | 8.83 | 8.68 | 105.79 |
| 15 | 28 984 | 14 969 | 14 015 | 1.59 | 1.62 | 1.57 | 106.81 |
| 16 | 31 238 | 15 986 | 15 252 | 1.72 | 1.72 | 1.71 | 104.81 |
| 17 | 31 651 | 16 325 | 15 326 | 1.74 | 1.76 | 1.72 | 106.52 |
| 18 | 33 536 | 17 129 | 16 407 | 1.84 | 1.85 | 1.84 | 104.40 |
| 19 | 33 875 | 17 472 | 16 403 | 1.86 | 1.89 | 1.84 | 106.52 |
| 20—24 | 193 642 | 97 160 | 96 482 | 10.65 | 10.48 | 10.81 | 100.70 |
| 20 | 36 634 | 18 397 | 18 237 | 2.01 | 1.98 | 2.04 | 100.88 |
| 21 | 36 368 | 18 325 | 18 043 | 2.00 | 1.98 | 2.02 | 101.56 |
| 22 | 40 359 | 20 145 | 20 214 | 2.22 | 2.17 | 2.27 | 99.66 |
| 23 | 38 102 | 19 142 | 18 960 | 2.09 | 2.07 | 2.12 | 100.96 |
| 24 | 42 179 | 21 151 | 21 028 | 2.32 | 2.28 | 2.36 | 100.58 |
| 25—29 | 185 242 | 93 477 | 91 765 | 10.18 | 10.09 | 10.28 | 101.87 |
| 25 | 34 016 | 17 149 | 16 867 | 1.87 | 1.85 | 1.89 | 101.67 |
| 26 | 36 694 | 18 513 | 18 181 | 2.02 | 2.00 | 2.04 | 101.83 |
| 27 | 36 139 | 18 162 | 17 977 | 1.99 | 1.96 | 2.01 | 101.03 |
| 28 | 36 567 | 18 464 | 18 103 | 2.01 | 1.99 | 2.03 | 101.99 |
| 29 | 41 826 | 21 189 | 20 637 | 2.30 | 2.29 | 2.31 | 102.67 |

1—3 续表1

| 年龄（岁） | 人口数（人） 合计 | 男 | 女 | 占总人口的百分比(%) 合计 | 男 | 女 | 性别比（女=100） |
|---|---|---|---|---|---|---|---|
| 30—34 | 126 260 | 64 269 | 61 991 | 6.94 | 6.93 | 6.95 | 103.67 |
| 30 | 36 112 | 18 380 | 17 732 | 1.99 | 1.98 | 1.99 | 103.65 |
| 31 | 19 282 | 9 692 | 9 590 | 1.06 | 1.05 | 1.07 | 101.06 |
| 32 | 22 830 | 11 584 | 11 246 | 1.26 | 1.25 | 1.26 | 103.01 |
| 33 | 21 305 | 10 922 | 10 383 | 1.17 | 1.18 | 1.16 | 105.19 |
| 34 | 26 731 | 13 691 | 13 040 | 1.47 | 1.48 | 1.46 | 104.99 |
| 35—39 | 143 371 | 73 008 | 70 363 | 7.88 | 7.88 | 7.89 | 103.76 |
| 35 | 30 178 | 15 461 | 14 717 | 1.66 | 1.67 | 1.65 | 105.06 |
| 36 | 28 214 | 14 329 | 13 885 | 1.55 | 1.55 | 1.56 | 103.20 |
| 37 | 28 651 | 14 659 | 13 992 | 1.58 | 1.58 | 1.57 | 104.77 |
| 38 | 29 616 | 15 150 | 14 466 | 1.63 | 1.63 | 1.62 | 104.73 |
| 39 | 26 712 | 13 409 | 13 303 | 1.47 | 1.45 | 1.49 | 100.80 |
| 40—44 | 113 634 | 57 965 | 55 669 | 6.25 | 6.25 | 6.24 | 104.12 |
| 40 | 27 904 | 14 150 | 13 754 | 1.53 | 1.53 | 1.54 | 102.88 |
| 41 | 22 544 | 11 419 | 11 125 | 1.24 | 1.23 | 1.25 | 102.64 |
| 42 | 22 228 | 11 355 | 10 873 | 1.22 | 1.23 | 1.22 | 104.43 |
| 43 | 22 216 | 11 488 | 10 728 | 1.22 | 1.24 | 1.20 | 107.08 |
| 44 | 18 742 | 9 553 | 9 189 | 1.03 | 1.03 | 1.03 | 103.96 |
| 45—49 | 81 826 | 41 654 | 40 172 | 4.50 | 4.49 | 4.50 | 103.69 |
| 45 | 18 900 | 9 616 | 9 284 | 1.04 | 1.04 | 1.04 | 103.58 |
| 46 | 17 514 | 8 856 | 8 658 | 0.96 | 0.96 | 0.97 | 102.29 |
| 47 | 15 755 | 7 906 | 7 849 | 0.87 | 0.85 | 0.88 | 100.73 |
| 48 | 15 698 | 8 058 | 7 640 | 0.86 | 0.87 | 0.86 | 105.47 |
| 49 | 13 959 | 7 218 | 6 741 | 0.77 | 0.78 | 0.76 | 107.08 |
| 50—54 | 73 285 | 37 310 | 35 975 | 4.03 | 4.03 | 4.03 | 103.71 |
| 50 | 15 853 | 7 981 | 7 872 | 0.87 | 0.86 | 0.88 | 101.38 |
| 51 | 14 579 | 7 373 | 7 206 | 0.80 | 0.80 | 0.81 | 102.32 |
| 52 | 14 572 | 7 491 | 7 081 | 0.80 | 0.81 | 0.79 | 105.79 |
| 53 | 13 355 | 6 795 | 6 560 | 0.73 | 0.73 | 0.74 | 103.58 |
| 54 | 14 926 | 7 670 | 7 256 | 0.82 | 0.83 | 0.81 | 105.71 |
| 55—59 | 70 904 | 36 241 | 34 663 | 3.90 | 3.91 | 3.88 | 104.55 |
| 55 | 14 601 | 7 552 | 7 049 | 0.80 | 0.81 | 0.79 | 107.14 |
| 56 | 14 484 | 7 443 | 7 041 | 0.80 | 0.80 | 0.79 | 105.71 |
| 57 | 13 727 | 6 856 | 6 871 | 0.75 | 0.74 | 0.77 | 99.78 |
| 58 | 13 838 | 7 042 | 6 796 | 0.76 | 0.76 | 0.76 | 103.62 |
| 59 | 14 254 | 7 348 | 6 906 | 0.78 | 0.79 | 0.77 | 106.40 |

1—3 续表 2

| 年龄 (岁) | 人口数（人） 合计 | 男 | 女 | 占总人口的百分比(%) 合计 | 男 | 女 | 性别比 (女=100) |
|---|---|---|---|---|---|---|---|
| **60—64** | **58 951** | **30 044** | **28 907** | **3.24** | **3.24** | **3.24** | **103.93** |
| 60 | 13 179 | 6 691 | 6 488 | 0.72 | 0.72 | 0.73 | 103.13 |
| 61 | 11 411 | 5 841 | 5 570 | 0.63 | 0.63 | 0.62 | 104.87 |
| 62 | 12 533 | 6 402 | 6 131 | 0.69 | 0.69 | 0.69 | 104.42 |
| 63 | 10 734 | 5 462 | 5 272 | 0.59 | 0.59 | 0.59 | 103.60 |
| 64 | 11 094 | 5 648 | 5 446 | 0.61 | 0.61 | 0.61 | 103.71 |
| **65—69** | **45 253** | **22 592** | **22 661** | **2.49** | **2.44** | **2.54** | **99.70** |
| 65 | 10 196 | 5 122 | 5 074 | 0.56 | 0.55 | 0.57 | 100.95 |
| 66 | 9 096 | 4 680 | 4 416 | 0.50 | 0.50 | 0.49 | 105.98 |
| 67 | 9 414 | 4 707 | 4 707 | 0.52 | 0.51 | 0.53 | 100.00 |
| 68 | 8 660 | 4 233 | 4 427 | 0.48 | 0.46 | 0.50 | 95.62 |
| 69 | 7 887 | 3 850 | 4 037 | 0.43 | 0.42 | 0.45 | 95.37 |
| **70—74** | **32 081** | **15 158** | **16 923** | **1.76** | **1.64** | **1.90** | **89.57** |
| 70 | 7 801 | 3 707 | 4 094 | 0.43 | 0.40 | 0.46 | 90.55 |
| 71 | 6 759 | 3 245 | 3 514 | 0.37 | 0.35 | 0.39 | 92.34 |
| 72 | 6 404 | 3 024 | 3 380 | 0.35 | 0.33 | 0.38 | 89.47 |
| 73 | 5 882 | 2 807 | 3 075 | 0.32 | 0.30 | 0.34 | 91.28 |
| 74 | 5 235 | 2 375 | 2 860 | 0.29 | 0.26 | 0.32 | 83.04 |
| **75—79** | **19 187** | **8 448** | **10 739** | **1.05** | **0.91** | **1.20** | **78.67** |
| 75 | 4 762 | 2 166 | 2 596 | 0.26 | 0.23 | 0.29 | 83.44 |
| 76 | 4 078 | 1 844 | 2 234 | 0.22 | 0.20 | 0.25 | 82.54 |
| 77 | 3 652 | 1 553 | 2 099 | 0.20 | 0.17 | 0.24 | 73.99 |
| 78 | 3 709 | 1 585 | 2 124 | 0.20 | 0.17 | 0.24 | 74.62 |
| 79 | 2 986 | 1 300 | 1 686 | 0.16 | 0.14 | 0.19 | 77.11 |
| **80—84** | **9 596** | **3 787** | **5 809** | **0.53** | **0.41** | **0.65** | **65.19** |
| 80 | 2 591 | 1 052 | 1 539 | 0.14 | 0.11 | 0.17 | 68.36 |
| 81 | 2 226 | 901 | 1 325 | 0.12 | 0.10 | 0.15 | 68.00 |
| 82 | 1 882 | 753 | 1 129 | 0.10 | 0.08 | 0.13 | 66.70 |
| 83 | 1 523 | 557 | 966 | 0.08 | 0.06 | 0.11 | 57.66 |
| 84 | 1 374 | 524 | 850 | 0.08 | 0.06 | 0.10 | 61.65 |
| **85—89** | **3 396** | **1 143** | **2 253** | **0.19** | **0.12** | **0.25** | **50.73** |
| 85 | 966 | 334 | 632 | 0.05 | 0.04 | 0.07 | 52.85 |
| 86 | 899 | 320 | 579 | 0.05 | 0.03 | 0.06 | 55.27 |
| 87 | 648 | 210 | 438 | 0.04 | 0.02 | 0.05 | 47.95 |
| 88 | 482 | 154 | 328 | 0.03 | 0.02 | 0.04 | 46.95 |
| 89 | 401 | 125 | 276 | 0.02 | 0.01 | 0.03 | 45.29 |
| **90岁及以上** | **994** | **309** | **685** | **0.05** | **0.03** | **0.08** | **45.11** |

## 1-4 全国市分年龄、性别的人口数(第二口径)

| 年龄(岁) | 人口数(人) | | | 占总人口的百分比(%) | | | 性别比 |
|---|---|---|---|---|---|---|---|
| | 合计 | 男 | 女 | 合计 | 男 | 女 | (女=100) |
| 总计 | 422 726 | 213 107 | 209 619 | 100.00 | 100.00 | 100.00 | 101.66 |
| 0—4 | 29 208 | 15 350 | 13 858 | 6.91 | 7.20 | 6.61 | 110.77 |
| 0 | 5 054 | 2 651 | 2 403 | 1.20 | 1.24 | 1.15 | 110.32 |
| 1 | 4 657 | 2 481 | 2 176 | 1.10 | 1.16 | 1.04 | 114.02 |
| 2 | 6 033 | 3 227 | 2 806 | 1.43 | 1.51 | 1.34 | 115.00 |
| 3 | 6 729 | 3 512 | 3 217 | 1.59 | 1.65 | 1.53 | 109.17 |
| 4 | 6 735 | 3 479 | 3 256 | 1.59 | 1.63 | 1.55 | 106.85 |
| 5—9 | 32 901 | 17 012 | 15 889 | 7.78 | 7.98 | 7.58 | 107.07 |
| 5 | 7 231 | 3 765 | 3 466 | 1.71 | 1.77 | 1.65 | 108.63 |
| 6 | 6 706 | 3 485 | 3 221 | 1.59 | 1.64 | 1.54 | 108.20 |
| 7 | 6 070 | 3 063 | 3 007 | 1.44 | 1.44 | 1.43 | 101.86 |
| 8 | 6 266 | 3 263 | 3 003 | 1.48 | 1.53 | 1.43 | 108.66 |
| 9 | 6 628 | 3 436 | 3 192 | 1.57 | 1.61 | 1.52 | 107.64 |
| 10—14 | 30 579 | 15 839 | 14 740 | 7.23 | 7.43 | 7.03 | 107.46 |
| 10 | 7 265 | 3 728 | 3 537 | 1.72 | 1.75 | 1.69 | 105.40 |
| 11 | 6 208 | 3 318 | 2 890 | 1.47 | 1.56 | 1.38 | 114.81 |
| 12 | 5 591 | 2 925 | 2 666 | 1.32 | 1.37 | 1.27 | 109.71 |
| 13 | 5 745 | 2 948 | 2 797 | 1.36 | 1.38 | 1.33 | 105.40 |
| 14 | 5 770 | 2 920 | 2 850 | 1.36 | 1.37 | 1.36 | 102.46 |
| 15—19 | 28 549 | 14 632 | 13 917 | 6.75 | 6.87 | 6.64 | 105.14 |
| 15 | 5 256 | 2 753 | 2 503 | 1.24 | 1.29 | 1.19 | 109.99 |
| 16 | 5 427 | 2 745 | 2 682 | 1.28 | 1.29 | 1.28 | 102.35 |
| 17 | 5 649 | 2 950 | 2 699 | 1.34 | 1.38 | 1.29 | 109.30 |
| 18 | 5 773 | 2 864 | 2 909 | 1.37 | 1.34 | 1.39 | 98.45 |
| 19 | 6 444 | 3 320 | 3 124 | 1.52 | 1.56 | 1.49 | 106.27 |
| 20—24 | 41 137 | 20 686 | 20 451 | 9.73 | 9.71 | 9.76 | 101.15 |
| 20 | 7 510 | 3 806 | 3 704 | 1.78 | 1.79 | 1.77 | 102.75 |
| 21 | 7 798 | 4 016 | 3 782 | 1.84 | 1.88 | 1.80 | 106.19 |
| 22 | 8 470 | 4 211 | 4 259 | 2.00 | 1.98 | 2.03 | 98.87 |
| 23 | 8 164 | 4 059 | 4 105 | 1.93 | 1.90 | 1.96 | 98.88 |
| 24 | 9 195 | 4 594 | 4 601 | 2.18 | 2.16 | 2.19 | 99.85 |
| 25—29 | 43 242 | 21 528 | 21 714 | 10.23 | 10.10 | 10.36 | 99.14 |
| 25 | 6 996 | 3 474 | 3 522 | 1.65 | 1.63 | 1.68 | 98.64 |
| 26 | 7 553 | 3 724 | 3 829 | 1.79 | 1.75 | 1.83 | 97.26 |
| 27 | 8 097 | 4 013 | 4 084 | 1.92 | 1.88 | 1.95 | 98.26 |
| 28 | 9 066 | 4 520 | 4 546 | 2.14 | 2.12 | 2.17 | 99.43 |
| 29 | 11 530 | 5 797 | 5 733 | 2.73 | 2.72 | 2.73 | 101.12 |

1—4 续表1

| 年龄（岁） | 人口数（人） | | | 占总人口的百分比(%) | | | 性别比（女=100） |
| --- | --- | --- | --- | --- | --- | --- | --- |
| | 合计 | 男 | 女 | 合计 | 男 | 女 | |
| **30—34** | **38 523** | **19 508** | **19 015** | **9.11** | **9.15** | **9.07** | **102.59** |
| 30 | 9 740 | 4 952 | 4 788 | 2.30 | 2.32 | 2.28 | 103.43 |
| 31 | 5 869 | 2 953 | 2 916 | 1.39 | 1.39 | 1.39 | 101.27 |
| 32 | 7 550 | 3 826 | 3 724 | 1.79 | 1.80 | 1.78 | 102.74 |
| 33 | 6 981 | 3 488 | 3 493 | 1.65 | 1.64 | 1.67 | 99.86 |
| 34 | 8 383 | 4 289 | 4 094 | 1.98 | 2.01 | 1.95 | 104.76 |
| **35—39** | **41 079** | **20 668** | **20 411** | **9.72** | **9.70** | **9.74** | **101.26** |
| 35 | 9 078 | 4 602 | 4 476 | 2.15 | 2.16 | 2.14 | 102.82 |
| 36 | 8 268 | 4 124 | 4 144 | 1.96 | 1.94 | 1.98 | 99.52 |
| 37 | 8 002 | 4 019 | 3 983 | 1.89 | 1.89 | 1.90 | 100.90 |
| 38 | 8 471 | 4 320 | 4 151 | 2.00 | 2.03 | 1.98 | 104.07 |
| 39 | 7 260 | 3 603 | 3 657 | 1.72 | 1.69 | 1.74 | 98.52 |
| **40—44** | **29 968** | **15 191** | **14 777** | **7.09** | **7.13** | **7.05** | **102.80** |
| 40 | 7 310 | 3 703 | 3 607 | 1.73 | 1.74 | 1.72 | 102.66 |
| 41 | 6 120 | 3 144 | 2 976 | 1.45 | 1.48 | 1.42 | 105.65 |
| 42 | 6 031 | 3 045 | 2 986 | 1.43 | 1.43 | 1.42 | 101.98 |
| 43 | 5 796 | 2 930 | 2 866 | 1.37 | 1.37 | 1.37 | 102.23 |
| 44 | 4 711 | 2 369 | 2 342 | 1.11 | 1.11 | 1.12 | 101.15 |
| **45—49** | **20 698** | **10 283** | **10 415** | **4.90** | **4.83** | **4.97** | **98.73** |
| 45 | 4 682 | 2 350 | 2 332 | 1.11 | 1.10 | 1.11 | 100.77 |
| 46 | 4 469 | 2 246 | 2 223 | 1.06 | 1.05 | 1.06 | 101.03 |
| 47 | 4 108 | 2 014 | 2 094 | 0.97 | 0.95 | 1.00 | 96.18 |
| 48 | 3 923 | 1 924 | 1 999 | 0.93 | 0.90 | 0.95 | 96.25 |
| 49 | 3 516 | 1 749 | 1 767 | 0.83 | 0.82 | 0.84 | 98.98 |
| **50—54** | **20 068** | **9 703** | **10 365** | **4.75** | **4.55** | **4.94** | **93.61** |
| 50 | 4 171 | 2 007 | 2 164 | 0.99 | 0.94 | 1.03 | 92.74 |
| 51 | 3 967 | 1 928 | 2 039 | 0.94 | 0.90 | 0.97 | 94.56 |
| 52 | 3 940 | 1 942 | 1 998 | 0.93 | 0.91 | 0.95 | 97.20 |
| 53 | 3 838 | 1 858 | 1 980 | 0.91 | 0.87 | 0.94 | 93.84 |
| 54 | 4 152 | 1 968 | 2 184 | 0.98 | 0.92 | 1.04 | 90.11 |
| **55—59** | **20 694** | **10 201** | **10 493** | **4.90** | **4.79** | **5.01** | **97.22** |
| 55 | 4 027 | 2 002 | 2 025 | 0.95 | 0.94 | 0.97 | 98.86 |
| 56 | 4 114 | 1 999 | 2 115 | 0.97 | 0.94 | 1.01 | 94.52 |
| 57 | 4 156 | 1 975 | 2 181 | 0.98 | 0.93 | 1.04 | 90.55 |
| 58 | 4 165 | 2 069 | 2 096 | 0.99 | 0.97 | 1.00 | 98.71 |
| 59 | 4 232 | 2 156 | 2 076 | 1.00 | 1.01 | 0.99 | 103.85 |

1—4 续表 2

| 年龄（岁） | 人口数（人） | | | 占总人口的百分比(%) | | | 性别比（女=100） |
|---|---|---|---|---|---|---|---|
| | 合计 | 男 | 女 | 合计 | 男 | 女 | |
| **60—64** | **17 056** | **8 711** | **8 345** | **4.03** | **4.09** | **3.98** | **104.39** |
| 60 | 3 802 | 1 934 | 1 868 | 0.90 | 0.91 | 0.89 | 103.53 |
| 61 | 3 208 | 1 608 | 1 600 | 0.76 | 0.75 | 0.76 | 100.50 |
| 62 | 3 611 | 1 848 | 1 763 | 0.85 | 0.87 | 0.84 | 104.82 |
| 63 | 3 274 | 1 698 | 1 576 | 0.77 | 0.80 | 0.75 | 107.74 |
| 64 | 3 161 | 1 623 | 1 538 | 0.75 | 0.76 | 0.73 | 105.53 |
| **65—69** | **12 309** | **6 256** | **6 053** | **2.91** | **2.94** | **2.89** | **103.35** |
| 65 | 2 885 | 1 465 | 1 420 | 0.68 | 0.69 | 0.68 | 103.17 |
| 66 | 2 495 | 1 256 | 1 239 | 0.59 | 0.59 | 0.59 | 101.37 |
| 67 | 2 500 | 1 286 | 1 214 | 0.59 | 0.60 | 0.58 | 105.93 |
| 68 | 2 306 | 1 159 | 1 147 | 0.55 | 0.54 | 0.55 | 101.05 |
| 69 | 2 123 | 1 090 | 1 033 | 0.50 | 0.51 | 0.49 | 105.52 |
| **70—74** | **8 281** | **3 947** | **4 334** | **1.96** | **1.85** | **2.07** | **91.07** |
| 70 | 2 021 | 960 | 1 061 | 0.48 | 0.45 | 0.51 | 90.48 |
| 71 | 1 828 | 890 | 938 | 0.43 | 0.42 | 0.45 | 94.88 |
| 72 | 1 574 | 760 | 814 | 0.37 | 0.36 | 0.39 | 93.37 |
| 73 | 1 523 | 753 | 770 | 0.36 | 0.35 | 0.37 | 97.79 |
| 74 | 1 335 | 584 | 751 | 0.32 | 0.27 | 0.36 | 77.76 |
| **75—79** | **4 856** | **2 199** | **2 657** | **1.15** | **1.03** | **1.27** | **82.76** |
| 75 | 1 213 | 544 | 669 | 0.29 | 0.26 | 0.32 | 81.32 |
| 76 | 1 020 | 481 | 539 | 0.24 | 0.23 | 0.26 | 89.24 |
| 77 | 927 | 421 | 506 | 0.22 | 0.20 | 0.24 | 83.20 |
| 78 | 891 | 376 | 515 | 0.21 | 0.18 | 0.25 | 73.01 |
| 79 | 805 | 377 | 428 | 0.19 | 0.18 | 0.20 | 88.08 |
| **80—84** | **2 402** | **982** | **1 420** | **0.57** | **0.46** | **0.68** | **69.15** |
| 80 | 638 | 269 | 369 | 0.15 | 0.13 | 0.18 | 72.90 |
| 81 | 582 | 245 | 337 | 0.14 | 0.11 | 0.16 | 72.70 |
| 82 | 440 | 187 | 253 | 0.10 | 0.09 | 0.12 | 73.91 |
| 83 | 391 | 139 | 252 | 0.09 | 0.07 | 0.12 | 55.16 |
| 84 | 351 | 142 | 209 | 0.08 | 0.07 | 0.10 | 67.94 |
| **85—89** | **887** | **317** | **570** | **0.21** | **0.15** | **0.27** | **55.61** |
| 85 | 236 | 89 | 147 | 0.06 | 0.04 | 0.07 | 60.54 |
| 86 | 236 | 88 | 148 | 0.06 | 0.04 | 0.07 | 59.46 |
| 87 | 168 | 58 | 110 | 0.04 | 0.03 | 0.05 | 52.73 |
| 88 | 136 | 46 | 90 | 0.03 | 0.02 | 0.04 | 51.11 |
| 89 | 111 | 36 | 75 | 0.03 | 0.02 | 0.04 | 48.00 |
| **90岁及以上** | **289** | **94** | **195** | **0.07** | **0.04** | **0.09** | **48.21** |

## 1—5 全国镇分年龄、性别的人口数(第二口径)

| 年龄(岁) | 人口数(人) 合计 | 男 | 女 | 占总人口的百分比(%) 合计 | 男 | 女 | 性别比(女=100) |
|---|---|---|---|---|---|---|---|
| **总计** | 96 470 | 48 917 | 47 553 | 100.00 | 100.00 | 100.00 | 102.87 |
| 0—4 | 8 172 | 4 351 | 3 821 | 8.47 | 8.89 | 8.04 | 113.87 |
| 0 | 1 405 | 739 | 666 | 1.46 | 1.51 | 1.40 | 110.96 |
| 1 | 1 443 | 793 | 650 | 1.50 | 1.62 | 1.37 | 122.00 |
| 2 | 1 620 | 879 | 741 | 1.68 | 1.80 | 1.56 | 118.62 |
| 3 | 1 846 | 973 | 873 | 1.91 | 1.99 | 1.84 | 111.45 |
| 4 | 1 858 | 967 | 891 | 1.93 | 1.98 | 1.87 | 108.53 |
| 5—9 | 8 335 | 4 315 | 4 020 | 8.64 | 8.82 | 8.45 | 107.34 |
| 5 | 1 950 | 1 005 | 945 | 2.02 | 2.05 | 1.99 | 106.35 |
| 6 | 1 748 | 891 | 857 | 1.81 | 1.82 | 1.80 | 103.97 |
| 7 | 1 555 | 826 | 729 | 1.61 | 1.69 | 1.53 | 113.31 |
| 8 | 1 569 | 820 | 749 | 1.63 | 1.68 | 1.58 | 109.48 |
| 9 | 1 513 | 773 | 740 | 1.57 | 1.58 | 1.56 | 104.46 |
| 10—14 | 7 927 | 4 084 | 3 843 | 8.22 | 8.35 | 8.08 | 106.27 |
| 10 | 1 741 | 931 | 810 | 1.80 | 1.90 | 1.70 | 114.94 |
| 11 | 1 603 | 825 | 778 | 1.66 | 1.69 | 1.64 | 106.04 |
| 12 | 1 440 | 721 | 719 | 1.49 | 1.47 | 1.51 | 100.28 |
| 13 | 1 538 | 814 | 724 | 1.59 | 1.66 | 1.52 | 112.43 |
| 14 | 1 605 | 793 | 812 | 1.66 | 1.62 | 1.71 | 97.66 |
| 15—19 | 8 130 | 4 309 | 3 821 | 8.43 | 8.81 | 8.04 | 112.77 |
| 15 | 1 361 | 726 | 635 | 1.41 | 1.48 | 1.34 | 114.33 |
| 16 | 1 549 | 800 | 749 | 1.61 | 1.64 | 1.58 | 106.81 |
| 17 | 1 689 | 894 | 795 | 1.75 | 1.83 | 1.67 | 112.45 |
| 18 | 1 714 | 922 | 792 | 1.78 | 1.88 | 1.67 | 116.41 |
| 19 | 1 817 | 967 | 850 | 1.88 | 1.98 | 1.79 | 113.76 |
| 20—24 | 10 226 | 4 938 | 5 288 | 10.60 | 10.09 | 11.12 | 93.38 |
| 20 | 1 920 | 958 | 962 | 1.99 | 1.96 | 2.02 | 99.58 |
| 21 | 1 735 | 835 | 900 | 1.80 | 1.71 | 1.89 | 92.78 |
| 22 | 2 164 | 1 032 | 1 132 | 2.24 | 2.11 | 2.38 | 91.17 |
| 23 | 2 088 | 995 | 1 093 | 2.16 | 2.03 | 2.30 | 91.03 |
| 24 | 2 319 | 1 118 | 1 201 | 2.40 | 2.29 | 2.53 | 93.09 |
| 25—29 | 10 930 | 5 379 | 5 551 | 11.33 | 11.00 | 11.67 | 96.90 |
| 25 | 1 872 | 913 | 959 | 1.94 | 1.87 | 2.02 | 95.20 |
| 26 | 2 089 | 963 | 1 126 | 2.17 | 1.97 | 2.37 | 85.52 |
| 27 | 2 166 | 1 095 | 1 071 | 2.25 | 2.24 | 2.25 | 102.24 |
| 28 | 2 237 | 1 126 | 1 111 | 2.32 | 2.30 | 2.34 | 101.35 |
| 29 | 2 566 | 1 282 | 1 284 | 2.66 | 2.62 | 2.70 | 99.84 |

1—5 续表1

| 年龄 (岁) | 人口数（人） | | | 占总人口的百分比(%) | | | 性别比 (女=100) |
|---|---|---|---|---|---|---|---|
| | 合计 | 男 | 女 | 合计 | 男 | 女 | |
| 30—34 | 7 417 | 3 770 | 3 647 | 7.69 | 7.71 | 7.67 | 103.37 |
| 30 | 2 247 | 1 187 | 1 060 | 2.33 | 2.43 | 2.23 | 111.98 |
| 31 | 1 031 | 495 | 536 | 1.07 | 1.01 | 1.13 | 92.35 |
| 32 | 1 295 | 650 | 645 | 1.34 | 1.33 | 1.36 | 100.78 |
| 33 | 1 220 | 626 | 594 | 1.26 | 1.28 | 1.25 | 105.39 |
| 34 | 1 624 | 812 | 812 | 1.68 | 1.66 | 1.71 | 100.00 |
| 35—39 | 7 878 | 4 005 | 3 873 | 8.17 | 8.19 | 8.14 | 103.41 |
| 35 | 1 657 | 849 | 808 | 1.72 | 1.74 | 1.70 | 105.07 |
| 36 | 1 539 | 774 | 765 | 1.60 | 1.58 | 1.61 | 101.18 |
| 37 | 1 610 | 836 | 774 | 1.67 | 1.71 | 1.63 | 108.01 |
| 38 | 1 683 | 819 | 864 | 1.74 | 1.67 | 1.82 | 94.79 |
| 39 | 1 389 | 727 | 662 | 1.44 | 1.49 | 1.39 | 109.82 |
| 40—44 | 6 026 | 3 077 | 2 949 | 6.25 | 6.29 | 6.20 | 104.34 |
| 40 | 1 516 | 774 | 742 | 1.57 | 1.58 | 1.56 | 104.31 |
| 41 | 1 178 | 598 | 580 | 1.22 | 1.22 | 1.22 | 103.10 |
| 42 | 1 199 | 603 | 596 | 1.24 | 1.23 | 1.25 | 101.17 |
| 43 | 1 129 | 607 | 522 | 1.17 | 1.24 | 1.10 | 116.28 |
| 44 | 1 004 | 495 | 509 | 1.04 | 1.01 | 1.07 | 97.25 |
| 45—49 | 4 465 | 2 287 | 2 178 | 4.63 | 4.68 | 4.58 | 105.00 |
| 45 | 1 019 | 514 | 505 | 1.06 | 1.05 | 1.06 | 101.78 |
| 46 | 945 | 489 | 456 | 0.98 | 1.00 | 0.96 | 107.24 |
| 47 | 858 | 436 | 422 | 0.89 | 0.89 | 0.89 | 103.32 |
| 48 | 859 | 437 | 422 | 0.89 | 0.89 | 0.89 | 103.55 |
| 49 | 784 | 411 | 373 | 0.81 | 0.84 | 0.78 | 110.19 |
| 50—54 | 4 191 | 2 085 | 2 106 | 4.34 | 4.26 | 4.43 | 99.00 |
| 50 | 953 | 474 | 479 | 0.99 | 0.97 | 1.01 | 98.96 |
| 51 | 802 | 398 | 404 | 0.83 | 0.81 | 0.85 | 98.51 |
| 52 | 800 | 378 | 422 | 0.83 | 0.77 | 0.89 | 89.57 |
| 53 | 744 | 391 | 353 | 0.77 | 0.80 | 0.74 | 110.76 |
| 54 | 892 | 444 | 448 | 0.92 | 0.91 | 0.94 | 99.11 |
| 55—59 | 3 835 | 1 984 | 1 851 | 3.98 | 4.06 | 3.89 | 107.19 |
| 55 | 787 | 393 | 394 | 0.82 | 0.80 | 0.83 | 99.75 |
| 56 | 802 | 426 | 376 | 0.83 | 0.87 | 0.79 | 113.30 |
| 57 | 742 | 377 | 365 | 0.77 | 0.77 | 0.77 | 103.29 |
| 58 | 718 | 358 | 360 | 0.74 | 0.73 | 0.76 | 99.44 |
| 59 | 786 | 430 | 356 | 0.81 | 0.88 | 0.75 | 120.79 |

1—5 续表2

| 年龄（岁） | 人口数（人） | | | 占总人口的百分比(%) | | | 性别比 |
|---|---|---|---|---|---|---|---|
| | 合计 | 男 | 女 | 合计 | 男 | 女 | (女=100) |
| **60—64** | **3 243** | **1 711** | **1 532** | **3.36** | **3.50** | **3.22** | **111.68** |
| 60 | 750 | 386 | 364 | 0.78 | 0.79 | 0.77 | 106.04 |
| 61 | 635 | 323 | 312 | 0.66 | 0.66 | 0.66 | 103.53 |
| 62 | 685 | 372 | 313 | 0.71 | 0.76 | 0.66 | 118.85 |
| 63 | 549 | 280 | 269 | 0.57 | 0.57 | 0.57 | 104.09 |
| 64 | 624 | 350 | 274 | 0.65 | 0.72 | 0.58 | 127.74 |
| **65—69** | **2 223** | **1 122** | **1 101** | **2.30** | **2.29** | **2.32** | **101.91** |
| 65 | 515 | 256 | 259 | 0.53 | 0.52 | 0.54 | 98.84 |
| 66 | 424 | 215 | 209 | 0.44 | 0.44 | 0.44 | 102.87 |
| 67 | 452 | 234 | 218 | 0.47 | 0.48 | 0.46 | 107.34 |
| 68 | 447 | 232 | 215 | 0.46 | 0.47 | 0.45 | 107.91 |
| 69 | 385 | 185 | 200 | 0.40 | 0.38 | 0.42 | 92.50 |
| **70—74** | **1 668** | **796** | **872** | **1.73** | **1.63** | **1.83** | **91.28** |
| 70 | 393 | 190 | 203 | 0.41 | 0.39 | 0.43 | 93.60 |
| 71 | 350 | 171 | 179 | 0.36 | 0.35 | 0.38 | 95.53 |
| 72 | 337 | 160 | 177 | 0.35 | 0.33 | 0.37 | 90.40 |
| 73 | 307 | 155 | 152 | 0.32 | 0.32 | 0.32 | 101.97 |
| 74 | 281 | 120 | 161 | 0.29 | 0.25 | 0.34 | 74.53 |
| **75—79** | **972** | **410** | **562** | **1.01** | **0.84** | **1.18** | **72.95** |
| 75 | 230 | 94 | 136 | 0.24 | 0.19 | 0.29 | 69.12 |
| 76 | 206 | 94 | 112 | 0.21 | 0.19 | 0.24 | 83.93 |
| 77 | 196 | 78 | 118 | 0.20 | 0.16 | 0.25 | 66.10 |
| 78 | 207 | 86 | 121 | 0.21 | 0.18 | 0.25 | 71.07 |
| 79 | 133 | 58 | 75 | 0.14 | 0.12 | 0.16 | 77.33 |
| **80—84** | **548** | **212** | **336** | **0.57** | **0.43** | **0.71** | **63.10** |
| 80 | 141 | 57 | 84 | 0.15 | 0.12 | 0.18 | 67.86 |
| 81 | 143 | 64 | 79 | 0.15 | 0.13 | 0.17 | 81.01 |
| 82 | 94 | 39 | 55 | 0.10 | 0.08 | 0.12 | 70.91 |
| 83 | 77 | 25 | 52 | 0.08 | 0.05 | 0.11 | 48.08 |
| 84 | 93 | 27 | 66 | 0.10 | 0.06 | 0.14 | 40.91 |
| **85—89** | **207** | **64** | **143** | **0.21** | **0.13** | **0.30** | **44.76** |
| 85 | 57 | 20 | 37 | 0.06 | 0.04 | 0.08 | 54.05 |
| 86 | 41 | 14 | 27 | 0.04 | 0.03 | 0.06 | 51.85 |
| 87 | 47 | 12 | 35 | 0.05 | 0.02 | 0.07 | 34.29 |
| 88 | 38 | 11 | 27 | 0.04 | 0.02 | 0.06 | 40.74 |
| 89 | 24 | 7 | 17 | 0.02 | 0.01 | 0.04 | 41.18 |
| **90岁及以上** | **77** | **18** | **59** | **0.08** | **0.04** | **0.12** | **30.51** |

## 1－6 全国县分年龄、性别的人口数(第二口径)

| 年龄(岁) | 人口数(人) 合计 | 男 | 女 | 占总人口的百分比(%) 合计 | 男 | 女 | 性别比(女＝100) |
|---|---|---|---|---|---|---|---|
| **总计** | **1 299 860** | **664 788** | **635 072** | **100.00** | **100.00** | **100.00** | **104.68** |
| **0－4** | **130 487** | **69 686** | **60 801** | **10.04** | **10.48** | **9.57** | **114.61** |
| 0 | 22 250 | 12 024 | 10 226 | 1.71 | 1.81 | 1.61 | 117.58 |
| 1 | 21 487 | 11 625 | 9 862 | 1.65 | 1.75 | 1.55 | 117.88 |
| 2 | 27 737 | 14 806 | 12 931 | 2.13 | 2.23 | 2.04 | 114.50 |
| 3 | 30 353 | 16 081 | 14 272 | 2.34 | 2.42 | 2.25 | 112.68 |
| 4 | 28 660 | 15 150 | 13 510 | 2.20 | 2.28 | 2.13 | 112.14 |
| **5－9** | **132 810** | **68 965** | **63 845** | **10.22** | **10.37** | **10.05** | **108.02** |
| 5 | 30 971 | 15 940 | 15 031 | 2.38 | 2.40 | 2.37 | 106.05 |
| 6 | 28 317 | 14 707 | 13 610 | 2.18 | 2.21 | 2.14 | 108.06 |
| 7 | 25 003 | 12 980 | 12 023 | 1.92 | 1.95 | 1.89 | 107.96 |
| 8 | 25 063 | 13 099 | 11 964 | 1.93 | 1.97 | 1.88 | 109.49 |
| 9 | 23 456 | 12 239 | 11 217 | 1.80 | 1.84 | 1.77 | 109.11 |
| **10－14** | **121 731** | **62 764** | **58 967** | **9.36** | **9.44** | **9.29** | **106.44** |
| 10 | 26 787 | 13 928 | 12 859 | 2.06 | 2.10 | 2.02 | 108.31 |
| 11 | 24 351 | 12 499 | 11 852 | 1.87 | 1.88 | 1.87 | 105.46 |
| 12 | 22 501 | 11 648 | 10 853 | 1.73 | 1.75 | 1.71 | 107.33 |
| 13 | 24 226 | 12 470 | 11 756 | 1.86 | 1.88 | 1.85 | 106.07 |
| 14 | 23 866 | 12 219 | 11 647 | 1.84 | 1.84 | 1.83 | 104.91 |
| **15－19** | **122 605** | **62 940** | **59 665** | **9.43** | **9.47** | **9.39** | **105.49** |
| 15 | 22 367 | 11 490 | 10 877 | 1.72 | 1.73 | 1.71 | 105.64 |
| 16 | 24 262 | 12 441 | 11 821 | 1.87 | 1.87 | 1.86 | 105.24 |
| 17 | 24 313 | 12 481 | 11 832 | 1.87 | 1.88 | 1.86 | 105.49 |
| 18 | 26 049 | 13 343 | 12 706 | 2.00 | 2.01 | 2.00 | 105.01 |
| 19 | 25 614 | 13 185 | 12 429 | 1.97 | 1.98 | 1.96 | 106.08 |
| **20－24** | **142 279** | **71 536** | **70 743** | **10.95** | **10.76** | **11.14** | **101.12** |
| 20 | 27 204 | 13 633 | 13 571 | 2.09 | 2.05 | 2.14 | 100.46 |
| 21 | 26 835 | 13 474 | 13 361 | 2.06 | 2.03 | 2.10 | 100.85 |
| 22 | 29 725 | 14 902 | 14 823 | 2.29 | 2.24 | 2.33 | 100.53 |
| 23 | 27 850 | 14 088 | 13 762 | 2.14 | 2.12 | 2.17 | 102.37 |
| 24 | 30 665 | 15 439 | 15 226 | 2.36 | 2.32 | 2.40 | 101.40 |
| **25－29** | **131 070** | **66 570** | **64 500** | **10.08** | **10.01** | **10.16** | **103.21** |
| 25 | 25 148 | 12 762 | 12 386 | 1.93 | 1.92 | 1.95 | 103.04 |
| 26 | 27 052 | 13 826 | 13 226 | 2.08 | 2.08 | 2.08 | 104.54 |
| 27 | 25 876 | 13 054 | 12 822 | 1.99 | 1.96 | 2.02 | 101.81 |
| 28 | 25 264 | 12 818 | 12 446 | 1.94 | 1.93 | 1.96 | 102.99 |
| 29 | 27 730 | 14 110 | 13 620 | 2.13 | 2.12 | 2.14 | 103.60 |

1—6 续表1

| 年龄（岁） | 人口数（人） | | | 占总人口的百分比(%) | | | 性别比（女=100） |
|---|---|---|---|---|---|---|---|
| | 合计 | 男 | 女 | 合计 | 男 | 女 | |
| 30—34 | 80 320 | 40 991 | 39 329 | 6.18 | 6.17 | 6.19 | 104.23 |
| 30 | 24 125 | 12 241 | 11 884 | 1.86 | 1.84 | 1.87 | 103.00 |
| 31 | 12 382 | 6 244 | 6 138 | 0.95 | 0.94 | 0.97 | 101.73 |
| 32 | 13 985 | 7 108 | 6 877 | 1.08 | 1.07 | 1.08 | 103.36 |
| 33 | 13 104 | 6 808 | 6 296 | 1.01 | 1.02 | 0.99 | 108.13 |
| 34 | 16 724 | 8 590 | 8 134 | 1.29 | 1.29 | 1.28 | 105.61 |
| 35—39 | 94 414 | 48 335 | 46 079 | 7.26 | 7.27 | 7.26 | 104.90 |
| 35 | 19 443 | 10 010 | 9 433 | 1.50 | 1.51 | 1.49 | 106.12 |
| 36 | 18 407 | 9 431 | 8 976 | 1.42 | 1.42 | 1.41 | 105.07 |
| 37 | 19 039 | 9 804 | 9 235 | 1.46 | 1.47 | 1.45 | 106.16 |
| 38 | 19 462 | 10 011 | 9 451 | 1.50 | 1.51 | 1.49 | 105.93 |
| 39 | 18 063 | 9 079 | 8 984 | 1.39 | 1.37 | 1.41 | 101.06 |
| 40—44 | 77 640 | 39 697 | 37 943 | 5.97 | 5.97 | 5.97 | 104.62 |
| 40 | 19 078 | 9 673 | 9 405 | 1.47 | 1.46 | 1.48 | 102.85 |
| 41 | 15 246 | 7 677 | 7 569 | 1.17 | 1.15 | 1.19 | 101.43 |
| 42 | 14 998 | 7 707 | 7 291 | 1.15 | 1.16 | 1.15 | 105.71 |
| 43 | 15 291 | 7 951 | 7 340 | 1.18 | 1.20 | 1.16 | 108.32 |
| 44 | 13 027 | 6 689 | 6 338 | 1.00 | 1.01 | 1.00 | 105.54 |
| 45—49 | 56 663 | 29 084 | 27 579 | 4.36 | 4.37 | 4.34 | 105.46 |
| 45 | 13 199 | 6 752 | 6 447 | 1.02 | 1.02 | 1.02 | 104.73 |
| 46 | 12 100 | 6 121 | 5 979 | 0.93 | 0.92 | 0.94 | 102.37 |
| 47 | 10 789 | 5 456 | 5 333 | 0.83 | 0.82 | 0.84 | 102.31 |
| 48 | 10 916 | 5 697 | 5 219 | 0.84 | 0.86 | 0.82 | 109.16 |
| 49 | 9 659 | 5 058 | 4 601 | 0.74 | 0.76 | 0.72 | 109.93 |
| 50—54 | 49 026 | 25 522 | 23 504 | 3.77 | 3.84 | 3.70 | 108.59 |
| 50 | 10 729 | 5 500 | 5 229 | 0.83 | 0.83 | 0.82 | 105.18 |
| 51 | 9 810 | 5 047 | 4 763 | 0.75 | 0.76 | 0.75 | 105.96 |
| 52 | 9 832 | 5 171 | 4 661 | 0.76 | 0.78 | 0.73 | 110.94 |
| 53 | 8 773 | 4 546 | 4 227 | 0.67 | 0.68 | 0.67 | 107.55 |
| 54 | 9 882 | 5 258 | 4 624 | 0.76 | 0.79 | 0.73 | 113.71 |
| 55—59 | 46 375 | 24 056 | 22 319 | 3.57 | 3.62 | 3.51 | 107.78 |
| 55 | 9 787 | 5 157 | 4 630 | 0.75 | 0.78 | 0.73 | 111.38 |
| 56 | 9 568 | 5 018 | 4 550 | 0.74 | 0.75 | 0.72 | 110.29 |
| 57 | 8 829 | 4 504 | 4 325 | 0.68 | 0.68 | 0.68 | 104.14 |
| 58 | 8 955 | 4 615 | 4 340 | 0.69 | 0.69 | 0.68 | 106.34 |
| 59 | 9 236 | 4 762 | 4 474 | 0.71 | 0.72 | 0.70 | 106.44 |

1－6　续表 2

| 年龄（岁） | 人口数（人） | | | 占总人口的百分比（%） | | | 性别比（女＝100） |
| --- | --- | --- | --- | --- | --- | --- | --- |
| | 合计 | 男 | 女 | 合计 | 男 | 女 | |
| 60－64 | 38 652 | 19 622 | 19 030 | 2.97 | 2.95 | 3.00 | 103.11 |
| 60 | 8 627 | 4 371 | 4 256 | 0.66 | 0.66 | 0.67 | 102.70 |
| 61 | 7 568 | 3 910 | 3 658 | 0.58 | 0.59 | 0.58 | 106.89 |
| 62 | 8 237 | 4 182 | 4 055 | 0.63 | 0.63 | 0.64 | 103.13 |
| 63 | 6 911 | 3 484 | 3 427 | 0.53 | 0.52 | 0.54 | 101.66 |
| 64 | 7 309 | 3 675 | 3 634 | 0.56 | 0.55 | 0.57 | 101.13 |
| 65－69 | 30 721 | 15 214 | 15 507 | 2.36 | 2.29 | 2.44 | 98.11 |
| 65 | 6 796 | 3 401 | 3 395 | 0.52 | 0.51 | 0.53 | 100.18 |
| 66 | 6 177 | 3 209 | 2 968 | 0.48 | 0.48 | 0.47 | 108.12 |
| 67 | 6 462 | 3 187 | 3 275 | 0.50 | 0.48 | 0.52 | 97.31 |
| 68 | 5 907 | 2 842 | 3 065 | 0.45 | 0.43 | 0.48 | 92.72 |
| 69 | 5 379 | 2 575 | 2 804 | 0.41 | 0.39 | 0.44 | 91.83 |
| 70－74 | 22 132 | 10 415 | 11 717 | 1.70 | 1.57 | 1.84 | 88.89 |
| 70 | 5 387 | 2 557 | 2 830 | 0.41 | 0.38 | 0.45 | 90.35 |
| 71 | 4 581 | 2 184 | 2 397 | 0.35 | 0.33 | 0.38 | 91.11 |
| 72 | 4 493 | 2 104 | 2 389 | 0.35 | 0.32 | 0.38 | 88.07 |
| 73 | 4 052 | 1 899 | 2 153 | 0.31 | 0.29 | 0.34 | 88.20 |
| 74 | 3 619 | 1 671 | 1 948 | 0.28 | 0.25 | 0.31 | 85.78 |
| 75－79 | 13 359 | 15 839 | －2 480 | 1.03 | 2.38 | －0.39 | －638.67 |
| 75 | 3 319 | 11 528 | －8 209 | 0.26 | 1.73 | －1.29 | －140.43 |
| 76 | 2 852 | 1 269 | 1 583 | 0.22 | 0.19 | 0.25 | 80.16 |
| 77 | 2 529 | 1 054 | 1 475 | 0.19 | 0.16 | 0.23 | 71.46 |
| 78 | 2 611 | 1 123 | 1 488 | 0.20 | 0.17 | 0.23 | 75.47 |
| 79 | 2 048 | 865 | 1 183 | 0.16 | 0.13 | 0.19 | 73.12 |
| 80－84 | 6 646 | 2 593 | 4 053 | 0.51 | 0.39 | 0.64 | 63.98 |
| 80 | 1 812 | 726 | 1 086 | 0.14 | 0.11 | 0.17 | 66.85 |
| 81 | 1 501 | 592 | 909 | 0.12 | 0.09 | 0.14 | 65.13 |
| 82 | 1 348 | 527 | 821 | 0.10 | 0.08 | 0.13 | 64.19 |
| 83 | 1 055 | 393 | 662 | 0.08 | 0.06 | 0.10 | 59.37 |
| 84 | 930 | 355 | 575 | 0.07 | 0.05 | 0.09 | 61.74 |
| 85－89 | 2 302 | 762 | 1 540 | 0.18 | 0.11 | 0.24 | 49.48 |
| 85 | 673 | 225 | 448 | 0.05 | 0.03 | 0.07 | 50.22 |
| 86 | 622 | 218 | 404 | 0.05 | 0.03 | 0.06 | 53.96 |
| 87 | 433 | 140 | 293 | 0.03 | 0.02 | 0.05 | 47.78 |
| 88 | 308 | 97 | 211 | 0.02 | 0.01 | 0.03 | 45.97 |
| 89 | 266 | 82 | 184 | 0.02 | 0.01 | 0.03 | 44.57 |
| 90岁及以上 | 628 | 197 | 431 | 0.05 | 0.03 | 0.07 | 45.71 |

# 1—7 省、自治区、直辖市年龄构成指数

单位:人、%

| 地区 | 人口数 | | | | 年龄构成指数 | | |
|---|---|---|---|---|---|---|---|
| | 总计 | 0—14岁人数 | 15—64岁人数 | 65岁及以上 | 总负担系数 | 负担少儿系数 | 负担老年系数 |
| **总计** | 1 819 056 | 502 150 | 1 206 399 | 110 507 | 50.78 | 41.62 | 9.16 |
| 北京 | 92 800 | 18 996 | 66 416 | 7 388 | 39.73 | 28.60 | 11.12 |
| 天津 | 87 427 | 20 544 | 60 383 | 6 500 | 44.79 | 34.02 | 10.76 |
| 河北 | 65 744 | 19 056 | 42 492 | 4 196 | 54.72 | 44.85 | 9.87 |
| 山西 | 51 187 | 14 632 | 33 399 | 3 156 | 53.26 | 43.81 | 9.45 |
| 内蒙 | 60 216 | 16 685 | 40 812 | 2 719 | 47.54 | 40.88 | 6.66 |
| 辽宁 | 51 292 | 11 682 | 36 224 | 3 386 | 41.60 | 32.25 | 9.35 |
| 吉林 | 50 327 | 12 571 | 35 074 | 2 682 | 43.49 | 35.84 | 7.65 |
| 黑龙江 | 54 982 | 15 004 | 37 701 | 2 277 | 45.84 | 39.80 | 6.04 |
| 上海 | 50 836 | 9 563 | 35 640 | 5 633 | 42.64 | 26.83 | 15.81 |
| 江苏 | 64 221 | 15 081 | 44 386 | 4 754 | 44.69 | 33.98 | 10.71 |
| 浙江 | 52 427 | 11 512 | 36 978 | 3 937 | 41.78 | 31.13 | 10.65 |
| 安徽 | 62 846 | 17 573 | 41 445 | 3 828 | 51.64 | 42.40 | 9.24 |
| 福建 | 82 400 | 25 741 | 52 137 | 4 522 | 58.05 | 49.37 | 8.67 |
| 江西 | 67 370 | 20 787 | 42 661 | 3 922 | 57.92 | 48.73 | 9.19 |
| 山东 | 69 591 | 18 360 | 46 486 | 4 745 | 49.70 | 39.50 | 10.21 |
| 河南 | 71 273 | 21 406 | 45 524 | 4 343 | 56.56 | 47.02 | 9.54 |
| 湖北 | 61 398 | 17 704 | 39 826 | 3 868 | 54.17 | 44.45 | 9.71 |
| 湖南 | 58 472 | 16 067 | 38 880 | 3 525 | 50.39 | 41.32 | 9.07 |
| 广东 | 82 202 | 25 229 | 51 313 | 5 660 | 60.20 | 49.17 | 11.03 |
| 广西 | 50 529 | 16 379 | 31 098 | 3 052 | 62.48 | 52.67 | 9.81 |
| 海南 | 50 322 | 16 839 | 30 522 | 2 961 | 64.87 | 55.17 | 9.70 |
| 四川 | 80 829 | 18 133 | 57 421 | 5 275 | 40.77 | 31.58 | 9.19 |
| 贵州 | 62 293 | 19 153 | 40 085 | 3 055 | 55.40 | 47.78 | 7.62 |
| 云南 | 46 203 | 13 763 | 30 004 | 2 436 | 53.99 | 45.87 | 8.12 |
| 西藏 | 3 005 | 958 | 1 861 | 186 | 61.47 | 51.48 | 9.99 |
| 陕西 | 62 745 | 18 915 | 40 276 | 3 554 | 55.79 | 46.96 | 8.82 |
| 甘肃 | 63 488 | 18 103 | 42 563 | 2 822 | 49.16 | 42.53 | 6.63 |
| 青海 | 51 803 | 15 599 | 34 444 | 1 760 | 50.40 | 45.29 | 5.11 |
| 宁夏 | 59 895 | 19 429 | 38 235 | 2 231 | 56.65 | 50.81 | 5.83 |
| 新疆 | 50 933 | 16 686 | 32 113 | 2 134 | 58.61 | 51.96 | 6.65 |

## 1-8 省、自治区、直辖市育龄妇女近几年平均初婚年龄

单位:岁

| 地区 | 1988年平均初婚年龄 | 1989年平均初婚年龄 | 1990年平均初婚年龄 | 1991年平均初婚年龄 | 1992年平均初婚年龄 |
|---|---|---|---|---|---|
| **总计** | 21.94 | 22.07 | 22.10 | 22.28 | 22.44 |
| 北京 | 24.17 | 24.38 | 24.42 | 24.04 | 24.41 |
| 天津 | 23.60 | 23.75 | 23.53 | 23.62 | 23.29 |
| 河北 | 22.09 | 22.13 | 22.15 | 22.10 | 22.64 |
| 山西 | 21.37 | 21.53 | 21.36 | 21.42 | 22.23 |
| 内蒙 | 21.67 | 21.89 | 21.80 | 22.15 | 22.43 |
| 辽宁 | 22.38 | 22.32 | 22.23 | 22.44 | 22.66 |
| 吉林 | 21.63 | 21.99 | 22.05 | 22.16 | 22.30 |
| 黑龙江 | 21.47 | 21.45 | 21.46 | 21.92 | 21.89 |
| 上海 | 24.68 | 24.80 | 24.50 | 23.97 | 24.46 |
| 江苏 | 21.98 | 21.90 | 22.22 | 22.46 | 22.71 |
| 浙江 | 22.57 | 22.73 | 23.05 | 22.88 | 23.14 |
| 安徽 | 22.01 | 22.23 | 22.24 | 22.27 | 22.80 |
| 福建 | 20.85 | 20.95 | 21.16 | 21.50 | 22.29 |
| 江西 | 20.78 | 20.97 | 20.95 | 21.39 | 21.60 |
| 山东 | 22.46 | 22.63 | 23.08 | 23.75 | 23.82 |
| 河南 | 21.93 | 22.30 | 22.11 | 22.33 | 22.53 |
| 湖北 | 21.70 | 21.89 | 21.93 | 21.86 | 22.21 |
| 湖南 | 21.27 | 21.56 | 21.85 | 22.01 | 22.54 |
| 广东 | 23.06 | 23.04 | 23.17 | 23.36 | 23.90 |
| 广西 | 22.01 | 22.33 | 22.35 | 22.46 | 22.82 |
| 海南 | 21.72 | 22.14 | 22.08 | 22.22 | 22.80 |
| 四川 | 21.16 | 21.18 | 21.34 | 21.60 | 21.75 |
| 贵州 | 21.37 | 21.57 | 21.79 | 21.95 | 21.98 |
| 云南 | 21.05 | 21.32 | 21.30 | 21.63 | 21.59 |
| 西藏 | 21.55 | 21.36 | 23.74 | 22.29 | 24.92 |
| 陕西 | 21.40 | 21.43 | 21.35 | 21.68 | 21.81 |
| 甘肃 | 20.92 | 21.19 | 21.50 | 21.64 | 21.76 |
| 青海 | 20.85 | 21.10 | 21.21 | 21.53 | 21.55 |
| 宁夏 | 20.96 | 21.35 | 21.22 | 21.45 | 21.39 |
| 新疆 | 20.63 | 20.90 | 20.98 | 21.45 | 21.40 |

## 1-9 省、自治区、直辖市的市育龄妇女近几年平均初婚年龄(第二口径)

单位:岁

| 地区 | 1988年平均初婚年龄 | 1989年平均初婚年龄 | 1990年平均初婚年龄 | 1991年平均初婚年龄 | 1992年平均初婚年龄 |
|---|---|---|---|---|---|
| **总计** | **23.69** | **23.77** | **23.72** | **23.72** | **23.86** |
| 北京 | 24.72 | 25.00 | 25.20 | 24.71 | 24.96 |
| 天津 | 24.25 | 24.67 | 24.09 | 24.12 | 23.86 |
| 河北 | 23.01 | 22.76 | 23.39 | 22.83 | 23.48 |
| 山西 | 22.62 | 22.83 | 21.92 | 22.96 | 23.71 |
| 内蒙 | 22.90 | 22.91 | 22.80 | 23.44 | 23.39 |
| 辽宁 | 23.25 | 23.28 | 22.90 | 22.95 | 23.19 |
| 吉林 | 22.41 | 22.73 | 22.65 | 23.05 | 23.10 |
| 黑龙江 | 22.86 | 23.04 | 22.67 | 23.13 | 23.15 |
| 上海 | 26.06 | 26.48 | 26.89 | 25.84 | 26.29 |
| 江苏 | 23.24 | 23.36 | 23.45 | 23.27 | 23.51 |
| 浙江 | 23.39 | 23.78 | 24.29 | 23.44 | 23.57 |
| 安徽 | 22.81 | 22.87 | 23.26 | 22.89 | 23.38 |
| 福建 | 22.28 | 22.90 | 22.66 | 23.01 | 24.77 |
| 江西 | 22.21 | 23.17 | 23.14 | 23.90 | 22.85 |
| 山东 | 22.95 | 22.89 | 23.49 | 24.43 | 24.07 |
| 河南 | 22.41 | 22.58 | 22.59 | 22.41 | 22.47 |
| 湖北 | 22.85 | 22.81 | 22.71 | 23.13 | 23.19 |
| 湖南 | 22.52 | 23.26 | 23.10 | 23.95 | 23.48 |
| 广东 | 24.28 | 24.08 | 24.34 | 24.18 | 25.05 |
| 广西 | 23.64 | 24.08 | 23.53 | 23.75 | 25.83 |
| 海南 | 24.56 | 23.87 | 24.07 | 24.09 | 24.64 |
| 四川 | 24.02 | 23.79 | 23.66 | 23.52 | 23.47 |
| 贵州 | — | — | — | — | |
| 云南 | 22.50 | 21.93 | 22.32 | 22.50 | 22.85 |
| 西藏 | 20.80 | 21.65 | 24.57 | 21.26 | 18.17 |
| 陕西 | 23.36 | 22.87 | 23.12 | 23.36 | 23.17 |
| 甘肃 | 22.64 | 22.70 | 23.14 | 23.06 | 23.35 |
| 青海 | 24.21 | 23.87 | 23.69 | 24.64 | 24.29 |
| 宁夏 | 22.23 | 22.47 | 22.38 | 22.69 | 22.84 |
| 新疆 | 23.72 | 23.61 | 23.73 | 23.57 | 24.56 |

## 1—10 省、自治区、直辖市的镇育龄妇女近几年平均初婚年龄(第二口径)

单位:岁

| 地区 | 1988年平均初婚年龄 | 1989年平均初婚年龄 | 1990年平均初婚年龄 | 1991年平均初婚年龄 | 1992年平均初婚年龄 |
|---|---|---|---|---|---|
| **总计** | 22.42 | 22.43 | 22.50 | 22.69 | 22.85 |
| 北京 | 25.03 | 23.35 | 22.92 | 24.81 | 23.24 |
| 天津 | 22.83 | 22.73 | 23.67 | 22.55 | 21.06 |
| 河北 | 22.16 | 21.41 | 21.04 | 21.74 | 22.73 |
| 山西 | 23.04 | 23.15 | 23.25 | 20.61 | 22.29 |
| 内蒙 | 22.45 | 21.61 | 21.99 | 22.14 | 22.93 |
| 辽宁 | 21.71 | 21.60 | 21.73 | 21.95 | 21.67 |
| 吉林 | 22.53 | 22.67 | 22.86 | 22.37 | 23.17 |
| 黑龙江 | 20.55 | 20.99 | 21.23 | 21.47 | 22.06 |
| 上海 | 21.14 | 21.29 | 21.02 | 20.91 | 22.83 |
| 江苏 | 23.15 | 22.83 | 22.27 | 23.20 | 22.98 |
| 浙江 | 22.66 | 22.71 | 22.97 | 23.13 | 23.38 |
| 安徽 | 23.25 | 22.97 | 22.71 | 23.01 | 22.79 |
| 福建 | 22.49 | 23.12 | 23.40 | 23.51 | 23.85 |
| 江西 | 23.74 | 23.59 | 21.95 | 21.79 | 21.94 |
| 山东 | 22.74 | 21.67 | 22.64 | 23.40 | 23.70 |
| 河南 | 22.71 | 22.08 | 22.49 | 22.87 | 22.55 |
| 湖北 | 22.93 | 22.51 | 22.88 | 22.18 | 22.72 |
| 湖南 | 22.98 | 22.68 | 23.16 | 22.87 | 26.04 |
| 广东 | 23.29 | 23.20 | 23.57 | 23.74 | 23.99 |
| 广西 | 22.73 | 22.76 | 22.73 | 23.10 | 23.50 |
| 海南 | 22.50 | 23.44 | 22.50 | 23.05 | 24.29 |
| 四川 | 22.87 | 22.82 | 24.14 | 22.77 | 22.89 |
| 贵州 | 22.87 | 23.71 | 22.50 | 23.36 | 22.38 |
| 云南 | 21.13 | 21.32 | 21.65 | 23.01 | 23.36 |
| 西藏 | — | — | — | — | — |
| 陕西 | 20.63 | 20.98 | 20.31 | 20.29 | 21.33 |
| 甘肃 | 23.87 | 27.92 | 24.87 | 25.73 | 21.63 |
| 青海 | — | — | — | — | — |
| 宁夏 | 21.82 | 22.40 | 21.96 | 22.31 | 22.23 |
| 新疆 | 19.29 | 19.50 | 20.23 | 20.71 | 21.28 |

## 1-11 省、自治区、直辖市的县育龄妇女近几年平均初婚年龄(第二口径)

单位:岁

| 地区 | 1988年平均初婚年龄 | 1989年平均初婚年龄 | 1990年平均初婚年龄 | 1991年平均初婚年龄 | 1992年平均初婚年龄 |
|---|---|---|---|---|---|
| 总计 | 21.22 | 21.42 | 21.54 | 21.74 | 22.00 |
| 北京 | 22.53 | 22.97 | 22.60 | 22.56 | 23.00 |
| 天津 | 22.20 | 22.01 | 22.49 | 22.70 | 22.35 |
| 河北 | 21.83 | 22.00 | 21.91 | 21.93 | 22.39 |
| 山西 | 20.99 | 21.14 | 21.24 | 21.06 | 21.78 |
| 内蒙 | 21.07 | 21.53 | 21.35 | 21.58 | 22.00 |
| 辽宁 | 21.81 | 21.81 | 21.86 | 22.15 | 22.49 |
| 吉林 | 20.91 | 21.24 | 21.26 | 21.29 | 21.60 |
| 黑龙江 | 20.63 | 20.67 | 20.97 | 21.21 | 21.41 |
| 上海 | 22.08 | 22.29 | 22.27 | 21.99 | 22.30 |
| 江苏 | 21.72 | 21.59 | 21.88 | 22.27 | 22.59 |
| 浙江 | 22.29 | 22.47 | 22.76 | 22.60 | 22.95 |
| 安徽 | 21.69 | 21.98 | 22.02 | 22.09 | 22.70 |
| 福建 | 20.49 | 20.44 | 20.76 | 21.07 | 21.76 |
| 江西 | 20.46 | 20.57 | 20.64 | 21.08 | 21.47 |
| 山东 | 22.31 | 22.60 | 23.00 | 23.55 | 23.74 |
| 河南 | 21.73 | 22.24 | 21.91 | 22.25 | 22.55 |
| 湖北 | 21.32 | 21.61 | 21.66 | 21.53 | 21.96 |
| 湖南 | 21.03 | 21.28 | 21.60 | 21.64 | 22.33 |
| 广东 | 22.41 | 22.57 | 22.58 | 22.85 | 23.30 |
| 广西 | 21.76 | 22.08 | 22.16 | 22.18 | 22.48 |
| 海南 | 21.15 | 21.64 | 21.67 | 21.77 | 22.41 |
| 四川 | 20.87 | 20.90 | 21.14 | 21.43 | 21.59 |
| 贵州 | 21.27 | 21.47 | 21.74 | 21.87 | 21.97 |
| 云南 | 20.91 | 21.22 | 21.16 | 21.33 | 21.44 |
| 西藏 | 24.87 | 20.84 | 21.92 | 24.13 | 28.29 |
| 陕西 | 20.96 | 21.11 | 21.06 | 21.30 | 21.57 |
| 甘肃 | 20.37 | 20.71 | 20.99 | 21.29 | 21.41 |
| 青海 | 20.10 | 20.52 | 20.77 | 21.03 | 21.16 |
| 宁夏 | 20.10 | 20.46 | 20.54 | 20.64 | 20.68 |
| 新疆 | 19.64 | 19.97 | 20.29 | 20.88 | 20.53 |

## 1-12 全国近几年初婚1992年初育的育龄妇女人数及所占比重

单位:人、%

| 年龄(岁) | 1990年初婚 | | | 1991年初婚 | | | 1992年初婚 | | |
|---|---|---|---|---|---|---|---|---|---|
| | 1990年初婚人数 | 1992年初育人数 | 初育占初婚的百分比 | 1990年初婚人数 | 1992年初育人数 | 初育占初婚的百分比 | 1990年初婚人数 | 1992年初育人数 | 初育占初婚的百分比 |
| **总计** | 18 172 | 4 223 | 23.24 | 15 582 | 8 339 | 53.52 | 16 818 | 1 847 | 10.98 |
| 15—19 | 456 | 98 | 21.49 | 804 | 347 | 43.16 | 1 564 | 87 | 5.56 |
| 15 | 4 | — | — | 6 | — | — | 15 | — | — |
| 16 | 8 | 3 | 37.50 | 24 | 9 | 37.50 | 63 | 5 | 7.94 |
| 17 | 33 | 4 | 12.12 | 64 | 29 | 45.31 | 147 | 8 | 5.44 |
| 18 | 106 | 22 | 20.75 | 223 | 91 | 40.81 | 461 | 25 | 5.42 |
| 19 | 305 | 69 | 22.62 | 487 | 218 | 44.76 | 878 | 49 | 5.58 |
| 20—24 | 10 960 | 2 679 | 24.44 | 10 927 | 5 982 | 54.75 | 12 579 | 1 446 | 11.50 |
| 20 | 842 | 202 | 23.99 | 1 086 | 558 | 51.38 | 2 093 | 206 | 9.84 |
| 21 | 1 384 | 366 | 26.45 | 2 034 | 1 109 | 54.52 | 2 638 | 293 | 11.11 |
| 22 | 2 791 | 676 | 24.22 | 2 744 | 1 515 | 55.21 | 3 040 | 342 | 11.25 |
| 23 | 2 821 | 679 | 24.07 | 2 484 | 1 369 | 55.11 | 2 697 | 322 | 11.94 |
| 24 | 3 122 | 756 | 24.22 | 2 579 | 1 431 | 55.49 | 2 111 | 283 | 13.41 |
| 25—29 | 6 080 | 1 337 | 21.99 | 3 419 | 1 846 | 53.99 | 2 389 | 295 | 12.35 |
| 25 | 2 162 | 492 | 22.76 | 1 318 | 731 | 55.46 | 1 009 | 129 | 12.78 |
| 26 | 1 718 | 371 | 21.59 | 956 | 512 | 53.56 | 654 | 80 | 12.23 |
| 27 | 1 068 | 227 | 21.25 | 583 | 329 | 56.43 | 364 | 46 | 12.64 |
| 28 | 678 | 142 | 20.94 | 338 | 161 | 47.63 | 208 | 26 | 12.50 |
| 29 | 454 | 105 | 23.13 | 224 | 113 | 50.45 | 154 | 14 | 9.09 |
| 30—34 | 502 | 89 | 17.73 | 315 | 144 | 45.71 | 195 | 16 | 8.21 |
| 30 | 237 | 47 | 19.83 | 151 | 76 | 50.33 | 79 | 9 | 11.39 |
| 31 | 98 | 16 | 16.33 | 63 | 32 | 50.79 | 41 | 2 | 4.88 |
| 32 | 77 | 11 | 14.29 | 47 | 18 | 38.30 | 31 | 1 | 3.23 |
| 33 | 45 | 10 | 22.22 | 29 | 10 | 34.48 | 25 | 1 | 4.00 |
| 34 | 45 | 5 | 11.11 | 25 | 8 | 32.00 | 19 | 3 | 15.79 |
| 35—39 | 122 | 17 | 13.93 | 81 | 17 | 20.99 | 58 | 3 | 5.17 |
| 35 | 37 | 5 | 13.51 | 24 | 9 | 37.50 | 15 | 1 | 6.67 |
| 36 | 28 | 4 | 14.29 | 29 | 5 | 17.24 | 16 | 1 | 6.25 |
| 37 | 23 | 5 | 21.74 | 11 | 1 | 9.09 | 7 | — | — |
| 38 | 16 | 2 | 12.50 | 12 | 1 | 8.33 | 7 | 1 | 14.29 |
| 39 | 18 | 1 | 5.56 | 5 | 1 | 20.00 | 13 | — | — |
| 40—44 | 37 | 3 | 8.11 | 19 | 3 | 15.79 | 22 | — | — |
| 40 | 13 | 2 | 15.38 | 4 | 1 | 25.00 | 7 | — | — |
| 41 | 5 | — | — | 6 | 1 | 16.67 | 6 | — | — |
| 42 | 10 | — | — | 2 | 1 | 50.00 | 4 | — | — |
| 43 | 7 | 1 | 14.29 | 2 | — | — | 3 | — | — |
| 44 | 2 | — | — | 5 | — | — | 2 | — | — |
| 45—49 | 15 | — | — | 17 | — | — | 11 | — | — |
| 45 | 5 | — | — | 4 | — | — | 1 | — | — |
| 46 | 4 | — | — | 6 | — | — | 3 | — | — |
| 47 | 1 | — | — | — | — | — | — | — | — |
| 48 | 3 | — | — | 2 | — | — | 3 | — | — |
| 49 | 2 | — | — | 5 | — | — | 4 | — | — |

## 1—13 省、自治区、直辖市分

| 地区 | 出生人数 | | | | 第一孩 | | |
|---|---|---|---|---|---|---|---|
| | 合计 | 男 | 女 | 性别比 | 小计 | 男 | 女 |
| **总计** | 30 101 | 16 051 | 14 050 | 114.24 | 17 697 | 9 135 | 8 562 |
| 北京 | 853 | 455 | 398 | 114.32 | 755 | 403 | 352 |
| 天津 | 1 085 | 562 | 523 | 107.46 | 868 | 431 | 437 |
| 河北 | 966 | 505 | 461 | 109.54 | 637 | 320 | 317 |
| 山西 | 979 | 506 | 473 | 106.98 | 537 | 270 | 267 |
| 内蒙 | 1 029 | 551 | 478 | 115.27 | 657 | 324 | 333 |
| 辽宁 | 642 | 352 | 290 | 121.38 | 485 | 259 | 226 |
| 吉林 | 797 | 421 | 376 | 111.97 | 537 | 274 | 263 |
| 黑龙江 | 895 | 453 | 442 | 102.49 | 621 | 317 | 304 |
| 上海 | 372 | 175 | 197 | 88.83 | 350 | 165 | 185 |
| 江苏 | 942 | 511 | 431 | 118.56 | 719 | 376 | 343 |
| 浙江 | 769 | 427 | 342 | 124.85 | 572 | 314 | 258 |
| 安徽 | 1 131 | 648 | 483 | 134.16 | 715 | 398 | 317 |
| 福建 | 1 406 | 732 | 674 | 108.61 | 738 | 372 | 366 |
| 江西 | 1 312 | 678 | 634 | 106.94 | 656 | 332 | 324 |
| 山东 | 727 | 403 | 324 | 124.38 | 552 | 290 | 262 |
| 河南 | 1 239 | 669 | 570 | 117.37 | 807 | 402 | 405 |
| 湖北 | 1 165 | 634 | 531 | 119.40 | 650 | 320 | 330 |
| 湖南 | 861 | 466 | 395 | 117.97 | 586 | 299 | 287 |
| 广东 | 1 580 | 864 | 716 | 120.67 | 734 | 390 | 344 |
| 广西 | 949 | 538 | 411 | 130.90 | 439 | 239 | 200 |
| 海南 | 1 069 | 570 | 499 | 114.23 | 387 | 188 | 199 |
| 四川 | 1 171 | 634 | 537 | 118.06 | 882 | 479 | 403 |
| 贵州 | 1 359 | 711 | 648 | 109.72 | 620 | 309 | 311 |
| 云南 | 873 | 460 | 413 | 111.38 | 479 | 250 | 229 |
| 西藏 | 65 | 42 | 23 | 182.61 | 24 | 21 | 3 |
| 陕西 | 1 127 | 621 | 506 | 122.73 | 553 | 289 | 264 |
| 甘肃 | 1 225 | 645 | 580 | 111.21 | 609 | 315 | 294 |
| 青海 | 1 164 | 605 | 559 | 108.23 | 528 | 274 | 254 |
| 宁夏 | 1 195 | 603 | 592 | 101.86 | 573 | 284 | 289 |
| 新疆 | 1 154 | 610 | 544 | 112.13 | 427 | 231 | 196 |

# 孩次及性别的出生人数

单位：人

| | 第 | 二 | 孩 | | 三 | 孩 | 及以 | 上 |
|---|---|---|---|---|---|---|---|---|
| 性别比 | 小计 | 男 | 女 | 性别比 | 小计 | 男 | 女 | 性别比 |
| 106.69 | 8 256 | 4 598 | 3 658 | 125.70 | 4 148 | 2 318 | 1 830 | 126.67 |
| | | | | | | | | |
| 114.49 | 90 | 49 | 41 | 119.51 | 8 | 3 | 5 | 60.00 |
| 98.63 | 189 | 113 | 76 | 148.68 | 28 | 18 | 10 | 180.00 |
| 100.95 | 261 | 145 | 116 | 125.00 | 68 | 40 | 28 | 142.86 |
| 101.12 | 320 | 168 | 152 | 110.53 | 122 | 68 | 54 | 125.93 |
| 97.30 | 280 | 168 | 112 | 150.00 | 92 | 59 | 33 | 178.79 |
| | | | | | | | | |
| 114.60 | 139 | 81 | 58 | 139.66 | 18 | 12 | 6 | 200.00 |
| 104.18 | 189 | 103 | 86 | 119.77 | 71 | 44 | 27 | 162.96 |
| 104.28 | 195 | 97 | 98 | 98.98 | 79 | 39 | 40 | 97.50 |
| | | | | | | | | |
| 89.19 | 19 | 9 | 10 | 90.00 | 3 | 1 | 2 | 50.00 |
| 109.62 | 168 | 100 | 68 | 147.06 | 55 | 35 | 20 | 175.00 |
| 121.71 | 177 | 100 | 77 | 129.87 | 20 | 13 | 7 | 185.71 |
| 125.55 | 336 | 201 | 135 | 148.89 | 80 | 49 | 31 | 158.06 |
| 101.64 | 465 | 260 | 205 | 126.83 | 203 | 100 | 103 | 97.09 |
| 102.47 | 456 | 248 | 208 | 119.23 | 200 | 98 | 102 | 96.08 |
| 110.69 | 152 | 95 | 57 | 166.67 | 23 | 18 | 5 | 360.00 |
| | | | | | | | | |
| 99.26 | 320 | 195 | 125 | 156.00 | 112 | 72 | 40 | 180.00 |
| 96.97 | 375 | 220 | 155 | 141.94 | 140 | 94 | 46 | 204.35 |
| 104.18 | 179 | 111 | 68 | 163.24 | 96 | 56 | 40 | 140.00 |
| 113.37 | 491 | 280 | 211 | 132.70 | 355 | 194 | 161 | 120.50 |
| 119.50 | 279 | 153 | 126 | 121.43 | 231 | 146 | 85 | 171.76 |
| 94.47 | 327 | 182 | 145 | 125.52 | 355 | 200 | 155 | 129.03 |
| | | | | | | | | |
| 118.86 | 233 | 125 | 108 | 115.74 | 56 | 30 | 26 | 115.38 |
| 99.36 | 446 | 248 | 198 | 125.25 | 293 | 154 | 139 | 110.79 |
| 109.17 | 271 | 147 | 124 | 118.55 | 123 | 63 | 60 | 105.00 |
| 700.00 | 20 | 9 | 11 | 81.82 | 21 | 12 | 9 | 133.33 |
| | | | | | | | | |
| 109.47 | 448 | 258 | 190 | 135.79 | 126 | 74 | 52 | 142.31 |
| 107.14 | 447 | 234 | 213 | 109.86 | 169 | 96 | 73 | 131.51 |
| 107.87 | 341 | 170 | 171 | 99.42 | 295 | 161 | 134 | 120.15 |
| 98.27 | 373 | 185 | 188 | 98.40 | 249 | 134 | 115 | 116.52 |
| 117.86 | 270 | 144 | 126 | 114.29 | 457 | 235 | 222 | 105.86 |

## 1—14 省、自治区、直辖

| 地　　区 | 0岁 | 1—4岁 | 5—9岁 | 10—14岁 | 15—19岁 | 20—24岁 | 25—29岁 | 30—34岁 | 35—39岁 | 40—45岁 |
|---|---|---|---|---|---|---|---|---|---|---|
| **总　　计** | **42.27** | **1.97** | **0.82** | **0.62** | **0.97** | **1.45** | **1.45** | **1.40** | **1.89** | **2.53** |
| 北　　京 | 10.29 | 0.80 | 0.28 | 0.49 | 0.18 | 1.19 | 0.54 | 0.45 | 1.01 | 1.88 |
| 天　　津 | 9.12 | 0.88 | 0.27 | 0.32 | 0.58 | 1.29 | 0.58 | 0.97 | 0.98 | 0.82 |
| 河　　北 | 24.49 | 0.54 | 0.59 | 0.52 | 0.20 | 0.93 | 0.94 | 1.93 | 1.57 | 2.86 |
| 山　　西 | 20.27 | 0.90 | 1.01 | 0.72 | 1.67 | 0.92 | 1.37 | 1.63 | 1.87 | 1.41 |
| 内　　蒙 | 37.61 | 1.32 | 0.68 | 0.74 | 0.34 | 1.44 | 0.95 | 0.86 | 2.09 | 3.52 |
| 辽　　宁 | 31.22 | 0.64 | — | — | 0.76 | 0.79 | 0.90 | 0.90 | 1.85 | 2.14 |
| 吉　　林 | 59.68 | 0.29 | 0.47 | — | 0.24 | 0.69 | 0.87 | 0.47 | 1.17 | 4.38 |
| 黑 龙 江 | 48.32 | 0.25 | 0.20 | 0.19 | 1.06 | 1.43 | 0.53 | 1.41 | 2.42 | 2.51 |
| 上　　海 | 2.60 | 0.42 | 0.55 | 0.30 | — | 1.37 | 0.24 | 0.37 | 1.47 | 1.42 |
| 江　　苏 | 51.93 | 1.08 | 0.61 | 0.41 | 0.63 | 0.76 | 1.61 | 1.58 | 1.57 | 2.17 |
| 浙　　江 | 14.27 | 1.27 | 0.54 | 0.25 | 0.24 | 0.94 | 1.18 | 1.26 | 1.97 | 2.59 |
| 安　　徽 | 24.83 | 2.23 | 1.08 | 0.36 | 1.02 | 1.56 | 2.41 | 1.81 | 2.54 | 2.97 |
| 福　　建 | 35.18 | 1.41 | 0.67 | 0.64 | 0.93 | 2.16 | 1.75 | 0.95 | 1.70 | 2.78 |
| 江　　西 | 71.34 | 4.52 | 0.43 | 0.75 | 0.87 | 1.38 | 2.36 | 1.45 | 2.76 | 1.21 |
| 山　　东 | 18.27 | 0.34 | 0.61 | 0.75 | 0.90 | 1.53 | 0.67 | 1.25 | 1.91 | 2.85 |
| 河　　南 | 38.30 | 1.01 | — | 0.46 | 0.92 | 1.71 | 2.48 | 1.31 | 0.75 | 2.99 |
| 湖　　北 | 25.32 | 2.37 | 0.65 | 0.61 | 1.44 | 1.38 | 2.03 | 1.61 | 1.68 | 2.97 |
| 湖　　南 | 67.98 | 3.27 | 1.47 | 1.08 | 2.01 | 1.48 | 1.52 | 2.15 | 2.36 | 2.80 |
| 广　　东 | 37.98 | 1.29 | 0.34 | 0.26 | 0.73 | 1.78 | 0.89 | 0.89 | 2.45 | 1.98 |
| 广　　西 | 68.51 | 0.97 | 0.66 | 0.55 | 0.97 | 1.37 | 1.58 | 3.96 | 2.84 | 4.73 |
| 海　　南 | 33.50 | 2.05 | 1.22 | 0.36 | 0.88 | 1.01 | 0.61 | 0.92 | 0.91 | 4.46 |
| 四　　川 | 33.19 | 2.55 | 0.48 | 1.51 | 0.81 | 1.47 | 1.56 | 1.31 | 1.36 | 1.87 |
| 贵　　州 | 89.79 | 5.42 | 1.56 | 0.96 | 1.20 | 2.24 | 2.97 | 1.42 | 3.04 | 3.99 |
| 云　　南 | 56.58 | 3.46 | 2.01 | 0.89 | 1.20 | 1.51 | 1.45 | 3.48 | 2.63 | 3.98 |
| 西　　藏 | 15.87 | 3.62 | — | — | — | — | 3.34 | — | 6.67 | 9.22 |
| 陕　　西 | 42.93 | 1.67 | 0.88 | 0.60 | 1.96 | 1.70 | 1.47 | 2.13 | 2.79 | 2.58 |
| 甘　　肃 | 45.63 | 2.48 | 1.62 | 1.19 | 1.33 | 1.46 | 0.97 | 2.64 | 2.36 | 1.46 |
| 青　　海 | 83.33 | 4.16 | 2.48 | 1.27 | 1.16 | 2.28 | 3.32 | 3.02 | 3.29 | 3.22 |
| 宁　　夏 | 43.62 | 2.37 | 0.95 | 0.93 | 1.21 | 1.06 | 1.63 | 1.46 | 1.74 | 2.26 |
| 新　　疆 | 64.17 | 5.44 | 2.21 | 0.60 | 1.75 | 2.30 | 3.08 | 2.07 | 3.35 | 2.58 |

# 市分年龄别的死亡率

单位:‰

| 45—49岁 | 50—54岁 | 55—59岁 | 60—64岁 | 65—69岁 | 70—74岁 | 75—79岁 | 80—84岁 | 85—89岁 | 90岁及以上 |
|---|---|---|---|---|---|---|---|---|---|
| 4.01 | 6.25 | 10.34 | 16.86 | 28.90 | 52.21 | 77.60 | 130.36 | 201.85 | 305.69 |
| 2.40 | 3.57 | 7.42 | 10.85 | 28.52 | 44.28 | 65.06 | 116.52 | 188.51 | 321.17 |
| 2.28 | 4.12 | 9.27 | 12.73 | 26.78 | 52.89 | 69.41 | 109.35 | 174.76 | 311.93 |
| 5.19 | 5.71 | 8.17 | 21.84 | 27.62 | 52.02 | 84.53 | 124.82 | 241.25 | 264.15 |
| 4.71 | 5.88 | 12.63 | 16.30 | 34.53 | 64.23 | 90.11 | 153.85 | 257.14 | 125.00 |
| 6.23 | 6.18 | 19.45 | 31.38 | 43.01 | 60.76 | 91.22 | 166.67 | 265.31 | 93.02 |
| 2.00 | 3.58 | 8.45 | 15.44 | 29.40 | 42.93 | 81.91 | 84.08 | 260.87 | 416.67 |
| 5.83 | 6.79 | 11.73 | 23.05 | 34.59 | 44.36 | 107.91 | 166.67 | 192.00 | 268.66 |
| 6.41 | 5.39 | 10.58 | 25.64 | 38.98 | 74.24 | 114.29 | 163.74 | 298.85 | 222.22 |
| 3.16 | 1.85 | 6.78 | 14.05 | 17.27 | 27.12 | 51.20 | 98.97 | 193.21 | 241.94 |
| 3.30 | 7.30 | 10.77 | 17.52 | 23.27 | 53.47 | 76.02 | 129.34 | 177.78 | 342.86 |
| 2.34 | 3.94 | 9.25 | 14.53 | 23.59 | 39.39 | 63.44 | 123.20 | 238.27 | 613.33 |
| 2.11 | 5.40 | 10.32 | 16.70 | 26.16 | 50.44 | 73.88 | 133.08 | 132.08 | 297.87 |
| 1.71 | 9.28 | 11.85 | 11.55 | 22.73 | 55.47 | 68.26 | 133.68 | 164.29 | 337.66 |
| 5.32 | 6.28 | 10.89 | 15.69 | 26.11 | 51.09 | 76.18 | 133.12 | 189.35 | 461.54 |
| 5.43 | 4.57 | 9.48 | 15.13 | 29.80 | 55.92 | 72.33 | 149.72 | 227.42 | 426.67 |
| 4.14 | 7.13 | 13.36 | 21.28 | 30.39 | 51.60 | 80.15 | 125.35 | 222.22 | 477.61 |
| 5.12 | 11.09 | 11.70 | 17.08 | 26.25 | 60.07 | 83.15 | 126.16 | 202.70 | 222.22 |
| 3.55 | 5.43 | 9.94 | 14.02 | 24.02 | 52.08 | 67.21 | 132.10 | 219.70 | 488.89 |
| 4.22 | 5.96 | 7.93 | 11.81 | 23.35 | 39.61 | 54.78 | 113.03 | 156.42 | 229.51 |
| 3.91 | 5.21 | 15.00 | 16.82 | 23.70 | 36.88 | 98.92 | 134.35 | 141.84 | 173.91 |
| 1.72 | 4.18 | 11.45 | 14.56 | 27.75 | 45.78 | 73.22 | 86.52 | 205.76 | 285.71 |
| 6.27 | 8.96 | 10.20 | 17.26 | 30.67 | 56.16 | 67.48 | 129.03 | 158.19 | 279.57 |
| 4.58 | 6.93 | 9.72 | 21.65 | 49.37 | 65.69 | 83.33 | 138.61 | 304.57 | 423.08 |
| 5.11 | 7.83 | 5.78 | 16.57 | 29.77 | 56.43 | 90.91 | 142.20 | 178.57 | 416.67 |
| — | — | 24.10 | 35.29 | — | 20.83 | 61.54 | — | 285.71 | — |
| 4.19 | 9.59 | 8.95 | 17.44 | 28.36 | 69.53 | 121.16 | 120.95 | 203.12 | 285.71 |
| 4.31 | 6.13 | 10.55 | 23.60 | 34.35 | 59.19 | 88.34 | 206.39 | 351.85 | 363.64 |
| 4.26 | 9.27 | 13.88 | 25.87 | 43.93 | 97.86 | 120.75 | 168.14 | 231.88 | 133.33 |
| 4.00 | 6.17 | 12.12 | 10.43 | 26.84 | 51.68 | 69.80 | 181.82 | 292.68 | 315.79 |
| 4.35 | 8.95 | 8.24 | 19.14 | 49.21 | 64.26 | 79.18 | 210.19 | 127.66 | 135.92 |

# 1-15 全国分年龄死亡人数按月份分布状况

单位:人

| 年龄别(岁) | 一月 | 二月 | 三月 | 四月 | 五月 | 六月 |
|---|---|---|---|---|---|---|
| 总计 | 1 027 | 1 174 | 1 107 | 969 | 875 | 908 |
| 0 | 44 | 58 | 71 | 78 | 56 | 79 |
| 1-4 | 42 | 54 | 39 | 42 | 33 | 45 |
| 5-9 | 7 | 9 | 15 | 17 | 10 | 18 |
| 10-14 | 7 | 9 | 8 | 7 | 5 | 12 |
| 15-19 | 7 | 13 | 7 | 11 | 12 | 7 |
| 20-24 | 25 | 24 | 21 | 20 | 22 | 25 |
| 25-29 | 21 | 23 | 18 | 16 | 16 | 30 |
| 30-34 | 10 | 13 | 13 | 12 | 20 | 11 |
| 35-39 | 19 | 20 | 24 | 16 | 26 | 23 |
| 40-44 | 24 | 24 | 23 | 26 | 21 | 13 |
| 45-49 | 26 | 34 | 45 | 17 | 21 | 24 |
| 50-54 | 34 | 48 | 52 | 24 | 45 | 38 |
| 55-59 | 57 | 67 | 78 | 66 | 58 | 64 |
| 60-64 | 92 | 111 | 88 | 75 | 76 | 74 |
| 65-69 | 126 | 106 | 129 | 110 | 89 | 109 |
| 70-74 | 130 | 178 | 136 | 140 | 123 | 107 |
| 75-79 | 153 | 145 | 131 | 129 | 91 | 96 |
| 80-84 | 103 | 124 | 111 | 102 | 87 | 70 |
| 85-89 | 70 | 72 | 73 | 39 | 44 | 46 |
| 90岁及以上 | 30 | 42 | 25 | 22 | 20 | 17 |

| 年龄别(岁) | 七月 | 八月 | 九月 | 十月 | 十一月 | 十二月 |
|---|---|---|---|---|---|---|
| 总计 | 943 | 1 014 | 974 | 1 123 | 1 050 | 1 043 |
| 0 | 114 | 97 | 142 | 101 | 112 | |
| 1-4 | 34 | 41 | 26 | 34 | 23 | 17 |
| 5-9 | 14 | 11 | 15 | 8 | 9 | 8 |
| 10-14 | 9 | 12 | 5 | 8 | 6 | 9 |
| 15-19 | 21 | 18 | 20 | 15 | 18 | 10 |
| 20-24 | 30 | 28 | 30 | 15 | 14 | 24 |
| 25-29 | 23 | 28 | 27 | 21 | 26 | 21 |
| 30-34 | 13 | 20 | 18 | 12 | 11 | 20 |
| 35-39 | 23 | 21 | 26 | 23 | 17 | 31 |
| 40-44 | 29 | 20 | 26 | 27 | 25 | 19 |
| 45-49 | 30 | 27 | 22 | 35 | 21 | 21 |
| 50-54 | 40 | 40 | 25 | 38 | 33 | 39 |
| 55-59 | 51 | 62 | 63 | 52 | 47 | 65 |
| 60-64 | 78 | 72 | 63 | 86 | 88 | 75 |
| 65-69 | 83 | 99 | 107 | 111 | 110 | 115 |
| 70-74 | 123 | 142 | 127 | 154 | 141 | 137 |
| 75-79 | 97 | 101 | 99 | 140 | 151 | 128 |
| 80-84 | 82 | 92 | 102 | 121 | 115 | 108 |
| 85-89 | 46 | 47 | 56 | 58 | 67 | 58 |
| 90岁及以上 | 22 | 19 | 20 | 23 | 27 | 26 |

## 1－16 省、自治区、直辖市迁入人口状况

单位：人

| 地区 | 迁入人口 | | | 省内迁入 | | | 省外迁入 | | |
|---|---|---|---|---|---|---|---|---|---|
| | 合计 | 男 | 女 | 合计 | 男 | 女 | 合计 | 男 | 女 |
| **总计** | **37 251** | **14 603** | **22 648** | **34 166** | **12 913** | **21 253** | **3 085** | **1 690** | **1 395** |
| 北京 | 1 968 | 871 | 1 097 | 1 638 | 687 | 951 | 330 | 184 | 146 |
| 天津 | 1 834 | 926 | 908 | 1 674 | 834 | 840 | 160 | 92 | 68 |
| 河北 | 1 489 | 599 | 890 | 1 430 | 576 | 854 | 59 | 23 | 36 |
| 山西 | 683 | 228 | 455 | 616 | 203 | 413 | 67 | 25 | 42 |
| 内蒙 | 2 234 | 987 | 1 247 | 2 071 | 906 | 1 165 | 163 | 81 | 82 |
| 辽宁 | 1 005 | 385 | 620 | 919 | 336 | 583 | 86 | 49 | 37 |
| 吉林 | 2 009 | 866 | 1 143 | 1 915 | 805 | 1 110 | 94 | 61 | 33 |
| 黑龙江 | 1 455 | 575 | 880 | 1 373 | 537 | 836 | 82 | 38 | 44 |
| 上海 | 1 902 | 885 | 1 017 | 1 709 | 775 | 934 | 193 | 110 | 83 |
| 江苏 | 979 | 333 | 646 | 884 | 277 | 607 | 95 | 56 | 39 |
| 浙江 | 651 | 210 | 441 | 596 | 183 | 413 | 55 | 27 | 28 |
| 安徽 | 1 099 | 386 | 713 | 1 019 | 338 | 681 | 80 | 48 | 32 |
| 福建 | 1 392 | 620 | 772 | 1 148 | 463 | 685 | 244 | 157 | 87 |
| 江西 | 890 | 291 | 599 | 817 | 240 | 577 | 73 | 51 | 22 |
| 山东 | 882 | 281 | 601 | 827 | 251 | 576 | 55 | 30 | 25 |
| 河南 | 997 | 279 | 718 | 926 | 235 | 691 | 71 | 44 | 27 |
| 湖北 | 901 | 320 | 581 | 842 | 287 | 555 | 59 | 33 | 26 |
| 湖南 | 932 | 331 | 601 | 866 | 299 | 567 | 66 | 32 | 34 |
| 广东 | 3 052 | 1 265 | 1 787 | 2 840 | 1 186 | 1 654 | 212 | 79 | 133 |
| 广西 | 388 | 124 | 264 | 360 | 107 | 253 | 28 | 17 | 11 |
| 海南 | 633 | 271 | 362 | 531 | 209 | 322 | 102 | 62 | 40 |
| 四川 | 1 331 | 421 | 910 | 1 259 | 369 | 890 | 72 | 52 | 20 |
| 贵州 | 913 | 241 | 672 | 849 | 202 | 647 | 64 | 39 | 25 |
| 云南 | 612 | 205 | 407 | 587 | 186 | 401 | 25 | 19 | 6 |
| 西藏 | 4 | 1 | 3 | 4 | 1 | 3 | — | — | — |
| 陕西 | 995 | 301 | 694 | 934 | 264 | 670 | 61 | 37 | 24 |
| 甘肃 | 1 207 | 362 | 845 | 1 156 | 330 | 826 | 51 | 32 | 19 |
| 青海 | 1 332 | 582 | 750 | 1 256 | 544 | 712 | 76 | 38 | 38 |
| 宁夏 | 853 | 314 | 539 | 769 | 274 | 495 | 84 | 40 | 44 |
| 新疆 | 2 629 | 1 143 | 1 486 | 2 351 | 1 009 | 1 342 | 278 | 134 | 144 |

## 1-17 省、自治区、直辖市迁出人口状况

单位：人

| 地区 | 迁出人口 | | | 迁往省内 | | | 迁往省外 | | |
|---|---|---|---|---|---|---|---|---|---|
| | 合计 | 男 | 女 | 合计 | 男 | 女 | 合计 | 男 | 女 |
| **总计** | **42 383** | **17 315** | **25 068** | **37 904** | **14 764** | **23 140** | **4 479** | **2 551** | **1 928** |
| 北京 | 1 870 | 883 | 987 | 1 634 | 714 | 920 | 236 | 169 | 67 |
| 天津 | 1 002 | 539 | 463 | 872 | 449 | 423 | 130 | 90 | 40 |
| 河北 | 1 286 | 459 | 827 | 1 206 | 416 | 790 | 80 | 43 | 37 |
| 山西 | 605 | 205 | 400 | 564 | 175 | 389 | 41 | 30 | 11 |
| 内蒙 | 3 120 | 1 445 | 1 675 | 2 859 | 1 311 | 1 548 | 261 | 134 | 127 |
| 辽宁 | 932 | 373 | 559 | 868 | 329 | 539 | 64 | 44 | 20 |
| 吉林 | 2 803 | 1 254 | 1 549 | 2 630 | 1 145 | 1 485 | 173 | 109 | 64 |
| 黑龙江 | 1 818 | 731 | 1 087 | 1 681 | 659 | 1 022 | 137 | 72 | 65 |
| 上海 | 2 390 | 1 086 | 1 304 | 2 235 | 998 | 1 237 | 155 | 88 | 67 |
| 江苏 | 1 063 | 382 | 681 | 1 030 | 362 | 668 | 33 | 20 | 13 |
| 浙江 | 575 | 184 | 391 | 524 | 148 | 376 | 51 | 36 | 15 |
| 安徽 | 1 034 | 311 | 723 | 897 | 232 | 665 | 137 | 79 | 58 |
| 福建 | 1 234 | 506 | 728 | 1 083 | 403 | 680 | 151 | 103 | 48 |
| 江西 | 1 297 | 482 | 815 | 1 075 | 350 | 725 | 222 | 132 | 90 |
| 山东 | 942 | 360 | 582 | 829 | 280 | 549 | 113 | 80 | 33 |
| 河南 | 1 082 | 353 | 729 | 918 | 242 | 676 | 164 | 111 | 53 |
| 湖北 | 1 066 | 408 | 658 | 997 | 368 | 629 | 69 | 40 | 29 |
| 湖南 | 1 181 | 440 | 741 | 910 | 316 | 594 | 271 | 124 | 147 |
| 广东 | 3 368 | 1 565 | 1 803 | 3 266 | 1 513 | 1 753 | 102 | 52 | 50 |
| 广西 | 655 | 275 | 380 | 586 | 250 | 336 | 69 | 25 | 44 |
| 海南 | 890 | 413 | 477 | 635 | 261 | 374 | 255 | 152 | 103 |
| 四川 | 1 976 | 764 | 1 212 | 1 554 | 500 | 1 054 | 422 | 264 | 158 |
| 贵州 | 1 033 | 245 | 788 | 863 | 182 | 681 | 170 | 63 | 107 |
| 云南 | 698 | 237 | 461 | 617 | 206 | 411 | 81 | 31 | 50 |
| 西藏 | — | — | — | — | — | — | — | — | — |
| 陕西 | 1 180 | 392 | 788 | 1 015 | 315 | 700 | 165 | 77 | 88 |
| 甘肃 | 1 698 | 626 | 1 072 | 1 545 | 548 | 997 | 153 | 78 | 75 |
| 青海 | 1 808 | 784 | 1 024 | 1 590 | 672 | 918 | 218 | 112 | 106 |
| 宁夏 | 835 | 264 | 571 | 734 | 214 | 520 | 101 | 50 | 51 |
| 新疆 | 2 942 | 1 349 | 1 593 | 2 687 | 1 206 | 1 481 | 255 | 143 | 112 |

# 1—18 省、自治区、直辖市家庭户与集体户的户数、人口数

| 地区 | 户数（户） | | | 人口数（人） | | | 家庭户平均每户人口数 |
|---|---|---|---|---|---|---|---|
| | 合计 | 家庭户 | 集体户 | 合计 | 家庭户 | 集体户 | |
| **总计** | **458 137** | **457 155** | **982** | **1 819 056** | **1 803 970** | **15 086** | **3.95** |
| 北京 | 26 974 | 26 917 | 57 | 92 800 | 89 296 | 3 504 | 3.32 |
| 天津 | 25 793 | 25 741 | 52 | 87 427 | 86 682 | 745 | 3.37 |
| 河北 | 16 886 | 16 802 | 84 | 65 744 | 64 595 | 1 149 | 3.84 |
| 山西 | 13 079 | 13 059 | 20 | 51 187 | 50 959 | 228 | 3.90 |
| 内蒙 | 15 003 | 14 981 | 22 | 60 216 | 59 813 | 403 | 3.99 |
| 辽宁 | 14 377 | 14 377 | — | 51 292 | 51 292 | — | 3.57 |
| 吉林 | 13 474 | 13 472 | 2 | 50 327 | 50 314 | 13 | 3.73 |
| 黑龙江 | 13 814 | 13 808 | 6 | 54 982 | 54 960 | 22 | 3.98 |
| 上海 | 16 619 | 16 596 | 23 | 50 836 | 50 677 | 159 | 3.05 |
| 江苏 | 18 152 | 18 147 | 5 | 64 221 | 64 189 | 32 | 3.54 |
| 浙江 | 15 306 | 15 294 | 12 | 52 427 | 52 255 | 172 | 3.42 |
| 安徽 | 15 655 | 15 624 | 31 | 62 846 | 62 640 | 206 | 4.01 |
| 福建 | 18 283 | 18 197 | 86 | 82 400 | 81 377 | 1 023 | 4.47 |
| 江西 | 15 319 | 15 290 | 29 | 67 370 | 67 170 | 200 | 4.39 |
| 山东 | 19 100 | 19 090 | 10 | 69 591 | 69 180 | 411 | 3.62 |
| 河南 | 17 093 | 17 076 | 17 | 71 273 | 71 010 | 263 | 4.16 |
| 湖北 | 15 586 | 15 560 | 26 | 61 398 | 61 128 | 270 | 3.93 |
| 湖南 | 15 397 | 15 372 | 25 | 58 472 | 57 722 | 750 | 3.76 |
| 广东 | 18 511 | 18 409 | 102 | 82 202 | 81 100 | 1 102 | 4.41 |
| 广西 | 10 679 | 10 667 | 12 | 50 529 | 50 402 | 127 | 4.73 |
| 海南 | 11 087 | 11 033 | 54 | 50 322 | 49 540 | 782 | 4.49 |
| 四川 | 22 197 | 22 182 | 15 | 80 829 | 80 670 | 159 | 3.64 |
| 贵州 | 14 200 | 14 186 | 14 | 62 293 | 62 165 | 128 | 4.38 |
| 云南 | 10 633 | 10 550 | 83 | 46 203 | 45 335 | 868 | 4.30 |
| 西藏 | 594 | 592 | 2 | 3 005 | 2 992 | 13 | 5.05 |
| 陕西 | 15 120 | 15 101 | 19 | 62 745 | 62 497 | 248 | 4.14 |
| 甘肃 | 13 782 | 13 748 | 34 | 63 488 | 63 202 | 286 | 4.60 |
| 青海 | 10 554 | 10 497 | 57 | 51 803 | 50 909 | 894 | 4.85 |
| 宁夏 | 13 314 | 13 296 | 18 | 59 895 | 59 597 | 298 | 4.48 |
| 新疆 | 11 556 | 11 491 | 65 | 50 933 | 50 302 | 631 | 4.38 |

# 1-19 省、自治区、直辖市家庭户规模

单位:户

| 地区 | 家庭户户数 | 户规模 一人户 | 二人户 | 三人户 | 四人户 | 五人户 | 六人户 | 七人户 | 八人及八人以上户 |
|---|---|---|---|---|---|---|---|---|---|
| 总计 | 457 155 | 26 897 | 51 179 | 115 910 | 117 260 | 76 628 | 37 742 | 17 026 | 14 513 |
| 北京 | 26 917 | 2 084 | 4 396 | 10 025 | 6 150 | 2 691 | 1 028 | 333 | 210 |
| 天津 | 25 741 | 1 544 | 3 790 | 10 528 | 5 719 | 2 687 | 959 | 326 | 188 |
| 河北 | 16 802 | 971 | 1 946 | 4 096 | 4 902 | 2 835 | 1 274 | 474 | 304 |
| 山西 | 13 059 | 923 | 1 509 | 2 675 | 3 609 | 2 571 | 1 122 | 393 | 257 |
| 内蒙 | 14 981 | 731 | 1 502 | 3 609 | 4 244 | 2 709 | 1 253 | 559 | 374 |
| 辽宁 | 14 377 | 618 | 1 750 | 5 392 | 3 786 | 1 785 | 636 | 251 | 159 |
| 吉林 | 13 472 | 456 | 1 391 | 4 619 | 3 787 | 1 960 | 815 | 271 | 173 |
| 黑龙江 | 13 808 | 286 | 1 223 | 3 781 | 4 360 | 2 435 | 1 093 | 412 | 218 |
| 上海 | 16 596 | 1 974 | 3 432 | 6 117 | 2 922 | 1 443 | 483 | 150 | 75 |
| 江苏 | 18 147 | 1 232 | 2 497 | 6 082 | 4 384 | 2 403 | 985 | 364 | 200 |
| 浙江 | 15 294 | 1 458 | 2 179 | 4 776 | 3 988 | 1 841 | 683 | 227 | 142 |
| 安徽 | 15 624 | 962 | 1 586 | 3 349 | 4 243 | 3 065 | 1 410 | 622 | 387 |
| 福建 | 18 197 | 913 | 1 491 | 2 938 | 4 587 | 3 951 | 2 126 | 1 054 | 1 137 |
| 江西 | 15 290 | 685 | 1 164 | 2 463 | 4 109 | 3 508 | 1 830 | 875 | 656 |
| 山东 | 19 090 | 1 091 | 2 492 | 5 604 | 5 558 | 2 750 | 1 088 | 343 | 164 |
| 河南 | 17 076 | 745 | 1 663 | 3 412 | 4 843 | 3 481 | 1 654 | 718 | 560 |
| 湖北 | 15 560 | 688 | 1 644 | 3 653 | 4 813 | 2 834 | 1 182 | 476 | 270 |
| 湖南 | 15 372 | 947 | 1 944 | 3 613 | 4 667 | 2 679 | 960 | 376 | 186 |
| 广东 | 18 409 | 1 555 | 1 660 | 2 846 | 3 940 | 3 723 | 2 242 | 1 186 | 1 257 |
| 广西 | 10 667 | 634 | 783 | 1 344 | 2 288 | 2 311 | 1 504 | 899 | 904 |
| 海南 | 11 033 | 872 | 1 090 | 1 757 | 2 142 | 2 025 | 1 453 | 759 | 935 |
| 四川 | 22 182 | 1 719 | 2 683 | 6 603 | 5 974 | 2 916 | 1 391 | 505 | 391 |
| 贵州 | 14 186 | 704 | 1 132 | 2 398 | 3 463 | 3 208 | 1 839 | 846 | 596 |
| 云南 | 10 550 | 439 | 981 | 2 026 | 2 834 | 2 002 | 1 208 | 591 | 469 |
| 西藏 | 592 | 33 | 53 | 72 | 107 | 109 | 81 | 49 | 88 |
| 陕西 | 15 101 | 713 | 1 440 | 2 930 | 4 209 | 3 208 | 1 572 | 644 | 385 |
| 甘肃 | 13 748 | 432 | 879 | 2 345 | 3 676 | 2 885 | 1 690 | 909 | 932 |
| 青海 | 10 497 | 443 | 646 | 1 604 | 2 314 | 2 176 | 1 357 | 818 | 1 139 |
| 宁夏 | 13 296 | 374 | 969 | 2 648 | 3 351 | 2 763 | 1 610 | 826 | 755 |
| 新疆 | 11 491 | 671 | 1 264 | 2 605 | 2 291 | 1 674 | 1 214 | 770 | 1 002 |

## 1-20 省、自治区、直辖市有65岁及以上老年人的家庭户

单位：户

| 地区 | 合计 | 单身老人户 | 一个老人户 | 二个老人户 | 三个及三个以上老人户 |
|---|---|---|---|---|---|
| **总计** | **89 609** | **9 263** | **59 817** | **20 307** | **222** |
| 北京 | 5 757 | 722 | 3 423 | 1 600 | 12 |
| 天津 | 5 040 | 600 | 3 023 | 1 400 | 17 |
| 河北 | 3 367 | 396 | 2 156 | 801 | 14 |
| 山西 | 2 586 | 375 | 1 652 | 551 | 8 |
| 内蒙 | 2 275 | 242 | 1 607 | 423 | 3 |
| 辽宁 | 2 625 | 214 | 1 658 | 745 | 8 |
| 吉林 | 2 121 | 134 | 1 431 | 551 | 5 |
| 黑龙江 | 1 885 | 59 | 1 440 | 381 | 5 |
| 上海 | 4 377 | 532 | 2 611 | 1 215 | 19 |
| 江苏 | 3 747 | 539 | 2 212 | 985 | 11 |
| 浙江 | 3 247 | 632 | 1 931 | 681 | 3 |
| 安徽 | 3 069 | 348 | 1 976 | 738 | 7 |
| 福建 | 3 798 | 307 | 2 789 | 694 | 8 |
| 江西 | 3 266 | 216 | 2 407 | 638 | 5 |
| 山东 | 3 744 | 510 | 2 242 | 985 | 7 |
| 河南 | 3 459 | 286 | 2 305 | 855 | 13 |
| 湖北 | 3 119 | 210 | 2 178 | 721 | 10 |
| 湖南 | 2 855 | 316 | 1 876 | 658 | 5 |
| 广东 | 4 727 | 5[illegible] | 3 252 | 908 | 9 |
| 广西 | 2 548 | 235 | 1 823 | 479 | 11 |
| 海南 | 2 342 | 311 | 1 426 | 595 | 10 |
| 四川 | 4 420 | 512 | 3 063 | 839 | 6 |
| 贵州 | 2 568 | 271 | 1 812 | 484 | 1 |
| 云南 | 2 039 | 139 | 1 512 | 383 | 5 |
| 西藏 | 157 | 8 | 126 | 22 | 1 |
| 陕西 | 2 942 | 183 | 2 158 | 591 | 10 |
| 甘肃 | 2 356 | 85 | 1 812 | 455 | 4 |
| 青海 | 1 508 | 72 | 1 186 | 248 | 2 |
| 宁夏 | 1 841 | 87 | 1 367 | 385 | 2 |
| 新疆 | 1 824 | 164 | 1 363 | 296 | 1 |

# 1—21 省、自治区、直辖市1992年生育的已有一个存活子女的妇女数

单位：人、%

| 地区 | 1992年生育的妇女人数 | 以第一个存活子女性别分的孩子数 | | | 百分比 | | |
|---|---|---|---|---|---|---|---|
| | | 合计 | 男 | 女 | 合计 | 男 | 女 |
| **总计** | **30 101** | **7 816** | **3 481** | **4 335** | **25.97** | **11.56** | **14.40** |
| 北京 | 853 | 86 | 29 | 57 | 10.08 | 3.40 | 6.68 |
| 天津 | 1085 | 168 | 62 | 106 | 15.48 | 5.71 | 9.77 |
| 河北 | 966 | 248 | 96 | 152 | 25.67 | 9.94 | 15.73 |
| 山西 | 979 | 308 | 149 | 159 | 31.46 | 15.22 | 16.24 |
| 内蒙古 | 1029 | 268 | 114 | 154 | 26.04 | 11.08 | 14.97 |
| 辽宁 | 642 | 136 | 31 | 105 | 21.18 | 4.83 | 16.36 |
| 吉林 | 797 | 178 | 61 | 117 | 22.33 | 7.65 | 14.68 |
| 黑龙江 | 895 | 190 | 66 | 124 | 21.23 | 7.37 | 13.85 |
| 上海 | 372 | 17 | 4 | 13 | 4.57 | 1.08 | 3.49 |
| 江苏 | 942 | 155 | 45 | 110 | 16.45 | 4.78 | 11.68 |
| 浙江 | 769 | 168 | 48 | 120 | 21.85 | 6.24 | 15.60 |
| 安徽 | 1 131 | 320 | 133 | 187 | 28.29 | 11.76 | 16.53 |
| 福建 | 1 406 | 434 | 185 | 249 | 30.87 | 13.16 | 17.71 |
| 江西 | 1 312 | 411 | 188 | 223 | 31.33 | 14.33 | 17.00 |
| 山东 | 727 | 146 | 36 | 110 | 20.08 | 4.95 | 15.13 |
| 河南 | 1 239 | 299 | 140 | 159 | 24.13 | 11.30 | 12.83 |
| 湖北 | 1 165 | 369 | 176 | 193 | 31.67 | 15.11 | 16.57 |
| 湖南 | 861 | 176 | 87 | 89 | 20.44 | 10.10 | 10.34 |
| 广东 | 1 580 | 458 | 248 | 210 | 28.99 | 15.70 | 13.29 |
| 广西 | 949 | 260 | 120 | 140 | 27.40 | 12.64 | 14.75 |
| 海南 | 1 069 | 309 | 157 | 152 | 28.91 | 14.69 | 14.22 |
| 四川 | 1 171 | 223 | 83 | 140 | 19.04 | 7.09 | 11.96 |
| 贵州 | 1 359 | 432 | 194 | 238 | 31.79 | 14.28 | 17.51 |
| 云南 | 873 | 262 | 128 | 134 | 30.01 | 14.66 | 15.35 |
| 西藏 | 65 | 18 | 6 | 12 | 27.69 | 9.23 | 18.46 |
| 陕西 | 1 127 | 421 | 196 | 225 | 37.36 | 17.39 | 19.96 |
| 甘肃 | 1 225 | 423 | 225 | 198 | 34.53 | 18.37 | 16.16 |
| 青海 | 1 164 | 326 | 167 | 159 | 28.01 | 14.35 | 13.66 |
| 宁夏 | 1 195 | 358 | 184 | 174 | 29.96 | 15.40 | 14.56 |
| 新疆 | 1 154 | 249 | 123 | 126 | 21.58 | 10.66 | 10.92 |

# 第 二 部 分

# 1990年全国人口普查数据

（100％电子计算机汇总）

# 2—1 省、自治区、直辖市历次人口普查总人口数

单位：人

| 地区 | 第一次（1953年7月1日） | 第二次（1964年7月1日） | 第三次（1982年7月1日） | 第四次（1990年7月1日） |
|---|---|---|---|---|
| **总计** | **581 329 448＊** | **694 581 759＊＊** | **1 003 913 927** | **1 130 510 638** |
| **男** | **301 262 256** | **356 517 011** | **515 277 505** | **581 820 407** |
| **女** | **280 067 192** | **338 064 748** | **488 636 422** | **548 690 231** |
| 北京 | 2 768 149 | 7 568 495 | 9 230 663 | 10 819 414 |
| 男 | 1 597 868 | 3 891 140 | 4 670 631 | 5 593 461 |
| 女 | 1 170 281 | 3 677 355 | 4 560 032 | 5 225 953 |
| 天津① | 2 693 831 | — | 7 764 137 | 8 785 427 |
| 男 | 1 480 280 | — | 3 941 913 | 4 470 746 |
| 女 | 1 213 551 | — | 3 822 224 | 4 314 681 |
| 河北 | 35 984 644 | 45 687 781 | 53 005 507 | 61 082 755 |
| 男 | 18 298 265 | 23 381 735 | 27 125 608 | 31 210 112 |
| 女 | 17 686 379 | 22 306 046 | 25 879 899 | 29 872 643 |
| 山西 | 14 314 485 | 18 015 067 | 25 291 450 | 28 758 846 |
| 男 | 7 644 677 | 9 528 116 | 13 161 639 | 14 958 318 |
| 女 | 6 669 808 | 8 486 951 | 12 129 811 | 13 800 528 |
| 内蒙 | 6 100 104 | 12 348 638 | 19 274 281 | 21 456 518 |
| 男 | 3 431 883 | 6 705 441 | 10 052 855 | 11 155 668 |
| 女 | 2 668 221 | 5 643 197 | 9 221 426 | 10 300 850 |
| 辽宁 | 18 545 147 | 26 946 200 | 35 721 694 | 39 459 694 |
| 男 | 9 760 372 | 13 852 340 | 18 225 145 | 20 152 574 |
| 女 | 8 784 775 | 13 093 860 | 17 496 549 | 19 307 120 |
| 吉林 | 11 290 073 | 15 668 663 | 22 560 024 | 24 659 790 |
| 男 | 6 012 087 | 8 172 363 | 11 554 343 | 12 624 084 |
| 女 | 5 277 986 | 7 496 300 | 11 005 681 | 12 035 706 |
| 黑龙江 | 11 897 309 | 20 118 271 | 32 665 512 | 35 215 932 |
| 男 | 6 487 678 | 10 589 553 | 16 721 245 | 18 048 747 |
| 女 | 5 409 631 | 9 528 718 | 15 944 267 | 17 167 185 |
| 上海 | 6 204 417 | 10 816 458 | 11 859 700 | 13 341 852 |
| 男 | 3 319 575 | 5 369 047 | 5 909 980 | 6 806 091 |
| 女 | 2 884 842 | 5 447 411 | 5 949 720 | 6 535 761 |
| 江苏 | 41 252 192 | 44 504 608 | 60 521 113 | 67 056 812 |
| 男 | 20 790 461 | 22 418 473 | 30 767 523 | 34 123 252 |
| 女 | 20 461 731 | 22 086 135 | 29 753 590 | 32 933 560 |

注：①、②、③、④详见表4—5注解。※包括当时设置的热河省5 160 822人（男2 674 516人，女2 486 506人）、西康省3 381 064人（男1 639 945人，女1 741 119），但不含昌都地区273 969人、西藏地方1 000 000人、间接调查及其他11 743 320人。※※含其他3 361 655人（男1 726 882人，女1 634 773人）。

2—1 续表 1

单位:人

| 地区 | 第一次(1953年7月1日) | 第二次(1964年7月1日) | 第三次(1982年7月1日) | 第四次(1990年7月1日) |
|---|---|---|---|---|
| 浙江 | 22 865 747 | 28 318 573 | 38 884 593 | 41 446 015 |
| 男 | 12 233 408 | 14 790 590 | 20 166 996 | 21 363 128 |
| 女 | 10 632 339 | 13 527 983 | 18 717 597 | 20 082 887 |
| 安徽 | 30 343 637 | 31 241 657 | 49 665 947 | 56 181 005 |
| 男 | 16 109 956 | 16 181 927 | 25 763 836 | 29 026 412 |
| 女 | 14 233 681 | 15 059 730 | 23 902 111 | 27 154 593 |
| 福建 | 13 142 721 | 16 757 223 | 25 872 917 | 30 048 275 |
| 男 | 6 895 547 | 8 692 706 | 13 308 562 | 15 434 048 |
| 女 | 6 247 174 | 8 064 517 | 12 564 355 | 14 614 227 |
| 江西 | 16 772 865 | 21 068 019 | 33 185 471 | 37 710 177 |
| 男 | 8 576 804 | 10 874 841 | 17 114 253 | 19 491 767 |
| 女 | 8 196 061 | 10 193 178 | 16 071 218 | 18 218 410 |
| 山东 | 48 876 548 | 55 519 038 | 74 419 152 | 84 392 104 |
| 男 | 24 311 397 | 27 920 899 | 37 736 680 | 42 913 185 |
| 女 | 24 565 151 | 27 598 139 | 36 682 472 | 41 478 919 |
| 河南 | 44 214 594 | 50 325 511 | 74 422 573 | 85 534 200 |
| 男 | 22 745 054 | 25 490 705 | 37 949 774 | 43 802 724 |
| 女 | 21 469 540 | 24 834 806 | 36 472 799 | 41 731 476 |
| 湖北 | 27 789 693 | 33 709 344 | 47 808 118 | 53 970 501 |
| 男 | 14 331 671 | 17 306 618 | 24 547 939 | 27 828 085 |
| 女 | 13 458 022 | 16 402 726 | 23 260 179 | 26 142 416 |
| 湖南 | 33 226 954 | 37 182 286 | 54 010 155 | 60 657 992 |
| 男 | 17 526 418 | 19 317 036 | 28 052 125 | 31 497 631 |
| 女 | 15 700 536 | 17 865 250 | 25 958 030 | 29 160 361 |
| 广东 | 34 770 059 | 42 800 849 | 59 299 620 | 62 829 741 |
| 男 | 17 631 534 | 21 810 060 | 30 312 111 | 32 151 260 |
| 女 | 17 138 525 | 20 990 789 | 28 987 509 | 30 678 481 |
| 广西 | 19 560 822 | 20 845 017 | 36 421 421 | 42 244 884 |
| 男 | 10 102 541 | 10 671 448 | 18 851 663 | 22 156 180 |
| 女 | 9 458 281 | 10 173 569 | 17 569 758 | 20 088 704 |
| 海南② | — | — | — | 6 558 076 |
| 男 | — | — | — | 3 418 860 |
| 女 | — | — | — | 3 139 216 |

2—1　续表 2　　单位：人

| 地　区 | 第一次（1953年7月1日） | 第二次（1964年7月1日） | 第三次（1982年7月1日） | 第四次（1990年7月1日） |
|---|---|---|---|---|
| 四　川 | 62 303 999 | 67 956 490 | 99 713 246 | 107 218 310 |
| 男 | 32 392 425 | 34 686 076 | 51 445 257 | 55 545 645 |
| 女 | 29 911 574 | 33 270 414 | 48 267 989 | 51 672 665 |
| 贵　州 | 15 037 310 | 17 140 521 | 28 552 942 | 32 391 051 |
| 男 | 7 598 023 | 8 684 790 | 14 640 837 | 16 768 810 |
| 女 | 7 439 287 | 8 455 731 | 13 912 105 | 15 622 241 |
| 云　南 | 17 472 737 | 20 509 525 | 32 553 699 | 36 972 587 |
| 男 | 8 771 950 | 10 247 452 | 16 499 814 | 18 995 900 |
| 女 | 8 700 787 | 10 262 073 | 16 053 885 | 17 976 687 |
| 西　藏③ | — | 1 251 225 | 1 863 623 | 2 196 029 |
| 男 | — | 597 296 | 921 238 | 1 098 912 |
| 女 | — | 653 929 | 942 385 | 1 097 117 |
| 陕　西 | 15 881 281 | 20 766 915 | 28 904 369 | 32 882 286 |
| 男 | 8 549 454 | 10 896 670 | 14 967 717 | 17 070 054 |
| 女 | 7 331 827 | 9 870 245 | 13 936 652 | 15 812 232 |
| 甘　肃 | 12 928 102 | 12 630 569 | 19 569 191 | 22 371 085 |
| 男 | 6 898 183 | 6 571 652 | 10 123 880 | 11 591 905 |
| 女 | 6 029 919 | 6 058 917 | 9 445 311 | 10 779 180 |
| 青　海 | 1 676 534 | 2 145 604 | 3 895 695 | 4 456 952 |
| 男 | 852 515 | 1 137 994 | 2 004 865 | 2 310 183 |
| 女 | 824 019 | 1 007 610 | 1 890 830 | 2 146 769 |
| 宁　夏④ | — | 2 107 490 | 3 895 576 | 4 655 445 |
| 男 | — | 1 108 421 | 2 006 845 | 2 389 470 |
| 女 | — | 999 069 | 1 888 731 | 2 265 975 |
| 新　疆 | 4 873 608 | 7 270 067 | 13 081 538 | 15 156 883 |
| 男 | 2 597 769 | 3 894 740 | 6 732 231 | 7 823 195 |
| 女 | 2 275 839 | 3 375 327 | 6 349 307 | 7 333 688 |

## 2—2 全国各民族每万人拥有

| 民族 | 合计 | | | 大学本 | |
| --- | --- | --- | --- | --- | --- |
| | 合计 | 男 | 女 | 小计 | 男 |
| **总计** | **6 981** | **3 941** | **3 040** | **54** | **39** |
| 汉族 | 7 067 | 3 983 | 3 084 | 56 | 40 |
| 蒙古族 | 6 917 | 3 683 | 3 234 | 76 | 49 |
| 回族 | 5 849 | 3 334 | 2 515 | 59 | 39 |
| 藏族 | 2 647 | 1 790 | 857 | 16 | 11 |
| 维吾尔族 | 6 132 | 3 205 | 2 927 | 46 | 29 |
| 苗族 | 5 145 | 3 298 | 1 847 | 12 | 10 |
| 彝族 | 4 499 | 2 855 | 1 643 | 10 | 7 |
| 壮族 | 6 915 | 3 926 | 2 989 | 19 | 15 |
| 布依族 | 5 146 | 3 344 | 1 803 | 14 | 10 |
| 朝鲜族 | 8 225 | 4 212 | 4 013 | 227 | 158 |
| 满族 | 7 632 | 4 143 | 3 488 | 62 | 41 |
| 侗族 | 6 325 | 3 867 | 2 458 | 20 | 16 |
| 瑶族 | 6 033 | 3 607 | 2 427 | 17 | 13 |
| 白族 | 6 302 | 3 764 | 2 538 | 50 | 36 |
| 土家族 | 6 713 | 3 952 | 2 761 | 21 | 17 |
| 哈尼族 | 3 701 | 2 483 | 1 218 | 6 | 4 |
| 哈萨克族 | 6 977 | 3 673 | 3 305 | 54 | 36 |
| 傣族 | 5 173 | 2 948 | 2 225 | 11 | 7 |
| 黎族 | 6 069 | 3 414 | 2 654 | 13 | 11 |
| 傈僳族 | 3 405 | 2 253 | 1 153 | 5 | 4 |
| 佤族 | 3 711 | 2 229 | 1 482 | 5 | 4 |
| 畲族 | 6 436 | 3 944 | 2 492 | 24 | 19 |
| 高山族 | 7 636 | 4 063 | 3 573 | 233 | 149 |
| 拉祜族 | 2 618 | 1 541 | 1 077 | 4 | 3 |
| 水族 | 4 379 | 3 147 | 1 232 | 12 | 10 |
| 东乡族 | 1 617 | 1 206 | 411 | 5 | 4 |
| 纳西族 | 6 505 | 3 706 | 2 800 | 64 | 46 |
| 景颇族 | 4 868 | 2 626 | 2 242 | 9 | 6 |
| 柯尔克孜族 | 6 050 | 3 259 | 2 791 | 35 | 27 |
| 土族 | 4 603 | 3 051 | 1 552 | 59 | 44 |

注：本表数字为相对数。

# 小学以上文化程度的人口数

单位：人

| 科 | 大学专科 | | | 中专 | | |
| --- | --- | --- | --- | --- | --- | --- |
| 女 | 小计 | 男 | 女 | 小计 | 男 | 女 |
| 15 | 85 | 58 | 27 | 153 | 90 | 63 |
| 16 | 88 | 60 | 28 | 154 | 90 | 64 |
| 27 | 109 | 68 | 41 | 236 | 124 | 113 |
| 20 | 93 | 59 | 34 | 164 | 87 | 77 |
| 5 | 29 | 21 | 7 | 117 | 73 | 43 |
| 17 | 44 | 28 | 16 | 165 | 93 | 72 |
| 3 | 27 | 22 | 6 | 84 | 60 | 25 |
| 3 | 16 | 13 | 4 | 76 | 55 | 21 |
| 4 | 37 | 29 | 8 | 116 | 77 | 39 |
| 4 | 25 | 18 | 6 | 100 | 69 | 31 |
| 69 | 205 | 135 | 69 | 337 | 161 | 176 |
| 21 | 102 | 64 | 38 | 189 | 104 | 85 |
| 4 | 40 | 31 | 9 | 120 | 82 | 38 |
| 4 | 33 | 26 | 8 | 98 | 66 | 31 |
| 14 | 56 | 41 | 15 | 158 | 104 | 54 |
| 5 | 50 | 38 | 12 | 142 | 95 | 47 |
| 2 | 12 | 10 | 2 | 56 | 41 | 14 |
| 18 | 71 | 49 | 22 | 262 | 164 | 97 |
| 4 | 18 | 14 | 5 | 78 | 44 | 34 |
| 2 | 34 | 28 | 7 | 83 | 57 | 26 |
| 1 | 12 | 10 | 2 | 57 | 42 | 15 |
| 1 | 10 | 8 | 2 | 52 | 36 | 15 |
| 5 | 31 | 24 | 7 | 101 | 72 | 29 |
| 83 | 514 | 348 | 167 | 379 | 163 | 216 |
| 1 | 7 | 5 | 2 | 39 | 23 | 17 |
| 3 | 20 | 16 | 4 | 85 | 60 | 25 |
| 1 | 9 | 7 | 1 | 37 | 28 | 9 |
| 19 | 71 | 52 | 20 | 237 | 146 | 91 |
| 3 | 17 | 12 | 5 | 94 | 51 | 44 |
| 8 | 54 | 42 | 12 | 240 | 169 | 72 |
| 16 | 49 | 39 | 10 | 136 | 89 | 47 |

2—2 续表1

| 民族 | 合计 | | | 大学本 | |
|---|---|---|---|---|---|
| | 合计 | 男 | 女 | 小计 | 男 |
| 达斡尔族 | 7 460 | 3 821 | 3 639 | 118 | 64 |
| 仫佬族 | 7 013 | 3 851 | 3 162 | 34 | 24 |
| 羌族 | 5 735 | 3 405 | 2 330 | 31 | 22 |
| 布朗族 | 3 550 | 2 294 | 1 257 | 5 | 3 |
| 撒拉族 | 2 846 | 2 262 | 584 | 33 | 28 |
| 毛南族 | 7 136 | 3 979 | 3 157 | 30 | 24 |
| 仡佬族 | 6 056 | 3 885 | 2 171 | 22 | 18 |
| 锡伯族 | 7 854 | 4 216 | 3 638 | 135 | 83 |
| 阿昌族 | 4 812 | 2 906 | 1 906 | 16 | 14 |
| 普米族 | 4 473 | 3 083 | 1 389 | 16 | 13 |
| 塔吉克族 | 5 516 | 3 105 | 2 411 | 29 | 25 |
| 怒族 | 3 809 | 2 271 | 1 538 | 12 | 10 |
| 乌孜别克族 | 7 429 | 3 974 | 3 455 | 266 | 135 |
| 俄罗斯族 | 7 846 | 3 712 | 4 134 | 239 | 107 |
| 鄂温克族 | 7 232 | 3 659 | 3 573 | 82 | 40 |
| 德昂族 | 3 372 | 2 016 | 1 356 | 5 | 5 |
| 保安族 | 2 808 | 2 083 | 725 | 21 | 16 |
| 裕固族 | 6 308 | 3 489 | 2 819 | 74 | 53 |
| 京族 | 6 794 | 3 567 | 3 227 | 74 | 58 |
| 塔塔尔族 | 7 769 | 4 098 | 3 671 | 361 | 203 |
| 独龙族 | 3 773 | 2 108 | 1 665 | 22 | 14 |
| 鄂伦春族 | 7 274 | 3 492 | 3 782 | 90 | 43 |
| 赫哲族 | 7 221 | 3 726 | 3 496 | 146 | 96 |
| 门巴族 | 1 870 | 1 119 | 751 | 13 | 4 |
| 珞巴族 | 2 606 | 1 408 | 1 197 | 4 | 4 |
| 基诺族 | 5 616 | 3 081 | 2 536 | 15 | 12 |
| 其他未识别的民族 | 4 587 | 3 143 | 1 444 | 8 | 7 |
| 外国人加入中国籍 | 5 557 | 1 738 | 3 819 | 169 | 66 |

单位：人

| 科 | 大学专科 | | | 中专 | | |
|---|---|---|---|---|---|---|
| 女 | 小计 | 男 | 女 | 小计 | 男 | 女 |
| 54 | 196 | 107 | 89 | 336 | 146 | 189 |
| 10 | 61 | 42 | 19 | 169 | 95 | 74 |
| 9 | 43 | 32 | 10 | 173 | 112 | 61 |
| 1 | 10 | 8 | 2 | 45 | 29 | 15 |
| 5 | 34 | 29 | 5 | 95 | 75 | 20 |
| 6 | 60 | 46 | 14 | 201 | 127 | 74 |
| 4 | 29 | 23 | 6 | 92 | 65 | 27 |
| 52 | 188 | 107 | 81 | 299 | 152 | 147 |
| 2 | 25 | 20 | 5 | 99 | 63 | 36 |
| 3 | 32 | 29 | 3 | 133 | 98 | 35 |
| 4 | 37 | 34 | 2 | 213 | 171 | 43 |
| 3 | 30 | 26 | 4 | 139 | 88 | 51 |
| 131 | 195 | 106 | 89 | 473 | 243 | 230 |
| 133 | 262 | 115 | 147 | 532 | 195 | 337 |
| 42 | 175 | 92 | 83 | 299 | 131 | 169 |
| 0 | 11 | 10 | 1 | 48 | 32 | 16 |
| 5 | 55 | 46 | 9 | 100 | 68 | 32 |
| 21 | 143 | 95 | 48 | 206 | 125 | 81 |
| 16 | 87 | 68 | 19 | 234 | 142 | 91 |
| 158 | 257 | 136 | 120 | 588 | 294 | 294 |
| 9 | 38 | 33 | 5 | 168 | 98 | 70 |
| 47 | 223 | 97 | 126 | 408 | 153 | 256 |
| 49 | 313 | 167 | 146 | 381 | 181 | 200 |
| 9 | 43 | 20 | 23 | 143 | 75 | 68 |
| 0 | 43 | 17 | 26 | 134 | 47 | 86 |
| 3 | 24 | 16 | 8 | 160 | 105 | 55 |
| 2 | 15 | 13 | 3 | 63 | 49 | 14 |
| 103 | 146 | 46 | 100 | 206 | 71 | 134 |

2—2 续表 2

| 民族 | 高中 小计 | 男 | 女 | 小计 |
|---|---|---|---|---|
| **总计** | **642** | **395** | **247** | **2 330** |
| 汉族 | 660 | 406 | 254 | 2 393 |
| 蒙古族 | 794 | 436 | 358 | 2 183 |
| 回族 | 625 | 343 | 282 | 1 996 |
| 藏族 | 89 | 58 | 31 | 456 |
| 维吾尔族 | 350 | 185 | 166 | 1 193 |
| 苗族 | 244 | 177 | 67 | 1 120 |
| 彝族 | 132 | 89 | 43 | 848 |
| 壮族 | 450 | 310 | 140 | 1 739 |
| 布依族 | 166 | 118 | 48 | 1 139 |
| 朝鲜族 | 1 756 | 949 | 807 | 3 372 |
| 满族 | 727 | 429 | 298 | 2 752 |
| 侗族 | 347 | 248 | 100 | 1 535 |
| 瑶族 | 349 | 251 | 98 | 1 214 |
| 白族 | 379 | 250 | 129 | 1 747 |
| 土家族 | 455 | 313 | 143 | 1 793 |
| 哈尼族 | 105 | 72 | 33 | 702 |
| 哈萨克族 | 552 | 294 | 257 | 1 646 |
| 傣族 | 137 | 79 | 58 | 841 |
| 黎族 | 440 | 312 | 128 | 1 774 |
| 傈僳族 | 59 | 43 | 16 | 473 |
| 佤族 | 81 | 52 | 29 | 627 |
| 畲族 | 331 | 242 | 88 | 1 365 |
| 高山族 | 1 366 | 699 | 667 | 2 603 |
| 拉祜族 | 57 | 30 | 26 | 353 |
| 水族 | 155 | 114 | 42 | 849 |
| 东乡族 | 64 | 48 | 16 | 284 |
| 纳西族 | 390 | 238 | 152 | 1 898 |
| 景颇族 | 118 | 63 | 55 | 872 |
| 柯尔克孜族 | 347 | 215 | 132 | 1 024 |
| 土族 | 358 | 223 | 135 | 1 135 |

单位：人

| 初 中 | | 小 学 | | |
|---|---|---|---|---|
| 男 | 女 | 小计 | 男 | 女 |
| **1 411** | **918** | **3 717** | **1 948** | **1 769** |
| 1 448 | 945 | 3 716 | 1 939 | 1 777 |
| 1 222 | 961 | 3 519 | 1 785 | 1 734 |
| 1 157 | 839 | 2 912 | 1 649 | 1 263 |
| 314 | 143 | 1 940 | 1 313 | 627 |
| 661 | 533 | 4 334 | 2 210 | 2 124 |
| 810 | 310 | 3 657 | 2 219 | 1 438 |
| 601 | 247 | 3 417 | 2 090 | 1 327 |
| 1 121 | 619 | 4 553 | 2 374 | 2 179 |
| 848 | 291 | 3 703 | 2 280 | 1 423 |
| 1 742 | 1 630 | 2 329 | 1 067 | 1 262 |
| 1 578 | 1 174 | 3 799 | 1 928 | 1 872 |
| 1 076 | 459 | 4 263 | 2 415 | 1 848 |
| 838 | 376 | 4 322 | 2 413 | 1 910 |
| 1 167 | 580 | 3 912 | 2 167 | 1 745 |
| 1 195 | 598 | 4 252 | 2 294 | 1 957 |
| 504 | 198 | 2 821 | 1 852 | 969 |
| 927 | 719 | 4 394 | 2 202 | 2 193 |
| 519 | 322 | 4 087 | 2 285 | 1 803 |
| 1 059 | 715 | 3 724 | 1 948 | 1 776 |
| 356 | 117 | 2 800 | 1 798 | 1 002 |
| 415 | 213 | 2 936 | 1 714 | 1 222 |
| 957 | 408 | 4 584 | 2 629 | 1 954 |
| 1 442 | 1 161 | 2 541 | 1 262 | 1 279 |
| 211 | 142 | 2 157 | 1 269 | 888 |
| 661 | 188 | 3 258 | 2 288 | 970 |
| 223 | 61 | 1 217 | 894 | 323 |
| 1 183 | 715 | 3 845 | 2 041 | 1 804 |
| 464 | 408 | 3 756 | 2 029 | 1 727 |
| 613 | 411 | 4 350 | 2 193 | 2 156 |
| 804 | 330 | 2 866 | 1 853 | 1 014 |

2—2 续表 3

| 民族 | 高中 | | | |
|---|---|---|---|---|
| | 小计 | 男 | 女 | 小计 |
| 达斡尔族 | 972 | 474 | 498 | 2 681 |
| 仫佬族 | 541 | 329 | 212 | 1 658 |
| 羌族 | 282 | 175 | 107 | 1 406 |
| 布朗族 | 62 | 40 | 22 | 541 |
| 撒拉族 | 162 | 113 | 49 | 639 |
| 毛南族 | 562 | 365 | 197 | 1 927 |
| 仡佬族 | 247 | 182 | 66 | 1 551 |
| 锡伯族 | 970 | 518 | 452 | 2 931 |
| 阿昌族 | 157 | 107 | 51 | 895 |
| 普米族 | 124 | 94 | 30 | 978 |
| 塔吉克族 | 259 | 203 | 57 | 931 |
| 怒族 | 134 | 83 | 51 | 815 |
| 乌孜别克族 | 1 081 | 536 | 545 | 2 035 |
| 俄罗斯族 | 1 303 | 567 | 736 | 3 227 |
| 鄂温克族 | 837 | 379 | 458 | 2 454 |
| 德昂族 | 56 | 38 | 18 | 432 |
| 保安族 | 289 | 214 | 75 | 721 |
| 裕固族 | 529 | 321 | 207 | 1 446 |
| 京族 | 714 | 437 | 277 | 1 724 |
| 塔塔尔族 | 1 096 | 488 | 608 | 2 200 |
| 独龙族 | 124 | 76 | 48 | 749 |
| 鄂伦春族 | 865 | 393 | 473 | 2 707 |
| 赫哲族 | 1 180 | 585 | 595 | 2 501 |
| 门巴族 | 21 | 9 | 12 | 235 |
| 珞巴族 | 43 | 17 | 26 | 336 |
| 基诺族 | 188 | 107 | 81 | 1 379 |
| 其他未识别的民族 | 131 | 102 | 30 | 982 |
| 外国人加入中国籍 | 746 | 206 | 540 | 1 778 |

单位:人

| 初中 | | 小学 | | |
|---|---|---|---|---|
| 男 | 女 | 小计 | 男 | 女 |
| 1 406 | 1 275 | 3 158 | 1 624 | 1 533 |
| 1 022 | 636 | 4 550 | 2 338 | 2 212 |
| 909 | 497 | 3 800 | 2 155 | 1 645 |
| 392 | 149 | 2 888 | 1 821 | 1 067 |
| 518 | 121 | 1 884 | 1 499 | 385 |
| 1 154 | 773 | 4 357 | 2 264 | 2 093 |
| 1 176 | 375 | 4 114 | 2 421 | 1 693 |
| 1 595 | 1 336 | 3 331 | 1 760 | 1 571 |
| 607 | 288 | 3 621 | 2 096 | 1 525 |
| 744 | 234 | 3 191 | 2 106 | 1 085 |
| 660 | 271 | 4 047 | 2 013 | 2 034 |
| 501 | 314 | 2 679 | 1 563 | 1 115 |
| 1 137 | 898 | 3 379 | 1 817 | 1 561 |
| 1 604 | 1 623 | 2 283 | 1 124 | 1 159 |
| 1 252 | 1 202 | 3 385 | 1 766 | 1 619 |
| 289 | 143 | 2 819 | 1 642 | 1 177 |
| 550 | 171 | 1 621 | 1 188 | 433 |
| 861 | 584 | 3 910 | 2 033 | 1 877 |
| 1 031 | 693 | 3 961 | 1 830 | 2 131 |
| 1 187 | 1 013 | 3 266 | 1 789 | 1 477 |
| 450 | 299 | 2 673 | 1 439 | 1 234 |
| 1 314 | 1 393 | 2 981 | 1 493 | 1 488 |
| 1 366 | 1 135 | 2 701 | 1 331 | 1 370 |
| 141 | 93 | 1 415 | 870 | 545 |
| 159 | 177 | 2 046 | 1 163 | 883 |
| 763 | 616 | 3 851 | 2 079 | 1 772 |
| 769 | 214 | 3 387 | 2 205 | 1 183 |
| 572 | 1 206 | 2 513 | 778 | 1 735 |

## 2—3 历次全国人口

| 年龄（岁） | 1953年人口普查 | | | 1964年人口普查 | | |
|---|---|---|---|---|---|---|
| | 合计 | 男 | 女 | 合计 | 男 | 女 |
| 总计 | 581 329 448 | 301 262 256 | 280 067 192 | 694 581 759 | 356 517 011 | 338 064 748 |
| 0—4 | 89 275 126 | 46 104 886 | 43 170 240 | 100 141 956 | 51 461 891 | 48 680 065 |
| 0 | 18 981 848 | 9 716 971 | 9 264 877 | 28 483 827 | 14 509 500 | 13 974 327 |
| 1 | 21 899 928 | 11 247 318 | 10 652 610 | 30 248 104 | 15 515 387 | 14 732 717 |
| 2 | 17 243 556 | 8 896 922 | 8 346 634 | 15 569 154 | 8 025 093 | 7 544 061 |
| 3 | 16 704 419 | 8 697 268 | 8 007 151 | 11 535 264 | 5 961 473 | 5 573 791 |
| 4 | 14 445 375 | 7 546 407 | 6 898 968 | 14 305 607 | 7 450 438 | 6 855 169 |
| 5—9 | 62 775 537 | 33 264 941 | 29 510 596 | 94 177 434 | 49 283 349 | 44 894 085 |
| 5 | 14 029 624 | 7 363 261 | 6 666 363 | 14 883 857 | 7 758 234 | 7 125 623 |
| 6 | 13 693 531 | 7 230 335 | 6 463 196 | 20 396 314 | 10 699 407 | 9 696 907 |
| 7 | 12 602 205 | 6 681 793 | 5 920 412 | 19 716 266 | 10 342 156 | 9 374 110 |
| 8 | 11 345 688 | 6 039 983 | 5 305 705 | 18 678 122 | 9 771 901 | 8 906 221 |
| 9 | 11 104 489 | 5 949 569 | 5 154 920 | 20 502 875 | 10 711 651 | 9 791 224 |
| 10—14 | 53 790 234 | 29 082 491 | 24 707 743 | 86 351 645 | 45 005 259 | 41 346 386 |
| 10 | 10 780 913 | 5 804 301 | 4 976 612 | 19 212 180 | 10 001 128 | 9 211 052 |
| 11 | 11 299 337 | 6 082 982 | 5 216 355 | 18 338 761 | 9 530 651 | 8 808 110 |
| 12 | 11 050 373 | 5 971 373 | 5 079 000 | 17 839 721 | 9 257 381 | 8 582 340 |
| 13 | 10 388 279 | 5 628 613 | 4 759 666 | 15 382 557 | 8 026 136 | 7 356 421 |
| 14 | 10 271 332 | 5 595 222 | 4 676 110 | 15 578 426 | 8 189 963 | 7 388 463 |
| 15—19 | 51 726 787 | 27 072 984 | 24 653 803 | 62 115 488 | 32 356 349 | 29 759 139 |
| 15 | 10 074 230 | 5 471 631 | 4 602 599 | 13 468 853 | 7 099 181 | 6 369 672 |
| 16 | 9 893 976 | 5 203 638 | 4 690 338 | 13 044 336 | 6 885 212 | 6 159 124 |
| 17 | 10 060 448 | 5 167 108 | 4 893 340 | 12 807 076 | 6 674 639 | 6 132 437 |
| 18 | 11 238 758 | 5 785 632 | 5 453 126 | 11 881 957 | 6 070 530 | 5 811 427 |
| 19 | 10 459 375 | 5 444 975 | 5 014 400 | 10 913 266 | 5 626 787 | 5 286 479 |
| 20—24 | 46 324 595 | 23 718 199 | 22 606 396 | 50 820 751 | 26 483 045 | 24 337 706 |
| 20 | 10 163 491 | 5 238 946 | 4 924 545 | 10 508 218 | 5 475 825 | 5 032 393 |
| 21 | 9 127 356 | 4 690 108 | 4 437 248 | 9 997 593 | 5 200 977 | 4 796 616 |
| 22 | 9 278 418 | 4 739 790 | 4 538 628 | 10 590 408 | 5 498 218 | 5 092 190 |
| 23 | 8 866 788 | 4 524 924 | 4 341 864 | 10 030 150 | 5 231 306 | 4 798 844 |
| 24 | 8 888 542 | 4 524 431 | 4 364 111 | 9 694 382 | 5 076 719 | 4 617 663 |
| 25—29 | 42 316 003 | 21 711 735 | 20 604 268 | 50 395 408 | 26 798 450 | 23 596 958 |
| 25 | 9 030 097 | 4 603 471 | 4 426 626 | 9 950 723 | 5 278 678 | 4 672 045 |
| 26 | 8 243 484 | 4 257 581 | 3 985 903 | 10 181 637 | 5 452 581 | 4 729 056 |
| 27 | 8 193 284 | 4 214 940 | 3 978 344 | 10 109 529 | 5 386 660 | 4 722 869 |
| 28 | 8 578 391 | 4 395 871 | 4 182 520 | 10 249 874 | 5 443 913 | 4 805 961 |
| 29 | 8 270 747 | 4 239 872 | 4 030 875 | 9 903 645 | 5 236 618 | 4 667 027 |
| 30—34 | 38 086 610 | 19 595 040 | 18 491 570 | 46 706 090 | 24 719 798 | 21 986 292 |
| 30 | 7 970 350 | 4 082 207 | 3 888 143 | 10 109 784 | 5 369 854 | 4 739 930 |
| 31 | 7 599 275 | 3 934 654 | 3 664 621 | 9 737 585 | 5 152 650 | 4 584 935 |
| 32 | 7 711 975 | 3 973 729 | 3 738 246 | 9 000 697 | 4 772 857 | 4 227 840 |
| 33 | 7 573 103 | 3 894 047 | 3 679 056 | 8 978 911 | 4 755 864 | 4 223 047 |
| 34 | 7 231 907 | 3 710 403 | 3 521 504 | 8 879 113 | 4 668 573 | 4 210 540 |

# 普 查 人 口 年 龄 分 布

单位：人

| 1982年人口普查 | | | 1990年人口普查 | | |
|---|---|---|---|---|---|
| 合计 | 男 | 女 | 合计 | 男 | 女 |
| 1 003 913 927 | 515 277 505 | 488 636 422 | 1 130 510 638 | 581 820 407 | 548 690 231 |
| 94 704 361 | 48 983 813 | 45 720 548 | 116 438 419 | 61 049 130 | 55 389 289 |
| 20 809 347 | 10 787 028 | 10 022 319 | 23 220 851 | 12 254 905 | 10 965 946 |
| 17 375 778 | 9 015 023 | 8 360 755 | 23 331 877 | 12 304 824 | 11 027 053 |
| 18 273 841 | 9 460 846 | 8 812 995 | 24 180 595 | 12 672 092 | 11 508 503 |
| 19 625 509 | 10 131 309 | 9 494 200 | 24 294 365 | 12 676 790 | 11 617 575 |
| 18 619 886 | 9 589 607 | 9 030 279 | 21 410 731 | 11 140 519 | 10 270 212 |
| 110 735 871 | 57 026 296 | 53 709 575 | 99 336 743 | 51 630 875 | 47 705 868 |
| 19 421 300 | 10 005 985 | 9 415 315 | 19 982 290 | 10 405 433 | 9 576 857 |
| 20 432 542 | 10 528 882 | 9 903 660 | 19 056 078 | 9 922 498 | 9 133 580 |
| 21 779 429 | 11 215 966 | 10 563 463 | 20 196 487 | 10 518 627 | 9 677 860 |
| 24 032 967 | 12 373 188 | 11 659 779 | 22 015 342 | 11 419 500 | 10 595 842 |
| 25 069 633 | 12 902 275 | 12 167 358 | 18 086 546 | 9 364 817 | 8 721 729 |
| 131 810 957 | 67 837 932 | 63 973 025 | 97 226 692 | 50 183 593 | 47 043 099 |
| 25 222 513 | 12 990 403 | 12 232 110 | 19 224 062 | 9 956 298 | 9 267 764 |
| 27 323 306 | 14 071 874 | 13 251 432 | 19 310 091 | 9 974 473 | 9 335 618 |
| 26 487 340 | 13 614 655 | 12 872 685 | 18 864 678 | 9 727 202 | 9 137 476 |
| 28 239 541 | 14 522 190 | 13 717 351 | 19 367 292 | 9 987 990 | 9 379 302 |
| 24 538 257 | 12 638 810 | 11 899 447 | 20 460 569 | 10 537 630 | 9 922 939 |
| 125 366 344 | 63 804 581 | 61 561 763 | 120 158 421 | 61 650 589 | 58 507 832 |
| 22 750 897 | 11 710 874 | 11 040 023 | 21 643 791 | 11 123 627 | 10 520 164 |
| 25 686 509 | 13 189 846 | 12 496 663 | 23 487 567 | 12 043 876 | 11 443 691 |
| 24 417 934 | 12 507 810 | 11 910 124 | 24 536 599 | 12 581 345 | 11 955 254 |
| 25 131 408 | 12 726 845 | 12 404 563 | 24 496 002 | 12 567 848 | 11 928 154 |
| 27 379 596 | 13 669 206 | 13 710 390 | 25 994 462 | 13 333 893 | 12 660 569 |
| 74 363 020 | 37 880 114 | 36 482 906 | 125 761 174 | 64 233 023 | 61 528 151 |
| 15 620 970 | 7 693 607 | 7 927 363 | 26 036 065 | 13 191 336 | 12 844 729 |
| 10 690 834 | 5 320 423 | 5 370 411 | 27 155 679 | 13 820 659 | 13 335 020 |
| 14 307 196 | 7 337 219 | 6 969 977 | 24 552 078 | 12 586 327 | 11 965 751 |
| 14 284 240 | 7 396 047 | 6 888 193 | 22 823 165 | 11 691 041 | 11 132 124 |
| 19 459 780 | 10 132 818 | 9 326 962 | 25 194 187 | 12 943 660 | 12 250 527 |
| 92 563 882 | 47 746 258 | 44 817 624 | 104 267 525 | 53 512 983 | 50 754 542 |
| 18 876 181 | 9 773 764 | 9 102 417 | 24 520 614 | 12 593 865 | 11 926 749 |
| 17 932 830 | 9 247 831 | 8 684 999 | 25 287 489 | 12 959 015 | 12 328 474 |
| 19 662 511 | 10 169 169 | 9 493 342 | 27 026 864 | 13 966 581 | 13 060 283 |
| 18 604 868 | 9 573 341 | 9 031 527 | 15 928 062 | 8 144 945 | 7 783 117 |
| 17 487 492 | 8 982 153 | 8 505 339 | 11 504 496 | 5 848 577 | 5 655 919 |
| 72 958 237 | 37 930 244 | 35 027 993 | 83 875 707 | 43 706 133 | 40 169 574 |
| 17 351 297 | 8 910 451 | 8 440 846 | 14 443 119 | 7 519 677 | 6 923 442 |
| 14 628 858 | 7 545 721 | 7 083 137 | 14 378 626 | 7 535 588 | 6 843 038 |
| 15 269 938 | 8 007 225 | 7 262 713 | 19 060 366 | 10 007 244 | 9 053 122 |
| 13 149 025 | 6 881 142 | 6 267 883 | 18 350 283 | 9 528 741 | 8 821 542 |
| 12 559 119 | 6 585 705 | 5 973 414 | 17 643 313 | 9 114 883 | 8 528 430 |

2-3 续表1

| 年 龄 (岁) | 1953年人口普查 | | | 1964年人口普查 | | |
| --- | --- | --- | --- | --- | --- | --- |
| | 合 计 | 男 | 女 | 合 计 | 男 | 女 |
| 35-39 | 36 281 374 | 18 778 517 | 17 502 857 | 41 169 912 | 21 591 224 | 19 578 688 |
| 35 | 7 353 930 | 3 784 439 | 3 569 491 | 8 599 962 | 4 514 180 | 4 085 782 |
| 36 | 7 418 264 | 3 850 042 | 3 568 222 | 8 701 124 | 4 560 395 | 4 140 729 |
| 37 | 7 197 225 | 3 712 246 | 3 484 979 | 7 873 162 | 4 153 654 | 3 719 508 |
| 38 | 7 131 973 | 3 681 086 | 3 450 887 | 7 860 668 | 4 115 241 | 3 745 427 |
| 39 | 7 179 982 | 3 750 704 | 3 429 278 | 8 134 996 | 4 247 754 | 3 887 242 |
| 40-44 | 31 654 941 | 16 454 333 | 15 200 608 | 35 645 215 | 18 438 348 | 17 206 867 |
| 40 | 6 895 214 | 3 595 719 | 3 299 495 | 7 856 873 | 4 073 212 | 3 783 661 |
| 41 | 6 191 413 | 3 260 934 | 2 930 479 | 7 004 918 | 3 632 453 | 3 372 465 |
| 42 | 6 121 037 | 3 184 905 | 2 936 132 | 6 968 457 | 3 612 806 | 3 355 651 |
| 43 | 6 179 113 | 3 187 931 | 2 991 182 | 6 912 168 | 3 570 690 | 3 341 478 |
| 44 | 6 268 164 | 3 224 844 | 3 043 320 | 6 902 799 | 3 549 187 | 3 353 612 |
| 45-49 | 28 760 397 | 14 676 352 | 14 084 045 | 30 852 836 | 15 710 681 | 15 142 155 |
| 45 | 5 975 150 | 3 063 637 | 2 911 513 | 6 321 469 | 3 232 655 | 3 088 814 |
| 46 | 5 792 940 | 2 976 829 | 2 816 111 | 6 169 216 | 3 154 761 | 3 014 455 |
| 47 | 5 817 626 | 2 955 368 | 2 862 258 | 6 251 239 | 3 203 405 | 3 047 834 |
| 48 | 5 679 634 | 2 871 171 | 2 808 463 | 6 137 458 | 3 094 701 | 3 042 757 |
| 49 | 5 495 047 | 2 809 347 | 2 685 700 | 5 973 454 | 3 025 159 | 2 948 295 |
| 50-54 | 24 356 677 | 12 435 470 | 11 921 207 | 26 505 382 | 13 292 133 | 13 213 249 |
| 50 | 5 638 383 | 2 878 982 | 2 759 401 | 6 147 886 | 3 113 758 | 3 034 128 |
| 51 | 4 989 170 | 2 566 245 | 2 422 925 | 5 331 216 | 2 694 842 | 2 636 374 |
| 52 | 4 997 496 | 2 540 965 | 2 456 531 | 5 065 640 | 2 557 780 | 2 507 860 |
| 53 | 4 470 143 | 2 265 741 | 2 204 402 | 4 882 084 | 2 435 503 | 2 446 581 |
| 54 | 4 261 485 | 2 183 537 | 2 077 948 | 5 078 556 | 2 490 250 | 2 588 306 |
| 55-59 | 20 560 034 | 10 398 207 | 10 161 827 | 22 568 247 | 10 749 195 | 11 819 052 |
| 55 | 4 428 639 | 2 288 818 | 2 139 821 | 4 989 836 | 2 413 645 | 2 576 191 |
| 56 | 4 158 442 | 2 142 070 | 2 016 372 | 4 522 278 | 2 173 241 | 2 349 037 |
| 57 | 4 016 174 | 2 025 910 | 1 990 264 | 4 374 393 | 2 089 385 | 2 285 008 |
| 58 | 4 126 582 | 2 048 533 | 2 078 049 | 4 483 752 | 2 105 149 | 2 378 603 |
| 59 | 3 830 197 | 1 892 876 | 1 937 321 | 4 197 988 | 1 967 775 | 2 230 213 |
| 60-64 | 16 500 186 | 8 006 104 | 8 494 082 | 17 671 454 | 8 125 730 | 9 545 724 |
| 60 | 4 043 139 | 1 983 203 | 2 059 936 | 4 083 778 | 1 902 039 | 2 181 739 |
| 61 | 3 363 567 | 1 657 322 | 1 706 245 | 3 858 980 | 1 794 586 | 2 064 394 |
| 62 | 3 141 920 | 1 525 342 | 1 616 578 | 3 473 126 | 1 596 500 | 1 876 626 |
| 63 | 3 011 941 | 1 447 158 | 1 564 783 | 3 372 986 | 1 536 154 | 1 836 832 |
| 64 | 2 939 619 | 1 393 079 | 1 546 540 | 2 882 584 | 1 296 451 | 1 586 133 |
| 65-69 | 11 775 245 | 5 400 767 | 6 374 478 | 11 635 116 | 5 109 214 | 6 525 902 |
| 65 | 2 805 542 | 1 310 293 | 1 495 249 | 2 560 596 | 1 147 094 | 1 413 502 |
| 66 | 2 531 428 | 1 180 341 | 1 351 087 | 2 549 795 | 1 132 111 | 1 417 684 |
| 67 | 2 317 275 | 1 060 775 | 1 256 500 | 2 293 679 | 1 011 676 | 1 282 003 |
| 68 | 2 151 521 | 965 025 | 1 186 496 | 2 180 060 | 940 409 | 1 239 651 |
| 69 | 1 969 479 | 884 333 | 1 085 146 | 2 050 986 | 877 924 | 1 173 062 |

单位:人

| 1982年人口普查 | | | 1990年人口普查 | | |
|---|---|---|---|---|---|
| 合计 | 男 | 女 | 合计 | 男 | 女 |
| **54 221 629** | **28 565 678** | **25 655 951** | **86 351 812** | **44 568 847** | **41 782 965** |
| 12 401 450 | 6 509 081 | 5 892 369 | 19 377 065 | 10 051 375 | 9 325 690 |
| 11 284 882 | 5 896 179 | 5 388 703 | 18 330 697 | 9 452 337 | 8 878 360 |
| 10 580 696 | 5 566 357 | 5 014 339 | 17 226 144 | 8 870 602 | 8 355 542 |
| 10 255 445 | 5 436 653 | 4 818 792 | 16 887 297 | 8 704 522 | 8 182 775 |
| 9 699 156 | 5 157 408 | 4 541 748 | 14 530 609 | 7 490 011 | 7 040 598 |
| **48 437 943** | **25 827 570** | **22 610 373** | **63 707 664** | **33 335 977** | **30 371 687** |
| 10 060 211 | 5 331 337 | 4 728 874 | 15 342 107 | 8 042 718 | 7 299 389 |
| 9 999 643 | 5 341 152 | 4 658 491 | 13 010 398 | 6 805 059 | 6 205 339 |
| 9 384 301 | 4 994 743 | 4 389 558 | 12 392 389 | 6 496 011 | 5 896 378 |
| 9 401 304 | 5 014 787 | 4 386 517 | 11 950 704 | 6 264 508 | 5 686 196 |
| 9 592 484 | 5 145 551 | 4 446 933 | 11 012 066 | 5 727 681 | 5 284 385 |
| **47 403 331** | **25 073 117** | **22 330 214** | **49 087 941** | **25 855 900** | **23 232 041** |
| 9 601 925 | 5 108 174 | 4 493 751 | 10 465 110 | 5 481 782 | 4 983 328 |
| 9 655 814 | 5 107 686 | 4 548 128 | 9 953 414 | 5 250 473 | 4 702 941 |
| 9 297 996 | 4 887 513 | 4 410 483 | 9 445 561 | 4 982 722 | 4 462 839 |
| 9 459 632 | 5 005 341 | 4 454 291 | 9 670 367 | 5 088 847 | 4 581 520 |
| 9 387 964 | 4 964 403 | 4 423 561 | 9 553 489 | 5 052 076 | 4 501 413 |
| **40 815 501** | **21 528 986** | **19 286 515** | **45 619 559** | **24 110 355** | **21 509 204** |
| 8 579 435 | 4 532 590 | 4 046 845 | 9 248 199 | 4 875 474 | 4 372 725 |
| 8 137 913 | 4 332 903 | 3 805 010 | 8 942 550 | 4 738 952 | 4 203 598 |
| 8 426 358 | 4 453 993 | 3 972 365 | 9 233 016 | 4 919 285 | 4 313 731 |
| 7 776 282 | 4 074 350 | 3 701 932 | 9 098 119 | 4 810 911 | 4 287 208 |
| 7 895 513 | 4 135 150 | 3 760 363 | 9 097 675 | 4 765 733 | 4 331 942 |
| **33 894 327** | **17 493 925** | **16 400 402** | **41 709 335** | **21 839 937** | **19 869 398** |
| 7 083 086 | 3 705 316 | 3 377 770 | 8 804 360 | 4 580 456 | 4 223 904 |
| 6 911 047 | 3 588 621 | 3 322 426 | 8 802 518 | 4 618 277 | 4 184 241 |
| 7 049 455 | 3 642 023 | 3 407 432 | 8 620 744 | 4 525 324 | 4 095 420 |
| 6 797 183 | 3 475 640 | 3 321 543 | 7 846 915 | 4 106 208 | 3 740 707 |
| 6 053 556 | 3 082 325 | 2 971 231 | 7 634 798 | 4 009 672 | 3 625 126 |
| **27 362 204** | **13 709 397** | **13 652 807** | **33 976 254** | **17 481 948** | **16 494 306** |
| 6 162 246 | 3 130 575 | 3 031 671 | 7 730 945 | 4 019 833 | 3 711 112 |
| 5 753 771 | 2 907 890 | 2 845 881 | 6 966 479 | 3 585 188 | 3 381 291 |
| 5 688 684 | 2 854 566 | 2 834 118 | 7 060 132 | 3 635 374 | 3 424 758 |
| 4 966 706 | 2 455 851 | 2 510 855 | 6 233 873 | 3 200 259 | 3 033 614 |
| 4 790 797 | 2 360 515 | 2 430 282 | 5 984 825 | 3 041 294 | 2 943 531 |
| **21 260 370** | **10 171 973** | **11 088 397** | **26 332 520** | **12 917 485** | **13 415 035** |
| 4 804 711 | 2 327 945 | 2 476 766 | 6 169 042 | 3 058 844 | 3 110 198 |
| 4 475 235 | 2 153 933 | 2 321 302 | 5 696 874 | 2 813 087 | 2 883 787 |
| 4 159 969 | 1 995 038 | 2 164 931 | 4 989 630 | 2 448 512 | 2 541 118 |
| 4 246 945 | 2 018 582 | 2 228 363 | 4 885 527 | 2 384 722 | 2 500 805 |
| 3 573 510 | 1 676 475 | 1 897 035 | 4 591 447 | 2 212 320 | 2 379 127 |

2—3 续表 2

| 年龄（岁） | 1953年人口普查 | | | 1964年人口普查 | | |
|---|---|---|---|---|---|---|
| | 合计 | 男 | 女 | 合计 | 男 | 女 |
| 70—74 | 7 815 815 | 3 308 199 | 4 507 616 | 7 378 249 | 3 002 343 | 4 375 906 |
| 70 | 2 028 000 | 884 827 | 1 143 173 | 1 834 937 | 765 713 | 1 069 224 |
| 71 | 1 745 726 | 752 463 | 993 263 | 1 682 998 | 698 304 | 984 694 |
| 72 | 1 620 162 | 678 281 | 941 881 | 1 474 793 | 597 579 | 877 214 |
| 73 | 1 378 021 | 568 895 | 809 126 | 1 249 992 | 498 494 | 751 498 |
| 74 | 1 043 906 | 423 733 | 620 173 | 1 135 529 | 442 253 | 693 276 |
| 75—79 | 3 592 488 | 1 368 411 | 2 224 077 | 3 757 366 | 1 377 689 | 2 379 677 |
| 75 | 938 058 | 372 704 | 565 354 | 1 016 470 | 388 493 | 627 977 |
| 76 | 821 886 | 318 503 | 503 383 | 876 906 | 325 301 | 551 605 |
| 77 | 698 494 | 265 055 | 433 439 | 737 797 | 269 574 | 468 223 |
| 78 | 627 367 | 230 748 | 396 619 | 624 606 | 221 288 | 403 318 |
| 79 | 506 683 | 181 401 | 325 282 | 501 587 | 173 033 | 328 554 |
| 80—84 | 1 428 437 | 473 106 | 955 331 | 1 439 185 | 461 892 | 977 293 |
| 80 | 451 014 | 155 500 | 295 514 | 423 172 | 143 828 | 279 344 |
| 81 | 322 309 | 109 256 | 213 053 | 348 748 | 114 539 | 234 209 |
| 82 | 281 241 | 91 808 | 189 433 | 281 145 | 89 072 | 192 073 |
| 83 | 212 336 | 67 256 | 145 080 | 219 478 | 65 607 | 153 871 |
| 84 | 161 537 | 49 286 | 112 251 | 166 642 | 48 846 | 117 796 |
| 85—89 | 355 150 | 101 114 | 254 036 | 304 375 | 84 486 | 219 889 |
| 85 | 127 857 | 38 172 | 89 685 | 103 569 | 30 296 | 73 273 |
| 86 | 88 808 | 25 484 | 63 324 | 75 290 | 21 150 | 54 140 |
| 87 | 62 974 | 17 471 | 45 503 | 56 266 | 15 070 | 41 196 |
| 88 | 46 888 | 12 590 | 34 298 | 41 094 | 10 707 | 30 387 |
| 89 | 28 623 | 7 397 | 21 226 | 28 156 | 7 263 | 20 893 |
| 90—94 | 55 903 | 14 276 | 41 627 | 50 638 | 13 578 | 37 060 |
| 90 | 24 367 | 6 638 | 17 729 | 20 447 | 5 496 | 14 951 |
| 91 | 12 312 | 3 012 | 9 300 | 11 538 | 2 903 | 8 635 |
| 92 | 8 764 | 2 114 | 6 650 | 8 060 | 2 099 | 5 961 |
| 93 | 6 127 | 1 452 | 4 675 | 5 868 | 1 647 | 4 221 |
| 94 | 4 333 | 1 060 | 3 273 | 4 725 | 1 433 | 3 292 |
| 95—99 | 11 835 | 3 085 | 8 750 | 13 505 | 4 541 | 8 964 |
| 95 | 3 927 | 1 055 | 2 872 | 4 175 | 1 375 | 2 800 |
| 96 | 3 051 | 798 | 2 253 | 3 217 | 1 028 | 2 189 |
| 97 | 2 041 | 537 | 1 504 | 2 271 | 742 | 1 529 |
| 98 | 1 676 | 395 | 1 281 | 2 049 | 689 | 1 360 |
| 99 | 1 140 | 300 | 840 | 1 793 | 707 | 1 086 |
| 100岁及以上 | 3 384 | 1 590 | 1 794 | 4 900 | 2 134 | 2 766 |
| 年龄不详 | 13 882 690 | 9 292 449 | 4 590 241 | 4 876 607 | 2 445 682 | 2 430 925 |

单位:人

| 1982年人口普查 | | | 1990年人口普查 | | |
|---|---|---|---|---|---|
| 合计 | 男 | 女 | 合计 | 男 | 女 |
| 14 348 045 | 6 434 731 | 7 913 314 | 18 050 580 | 8 344 204 | 9 706 376 |
| 3 248 508 | 1 508 595 | 1 739 913 | 4 452 357 | 2 108 722 | 2 343 635 |
| 3 067 353 | 1 405 271 | 1 662 082 | 3 732 596 | 1 741 629 | 1 990 967 |
| 2 923 408 | 1 306 674 | 1 616 734 | 3 529 123 | 1 630 231 | 1 898 892 |
| 2 747 288 | 1 198 007 | 1 549 281 | 3 301 436 | 1 506 451 | 1 794 985 |
| 2 361 488 | 1 016 184 | 1 345 304 | 3 035 068 | 1 357 171 | 1 677 897 |
| 8 617 043 | 3 496 703 | 5 120 340 | 10 933 924 | 4 689 104 | 6 244 820 |
| 2 114 856 | 891 456 | 1 223 400 | 2 736 912 | 1 209 315 | 1 527 597 |
| 1 993 144 | 817 130 | 1 176 014 | 2 614 032 | 1 140 595 | 1 473 437 |
| 1 688 121 | 682 054 | 1 006 067 | 2 123 063 | 906 767 | 1 216 296 |
| 1 512 955 | 598 805 | 914 150 | 1 846 321 | 774 071 | 1 072 250 |
| 1 307 967 | 507 258 | 800 709 | 1 613 596 | 658 356 | 955 240 |
| 3 704 605 | 1 350 776 | 2 353 829 | 5 352 690 | 1 993 954 | 3 358 736 |
| 1 114 354 | 422 376 | 691 978 | 1 494 781 | 586 258 | 908 523 |
| 918 361 | 339 657 | 578 704 | 1 236 185 | 469 224 | 766 961 |
| 694 784 | 249 804 | 444 980 | 1 029 258 | 380 639 | 648 619 |
| 525 285 | 184 363 | 340 922 | 852 655 | 304 110 | 548 545 |
| 451 821 | 154 576 | 297 245 | 739 811 | 253 723 | 486 088 |
| 1 088 295 | 343 600 | 744 695 | 1 907 544 | 605 746 | 1 301 798 |
| 350 137 | 117 136 | 233 001 | 593 736 | 197 370 | 396 366 |
| 270 630 | 86 059 | 184 571 | 467 819 | 150 705 | 317 114 |
| 207 445 | 64 147 | 143 298 | 362 274 | 113 341 | 248 933 |
| 151 779 | 45 245 | 106 534 | 277 790 | 84 378 | 193 412 |
| 108 304 | 31 013 | 77 291 | 205 925 | 59 952 | 145 973 |
| 218 046 | 59 583 | 158 463 | 351 602 | 94 520 | 257 082 |
| 87 670 | 25 392 | 62 278 | 139 173 | 39 602 | 99 571 |
| 51 696 | 13 868 | 37 828 | 80 713 | 21 629 | 59 084 |
| 37 247 | 9 727 | 27 520 | 60 818 | 15 724 | 45 094 |
| 24 888 | 6 318 | 18 570 | 41 841 | 10 510 | 31 331 |
| 16 545 | 4 278 | 12 267 | 29 057 | 7 055 | 22 002 |
| 35 294 | 10 729 | 24 565 | 57 851 | 14 549 | 43 302 |
| 12 833 | 3 689 | 9 144 | 21 397 | 5 387 | 16 010 |
| 8 657 | 2 649 | 6 008 | 14 184 | 3 462 | 10 722 |
| 5 730 | 1 676 | 4 054 | 9 641 | 2 358 | 7 283 |
| 4 770 | 1 612 | 3 158 | 7 525 | 2 006 | 5 519 |
| 3 304 | 1 103 | 2 201 | 5 104 | 1 336 | 3 768 |
| 3 851 | 1 135 | 2 716 | 6 681 | 1 555 | 5 126 |
| 771 | 364 | 407 | — | — | — |

## 2－4 全国6岁及6岁以上分年龄、

| 年龄（岁） | 6岁及6岁以上人口 合计 | 男 | 女 | 大学本 小计 | 男 |
|---|---|---|---|---|---|
| 总计 | 994 089 929 | 510 365 844 | 483 724 085 | 6 138 484 | 4 418 514 |
| 6－9 | 79 354 453 | 41 225 442 | 38 129 011 | — | — |
| 6 | 19 056 078 | 9 922 498 | 9 133 580 | — | — |
| 7 | 20 196 487 | 10 518 627 | 9 677 860 | — | — |
| 8 | 22 015 342 | 11 419 500 | 10 595 842 | — | — |
| 9 | 18 086 546 | 9 364 817 | 8 721 729 | — | — |
| 10－14 | 97 226 692 | 50 183 593 | 47 043 099 | 7 | 4 |
| 10 | 19 224 062 | 9 956 298 | 9 267 764 | — | — |
| 11 | 19 310 091 | 9 974 473 | 9 335 618 | — | — |
| 12 | 18 864 678 | 9 727 202 | 9 137 476 | — | — |
| 13 | 19 367 292 | 9 987 990 | 9 379 302 | — | — |
| 14 | 20 460 569 | 10 537 630 | 9 922 939 | 7 | 4 |
| 15－19 | 120 158 421 | 61 650 589 | 58 507 832 | 330 612 | 208 178 |
| 15 | 21 643 791 | 11 123 627 | 10 520 164 | 18 | 15 |
| 16 | 23 487 567 | 12 043 876 | 11 443 691 | 1 753 | 1 089 |
| 17 | 24 536 599 | 12 581 345 | 11 955 254 | 20 051 | 11 940 |
| 18 | 24 496 002 | 12 567 848 | 11 928 154 | 97 268 | 60 144 |
| 19 | 25 994 462 | 13 333 893 | 12 660 569 | 211 522 | 134 990 |
| 20－24 | 125 761 174 | 64 233 023 | 61 528 151 | 1 559 326 | 1 055 870 |
| 20 | 26 036 065 | 13 191 336 | 12 844 729 | 295 918 | 194 942 |
| 21 | 27 155 679 | 13 820 659 | 13 335 020 | 364 410 | 242 469 |
| 22 | 24 552 078 | 12 586 327 | 11 965 751 | 329 171 | 221 510 |
| 23 | 22 823 165 | 11 691 041 | 11 132 124 | 268 857 | 185 838 |
| 24 | 25 194 187 | 12 943 660 | 12 250 527 | 300 970 | 211 111 |
| 25－29 | 104 267 525 | 53 512 983 | 50 754 542 | 1 136 258 | 824 698 |
| 25 | 24 520 614 | 12 593 865 | 11 926 749 | 295 665 | 212 442 |
| 26 | 25 287 489 | 12 959 015 | 12 328 474 | 303 781 | 219 168 |
| 27 | 27 026 864 | 13 966 581 | 13 060 283 | 286 337 | 211 306 |
| 28 | 15 928 062 | 8 144 945 | 7 783 117 | 146 109 | 107 219 |
| 29 | 11 504 496 | 5 848 577 | 5 655 919 | 104 366 | 74 563 |
| 30－34 | 83 875 707 | 43 706 133 | 40 169 574 | 425 390 | 307 950 |
| 30 | 14 443 119 | 7 519 677 | 6 923 442 | 93 714 | 67 509 |
| 31 | 14 378 626 | 7 535 588 | 6 843 038 | 67 681 | 48 758 |
| 32 | 19 060 366 | 10 007 244 | 9 053 122 | 87 929 | 64 695 |
| 33 | 18 350 283 | 9 528 741 | 8 821 542 | 91 048 | 66 217 |
| 34 | 17 643 313 | 9 114 883 | 8 528 430 | 85 018 | 60 771 |

# 性别的各种文化程度人口数

单位：人

| 科 | 大学专科 | | | 中专 | | |
|---|---|---|---|---|---|---|
| 女 | 小计 | 男 | 女 | 小计 | 男 | 女 |
| 1 719 970 | 9 618 959 | 6 559 621 | 3 059 338 | 17 283 681 | 10 130 670 | 7 153 011 |
| | | | | | | |
| — | — | — | — | 7 | 2 | 5 |
| — | — | — | — | 3 | — | 3 |
| — | — | — | — | 1 | — | 1 |
| — | — | — | — | — | — | — |
| — | — | — | — | 3 | 2 | 1 |
| | | | | | | |
| 3 | — | — | — | 11 619 | 4 856 | 6 763 |
| — | — | — | — | 7 | 2 | 5 |
| — | — | — | — | 9 | 4 | 5 |
| — | — | — | — | 23 | 6 | 17 |
| — | — | — | — | 1 634 | 696 | 938 |
| 3 | — | — | — | 9 946 | 4 148 | 5 798 |
| | | | | | | |
| 122 434 | 332 024 | 169 691 | 162 333 | 2 560 512 | 1 226 418 | 1 334 094 |
| 3 | 1 | — | 1 | 80 302 | 34 312 | 45 990 |
| 664 | 2 852 | 1 299 | 1 553 | 325 869 | 145 305 | 180 564 |
| 8 111 | 17 136 | 7 958 | 9 178 | 630 444 | 295 384 | 335 060 |
| 37 124 | 85 195 | 41 716 | 43 479 | 748 231 | 361 665 | 386 566 |
| 76 532 | 226 840 | 118 718 | 108 122 | 775 666 | 389 752 | 385 914 |
| | | | | | | |
| 503 456 | 2 018 218 | 1 192 989 | 825 229 | 3 032 819 | 1 675 160 | 1 357 659 |
| 100 976 | 369 411 | 204 735 | 164 676 | 723 433 | 378 442 | 344 991 |
| 121 941 | 467 526 | 268 786 | 198 740 | 674 434 | 362 385 | 312 049 |
| 107 661 | 418 809 | 247 280 | 171 529 | 558 296 | 310 428 | 247 868 |
| 83 019 | 356 470 | 219 590 | 136 880 | 503 001 | 289 990 | 213 011 |
| 89 859 | 406 002 | 252 598 | 153 404 | 573 655 | 333 915 | 239 740 |
| | | | | | | |
| 311 560 | 2 063 737 | 1 354 417 | 709 320 | 2 542 925 | 1 493 298 | 1 049 627 |
| 83 223 | 431 881 | 275 244 | 156 637 | 607 226 | 357 105 | 250 121 |
| 84 613 | 530 844 | 340 957 | 189 887 | 665 068 | 387 211 | 277 857 |
| 75 031 | 571 930 | 380 454 | 191 476 | 668 923 | 396 988 | 271 935 |
| 38 890 | 305 783 | 206 849 | 98 934 | 349 710 | 208 106 | 141 604 |
| 29 803 | 223 299 | 150 913 | 72 386 | 251 998 | 143 888 | 108 110 |
| | | | | | | |
| 117 440 | 1 266 817 | 897 965 | 368 852 | 1 709 453 | 1 015 399 | 694 054 |
| 26 205 | 226 291 | 159 647 | 66 644 | 285 810 | 168 837 | 116 973 |
| 18 923 | 200 950 | 144 861 | 56 089 | 273 971 | 164 193 | 109 778 |
| 23 234 | 276 422 | 199 381 | 77 041 | 374 726 | 225 711 | 149 015 |
| 24 831 | 281 175 | 199 199 | 81 976 | 384 063 | 229 442 | 154 621 |
| 24 247 | 281 979 | 194 877 | 87 102 | 390 883 | 227 216 | 163 667 |

2-4 续表1

| 年龄（岁） | 6岁及6岁以上人口 | | | 大学本 | |
|---|---|---|---|---|---|
| | 合计 | 男 | 女 | 小计 | 男 |
| 35-39 | 86 351 812 | 44 568 847 | 41 782 965 | 294 698 | 205 609 |
| 35 | 19 377 065 | 10 051 375 | 9 325 690 | 78 685 | 55 426 |
| 36 | 18 330 697 | 9 452 337 | 8 878 360 | 65 698 | 45 365 |
| 37 | 17 226 144 | 8 870 602 | 8 355 542 | 53 702 | 37 197 |
| 38 | 16 887 297 | 8 704 522 | 8 182 775 | 49 638 | 34 516 |
| 39 | 14 530 609 | 7 490 011 | 7 040 598 | 46 975 | 33 105 |
| 40-44 | 63 707 664 | 33 335 977 | 30 371 687 | 364 207 | 263 451 |
| 40 | 15 342 107 | 8 042 718 | 7 299 389 | 53 981 | 39 523 |
| 41 | 13 010 398 | 6 805 059 | 6 205 339 | 47 243 | 35 741 |
| 42 | 12 392 389 | 6 496 011 | 5 896 378 | 51 073 | 39 074 |
| 43 | 11 950 704 | 6 264 508 | 5 686 196 | 84 289 | 59 743 |
| 44 | 11 012 066 | 5 727 681 | 5 284 385 | 127 621 | 89 370 |
| 45-49 | 49 087 941 | 25 855 900 | 23 232 041 | 617 173 | 445 862 |
| 45 | 10 465 110 | 5 481 782 | 4 983 328 | 123 804 | 89 112 |
| 46 | 9 953 414 | 5 250 473 | 4 702 941 | 113 267 | 82 341 |
| 47 | 9 445 561 | 4 982 722 | 4 462 839 | 112 943 | 81 490 |
| 48 | 9 670 367 | 5 088 847 | 4 581 520 | 125 314 | 89 581 |
| 49 | 9 553 489 | 5 052 076 | 4 501 413 | 141 845 | 103 338 |
| 50-54 | 45 619 559 | 24 110 355 | 21 509 204 | 705 616 | 542 071 |
| 50 | 9 248 199 | 4 875 474 | 4 372 725 | 154 068 | 114 285 |
| 51 | 8 942 550 | 4 738 952 | 4 203 598 | 154 487 | 118 248 |
| 52 | 9 233 016 | 4 919 285 | 4 313 731 | 151 458 | 118 079 |
| 53 | 9 098 119 | 4 810 911 | 4 287 208 | 133 123 | 103 852 |
| 54 | 9 097 675 | 4 765 733 | 4 331 942 | 112 480 | 87 607 |
| 55-59 | 41 709 335 | 21 839 937 | 19 869 398 | 337 340 | 263 219 |
| 55 | 8 804 360 | 4 580 456 | 4 223 904 | 90 474 | 70 222 |
| 56 | 8 802 518 | 4 618 277 | 4 184 241 | 75 468 | 58 789 |
| 57 | 8 620 744 | 4 525 324 | 4 095 420 | 64 961 | 50 330 |
| 58 | 7 846 915 | 4 106 208 | 3 740 707 | 56 075 | 44 102 |
| 59 | 7 634 798 | 4 009 672 | 3 625 126 | 50 362 | 39 776 |
| 60-64 | 33 976 254 | 17 481 948 | 16 494 306 | 182 693 | 147 821 |
| 60 | 7 730 945 | 4 019 833 | 3 711 112 | 46 843 | 37 249 |
| 61 | 6 966 479 | 3 585 188 | 3 381 291 | 39 738 | 31 801 |
| 62 | 7 060 132 | 3 635 374 | 3 424 758 | 36 967 | 30 093 |
| 63 | 6 233 873 | 3 200 259 | 3 033 614 | 31 093 | 25 566 |
| 64 | 5 984 825 | 3 041 294 | 2 943 531 | 28 052 | 23 112 |
| 65及以上 | 62 993 392 | 28 661 117 | 34 332 275 | 185 164 | 153 781 |

单位：人

| 科 | 大学专科 | | | 中专 | | |
|---|---|---|---|---|---|---|
| 女 | 小计 | 男 | 女 | 小计 | 男 | 女 |
| 89 089 | 1 276 663 | 882 582 | 394 081 | 1 766 462 | 999 664 | 766 798 |
| 23 259 | 301 818 | 206 908 | 94 910 | 434 166 | 246 318 | 187 848 |
| 20 333 | 281 598 | 190 794 | 90 804 | 400 774 | 223 633 | 177 141 |
| 16 505 | 239 984 | 165 836 | 74 148 | 344 177 | 193 593 | 150 584 |
| 15 122 | 233 209 | 163 046 | 70 163 | 318 822 | 180 268 | 138 554 |
| 13 870 | 220 054 | 155 998 | 64 056 | 268 523 | 155 852 | 112 671 |
| 100 756 | 907 277 | 669 029 | 238 248 | 1 733 512 | 1 060 717 | 672 795 |
| 14 458 | 241 703 | 175 486 | 66 217 | 323 535 | 195 794 | 127 741 |
| 11 502 | 194 611 | 143 131 | 51 480 | 376 697 | 226 863 | 149 834 |
| 11 999 | 179 288 | 133 605 | 45 683 | 395 708 | 243 335 | 152 373 |
| 24 546 | 158 633 | 118 581 | 40 052 | 355 166 | 220 836 | 134 330 |
| 38 251 | 133 042 | 98 226 | 34 816 | 282 406 | 173 889 | 108 517 |
| 171 311 | 553 478 | 415 806 | 137 672 | 1 526 822 | 937 084 | 589 738 |
| 34 692 | 116 152 | 86 151 | 30 001 | 264 802 | 158 080 | 106 722 |
| 30 926 | 106 886 | 80 161 | 26 725 | 281 834 | 167 568 | 114 266 |
| 31 453 | 107 301 | 80 452 | 26 849 | 318 277 | 193 038 | 125 239 |
| 35 733 | 109 536 | 82 311 | 27 225 | 332 612 | 207 028 | 125 584 |
| 38 507 | 113 603 | 86 731 | 26 872 | 329 297 | 211 370 | 117 927 |
| 163 545 | 547 563 | 430 597 | 116 966 | 1 369 397 | 944 596 | 424 801 |
| 39 783 | 115 742 | 88 403 | 27 339 | 310 369 | 202 924 | 107 445 |
| 36 239 | 114 266 | 88 472 | 25 794 | 290 383 | 195 501 | 94 882 |
| 33 379 | 113 647 | 90 192 | 23 455 | 284 518 | 199 416 | 85 102 |
| 29 271 | 105 674 | 84 480 | 21 194 | 257 643 | 183 551 | 74 092 |
| 24 873 | 98 234 | 79 050 | 19 184 | 226 484 | 163 204 | 63 280 |
| 74 121 | 339 837 | 278 868 | 60 969 | 640 181 | 482 000 | 158 181 |
| 20 252 | 87 109 | 70 233 | 16 876 | 186 090 | 136 152 | 49 938 |
| 16 679 | 76 962 | 62 964 | 13 998 | 154 697 | 116 226 | 38 471 |
| 14 631 | 67 105 | 55 149 | 11 956 | 124 267 | 94 510 | 29 757 |
| 11 973 | 57 407 | 47 633 | 9 774 | 95 269 | 73 344 | 21 925 |
| 10 586 | 51 254 | 42 889 | 8 365 | 79 858 | 61 768 | 18 090 |
| 34 872 | 172 474 | 146 181 | 26 293 | 230 122 | 176 370 | 53 752 |
| 9 594 | 46 852 | 39 304 | 7 548 | 67 831 | 52 189 | 15 642 |
| 7 937 | 38 237 | 32 301 | 5 936 | 50 350 | 38 368 | 11 982 |
| 6 874 | 34 926 | 29 686 | 5 240 | 45 776 | 35 043 | 10 733 |
| 5 527 | 28 117 | 24 037 | 4 080 | 35 639 | 27 416 | 8 223 |
| 4 940 | 24 342 | 20 853 | 3 489 | 30 526 | 23 354 | 7 172 |
| 31 383 | 140 871 | 121 496 | 19 375 | 159 850 | 115 106 | 44 744 |

2—4 续表2

| 年龄（岁） | 高中 | | | 初中 | |
|---|---|---|---|---|---|
| | 小计 | 男 | 女 | 小计 | 男 |
| 总计 | 72 603 846 | 44 632 787 | 27 971 059 | 263 384 863 | 159 569 272 |
| 6—9 | — | — | — | — | — |
| 6 | — | — | — | — | — |
| 7 | — | — | — | — | — |
| 8 | — | — | — | — | — |
| 9 | — | — | — | — | — |
| 10—14 | 86 645 | 48 896 | 37 749 | 15 539 328 | 8 496 725 |
| 10 | — | — | — | 1 | 1 |
| 11 | — | — | — | 266 914 | 147 641 |
| 12 | — | — | — | 1 478 988 | 796 067 |
| 13 | 8 592 | 4 887 | 3 705 | 4 891 248 | 2 644 079 |
| 14 | 78 053 | 44 009 | 34 044 | 8 902 177 | 4 908 937 |
| 15—19 | 10 989 378 | 6 420 453 | 4 568 925 | 56 369 830 | 32 292 426 |
| 15 | 493 022 | 275 052 | 217 970 | 11 206 339 | 6 327 473 |
| 16 | 1 606 122 | 906 839 | 699 283 | 11 848 311 | 6 792 405 |
| 17 | 2 734 609 | 1 588 753 | 1 145 856 | 11 415 328 | 6 562 792 |
| 18 | 3 062 684 | 1 812 821 | 1 249 863 | 10 733 675 | 6 182 624 |
| 19 | 3 092 941 | 1 836 988 | 1 255 953 | 11 166 177 | 6 427 132 |
| 20—24 | 12 302 976 | 7 141 754 | 5 161 222 | 55 713 783 | 31 767 084 |
| 20 | 2 836 220 | 1 659 294 | 1 176 926 | 10 979 764 | 6 245 377 |
| 21 | 2 740 582 | 1 577 674 | 1 162 908 | 11 559 379 | 6 562 426 |
| 22 | 2 281 932 | 1 315 505 | 966 427 | 10 784 230 | 6 168 823 |
| 23 | 1 982 029 | 1 150 147 | 831 882 | 10 419 815 | 5 959 985 |
| 24 | 2 462 213 | 1 439 134 | 1 023 079 | 11 970 595 | 6 830 473 |
| 25—29 | 19 449 450 | 11 334 005 | 8 115 445 | 45 585 660 | 26 139 759 |
| 25 | 3 088 498 | 1 814 472 | 1 274 026 | 11 656 543 | 6 608 184 |
| 26 | 4 206 688 | 2 424 413 | 1 782 275 | 11 660 150 | 6 590 002 |
| 27 | 5 496 589 | 3 208 297 | 2 288 292 | 11 852 950 | 6 820 335 |
| 28 | 3 625 925 | 2 144 430 | 1 481 495 | 6 286 637 | 3 694 707 |
| 29 | 3 031 750 | 1 742 393 | 1 289 357 | 4 129 380 | 2 426 531 |
| 30—34 | 16 113 942 | 9 846 322 | 6 267 620 | 27 662 364 | 17 471 206 |
| 30 | 3 705 263 | 2 192 812 | 1 512 451 | 4 970 558 | 3 008 898 |
| 31 | 3 271 293 | 1 974 715 | 1 296 578 | 4 821 055 | 2 994 762 |
| 32 | 3 718 670 | 2 267 342 | 1 451 328 | 6 304 021 | 4 018 318 |
| 33 | 3 011 168 | 1 868 942 | 1 142 226 | 5 967 870 | 3 840 770 |
| 34 | 2 407 548 | 1 542 511 | 865 037 | 5 598 860 | 3 608 458 |

单位:人

| 女 | 小学 小计 | 小学 男 | 小学 女 | 不识字或识字很少 小计 | 不识字或识字很少 男 | 不识字或识字很少 女 |
|---|---|---|---|---|---|---|
| 103 815 591 | 420 205 292 | 220 236 874 | 199 968 418 | 204 854 804 | 64 818 106 | 140 036 698 |
| — | 60 343 900 | 32 053 110 | 28 290 790 | 19 010 546 | 9 172 330 | 9 838 216 |
| — | 7 876 065 | 4 237 453 | 3 638 612 | 11 180 010 | 5 685 045 | 5 494 965 |
| — | 15 314 981 | 8 186 061 | 7 128 920 | 4 881 505 | 2 332 566 | 2 548 939 |
| — | 20 086 861 | 10 631 852 | 9 455 009 | 1 928 481 | 787 648 | 1 140 833 |
| — | 17 065 993 | 8 997 744 | 8 068 249 | 1 020 550 | 367 071 | 653 479 |
| 7 042 603 | 77 353 932 | 40 347 067 | 37 006 865 | 4 235 161 | 1 286 045 | 2 949 116 |
| — | 18 380 745 | 9 678 056 | 8 702 689 | 843 309 | 278 239 | 565 070 |
| 119 273 | 18 269 946 | 9 589 185 | 8 680 761 | 773 222 | 237 643 | 535 579 |
| 682 921 | 16 586 901 | 8 692 920 | 7 893 981 | 798 766 | 238 209 | 560 557 |
| 2 247 169 | 13 603 441 | 7 084 627 | 6 518 814 | 862 377 | 253 701 | 608 676 |
| 3 993 240 | 10 512 899 | 5 302 279 | 5 210 620 | 957 487 | 278 253 | 679 234 |
| 24 077 404 | 43 234 606 | 19 501 031 | 23 733 575 | 6 341 459 | 1 832 392 | 4 509 067 |
| 4 878 866 | 8 785 475 | 4 175 576 | 4 609 899 | 1 078 634 | 311 199 | 767 435 |
| 5 055 906 | 8 483 355 | 3 844 681 | 4 638 674 | 1 219 305 | 352 258 | 867 047 |
| 4 852 536 | 8 430 967 | 3 743 230 | 4 687 737 | 1 288 064 | 371 288 | 916 776 |
| 4 551 051 | 8 430 082 | 3 719 147 | 4 710 935 | 1 338 867 | 389 731 | 949 136 |
| 4 739 045 | 9 104 727 | 4 018 397 | 5 086 330 | 1 416 589 | 407 916 | 1 008 673 |
| 23 946 699 | 43 412 533 | 19 427 012 | 23 985 521 | 7 721 519 | 1 973 154 | 5 748 365 |
| 4 734 387 | 9 335 419 | 4 096 417 | 5 239 002 | 1 495 900 | 412 129 | 1 083 771 |
| 4 996 953 | 9 765 345 | 4 386 558 | 5 378 787 | 1 584 003 | 420 361 | 1 163 642 |
| 4 615 407 | 8 655 875 | 3 933 048 | 4 722 827 | 1 523 765 | 389 733 | 1 134 032 |
| 4 459 830 | 7 796 914 | 3 516 471 | 4 280 443 | 1 496 079 | 369 020 | 1 127 059 |
| 5 140 122 | 7 858 980 | 3 494 518 | 4 364 462 | 1 621 772 | 381 911 | 1 239 861 |
| 19 445 901 | 26 204 739 | 10 871 051 | 15 333 688 | 7 284 756 | 1 495 755 | 5 789 001 |
| 5 048 359 | 6 858 097 | 2 968 406 | 3 889 691 | 1 582 704 | 358 012 | 1 224 692 |
| 5 070 148 | 6 310 532 | 2 654 465 | 3 656 067 | 1 610 426 | 342 799 | 1 267 627 |
| 5 032 615 | 6 356 614 | 2 598 575 | 3 758 039 | 1 793 521 | 350 626 | 1 442 895 |
| 2 591 930 | 3 892 567 | 1 532 840 | 2 359 727 | 1 321 331 | 250 794 | 1 070 537 |
| 1 702 849 | 2 786 929 | 1 116 765 | 1 670 164 | 976 774 | 193 524 | 783 250 |
| 10 191 158 | 26 505 589 | 11 856 552 | 14 649 037 | 10 192 152 | 2 310 739 | 7 881 413 |
| 1 961 660 | 3 808 202 | 1 624 804 | 2 183 398 | 1 353 281 | 297 170 | 1 056 111 |
| 1 826 293 | 4 193 401 | 1 854 882 | 2 338 519 | 1 550 275 | 353 417 | 1 196 858 |
| 2 285 703 | 5 981 320 | 2 694 503 | 3 286 817 | 2 317 278 | 537 294 | 1 779 984 |
| 2 127 100 | 6 157 291 | 2 769 497 | 3 387 794 | 2 457 668 | 554 674 | 1 902 994 |
| 1 990 402 | 6 365 375 | 2 912 866 | 3 452 509 | 2 513 650 | 568 184 | 1 945 466 |

2—4 续表 3

| 年龄<br>（岁） | 高中 | | | 初中 | |
|---|---|---|---|---|---|
| | 小计 | 男 | 女 | 小计 | 男 |
| **35—39** | **5 952 473** | **4 140 044** | **1 812 429** | **24 544 514** | **16 019 797** |
| 35 | 2 076 702 | 1 398 073 | 678 629 | 5 940 937 | 3 852 147 |
| 36 | 1 499 519 | 1 037 815 | 461 704 | 5 385 680 | 3 481 132 |
| 37 | 1 028 465 | 730 138 | 298 327 | 4 798 751 | 3 133 222 |
| 38 | 767 195 | 554 046 | 213 149 | 4 572 067 | 3 017 383 |
| 39 | 580 592 | 419 972 | 160 620 | 3 847 079 | 2 535 913 |
| **40—44** | **2 434 926** | **1 690 085** | **744 841** | **14 008 370** | **9 368 062** |
| 40 | 603 220 | 432 122 | 171 098 | 3 724 396 | 2 478 706 |
| 41 | 520 262 | 361 488 | 158 774 | 2 740 131 | 1 833 313 |
| 42 | 483 479 | 331 803 | 151 676 | 2 479 229 | 1 659 317 |
| 43 | 439 353 | 299 787 | 139 566 | 2 534 135 | 1 696 246 |
| 44 | 388 612 | 264 885 | 123 727 | 2 530 479 | 1 700 480 |
| **45—49** | **1 980 721** | **1 389 231** | **591 490** | **10 012 568** | **6 847 138** |
| 45 | 384 047 | 261 419 | 122 628 | 2 438 813 | 1 655 295 |
| 46 | 398 905 | 275 453 | 123 452 | 2 214 946 | 1 516 418 |
| 47 | 415 822 | 290 257 | 125 565 | 1 966 655 | 1 340 425 |
| 48 | 409 043 | 291 829 | 117 214 | 1 800 900 | 1 231 811 |
| 49 | 372 904 | 270 273 | 102 631 | 1 591 254 | 1 103 189 |
| **50—54** | **1 236 923** | **929 184** | **307 739** | **5 499 877** | **4 015 100** |
| 50 | 318 128 | 232 314 | 85 814 | 1 358 795 | 951 256 |
| 51 | 264 706 | 195 704 | 69 002 | 1 155 761 | 824 633 |
| 52 | 242 349 | 182 897 | 59 452 | 1 082 130 | 794 004 |
| 53 | 214 413 | 164 818 | 49 595 | 983 191 | 740 259 |
| 54 | 197 327 | 153 451 | 43 876 | 920 000 | 704 948 |
| **55—59** | **831 268** | **671 583** | **159 685** | **3 699 863** | **3 033 099** |
| 55 | 181 350 | 143 254 | 38 096 | 841 813 | 660 042 |
| 56 | 175 211 | 140 614 | 34 597 | 814 711 | 658 321 |
| 57 | 168 574 | 136 351 | 32 223 | 759 054 | 627 001 |
| 58 | 154 613 | 126 508 | 28 105 | 660 074 | 554 839 |
| 59 | 151 520 | 124 856 | 26 664 | 624 211 | 532 896 |
| **60—64** | **607 185** | **506 485** | **100 700** | **2 353 753** | **2 028 450** |
| 60 | 149 009 | 123 307 | 25 702 | 592 740 | 507 566 |
| 61 | 127 667 | 106 048 | 21 619 | 496 862 | 426 621 |
| 62 | 126 490 | 106 035 | 20 455 | 484 733 | 418 712 |
| 63 | 106 639 | 89 338 | 17 301 | 407 531 | 352 879 |
| 64 | 97 380 | 81 757 | 15 623 | 371 887 | 322 672 |
| **65及以上** | **617 959** | **514 745** | **103 214** | **2 394 953** | **2 090 426** |

单位：人

| 女 | 小学 | | | 不识字或识字很少 | | |
|---|---|---|---|---|---|---|
| | 小　计 | 男 | 女 | 小　计 | 男 | 女 |
| 8 524 717 | 37 510 905 | 18 621 646 | 18 889 259 | 15 006 097 | 3 699 505 | 11 306 592 |
| 2 088 790 | 7 585 225 | 3 609 386 | 3 975 839 | 2 959 532 | 683 117 | 2 276 415 |
| 1 904 548 | 7 678 210 | 3 762 542 | 3 915 668 | 3 019 218 | 711 056 | 2 308 162 |
| 1 665 529 | 7 668 858 | 3 850 477 | 3 818 381 | 3 092 207 | 760 139 | 2 332 068 |
| 1 554 684 | 7 759 068 | 3 936 261 | 3 822 807 | 3 187 298 | 819 002 | 2 368 296 |
| 1 311 166 | 6 819 544 | 3 462 980 | 3 356 564 | 2 747 842 | 726 191 | 2 021 651 |
| 4 640 308 | 31 546 850 | 16 878 866 | 14 667 984 | 12 712 522 | 3 405 767 | 9 306 755 |
| 1 245 690 | 7 456 040 | 3 898 920 | 3 557 120 | 2 939 232 | 822 167 | 2 117 065 |
| 906 818 | 6 577 733 | 3 504 237 | 3 073 496 | 2 553 721 | 700 286 | 1 853 435 |
| 819 912 | 6 340 347 | 3 427 925 | 2 912 422 | 2 463 265 | 660 952 | 1 802 313 |
| 837 889 | 5 972 658 | 3 242 651 | 2 730 007 | 2 406 470 | 626 664 | 1 779 806 |
| 829 999 | 5 200 072 | 2 805 133 | 2 394 939 | 2 349 834 | 595 698 | 1 754 136 |
| 3 165 430 | 20 771 534 | 12 001 854 | 8 769 680 | 13 625 645 | 3 818 925 | 9 806 720 |
| 783 518 | 4 690 578 | 2 591 710 | 2 098 868 | 2 446 914 | 640 015 | 1 806 899 |
| 698 528 | 4 282 775 | 2 439 733 | 1 843 042 | 2 554 801 | 688 799 | 1 866 002 |
| 626 230 | 3 909 030 | 2 264 382 | 1 644 648 | 2 615 533 | 732 678 | 1 882 855 |
| 569 089 | 3 963 531 | 2 337 529 | 1 626 002 | 2 929 431 | 848 758 | 2 080 673 |
| 488 065 | 3 925 620 | 2 368 500 | 1 557 120 | 3 078 966 | 908 675 | 2 170 291 |
| 1 484 777 | 18 001 364 | 11 589 468 | 6 411 896 | 18 258 819 | 5 659 339 | 12 599 480 |
| 407 539 | 3 757 953 | 2 310 451 | 1 447 502 | 3 233 144 | 975 841 | 2 257 303 |
| 331 128 | 3 646 163 | 2 300 160 | 1 346 003 | 3 316 784 | 1 016 234 | 2 300 550 |
| 288 126 | 3 671 860 | 2 373 937 | 1 297 923 | 3 687 054 | 1 160 760 | 2 526 294 |
| 242 932 | 3 524 625 | 2 322 619 | 1 202 006 | 3 879 450 | 1 211 332 | 2 668 118 |
| 215 052 | 3 400 763 | 2 282 301 | 1 118 462 | 4 142 387 | 1 295 172 | 2 847 215 |
| 666 764 | 13 707 134 | 9 871 443 | 3 835 691 | 22 153 712 | 7 239 725 | 14 913 987 |
| 181 771 | 3 126 381 | 2 141 035 | 985 346 | 4 291 143 | 1 359 518 | 2 931 625 |
| 156 390 | 2 990 551 | 2 121 528 | 869 023 | 4 514 918 | 1 459 835 | 3 055 083 |
| 132 053 | 2 829 858 | 2 055 138 | 774 720 | 4 606 925 | 1 506 845 | 3 100 080 |
| 105 235 | 2 453 961 | 1 815 695 | 638 266 | 4 369 516 | 1 444 087 | 2 925 429 |
| 91 315 | 2 306 383 | 1 738 047 | 568 336 | 4 371 210 | 1 469 440 | 2 901 770 |
| 325 303 | 9 406 175 | 7 281 334 | 2 124 841 | 21 023 852 | 7 195 307 | 13 828 545 |
| 85 174 | 2 239 612 | 1 703 982 | 535 630 | 4 588 058 | 1 556 236 | 3 031 822 |
| 70 241 | 1 965 849 | 1 512 081 | 453 768 | 4 247 776 | 1 437 968 | 2 809 808 |
| 66 021 | 1 962 308 | 1 523 458 | 438 850 | 4 368 932 | 1 492 347 | 2 876 585 |
| 54 652 | 1 677 698 | 1 313 406 | 364 292 | 3 947 156 | 1 367 617 | 2 579 539 |
| 49 215 | 1 560 708 | 1 228 407 | 332 301 | 3 871 930 | 1 341 139 | 2 530 791 |
| 304 527 | 12 206 031 | 9 936 440 | 2 269 591 | 47 288 564 | 15 729 123 | 31 559 441 |

## 2—5 全国分年龄、性

| 年龄（岁） | 15岁及15岁以上人口 合计 | 男 | 女 | 在业人 小计 | 男 |
|---|---|---|---|---|---|
| 总计 | 817 508 784 | 418 956 809 | 398 551 975 | 647 244 706 | 356 230 253 |
| 15—19 | 120 158 421 | 61 650 589 | 58 507 832 | 77 893 648 | 37 945 372 |
| 15 | 21 643 791 | 11 123 627 | 10 520 164 | 8 405 077 | 3 606 202 |
| 16 | 23 487 567 | 12 043 876 | 11 443 691 | 12 758 012 | 5 969 407 |
| 17 | 24 536 599 | 12 581 345 | 11 955 254 | 16 498 261 | 8 088 555 |
| 18 | 24 496 002 | 12 567 848 | 11 928 154 | 18 727 658 | 9 385 397 |
| 19 | 25 994 462 | 13 333 893 | 12 660 569 | 21 504 640 | 10 895 811 |
| 20—24 | 125 761 174 | 64 233 023 | 61 528 151 | 114 634 278 | 59 488 425 |
| 20 | 26 036 065 | 13 191 336 | 12 844 729 | 22 654 789 | 11 431 732 |
| 21 | 27 155 679 | 13 820 659 | 13 335 020 | 24 415 232 | 12 512 624 |
| 22 | 24 552 078 | 12 586 327 | 11 965 751 | 22 551 297 | 11 765 612 |
| 23 | 22 823 165 | 11 691 041 | 11 132 124 | 21 314 260 | 11 214 509 |
| 24 | 25 194 187 | 12 943 660 | 12 250 527 | 23 698 700 | 12 563 948 |
| 25—29 | 104 267 525 | 53 512 983 | 50 754 542 | 98 459 434 | 52 360 414 |
| 25 | 24 520 614 | 12 593 865 | 11 926 749 | 23 106 874 | 12 282 541 |
| 26 | 25 287 489 | 12 959 015 | 12 328 474 | 23 888 293 | 12 664 805 |
| 27 | 27 026 864 | 13 966 581 | 13 060 283 | 25 573 057 | 13 689 565 |
| 28 | 15 928 062 | 8 144 945 | 7 783 117 | 15 062 823 | 7 989 917 |
| 29 | 11 504 496 | 5 848 577 | 5 655 919 | 10 828 387 | 5 733 586 |
| 30—34 | 83 875 707 | 43 706 133 | 40 169 574 | 79 641 099 | 43 080 389 |
| 30 | 14 443 119 | 7 519 677 | 6 923 442 | 13 633 300 | 7 391 422 |
| 31 | 14 378 626 | 7 535 588 | 6 843 038 | 13 616 500 | 7 419 368 |
| 32 | 19 060 366 | 10 007 244 | 9 053 122 | 18 129 842 | 9 866 207 |
| 33 | 18 350 283 | 9 528 741 | 8 821 542 | 17 468 197 | 9 404 003 |
| 34 | 17 643 313 | 9 114 883 | 8 528 430 | 16 793 260 | 8 999 389 |
| 35—39 | 86 351 812 | 44 568 847 | 41 782 965 | 82 102 874 | 44 046 368 |
| 35 | 19 377 065 | 10 051 375 | 9 325 690 | 18 457 568 | 9 928 608 |
| 36 | 18 330 697 | 9 452 337 | 8 878 360 | 17 449 306 | 9 340 319 |
| 37 | 17 226 144 | 8 870 602 | 8 355 542 | 16 389 990 | 8 767 822 |
| 38 | 16 887 297 | 8 704 522 | 8 182 775 | 16 042 031 | 8 606 191 |
| 39 | 14 530 609 | 7 490 011 | 7 040 598 | 13 763 979 | 7 403 428 |

别 的 在 业 人 口 数

单位：人、%

| 口 | 在业人口占同龄人口百分比 | | | 在业人口占在业人口总数百分比 | | |
|---|---|---|---|---|---|---|
| 女 | 小计 | 男 | 女 | 小计 | 男 | 女 |
| 291 014 453 | 79.17 | 85.03 | 73.02 | 100.00 | 100.00 | 100.00 |
| 39 948 276 | 64.83 | 61.55 | 68.28 | 12.03 | 10.65 | 13.73 |
| 4 798 875 | 38.83 | 32.42 | 45.62 | 1.30 | 1.01 | 1.65 |
| 6 788 605 | 54.32 | 49.56 | 59.32 | 1.97 | 1.68 | 2.33 |
| 8 409 706 | 67.24 | 64.29 | 70.34 | 2.55 | 2.27 | 2.89 |
| 9 342 261 | 76.45 | 74.68 | 78.32 | 2.89 | 2.63 | 3.21 |
| 10 608 829 | 82.73 | 81.72 | 83.79 | 3.32 | 3.06 | 3.65 |
| 55 145 853 | 91.15 | 92.61 | 89.63 | 17.71 | 16.70 | 18.95 |
| 11 223 057 | 87.01 | 86.66 | 87.37 | 3.50 | 3.21 | 3.86 |
| 11 902 608 | 89.91 | 90.54 | 89.26 | 3.77 | 3.51 | 4.09 |
| 10 785 685 | 91.85 | 93.48 | 90.14 | 3.48 | 3.30 | 3.71 |
| 10 099 751 | 93.39 | 95.92 | 90.73 | 3.29 | 3.15 | 3.47 |
| 11 134 752 | 94.06 | 97.07 | 90.89 | 3.66 | 3.53 | 3.83 |
| 46 099 020 | 94.43 | 97.85 | 90.83 | 15.21 | 14.70 | 15.84 |
| 10 824 333 | 94.23 | 97.53 | 90.76 | 3.57 | 3.45 | 3.72 |
| 11 223 488 | 94.47 | 97.73 | 91.04 | 3.69 | 3.56 | 3.86 |
| 11 883 492 | 94.62 | 98.02 | 90.99 | 3.95 | 3.84 | 4.08 |
| 7 072 906 | 94.57 | 98.10 | 90.87 | 2.33 | 2.24 | 2.43 |
| 5 094 801 | 94.12 | 98.03 | 90.08 | 1.67 | 1.61 | 1.75 |
| 36 560 710 | 94.95 | 98.57 | 91.02 | 12.30 | 12.09 | 12.56 |
| 6 241 878 | 94.39 | 98.29 | 90.16 | 2.11 | 2.07 | 2.14 |
| 6 197 132 | 94.70 | 98.46 | 90.56 | 2.10 | 2.08 | 2.13 |
| 8 263 635 | 95.12 | 98.59 | 91.28 | 2.80 | 2.77 | 2.84 |
| 8 064 194 | 95.19 | 98.69 | 91.41 | 2.70 | 2.64 | 2.77 |
| 7 793 871 | 95.18 | 98.73 | 91.39 | 2.59 | 2.53 | 2.68 |
| 38 056 506 | 95.08 | 98.83 | 91.08 | 12.68 | 12.36 | 13.08 |
| 8 528 960 | 95.25 | 98.78 | 91.46 | 2.85 | 2.79 | 2.93 |
| 8 108 987 | 95.19 | 98.81 | 91.33 | 2.70 | 2.62 | 2.79 |
| 7 622 168 | 95.15 | 98.84 | 91.22 | 2.53 | 2.46 | 2.62 |
| 7 435 840 | 94.99 | 98.87 | 90.87 | 2.48 | 2.42 | 2.56 |
| 6 360 551 | 94.72 | 98.84 | 90.34 | 2.13 | 2.08 | 2.19 |

2—5 续表

| 年龄（岁） | 15岁及15岁以上人口 | | | 在业人 | |
|---|---|---|---|---|---|
| | 合计 | 男 | 女 | 小计 | 男 |
| **40—44** | **63 707 664** | **33 335 977** | **30 371 687** | **59 688 938** | **32 887 168** |
| 40 | 15 342 107 | 8 042 718 | 7 299 389 | 14 472 796 | 7 940 819 |
| 41 | 13 010 398 | 6 805 059 | 6 205 339 | 12 251 109 | 6 719 075 |
| 42 | 12 392 389 | 6 496 011 | 5 896 378 | 11 619 308 | 6 409 697 |
| 43 | 11 950 704 | 6 264 508 | 5 686 196 | 11 143 274 | 6 176 178 |
| 44 | 11 012 066 | 5 727 681 | 5 284 385 | 10 202 451 | 5 641 399 |
| **45—49** | **49 087 941** | **25 855 900** | **23 232 041** | **44 106 229** | **25 256 539** |
| 45 | 10 465 110 | 5 481 782 | 4 983 328 | 9 616 279 | 5 390 406 |
| 46 | 9 953 414 | 5 250 473 | 4 702 941 | 9 071 595 | 5 153 341 |
| 47 | 9 445 561 | 4 982 722 | 4 462 839 | 8 507 878 | 4 873 674 |
| 48 | 9 670 367 | 5 088 847 | 4 581 520 | 8 580 395 | 4 952 843 |
| 49 | 9 553 489 | 5 052 076 | 4 501 413 | 8 330 082 | 4 886 275 |
| **50—54** | **45 619 559** | **24 110 355** | **21 509 204** | **35 829 438** | **22 492 916** |
| 50 | 9 248 199 | 4 875 474 | 4 372 725 | 7 683 270 | 4 654 953 |
| 51 | 8 942 550 | 4 738 952 | 4 203 598 | 7 187 093 | 4 477 412 |
| 52 | 9 233 016 | 4 919 285 | 4 313 731 | 7 244 765 | 4 594 966 |
| 53 | 9 098 119 | 4 810 911 | 4 287 208 | 6 961 106 | 4 435 615 |
| 54 | 9 097 675 | 4 765 733 | 4 331 942 | 6 753 204 | 4 329 970 |
| **55—59** | **41 709 335** | **21 839 937** | **19 869 398** | **27 204 307** | **18 246 614** |
| 55 | 8 804 360 | 4 580 456 | 4 223 904 | 6 207 476 | 4 059 699 |
| 56 | 8 802 518 | 4 618 277 | 4 184 241 | 5 965 907 | 3 974 995 |
| 57 | 8 620 744 | 4 525 324 | 4 095 420 | 5 624 783 | 3 786 925 |
| 58 | 7 846 915 | 4 106 208 | 3 740 707 | 4 902 614 | 3 326 294 |
| 59 | 7 634 798 | 4 009 672 | 3 625 126 | 4 503 527 | 3 098 701 |
| **60—64** | **33 976 254** | **17 481 948** | **16 494 306** | **15 548 411** | **11 047 185** |
| 60 | 7 730 945 | 4 019 833 | 3 711 112 | 3 994 696 | 2 770 338 |
| 61 | 6 966 479 | 3 585 188 | 3 381 291 | 3 346 815 | 2 338 701 |
| 62 | 7 060 132 | 3 635 374 | 3 424 758 | 3 189 190 | 2 271 654 |
| 63 | 6 233 873 | 3 200 259 | 3 033 614 | 2 650 089 | 1 921 434 |
| 64 | 5 984 825 | 3 041 294 | 2 943 531 | 2 367 621 | 1 745 058 |
| **65及以上** | **62 993 392** | **28 661 117** | **34 332 275** | **12 136 050** | **9 378 863** |

单位:人、%

| 口 | 在业人口占同龄人口百分比 | | | 在业人口占在业人口总数百分比 | | |
|---|---|---|---|---|---|---|
| 女 | 小计 | 男 | 女 | 小计 | 男 | 女 |
| **26 801 770** | **93.69** | **98.65** | **88.25** | **9.22** | **9.23** | **9.21** |
| 6 531 977 | 94.33 | 98.73 | 89.49 | 2.24 | 2.23 | 2.24 |
| 5 532 034 | 94.16 | 98.74 | 89.15 | 1.89 | 1.89 | 1.90 |
| 5 209 611 | 93.76 | 98.67 | 88.35 | 1.80 | 1.80 | 1.79 |
| 4 967 096 | 93.24 | 98.59 | 87.35 | 1.72 | 1.73 | 1.71 |
| 4 561 052 | 92.65 | 98.49 | 86.31 | 1.58 | 1.58 | 1.57 |
| **18 849 690** | **89.85** | **97.68** | **81.14** | **6.81** | **7.09** | **6.48** |
| 4 225 873 | 91.89 | 98.33 | 84.80 | 1.49 | 1.51 | 1.45 |
| 3 918 254 | 91.14 | 98.15 | 83.31 | 1.40 | 1.45 | 1.35 |
| 3 634 204 | 90.07 | 97.81 | 81.43 | 1.31 | 1.37 | 1.25 |
| 3 627 552 | 88.73 | 97.33 | 79.18 | 1.33 | 1.39 | 1.25 |
| 3 443 807 | 87.19 | 96.72 | 76.51 | 1.29 | 1.37 | 1.18 |
| **13 336 522** | **78.54** | **93.29** | **62.00** | **5.54** | **6.31** | **4.58** |
| 3 028 317 | 83.08 | 95.48 | 69.25 | 1.19 | 1.31 | 1.04 |
| 2 709 681 | 80.37 | 94.48 | 64.46 | 1.11 | 1.26 | 0.93 |
| 2 649 799 | 78.47 | 93.41 | 61.43 | 1.12 | 1.29 | 0.91 |
| 2 525 491 | 76.51 | 92.20 | 58.91 | 1.08 | 1.25 | 0.87 |
| 2 423 234 | 74.23 | 90.86 | 55.94 | 1.04 | 1.22 | 0.83 |
| **8 957 693** | **65.22** | **83.55** | **45.08** | **4.20** | **5.12** | **3.08** |
| 2 147 777 | 70.50 | 88.63 | 50.85 | 0.96 | 1.14 | 0.74 |
| 1 990 912 | 67.78 | 86.07 | 47.58 | 0.92 | 1.12 | 0.68 |
| 1 837 858 | 65.25 | 83.68 | 44.88 | 0.87 | 1.06 | 0.63 |
| 1 576 320 | 62.48 | 81.01 | 42.14 | 0.76 | 0.93 | 0.54 |
| 1 404 826 | 58.99 | 77.28 | 38.75 | 0.70 | 0.87 | 0.48 |
| **4 501 226** | **45.76** | **63.19** | **27.29** | **2.40** | **3.10** | **1.55** |
| 1 224 358 | 51.67 | 68.92 | 32.99 | 0.62 | 0.78 | 0.42 |
| 1 008 114 | 48.04 | 65.23 | 29.81 | 0.52 | 0.66 | 0.35 |
| 917 536 | 45.17 | 62.49 | 26.79 | 0.49 | 0.64 | 0.32 |
| 728 655 | 42.51 | 60.04 | 24.02 | 0.41 | 0.54 | 0.25 |
| 622 563 | 39.56 | 57.38 | 21.15 | 0.37 | 0.49 | 0.21 |
| **2 757 187** | **19.27** | **32.72** | **8.03** | **1.88** | **2.63** | **0.95** |

## 2—6 全国按行业门、大、中类

| 行业 | 合计 | | | 大 |
|---|---|---|---|---|
| | 合计 | 男 | 女 | 小计 |
| **总计** | **647 244 706** | **356 230 253** | **291 014 453** | **4 301 484** |
| **一、农、林、牧、渔、水利业** | **467 593 223** | **246 146 862** | **221 446 361** | **65 594** |
| 农业 | 458 158 168 | 239 750 952 | 218 407 216 | 13 972 |
| 种植业 | 457 974 867 | 239 623 993 | 218 350 874 | 13 801 |
| 其他农业 | 183 301 | 126 959 | 56 342 | 171 |
| 林业 | 1 923 440 | 1 230 423 | 693 017 | 4 640 |
| 林业 | 1 923 440 | 1 230 423 | 693 017 | 4 640 |
| 畜牧业 | 3 204 832 | 1 708 501 | 1 496 331 | 4 385 |
| 牲畜饲养放牧业 | 2 541 945 | 1 341 207 | 1 200 738 | 2 038 |
| 家禽饲养业 | 411 549 | 247 932 | 163 617 | 1 901 |
| 其他畜牧业 | 251 338 | 119 362 | 131 976 | 446 |
| 渔业 | 2 381 572 | 1 899 754 | 481 818 | 2 013 |
| 海水渔业 | 1 233 427 | 1 105 220 | 128 207 | 1 328 |
| 淡水渔业 | 1 148 145 | 794 534 | 353 611 | 685 |
| 水利业 | 603 082 | 502 583 | 100 499 | 6 620 |
| 水利业 | 603 082 | 502 583 | 100 499 | 6 620 |
| 农、林、牧、渔、水利服务业 | 1 322 129 | 1 054 649 | 267 480 | 33 964 |
| 农业服务业 | 655 893 | 522 033 | 133 860 | 19 645 |
| 林业服务业 | 87 154 | 70 648 | 16 506 | 2 501 |
| 畜牧服务业 | 444 525 | 378 464 | 66 061 | 10 353 |
| 渔业服务业 | 53 889 | 17 293 | 36 596 | 409 |
| 其他农、林、牧、渔、水利服务业 | 80 668 | 66 211 | 14 457 | 1 056 |
| **二、工业** | **86 578 757** | **49 452 189** | **37 126 568** | **937 840** |
| 煤炭采选业 | 5 432 001 | 4 500 682 | 931 319 | 25 703 |
| 煤炭开采业 | 5 293 206 | 4 422 209 | 870 997 | 24 661 |
| 煤炭洗选业 | 138 795 | 78 473 | 60 322 | 1 042 |
| 石油和天然气开采业 | 541 316 | 363 961 | 177 355 | 12 270 |
| 天然原油开采业 | 483 589 | 324 765 | 158 824 | 10 934 |
| 天然气开采业 | 50 765 | 33 630 | 17 135 | 1 209 |
| 油页岩开采业 | 6 962 | 5 566 | 1 396 | 127 |
| 黑色金属矿采选业 | 446 528 | 340 117 | 106 411 | 4 270 |
| 铁矿采选业 | 410 743 | 313 000 | 97 743 | 3 884 |
| 锰矿采选业 | 34 116 | 25 881 | 8 235 | 377 |
| 铬矿采选业 | 1 669 | 1 236 | 433 | 9 |

## 分性别、文化程度的人口数

单位：人

| 学本科 | | 大学专科 | | | 中专 | | |
|---|---|---|---|---|---|---|---|
| 男 | 女 | 小计 | 男 | 女 | 小计 | 男 | 女 |
| 3 172 800 | 1 128 684 | 7 818 309 | 5 441 204 | 2 377 105 | 13 424 418 | 8 115 344 | 5 309 074 |
| 54 678 | 10 916 | 168 671 | 140 150 | 28 521 | 705 654 | 570 218 | 135 436 |
| 12 335 | 1 637 | 76 042 | 64 142 | 11 900 | 382 092 | 309 754 | 72 338 |
| 12 195 | 1 606 | 75 551 | 63 733 | 11 818 | 380 347 | 308 384 | 71 963 |
| 140 | 31 | 491 | 409 | 82 | 1 745 | 1 370 | 375 |
| | | | | | | | |
| 3 975 | 665 | 14 624 | 12 381 | 2 243 | 47 385 | 37 127 | 10 258 |
| 3 975 | 665 | 14 624 | 12 381 | 2 243 | 47 385 | 37 127 | 10 258 |
| | | | | | | | |
| 3 696 | 689 | 7 890 | 6 399 | 1 491 | 22 477 | 17 238 | 5 239 |
| 1 774 | 264 | 4 148 | 3 479 | 669 | 13 523 | 10 761 | 2 762 |
| 1 544 | 357 | 2 815 | 2 195 | 620 | 6 498 | 4 627 | 1 871 |
| 378 | 68 | 927 | 725 | 202 | 2 456 | 1 850 | 606 |
| | | | | | | | |
| 1 763 | 250 | 4 605 | 3 893 | 712 | 13 330 | 11 245 | 2 085 |
| 1 149 | 179 | 2 455 | 2 033 | 422 | 6 083 | 5 132 | 951 |
| 614 | 71 | 2 150 | 1 860 | 290 | 7 247 | 6 113 | 1 134 |
| | | | | | | | |
| 5 657 | 963 | 15 876 | 13 087 | 2 789 | 44 528 | 36 180 | 8 348 |
| 5 657 | 963 | 15 876 | 13 087 | 2 789 | 44 528 | 36 180 | 8 348 |
| | | | | | | | |
| 27 252 | 6 712 | 49 634 | 40 248 | 9 386 | 195 842 | 158 674 | 37 168 |
| 15 657 | 3 988 | 29 571 | 23 634 | 5 937 | 111 444 | 88 995 | 22 449 |
| 2 016 | 485 | 3 186 | 2 578 | 608 | 13 254 | 10 743 | 2 511 |
| 8 393 | 1 960 | 14 078 | 11 731 | 2 347 | 62 804 | 52 093 | 10 711 |
| 342 | 67 | 769 | 648 | 121 | 1 977 | 1 635 | 342 |
| 844 | 212 | 2 030 | 1 657 | 373 | 6 363 | 5 208 | 1 155 |
| 734 368 | 203 472 | 2 019 607 | 1 398 053 | 621 554 | 2 937 468 | 1 832 275 | 1 105 193 |
| 22 871 | 2 832 | 68 336 | 55 407 | 12 929 | 153 056 | 113 832 | 39 224 |
| 22 016 | 2 645 | 66 013 | 53 694 | 12 319 | 148 818 | 111 130 | 37 688 |
| 855 | 187 | 2 323 | 1 713 | 610 | 4 238 | 2 702 | 1 536 |
| | | | | | | | |
| 10 251 | 2 019 | 20 524 | 15 369 | 5 155 | 40 609 | 27 082 | 13 527 |
| 9 117 | 1 817 | 18 269 | 13 691 | 4 578 | 35 520 | 23 625 | 11 895 |
| 1 027 | 182 | 1 971 | 1 458 | 513 | 4 523 | 3 029 | 1 494 |
| 107 | 20 | 284 | 220 | 64 | 566 | 428 | 138 |
| | | | | | | | |
| 3 783 | 487 | 10 640 | 8 396 | 2 244 | 16 309 | 11 709 | 4 600 |
| 3 440 | 444 | 9 745 | 7 676 | 2 069 | 14 673 | 10 500 | 4 173 |
| 335 | 42 | 860 | 688 | 172 | 1 571 | 1 154 | 417 |
| 8 | 1 | 35 | 32 | 3 | 65 | 55 | 10 |

2—6 续表 1

| 行业 | 合计 | | | 大 |
|---|---|---|---|---|
| | 合计 | 男 | 女 | 小计 |
| 有色金属矿采选业 | 829 008 | 622 179 | 206 829 | 8 459 |
| 重有色金属矿采选业 | 442 717 | 318 598 | 124 119 | 5 017 |
| 轻有色金属矿采选业 | 35 283 | 27 267 | 8 016 | 339 |
| 贵金属矿采选业 | 170 547 | 139 197 | 31 350 | 1 183 |
| 稀有金属矿采选业 | 180 461 | 137 117 | 43 344 | 1 920 |
| 建筑材料及其他非金属矿采选业 | 1 185 680 | 970 045 | 215 635 | 3 541 |
| 土砂石开采业 | 857 412 | 721 578 | 135 834 | 1 314 |
| 化学矿采选业 | 159 086 | 119 619 | 39 467 | 1 476 |
| 其他非金属矿采选业 | 169 182 | 128 848 | 40 334 | 751 |
| 采盐业 | 277 520 | 201 616 | 75 904 | 1 049 |
| 海盐业 | 195 665 | 148 600 | 47 065 | 391 |
| 湖盐业 | 11 640 | 7 858 | 3 782 | 57 |
| 井盐业 | 53 521 | 34 477 | 19 044 | 469 |
| 矿盐业 | 16 694 | 10 681 | 6 013 | 132 |
| 其他矿采选业 | 1 570 | 1 210 | 360 | 6 |
| 其他矿采选业 | 1 570 | 1 210 | 360 | 6 |
| 木材及竹材采运业 | 861 004 | 606 685 | 254 319 | 4 013 |
| 木材采运业 | 859 179 | 605 256 | 253 923 | 4 011 |
| 竹材采运业 | 1 825 | 1 429 | 396 | 2 |
| 自来水生产和供应业 | 353 872 | 227 562 | 126 310 | 4 116 |
| 自来水生产和供应业 | 353 872 | 227 562 | 126 310 | 4 116 |
| 食品制造业 | 4 599 086 | 2 779 671 | 1 819 415 | 18 856 |
| 粮食加工业 | 1 085 795 | 709 756 | 376 039 | 2 424 |
| 植物油加工业 | 324 824 | 232 703 | 92 121 | 1 220 |
| 糕点、糖果制造业 | 812 235 | 381 478 | 430 757 | 2 468 |
| 制糖业 | 315 558 | 207 563 | 107 995 | 3 016 |
| 屠宰及肉类加工业 | 642 858 | 449 320 | 193 538 | 2 638 |
| 蛋品加工业 | 24 514 | 12 323 | 12 191 | 123 |
| 乳品加工业 | 102 735 | 56 320 | 46 415 | 880 |
| 水产品加工业 | 161 078 | 91 767 | 69 311 | 668 |
| 罐头食品制造业 | 279 465 | 139 192 | 140 273 | 2 324 |
| 加工盐业 | 14 030 | 8 431 | 5 599 | 86 |
| 食品添加剂制造业 | 28 307 | 16 744 | 11 563 | 358 |
| 调味品制造业 | 266 124 | 147 186 | 118 938 | 1 441 |
| 其他食品制造业 | 541 563 | 326 888 | 214 675 | 1 210 |

单位：人

| 学本科 | | 大学专科 | | | 中专 | | |
|---|---|---|---|---|---|---|---|
| 男 | 女 | 小计 | 男 | 女 | 小计 | 男 | 女 |
| 7 499 | 960 | 19 638 | 15 883 | 3 755 | 35 386 | 25 022 | 10 364 |
| 4 404 | 613 | 11 205 | 8 865 | 2 340 | 21 300 | 14 708 | 6 592 |
| 301 | 38 | 625 | 521 | 104 | 1 409 | 1 045 | 364 |
| 1 072 | 111 | 3 226 | 2 735 | 491 | 4 914 | 3 736 | 1 178 |
| 1 722 | 198 | 4 582 | 3 762 | 820 | 7 763 | 5 533 | 2 230 |
| 3 122 | 419 | 9 087 | 7 387 | 1 700 | 17 327 | 12 907 | 4 420 |
| 1 147 | 167 | 3 738 | 3 086 | 652 | 8 386 | 6 507 | 1 879 |
| 1 304 | 172 | 3 439 | 2 747 | 692 | 4 902 | 3 371 | 1 531 |
| 671 | 80 | 1 910 | 1 554 | 356 | 4 039 | 3 029 | 1 010 |
| 892 | 157 | 4 528 | 3 586 | 942 | 7 125 | 5 110 | 2 015 |
| 328 | 63 | 2 213 | 1 872 | 341 | 4 093 | 3 185 | 908 |
| 48 | 9 | 187 | 140 | 47 | 397 | 267 | 130 |
| 398 | 71 | 1 700 | 1 235 | 465 | 1 867 | 1 162 | 705 |
| 118 | 14 | 428 | 339 | 89 | 768 | 496 | 272 |
| 5 | 1 | 21 | 14 | 7 | 41 | 32 | 9 |
| 5 | 1 | 21 | 14 | 7 | 41 | 32 | 9 |
| 3 284 | 729 | 17 006 | 12 430 | 4 576 | 34 443 | 21 367 | 13 076 |
| 3 282 | 729 | 17 001 | 12 426 | 4 575 | 34 412 | 21 343 | 13 069 |
| 2 | — | 5 | 4 | 1 | 31 | 24 | 7 |
| 3 080 | 1 036 | 13 793 | 9 176 | 4 617 | 19 615 | 11 829 | 7 786 |
| 3 080 | 1 036 | 13 793 | 9 176 | 4 617 | 19 615 | 11 829 | 7 786 |
| 14 189 | 4 667 | 62 249 | 42 906 | 19 343 | 128 684 | 79 525 | 49 159 |
| 1 826 | 598 | 10 093 | 7 048 | 3 045 | 26 933 | 16 953 | 9 980 |
| 914 | 306 | 4 159 | 2 999 | 1 160 | 10 838 | 6 992 | 3 846 |
| 1 732 | 736 | 10 310 | 6 446 | 3 864 | 19 343 | 10 252 | 9 091 |
| 2 487 | 529 | 8 389 | 6 369 | 2 020 | 18 693 | 12 785 | 5 908 |
| 1 975 | 663 | 9 524 | 6 656 | 2 868 | 18 936 | 11 919 | 7 017 |
| 85 | 38 | 504 | 328 | 176 | 822 | 461 | 361 |
| 639 | 241 | 2 501 | 1 640 | 861 | 4 109 | 2 452 | 1 657 |
| 519 | 149 | 1 471 | 1 052 | 419 | 2 946 | 2 034 | 912 |
| 1 692 | 632 | 5 567 | 3 745 | 1 822 | 9 020 | 5 357 | 3 663 |
| 71 | 15 | 378 | 254 | 124 | 614 | 368 | 246 |
| 277 | 81 | 771 | 554 | 217 | 1 105 | 703 | 402 |
| 1 034 | 407 | 4 817 | 3 180 | 1 637 | 8 187 | 4 769 | 3 418 |
| 938 | 272 | 3 765 | 2 635 | 1 130 | 7 138 | 4 480 | 2 658 |

| 行业 | 合计 | | | 大 |
|---|---|---|---|---|
| | 合计 | 男 | 女 | 小计 |
| 饮料制造业 | 1 466 453 | 844 579 | 621 874 | 9 386 |
| 饮料酒制造业 | 1 003 659 | 620 192 | 383 467 | 6 671 |
| 酒精制造业 | 34 244 | 21 278 | 12 966 | 481 |
| 无酒精饮料制造业 | 283 127 | 126 238 | 156 889 | 1 577 |
| 制茶业 | 141 065 | 74 816 | 66 249 | 617 |
| 其他饮料制造业 | 4 358 | 2 055 | 2 303 | 40 |
| 烟草加工业 | 322 898 | 160 589 | 162 309 | 2 787 |
| 烟叶复烤业 | 25 388 | 15 145 | 10 243 | 130 |
| 卷烟制造业 | 289 575 | 140 983 | 148 592 | 2 642 |
| 其他烟草加工业 | 7 935 | 4 461 | 3 474 | 15 |
| 饲料工业 | 182 738 | 120 624 | 62 114 | 1 618 |
| 配合及混合饲料制造业 | 155 027 | 101 740 | 53 287 | 1 457 |
| 蛋白饲料制造业 | 9 194 | 6 995 | 2 199 | 20 |
| 饲料添加剂制造业 | 10 807 | 6 471 | 4 336 | 91 |
| 其他饲料制造业 | 7 710 | 5 418 | 2 292 | 50 |
| 纺织业 | 10 124 687 | 3 401 216 | 6 723 471 | 39 848 |
| 纤维原料初步加工业 | 296 266 | 179 422 | 116 844 | 501 |
| 棉纺织业 | 5 116 578 | 1 806 985 | 3 309 593 | 22 038 |
| 毛纺织业 | 1 032 363 | 356 316 | 676 047 | 6 016 |
| 麻纺织业 | 511 315 | 200 022 | 311 293 | 1 646 |
| 丝绢纺织业 | 1 409 677 | 398 245 | 1 011 432 | 4 596 |
| 针织品业 | 1 664 629 | 433 681 | 1 230 948 | 4 710 |
| 其他纺织业 | 93 859 | 26 545 | 67 314 | 341 |
| 缝纫业 | 4 086 437 | 1 047 998 | 3 038 439 | 3 133 |
| 服装制造业 | 3 513 751 | 876 232 | 2 637 519 | 2 396 |
| 制帽业 | 54 733 | 14 002 | 40 731 | 62 |
| 制鞋业 | 381 612 | 119 310 | 262 302 | 359 |
| 其他缝纫业 | 136 341 | 38 454 | 97 887 | 316 |
| 皮革、毛皮及其制品业 | 1 350 773 | 521 279 | 829 494 | 2 393 |
| 制革业 | 137 427 | 79 225 | 58 202 | 746 |
| 皮革制品制造业 | 1 119 650 | 400 780 | 718 870 | 1 393 |
| 毛皮鞣制及制品业 | 93 696 | 41 274 | 52 422 | 254 |
| 木材加工及竹、藤、棕、草制品业 | 1 255 338 | 777 435 | 477 903 | 4 601 |
| 锯材加工业 | 360 361 | 242 333 | 118 028 | 1 891 |
| 人造板制造业 | 222 111 | 127 461 | 94 650 | 1 971 |
| 木制品业 | 407 975 | 277 788 | 130 187 | 696 |
| 竹、藤、棕、草制品业 | 264 891 | 129 853 | 135 038 | 43 |

单位：人

| 学本科 | | 大学专科 | | | 中专 | | |
|---|---|---|---|---|---|---|---|
| 男 | 女 | 小计 | 男 | 女 | 小计 | 男 | 女 |
| 7 108 | 2 278 | 25 392 | 17 723 | 7 669 | 45 631 | 28 932 | 16 699 |
| 5 101 | 1 570 | 18 327 | 12 860 | 5 467 | 34 305 | 21 949 | 12 356 |
| 344 | 137 | 1 176 | 771 | 405 | 1 734 | 996 | 738 |
| 1 167 | 410 | 4 123 | 2 741 | 1 382 | 6 127 | 3 605 | 2 522 |
| 472 | 145 | 1 714 | 1 312 | 402 | 3 379 | 2 327 | 1 052 |
| 24 | 16 | 52 | 39 | 13 | 86 | 55 | 31 |
| | | | | | | | |
| 2 210 | 577 | 8 683 | 5 929 | 2 754 | 13 099 | 7 490 | 5 609 |
| 104 | 26 | 594 | 432 | 162 | 1 147 | 745 | 402 |
| 2 092 | 550 | 8 014 | 5 447 | 2 567 | 11 842 | 6 674 | 5 168 |
| 14 | 1 | 75 | 50 | 25 | 110 | 71 | 39 |
| | | | | | | | |
| 1 301 | 317 | 4 205 | 3 059 | 1 146 | 9 324 | 6 147 | 3 177 |
| 1 167 | 290 | 3 846 | 2 799 | 1 047 | 8 611 | 5 666 | 2 945 |
| 20 | — | 43 | 34 | 9 | 123 | 89 | 34 |
| 76 | 15 | 175 | 118 | 57 | 312 | 204 | 108 |
| 38 | 12 | 141 | 108 | 33 | 278 | 188 | 90 |
| | | | | | | | |
| 27 264 | 12 584 | 153 127 | 94 750 | 58 377 | 227 201 | 117 199 | 110 002 |
| 391 | 110 | 2 513 | 1 937 | 576 | 9 406 | 6 460 | 2 946 |
| 15 374 | 6 664 | 90 064 | 56 167 | 33 897 | 128 591 | 66 309 | 62 282 |
| 3 901 | 2 115 | 19 877 | 11 698 | 8 179 | 27 194 | 13 209 | 13 985 |
| 1 237 | 409 | 6 494 | 4 334 | 2 160 | 11 046 | 6 102 | 4 944 |
| 3 077 | 1 519 | 14 000 | 8 803 | 5 197 | 22 265 | 11 503 | 10 762 |
| 3 037 | 1 673 | 19 203 | 11 154 | 8 049 | 27 362 | 12 861 | 14 501 |
| 247 | 94 | 976 | 657 | 319 | 1 337 | 755 | 582 |
| | | | | | | | |
| 2 122 | 1 011 | 17 314 | 9 583 | 7 731 | 29 849 | 12 025 | 17 824 |
| 1 582 | 814 | 13 762 | 7 470 | 6 292 | 24 152 | 9 310 | 14 842 |
| 43 | 19 | 410 | 199 | 211 | 578 | 220 | 358 |
| 257 | 102 | 2 031 | 1 237 | 794 | 3 625 | 1 770 | 1 855 |
| 240 | 76 | 1 111 | 677 | 434 | 1 494 | 725 | 769 |
| | | | | | | | |
| 1 785 | 608 | 10 289 | 6 602 | 3 687 | 16 590 | 8 833 | 7 757 |
| 570 | 176 | 2 370 | 1 739 | 631 | 3 716 | 2 336 | 1 380 |
| 1 024 | 369 | 6 963 | 4 239 | 2 724 | 11 124 | 5 520 | 5 604 |
| 191 | 63 | 956 | 624 | 332 | 1 750 | 977 | 773 |
| | | | | | | | |
| 3 668 | 933 | 12 678 | 8 836 | 3 842 | 20 215 | 12 280 | 7 935 |
| 1 471 | 420 | 5 200 | 3 551 | 1 649 | 8 104 | 4 619 | 3 485 |
| 1 604 | 367 | 4 479 | 3 162 | 1 317 | 6 746 | 4 262 | 2 484 |
| 558 | 138 | 2 770 | 1 945 | 825 | 4 774 | 3 014 | 1 760 |
| 35 | 8 | 229 | 178 | 51 | 591 | 385 | 206 |

2—6 续表 3

| 行业 | 合计 | | | 大 |
|---|---|---|---|---|
| | 合计 | 男 | 女 | 小计 |
| 家具制造业 | 1 640 075 | 1 377 882 | 262 193 | 1 724 |
| 木制家具制造业 | 1 405 891 | 1 233 021 | 172 870 | 1 309 |
| 竹、藤家具制造业 | 89 245 | 60 662 | 28 583 | 22 |
| 金属家具制造业 | 113 100 | 64 803 | 48 297 | 333 |
| 塑料家具制造业 | 2 661 | 1 469 | 1 192 | 15 |
| 其他家具制造业 | 29 178 | 17 927 | 11 251 | 45 |
| 造纸及纸制品业 | 1 854 668 | 997 446 | 857 222 | 8 401 |
| 纸浆制造业 | 15 738 | 9 888 | 5 850 | 163 |
| 造纸业 | 1 219 086 | 751 809 | 467 277 | 7 412 |
| 纸制品业 | 619 844 | 235 749 | 384 095 | 826 |
| 印刷业 | 1 364 989 | 574 760 | 790 229 | 4 890 |
| 印刷业 | 1 364 989 | 574 760 | 790 229 | 4 890 |
| 文教体育用品制造业 | 725 679 | 246 012 | 479 667 | 3 306 |
| 文化用品制造业 | 221 858 | 90 597 | 131 261 | 1 070 |
| 音像产品制造业 | 13 593 | 6 661 | 6 932 | 624 |
| 体育用品制造业 | 49 936 | 21 890 | 28 046 | 243 |
| 乐器及其他文娱用品制造业 | 44 002 | 21 387 | 22 615 | 311 |
| 玩具制造业 | 384 733 | 100 130 | 284 603 | 782 |
| 游艺器材制造业 | 2 682 | 1 465 | 1 217 | 47 |
| 其他文教体育用品制造业 | 8 875 | 3 882 | 4 993 | 229 |
| 工艺美术品制造业 | 2 069 553 | 500 125 | 1 569 428 | 2 330 |
| 雕塑工艺品制造业 | 145 497 | 77 805 | 67 692 | 331 |
| 金属工艺品制造业 | 60 297 | 26 216 | 34 081 | 173 |
| 漆器工艺品制造业 | 23 316 | 12 654 | 10 662 | 55 |
| 花画工艺品制造业 | 130 771 | 40 899 | 89 872 | 182 |
| 竹、藤、棕、草工艺品制造业 | 142 784 | 38 448 | 104 336 | 63 |
| 抽纱刺绣工艺品制造业 | 689 134 | 53 920 | 635 214 | 338 |
| 地毯制造业 | 419 117 | 85 769 | 333 348 | 490 |
| 首饰制造业 | 72 592 | 32 249 | 40 343 | 248 |
| 其他工艺美术品制造业 | 386 045 | 132 165 | 253 880 | 450 |
| 电力、蒸汽、热水生产和供应业 | 1 986 050 | 1 451 939 | 534 111 | 41 967 |
| 电力生产业 | 1 029 172 | 729 036 | 300 136 | 22 147 |
| 电力供应业 | 897 062 | 682 944 | 214 118 | 18 577 |
| 蒸汽、热水生产和供应业 | 59 816 | 39 959 | 19 857 | 1 243 |
| 石油加工业 | 388 090 | 243 753 | 144 337 | 16 564 |
| 人造原油生产业 | 7 749 | 4 975 | 2 774 | 211 |
| 原油加工业 | 380 341 | 238 778 | 141 563 | 16 353 |

单位:人

| 学本科 | | 大学专科 | | | 中专 | | |
|---|---|---|---|---|---|---|---|
| 男 | 女 | 小计 | 男 | 女 | 小计 | 男 | 女 |
| 1 384 | 340 | 6 509 | 4 589 | 1 920 | 10 426 | 6 644 | 3 782 |
| 1 043 | 266 | 4 655 | 3 305 | 1 350 | 7 753 | 5 021 | 2 732 |
| 16 | 6 | 82 | 62 | 20 | 254 | 170 | 84 |
| 271 | 62 | 1 564 | 1 080 | 484 | 2 095 | 1 239 | 856 |
| 13 | 2 | 29 | 23 | 6 | 38 | 23 | 15 |
| 41 | 4 | 179 | 119 | 60 | 286 | 191 | 95 |
| | | | | | | | |
| 6 418 | 1 983 | 26 042 | 18 360 | 7 682 | 42 085 | 26 156 | 15 929 |
| 127 | 36 | 288 | 215 | 73 | 498 | 341 | 157 |
| 5 646 | 1 766 | 21 806 | 15 493 | 6 313 | 35 379 | 22 389 | 12 990 |
| 645 | 181 | 3 948 | 2 652 | 1 296 | 6 208 | 3 426 | 2 782 |
| | | | | | | | |
| 3 503 | 1 387 | 25 581 | 15 828 | 9 753 | 36 904 | 19 490 | 17 414 |
| 3 503 | 1 387 | 25 581 | 15 828 | 9 753 | 36 904 | 19 490 | 17 414 |
| | | | | | | | |
| 2 487 | 819 | 10 527 | 6 816 | 3 711 | 12 202 | 6 419 | 5 783 |
| 767 | 303 | 4 262 | 2 648 | 1 614 | 5 591 | 2 791 | 2 800 |
| 458 | 166 | 1 249 | 787 | 462 | 911 | 515 | 396 |
| 183 | 60 | 881 | 571 | 310 | 1 089 | 608 | 481 |
| 238 | 73 | 1 167 | 784 | 383 | 1 319 | 687 | 632 |
| 623 | 159 | 2 293 | 1 583 | 710 | 2 845 | 1 576 | 1 269 |
| 45 | 2 | 78 | 57 | 21 | 90 | 49 | 41 |
| 173 | 56 | 597 | 386 | 211 | 357 | 193 | 164 |
| | | | | | | | |
| 1 718 | 612 | 10 883 | 6 697 | 4 186 | 16 137 | 8 496 | 7 641 |
| 253 | 78 | 1 495 | 971 | 524 | 2 155 | 1 246 | 909 |
| 125 | 48 | 765 | 484 | 281 | 926 | 503 | 423 |
| 42 | 13 | 298 | 179 | 119 | 369 | 195 | 174 |
| 140 | 42 | 947 | 592 | 355 | 1 264 | 699 | 565 |
| 50 | 13 | 367 | 266 | 101 | 712 | 390 | 322 |
| 236 | 102 | 2 127 | 1 086 | 1 041 | 3 165 | 1 326 | 1 839 |
| 341 | 149 | 2 179 | 1 339 | 840 | 3 506 | 1 785 | 1 721 |
| 175 | 73 | 922 | 577 | 345 | 1 064 | 575 | 489 |
| 356 | 94 | 1 783 | 1 203 | 580 | 2 976 | 1 777 | 1 199 |
| | | | | | | | |
| 34 579 | 7 388 | 87 671 | 65 139 | 22 532 | 172 370 | 120 873 | 51 497 |
| 18 367 | 3 780 | 43 539 | 32 611 | 10 928 | 90 569 | 63 228 | 27 341 |
| 15 284 | 3 293 | 41 020 | 30 454 | 10 566 | 77 732 | 55 013 | 22 719 |
| 928 | 315 | 3 112 | 2 074 | 1 038 | 4 069 | 2 632 | 1 437 |
| | | | | | | | |
| 12 661 | 3 903 | 23 991 | 16 650 | 7 341 | 29 516 | 18 415 | 11 101 |
| 152 | 59 | 288 | 213 | 75 | 546 | 337 | 209 |
| 12 509 | 3 844 | 23 703 | 16 437 | 7 266 | 28 970 | 18 078 | 10 892 |

2—6 续表 4

| 行业 | 合计 | | | 大 |
|---|---|---|---|---|
| | 合计 | 男 | 女 | 小计 |
| 炼焦、煤气及煤制品业 | 429 847 | 298 288 | 131 559 | 6 554 |
| 炼焦业 | 180 928 | 138 073 | 42 855 | 2 429 |
| 煤气生产和供应业 | 149 284 | 99 153 | 50 131 | 3 910 |
| 煤制品业 | 99 635 | 61 062 | 38 573 | 215 |
| 化学工业 | 4 440 986 | 2 792 377 | 1 648 609 | 74 830 |
| 基本化学原料制造业 | 1 050 189 | 674 533 | 375 656 | 17 260 |
| 化学肥料制造业 | 1 316 857 | 908 642 | 408 215 | 18 241 |
| 化学农药制造业 | 151 389 | 95 582 | 55 807 | 2 307 |
| 有机化学产品制造业 | 969 630 | 579 093 | 390 537 | 18 687 |
| 合成材料制造业 | 168 788 | 99 840 | 68 948 | 5 745 |
| 林产化学产品制造业 | 46 416 | 30 929 | 15 487 | 520 |
| 炸药及火工产品制造业 | 262 368 | 164 380 | 97 988 | 4 722 |
| 日用化学产品制造业 | 475 349 | 239 378 | 235 971 | 7 348 |
| 医药工业 | 903 138 | 423 574 | 479 564 | 25 630 |
| 化学药品原药制造业 | 246 579 | 131 655 | 114 924 | 8 370 |
| 化学药品制剂制造业 | 317 988 | 143 651 | 174 337 | 9 512 |
| 中药材及中成药加工业 | 258 124 | 109 788 | 148 336 | 4 815 |
| 畜用药品制造业 | 39 495 | 17 415 | 22 080 | 686 |
| 生物制品业 | 40 952 | 21 065 | 19 887 | 2 247 |
| 化学纤维工业 | 397 956 | 216 000 | 181 956 | 10 103 |
| 人造纤维(纤维素纤维)制造业 | 96 712 | 56 884 | 39 828 | 1 867 |
| 合成纤维制造业 | 301 244 | 159 116 | 142 128 | 8 236 |
| 橡胶制品业 | 960 814 | 476 374 | 484 440 | 7 687 |
| 轮胎制造业 | 163 157 | 100 680 | 62 477 | 2 673 |
| 力车胎制造业 | 55 834 | 29 212 | 26 622 | 440 |
| 橡胶板、管、带制品业 | 160 661 | 85 293 | 75 368 | 1 455 |
| 橡胶零件制造业 | 89 615 | 41 785 | 47 830 | 589 |
| 再生橡胶制造业 | 31 792 | 17 604 | 14 188 | 105 |
| 橡胶靴鞋制造业 | 291 454 | 116 570 | 174 884 | 1 408 |
| 日用橡胶制品业 | 74 423 | 32 635 | 41 788 | 498 |
| 橡胶制品修理业 | 44 094 | 27 925 | 16 169 | 147 |
| 其他橡胶制品业 | 49 784 | 24 670 | 25 114 | 372 |
| 塑料制品业 | 1 704 711 | 726 123 | 978 588 | 8 380 |
| 塑料薄膜制造业 | 197 046 | 94 043 | 103 003 | 2 004 |
| 塑料板、管、棒材制造业 | 153 297 | 75 151 | 78 146 | 1 246 |
| 塑料丝、绳及编织品制造业 | 408 913 | 135 591 | 273 322 | 921 |
| 人造革、合成革制造业 | 45 798 | 23 327 | 22 471 | 527 |
| 泡沫塑料制造业 | 92 439 | 47 314 | 45 125 | 1 038 |
| 塑料零件制造业 | 122 380 | 54 031 | 68 349 | 314 |
| 塑料包装箱及容器制造业 | 114 479 | 49 776 | 64 703 | 621 |
| 塑料鞋制造业 | 125 941 | 54 359 | 71 582 | 335 |
| 日用塑料杂品制造业 | 202 916 | 86 327 | 116 589 | 499 |
| 其他塑料制品业 | 241 502 | 106 204 | 135 298 | 875 |

单位：人

| 学本科 | | 大学专科 | | | 中专 | | |
|---|---|---|---|---|---|---|---|
| 男 | 女 | 小计 | 男 | 女 | 小计 | 男 | 女 |
| 5 008 | 1 546 | 13 918 | 9 886 | 4 032 | 17 851 | 11 501 | 6 350 |
| 1 893 | 536 | 4 439 | 3 330 | 1 109 | 6 436 | 4 454 | 1 982 |
| 2 952 | 958 | 8 418 | 5 784 | 2 634 | 9 458 | 5 860 | 3 598 |
| 163 | 52 | 1 061 | 772 | 289 | 1 957 | 1 187 | 770 |
| | | | | | | | |
| 57 233 | 17 597 | 146 691 | 102 962 | 43 729 | 208 837 | 130 502 | 78 335 |
| 13 160 | 4 100 | 33 543 | 23 468 | 10 075 | 46 423 | 28 986 | 17 437 |
| 14 719 | 3 522 | 36 924 | 27 772 | 9 152 | 63 511 | 42 526 | 20 985 |
| 1 822 | 485 | 5 203 | 3 911 | 1 292 | 6 974 | 4 660 | 2 314 |
| 13 735 | 4 952 | 35 198 | 23 612 | 11 586 | 44 562 | 26 412 | 18 150 |
| 4 280 | 1 465 | 8 450 | 5 610 | 2 840 | 9 999 | 5 835 | 4 164 |
| 443 | 77 | 937 | 730 | 207 | 1 820 | 1 260 | 560 |
| 3 867 | 855 | 11 025 | 7 906 | 3 119 | 17 348 | 10 773 | 6 575 |
| 5 207 | 2 141 | 15 411 | 9 953 | 5 458 | 18 200 | 10 050 | 8 150 |
| | | | | | | | |
| 16 510 | 9 120 | 40 925 | 24 714 | 16 211 | 52 539 | 26 611 | 25 928 |
| 5 505 | 2 865 | 13 546 | 8 431 | 5 115 | 14 163 | 7 298 | 6 865 |
| 5 973 | 3 539 | 15 141 | 8 853 | 6 288 | 19 889 | 9 724 | 10 165 |
| 3 118 | 1 697 | 8 504 | 5 084 | 3 420 | 13 530 | 6 964 | 6 566 |
| 481 | 205 | 1 105 | 742 | 363 | 1 701 | 1 023 | 678 |
| 1 433 | 814 | 2 629 | 1 604 | 1 025 | 3 256 | 1 602 | 1 654 |
| | | | | | | | |
| 7 475 | 2 628 | 17 234 | 11 600 | 5 634 | 20 472 | 11 816 | 8 656 |
| 1 336 | 531 | 3 830 | 2 582 | 1 248 | 5 142 | 3 001 | 2 141 |
| 6 139 | 2 097 | 13 404 | 9 018 | 4 386 | 15 330 | 8 815 | 6 515 |
| | | | | | | | |
| 5 637 | 2 050 | 23 821 | 15 541 | 8 280 | 30 640 | 17 018 | 13 622 |
| 1 996 | 677 | 6 932 | 4 674 | 2 258 | 8 748 | 5 150 | 3 598 |
| 323 | 117 | 1 708 | 1 094 | 614 | 2 134 | 1 159 | 975 |
| 1 065 | 390 | 4 827 | 3 117 | 1 710 | 6 040 | 3 372 | 2 668 |
| 434 | 155 | 1 639 | 1 049 | 590 | 2 265 | 1 256 | 1 009 |
| 77 | 28 | 454 | 317 | 137 | 685 | 418 | 267 |
| 1 019 | 389 | 5 156 | 3 247 | 1 909 | 6 939 | 3 555 | 3 384 |
| 361 | 137 | 1 602 | 1 048 | 554 | 1 646 | 863 | 783 |
| 118 | 29 | 578 | 408 | 170 | 957 | 592 | 365 |
| 244 | 128 | 925 | 587 | 338 | 1 226 | 653 | 573 |
| | | | | | | | |
| 6 222 | 2 158 | 23 208 | 15 500 | 7 708 | 31 870 | 18 319 | 13 551 |
| 1 499 | 505 | 5 227 | 3 449 | 1 778 | 6 890 | 3 869 | 3 021 |
| 890 | 356 | 3 037 | 2 033 | 1 004 | 4 070 | 2 325 | 1 745 |
| 698 | 223 | 3 396 | 2 270 | 1 126 | 5 183 | 3 004 | 2 179 |
| 385 | 142 | 1 158 | 800 | 358 | 1 453 | 857 | 596 |
| 772 | 266 | 2 055 | 1 368 | 687 | 2 658 | 1 526 | 1 132 |
| 253 | 61 | 912 | 655 | 257 | 1 310 | 802 | 508 |
| 448 | 173 | 1 921 | 1 249 | 672 | 2 482 | 1 396 | 1 086 |
| 238 | 97 | 1 305 | 850 | 455 | 1 929 | 1 071 | 858 |
| 379 | 120 | 1 915 | 1 283 | 632 | 2 796 | 1 629 | 1 167 |
| 660 | 215 | 2 282 | 1 543 | 739 | 3 099 | 1 840 | 1 259 |

2—6 续表 5

| 行业 | 合计 | | | 大 |
|---|---|---|---|---|
| | 合计 | 男 | 女 | 小计 |
| 建筑材料及其他非金属矿物制品业 | 7 526 594 | 5 104 756 | 2 421 838 | 29 489 |
| 水泥制造业 | 1 637 971 | 1 160 766 | 477 205 | 7 593 |
| 水泥制品和石棉水泥制品业 | 708 043 | 494 749 | 213 294 | 2 703 |
| 砖瓦、石灰和轻质建筑材料制造业 | 2 818 324 | 2 088 431 | 729 893 | 2 985 |
| 玻璃及玻璃制品业 | 760 239 | 418 341 | 341 898 | 6 632 |
| 陶瓷制品业 | 843 359 | 486 686 | 356 673 | 3 327 |
| 耐火材料制品业 | 301 614 | 201 400 | 100 214 | 2 102 |
| 石墨及碳素制品业 | 103 229 | 68 724 | 34 505 | 1 488 |
| 石棉制品业 | 54 084 | 28 933 | 25 151 | 365 |
| 云母制品业 | 10 129 | 3 848 | 6 281 | 47 |
| 矿物纤维及其制品业 | 128 665 | 55 791 | 72 874 | 770 |
| 磨具、磨料制造业 | 117 248 | 67 867 | 49 381 | 1 290 |
| 其他类未包括的非金属矿物制品业 | 43 689 | 29 220 | 14 469 | 187 |
| 黑色金属冶炼及压延加工业 | 2 424 353 | 1 724 001 | 700 352 | 49 747 |
| 炼铁业 | 395 410 | 299 644 | 95 766 | 5 102 |
| 炼钢业 | 1 066 810 | 756 695 | 310 115 | 29 487 |
| 钢压延加工业 | 744 293 | 515 260 | 229 033 | 11 983 |
| 铁合金冶炼业 | 217 840 | 152 402 | 65 438 | 3 175 |
| 有色金属冶炼及压延加工业 | 767 101 | 511 642 | 255 459 | 19 148 |
| 重有色金属冶炼业 | 250 452 | 170 607 | 79 845 | 5 587 |
| 轻有色金属冶炼业 | 153 265 | 107 853 | 45 412 | 3 830 |
| 贵金属冶炼业 | 15 695 | 11 554 | 4 141 | 170 |
| 稀有金属冶炼业 | 54 721 | 36 022 | 18 699 | 1 752 |
| 有色金属合金业 | 35 484 | 21 659 | 13 825 | 1 317 |
| 有色金属压延加工业 | 257 484 | 163 947 | 93 537 | 6 492 |
| 金属制品业 | 3 588 463 | 2 190 520 | 1 397 943 | 19 696 |
| 金属结构制造业 | 168 097 | 107 508 | 60 589 | 1 934 |
| 铸铁管制造业 | 97 812 | 72 223 | 25 589 | 617 |
| 工具制造业 | 510 365 | 310 434 | 199 931 | 5 115 |
| 集装箱和金属包装物品制造业 | 193 643 | 110 990 | 82 653 | 1 748 |
| 金属丝绳及其制品业 | 353 701 | 210 962 | 142 739 | 1 919 |
| 建筑用金属制品业 | 551 274 | 348 356 | 202 918 | 1 963 |
| 农业用金属制品业 | 346 277 | 294 045 | 52 232 | 294 |
| 金属表面处理及热处理业 | 296 058 | 161 705 | 134 353 | 856 |
| 日用金属制品业 | 882 735 | 467 284 | 415 451 | 3 816 |
| 其他金属制品业 | 188 501 | 107 013 | 81 488 | 1 434 |

单位：人

| 学本科 |  | 大学专科 |  |  | 中专 |  |  |
| --- | --- | --- | --- | --- | --- | --- | --- |
| 男 | 女 | 小计 | 男 | 女 | 小计 | 男 | 女 |
| 23 698 | 5 791 | 86 475 | 63 604 | 22 871 | 148 624 | 100 094 | 48 530 |
| 6 435 | 1 158 | 24 456 | 19 126 | 5 330 | 48 984 | 35 379 | 13 605 |
| 2 166 | 537 | 9 444 | 6 900 | 2 544 | 15 923 | 10 609 | 5 314 |
| 2 453 | 532 | 11 599 | 8 829 | 2 770 | 23 018 | 16 542 | 6 476 |
| 4 997 | 1 635 | 16 537 | 11 301 | 5 236 | 22 883 | 13 731 | 9 152 |
| 2 691 | 636 | 9 445 | 6 955 | 2 490 | 17 421 | 11 062 | 6 359 |
| 1 698 | 404 | 5 075 | 3 726 | 1 349 | 6 931 | 4 552 | 2 379 |
| 1 184 | 304 | 3 011 | 2 038 | 973 | 3 954 | 2 478 | 1 476 |
| 275 | 90 | 1 041 | 704 | 337 | 1 411 | 846 | 565 |
| 41 | 6 | 171 | 108 | 63 | 242 | 152 | 90 |
| 603 | 167 | 2 136 | 1 446 | 690 | 2 730 | 1 520 | 1 210 |
| 1 006 | 284 | 3 071 | 2 105 | 966 | 4 286 | 2 666 | 1 620 |
| 149 | 38 | 489 | 366 | 123 | 841 | 557 | 284 |
|  |  |  |  |  |  |  |  |
| 40 441 | 9 306 | 93 744 | 69 002 | 24 742 | 112 768 | 74 632 | 38 136 |
| 4 311 | 791 | 9 634 | 7 422 | 2 212 | 15 234 | 10 434 | 4 800 |
| 23 841 | 5 646 | 52 949 | 38 664 | 14 285 | 58 655 | 38 205 | 20 450 |
| 9 709 | 2 274 | 24 614 | 18 052 | 6 562 | 29 345 | 19 847 | 9 498 |
| 2 580 | 595 | 6 547 | 4 864 | 1 683 | 9 534 | 6 146 | 3 388 |
|  |  |  |  |  |  |  |  |
| 15 254 | 3 894 | 32 928 | 23 231 | 9 697 | 39 575 | 24 886 | 14 689 |
| 4 441 | 1 146 | 10 164 | 7 355 | 2 809 | 13 291 | 8 287 | 5 004 |
| 3 092 | 738 | 6 507 | 4 594 | 1 913 | 8 349 | 5 319 | 3 030 |
| 146 | 24 | 435 | 342 | 93 | 480 | 334 | 146 |
| 1 435 | 317 | 2 501 | 1 802 | 699 | 3 075 | 1 971 | 1 104 |
| 1 035 | 282 | 2 221 | 1 482 | 739 | 2 253 | 1 303 | 950 |
| 5 105 | 1 387 | 11 100 | 7 656 | 3 444 | 12 127 | 7 672 | 4 455 |
|  |  |  |  |  |  |  |  |
| 15 591 | 4 105 | 58 081 | 40 523 | 17 558 | 79 248 | 49 552 | 29 696 |
| 1 565 | 369 | 4 555 | 3 242 | 1 313 | 6 570 | 4 256 | 2 314 |
| 505 | 112 | 1 326 | 1 023 | 303 | 2 136 | 1 494 | 642 |
| 4 022 | 1 093 | 13 631 | 9 530 | 4 101 | 18 335 | 11 261 | 7 074 |
| 1 398 | 350 | 4 249 | 2 957 | 1 292 | 5 530 | 3 540 | 1 990 |
| 1 485 | 434 | 6 046 | 4 183 | 1 863 | 8 261 | 5 024 | 3 237 |
| 1 625 | 338 | 6 954 | 4 965 | 1 989 | 10 761 | 7 104 | 3 657 |
| 250 | 44 | 954 | 746 | 208 | 2 416 | 1 856 | 560 |
| 668 | 188 | 2 559 | 1 811 | 748 | 3 279 | 2 039 | 1 240 |
| 2 942 | 874 | 13 822 | 9 375 | 4 447 | 17 658 | 10 381 | 7 277 |
| 1 131 | 303 | 3 985 | 2 691 | 1 294 | 4 302 | 2 597 | 1 705 |

2—6 续表 6

| 行业 | 合计 | | | 大 |
|---|---|---|---|---|
| | 合计 | 男 | 女 | 小计 |
| 机械工业 | 10 270 999 | 6 561 543 | 3 709 456 | 201 902 |
| 锅炉及原动机制造业 | 883 301 | 573 267 | 310 034 | 26 304 |
| 金属加工机械制造业 | 737 688 | 490 354 | 247 334 | 19 284 |
| 通用设备制造业 | 1 018 352 | 657 178 | 361 174 | 23 664 |
| 通用零部件制造业 | 1 492 273 | 893 146 | 599 127 | 17 473 |
| 铸锻毛坯制造业 | 638 509 | 445 104 | 193 405 | 4 442 |
| 工业专用设备制造业 | 2 119 291 | 1 385 554 | 733 737 | 48 680 |
| 农、林、牧、渔业机械制造业 | 806 027 | 552 313 | 253 714 | 12 688 |
| 建筑机械制造业 | 239 730 | 154 775 | 84 955 | 6 361 |
| 地质专用设备制造业 | 32 471 | 21 920 | 10 551 | 920 |
| 医疗器械制造业 | 147 439 | 70 209 | 77 230 | 2 780 |
| 文化、办公用机械制造业 | 41 393 | 22 865 | 18 528 | 1 641 |
| 日用机械制造业 | 776 989 | 395 773 | 381 216 | 10 311 |
| 其他专用设备制造业 | 234 696 | 143 489 | 91 207 | 3 628 |
| 机械设备修理业 | 575 584 | 419 901 | 155 683 | 4 804 |
| 其他机械制造业 | 527 256 | 335 695 | 191 561 | 18 922 |
| 交通运输设备制造业 | 3 688 484 | 2 467 015 | 1 221 469 | 93 293 |
| 铁路运输设备制造业 | 292 574 | 192 566 | 100 008 | 10 084 |
| 汽车制造业 | 1 364 597 | 839 193 | 525 404 | 34 017 |
| 摩托车制造业 | 126 383 | 72 358 | 54 025 | 2 613 |
| 电车制造业 | 2 154 | 1 360 | 794 | 34 |
| 船舶制造业 | 317 580 | 224 303 | 93 277 | 10 884 |
| 飞机制造业 | 326 495 | 208 858 | 117 637 | 21 662 |
| 交通运输设备修理业 | 1 182 667 | 878 940 | 303 727 | 12 731 |
| 其他交通运输设备制造业 | 76 034 | 49 437 | 26 597 | 1 268 |
| 电气机械及器材制造业 | 3 097 966 | 1 608 737 | 1 489 229 | 54 283 |
| 电机制造业 | 533 018 | 311 250 | 221 768 | 15 167 |
| 输配电及控制设备制造业 | 800 271 | 409 821 | 390 450 | 15 462 |
| 电工器材制造业 | 646 090 | 336 768 | 309 322 | 8 433 |
| 日用电器制造业 | 559 813 | 286 627 | 273 186 | 10 459 |
| 照明器具制造业 | 408 104 | 172 731 | 235 373 | 2 454 |
| 电气机械修理业 | 74 148 | 48 177 | 25 971 | 919 |
| 其他电气机械制造业 | 76 522 | 43 363 | 33 159 | 1 389 |
| 电子及通信设备制造业 | 1 761 358 | 797 256 | 964 102 | 75 114 |
| 通信设备制造业 | 202 260 | 102 638 | 99 622 | 11 498 |
| 雷达制造业 | 49 374 | 29 888 | 19 486 | 3 605 |
| 广播电视设备制造业 | 45 259 | 23 834 | 21 425 | 2 323 |
| 电子计算机制造业 | 77 303 | 39 975 | 37 328 | 8 596 |
| 电子器件制造业 | 334 993 | 159 483 | 175 510 | 18 036 |

单位：人

| 学本科 | | 大学专科 | | | 中专 | | |
|---|---|---|---|---|---|---|---|
| 男 | 女 | 小计 | 男 | 女 | 小计 | 男 | 女 |
| 162 033 | 39 869 | 396 974 | 279 749 | 117 225 | 526 707 | 336 641 | 190 066 |
| 21 385 | 4 919 | 43 628 | 30 626 | 13 002 | 55 962 | 35 639 | 20 323 |
| 15 411 | 3 873 | 36 313 | 25 743 | 10 570 | 48 725 | 31 807 | 16 918 |
| 18 978 | 4 686 | 44 281 | 31 207 | 13 074 | 54 647 | 35 248 | 19 399 |
| 14 127 | 3 346 | 40 869 | 28 597 | 12 272 | 58 246 | 37 180 | 21 066 |
| 3 777 | 665 | 9 517 | 7 186 | 2 331 | 13 661 | 9 312 | 4 349 |
| 39 012 | 9 668 | 91 933 | 65 794 | 26 139 | 119 858 | 77 244 | 42 614 |
| 10 397 | 2 291 | 23 168 | 16 757 | 6 411 | 40 640 | 27 734 | 12 906 |
| 5 174 | 1 187 | 11 475 | 8 159 | 3 316 | 14 187 | 8 953 | 5 234 |
| 759 | 161 | 1 962 | 1 411 | 551 | 2 597 | 1 756 | 841 |
| 2 013 | 767 | 6 356 | 4 149 | 2 207 | 5 919 | 3 262 | 2 657 |
| 1 209 | 432 | 2 827 | 1 848 | 979 | 2 924 | 1 679 | 1 245 |
| 7 806 | 2 505 | 30 567 | 19 941 | 10 626 | 34 675 | 19 096 | 15 579 |
| 2 926 | 702 | 7 811 | 5 511 | 2 300 | 9 931 | 6 264 | 3 667 |
| 4 025 | 779 | 11 921 | 8 839 | 3 082 | 22 207 | 15 446 | 6 761 |
| 15 034 | 3 888 | 34 346 | 23 981 | 10 365 | 42 528 | 26 021 | 16 507 |
| | | | | | | | |
| 75 054 | 18 239 | 160 761 | 112 703 | 48 058 | 222 086 | 143 995 | 78 091 |
| 8 141 | 1 943 | 15 927 | 11 576 | 4 351 | 22 583 | 15 166 | 7 417 |
| 26 787 | 7 230 | 63 114 | 43 026 | 20 088 | 78 431 | 48 058 | 30 373 |
| 2 140 | 473 | 6 013 | 4 137 | 1 876 | 7 558 | 4 592 | 2 966 |
| 21 | 13 | 102 | 74 | 28 | 130 | 74 | 56 |
| 9 125 | 1 759 | 13 799 | 10 618 | 3 181 | 20 747 | 14 649 | 6 098 |
| 17 253 | 4 409 | 30 345 | 19 887 | 10 458 | 39 054 | 24 123 | 14 931 |
| 10 533 | 2 198 | 29 135 | 21 684 | 7 451 | 49 874 | 34 869 | 15 005 |
| 1 054 | 214 | 2 326 | 1 701 | 625 | 3 709 | 2 464 | 1 245 |
| | | | | | | | |
| 42 413 | 11 870 | 110 032 | 73 517 | 36 515 | 129 509 | 77 075 | 52 434 |
| 12 129 | 3 038 | 25 241 | 17 365 | 7 876 | 33 037 | 20 382 | 12 655 |
| 11 916 | 3 546 | 33 599 | 21 853 | 11 746 | 36 492 | 21 379 | 15 113 |
| 6 482 | 1 951 | 20 352 | 13 482 | 6 870 | 23 053 | 13 480 | 9 573 |
| 8 241 | 2 218 | 17 840 | 12 161 | 5 679 | 20 342 | 12 206 | 8 136 |
| 1 827 | 627 | 7 717 | 5 015 | 2 702 | 9 855 | 5 488 | 4 367 |
| 734 | 185 | 2 092 | 1 479 | 613 | 3 198 | 2 074 | 1 124 |
| 1 084 | 305 | 3 191 | 2 162 | 1 029 | 3 532 | 2 066 | 1 466 |
| | | | | | | | |
| 56 833 | 18 281 | 107 198 | 66 446 | 40 752 | 115 754 | 63 704 | 52 050 |
| 8 667 | 2 831 | 14 110 | 9 185 | 4 925 | 18 058 | 10 185 | 7 873 |
| 2 781 | 824 | 4 260 | 2 806 | 1 454 | 5 389 | 3 200 | 2 189 |
| 1 725 | 598 | 3 557 | 2 215 | 1 342 | 3 609 | 2 117 | 1 492 |
| 6 357 | 2 239 | 8 777 | 5 259 | 3 518 | 7 837 | 4 230 | 3 607 |
| 13 682 | 4 354 | 23 330 | 14 036 | 9 294 | 24 497 | 13 255 | 11 242 |

2—6 续表7

| 行业 | 合计 | | | 大 |
|---|---|---|---|---|
| | 合计 | 男 | 女 | 小计 |
| 电子元件制造业 | 491 074 | 198 171 | 292 903 | 11 496 |
| 日用电子器具制造业 | 507 139 | 214 282 | 292 857 | 17 855 |
| 电子设备及通信设备修理业 | 17 691 | 10 915 | 6 776 | 540 |
| 其他电子设备制造业 | 36 265 | 18 070 | 18 195 | 1 165 |
| 仪器仪表及其他计量器具制造业 | 843 371 | 447 302 | 396 069 | 35 100 |
| 仪器仪表制造业 | 652 722 | 341 394 | 311 328 | 29 232 |
| 电子测量仪器制造业 | 48 731 | 25 045 | 23 686 | 2 854 |
| 传递标准用计量仪器制造业 | 3 437 | 1 938 | 1 499 | 82 |
| 量具量仪制造业 | 55 558 | 29 926 | 25 632 | 1 459 |
| 衡器制造业 | 52 618 | 32 030 | 20 588 | 637 |
| 仪器仪表及其他计量器具修理业 | 14 035 | 8 436 | 5 599 | 566 |
| 其他计量器具制造业 | 16 270 | 8 533 | 7 737 | 270 |
| 其他工业 | 426 603 | 227 316 | 199 287 | 1 653 |
| 生产用其他产品工业 | 156 114 | 80 442 | 75 672 | 1 204 |
| 生活用其他产品工业 | 270 489 | 146 874 | 123 615 | 449 |
| **三、地质普查和勘探业** | **798 147** | **600 208** | **197 939** | **46 154** |
| 地质普查和勘探业 | 798 147 | 600 208 | 197 939 | 46 154 |
| 矿产地质调查业 | 384 803 | 299 679 | 85 124 | 21 591 |
| 石油地质调查业 | 230 784 | 162 753 | 68 031 | 9 955 |
| 海洋地质调查业 | 5 129 | 3 971 | 1 158 | 1 177 |
| 水文地质、工程地质和环境地质调查业 | 103 865 | 80 915 | 22 950 | 6 597 |
| 区域地质调查业 | 15 601 | 11 830 | 3 771 | 1 990 |
| 地球物理和化学探矿业 | 26 635 | 19 070 | 7 565 | 2 288 |
| 地质测绘业 | 11 476 | 8 376 | 3 100 | 701 |
| 地质矿产勘查技术服务业 | 19 854 | 13 614 | 6 240 | 1 855 |
| **四、建筑业** | **11 642 485** | **9 759 181** | **1 883 304** | **206 355** |
| 土木工程建筑业 | 10 382 037 | 8 846 875 | 1 535 162 | 62 112 |
| 土木工程建筑业 | 10 382 037 | 8 846 875 | 1 535 162 | 62 112 |
| 线路、管道和设备安装业 | 871 132 | 651 067 | 220 065 | 15 176 |
| 线路、管道和设备安装业 | 871 132 | 651 067 | 220 065 | 15 176 |
| 勘察设计业 | 389 316 | 261 239 | 128 077 | 129 067 |
| 勘察设计业 | 389 316 | 261 239 | 128 077 | 129 067 |

单位:人

| 学本科 | | 大学专科 | | | 中专 | | |
|---|---|---|---|---|---|---|---|
| 男 | 女 | 小计 | 男 | 女 | 小计 | 男 | 女 |
| 8 728 | 2 768 | 21 977 | 13 734 | 8 243 | 25 121 | 13 676 | 11 445 |
| 13 546 | 4 309 | 28 223 | 17 204 | 11 019 | 28 237 | 15 289 | 12 948 |
| 410 | 130 | 1 105 | 792 | 313 | 1 098 | 632 | 466 |
| 937 | 228 | 1 859 | 1 215 | 644 | 1 908 | 1 120 | 788 |
| 26 429 | 8 671 | 54 092 | 34 710 | 19 382 | 61 110 | 34 615 | 26 495 |
| 22 052 | 7 180 | 43 284 | 27 723 | 15 561 | 49 307 | 27 867 | 21 440 |
| 2 108 | 746 | 4 595 | 2 826 | 1 769 | 4 514 | 2 525 | 1 989 |
| 58 | 24 | 148 | 93 | 55 | 150 | 86 | 64 |
| 1 101 | 358 | 2 846 | 1 881 | 965 | 3 570 | 2 032 | 1 538 |
| 485 | 152 | 1 747 | 1 204 | 543 | 1 932 | 1 161 | 771 |
| 422 | 144 | 938 | 647 | 291 | 1 091 | 643 | 448 |
| 203 | 67 | 534 | 336 | 198 | 546 | 301 | 245 |
| 1 353 | 300 | 4 811 | 3 250 | 1 561 | 5 734 | 3 500 | 2 234 |
| 1 010 | 194 | 3 034 | 2 055 | 979 | 3 189 | 2 056 | 1 133 |
| 343 | 106 | 1 777 | 1 195 | 582 | 2 545 | 1 444 | 1 101 |
| **39 147** | **7 007** | **51 435** | **39 402** | **12 033** | **101 462** | **75 105** | **26 357** |
| 39 147 | 7 007 | 51 435 | 39 402 | 12 033 | 101 462 | 75 105 | 26 357 |
| 18 762 | 2 829 | 25 229 | 19 791 | 5 438 | 52 152 | 40 034 | 12 118 |
| 8 233 | 1 722 | 10 872 | 8 016 | 2 856 | 19 776 | 12 910 | 6 866 |
| 951 | 226 | 536 | 389 | 147 | 577 | 381 | 196 |
| 5 570 | 1 027 | 8 488 | 6 537 | 1 951 | 16 632 | 12 792 | 3 840 |
| 1 673 | 317 | 1 521 | 1 190 | 331 | 3 340 | 2 544 | 796 |
| 1 928 | 360 | 2 238 | 1 674 | 564 | 4 547 | 3 363 | 1 184 |
| 594 | 107 | 1 127 | 859 | 268 | 2 347 | 1 698 | 649 |
| 1 436 | 419 | 1 424 | 946 | 478 | 2 091 | 1 383 | 708 |
| **161 011** | **45 344** | **274 365** | **198 808** | **75 557** | **391 632** | **276 684** | **114 948** |
| 51 748 | 10 364 | 172 566 | 130 664 | 41 902 | 279 594 | 202 515 | 77 079 |
| 51 748 | 10 364 | 172 566 | 130 664 | 41 902 | 279 594 | 202 515 | 77 079 |
| 12 577 | 2 599 | 33 718 | 24 784 | 8 934 | 54 242 | 38 037 | 16 205 |
| 12 577 | 2 599 | 33 718 | 24 784 | 8 934 | 54 242 | 38 037 | 16 205 |
| 96 686 | 32 381 | 68 081 | 43 360 | 24 721 | 57 796 | 36 132 | 21 664 |
| 96 686 | 32 381 | 68 081 | 43 360 | 24 721 | 57 796 | 36 132 | 21 664 |

2—6 续表 8

| 行业 | 合计 | | | 大 |
|---|---|---|---|---|
| | 合计 | 男 | 女 | 小计 |
| **五、交通运输、邮电通讯业** | **11 751 280** | **9 569 472** | **2 181 808** | **76 769** |
| 交通运输业 | 10 761 616 | 8 925 455 | 1 836 161 | 60 156 |
| 铁路运输业 | 2 295 264 | 1 740 052 | 555 212 | 23 262 |
| 公路运输业 | 6 033 961 | 5 250 812 | 783 149 | 11 904 |
| 管道运输业 | 41 061 | 26 618 | 14 443 | 1 215 |
| 水上运输业 | 1 545 661 | 1 216 659 | 329 002 | 18 594 |
| 航空运输业 | 63 205 | 45 285 | 17 920 | 3 383 |
| 装卸搬运业 | 782 464 | 646 029 | 136 435 | 1 798 |
| 邮电通讯业 | 989 664 | 644 017 | 345 647 | 16 613 |
| 邮政业 | 117 506 | 74 061 | 43 445 | 1 619 |
| 电讯业 | 159 903 | 96 107 | 63 796 | 6 739 |
| 邮电业 | 712 255 | 473 849 | 238 406 | 8 255 |
| **六、商业、公共饮食业、物资供销和仓储业** | **25 771 405** | **13 720 036** | **12 051 369** | **131 617** |
| 商业 | 20 795 912 | 11 015 681 | 9 780 231 | 103 175 |
| 国内商业 | 20 357 833 | 10 733 117 | 9 624 716 | 55 809 |
| 对外贸易业 | 438 079 | 282 564 | 155 515 | 47 366 |
| 公共饮食业 | 2 888 588 | 1 311 928 | 1 576 660 | 1 614 |
| 公共饮食业 | 2 888 588 | 1 311 928 | 1 576 660 | 1 614 |
| 物资供销业 | 1 251 531 | 813 236 | 438 295 | 23 179 |
| 物资供销业 | 1 251 531 | 813 236 | 438 295 | 23 179 |
| 仓储业 | 835 374 | 579 191 | 256 183 | 3 649 |
| 仓储业 | 835 374 | 579 191 | 256 183 | 3 649 |
| **七、房地产管理、公用事业、居民服务和咨询服务业** | **6 188 251** | **3 422 372** | **2 765 879** | **53 892** |
| 房地产管理业 | 485 033 | 325 532 | 159 501 | 9 029 |
| 房地产管理业 | 485 033 | 325 532 | 159 501 | 9 029 |
| 公用事业 | 1 558 511 | 871 968 | 686 543 | 12 259 |
| 市内公共交通业 | 689 882 | 393 852 | 296 030 | 3 054 |
| 园林绿化业 | 222 449 | 118 228 | 104 221 | 3 861 |
| 清洁卫生业 | 361 004 | 164 639 | 196 365 | 977 |
| 市政工程管理业 | 240 727 | 162 645 | 78 082 | 3 973 |
| 殡葬事业 | 25 834 | 19 635 | 6 199 | 49 |
| 其他公用事业 | 18 615 | 12 969 | 5 646 | 345 |
| 居民服务业 | 4 017 682 | 2 137 458 | 1 880 224 | 16 787 |
| 旅游业 | 85 179 | 49 782 | 35 397 | 6 072 |
| 旅馆业 | 1 584 392 | 592 660 | 991 732 | 8 275 |
| 理发业 | 759 480 | 377 010 | 382 470 | 100 |
| 浴池业 | 46 724 | 27 858 | 18 866 | 31 |
| 洗染业 | 26 957 | 11 692 | 15 265 | 46 |

单位:人

| 学　本　科 | | 大　学　专　科 | | | 中　　专 | | |
|---|---|---|---|---|---|---|---|
| 男 | 女 | 小　计 | 男 | 女 | 小　计 | 男 | 女 |
| **62 174** | **14 595** | **200 989** | **154 096** | **46 893** | **472 745** | **349 764** | **122 981** |
| | | | | | | | |
| 50 231 | 9 925 | 165 888 | 129 771 | 36 117 | 372 825 | 286 473 | 86 352 |
| 19 211 | 4 051 | 57 252 | 45 335 | 11 917 | 148 461 | 116 016 | 32 445 |
| 9 722 | 2 182 | 54 286 | 39 965 | 14 321 | 138 343 | 100 291 | 38 052 |
| 991 | 224 | 2 453 | 1 828 | 625 | 3 554 | 2 239 | 1 315 |
| 16 317 | 2 277 | 36 261 | 30 145 | 6 116 | 62 775 | 53 288 | 9 487 |
| 2 493 | 890 | 9 911 | 7 937 | 1 974 | 10 126 | 7 774 | 2 352 |
| 1 497 | 301 | 5 725 | 4 561 | 1 164 | 9 566 | 6 865 | 2 701 |
| | | | | | | | |
| 11 943 | 4 670 | 35 101 | 24 325 | 10 776 | 99 920 | 63 291 | 36 629 |
| 1 104 | 515 | 5 097 | 3 202 | 1 895 | 10 083 | 5 543 | 4 540 |
| 4 535 | 2 204 | 11 383 | 7 350 | 4 033 | 22 379 | 13 061 | 9 318 |
| 6 304 | 1 951 | 18 621 | 13 773 | 4 848 | 67 458 | 44 687 | 22 771 |
| | | | | | | | |
| **97 125** | **34 492** | **451 992** | **296 755** | **155 237** | **882 820** | **506 998** | **375 822** |
| | | | | | | | |
| 75 464 | 27 711 | 349 969 | 227 279 | 122 690 | 712 189 | 402 955 | 309 234 |
| 41 628 | 14 181 | 290 929 | 188 609 | 102 320 | 665 272 | 374 720 | 290 552 |
| 33 836 | 13 530 | 59 040 | 38 670 | 20 370 | 46 917 | 28 235 | 18 682 |
| | | | | | | | |
| 1 156 | 458 | 9 109 | 5 675 | 3 434 | 24 426 | 12 864 | 11 562 |
| 1 156 | 458 | 9 109 | 5 675 | 3 434 | 24 426 | 12 864 | 11 562 |
| | | | | | | | |
| 17 740 | 5 439 | 75 024 | 51 244 | 23 780 | 105 659 | 65 862 | 39 797 |
| 17 740 | 5 439 | 75 024 | 51 244 | 23 780 | 105 659 | 65 862 | 39 797 |
| | | | | | | | |
| 2 765 | 884 | 17 890 | 12 557 | 5 333 | 40 546 | 25 317 | 15 229 |
| 2 765 | 884 | 17 890 | 12 557 | 5 333 | 40 546 | 25 317 | 15 229 |
| | | | | | | | |
| **38 881** | **15 011** | **144 305** | **93 455** | **50 850** | **186 915** | **108 173** | **78 742** |
| | | | | | | | |
| 7 027 | 2 002 | 28 046 | 19 704 | 8 342 | 37 424 | 24 126 | 13 298 |
| 7 027 | 2 002 | 28 046 | 19 704 | 8 342 | 37 424 | 24 126 | 13 298 |
| | | | | | | | |
| 8 943 | 3 316 | 39 341 | 25 890 | 13 451 | 61 220 | 36 358 | 24 862 |
| 2 198 | 856 | 16 033 | 10 228 | 5 805 | 23 957 | 13 707 | 10 250 |
| 2 548 | 1 313 | 8 071 | 5 105 | 2 966 | 12 979 | 7 481 | 5 498 |
| 695 | 282 | 3 725 | 2 425 | 1 300 | 6 862 | 3 666 | 3 196 |
| 3 164 | 809 | 10 321 | 7 276 | 3 045 | 15 392 | 10 074 | 5 318 |
| 45 | 4 | 270 | 200 | 70 | 676 | 509 | 167 |
| 293 | 52 | 921 | 656 | 265 | 1 354 | 921 | 433 |
| | | | | | | | |
| 10 930 | 5 857 | 55 160 | 32 568 | 22 592 | 77 130 | 40 249 | 36 881 |
| 3 745 | 2 327 | 8 868 | 5 523 | 3 345 | 5 158 | 2 963 | 2 195 |
| 5 243 | 3 032 | 37 113 | 20 570 | 16 543 | 53 759 | 26 031 | 27 728 |
| 70 | 30 | 482 | 255 | 227 | 1 748 | 775 | 973 |
| 20 | 11 | 236 | 149 | 87 | 635 | 297 | 338 |
| 29 | 17 | 248 | 150 | 98 | 578 | 235 | 343 |

2—6 续表 9

| 行业 | 合计 | | | 大 |
| --- | --- | --- | --- | --- |
| | 合计 | 男 | 女 | 小计 |
| 摄影业 | 151 729 | 79 951 | 71 778 | 249 |
| 日用品修理业 | 805 990 | 709 084 | 96 906 | 668 |
| 其他居民服务业 | 557 231 | 289 421 | 267 810 | 1 346 |
| 咨询服务业 | 127 025 | 87 414 | 39 611 | 15 817 |
| 咨询服务业 | 38 148 | 25 103 | 13 045 | 7 606 |
| 广告业 | 25 739 | 16 854 | 8 885 | 846 |
| 其它咨询服务业 | 63 138 | 45 457 | 17 681 | 7 365 |
| **八、卫生、体育和社会福利事业** | **5 167 832** | **2 407 710** | **2 760 122** | **318 249** |
| 卫生事业 | 4 974 019 | 2 288 747 | 2 685 272 | 313 736 |
| 医院 | 3 715 137 | 1 551 818 | 2 163 319 | 277 431 |
| 疗养院 | 82 256 | 41 927 | 40 329 | 3 848 |
| 门诊部(所) | 532 882 | 393 999 | 138 883 | 4 579 |
| 专科防治所(站) | 69 914 | 37 216 | 32 698 | 4 360 |
| 卫生防疫站 | 192 097 | 115 724 | 76 373 | 13 434 |
| 妇幼保健所(站) | 89 325 | 16 076 | 73 249 | 3 795 |
| 药品检验所(室) | 19 947 | 10 822 | 9 125 | 4 381 |
| 其他卫生事业 | 272 461 | 121 165 | 151 296 | 1 908 |
| 体育事业 | 61 623 | 40 550 | 21 073 | 3 655 |
| 体育事业 | 61 623 | 40 550 | 21 073 | 3 655 |
| 社会福利事业 | 132 190 | 78 413 | 53 777 | 858 |
| 社会福利事业 | 132 190 | 78 413 | 53 777 | 858 |
| **九、教育、文化艺术和广播电视事业** | **15 102 055** | **8 846 725** | **6 255 330** | **1 407 816** |
| 教育事业 | 13 747 000 | 7 940 297 | 5 806 703 | 1 326 283 |
| 高等教育事业 | 1 253 606 | 776 690 | 476 916 | 562 007 |
| 中等教育事业 | 5 130 231 | 3 372 672 | 1 757 559 | 701 174 |
| 初等教育事业 | 6 528 198 | 3 602 739 | 2 925 459 | 20 429 |
| 学前教育事业 | 582 667 | 21 394 | 561 273 | 1 239 |
| 特殊教育事业 | 18 062 | 7 186 | 10 876 | 426 |
| 其他教育事业 | 234 236 | 159 616 | 74 620 | 41 008 |
| 文化艺术事业 | 1 107 482 | 726 724 | 380 758 | 64 052 |
| 电影事业 | 300 602 | 205 559 | 95 043 | 3 763 |
| 艺术事业 | 228 487 | 144 018 | 84 469 | 6 839 |
| 出版事业 | 160 617 | 102 042 | 58 575 | 35 918 |
| 文物事业 | 42 380 | 25 440 | 16 940 | 3 430 |
| 图书馆事业 | 44 132 | 17 724 | 26 408 | 3 434 |
| 群众文化事业 | 170 131 | 105 331 | 64 800 | 4 197 |
| 新闻事业 | 11 699 | 8 200 | 3 499 | 2 945 |
| 其他文化事业 | 149 434 | 118 410 | 31 024 | 3 526 |

单位:人

| 学本科 | | 大学专科 | | | 中专 | | |
|---|---|---|---|---|---|---|---|
| 男 | 女 | 小计 | 男 | 女 | 小计 | 男 | 女 |
| 188 | 61 | 1 927 | 1 191 | 736 | 3 814 | 1 777 | 2 037 |
| 602 | 66 | 2 251 | 1 897 | 354 | 5 291 | 4 497 | 794 |
| 1 033 | 313 | 4 035 | 2 833 | 1 202 | 6 147 | 3 674 | 2 473 |
| | | | | | | | |
| 11 981 | 3 836 | 21 758 | 15 293 | 6 465 | 11 141 | 7 440 | 3 701 |
| 5 780 | 1 826 | 7 105 | 4 778 | 2 327 | 3 538 | 2 189 | 1 349 |
| 629 | 217 | 2 572 | 1 822 | 750 | 1 773 | 1 158 | 615 |
| 5 572 | 1 793 | 12 081 | 8 693 | 3 388 | 5 830 | 4 093 | 1 737 |
| | | | | | | | |
| **192 144** | **126 105** | **427 298** | **248 198** | **179 100** | **1 412 373** | **421 401** | **990 972** |
| | | | | | | | |
| 188 813 | 124 923 | 414 886 | 239 729 | 175 157 | 1 397 671 | 413 087 | 984 584 |
| 167 115 | 110 316 | 343 400 | 196 538 | 146 862 | 1 174 755 | 319 011 | 855 744 |
| 2 414 | 1 434 | 6 368 | 3 729 | 2 639 | 16 500 | 4 993 | 11 507 |
| 3 005 | 1 574 | 13 895 | 10 139 | 3 756 | 38 508 | 21 737 | 16 771 |
| 2 803 | 1 557 | 7 531 | 4 748 | 2 783 | 20 932 | 8 556 | 12 376 |
| 8 831 | 4 603 | 24 942 | 16 971 | 7 971 | 75 549 | 44 208 | 31 341 |
| 1 092 | 2 703 | 9 004 | 2 118 | 6 886 | 43 285 | 4 484 | 38 801 |
| 2 407 | 1 974 | 3 730 | 2 061 | 1 669 | 5 652 | 3 133 | 2 519 |
| 1 146 | 762 | 6 016 | 3 425 | 2 591 | 22 490 | 6 965 | 15 525 |
| | | | | | | | |
| 2 747 | 908 | 9 424 | 6 528 | 2 896 | 7 807 | 4 838 | 2 969 |
| 2 747 | 908 | 9 424 | 6 528 | 2 896 | 7 807 | 4 838 | 2 969 |
| | | | | | | | |
| 584 | 274 | 2 988 | 1 941 | 1 047 | 6 895 | 3 476 | 3 419 |
| 584 | 274 | 2 988 | 1 941 | 1 047 | 6 895 | 3 476 | 3 419 |
| | | | | | | | |
| **969 389** | **438 427** | **2 057 970** | **1 351 355** | **706 615** | **3 797 470** | **2 135 953** | **1 661 517** |
| | | | | | | | |
| 911 112 | 415 171 | 1 924 628 | 1 260 996 | 663 632 | 3 672 735 | 2 057 583 | 1 615 152 |
| 390 612 | 171 395 | 194 044 | 112 342 | 81 702 | 94 107 | 41 741 | 52 366 |
| 476 862 | 224 312 | 1 493 327 | 1 002 449 | 490 878 | 1 204 296 | 796 897 | 407 399 |
| 12 991 | 7 438 | 176 297 | 111 230 | 65 067 | 2 206 928 | 1 191 184 | 1 015 744 |
| 224 | 1 015 | 10 904 | 627 | 10 277 | 124 575 | 1 797 | 122 778 |
| 266 | 160 | 1 606 | 776 | 830 | 7 257 | 2 363 | 4 894 |
| 30 157 | 10 851 | 48 450 | 33 572 | 14 878 | 35 572 | 23 601 | 11 971 |
| | | | | | | | |
| 45 358 | 18 694 | 102 766 | 68 529 | 34 237 | 100 833 | 61 718 | 39 115 |
| 2 810 | 953 | 12 393 | 8 852 | 3 541 | 20 728 | 14 551 | 6 177 |
| 4 836 | 2 003 | 12 471 | 8 868 | 3 603 | 33 178 | 20 044 | 13 134 |
| 25 428 | 10 490 | 36 189 | 24 142 | 12 047 | 11 211 | 6 483 | 4 728 |
| 2 467 | 963 | 5 969 | 3 700 | 2 269 | 3 847 | 2 359 | 1 488 |
| 1 752 | 1 682 | 9 336 | 4 099 | 5 237 | 6 471 | 2 216 | 4 255 |
| 3 115 | 1 082 | 16 311 | 11 376 | 4 935 | 18 579 | 11 321 | 7 258 |
| 2 310 | 635 | 2 542 | 1 914 | 628 | 750 | 479 | 271 |
| 2 640 | 886 | 7 555 | 5 578 | 1 977 | 6 069 | 4 265 | 1 804 |

2—6 续表10

| 行业 | 合计 | | | 大 |
| --- | --- | --- | --- | --- |
| | 合计 | 男 | 女 | 小计 |
| 广播电视事业 | 247 573 | 179 704 | 67 869 | 17 481 |
| 广播电视事业 | 247 573 | 179 704 | 67 869 | 17 481 |
| **十、科学研究和综合技术服务事业** | **1 450 491** | **914 083** | **536 408** | **394 811** |
| 科学研究事业 | 1 125 753 | 702 206 | 423 547 | 329 688 |
| 自然科学研究事业 | 1 050 530 | 654 208 | 396 322 | 300 786 |
| 社会科学研究事业 | 36 281 | 23 874 | 12 407 | 16 942 |
| 综合科学研究事业 | 38 942 | 24 124 | 14 818 | 11 960 |
| 综合技术服务事业 | 324 738 | 211 877 | 112 861 | 65 123 |
| 气象事业 | 48 148 | 31 997 | 16 151 | 4 896 |
| 地震事业 | 10 821 | 8 356 | 2 465 | 2 257 |
| 测绘事业 | 25 929 | 18 303 | 7 626 | 2 318 |
| 计量事业 | 52 970 | 34 556 | 18 414 | 6 072 |
| 海洋环境事业 | 5 082 | 4 142 | 940 | 983 |
| 环境保护事业 | 38 311 | 23 249 | 15 062 | 7 174 |
| 电子计算事业 | 30 075 | 17 894 | 12 181 | 11 561 |
| 其他综合技术服务事业 | 113 402 | 73 380 | 40 022 | 29 862 |
| **十一、金融、保险业** | **2 132 142** | **1 289 832** | **842 310** | **48 986** |
| 金融业 | 2 023 565 | 1 213 652 | 809 913 | 45 169 |
| 金融业 | 2 023 565 | 1 213 652 | 809 913 | 45 169 |
| 保险业 | 108 577 | 76 180 | 32 397 | 3 817 |
| 保险业 | 108 577 | 76 180 | 32 397 | 3 817 |
| **十二、国家机关、政党机关和社会团体** | **12 952 647** | **10 019 017** | **2 933 630** | **611 552** |
| 国家机关 | 9 384 828 | 7 529 660 | 1 855 168 | 448 098 |
| 国家机关 | 9 384 828 | 7 529 660 | 1 855 168 | 448 098 |
| 政党机关 | 723 002 | 624 474 | 98 528 | 52 036 |
| 政党机关 | 723 002 | 624 474 | 98 528 | 52 036 |
| 社会团体 | 988 316 | 633 481 | 354 835 | 27 290 |
| 社会团体 | 988 316 | 633 481 | 354 835 | 27 290 |
| 企业管理机关 | 1 856 501 | 1 231 402 | 625 099 | 84 128 |
| 企业管理机关 | 1 856 501 | 1 231 402 | 625 099 | 84 128 |
| **十三、其他行业** | **115 991** | **82 566** | **33 425** | **1 849** |
| 其他行业 | 115 991 | 82 566 | 33 425 | 1 849 |
| 其他行业 | 115 991 | 82 566 | 33 425 | 1 849 |

单位:人

| 学　本　科 | | 大　学　专　科 | | | 中　　专 | | |
|---|---|---|---|---|---|---|---|
| 男 | 女 | 小　计 | 男 | 女 | 小　计 | 男 | 女 |
| 12 919 | 4 562 | 30 576 | 21 830 | 8 746 | 23 902 | 16 652 | 7 250 |
| 12 919 | 4 562 | 30 576 | 21 830 | 8 746 | 23 902 | 16 652 | 7 250 |
| **287 936** | **106 875** | **206 551** | **128 577** | **77 974** | **185 691** | **107 585** | **78 106** |
| 239 685 | 90 003 | 155 779 | 94 728 | 61 051 | 129 844 | 71 513 | 58 331 |
| 218 804 | 81 982 | 141 597 | 86 040 | 55 557 | 122 980 | 67 766 | 55 214 |
| 12 415 | 4 527 | 6 989 | 4 287 | 2 702 | 2 581 | 1 369 | 1 212 |
| 8 466 | 3 494 | 7 193 | 4 401 | 2 792 | 4 283 | 2 378 | 1 905 |
| 48 251 | 16 872 | 50 772 | 33 849 | 16 923 | 55 847 | 36 072 | 19 775 |
| 3 539 | 1 357 | 6 562 | 4 830 | 1 732 | 19 793 | 13 187 | 6 606 |
| 1 908 | 349 | 1 778 | 1 377 | 401 | 1 800 | 1 367 | 433 |
| 1 828 | 490 | 2 885 | 2 077 | 808 | 5 159 | 3 684 | 1 475 |
| 4 529 | 1 543 | 7 111 | 4 867 | 2 244 | 7 282 | 4 704 | 2 578 |
| 805 | 178 | 650 | 500 | 150 | 725 | 587 | 138 |
| 5 018 | 2 156 | 6 017 | 3 841 | 2 176 | 5 789 | 3 468 | 2 321 |
| 8 301 | 3 260 | 5 771 | 3 307 | 2 464 | 2 521 | 1 288 | 1 233 |
| 22 323 | 7 539 | 19 998 | 13 050 | 6 948 | 12 778 | 7 787 | 4 991 |
| **33 994** | **14 992** | **201 073** | **129 777** | **71 296** | **315 789** | **180 258** | **135 531** |
| 31 158 | 14 011 | 186 369 | 119 314 | 67 055 | 295 603 | 166 797 | 128 806 |
| 31 158 | 14 011 | 186 369 | 119 314 | 67 055 | 295 603 | 166 797 | 128 806 |
| 2 836 | 981 | 14 704 | 10 463 | 4 241 | 20 186 | 13 461 | 6 725 |
| 2 836 | 981 | 14 704 | 10 463 | 4 241 | 20 186 | 13 461 | 6 725 |
| **500 508** | **111 044** | **1 610 388** | **1 260 173** | **350 215** | **2 029 274** | **1 548 000** | **481 274** |
| 367 853 | 80 245 | 1 215 320 | 958 422 | 256 898 | 1 625 884 | 1 261 156 | 364 728 |
| 367 853 | 80 245 | 1 215 320 | 958 422 | 256 898 | 1 625 884 | 1 261 156 | 364 728 |
| 45 752 | 6 284 | 162 492 | 140 834 | 21 658 | 139 835 | 119 076 | 20 759 |
| 45 752 | 6 284 | 162 492 | 140 834 | 21 658 | 139 835 | 119 076 | 20 759 |
| 19 916 | 7 374 | 61 274 | 37 520 | 23 754 | 70 018 | 37 722 | 32 296 |
| 19 916 | 7 374 | 61 274 | 37 520 | 23 754 | 70 018 | 37 722 | 32 296 |
| 66 987 | 17 141 | 171 302 | 123 397 | 47 905 | 193 537 | 130 046 | 63 491 |
| 66 987 | 17 141 | 171 302 | 123 397 | 47 905 | 193 537 | 130 046 | 63 491 |
| **1 445** | **404** | **3 665** | **2 405** | **1 260** | **5 125** | **2 930** | **2 195** |
| 1 445 | 404 | 3 665 | 2 405 | 1 260 | 5 125 | 2 930 | 2 195 |
| 1 445 | 404 | 3 665 | 2 405 | 1 260 | 5 125 | 2 930 | 2 195 |

2—6 续表 11

| 行业 | 高 | 中 | | |
|---|---|---|---|---|
| | 合计 | 男 | 女 | 小计 |
| **总计** | **58 241 590** | **36 633 801** | **21 607 789** | **209 138 649** |
| **一、农、林、牧、渔、水利业** | **20 083 533** | **14 343 433** | **5 740 100** | **131 644 591** |
| 农业 | 19 241 084 | 13 723 848 | 5 517 236 | 128 786 908 |
| 种植业 | 19 222 810 | 13 710 553 | 5 512 257 | 128 704 605 |
| 其他农业 | 18 274 | 13 295 | 4 979 | 82 303 |
| 林业 | 223 844 | 152 430 | 71 414 | 711 343 |
| 林业 | 223 844 | 152 430 | 71 414 | 711 343 |
| 畜牧业 | 146 398 | 89 331 | 57 067 | 680 112 |
| 牲畜饲养放牧业 | 85 455 | 50 845 | 34 610 | 437 695 |
| 家禽饲养业 | 42 801 | 26 236 | 16 565 | 157 405 |
| 其他畜牧业 | 18 142 | 12 250 | 5 892 | 85 012 |
| 渔业 | 137 828 | 115 464 | 22 364 | 693 170 |
| 海水渔业 | 66 242 | 59 378 | 6 864 | 381 952 |
| 淡水渔业 | 71 586 | 56 086 | 15 500 | 311 218 |
| 水利业 | 119 047 | 93 734 | 25 313 | 263 790 |
| 水利业 | 119 047 | 93 734 | 25 313 | 263 790 |
| 农、林、牧、渔、水利服务业 | 215 332 | 168 626 | 46 706 | 509 268 |
| 农业服务业 | 111 798 | 85 807 | 25 991 | 244 221 |
| 林业服务业 | 18 388 | 14 776 | 3 612 | 32 004 |
| 畜牧服务业 | 65 345 | 52 628 | 12 717 | 184 933 |
| 渔业服务业 | 3 906 | 2 532 | 1 374 | 13 830 |
| 其他农、林、牧、渔、水利服务业 | 15 895 | 12 883 | 3 012 | 34 280 |
| **二、工业** | **17 180 156** | **9 485 796** | **7 694 360** | **41 896 624** |
| 煤炭采选业 | 778 441 | 573 558 | 204 883 | 2 673 636 |
| 煤炭开采业 | 751 204 | 559 696 | 191 508 | 2 594 048 |
| 煤炭洗选业 | 27 237 | 13 862 | 13 375 | 79 588 |
| 石油和天然气开采业 | 124 463 | 76 342 | 48 121 | 257 658 |
| 天然原油开采业 | 112 548 | 68 918 | 43 630 | 232 138 |
| 天然气开采业 | 10 408 | 6 355 | 4 053 | 23 101 |
| 油页岩开采业 | 1 507 | 1 069 | 438 | 2 419 |
| 黑色金属矿采选业 | 74 845 | 51 099 | 23 746 | 208 567 |
| 铁矿采选业 | 69 320 | 47 396 | 21 924 | 194 455 |
| 锰矿采选业 | 5 371 | 3 600 | 1 771 | 13 590 |
| 铬矿采选业 | 154 | 103 | 51 | 522 |

单位：人

| 初中 | | 小学 | | | 文盲、半文盲 | | |
|---|---|---|---|---|---|---|---|
| 男 | 女 | 小计 | 男 | 女 | 小计 | 男 | 女 |
| **131 356 343** | **77 782 306** | **244 833 796** | **131 664 260** | **113 169 536** | **109 486 460** | **39 846 501** | **69 639 959** |
| **84 075 188** | **47 569 403** | **210 894 113** | **109 908 423** | **100 985 690** | **104 031 067** | **37 054 772** | **66 976 295** |
| 81 973 170 | 46 813 738 | 207 436 635 | 107 538 369 | 99 898 266 | 102 221 435 | 36 129 334 | 66 092 101 |
| 81 914 305 | 46 790 300 | 207 369 327 | 107 492 996 | 99 876 331 | 102 208 426 | 36 121 827 | 66 086 599 |
| 58 865 | 23 438 | 67 308 | 45 373 | 21 935 | 13 009 | 7 507 | 5 502 |
| 475 435 | 235 908 | 678 445 | 428 019 | 250 426 | 243 159 | 121 056 | 122 103 |
| 475 435 | 235 908 | 678 445 | 428 019 | 250 426 | 243 159 | 121 056 | 122 103 |
| 402 513 | 277 599 | 1 247 345 | 677 836 | 569 509 | 1 096 225 | 511 488 | 584 737 |
| 258 361 | 179 334 | 995 019 | 540 109 | 454 910 | 1 004 067 | 475 878 | 528 189 |
| 91 562 | 65 843 | 150 633 | 93 684 | 56 949 | 49 496 | 28 084 | 21 412 |
| 52 590 | 32 422 | 101 693 | 44 043 | 57 650 | 42 662 | 7 526 | 35 136 |
| 590 891 | 102 279 | 1 123 055 | 924 509 | 198 546 | 407 571 | 251 989 | 155 582 |
| 350 022 | 31 930 | 621 503 | 569 076 | 52 427 | 153 864 | 118 430 | 35 434 |
| 240 869 | 70 349 | 501 552 | 355 433 | 146 119 | 253 707 | 133 559 | 120 148 |
| 219 556 | 44 234 | 133 409 | 118 291 | 15 118 | 19 812 | 16 078 | 3 734 |
| 219 556 | 44 234 | 133 409 | 118 291 | 15 118 | 19 812 | 16 078 | 3 734 |
| 413 623 | 95 645 | 275 224 | 221 399 | 53 825 | 42 865 | 24 827 | 18 038 |
| 195 684 | 48 537 | 120 627 | 99 840 | 20 787 | 18 587 | 12 416 | 6 171 |
| 25 391 | 6 613 | 14 962 | 12 864 | 2 098 | 2 859 | 2 280 | 579 |
| 158 389 | 26 544 | 98 097 | 88 453 | 9 644 | 8 915 | 6 777 | 2 138 |
| 5 851 | 7 979 | 23 510 | 4 971 | 18 539 | 9 488 | 1 314 | 8 174 |
| 28 308 | 5 972 | 18 028 | 15 271 | 2 757 | 3 016 | 2 040 | 976 |
| **23 647 668** | **18 248 956** | **18 815 868** | **10 955 820** | **7 860 048** | **2 791 194** | **1 398 209** | **1 392 985** |
| 2 193 740 | 479 896 | 1 432 910 | 1 286 554 | 146 356 | 299 919 | 254 720 | 45 199 |
| 2 151 390 | 442 658 | 1 412 706 | 1 272 063 | 140 643 | 295 756 | 252 220 | 43 536 |
| 42 350 | 37 238 | 20 204 | 14 491 | 5 713 | 4 163 | 2 500 | 1 663 |
| 174 696 | 82 962 | 75 878 | 55 889 | 19 989 | 9 914 | 4 332 | 5 582 |
| 158 244 | 73 894 | 64 994 | 47 335 | 17 659 | 9 186 | 3 835 | 5 351 |
| 14 532 | 8 569 | 9 002 | 6 865 | 2 137 | 551 | 364 | 187 |
| 1 920 | 499 | 1 882 | 1 689 | 193 | 177 | 133 | 44 |
| 156 967 | 51 600 | 112 376 | 94 764 | 17 612 | 19 521 | 13 399 | 6 122 |
| 146 369 | 48 086 | 100 657 | 85 224 | 15 433 | 18 009 | 12 395 | 5 614 |
| 10 193 | 3 397 | 11 168 | 9 116 | 2 052 | 1 179 | 795 | 384 |
| 405 | 117 | 551 | 424 | 127 | 333 | 209 | 124 |

2—6 续表 12

| 行业 | 高 | | 中 | |
|---|---|---|---|---|
| | 合计 | 男 | 女 | 小计 |
| 有色金属矿采选业 | 164 701 | 110 385 | 54 316 | 368 377 |
| 重有色金属矿采选业 | 87 699 | 54 915 | 32 784 | 187 067 |
| 轻有色金属矿采选业 | 6 426 | 4 586 | 1 840 | 16 214 |
| 贵金属矿采选业 | 33 753 | 25 440 | 8 313 | 86 501 |
| 稀有金属矿采选业 | 36 823 | 25.444 | 11 379 | 78 595 |
| 建筑材料及其他非金属矿采选业 | 124 399 | 92 042 | 32 357 | 476 176 |
| 土砂石开采业 | 74 395 | 58 289 | 16 106 | 326 063 |
| 化学矿采选业 | 24 318 | 15 868 | 8 450 | 70 010 |
| 其他非金属矿采选业 | 25 686 | 17 885 | 7 801 | 80 103 |
| 采盐业 | 32 335 | 21 854 | 10 481 | 116 004 |
| 海盐业 | 18 688 | 14 157 | 4 531 | 75 607 |
| 湖盐业 | 2 096 | 1 185 | 911 | 5 309 |
| 井盐业 | 8 521 | 4 792 | 3 729 | 27 896 |
| 矿盐业 | 3 030 | 1 720 | 1 310 | 7 192 |
| 其他矿采选业 | 264 | 178 | 86 | 788 |
| 其他矿采选业 | 264 | 178 | 86 | 788 |
| 木材及竹材采运业 | 177 424 | 111 836 | 65 588 | 476 752 |
| 木材采运业 | 177 227 | 111 700 | 65 527 | 476 076 |
| 竹材采运业 | 197 | 136 | 61 | 676 |
| 自来水生产和供应业 | 98 847 | 58 699 | 40 148 | 160 545 |
| 自来水生产和供应业 | 98 847 | 58 699 | 40 148 | 160 545 |
| 食品制造业 | 888 161 | 506 731 | 381 430 | 2 128 155 |
| 粮食加工业 | 177 572 | 107 789 | 69 783 | 479 525 |
| 植物油加工业 | 69 237 | 45 740 | 23 497 | 155 680 |
| 糕点、糖果制造业 | 167 676 | 77 611 | 90 065 | 404 392 |
| 制糖业 | 93 816 | 58 096 | 35 720 | 135 264 |
| 屠宰及肉类加工业 | 113 610 | 71 150 | 42 460 | 299 058 |
| 蛋品加工业 | 5 292 | 2 710 | 2 582 | 11 088 |
| 乳品加工业 | 27 173 | 13 998 | 13 175 | 50 716 |
| 水产品加工业 | 24 279 | 15 042 | 9 237 | 75 683 |
| 罐头食品制造业 | 64 995 | 33 138 | 31 857 | 136 574 |
| 加工盐业 | 2 864 | 1 593 | 1 271 | 7 234 |
| 食品添加剂制造业 | 7 456 | 4 263 | 3 193 | 13 812 |
| 调味品制造业 | 58 567 | 31 114 | 27 453 | 127 937 |
| 其他食品制造业 | 75 624 | 44 487 | 31 137 | 231 192 |

单位:人

| 初中 | | 小学 | | | 文盲、半文盲 | | |
|---|---|---|---|---|---|---|---|
| 男 | 女 | 小计 | 男 | 女 | 小计 | 男 | 女 |
| 275 532 | 92 845 | 200 141 | 165 313 | 34 828 | 32 306 | 22 545 | 9 761 |
| 132 664 | 54 403 | 109 016 | 88 367 | 20 649 | 21 413 | 14 675 | 6 738 |
| 12 626 | 3 588 | 9 281 | 7 524 | 1 757 | 989 | 664 | 325 |
| 70 625 | 15 876 | 35 893 | 31 390 | 4 503 | 5 077 | 4 199 | 878 |
| 59 617 | 18 978 | 45 951 | 38 032 | 7 919 | 4 827 | 3 007 | 1 820 |
| | | | | | | | |
| 385 876 | 90 300 | 466 875 | 403 276 | 63 599 | 88 275 | 65 435 | 22 840 |
| 273 313 | 52 750 | 371 820 | 325 759 | 46 061 | 71 696 | 53 477 | 18 219 |
| 52 019 | 17 991 | 47 103 | 38 612 | 8 491 | 7 838 | 5 698 | 2 140 |
| 60 544 | 19 559 | 47 952 | 38 905 | 9 047 | 8 741 | 6 260 | 2 481 |
| | | | | | | | |
| 87 363 | 28 641 | 90 918 | 69 273 | 21 645 | 25 561 | 13 538 | 12 023 |
| 61 627 | 13 980 | 72 078 | 55 755 | 16 323 | 22 595 | 11 676 | 10 919 |
| 3 735 | 1 574 | 2 661 | 1 929 | 732 | 933 | 554 | 379 |
| 17 455 | 10 441 | 11 824 | 8 600 | 3 224 | 1 244 | 835 | 409 |
| 4 546 | 2 646 | 4 355 | 2 989 | 1 366 | 789 | 473 | 316 |
| | | | | | | | |
| 615 | 173 | 376 | 304 | 72 | 74 | 62 | 12 |
| 615 | 173 | 376 | 304 | 72 | 74 | 62 | 12 |
| | | | | | | | |
| 334 525 | 142 227 | 121 663 | 99 716 | 21 947 | 29 703 | 23 527 | 6 176 |
| 333 999 | 142 077 | 120 937 | 99 115 | 21 822 | 29 515 | 23 391 | 6 124 |
| 526 | 150 | 726 | 601 | 125 | 188 | 136 | 52 |
| | | | | | | | |
| 104 211 | 56 334 | 51 489 | 37 216 | 14 273 | 5 467 | 3 351 | 2 116 |
| 104 211 | 56 334 | 51 489 | 37 216 | 14 273 | 5 467 | 3 351 | 2 116 |
| | | | | | | | |
| 1 284 463 | 843 692 | 1 154 793 | 741 969 | 412 824 | 218 188 | 109 888 | 108 300 |
| 314 442 | 165 083 | 323 170 | 227 455 | 95 715 | 66 078 | 34 243 | 31 835 |
| 111 259 | 44 421 | 70 426 | 55 656 | 14 770 | 13 264 | 9 143 | 4 121 |
| 193 103 | 211 289 | 180 777 | 83 120 | 97 657 | 27 269 | 9 214 | 18 055 |
| 89 708 | 45 556 | 52 000 | 35 898 | 16 102 | 4 380 | 2 220 | 2 160 |
| 204 361 | 94 697 | 171 423 | 133 522 | 37 901 | 27 669 | 19 737 | 7 932 |
| 5 894 | 5 194 | 5 290 | 2 428 | 2 862 | 1 395 | 417 | 978 |
| 28 003 | 22 713 | 14 626 | 8 409 | 6 217 | 2 730 | 1 179 | 1 551 |
| 43 863 | 31 820 | 47 772 | 26 096 | 21 676 | 8 259 | 3 161 | 5 098 |
| 67 780 | 68 794 | 54 044 | 25 087 | 28 957 | 6 941 | 2 393 | 4 548 |
| 4 319 | 2 915 | 2 454 | 1 641 | 813 | 400 | 185 | 215 |
| 8 198 | 5 614 | 4 205 | 2 479 | 1 726 | 600 | 270 | 330 |
| 71 516 | 56 421 | 55 536 | 31 367 | 24 169 | 9 639 | 4 206 | 5 433 |
| 142 017 | 89 175 | 173 070 | 108 811 | 64 259 | 49 564 | 23 520 | 26 044 |

2—6 续表 13

| 行业 | 高 | 中 | | |
|---|---|---|---|---|
| | 合计 | 男 | 女 | 小计 |
| 饮料制造业 | 321 485 | 180 376 | 141 109 | 723 593 |
| 饮料酒制造业 | 229 329 | 133 924 | 95 405 | 498 564 |
| 酒精制造业 | 9 144 | 5 279 | 3 865 | 16 450 |
| 无酒精饮料制造业 | 58 940 | 27 539 | 31 401 | 146 771 |
| 制茶业 | 23 051 | 13 088 | 9 963 | 59 754 |
| 其他饮料制造业 | 1 021 | 546 | 475 | 2 054 |
| 烟草加工业 | 90 384 | 44 840 | 45 544 | 156 152 |
| 烟叶复烤业 | 6 081 | 3 553 | 2 528 | 12 024 |
| 卷烟制造业 | 82 808 | 40 447 | 42 361 | 140 654 |
| 其他烟草加工业 | 1 495 | 840 | 655 | 3 474 |
| 饲料工业 | 41 835 | 26 092 | 15 743 | 84 336 |
| 配合及混合饲料制造业 | 37 099 | 22 973 | 14 126 | 71 385 |
| 蛋白饲料制造业 | 1 156 | 854 | 302 | 4 155 |
| 饲料添加剂制造业 | 2 174 | 1 328 | 846 | 5 315 |
| 其他饲料制造业 | 1 406 | 937 | 469 | 3 481 |
| 纺织业 | 2 102 086 | 802 923 | 1 299 163 | 5 445 864 |
| 纤维原料初步加工业 | 57 898 | 35 373 | 22 525 | 154 151 |
| 棉纺织业 | 1 158 037 | 442 491 | 715 546 | 2 831 307 |
| 毛纺织业 | 246 622 | 90 877 | 155 745 | 539 393 |
| 麻纺织业 | 109 662 | 47 203 | 62 459 | 293 473 |
| 丝绢纺织业 | 218 084 | 80 571 | 137 513 | 750 571 |
| 针织品业 | 299 765 | 100 997 | 198 768 | 839 974 |
| 其他纺织业 | 12 018 | 5 411 | 6 607 | 36 995 |
| 缝纫业 | 616 580 | 185 736 | 430 844 | 2 185 473 |
| 服装制造业 | 522 242 | 153 165 | 369 077 | 1 881 048 |
| 制帽业 | 9 562 | 2 769 | 6 793 | 29 546 |
| 制鞋业 | 63 916 | 22 340 | 41 576 | 203 331 |
| 其他缝纫业 | 20 860 | 7 462 | 13 398 | 71 548 |
| 皮革、毛皮及其制品业 | 215 966 | 92 233 | 123 733 | 731 273 |
| 制革业 | 27 861 | 15 677 | 12 184 | 69 476 |
| 皮革制品制造业 | 170 767 | 69 061 | 101 706 | 613 731 |
| 毛皮鞣制及制品业 | 17 338 | 7 495 | 9 843 | 48 066 |
| 木材加工及竹、藤、棕、草制品业 | 211 231 | 119 749 | 91 482 | 585 127 |
| 锯材加工业 | 75 662 | 43 365 | 32 297 | 188 063 |
| 人造板制造业 | 58 314 | 31 326 | 26 988 | 113 072 |
| 木制品业 | 62 562 | 36 918 | 25 644 | 200 846 |
| 竹、藤、棕、草制品业 | 14 693 | 8 140 | 6 553 | 83 146 |

单位:人

| 初中 | | 小学 | | | 文盲、半文盲 | | |
|---|---|---|---|---|---|---|---|
| 男 | 女 | 小计 | 男 | 女 | 小计 | 男 | 女 |
| 415 177 | 308 416 | 294 108 | 173 430 | 120 678 | 46 858 | 21 833 | 25 025 |
| 307 306 | 191 258 | 188 602 | 124 291 | 64 311 | 27 861 | 14 761 | 13 100 |
| 10 267 | 6 183 | 4 531 | 3 165 | 1 366 | 728 | 456 | 272 |
| 63 822 | 82 949 | 57 565 | 24 697 | 32 868 | 8 024 | 2 667 | 5 357 |
| 32 840 | 26 914 | 42 477 | 20 891 | 21 586 | 10 073 | 3 886 | 6 187 |
| 942 | 1 112 | 933 | 386 | 547 | 172 | 63 | 109 |
| | | | | | | | |
| 75 501 | 80 651 | 46 069 | 22 294 | 23 775 | 5 724 | 2 325 | 3 399 |
| 7 313 | 4 711 | 4 787 | 2 750 | 2 037 | 625 | 248 | 377 |
| 66 282 | 74 372 | 38 911 | 18 165 | 20 746 | 4 704 | 1 876 | 2 828 |
| 1 906 | 1 568 | 2 371 | 1 379 | 992 | 395 | 201 | 194 |
| | | | | | | | |
| 55 747 | 28 589 | 35 541 | 24 824 | 10 717 | 5 879 | 3 454 | 2 425 |
| 46 959 | 24 426 | 28 132 | 19 512 | 8 620 | 4 497 | 2 664 | 1 833 |
| 3 211 | 944 | 3 047 | 2 417 | 630 | 650 | 370 | 280 |
| 3 103 | 2 212 | 2 345 | 1 427 | 918 | 395 | 215 | 180 |
| 2 474 | 1 007 | 2 017 | 1 468 | 549 | 337 | 205 | 132 |
| | | | | | | | |
| 1 770 327 | 3 675 537 | 1 895 562 | 537 327 | 1 358 235 | 260 999 | 51 426 | 209 573 |
| 94 145 | 60 006 | 61 358 | 36 589 | 24 769 | 10 439 | 4 527 | 5 912 |
| 945 081 | 1 886 226 | 790 026 | 260 217 | 529 809 | 96 515 | 21 346 | 75 169 |
| 180 220 | 359 173 | 167 588 | 50 284 | 117 304 | 25 673 | 6 127 | 19 546 |
| 110 050 | 183 423 | 78 273 | 28 396 | 49 877 | 10 721 | 2 700 | 8 021 |
| 203 606 | 546 965 | 341 071 | 81 224 | 259 847 | 59 090 | 9 461 | 49 629 |
| 224 408 | 615 566 | 423 631 | 74 762 | 348 869 | 49 984 | 6 462 | 43 522 |
| 12 817 | 24 178 | 33 615 | 5 855 | 27 760 | 8 577 | 803 | 7 774 |
| | | | | | | | |
| 557 345 | 1 628 128 | 1 110 626 | 255 051 | 855 575 | 123 462 | 26 136 | 97 326 |
| 466 433 | 1 414 615 | 967 722 | 217 115 | 750 607 | 102 429 | 21 157 | 81 272 |
| 7 170 | 22 376 | 12 850 | 3 138 | 9 712 | 1 725 | 463 | 1 262 |
| 63 483 | 139 848 | 94 207 | 26 806 | 67 401 | 14 143 | 3 417 | 10 726 |
| 20 259 | 51 289 | 35 847 | 7 992 | 27 855 | 5 165 | 1 099 | 4 066 |
| | | | | | | | |
| 279 784 | 451 489 | 336 021 | 119 133 | 216 888 | 38 241 | 12 909 | 25 332 |
| 40 347 | 29 129 | 28 737 | 16 514 | 12 223 | 4 521 | 2 042 | 2 479 |
| 219 067 | 394 664 | 286 322 | 93 386 | 192 936 | 29 350 | 8 483 | 20 867 |
| 20 370 | 27 696 | 20 962 | 9 233 | 11 729 | 4 370 | 2 384 | 1 986 |
| | | | | | | | |
| 368 038 | 217 089 | 349 211 | 227 812 | 121 399 | 72 275 | 37 052 | 35 223 |
| 124 746 | 63 317 | 69 825 | 56 206 | 13 619 | 11 616 | 8 375 | 3 241 |
| 64 412 | 48 660 | 33 178 | 20 458 | 12 720 | 4 351 | 2 237 | 2 114 |
| 134 495 | 66 351 | 118 527 | 89 018 | 29 509 | 17 800 | 11 840 | 5 960 |
| 44 385 | 38 761 | 127 681 | 62 130 | 65 551 | 38 508 | 14 600 | 23 908 |

2—6 续表 14

| 行业 | 高 | | | 中 |
|---|---|---|---|---|
| | 合计 | 男 | 女 | 小计 |
| 家具制造业 | 204 250 | 157 256 | 46 994 | 839 054 |
| 木制家具制造业 | 171 887 | 138 360 | 33 527 | 731 017 |
| 竹、藤家具制造业 | 6 063 | 4 119 | 1 944 | 34 220 |
| 金属家具制造业 | 21 121 | 11 575 | 9 546 | 57 176 |
| 塑料家具制造业 | 446 | 279 | 167 | 1 310 |
| 其他家具制造业 | 4 733 | 2 923 | 1 810 | 15 331 |
| 造纸及纸制品业 | 351 427 | 193 772 | 157 655 | 914 048 |
| 纸浆制造业 | 3 505 | 2 117 | 1 388 | 7 499 |
| 造纸业 | 256 047 | 151 242 | 104 805 | 603 944 |
| 纸制品业 | 91 875 | 40 413 | 51 462 | 302 605 |
| 印刷业 | 357 929 | 154 914 | 203 015 | 697 462 |
| 印刷业 | 357 929 | 154 914 | 203 015 | 697 462 |
| 文教体育用品制造业 | 113 793 | 51 245 | 62 548 | 383 090 |
| 文化用品制造业 | 45 075 | 19 671 | 25 404 | 109 249 |
| 音像产品制造业 | 4 606 | 2 184 | 2 422 | 5 068 |
| 体育用品制造业 | 8 887 | 4 245 | 4 642 | 25 173 |
| 乐器及其他文娱用品制造业 | 10 551 | 5 158 | 5 393 | 22 050 |
| 玩具制造业 | 41 986 | 18 601 | 23 385 | 215 804 |
| 游艺器材制造业 | 558 | 296 | 262 | 1 410 |
| 其他文教体育用品制造业 | 2 130 | 1 090 | 1 040 | 4 336 |
| 工艺美术品制造业 | 229 415 | 90 254 | 139 161 | 906 281 |
| 雕塑工艺品制造业 | 24 721 | 13 061 | 11 660 | 73 960 |
| 金属工艺品制造业 | 10 782 | 4 850 | 5 932 | 32 012 |
| 漆器工艺品制造业 | 4 185 | 2 204 | 1 981 | 11 784 |
| 花画工艺品制造业 | 17 234 | 7 845 | 9 389 | 71 661 |
| 竹、藤、棕、草工艺品制造业 | 11 100 | 5 004 | 6 096 | 46 889 |
| 抽纱刺绣工艺品制造业 | 54 440 | 12 503 | 41 937 | 235 514 |
| 地毯制造业 | 50 102 | 16 897 | 33 205 | 229 967 |
| 首饰制造业 | 13 234 | 6 362 | 6 872 | 38 502 |
| 其他工艺美术品制造业 | 43 617 | 21 528 | 22 089 | 165 992 |
| 电力、蒸汽、热水生产和供应业 | 580 202 | 400 477 | 179 725 | 835 590 |
| 电力生产业 | 308 563 | 205 516 | 103 047 | 422 477 |
| 电力供应业 | 253 401 | 183 347 | 70 054 | 385 611 |
| 蒸汽、热水生产和供应业 | 18 238 | 11 614 | 6 624 | 27 502 |
| 石油加工业 | 108 559 | 64 124 | 44 435 | 162 235 |
| 人造原油生产业 | 2 295 | 1 393 | 902 | 3 219 |
| 原油加工业 | 106 264 | 62 731 | 43 533 | 159 016 |

单位:人

| 初中 | | 小学 | | | 文盲、半文盲 | | |
|---|---|---|---|---|---|---|---|
| 男 | 女 | 小计 | 男 | 女 | 小计 | 男 | 女 |
| 711 462 | 127 592 | 515 431 | 446 806 | 68 625 | 62 681 | 49 741 | 12 940 |
| 643 596 | 87 421 | 439 811 | 399 402 | 40 409 | 49 459 | 42 294 | 7 165 |
| 24 046 | 10 174 | 40 152 | 26 873 | 13 279 | 8 452 | 5 376 | 3 076 |
| 33 429 | 23 747 | 27 191 | 15 619 | 11 572 | 3 620 | 1 590 | 2 030 |
| 701 | 609 | 728 | 393 | 335 | 95 | 37 | 58 |
| 9 690 | 5 641 | 7 549 | 4 519 | 3 030 | 1 055 | 444 | 611 |
| | | | | | | | |
| 502 275 | 411 773 | 436 456 | 221 690 | 214 766 | 76 209 | 28 775 | 47 434 |
| 4 734 | 2 765 | 3 157 | 2 055 | 1 102 | 628 | 299 | 329 |
| 375 550 | 228 394 | 254 455 | 161 328 | 93 127 | 40 043 | 20 161 | 19 882 |
| 121 991 | 180 614 | 178 844 | 58 307 | 120 537 | 35 538 | 8 315 | 27 223 |
| | | | | | | | |
| 291 086 | 406 376 | 220 210 | 84 096 | 136 114 | 22 013 | 5 843 | 16 170 |
| 291 086 | 406 376 | 220 210 | 84 096 | 136 114 | 22 013 | 5 843 | 16 170 |
| | | | | | | | |
| 128 213 | 254 877 | 183 385 | 46 557 | 136 828 | 19 376 | 4 275 | 15 101 |
| 45 126 | 64 123 | 49 410 | 17 746 | 31 664 | 7 201 | 1 848 | 5 353 |
| 2 208 | 2 860 | 1 076 | 486 | 590 | 59 | 23 | 36 |
| 11 021 | 14 152 | 12 052 | 4 741 | 7 311 | 1 611 | 521 | 1 090 |
| 10 526 | 11 524 | 7 767 | 3 654 | 4 113 | 837 | 340 | 497 |
| 56 942 | 158 862 | 111 478 | 19 299 | 92 179 | 9 545 | 1 506 | 8 039 |
| 748 | 662 | 452 | 252 | 200 | 47 | 18 | 29 |
| 1 642 | 2 694 | 1 150 | 379 | 771 | 76 | 19 | 57 |
| | | | | | | | |
| 253 452 | 652 829 | 799 921 | 127 699 | 672 222 | 104 586 | 11 809 | 92 777 |
| 39 196 | 34 764 | 39 084 | 21 811 | 17 273 | 3 751 | 1 267 | 2 484 |
| 13 790 | 18 222 | 13 882 | 5 734 | 8 148 | 1 757 | 730 | 1 027 |
| 6 618 | 5 166 | 6 043 | 3 189 | 2 854 | 582 | 227 | 355 |
| 22 871 | 48 790 | 36 443 | 8 024 | 28 419 | 3 040 | 728 | 2 312 |
| 16 911 | 29 978 | 58 165 | 14 107 | 44 058 | 25 488 | 1 720 | 23 768 |
| 27 507 | 208 007 | 352 386 | 10 483 | 341 903 | 41 164 | 779 | 40 385 |
| 46 568 | 183 399 | 121 716 | 16 944 | 104 772 | 11 157 | 1 895 | 9 262 |
| 16 818 | 21 684 | 17 191 | 7 030 | 10 161 | 1 431 | 712 | 719 |
| 63 173 | 102 819 | 155 011 | 40 377 | 114 634 | 16 216 | 3 751 | 12 465 |
| | | | | | | | |
| 618 670 | 216 920 | 247 986 | 199 227 | 48 759 | 20 264 | 12 974 | 7 290 |
| 300 923 | 121 554 | 129 405 | 100 589 | 28 816 | 12 472 | 7 802 | 4 670 |
| 299 126 | 86 485 | 113 515 | 94 899 | 18 616 | 7 206 | 4 821 | 2 385 |
| 18 621 | 8 881 | 5 066 | 3 739 | 1 327 | 586 | 351 | 235 |
| | | | | | | | |
| 100 626 | 61 609 | 41 671 | 28 521 | 13 150 | 5 554 | 2 756 | 2 798 |
| 2 074 | 1 145 | 1 077 | 762 | 315 | 113 | 44 | 69 |
| 98 552 | 60 464 | 40 594 | 27 759 | 12 835 | 5 441 | 2 712 | 2 729 |

2—6 续表 15

| 行业 | 高中 合计 | 男 | 女 | 小计 |
|---|---|---|---|---|
| 炼焦、煤气及煤制品业 | 98 082 | 64 101 | 33 981 | 204 016 |
| 炼焦业 | 35 971 | 24 936 | 11 035 | 92 149 |
| 煤气生产和供应业 | 46 402 | 30 135 | 16 267 | 66 849 |
| 煤制品业 | 15 709 | 9 030 | 6 679 | 45 018 |
| 化学工业 | 1 041 243 | 621 185 | 420 058 | 2 080 355 |
| 基本化学原料制造业 | 244 154 | 144 989 | 99 165 | 496 366 |
| 化学肥料制造业 | 303 134 | 197 504 | 105 630 | 625 357 |
| 化学农药制造业 | 35 445 | 21 414 | 14 031 | 71 097 |
| 有机化学产品制造业 | 236 808 | 137 653 | 99 155 | 449 292 |
| 合成材料制造业 | 43 400 | 24 992 | 18 408 | 72 890 |
| 林产化学产品制造业 | 10 379 | 6 553 | 3 826 | 19 707 |
| 炸药及火工产品制造业 | 58 095 | 32 776 | 25 319 | 120 922 |
| 日用化学产品制造业 | 109 828 | 55 304 | 54 524 | 224 724 |
| 医药工业 | 258 911 | 116 983 | 141 928 | 397 145 |
| 化学药品原药制造业 | 72 830 | 36 275 | 36 555 | 105 260 |
| 化学药品制剂制造业 | 94 226 | 40 829 | 53 397 | 139 850 |
| 中药材及中成药加工业 | 70 737 | 29 628 | 41 109 | 117 290 |
| 畜用药品制造业 | 9 347 | 4 387 | 4 960 | 18 973 |
| 生物制品业 | 11 771 | 5 864 | 5 907 | 15 772 |
| 化学纤维工业 | 122 622 | 64 793 | 57 829 | 178 969 |
| 人造纤维(纤维素纤维)制造业 | 29 974 | 16 966 | 13 008 | 44 410 |
| 合成纤维制造业 | 92 648 | 47 827 | 44 821 | 134 559 |
| 橡胶制品业 | 207 944 | 102 781 | 105 163 | 489 957 |
| 轮胎制造业 | 44 368 | 25 708 | 18 660 | 79 068 |
| 力车胎制造业 | 14 039 | 6 997 | 7 042 | 28 436 |
| 橡胶板、管、带制品业 | 35 799 | 18 504 | 17 295 | 80 642 |
| 橡胶零件制造业 | 16 801 | 8 023 | 8 778 | 45 081 |
| 再生橡胶制造业 | 5 989 | 3 327 | 2 662 | 15 805 |
| 橡胶靴鞋制造业 | 58 995 | 24 156 | 34 839 | 156 646 |
| 日用橡胶制品业 | 14 754 | 6 913 | 7 841 | 37 186 |
| 橡胶制品修理业 | 7 756 | 4 449 | 3 307 | 22 211 |
| 其他橡胶制品业 | 9 443 | 4 704 | 4 739 | 24 882 |
| 塑料制品业 | 297 911 | 145 814 | 152 097 | 837 527 |
| 塑料薄膜制造业 | 44 601 | 21 987 | 22 614 | 98 349 |
| 塑料板、管、棒材制造业 | 32 000 | 16 269 | 15 731 | 78 073 |
| 塑料丝、绳及编织品制造业 | 63 900 | 26 721 | 37 179 | 202 668 |
| 人造革、合成革制造业 | 10 537 | 5 642 | 4 895 | 21 818 |
| 泡沫塑料制造业 | 19 546 | 10 583 | 8 963 | 45 425 |
| 塑料零件制造业 | 15 946 | 9 132 | 6 814 | 57 304 |
| 塑料包装箱及容器制造业 | 21 667 | 10 275 | 11 392 | 56 506 |
| 塑料鞋制造业 | 20 028 | 9 786 | 10 242 | 60 459 |
| 日用塑料杂品制造业 | 32 760 | 16 669 | 16 091 | 99 113 |
| 其他塑料制品业 | 36 926 | 18 750 | 18 176 | 117 812 |

单位:人

| 初中 | | 小学 | | | 文盲、半文盲 | | |
|---|---|---|---|---|---|---|---|
| 男 | 女 | 小计 | 男 | 女 | 小计 | 男 | 女 |
| 143 186 | 60 830 | 75 776 | 56 455 | 19 321 | 13 650 | 8 151 | 5 499 |
| 70 241 | 21 908 | 34 564 | 29 329 | 5 235 | 4 940 | 3 890 | 1 050 |
| 44 576 | 22 273 | 12 731 | 8 899 | 3 832 | 1 516 | 947 | 569 |
| 28 369 | 16 649 | 28 481 | 18 227 | 10 254 | 7 194 | 3 314 | 3 880 |
| | | | | | | | |
| 1 315 971 | 764 384 | 781 861 | 511 687 | 270 174 | 107 169 | 52 837 | 54 332 |
| 321 810 | 174 556 | 184 596 | 126 933 | 57 663 | 27 847 | 15 187 | 12 660 |
| 435 935 | 189 422 | 239 390 | 173 840 | 65 550 | 30 300 | 16 346 | 13 954 |
| 45 061 | 26 036 | 27 172 | 17 284 | 9 888 | 3 191 | 1 430 | 1 761 |
| 269 922 | 179 370 | 161 616 | 97 251 | 64 365 | 23 467 | 10 508 | 12 959 |
| 43 291 | 29 599 | 24 690 | 14 423 | 10 267 | 3 614 | 1 409 | 2 205 |
| 13 022 | 6 685 | 11 390 | 8 031 | 3 359 | 1 663 | 890 | 773 |
| 74 717 | 46 205 | 46 025 | 32 127 | 13 898 | 4 231 | 2 214 | 2 017 |
| 112 213 | 112 511 | 86 982 | 41 798 | 45 184 | 12 856 | 4 853 | 8 003 |
| | | | | | | | |
| 183 737 | 213 408 | 114 325 | 50 455 | 63 870 | 13 663 | 4 564 | 9 099 |
| 56 642 | 48 618 | 29 228 | 16 091 | 13 137 | 3 182 | 1 413 | 1 769 |
| 62 063 | 77 787 | 35 544 | 14 930 | 20 614 | 3 826 | 1 279 | 2 547 |
| 49 112 | 68 178 | 38 122 | 14 483 | 23 639 | 5 126 | 1 399 | 3 727 |
| 7 948 | 11 025 | 6 807 | 2 591 | 4 216 | 876 | 243 | 633 |
| 7 972 | 7 800 | 4 624 | 2 360 | 2 264 | 653 | 230 | 423 |
| | | | | | | | |
| 95 136 | 83 833 | 43 502 | 23 217 | 20 285 | 5 054 | 1 963 | 3 091 |
| 26 240 | 18 170 | 10 580 | 6 314 | 4 266 | 909 | 445 | 464 |
| 68 896 | 65 663 | 32 922 | 16 903 | 16 019 | 4 145 | 1 518 | 2 627 |
| | | | | | | | |
| 245 139 | 244 818 | 176 075 | 82 272 | 93 803 | 24 690 | 7 986 | 16 704 |
| 50 225 | 28 843 | 19 163 | 11 931 | 7 232 | 2 205 | 996 | 1 209 |
| 15 244 | 13 192 | 8 078 | 4 010 | 4 068 | 999 | 385 | 614 |
| 43 542 | 37 100 | 27 982 | 14 495 | 13 487 | 3 916 | 1 198 | 2 718 |
| 21 545 | 23 536 | 19 872 | 8 477 | 11 395 | 3 368 | 1 001 | 2 367 |
| 9 008 | 6 797 | 7 547 | 4 030 | 3 517 | 1 207 | 427 | 780 |
| 62 128 | 94 518 | 55 262 | 20 769 | 34 493 | 7 048 | 1 696 | 5 352 |
| 16 509 | 20 677 | 16 177 | 6 204 | 9 973 | 2 560 | 737 | 1 823 |
| 14 259 | 7 952 | 10 800 | 7 186 | 3 614 | 1 645 | 913 | 732 |
| 12 679 | 12 203 | 11 194 | 5 170 | 6 024 | 1 742 | 633 | 1 109 |
| | | | | | | | |
| 367 175 | 470 352 | 438 703 | 158 309 | 280 394 | 67 112 | 14 784 | 52 328 |
| 46 883 | 51 466 | 35 740 | 15 116 | 20 624 | 4 235 | 1 240 | 2 995 |
| 38 383 | 39 690 | 30 868 | 14 010 | 16 858 | 4 003 | 1 241 | 2 762 |
| 69 645 | 133 023 | 111 816 | 29 980 | 81 836 | 21 029 | 3 273 | 17 756 |
| 11 277 | 10 541 | 8 824 | 3 950 | 4 874 | 1 481 | 416 | 1 065 |
| 23 620 | 21 805 | 18 980 | 8 607 | 10 373 | 2 737 | 838 | 1 899 |
| 27 153 | 30 151 | 41 088 | 14 840 | 26 248 | 5 506 | 1 196 | 4 310 |
| 24 832 | 31 674 | 27 414 | 10 596 | 16 818 | 3 868 | 980 | 2 888 |
| 27 306 | 33 153 | 36 765 | 13 949 | 22 816 | 5 120 | 1 159 | 3 961 |
| 43 870 | 55 243 | 57 619 | 20 706 | 36 913 | 8 214 | 1 791 | 6 423 |
| 54 206 | 63 606 | 69 589 | 26 555 | 43 034 | 10 919 | 2 650 | 8 269 |

2—6 续表16

| 行业 | 高中 | | | |
| --- | --- | --- | --- | --- |
| | 合计 | 男 | 女 | 小计 |
| 建筑材料及其他非金属矿物制品业 | 1 143 353 | 726 491 | 416 862 | 3 458 683 |
| 水泥制造业 | 316 535 | 208 689 | 107 846 | 785 514 |
| 水泥制品和石棉水泥制品业 | 109 268 | 69 909 | 39 359 | 327 020 |
| 砖瓦、石灰和轻质建筑材料制造业 | 280 244 | 199 506 | 80 738 | 1 165 123 |
| 玻璃及玻璃制品业 | 164 060 | 90 906 | 73 154 | 388 085 |
| 陶瓷制品业 | 136 219 | 77 260 | 58 959 | 416 244 |
| 耐火材料制品业 | 48 875 | 30 446 | 18 429 | 150 522 |
| 石墨及碳素制品业 | 23 000 | 14 426 | 8 574 | 50 504 |
| 石棉制品业 | 10 081 | 5 534 | 4 547 | 26 568 |
| 云母制品业 | 1 584 | 754 | 830 | 4 698 |
| 矿物纤维及其制品业 | 21 944 | 10 670 | 11 274 | 66 072 |
| 磨具、磨料制造业 | 24 111 | 13 652 | 10 459 | 57 087 |
| 其他类未包括的非金属矿物制品业 | 7 432 | 4 739 | 2 693 | 21 246 |
| 黑色金属冶炼及压延加工业 | 540 719 | 356 320 | 184 399 | 1 162 574 |
| 炼铁业 | 69 960 | 48 103 | 21 857 | 194 669 |
| 炼钢业 | 255 171 | 168 628 | 86 543 | 490 157 |
| 钢压延加工业 | 164 019 | 106 402 | 57 617 | 375 012 |
| 铁合金冶炼业 | 51 569 | 33 187 | 18 382 | 102 736 |
| 有色金属冶炼及压延加工业 | 190 013 | 116 855 | 73 158 | 340 383 |
| 重有色金属冶炼业 | 61 176 | 37 585 | 23 591 | 109 234 |
| 轻有色金属冶炼业 | 38 401 | 25 070 | 13 331 | 69 442 |
| 贵金属冶炼业 | 3 699 | 2 616 | 1 083 | 8 078 |
| 稀有金属冶炼业 | 14 497 | 8 692 | 5 805 | 23 559 |
| 有色金属合金业 | 9 785 | 5 401 | 4 384 | 14 691 |
| 有色金属压延加工业 | 62 455 | 37 491 | 24 964 | 115 379 |
| 金属制品业 | 618 047 | 360 216 | 257 831 | 1 777 363 |
| 金属结构制造业 | 37 847 | 22 421 | 15 426 | 84 065 |
| 铸铁管制造业 | 14 600 | 10 068 | 4 532 | 49 481 |
| 工具制造业 | 104 445 | 60 156 | 44 289 | 258 383 |
| 集装箱和金属包装物品制造业 | 39 322 | 21 993 | 17 329 | 97 050 |
| 金属丝绳及其制品业 | 62 953 | 36 645 | 26 308 | 179 545 |
| 建筑用金属制品业 | 94 486 | 56 841 | 37 645 | 289 780 |
| 农业用金属制品业 | 33 668 | 25 478 | 8 190 | 143 023 |
| 金属表面处理及热处理业 | 38 247 | 22 934 | 15 313 | 137 012 |
| 日用金属制品业 | 159 130 | 84 705 | 74 425 | 445 047 |
| 其他金属制品业 | 33 349 | 18 975 | 14 374 | 93 977 |

单位:人

| 初中 |  | 小学 |  |  | 文盲、半文盲 |  |  |
|---|---|---|---|---|---|---|---|
| 男 | 女 | 小计 | 男 | 女 | 小计 | 男 | 女 |
| 2 336 308 | 1 122 375 | 2 246 005 | 1 604 279 | 641 726 | 413 965 | 250 282 | 163 683 |
| 556 956 | 228 558 | 393 284 | 296 335 | 96 949 | 61 605 | 37 846 | 23 759 |
| 229 450 | 97 570 | 204 128 | 152 148 | 51 980 | 39 557 | 23 567 | 15 990 |
| 867 517 | 297 606 | 1 099 270 | 839 719 | 259 551 | 236 085 | 153 865 | 82 220 |
| 214 798 | 173 287 | 144 936 | 75 773 | 69 163 | 17 106 | 6 835 | 10 271 |
| 239 683 | 176 561 | 227 867 | 133 428 | 94 439 | 32 836 | 15 607 | 17 229 |
| 100 411 | 50 111 | 76 961 | 54 108 | 22 853 | 11 148 | 6 459 | 4 689 |
| 34 239 | 16 265 | 18 419 | 12 789 | 5 630 | 2 853 | 1 570 | 1 283 |
| 14 824 | 11 744 | 12 408 | 6 004 | 6 404 | 2 210 | 746 | 1 464 |
| 1 866 | 2 832 | 2 962 | 843 | 2 119 | 425 | 84 | 341 |
| 28 389 | 37 683 | 30 517 | 11 914 | 18 603 | 4 496 | 1 249 | 3 247 |
| 33 818 | 23 269 | 23 472 | 13 110 | 10 362 | 3 931 | 1 510 | 2 421 |
| 14 357 | 6 889 | 11 781 | 8 108 | 3 673 | 1 713 | 944 | 769 |
|  |  |  |  |  |  |  |  |
| 829 887 | 332 687 | 415 049 | 321 823 | 93 226 | 49 752 | 31 896 | 17 856 |
| 147 332 | 47 337 | 88 717 | 73 218 | 15 499 | 12 094 | 8 824 | 3 270 |
| 350 081 | 140 076 | 162 361 | 125 959 | 36 402 | 18 030 | 11 317 | 6 713 |
| 259 111 | 115 901 | 124 868 | 93 424 | 31 444 | 14 452 | 8 715 | 5 737 |
| 73 363 | 29 373 | 39 103 | 29 222 | 9 881 | 5 176 | 3 040 | 2 136 |
|  |  |  |  |  |  |  |  |
| 229 874 | 110 509 | 127 856 | 92 046 | 35 810 | 17 198 | 9 496 | 7 702 |
| 75 366 | 33 868 | 44 511 | 33 593 | 10 918 | 6 489 | 3 980 | 2 509 |
| 50 107 | 19 335 | 23 232 | 17 569 | 5 663 | 3 504 | 2 102 | 1 402 |
| 5 963 | 2 115 | 2 399 | 1 851 | 548 | 434 | 302 | 132 |
| 15 466 | 8 093 | 8 313 | 6 135 | 2 178 | 1 024 | 521 | 503 |
| 8 902 | 5 789 | 4 792 | 3 304 | 1 488 | 425 | 232 | 193 |
| 74 070 | 41 309 | 44 609 | 29 594 | 15 015 | 5 322 | 2 359 | 2 963 |
|  |  |  |  |  |  |  |  |
| 1 092 810 | 684 553 | 900 699 | 559 805 | 340 894 | 135 329 | 72 023 | 63 306 |
| 54 378 | 29 687 | 29 916 | 20 064 | 9 852 | 3 210 | 1 582 | 1 628 |
| 36 328 | 13 153 | 25 420 | 19 774 | 5 646 | 4 232 | 3 031 | 1 201 |
| 158 182 | 100 201 | 98 985 | 61 306 | 37 679 | 11 471 | 5 977 | 5 494 |
| 56 778 | 40 272 | 39 975 | 21 976 | 17 999 | 5 769 | 2 348 | 3 421 |
| 109 509 | 70 036 | 82 678 | 48 692 | 33 986 | 12 299 | 5 424 | 6 875 |
| 186 745 | 103 035 | 131 070 | 83 124 | 47 946 | 16 260 | 7 952 | 8 308 |
| 117 134 | 25 889 | 136 869 | 122 747 | 14 122 | 29 053 | 25 834 | 3 219 |
| 80 387 | 56 625 | 97 119 | 48 521 | 48 598 | 16 986 | 5 345 | 11 641 |
| 238 564 | 206 483 | 213 900 | 109 198 | 104 702 | 29 362 | 12 119 | 17 243 |
| 54 805 | 39 172 | 44 767 | 24 403 | 20 364 | 6 687 | 2 411 | 4 276 |

2—6 续表 17

| 行业 | 高 | 中 | | |
|---|---|---|---|---|
| | 合计 | 男 | 女 | 小计 |
| 机械工业 | 2 297 494 | 1 368 619 | 928 875 | 4 922 879 |
| 锅炉及原动机制造业 | 213 634 | 127 981 | 85 653 | 407 565 |
| 金属加工机械制造业 | 173 846 | 105 504 | 68 342 | 342 815 |
| 通用设备制造业 | 233 668 | 141 277 | 92 391 | 490 017 |
| 通用零部件制造业 | 303 139 | 175 363 | 127 776 | 744 599 |
| 铸锻毛坯制造业 | 100 093 | 64 811 | 35 282 | 317 370 |
| 工业专用设备制造业 | 489 410 | 302 874 | 186 536 | 1 006 470 |
| 农、林、牧、渔业机械制造业 | 170 358 | 107 013 | 63 345 | 396 686 |
| 建筑机械制造业 | 58 351 | 34 824 | 23 527 | 111 743 |
| 地质专用设备制造业 | 7 484 | 4 422 | 3 062 | 14 659 |
| 医疗器械制造业 | 33 644 | 16 683 | 16 961 | 70 542 |
| 文化、办公用机械制造业 | 11 001 | 5 886 | 5 115 | 17 846 |
| 日用机械制造业 | 203 704 | 100 269 | 103 435 | 371 188 |
| 其他专用设备制造业 | 50 848 | 29 604 | 21 244 | 118 079 |
| 机械设备修理业 | 115 401 | 75 922 | 39 479 | 288 348 |
| 其他机械制造业 | 132 913 | 76 186 | 56 727 | 224 952 |
| 交通运输设备制造业 | 903 890 | 554 367 | 349 523 | 1 711 806 |
| 铁路运输设备制造业 | 86 071 | 51 733 | 34 338 | 128 232 |
| 汽车制造业 | 338 442 | 194 993 | 143 449 | 633 869 |
| 摩托车制造业 | 35 372 | 17 518 | 17 854 | 54 793 |
| 电车制造业 | 519 | 306 | 213 | 1 035 |
| 船舶制造业 | 66 641 | 44 110 | 22 531 | 147 590 |
| 飞机制造业 | 98 567 | 57 934 | 40 633 | 107 750 |
| 交通运输设备修理业 | 261 829 | 177 699 | 84 130 | 601 512 |
| 其他交通运输设备制造业 | 16 449 | 10 074 | 6 375 | 37 025 |
| 电气机械及器材制造业 | 699 894 | 366 145 | 333 749 | 1 503 761 |
| 电机制造业 | 127 040 | 71 125 | 55 915 | 246 737 |
| 输配电及控制设备制造业 | 186 336 | 94 938 | 91 398 | 387 221 |
| 电工器材制造业 | 146 011 | 76 483 | 69 528 | 315 601 |
| 日用电器制造业 | 126 250 | 66 619 | 59 631 | 268 036 |
| 照明器具制造业 | 78 445 | 36 349 | 42 096 | 211 967 |
| 电气机械修理业 | 17 720 | 10 788 | 6 932 | 37 432 |
| 其他电气机械制造业 | 18 092 | 9 843 | 8 249 | 36 767 |
| 电子及通信设备制造业 | 473 129 | 215 475 | 257 654 | 765 718 |
| 通信设备制造业 | 51 802 | 25 697 | 26 105 | 84 072 |
| 雷达制造业 | 14 181 | 7 672 | 6 509 | 16 908 |
| 广播电视设备制造业 | 10 815 | 5 332 | 5 483 | 19 147 |
| 电子计算机制造业 | 20 230 | 9 194 | 11 036 | 26 309 |
| 电子器件制造业 | 95 089 | 43 640 | 51 449 | 136 966 |

单位：人

| 初中 | | 小学 | | | 文盲、半文盲 | | |
|---|---|---|---|---|---|---|---|
| 男 | 女 | 小计 | 男 | 女 | 小计 | 男 | 女 |
| 3 155 350 | 1 767 529 | 1 745 817 | 1 166 929 | 578 888 | 179 226 | 92 222 | 87 004 |
| 266 434 | 141 131 | 125 481 | 85 449 | 40 032 | 10 727 | 5 753 | 4 974 |
| 228 878 | 113 937 | 106 191 | 76 449 | 29 742 | 10 514 | 6 562 | 3 952 |
| 316 204 | 173 813 | 157 326 | 106 545 | 50 781 | 14 749 | 7 719 | 7 030 |
| 451 784 | 292 815 | 296 661 | 173 084 | 123 577 | 31 286 | 13 011 | 18 275 |
| 223 112 | 94 258 | 169 562 | 123 203 | 46 359 | 23 864 | 13 703 | 10 161 |
| 658 305 | 348 165 | 331 456 | 226 516 | 104 940 | 31 484 | 15 809 | 15 675 |
| 274 103 | 122 583 | 148 067 | 107 763 | 40 304 | 14 420 | 8 546 | 5 874 |
| 71 802 | 39 941 | 34 758 | 24 246 | 10 512 | 2 855 | 1 617 | 1 238 |
| 9 902 | 4 757 | 4 596 | 3 511 | 1 085 | 253 | 159 | 94 |
| 32 668 | 37 874 | 24 809 | 10 455 | 14 354 | 3 389 | 979 | 2 410 |
| 9 543 | 8 303 | 4 676 | 2 556 | 2 120 | 478 | 144 | 334 |
| 187 512 | 183 676 | 113 840 | 56 533 | 57 307 | 12 704 | 4 616 | 8 088 |
| 72 224 | 45 855 | 40 165 | 24 994 | 15 171 | 4 234 | 1 966 | 2 268 |
| 211 320 | 77 028 | 119 800 | 95 627 | 24 173 | 13 103 | 8 722 | 4 381 |
| 141 559 | 83 393 | 68 429 | 49 998 | 18 431 | 5 166 | 2 916 | 2 250 |
| 1 162 224 | 549 582 | 542 319 | 388 946 | 153 373 | 54 329 | 29 726 | 24 603 |
| 83 951 | 44 281 | 27 564 | 20 670 | 6 894 | 2 113 | 1 329 | 784 |
| 391 402 | 242 467 | 196 839 | 125 095 | 71 744 | 19 885 | 9 832 | 10 053 |
| 31 915 | 22 878 | 18 489 | 11 424 | 7 065 | 1 545 | 632 | 913 |
| 658 | 377 | 305 | 211 | 94 | 29 | 16 | 13 |
| 103 970 | 43 620 | 50 990 | 38 431 | 12 559 | 6 929 | 3 400 | 3 529 |
| 67 837 | 39 913 | 27 638 | 20 993 | 6 645 | 1 479 | 831 | 648 |
| 458 376 | 143 136 | 206 738 | 162 828 | 43 910 | 20 848 | 12 951 | 7 897 |
| 24 115 | 12 910 | 13 756 | 9 294 | 4 462 | 1 501 | 735 | 766 |
| 769 802 | 733 959 | 540 901 | 259 084 | 281 817 | 59 586 | 20 701 | 38 885 |
| 140 340 | 106 397 | 78 821 | 46 629 | 32 192 | 6 975 | 3 280 | 3 695 |
| 195 026 | 192 195 | 127 488 | 60 149 | 67 339 | 13 673 | 4 560 | 9 113 |
| 164 448 | 151 153 | 117 578 | 57 042 | 60 536 | 15 062 | 5 351 | 9 711 |
| 134 900 | 133 136 | 105 297 | 48 884 | 56 413 | 11 589 | 3 616 | 7 973 |
| 89 743 | 122 224 | 87 958 | 31 678 | 56 280 | 9 708 | 2 631 | 7 077 |
| 24 516 | 12 916 | 11 569 | 7 926 | 3 643 | 1 218 | 660 | 558 |
| 20 829 | 15 938 | 12 190 | 6 776 | 5 414 | 1 361 | 603 | 758 |
| 307 601 | 458 117 | 206 292 | 81 771 | 124 521 | 18 153 | 5 426 | 12 727 |
| 37 668 | 46 404 | 21 009 | 10 644 | 10 365 | 1 711 | 592 | 1 119 |
| 9 968 | 6 940 | 4 736 | 3 309 | 1 427 | 295 | 152 | 143 |
| 9 404 | 9 743 | 5 409 | 2 886 | 2 523 | 399 | 155 | 244 |
| 11 910 | 14 399 | 5 199 | 2 893 | 2 306 | 355 | 132 | 223 |
| 58 406 | 78 560 | 34 161 | 15 425 | 18 736 | 2 914 | 1 039 | 1 875 |

2—6 续表 18

| 行业 | 高 |  |  | 中 |
|---|---|---|---|---|
|  | 合计 | 男 | 女 | 小计 |
| 电子元件制造业 | 124 450 | 51 871 | 72 579 | 230 576 |
| 日用电子器具制造业 | 142 278 | 64 439 | 77 839 | 227 851 |
| 电子设备及通信设备修理业 | 5 276 | 3 237 | 2 039 | 7 449 |
| 其他电子设备制造业 | 9 008 | 4 393 | 4 615 | 16 440 |
| 仪器仪表及其他计量器具制造业 | 220 568 | 109 429 | 111 139 | 361 121 |
| 仪器仪表制造业 | 173 152 | 85 025 | 88 127 | 275 578 |
| 电子测量仪器制造业 | 13 697 | 6 511 | 7 186 | 18 438 |
| 传递标准用计量仪器制造业 | 812 | 443 | 369 | 1 735 |
| 量具量仪制造业 | 14 700 | 7 535 | 7 165 | 25 350 |
| 衡器制造业 | 10 503 | 5 863 | 4 640 | 26 247 |
| 仪器仪表及其他计量器具修理业 | 4 143 | 2 319 | 1 824 | 5 812 |
| 其他计量器具制造业 | 3 561 | 1 733 | 1 828 | 7 961 |
| 其他工业 | 57 314 | 29 507 | 27 807 | 188 131 |
| 生产用其他产品工业 | 25 250 | 13 396 | 11 854 | 69 130 |
| 生活用其他产品工业 | 32 064 | 16 111 | 15 953 | 119 001 |
| **三、地质普查和勘探业** | **159 340** | **104 507** | **54 833** | **304 261** |
| 地质普查和勘探业 | 159 340 | 104 507 | 54 833 | 304 261 |
| 矿产地质调查业 | 76 091 | 49 485 | 26 606 | 144 907 |
| 石油地质调查业 | 47 254 | 31 869 | 15 385 | 97 659 |
| 海洋地质调查业 | 869 | 592 | 277 | 1 404 |
| 水文地质、工程地质和环境地质调查业 | 20 551 | 13 695 | 6 856 | 36 865 |
| 区域地质调查业 | 2 525 | 1 470 | 1 055 | 4 182 |
| 地球物理和化学探矿业 | 5 340 | 3 296 | 2 044 | 8 881 |
| 地质测绘业 | 2 710 | 1 637 | 1 073 | 3 533 |
| 地质矿产勘查技术服务业 | 4 000 | 2 463 | 1 537 | 6 830 |
| **四、建筑业** | **1 825 091** | **1 373 056** | **452 035** | **5 570 854** |
| 土木工程建筑业 | 1 559 445 | 1 198 325 | 361 120 | 5 097 068 |
| 土木工程建筑业 | 1 559 445 | 1 198 325 | 361 120 | 5 097 068 |
| 线路、管道和设备安装业 | 207 404 | 142 233 | 65 171 | 415 107 |
| 线路、管道和设备安装业 | 207 404 | 142 233 | 65 171 | 415 107 |
| 勘察设计业 | 58 242 | 32 498 | 25 744 | 58 679 |
| 勘察设计业 | 58 242 | 32 498 | 25 744 | 58 679 |

单位:人

| 初中 | | 小学 | | | 文盲、半文盲 | | |
|---|---|---|---|---|---|---|---|
| 男 | 女 | 小计 | 男 | 女 | 小计 | 男 | 女 |
| 84 489 | 146 087 | 70 398 | 23 938 | 46 460 | 7 056 | 1 735 | 5 321 |
| 83 546 | 144 305 | 57 867 | 18 917 | 38 950 | 4 828 | 1 341 | 3 487 |
| 4 559 | 2 890 | 2 056 | 1 199 | 857 | 167 | 86 | 81 |
| 7 651 | 8 789 | 5 457 | 2 560 | 2 897 | 428 | 194 | 234 |
| 184 455 | 176 666 | 101 255 | 53 752 | 47 503 | 10 125 | 3 912 | 6 213 |
| 137 888 | 137 690 | 74 937 | 38 312 | 36 625 | 7 232 | 2 527 | 4 705 |
| 8 710 | 9 728 | 4 317 | 2 229 | 2 088 | 316 | 136 | 180 |
| 1 006 | 729 | 453 | 229 | 224 | 57 | 23 | 34 |
| 13 530 | 11 820 | 6 856 | 3 596 | 3 260 | 777 | 251 | 526 |
| 15 892 | 10 355 | 10 322 | 6 721 | 3 601 | 1 230 | 704 | 526 |
| 3 384 | 2 428 | 1 353 | 941 | 412 | 132 | 80 | 52 |
| 4 045 | 3 916 | 3 017 | 1 724 | 1 293 | 381 | 191 | 190 |
| 103 322 | 84 809 | 139 816 | 76 249 | 63 567 | 29 144 | 10 135 | 19 009 |
| 37 601 | 31 529 | 44 159 | 21 460 | 22 699 | 10 148 | 2 864 | 7 284 |
| 65 721 | 53 280 | 95 657 | 54 789 | 40 868 | 18 996 | 7 271 | 11 725 |
| **230 632** | **73 629** | **124 372** | **105 203** | **19 169** | **11 123** | **6 212** | **4 911** |
| 230 632 | 73 629 | 124 372 | 105 203 | 19 169 | 11 123 | 6 212 | 4 911 |
| 112 488 | 32 419 | 60 563 | 55 603 | 4 960 | 4 270 | 3 516 | 754 |
| 71 013 | 26 646 | 40 025 | 28 915 | 11 110 | 5 243 | 1 797 | 3 446 |
| 1 155 | 249 | 546 | 492 | 54 | 20 | 11 | 9 |
| 29 065 | 7 800 | 13 997 | 12 712 | 1 285 | 735 | 544 | 191 |
| 3 093 | 1 089 | 1 937 | 1 778 | 159 | 106 | 82 | 24 |
| 6 279 | 2 602 | 3 035 | 2 429 | 606 | 306 | 101 | 205 |
| 2 654 | 879 | 1 014 | 904 | 110 | 44 | 30 | 14 |
| 4 885 | 1 945 | 3 255 | 2 370 | 885 | 399 | 131 | 268 |
| **4 738 563** | **832 291** | **3 012 669** | **2 718 392** | **294 277** | **361 519** | **292 667** | **68 852** |
| 4 385 513 | 711 555 | 2 863 432 | 2 594 558 | 268 874 | 347 820 | 283 552 | 64 268 |
| 4 385 513 | 711 555 | 2 863 432 | 2 594 558 | 268 874 | 347 820 | 283 552 | 64 268 |
| 313 796 | 101 311 | 133 364 | 111 419 | 21 945 | 12 121 | 8 221 | 3 900 |
| 313 796 | 101 311 | 133 364 | 111 419 | 21 945 | 12 121 | 8 221 | 3 900 |
| 39 254 | 19 425 | 15 873 | 12 415 | 3 458 | 1 578 | 894 | 684 |
| 39 254 | 19 425 | 15 873 | 12 415 | 3 458 | 1 578 | 894 | 684 |

2—6 续表 19

| 行业 | 高 | | 中 | |
|---|---|---|---|---|
| | 合计 | 男 | 女 | 小计 |
| **五、交通运输、邮电通讯业** | 2 390 475 | 1 773 273 | 617 202 | 5 493 573 |
| 交通运输业 | 2 098 240 | 1 605 285 | 492 955 | 5 058 361 |
| 铁路运输业 | 689 656 | 481 599 | 208 057 | 1 066 924 |
| 公路运输业 | 1 070 246 | 864 346 | 205 900 | 3 063 450 |
| 管道运输业 | 8 742 | 5 052 | 3 690 | 19 163 |
| 水上运输业 | 209 660 | 164 767 | 44 893 | 551 013 |
| 航空运输业 | 21 451 | 13 662 | 7 789 | 14 411 |
| 装卸搬运业 | 98 485 | 75 859 | 22 626 | 343 400 |
| 邮电通讯业 | 292 235 | 167 988 | 124 247 | 435 212 |
| 邮政业 | 39 702 | 22 491 | 17 211 | 50 630 |
| 电讯业 | 50 698 | 26 708 | 23 990 | 57 127 |
| 邮电业 | 201 835 | 118 789 | 83 046 | 327 455 |
| **六、商业、公共饮食业、物资供销和仓储业** | 5 752 732 | 2 896 667 | 2 856 065 | 11 853 264 |
| 商业 | 4 803 935 | 2 375 591 | 2 428 344 | 9 601 741 |
| 国内商业 | 4 685 473 | 2 301 779 | 2 383 694 | 9 474 008 |
| 对外贸易业 | 118 462 | 73 812 | 44 650 | 127 733 |
| 公共饮食业 | 391 012 | 180 534 | 210 478 | 1 311 798 |
| 公共饮食业 | 391 012 | 180 534 | 210 478 | 1 311 798 |
| 物资供销业 | 361 358 | 216 542 | 144 816 | 527 957 |
| 物资供销业 | 361 358 | 216 542 | 144 816 | 527 957 |
| 仓储业 | 196 427 | 124 000 | 72 427 | 411 768 |
| 仓储业 | 196 427 | 124 000 | 72 427 | 411 768 |
| **七、房地产管理、公用事业、居民服务和咨询服务业** | 1 426 926 | 756 467 | 670 459 | 2 808 039 |
| 房地产管理业 | 130 687 | 82 228 | 48 459 | 210 446 |
| 房地产管理业 | 130 687 | 82 228 | 48 459 | 210 446 |
| 公用事业 | 405 786 | 221 903 | 183 883 | 714 531 |
| 市内公共交通业 | 233 405 | 127 088 | 106 317 | 341 854 |
| 园林绿化业 | 52 328 | 25 909 | 26 419 | 96 779 |
| 清洁卫生业 | 53 479 | 26 266 | 27 213 | 149 020 |
| 市政工程管理业 | 57 596 | 36 296 | 21 300 | 108 269 |
| 殡葬事业 | 3 889 | 2 819 | 1 070 | 10 858 |
| 其他公用事业 | 5 089 | 3 525 | 1 564 | 7 751 |
| 居民服务业 | 855 560 | 429 590 | 425 970 | 1 848 881 |
| 旅游业 | 28 849 | 16 158 | 12 691 | 28 163 |
| 旅馆业 | 478 714 | 178 087 | 300 627 | 720 795 |
| 理发业 | 72 224 | 29 667 | 42 557 | 383 458 |
| 浴池业 | 8 297 | 4 094 | 4 203 | 23 689 |
| 洗染业 | 6 125 | 2 459 | 3 666 | 14 298 |

单位：人

| 初中 | | 小学 | | | 文盲、半文盲 | | |
|---|---|---|---|---|---|---|---|
| 男 | 女 | 小计 | 男 | 女 | 小计 | 男 | 女 |
| **4 553 851** | **939 722** | **2 677 580** | **2 370 688** | **306 892** | **439 149** | **305 626** | **133 523** |
| 4 264 145 | 794 216 | 2 571 184 | 2 286 552 | 284 632 | 434 962 | 302 998 | 131 964 |
| 808 661 | 258 263 | 282 746 | 248 228 | 34 518 | 26 963 | 21 002 | 5 961 |
| 2 684 183 | 379 267 | 1 526 333 | 1 410 033 | 116 300 | 169 399 | 142 272 | 27 127 |
| 12 336 | 6 827 | 5 383 | 3 935 | 1 448 | 551 | 237 | 314 |
| 460 497 | 90 516 | 492 445 | 397 130 | 95 315 | 174 913 | 94 515 | 80 398 |
| 10 492 | 3 919 | 3 459 | 2 644 | 815 | 464 | 283 | 181 |
| 287 976 | 55 424 | 260 818 | 224 582 | 36 236 | 62 672 | 44 689 | 17 983 |
| 289 706 | 145 506 | 106 396 | 84 136 | 22 260 | 4 187 | 2 628 | 1 559 |
| 33 592 | 17 038 | 9 969 | 7 887 | 2 082 | 406 | 242 | 164 |
| 35 550 | 21 577 | 10 948 | 8 550 | 2 398 | 629 | 353 | 276 |
| 220 564 | 106 891 | 85 479 | 67 699 | 17 780 | 3 152 | 2 033 | 1 119 |
| **6 339 192** | **5 514 072** | **5 514 227** | **3 123 601** | **2 390 626** | **1 184 753** | **459 698** | **725 055** |
| 5 084 319 | 4 517 422 | 4 344 059 | 2 495 460 | 1 848 599 | 880 844 | 354 613 | 526 231 |
| 5 000 335 | 4 473 673 | 4 308 632 | 2 473 134 | 1 835 498 | 877 710 | 352 912 | 524 798 |
| 83 984 | 43 749 | 35 427 | 22 326 | 13 101 | 3 134 | 1 701 | 1 433 |
| 620 053 | 691 745 | 883 333 | 410 609 | 472 724 | 267 296 | 81 037 | 186 259 |
| 620 053 | 691 745 | 883 333 | 410 609 | 472 724 | 267 296 | 81 037 | 186 259 |
| 346 632 | 181 325 | 142 296 | 104 846 | 37 450 | 16 058 | 10 370 | 5 688 |
| 346 632 | 181 325 | 142 296 | 104 846 | 37 450 | 16 058 | 10 370 | 5 688 |
| 288 188 | 123 580 | 144 539 | 112 686 | 31 853 | 20 555 | 13 678 | 6 877 |
| 288 188 | 123 580 | 144 539 | 112 686 | 31 853 | 20 555 | 13 678 | 6 877 |
| **1 526 789** | **1 281 250** | **1 272 762** | **757 617** | **515 145** | **295 412** | **140 990** | **154 422** |
| 141 924 | 68 522 | 61 347 | 45 387 | 15 960 | 8 054 | 5 136 | 2 918 |
| 141 924 | 68 522 | 61 347 | 45 387 | 15 960 | 8 054 | 5 136 | 2 918 |
| 405 335 | 309 196 | 258 393 | 145 366 | 113 027 | 66 981 | 28 173 | 38 808 |
| 192 848 | 149 006 | 65 947 | 44 065 | 21 882 | 5 632 | 3 718 | 1 914 |
| 51 543 | 45 236 | 39 068 | 21 000 | 18 068 | 9 363 | 4 642 | 4 721 |
| 72 652 | 76 368 | 104 052 | 44 699 | 59 353 | 42 889 | 14 236 | 28 653 |
| 74 400 | 33 869 | 38 764 | 27 550 | 11 214 | 6 412 | 3 885 | 2 527 |
| 8 326 | 2 532 | 7 933 | 6 318 | 1 615 | 2 159 | 1 418 | 741 |
| 5 566 | 2 185 | 2 629 | 1 734 | 895 | 526 | 274 | 252 |
| 955 838 | 893 043 | 944 851 | 561 209 | 383 642 | 219 313 | 107 074 | 112 239 |
| 16 619 | 11 544 | 7 224 | 4 338 | 2 886 | 845 | 436 | 409 |
| 255 027 | 465 768 | 239 033 | 93 214 | 145 819 | 46 703 | 14 488 | 32 215 |
| 161 466 | 221 992 | 253 798 | 150 097 | 103 701 | 47 670 | 34 680 | 12 990 |
| 13 577 | 10 112 | 11 258 | 7 893 | 3 365 | 2 578 | 1 828 | 750 |
| 6 182 | 8 116 | 4 922 | 2 396 | 2 526 | 740 | 241 | 499 |

2—6 续表 20

| 行业 | 高 | 中 | | |
|---|---|---|---|---|
| | 合计 | 男 | 女 | 小计 |
| 摄影业 | 45 698 | 23 571 | 22 127 | 78 012 |
| 日用品修理业 | 137 150 | 121 892 | 15 258 | 371 752 |
| 其他居民服务业 | 78 503 | 53 662 | 24 841 | 228 714 |
| 咨询服务业 | 34 893 | 22 746 | 12 147 | 34 181 |
| 咨询服务业 | 9 224 | 5 302 | 3 922 | 8 621 |
| 广告业 | 8 573 | 5 411 | 3 162 | 9 942 |
| 其它咨询服务业 | 17 096 | 12 033 | 5 063 | 15 618 |
| **八、卫生、体育和社会福利事业** | **933 195** | **435 843** | **497 352** | **1 553 536** |
| 卫生事业 | 895 570 | 413 230 | 482 340 | 1 482 740 |
| 医院 | 644 317 | 265 641 | 378 676 | 987 455 |
| 疗养院 | 17 630 | 9 006 | 8 624 | 28 373 |
| 门诊部(所) | 107 561 | 80 860 | 26 701 | 270 758 |
| 专科防治所(站) | 12 859 | 6 790 | 6 069 | 18 019 |
| 卫生防疫站 | 34 921 | 19 803 | 15 118 | 34 722 |
| 妇幼保健所(站) | 14 017 | 3 409 | 10 608 | 14 773 |
| 药品检验所(室) | 2 767 | 1 398 | 1 369 | 2 693 |
| 其他卫生事业 | 61 498 | 26 323 | 35 175 | 125 947 |
| 体育事业 | 14 730 | 9 645 | 5 085 | 20 552 |
| 体育事业 | 14 730 | 9 645 | 5 085 | 20 552 |
| 社会福利事业 | 22 895 | 12 968 | 9 927 | 50 244 |
| 社会福利事业 | 22 895 | 12 968 | 9 927 | 50 244 |
| **九、教育、文化艺术和广播电视事业** | **3 821 951** | **2 148 946** | **1 673 005** | **3 191 729** |
| 教育事业 | 3 470 558 | 1 924 965 | 1 545 593 | 2 736 030 |
| 高等教育事业 | 147 139 | 77 544 | 69 595 | 183 343 |
| 中等教育事业 | 874 498 | 557 235 | 317 263 | 583 288 |
| 初等教育事业 | 2 242 569 | 1 259 437 | 983 132 | 1 696 768 |
| 学前教育事业 | 162 952 | 4 287 | 158 665 | 219 426 |
| 特殊教育事业 | 3 775 | 1 409 | 2 366 | 3 639 |
| 其他教育事业 | 39 625 | 25 053 | 14 572 | 49 566 |
| 文化艺术事业 | 275 130 | 172 320 | 102 810 | 377 075 |
| 电影事业 | 89 768 | 60 241 | 29 527 | 132 722 |
| 艺术事业 | 46 853 | 30 074 | 16 779 | 92 616 |
| 出版事业 | 38 969 | 22 232 | 16 737 | 32 521 |
| 文物事业 | 12 413 | 6 609 | 5 804 | 12 255 |
| 图书馆事业 | 13 361 | 4 992 | 8 369 | 9 648 |
| 群众文化事业 | 54 233 | 33 982 | 20 251 | 57 450 |
| 新闻事业 | 2 568 | 1 571 | 997 | 2 444 |
| 其他文化事业 | 16 965 | 12 619 | 4 346 | 37 419 |

单位:人

| 初中 | | 小学 | | | 文盲、半文盲 | | |
|---|---|---|---|---|---|---|---|
| 男 | 女 | 小计 | 男 | 女 | 小计 | 男 | 女 |
| 41 138 | 36 874 | 21 077 | 11 700 | 9 377 | 952 | 386 | 566 |
| 329 512 | 42 240 | 241 269 | 213 735 | 27 534 | 47 609 | 36 949 | 10 660 |
| 132 317 | 96 397 | 166 270 | 77 836 | 88 434 | 72 216 | 18 066 | 54 150 |
| 23 692 | 10 489 | 8 171 | 5 655 | 2 516 | 1 064 | 607 | 457 |
| 5 604 | 3 017 | 1 809 | 1 284 | 525 | 245 | 166 | 79 |
| 6 496 | 3 446 | 1 865 | 1 237 | 628 | 168 | 101 | 67 |
| 11 592 | 4 026 | 4 497 | 3 134 | 1 363 | 651 | 340 | 311 |
| **825 417** | **728 119** | **457 584** | **258 992** | **198 592** | **65 597** | **25 715** | **39 882** |
| 783 065 | 699 675 | 416 682 | 232 773 | 183 909 | 52 734 | 18 050 | 34 684 |
| 463 572 | 523 883 | 250 497 | 126 053 | 124 444 | 37 282 | 13 888 | 23 394 |
| 15 693 | 12 680 | 8 229 | 5 376 | 2 853 | 1 308 | 716 | 592 |
| 206 631 | 64 127 | 94 429 | 70 093 | 24 336 | 3 152 | 1 534 | 1 618 |
| 10 463 | 7 556 | 5 484 | 3 518 | 1 966 | 729 | 338 | 391 |
| 20 897 | 13 825 | 7 522 | 4 589 | 2 933 | 1 007 | 425 | 582 |
| 3 849 | 10 924 | 3 774 | 983 | 2 791 | 677 | 141 | 536 |
| 1 433 | 1 260 | 606 | 338 | 268 | 118 | 52 | 66 |
| 60 527 | 65 420 | 46 141 | 21 823 | 24 318 | 8 461 | 956 | 7 505 |
| 13 175 | 7 377 | 4 684 | 3 134 | 1 550 | 771 | 483 | 288 |
| 13 175 | 7 377 | 4 684 | 3 134 | 1 550 | 771 | 483 | 288 |
| 29 177 | 21 067 | 36 218 | 23 085 | 13 133 | 12 092 | 7 182 | 4 910 |
| 29 177 | 21 067 | 36 218 | 23 085 | 13 133 | 12 092 | 7 182 | 4 910 |
| **1 746 282** | **1 445 447** | **695 036** | **424 807** | **270 229** | **130 083** | **69 993** | **60 090** |
| 1 440 041 | 1 295 989 | 517 757 | 294 572 | 223 185 | 99 009 | 51 028 | 47 981 |
| 110 628 | 72 715 | 60 444 | 37 697 | 22 747 | 12 522 | 6 126 | 6 396 |
| 373 644 | 209 644 | 227 222 | 139 586 | 87 636 | 46 426 | 25 999 | 20 427 |
| 912 542 | 784 226 | 158 274 | 99 637 | 58 637 | 26 933 | 15 718 | 11 215 |
| 8 031 | 211 395 | 53 682 | 5 104 | 48 578 | 9 889 | 1 324 | 8 565 |
| 1 600 | 2 039 | 1 155 | 662 | 493 | 204 | 110 | 94 |
| 33 596 | 15 970 | 16 980 | 11 886 | 5 094 | 3 035 | 1 751 | 1 284 |
| 247 129 | 129 946 | 157 750 | 113 548 | 44 202 | 29 876 | 18 122 | 11 754 |
| 91 420 | 41 302 | 37 660 | 25 672 | 11 988 | 3 568 | 2 013 | 1 555 |
| 56 990 | 35 626 | 34 112 | 21 655 | 12 457 | 2 418 | 1 551 | 867 |
| 20 097 | 12 424 | 5 237 | 3 367 | 1 870 | 572 | 293 | 279 |
| 7 264 | 4 991 | 3 637 | 2 478 | 1 159 | 829 | 563 | 266 |
| 3 773 | 5 875 | 1 699 | 792 | 907 | 183 | 100 | 83 |
| 34 080 | 23 370 | 16 427 | 9 863 | 6 564 | 2 934 | 1 594 | 1 340 |
| 1 630 | 814 | 412 | 277 | 135 | 38 | 19 | 19 |
| 31 875 | 5 544 | 58 566 | 49 444 | 9 122 | 19 334 | 11 989 | 7 345 |

2—6 续表 21

| 行业 | 高 | | 中 | |
|---|---|---|---|---|
| | 合计 | 男 | 女 | 小计 |
| 广播电视事业 | 76 263 | 51 661 | 24 602 | 78 624 |
| 广播电视事业 | 76 263 | 51 661 | 24 602 | 78 624 |
| **十、科学研究和综合技术服务事业** | **261 961** | **142 380** | **119 581** | **298 398** |
| 科学研究事业 | 193 416 | 103 142 | 90 274 | 230 854 |
| 自然科学研究事业 | 181 537 | 96 785 | 84 752 | 220 562 |
| 社会科学研究事业 | 4 938 | 2 742 | 2 196 | 3 896 |
| 综合科学研究事业 | 6 941 | 3 615 | 3 326 | 6 396 |
| 综合技术服务事业 | 68 545 | 39 238 | 29 307 | 67 544 |
| 气象事业 | 7 201 | 4 205 | 2 996 | 7 805 |
| 地震事业 | 2 102 | 1 459 | 643 | 2 126 |
| 测绘事业 | 6 435 | 4 117 | 2 318 | 7 512 |
| 计量事业 | 15 186 | 9 089 | 6 097 | 14 331 |
| 海洋环境事业 | 1 192 | 990 | 202 | 1 256 |
| 环境保护事业 | 7 961 | 4 277 | 3 684 | 8 075 |
| 电子计算事业 | 5 822 | 2 508 | 3 314 | 3 616 |
| 其他综合技术服务事业 | 22 646 | 12 593 | 10 053 | 22 823 |
| **十一、金融、保险业** | **872 658** | **495 665** | **376 993** | **582 987** |
| 金融业 | 830 325 | 466 297 | 364 028 | 559 039 |
| 金融业 | 830 325 | 466 297 | 364 028 | 559 039 |
| 保险业 | 42 333 | 29 368 | 12 965 | 23 948 |
| 保险业 | 42 333 | 29 368 | 12 965 | 23 948 |
| **十二、国家机关、政党机关和社会团体** | **3 502 703** | **2 655 733** | **846 970** | **3 892 311** |
| 国家机关 | 2 689 286 | 2 116 720 | 572 566 | 2 672 464 |
| 国家机关 | 2 689 286 | 2 116 720 | 572 566 | 2 672 464 |
| 政党机关 | 150 621 | 125 844 | 24 777 | 167 662 |
| 政党机关 | 150 621 | 125 844 | 24 777 | 167 662 |
| 社会团体 | 192 360 | 126 148 | 66 212 | 348 513 |
| 社会团体 | 192 360 | 126 148 | 66 212 | 348 513 |
| 企业管理机关 | 470 436 | 287 021 | 183 415 | 703 672 |
| 企业管理机关 | 470 436 | 287 021 | 183 415 | 703 672 |
| **十三、其他行业** | **30 869** | **22 035** | **8 834** | **48 482** |
| 其他行业 | 30 869 | 22 035 | 8 834 | 48 482 |
| 其他行业 | 30 869 | 22 035 | 8 834 | 48 482 |

单位：人

| 初中 | | 小学 | | | 文盲、半文盲 | | |
|---|---|---|---|---|---|---|---|
| 男 | 女 | 小计 | 男 | 女 | 小计 | 男 | 女 |
| 59 112 | 19 512 | 19 529 | 16 687 | 2 842 | 1 198 | 843 | 355 |
| 59 112 | 19 512 | 19 529 | 16 687 | 2 842 | 1 198 | 843 | 355 |
| **181 416** | **116 982** | **89 215** | **59 449** | **29 766** | **13 864** | **6 740** | **7 124** |
| 138 091 | 92 763 | 74 344 | 49 303 | 25 041 | 11 828 | 5 744 | 6 084 |
| 131 841 | 88 721 | 71 579 | 47 407 | 24 172 | 11 489 | 5 565 | 5 924 |
| 2 464 | 1 432 | 795 | 521 | 274 | 140 | 76 | 64 |
| 3 786 | 2 610 | 1 970 | 1 375 | 595 | 199 | 103 | 96 |
| 43 325 | 24 219 | 14 871 | 10 146 | 4 725 | 2 036 | 996 | 1 040 |
| 5 015 | 2 790 | 1 593 | 1 091 | 502 | 298 | 130 | 168 |
| 1 621 | 505 | 680 | 573 | 107 | 78 | 51 | 27 |
| 5 373 | 2 139 | 1 490 | 1 145 | 345 | 130 | 79 | 51 |
| 9 191 | 5 140 | 2 775 | 2 035 | 740 | 213 | 141 | 72 |
| 1 071 | 185 | 256 | 180 | 76 | 20 | 9 | 11 |
| 4 867 | 3 208 | 2 656 | 1 512 | 1 144 | 639 | 266 | 373 |
| 2 012 | 1 604 | 715 | 453 | 262 | 69 | 25 | 44 |
| 14 175 | 8 648 | 4 706 | 3 157 | 1 549 | 589 | 295 | 294 |
| **365 654** | **217 333** | **103 898** | **80 786** | **23 112** | **6 751** | **3 698** | **3 053** |
| 348 372 | 210 667 | 100 632 | 78 248 | 22 384 | 6 428 | 3 466 | 2 962 |
| 348 372 | 210 667 | 100 632 | 78 248 | 22 384 | 6 428 | 3 466 | 2 962 |
| 17 282 | 6 666 | 3 266 | 2 538 | 728 | 323 | 232 | 91 |
| 17 282 | 6 666 | 3 266 | 2 538 | 728 | 323 | 232 | 91 |
| **3 089 981** | **802 330** | **1 155 306** | **885 425** | **269 881** | **151 113** | **79 197** | **71 916** |
| 2 228 895 | 443 569 | 661 176 | 550 232 | 110 944 | 72 600 | 46 382 | 26 218 |
| 2 228 895 | 443 569 | 661 176 | 550 232 | 110 944 | 72 600 | 46 382 | 26 218 |
| 149 749 | 17 913 | 47 037 | 41 144 | 5 893 | 3 319 | 2 075 | 1 244 |
| 149 749 | 17 913 | 47 037 | 41 144 | 5 893 | 3 319 | 2 075 | 1 244 |
| 243 209 | 105 304 | 240 340 | 150 530 | 89 810 | 48 521 | 18 436 | 30 085 |
| 243 209 | 105 304 | 240 340 | 150 530 | 89 810 | 48 521 | 18 436 | 30 085 |
| 468 128 | 235 544 | 206 753 | 143 519 | 63 234 | 26 673 | 12 304 | 14 369 |
| 468 128 | 235 544 | 206 753 | 143 519 | 63 234 | 26 673 | 12 304 | 14 369 |
| **35 710** | **12 772** | **21 166** | **15 057** | **6 109** | **4 835** | **2 984** | **1 851** |
| 35 710 | 12 772 | 21 166 | 15 057 | 6 109 | 4 835 | 2 984 | 1 851 |
| 35 710 | 12 772 | 21 166 | 15 057 | 6 109 | 4 835 | 2 984 | 1 851 |

## 2-7 全国15岁及15岁以上人

| 年龄（岁） | 合计 | | | 未婚 | | |
|---|---|---|---|---|---|---|
| | 合计 | 男 | 女 | 小计 | 男 | 女 |
| **总计** | **817 508 784** | **418 956 809** | **398 551 975** | **205 404 790** | **121 303 468** | **84 101 322** |
| **15—19** | **120 158 421** | **61 650 589** | **58 507 832** | **116 310 775** | **60 540 883** | **55 769 892** |
| 15 | 21 643 791 | 11 123 627 | 10 520 164 | 21 606 562 | 11 110 971 | 10 495 591 |
| 16 | 23 487 567 | 12 043 876 | 11 443 691 | 23 372 974 | 12 013 248 | 11 359 726 |
| 17 | 24 536 599 | 12 581 345 | 11 955 254 | 24 182 803 | 12 489 421 | 11 693 382 |
| 18 | 24 496 002 | 12 567 848 | 11 928 154 | 23 507 766 | 12 300 494 | 11 207 272 |
| 19 | 25 994 462 | 13 333 893 | 12 660 569 | 23 640 670 | 12 626 749 | 11 013 921 |
| **20—24** | **125 761 174** | **64 233 023** | **61 528 151** | **65 559 614** | **40 115 955** | **25 443 659** |
| 20 | 26 036 065 | 13 191 336 | 12 844 729 | 20 841 594 | 11 634 752 | 9 206 842 |
| 21 | 27 155 679 | 13 820 659 | 13 335 020 | 18 002 480 | 10 720 767 | 7 281 713 |
| 22 | 24 552 078 | 12 586 327 | 11 965 751 | 12 459 544 | 7 848 717 | 4 610 827 |
| 23 | 22 823 165 | 11 691 041 | 11 132 124 | 8 037 254 | 5 428 694 | 2 608 560 |
| 24 | 25 194 187 | 12 943 660 | 12 250 527 | 6 218 742 | 4 483 025 | 1 735 717 |
| **25—29** | **104 267 525** | **53 512 983** | **50 754 542** | **11 122 332** | **8 942 780** | **2 179 552** |
| 25 | 24 520 614 | 12 593 865 | 11 926 749 | 4 161 439 | 3 187 837 | 973 602 |
| 26 | 25 287 489 | 12 959 015 | 12 328 474 | 2 979 598 | 2 399 710 | 579 888 |
| 27 | 27 026 864 | 13 966 581 | 13 060 283 | 2 259 037 | 1 880 080 | 378 957 |
| 28 | 15 928 062 | 8 144 945 | 7 783 117 | 1 060 906 | 903 649 | 157 257 |
| 29 | 11 504 496 | 5 848 577 | 5 655 919 | 661 352 | 571 504 | 89 848 |
| **30—34** | **83 875 707** | **43 706 133** | **40 169 574** | **3 385 227** | **3 129 715** | **255 512** |
| 30 | 14 443 119 | 7 519 677 | 6 923 442 | 695 935 | 623 988 | 71 947 |
| 31 | 14 378 626 | 7 535 588 | 6 843 038 | 638 666 | 586 213 | 52 453 |
| 32 | 19 060 366 | 10 007 244 | 9 053 122 | 771 816 | 719 482 | 52 334 |
| 33 | 18 350 283 | 9 528 741 | 8 821 542 | 669 232 | 626 429 | 42 803 |
| 34 | 17 643 313 | 9 114 883 | 8 528 430 | 609 578 | 573 603 | 35 975 |
| **35—39** | **86 351 812** | **44 568 847** | **41 782 965** | **2 680 645** | **2 553 270** | **127 375** |
| 35 | 19 377 065 | 10 051 375 | 9 325 690 | 643 955 | 610 061 | 33 894 |
| 36 | 18 330 697 | 9 452 337 | 8 878 360 | 586 023 | 557 186 | 28 837 |
| 37 | 17 226 144 | 8 870 602 | 8 355 542 | 536 964 | 512 781 | 24 183 |
| 38 | 16 887 297 | 8 704 522 | 8 182 775 | 501 667 | 479 394 | 22 273 |
| 39 | 14 530 609 | 7 490 011 | 7 040 598 | 412 036 | 393 848 | 18 188 |
| **40—44** | **63 707 664** | **33 335 977** | **30 371 687** | **1 795 997** | **1 724 268** | **71 729** |
| 40 | 15 342 107 | 8 042 718 | 7 299 389 | 441 773 | 423 102 | 18 671 |
| 41 | 13 010 398 | 6 805 059 | 6 205 339 | 366 445 | 351 309 | 15 136 |
| 42 | 12 392 389 | 6 496 011 | 5 896 378 | 349 717 | 335 066 | 14 651 |
| 43 | 11 950 704 | 6 264 508 | 5 686 196 | 331 231 | 318 230 | 13 001 |
| 44 | 11 012 066 | 5 727 681 | 5 284 385 | 306 831 | 296 561 | 10 270 |

## 口分年龄、性别的婚姻状况

单位:人

| 有配偶 | | | 丧偶 | | | 离婚 | | |
|---|---|---|---|---|---|---|---|---|
| 小计 | 男 | 女 | 小计 | 男 | 女 | 小计 | 男 | 女 |
| **557 373 062** | **278 265 597** | **279 107 465** | **49 893 332** | **15 914 739** | **33 978 593** | **4 837 600** | **3 473 005** | **1 364 595** |
| | | | | | | | | |
| 3 803 740 | 1 097 426 | 2 706 314 | 6 976 | 3 314 | 3 662 | 36 930 | 8 966 | 27 964 |
| 36 017 | 12 172 | 23 845 | 424 | 237 | 187 | 788 | 247 | 541 |
| 112 189 | 29 939 | 82 250 | 570 | 327 | 243 | 1 834 | 362 | 1 472 |
| 348 526 | 90 501 | 258 025 | 1 036 | 564 | 472 | 4 234 | 859 | 3 375 |
| 973 801 | 264 071 | 709 730 | 1 837 | 838 | 999 | 12 598 | 2 445 | 10 153 |
| 2 333 207 | 700 743 | 1 632 464 | 3 109 | 1 348 | 1 761 | 17 476 | 5 053 | 12 423 |
| **59 831 470** | **23 931 228** | **35 900 242** | **83 695** | **42 547** | **41 148** | **286 395** | **143 293** | **143 102** |
| 5 154 782 | 1 541 589 | 3 613 193 | 6 323 | 2 697 | 3 626 | 33 366 | 12 298 | 21 068 |
| 9 101 924 | 3 076 846 | 6 025 078 | 10 731 | 4 811 | 5 920 | 40 544 | 18 235 | 22 309 |
| 12 022 330 | 4 703 342 | 7 318 988 | 15 523 | 7 564 | 7 959 | 54 681 | 26 704 | 27 977 |
| 14 698 312 | 6 215 769 | 8 482 543 | 21 093 | 11 117 | 9 976 | 66 506 | 35 461 | 31 045 |
| 18 854 122 | 8 393 682 | 10 460 440 | 30 025 | 16 358 | 13 667 | 91 298 | 50 595 | 40 703 |
| **92 355 156** | **44 112 339** | **48 242 817** | **212 590** | **116 157** | **96 433** | **577 447** | **341 707** | **235 740** |
| 20 209 907 | 9 322 174 | 10 887 733 | 37 532 | 20 348 | 17 184 | 111 736 | 63 506 | 48 230 |
| 22 130 583 | 10 457 973 | 11 672 610 | 45 991 | 25 186 | 20 805 | 131 317 | 76 146 | 55 171 |
| 24 557 807 | 11 963 629 | 12 594 178 | 57 902 | 32 021 | 25 881 | 152 118 | 90 851 | 61 267 |
| 14 729 152 | 7 159 120 | 7 570 032 | 40 237 | 22 045 | 18 192 | 97 767 | 60 131 | 37 636 |
| 10 727 707 | 5 209 443 | 5 518 264 | 30 928 | 16 557 | 14 371 | 84 509 | 51 073 | 33 436 |
| **79 500 410** | **39 956 629** | **39 543 781** | **362 129** | **204 086** | **158 043** | **627 941** | **415 703** | **212 238** |
| 13 587 145 | 6 798 532 | 6 788 613 | 46 161 | 25 431 | 20 730 | 113 878 | 71 726 | 42 152 |
| 13 576 794 | 6 846 955 | 6 729 839 | 53 058 | 30 208 | 22 850 | 110 108 | 72 212 | 37 896 |
| 18 066 404 | 9 147 262 | 8 919 142 | 80 327 | 45 765 | 34 562 | 141 819 | 94 735 | 47 084 |
| 17 461 387 | 8 763 755 | 8 697 632 | 87 119 | 49 485 | 37 634 | 132 545 | 89 072 | 43 473 |
| 16 808 680 | 8 400 125 | 8 408 555 | 95 464 | 53 197 | 42 267 | 129 591 | 87 958 | 41 633 |
| **82 267 267** | **41 152 709** | **41 114 558** | **746 418** | **396 698** | **349 720** | **657 482** | **466 170** | **191 312** |
| 18 465 067 | 9 273 710 | 9 191 357 | 122 577 | 67 916 | 54 661 | 145 466 | 99 688 | 45 778 |
| 17 471 240 | 8 724 980 | 8 746 260 | 134 349 | 73 188 | 61 161 | 139 085 | 96 983 | 42 102 |
| 16 408 130 | 8 183 983 | 8 224 147 | 150 200 | 80 671 | 69 529 | 130 850 | 93 167 | 37 683 |
| 16 087 524 | 8 042 698 | 8 044 826 | 169 148 | 88 933 | 80 215 | 128 958 | 93 497 | 35 461 |
| 13 835 306 | 6 927 338 | 6 907 968 | 170 144 | 85 990 | 84 154 | 113 123 | 82 835 | 30 288 |
| **60 169 508** | **30 645 355** | **29 524 153** | **1 199 307** | **553 028** | **646 279** | **542 852** | **413 326** | **129 526** |
| 14 553 341 | 7 416 305 | 7 137 036 | 216 899 | 106 514 | 110 385 | 130 094 | 96 797 | 33 297 |
| 12 319 578 | 6 267 574 | 6 052 004 | 214 381 | 102 934 | 111 447 | 109 994 | 83 242 | 26 752 |
| 11 701 774 | 5 970 508 | 5 731 266 | 235 582 | 110 150 | 125 432 | 105 316 | 80 287 | 25 029 |
| 11 258 196 | 5 750 618 | 5 507 578 | 258 585 | 116 521 | 142 064 | 102 692 | 79 139 | 23 553 |
| 10 336 619 | 5 240 350 | 5 096 269 | 273 860 | 116 909 | 156 951 | 94 756 | 73 861 | 20 895 |

2—7 续表1

| 年龄（岁） | 合计 | | | 未婚 | | |
|---|---|---|---|---|---|---|
| | 合计 | 男 | 女 | 小计 | 男 | 女 |
| **45—49** | **49 087 941** | **25 855 900** | **23 232 041** | **1 352 392** | **1 311 294** | **41 098** |
| 45 | 10 465 110 | 5 481 782 | 4 983 328 | 294 544 | 285 074 | 9 470 |
| 46 | 9 953 414 | 5 250 473 | 4 702 941 | 274 222 | 265 773 | 8 449 |
| 47 | 9 445 561 | 4 982 722 | 4 462 839 | 258 325 | 250 665 | 7 660 |
| 48 | 9 670 367 | 5 088 847 | 4 581 520 | 268 494 | 260 449 | 8 045 |
| 49 | 9 553 489 | 5 052 076 | 4 501 413 | 256 807 | 249 333 | 7 474 |
| **50—54** | **45 619 559** | **24 110 355** | **21 509 204** | **1 117 719** | **1 080 840** | **36 879** |
| 50 | 9 248 199 | 4 875 474 | 4 372 725 | 244 607 | 237 235 | 7 372 |
| 51 | 8 942 550 | 4 738 952 | 4 203 598 | 224 001 | 217 330 | 6 671 |
| 52 | 9 233 016 | 4 919 285 | 4 313 731 | 230 803 | 222 800 | 8 003 |
| 53 | 9 098 119 | 4 810 911 | 4 287 208 | 214 825 | 206 833 | 7 992 |
| 54 | 9 097 675 | 4 765 733 | 4 331 942 | 203 483 | 196 642 | 6 841 |
| **55—59** | **41 709 335** | **21 839 937** | **19 869 398** | **807 036** | **772 235** | **34 801** |
| 55 | 8 804 360 | 4 580 456 | 4 223 904 | 189 361 | 182 457 | 6 904 |
| 56 | 8 802 518 | 4 618 277 | 4 184 241 | 179 666 | 172 400 | 7 266 |
| 57 | 8 620 744 | 4 525 324 | 4 095 420 | 163 716 | 156 484 | 7 232 |
| 58 | 7 846 915 | 4 106 208 | 3 740 707 | 142 737 | 136 126 | 6 611 |
| 59 | 7 634 798 | 4 009 672 | 3 625 126 | 131 556 | 124 768 | 6 788 |
| **60—64** | **33 976 254** | **17 481 948** | **16 494 306** | **519 853** | **483 738** | **36 115** |
| 60 | 7 730 945 | 4 019 833 | 3 711 112 | 128 148 | 120 735 | 7 413 |
| 61 | 6 966 479 | 3 585 188 | 3 381 291 | 106 623 | 99 842 | 6 781 |
| 62 | 7 060 132 | 3 635 374 | 3 424 758 | 106 693 | 98 735 | 7 958 |
| 63 | 6 233 873 | 3 200 259 | 3 033 614 | 92 321 | 85 117 | 7 204 |
| 64 | 5 984 825 | 3 041 294 | 2 943 531 | 86 068 | 79 309 | 6 759 |
| **65—69** | **26 332 520** | **12 917 485** | **13 415 035** | **349 246** | **312 031** | **37 215** |
| 65 | 6 169 042 | 3 058 844 | 3 110 198 | 84 826 | 77 221 | 7 605 |
| 66 | 5 696 874 | 2 813 087 | 2 883 787 | 75 193 | 67 826 | 7 367 |
| 67 | 4 989 630 | 2 448 512 | 2 541 118 | 68 385 | 60 706 | 7 679 |
| 68 | 4 885 527 | 2 384 722 | 2 500 805 | 63 471 | 55 814 | 7 657 |
| 69 | 4 591 447 | 2 212 320 | 2 379 127 | 57 371 | 50 464 | 6 907 |
| **70—74** | **18 050 580** | **8 344 204** | **9 706 376** | **214 106** | **184 601** | **29 505** |
| 70 | 4 452 357 | 2 108 722 | 2 343 635 | 55 559 | 48 788 | 6 771 |
| 71 | 3 732 596 | 1 741 629 | 1 990 967 | 45 254 | 39 277 | 5 977 |
| 72 | 3 529 123 | 1 630 231 | 1 898 892 | 41 856 | 36 042 | 5 814 |
| 73 | 3 301 436 | 1 506 451 | 1 794 985 | 37 709 | 32 121 | 5 588 |
| 74 | 3 035 068 | 1 357 171 | 1 677 897 | 33 728 | 28 373 | 5 355 |

单位:人

| 有配偶 | | | 丧偶 | | | 离婚 | | |
|---|---|---|---|---|---|---|---|---|
| 小计 | 男 | 女 | 小计 | 男 | 女 | 小计 | 男 | 女 |
| 45 445 914 | 23 439 006 | 22 006 908 | 1 842 206 | 748 894 | 1 093 312 | 447 429 | 356 706 | 90 723 |
| 9 774 718 | 4 997 088 | 4 777 630 | 301 648 | 126 194 | 175 454 | 94 200 | 73 426 | 20 774 |
| 9 262 070 | 4 776 181 | 4 485 889 | 327 872 | 137 593 | 190 279 | 89 250 | 70 926 | 18 324 |
| 8 750 355 | 4 519 675 | 4 230 680 | 350 576 | 143 519 | 207 057 | 86 305 | 68 863 | 17 442 |
| 8 902 855 | 4 591 971 | 4 310 884 | 408 993 | 164 181 | 244 812 | 90 025 | 72 246 | 17 779 |
| 8 755 916 | 4 554 091 | 4 201 825 | 453 117 | 177 407 | 275 710 | 87 649 | 71 245 | 16 404 |
| 40 815 750 | 21 472 236 | 19 343 514 | 3 239 176 | 1 187 937 | 2 051 239 | 446 914 | 369 342 | 77 572 |
| 8 403 598 | 4 374 921 | 4 028 677 | 509 430 | 190 425 | 319 005 | 90 564 | 72 893 | 17 671 |
| 8 075 538 | 4 241 689 | 3 833 849 | 557 620 | 209 504 | 348 116 | 85 391 | 70 429 | 14 962 |
| 8 261 836 | 4 379 346 | 3 882 490 | 649 770 | 241 510 | 408 260 | 90 607 | 75 629 | 14 978 |
| 8 075 784 | 4 268 917 | 3 806 867 | 718 197 | 260 751 | 457 446 | 89 313 | 74 410 | 14 903 |
| 7 998 994 | 4 207 363 | 3 791 631 | 804 159 | 285 747 | 518 412 | 91 039 | 75 981 | 15 058 |
| 35 309 118 | 18 938 954 | 16 370 164 | 5 165 054 | 1 773 087 | 3 391 967 | 428 127 | 355 661 | 72 466 |
| 7 648 236 | 4 019 547 | 3 628 689 | 876 681 | 303 660 | 573 021 | 90 082 | 74 792 | 15 290 |
| 7 552 564 | 4 027 939 | 3 524 625 | 979 514 | 341 925 | 637 589 | 90 774 | 76 013 | 14 761 |
| 7 305 348 | 3 926 524 | 3 378 824 | 1 063 547 | 368 988 | 694 559 | 88 133 | 73 328 | 14 805 |
| 6 544 482 | 3 537 842 | 3 006 640 | 1 079 000 | 365 398 | 713 602 | 80 696 | 66 842 | 13 854 |
| 6 258 488 | 3 427 102 | 2 831 386 | 1 166 312 | 393 116 | 773 196 | 78 442 | 64 686 | 13 756 |
| 26 029 101 | 14 438 844 | 11 590 257 | 7 089 131 | 2 289 692 | 4 799 439 | 338 169 | 269 674 | 68 495 |
| 6 192 463 | 3 396 789 | 2 795 674 | 1 329 617 | 437 606 | 892 011 | 80 717 | 64 703 | 16 014 |
| 5 462 813 | 2 997 460 | 2 465 353 | 1 327 384 | 431 876 | 895 508 | 69 659 | 56 010 | 13 649 |
| 5 399 615 | 3 001 157 | 2 398 458 | 1 483 987 | 479 501 | 1 004 486 | 69 837 | 55 981 | 13 856 |
| 4 642 519 | 2 604 839 | 2 037 680 | 1 438 326 | 462 114 | 976 212 | 60 707 | 48 189 | 12 518 |
| 4 331 691 | 2 438 599 | 1 893 092 | 1 509 817 | 478 595 | 1 031 222 | 57 249 | 44 791 | 12 458 |
| 17 127 464 | 9 809 175 | 7 318 289 | 8 622 595 | 2 619 265 | 6 003 330 | 233 215 | 177 014 | 56 201 |
| 4 290 988 | 2 407 155 | 1 883 833 | 1 735 477 | 530 182 | 1 205 295 | 57 751 | 44 286 | 13 465 |
| 3 840 858 | 2 176 563 | 1 664 295 | 1 729 568 | 529 504 | 1 200 064 | 51 255 | 39 194 | 12 061 |
| 3 231 497 | 1 855 088 | 1 376 409 | 1 645 468 | 499 143 | 1 146 325 | 44 280 | 33 575 | 10 705 |
| 3 040 786 | 1 770 270 | 1 270 516 | 1 739 279 | 527 059 | 1 212 220 | 41 991 | 31 579 | 10 412 |
| 2 723 335 | 1 600 099 | 1 123 236 | 1 772 803 | 533 377 | 1 239 426 | 37 938 | 28 380 | 9 558 |
| 9 136 224 | 5 554 430 | 3 581 794 | 8 569 769 | 2 509 394 | 6 060 375 | 130 481 | 95 779 | 34 702 |
| 2 480 261 | 1 478 998 | 1 001 263 | 1 880 021 | 553 827 | 1 326 194 | 36 516 | 27 109 | 9 407 |
| 1 976 619 | 1 188 059 | 788 560 | 1 682 648 | 493 659 | 1 188 989 | 28 075 | 20 634 | 7 441 |
| 1 769 438 | 1 078 354 | 691 084 | 1 692 792 | 497 417 | 1 195 375 | 25 037 | 18 418 | 6 619 |
| 1 563 749 | 967 049 | 596 700 | 1 678 060 | 491 301 | 1 186 759 | 21 918 | 15 980 | 5 938 |
| 1 346 157 | 841 970 | 504 187 | 1 636 248 | 473 190 | 1 163 058 | 18 935 | 13 638 | 5 297 |

2—7 续表 2

| 年 龄（岁） | 合计 | | | 未婚 | | |
|---|---|---|---|---|---|---|
| | 合 计 | 男 | 女 | 小 计 | 男 | 女 |
| 75—79 | 10 933 924 | 4 689 104 | 6 244 820 | 118 714 | 97 383 | 21 331 |
| 75 | 2 736 912 | 1 209 315 | 1 527 597 | 30 342 | 25 282 | 5 060 |
| 76 | 2 614 032 | 1 140 595 | 1 473 437 | 28 679 | 23 758 | 4 921 |
| 77 | 2 123 063 | 906 767 | 1 216 296 | 22 911 | 18 762 | 4 149 |
| 78 | 1 846 321 | 774 071 | 1 072 250 | 19 989 | 16 155 | 3 834 |
| 79 | 1 613 596 | 658 356 | 955 240 | 16 793 | 13 426 | 3 367 |
| 80—84 | 5 352 690 | 1 993 954 | 3 358 736 | 51 862 | 40 587 | 11 275 |
| 80 | 1 494 781 | 586 258 | 908 523 | 15 074 | 11 980 | 3 094 |
| 81 | 1 236 185 | 469 224 | 766 961 | 12 155 | 9 586 | 2 569 |
| 82 | 1 029 258 | 380 639 | 648 619 | 10 044 | 7 855 | 2 189 |
| 83 | 852 655 | 304 110 | 548 545 | 7 991 | 6 108 | 1 883 |
| 84 | 739 811 | 253 723 | 486 088 | 6 598 | 5 058 | 1 540 |
| 85—89 | 1 907 544 | 605 746 | 1 301 798 | 16 024 | 11 773 | 4 251 |
| 85 | 593 736 | 197 370 | 396 366 | 5 214 | 3 931 | 1 283 |
| 86 | 467 819 | 150 705 | 317 114 | 3 975 | 2 963 | 1 012 |
| 87 | 362 274 | 113 341 | 248 933 | 2 937 | 2 141 | 796 |
| 88 | 277 790 | 84 378 | 193 412 | 2 264 | 1 621 | 643 |
| 89 | 205 925 | 59 952 | 145 973 | 1 634 | 1 117 | 517 |
| 90—94 | 351 602 | 94 520 | 257 082 | 2 713 | 1 784 | 929 |
| 90 | 139 173 | 39 602 | 99 571 | 1 132 | 769 | 363 |
| 91 | 80 713 | 21 629 | 59 084 | 545 | 367 | 178 |
| 92 | 60 818 | 15 724 | 45 094 | 476 | 306 | 170 |
| 93 | 41 841 | 10 510 | 31 331 | 361 | 224 | 137 |
| 94 | 29 057 | 7 055 | 22 002 | 199 | 118 | 81 |
| 95—99 | 57 851 | 14 549 | 43 302 | 451 | 274 | 177 |
| 95 | 21 397 | 5 387 | 16 010 | 165 | 103 | 62 |
| 96 | 14 184 | 3 462 | 10 722 | 99 | 57 | 42 |
| 97 | 9 641 | 2 358 | 7 283 | 76 | 48 | 28 |
| 98 | 7 525 | 2 006 | 5 519 | 72 | 44 | 28 |
| 99 | 5 104 | 1 336 | 3 768 | 39 | 22 | 17 |
| 100 岁及以上 | 6 681 | 1 555 | 5 126 | 84 | 57 | 27 |

单位：人

| 有配偶 | | | 丧偶 | | | 离婚 | | |
|---|---|---|---|---|---|---|---|---|
| 小计 | 男 | 女 | 小计 | 男 | 女 | 小计 | 男 | 女 |
| 4 023 540 | 2 618 646 | 1 404 894 | 6 733 056 | 1 931 060 | 4 801 996 | 58 614 | 42 015 | 16 599 |
| 1 131 906 | 721 975 | 409 931 | 1 558 096 | 449 988 | 1 108 108 | 16 568 | 12 070 | 4 498 |
| 1 014 948 | 655 242 | 359 706 | 1 555 889 | 451 237 | 1 104 652 | 14 516 | 10 358 | 4 158 |
| 767 109 | 500 868 | 266 241 | 1 321 980 | 379 308 | 942 672 | 11 063 | 7 829 | 3 234 |
| 615 314 | 408 521 | 206 793 | 1 201 898 | 342 832 | 859 066 | 9 120 | 6 563 | 2 557 |
| 494 263 | 332 040 | 162 223 | 1 095 193 | 307 695 | 787 498 | 7 347 | 5 195 | 2 152 |
| 1 255 364 | 870 520 | 384 844 | 4 026 136 | 1 069 369 | 2 956 767 | 19 328 | 13 478 | 5 850 |
| 410 223 | 279 310 | 130 913 | 1 063 006 | 290 443 | 772 563 | 6 478 | 4 525 | 1 953 |
| 307 122 | 211 118 | 96 004 | 912 480 | 245 418 | 667 062 | 4 428 | 3 102 | 1 326 |
| 232 296 | 162 118 | 70 178 | 783 341 | 208 161 | 575 180 | 3 577 | 2 505 | 1 072 |
| 171 318 | 121 499 | 49 819 | 670 681 | 174 653 | 496 028 | 2 665 | 1 850 | 815 |
| 134 405 | 96 475 | 37 930 | 596 628 | 150 694 | 445 934 | 2 180 | 1 496 | 684 |
| 269 273 | 200 218 | 69 055 | 1 617 235 | 390 415 | 1 226 820 | 5 012 | 3 340 | 1 672 |
| 97 727 | 71 302 | 26 425 | 489 063 | 120 956 | 368 107 | 1 732 | 1 181 | 551 |
| 68 619 | 50 844 | 17 775 | 393 940 | 96 055 | 297 885 | 1 285 | 843 | 442 |
| 47 617 | 35 675 | 11 942 | 310 837 | 74 934 | 235 903 | 883 | 591 | 292 |
| 33 549 | 25 572 | 7 977 | 241 304 | 56 744 | 184 560 | 673 | 441 | 232 |
| 21 761 | 16 825 | 4 936 | 182 091 | 41 726 | 140 365 | 439 | 284 | 155 |
| 28 962 | 23 703 | 5 259 | 318 990 | 68 421 | 250 569 | 937 | 612 | 325 |
| 13 667 | 11 050 | 2 617 | 123 910 | 27 482 | 96 428 | 464 | 301 | 163 |
| 6 250 | 5 084 | 1 166 | 73 758 | 16 072 | 57 686 | 160 | 106 | 54 |
| 4 408 | 3 693 | 715 | 55 802 | 11 637 | 44 165 | 132 | 88 | 44 |
| 2 789 | 2 302 | 487 | 38 593 | 7 920 | 30 673 | 98 | 64 | 34 |
| 1 848 | 1 574 | 274 | 26 927 | 5 310 | 21 617 | 83 | 53 | 30 |
| 4 391 | 3 806 | 585 | 52 712 | 10 267 | 42 445 | 297 | 202 | 95 |
| 1 641 | 1 407 | 234 | 19 500 | 3 818 | 15 682 | 91 | 59 | 32 |
| 957 | 838 | 119 | 13 061 | 2 515 | 10 546 | 67 | 52 | 15 |
| 710 | 617 | 93 | 8 809 | 1 667 | 7 142 | 46 | 26 | 20 |
| 659 | 575 | 84 | 6 735 | 1 343 | 5 392 | 59 | 44 | 15 |
| 424 | 369 | 55 | 4 607 | 924 | 3 683 | 34 | 21 | 13 |
| 410 | 373 | 37 | 6 157 | 1 108 | 5 049 | 30 | 17 | 13 |

## 2—8 全国按丈夫年龄和妻

| 丈夫年龄（岁） | 丈夫年龄 10岁及以上 | 9 岁 | 8 岁 | 7 岁 | 6 岁 |
|---|---|---|---|---|---|
| **总 计** | 9 810 238 | 4 084 596 | 5 706 466 | 7 787 893 | 10 590 154 |
| 15—19 | — | — | — | — | — |
| 15 | — | — | — | — | — |
| 16 | — | — | — | — | — |
| 17 | — | — | — | — | — |
| 18 | — | — | — | — | — |
| 19 | — | — | — | — | — |
| 20—24 | 1 | 272 | 1 854 | 8 219 | 30 882 |
| 20 | — | — | — | — | — |
| 21 | — | — | — | — | 363 |
| 22 | — | — | — | 358 | 1 915 |
| 23 | — | — | 329 | 1 687 | 6 853 |
| 24 | 1 | 272 | 1 525 | 6 174 | 21 751 |
| 25—29 | 23 711 | 44 751 | 115 500 | 261 562 | 556 964 |
| 25 | 287 | 1 146 | 4 684 | 16 032 | 47 648 |
| 26 | 1 134 | 3 678 | 12 057 | 34 302 | 98 149 |
| 27 | 4 056 | 9 638 | 27 361 | 74 919 | 176 522 |
| 28 | 7 220 | 13 145 | 34 635 | 75 535 | 130 470 |
| 29 | 11 014 | 17 144 | 36 763 | 60 774 | 104 175 |
| 30—34 | 467 711 | 359 766 | 619 180 | 1 057 889 | 1 579 912 |
| 30 | 30 275 | 35 234 | 58 459 | 99 587 | 188 008 |
| 31 | 51 279 | 44 908 | 76 575 | 139 120 | 237 434 |
| 32 | 101 089 | 77 140 | 139 076 | 237 015 | 410 611 |
| 33 | 126 520 | 95 665 | 160 649 | 278 206 | 471 448 |
| 34 | 158 548 | 106 819 | 184 421 | 303 961 | 272 411 |
| 35—39 | 1 094 929 | 473 084 | 625 349 | 806 018 | 1 222 577 |
| 35 | 217 811 | 138 980 | 229 329 | 201 727 | 202 537 |
| 36 | 238 313 | 144 034 | 126 783 | 128 561 | 234 615 |
| 37 | 249 129 | 79 473 | 80 145 | 145 634 | 225 113 |
| 38 | 223 837 | 52 918 | 98 072 | 151 295 | 301 623 |
| 39 | 165 839 | 57 679 | 91 020 | 178 801 | 258 689 |
| 40—44 | 823 866 | 397 932 | 648 580 | 986 894 | 1 488 178 |
| 40 | 182 400 | 68 454 | 136 757 | 194 888 | 287 337 |
| 41 | 148 387 | 81 172 | 116 984 | 172 285 | 290 170 |
| 42 | 158 015 | 77 697 | 116 507 | 202 522 | 298 682 |
| 43 | 165 683 | 79 813 | 140 423 | 210 516 | 310 678 |
| 44 | 169 381 | 90 796 | 137 909 | 206 683 | 301 311 |

注：丈夫年龄减妻子年龄，大为正，小为负。

子年龄差分的妻子人数

单位:人

| 与 妻 子 年 龄 之 差 | | | | | |
|---|---|---|---|---|---|
| 5 岁 | 4 岁 | 3 岁 | 2 岁 | 1 岁 | 0 岁 |
| 14 586 932 | 19 099 509 | 23 961 633 | 28 521 240 | 30 748 255 | 28 644 213 |
| — | 274 | 1 747 | 7 144 | 21 944 | 45 498 |
| — | — | — | — | — | 94 |
| — | — | — | — | 91 | 320 |
| — | — | — | 123 | 579 | 1 620 |
| — | — | 195 | 988 | 3 507 | 8 257 |
| — | 274 | 1 552 | 6 033 | 17 767 | 35 207 |
| 102 891 | 313 983 | 807 795 | 1 515 422 | 2 165 270 | 2 532 540 |
| 332 | 1 967 | 8 074 | 26 838 | 60 965 | 106 035 |
| 2 205 | 9 550 | 31 421 | 88 111 | 192 964 | 288 792 |
| 8 334 | 28 631 | 87 641 | 237 878 | 412 970 | 446 520 |
| 24 561 | 76 389 | 217 510 | 465 105 | 604 905 | 650 683 |
| 67 459 | 197 446 | 463 149 | 697 490 | 893 466 | 1 040 510 |
| 1 127 580 | 2 076 672 | 3 424 949 | 5 102 028 | 6 161 508 | 5 792 007 |
| 143 726 | 342 741 | 557 843 | 839 480 | 1 199 181 | 1 208 714 |
| 239 231 | 412 972 | 686 922 | 1 131 357 | 1 349 177 | 1 402 259 |
| 311 268 | 555 039 | 958 768 | 1 333 545 | 1 769 992 | 1 933 020 |
| 231 092 | 415 177 | 654 023 | 971 804 | 1 244 473 | 783 626 |
| 202 263 | 350 743 | 567 393 | 825 842 | 598 685 | 464 388 |
| 2 172 663 | 2 815 851 | 3 476 794 | 4 144 927 | 4 768 608 | 4 804 176 |
| 339 763 | 577 799 | 913 357 | 717 416 | 637 196 | 737 949 |
| 421 432 | 700 822 | 586 730 | 567 899 | 786 644 | 730 707 |
| 703 314 | 615 025 | 609 911 | 939 641 | 977 662 | 1 174 366 |
| 424 876 | 437 512 | 704 495 | 845 952 | 1 222 972 | 1 127 643 |
| 283 278 | 484 693 | 662 301 | 1 074 019 | 1 144 134 | 1 033 511 |
| 2 000 881 | 3 064 904 | 4 348 213 | 5 307 828 | 5 733 393 | 5 150 284 |
| 376 637 | 542 677 | 963 752 | 1 149 684 | 1 223 013 | 1 229 561 |
| 357 990 | 676 355 | 878 612 | 1 060 589 | 1 265 203 | 1 119 456 |
| 448 545 | 615 865 | 809 470 | 1 112 872 | 1 174 358 | 1 019 301 |
| 435 660 | 614 102 | 920 990 | 1 100 191 | 1 104 778 | 989 572 |
| 382 049 | 615 905 | 775 389 | 884 492 | 966 041 | 792 394 |
| 2 178 330 | 2 905 253 | 3 472 406 | 3 821 508 | 3 656 129 | 3 071 450 |
| 488 145 | 653 738 | 825 305 | 993 438 | 921 006 | 846 639 |
| 428 929 | 588 338 | 739 162 | 753 811 | 810 709 | 626 831 |
| 434 990 | 590 703 | 643 568 | 780 071 | 690 078 | 582 130 |
| 443 850 | 527 073 | 690 395 | 676 079 | 656 224 | 555 401 |
| 382 416 | 545 401 | 573 976 | 618 109 | 578 112 | 460 449 |

2—8 续表1

| 丈夫年龄（岁） | 丈夫年龄 | | | | |
|---|---|---|---|---|---|
| | 10岁及以上 | 9 岁 | 8 岁 | 7 岁 | 6 岁 |
| 45—49 | 1 047 047 | 510 274 | 746 691 | 1 052 294 | 1 435 320 |
| 45 | 191 991 | 96 423 | 145 373 | 214 416 | 276 630 |
| 46 | 200 372 | 101 982 | 152 443 | 199 748 | 314 956 |
| 47 | 205 544 | 100 572 | 134 909 | 216 026 | 263 020 |
| 48 | 223 607 | 95 663 | 160 825 | 205 265 | 282 194 |
| 49 | 225 533 | 115 634 | 153 141 | 216 839 | 298 520 |
| 50—54 | 1 259 516 | 555 812 | 784 228 | 1 052 143 | 1 346 668 |
| 50 | 246 329 | 105 664 | 155 157 | 218 116 | 281 515 |
| 51 | 236 647 | 109 162 | 159 105 | 211 157 | 272 307 |
| 52 | 260 308 | 119 812 | 163 457 | 218 818 | 277 960 |
| 53 | 259 188 | 112 466 | 157 023 | 208 668 | 254 202 |
| 54 | 257 044 | 108 708 | 149 486 | 195 384 | 260 684 |
| 55—59 | 1 209 524 | 514 085 | 705 284 | 918 096 | 1 135 250 |
| 55 | 253 586 | 103 273 | 139 337 | 192 722 | 243 156 |
| 56 | 245 907 | 100 418 | 145 649 | 192 470 | 238 968 |
| 57 | 241 681 | 106 001 | 145 730 | 188 515 | 234 376 |
| 58 | 229 415 | 99 060 | 136 010 | 172 844 | 216 151 |
| 59 | 238 935 | 105 333 | 138 558 | 171 545 | 202 599 |
| 60—64 | 1 214 250 | 497 528 | 634 557 | 765 299 | 878 352 |
| 60 | 259 602 | 105 810 | 137 610 | 169 487 | 209 442 |
| 61 | 225 825 | 99 961 | 127 768 | 158 198 | 186 464 |
| 62 | 252 460 | 104 105 | 134 786 | 163 052 | 187 550 |
| 63 | 237 951 | 95 283 | 120 033 | 141 477 | 156 842 |
| 64 | 238 412 | 92 369 | 114 360 | 133 085 | 138 054 |
| 65—69 | 1 122 564 | 375 805 | 441 285 | 489 091 | 518 707 |
| 65 | 255 426 | 93 599 | 114 957 | 119 430 | 120 885 |
| 66 | 239 457 | 84 095 | 92 016 | 103 556 | 121 097 |
| 67 | 212 352 | 67 571 | 80 369 | 95 220 | 99 825 |
| 68 | 212 968 | 66 101 | 81 487 | 88 814 | 97 697 |
| 69 | 202 361 | 64 439 | 72 456 | 82 071 | 79 203 |
| 70—74 | 804 708 | 217 840 | 240 271 | 246 376 | 255 622 |
| 70 | 201 965 | 57 748 | 67 459 | 66 720 | 71 305 |
| 71 | 163 646 | 49 088 | 50 780 | 51 747 | 54 353 |
| 72 | 160 671 | 40 406 | 42 805 | 48 817 | 50 667 |
| 73 | 146 447 | 36 189 | 42 795 | 43 522 | 41 960 |
| 74 | 131 979 | 34 409 | 36 432 | 35 570 | 37 337 |

单位:人

| 与 | 妻 | 子 | 年 龄 | 之 | 差 |
|---|---|---|---|---|---|
| 5 岁 | 4 岁 | 3 岁 | 2 岁 | 1 岁 | 0 岁 |
| 1 922 316 | 2 260 684 | 2 496 484 | 2 537 633 | 2 350 648 | 1 943 717 |
| 432 815 | 477 476 | 538 421 | 566 546 | 527 301 | 430 436 |
| 373 713 | 454 255 | 527 469 | 539 866 | 485 423 | 393 714 |
| 355 295 | 445 055 | 486 363 | 490 657 | 450 403 | 365 392 |
| 382 442 | 449 196 | 481 260 | 483 571 | 437 481 | 379 505 |
| 378 051 | 434 702 | 462 971 | 456 993 | 450 040 | 374 670 |
| 1 674 405 | 1 923 120 | 2 044 440 | 2 104 061 | 1 972 485 | 1 702 846 |
| 356 678 | 399 954 | 419 905 | 457 276 | 413 516 | 332 542 |
| 333 722 | 379 125 | 415 227 | 416 808 | 391 889 | 333 778 |
| 328 074 | 393 550 | 426 605 | 429 719 | 390 638 | 341 991 |
| 333 160 | 389 550 | 402 184 | 396 024 | 387 674 | 341 529 |
| 322 771 | 360 941 | 380 519 | 404 234 | 388 768 | 353 006 |
| 1 383 292 | 1 576 126 | 1 697 878 | 1 749 361 | 1 688 174 | 1 525 092 |
| 297 771 | 331 528 | 367 453 | 380 856 | 382 216 | 344 829 |
| 288 013 | 339 493 | 367 501 | 392 047 | 359 773 | 325 072 |
| 290 487 | 335 441 | 355 333 | 342 166 | 348 232 | 331 690 |
| 255 696 | 287 878 | 305 310 | 328 348 | 319 632 | 268 056 |
| 251 325 | 281 786 | 302 281 | 305 944 | 278 321 | 255 445 |
| 1 009 504 | 1 095 364 | 1 106 431 | 1 124 492 | 1 124 017 | 1 048 511 |
| 252 563 | 276 209 | 287 577 | 272 368 | 265 497 | 263 753 |
| 221 856 | 240 479 | 230 217 | 231 196 | 256 503 | 229 478 |
| 215 264 | 223 736 | 228 363 | 250 633 | 221 943 | 205 599 |
| 169 569 | 193 517 | 192 874 | 179 316 | 203 382 | 186 751 |
| 150 252 | 161 423 | 167 400 | 190 979 | 176 692 | 162 930 |
| 582 977 | 624 771 | 644 205 | 652 301 | 657 768 | 618 049 |
| 148 585 | 159 972 | 171 175 | 160 048 | 167 873 | 171 419 |
| 133 340 | 146 650 | 137 985 | 146 799 | 161 990 | 148 407 |
| 116 205 | 111 002 | 118 001 | 135 072 | 131 778 | 110 125 |
| 97 445 | 106 721 | 120 184 | 122 725 | 102 259 | 94 785 |
| 87 402 | 100 426 | 96 860 | 87 657 | 93 868 | 93 313 |
| 283 566 | 293 771 | 294 345 | 308 941 | 302 657 | 275 996 |
| 82 216 | 81 595 | 79 076 | 87 015 | 87 368 | 83 341 |
| 61 760 | 63 466 | 66 792 | 67 618 | 68 527 | 58 299 |
| 52 309 | 58 038 | 57 346 | 61 608 | 56 238 | 52 691 |
| 47 794 | 48 526 | 51 410 | 50 575 | 50 820 | 46 537 |
| 39 487 | 42 146 | 39 721 | 42 125 | 39 704 | 35 128 |

2—8 续表 2

| 丈夫年龄（岁） | 10岁及以上 | 9岁 | 8岁 | 7岁 | 6岁 |
|---|---|---|---|---|---|
| 75—79 | 480 020 | 99 039 | 104 435 | 106 539 | 105 348 |
| 75 | 123 695 | 28 635 | 28 929 | 31 137 | 31 238 |
| 76 | 117 162 | 24 444 | 27 376 | 28 126 | 28 704 |
| 77 | 92 702 | 19 146 | 20 440 | 20 227 | 17 846 |
| 78 | 79 818 | 14 487 | 15 600 | 14 786 | 15 158 |
| 79 | 66 643 | 12 327 | 12 090 | 12 263 | 12 402 |
| 80—84 | 193 834 | 30 897 | 32 066 | 31 030 | 30 008 |
| 80 | 60 744 | 9 497 | 10 085 | 10 528 | 10 198 |
| 81 | 44 809 | 7 662 | 7 977 | 7 547 | 7 409 |
| 82 | 36 106 | 5 889 | 5 993 | 5 627 | 5 892 |
| 83 | 28 417 | 4 443 | 4 498 | 4 309 | 3 550 |
| 84 | 23 758 | 3 406 | 3 513 | 3 019 | 2 959 |
| 85—89 | 56 978 | 6 782 | 6 505 | 5 878 | 5 807 |
| 85 | 18 937 | 2 547 | 2 384 | 2 131 | 2 094 |
| 86 | 14 051 | 1 652 | 1 579 | 1 538 | 1 610 |
| 87 | 10 417 | 1 143 | 1 120 | 1 100 | 1 052 |
| 88 | 8 037 | 820 | 905 | 730 | 697 |
| 89 | 5 536 | 620 | 517 | 379 | 354 |
| 90—94 | 9 348 | 669 | 629 | 533 | 520 |
| 90 | 4 428 | 279 | 282 | 232 | 242 |
| 91 | 1 811 | 169 | 141 | 138 | 110 |
| 92 | 1 437 | 118 | 96 | 84 | 95 |
| 93 | 942 | 54 | 71 | 52 | 49 |
| 94 | 730 | 49 | 39 | 27 | 24 |
| 95—99 | 2 179 | 60 | 52 | 32 | 39 |
| 95 | 797 | 21 | 16 | 14 | 14 |
| 96 | 463 | 18 | 10 | 7 | 13 |
| 97 | 354 | 6 | 5 | 7 | 7 |
| 98 | 355 | 9 | 16 | 2 | 4 |
| 99 | 210 | 6 | 5 | 2 | 1 |
| 100岁及以上 | 52 | — | — | — | — |

单位:人

| 与妻子年龄之差 | | | | | |
|---|---|---|---|---|---|
| 5 岁 | 4 岁 | 3 岁 | 2 岁 | 1 岁 | 0 岁 |
| **109 900** | **110 466** | **110 798** | **110 986** | **112 736** | **103 784** |
| 34 195 | 31 973 | 30 774 | 28 864 | 31 912 | 31 276 |
| 26 640 | 26 006 | 26 605 | 29 859 | 29 456 | 27 718 |
| 19 536 | 21 076 | 22 028 | 22 006 | 22 740 | 19 360 |
| 15 891 | 17 409 | 17 293 | 18 083 | 15 967 | 14 051 |
| 13 638 | 14 002 | 14 098 | 12 174 | 12 661 | 11 379 |
| **32 008** | **31 898** | **29 493** | **29 192** | **27 957** | **25 924** |
| 11 146 | 11 633 | 10 091 | 10 002 | 8 895 | 8 445 |
| 8 411 | 7 754 | 7 078 | 6 768 | 7 424 | 7 076 |
| 5 423 | 5 159 | 5 382 | 5 728 | 5 218 | 4 719 |
| 3 913 | 4 183 | 3 937 | 3 729 | 3 723 | 3 271 |
| 3 115 | 3 169 | 3 005 | 2 965 | 2 697 | 2 413 |
| **6 024** | **5 882** | **5 246** | **5 059** | **4 624** | **4 084** |
| 2 529 | 2 321 | 2 042 | 1 975 | 1 945 | 1 676 |
| 1 509 | 1 517 | 1 403 | 1 476 | 1 137 | 981 |
| 954 | 1 029 | 897 | 744 | 744 | 672 |
| 608 | 595 | 558 | 516 | 498 | 480 |
| 424 | 420 | 346 | 348 | 300 | 275 |
| **550** | **465** | **384** | **336** | **310** | **240** |
| 292 | 233 | 202 | 186 | 147 | 129 |
| 118 | 99 | 89 | 68 | 85 | 59 |
| 71 | 65 | 46 | 47 | 46 | 24 |
| 45 | 38 | 36 | 20 | 18 | 18 |
| 24 | 30 | 11 | 15 | 14 | 10 |
| **45** | **24** | **25** | **18** | **24** | **14** |
| 28 | 10 | 8 | 8 | 2 | 5 |
| 7 | 5 | 8 | 3 | 6 | 3 |
| 4 | 3 | 3 | 4 | 3 | 2 |
| 3 | 2 | 3 | 2 | 10 | 3 |
| 3 | 4 | 3 | 1 | 3 | 1 |
| **—** | **1** | **—** | **3** | **3** | **1** |

2—8 续表 3

| 丈夫年龄（岁） | 丈夫年龄 | | | |
|---|---|---|---|---|
| | —1 岁 | —2 岁 | —3 岁 | —4 岁 |
| **总计** | **17 706 447** | **9 938 974** | **5 072 745** | **2 365 317** |
| **15—19** | **45 816** | **38 972** | **26 664** | **14 568** |
| 15 | 89 | 68 | 57 | 70 |
| 16 | 340 | 323 | 299 | 276 |
| 17 | 1 888 | 1 892 | 1 665 | 1 123 |
| 18 | 9 082 | 8 653 | 6 244 | 3 708 |
| 19 | 34 417 | 28 036 | 18 399 | 9 391 |
| **20—24** | **1 821 939** | **1 089 437** | **560 554** | **219 294** |
| 20 | 97 110 | 66 919 | 38 654 | 22 100 |
| 21 | 211 837 | 134 878 | 85 913 | 38 561 |
| 22 | 315 547 | 219 217 | 106 887 | 45 634 |
| 23 | 509 189 | 283 156 | 139 612 | 62 903 |
| 24 | 688 256 | 385 267 | 189 488 | 50 096 |
| **25—29** | **3 194 708** | **1 427 307** | **603 657** | **248 202** |
| 25 | 765 386 | 433 962 | 134 041 | 41 961 |
| 26 | 1 012 144 | 344 279 | 117 175 | 58 489 |
| 27 | 758 941 | 282 996 | 163 858 | 61 615 |
| 28 | 325 593 | 203 601 | 90 659 | 47 649 |
| 29 | 332 644 | 162 469 | 97 924 | 38 488 |
| **30—34** | **3 057 817** | **1 699 099** | **795 876** | **318 566** |
| 30 | 419 393 | 285 979 | 127 889 | 47 797 |
| 31 | 552 658 | 286 382 | 135 129 | 58 716 |
| 32 | 720 109 | 373 222 | 192 565 | 74 863 |
| 33 | 666 846 | 389 987 | 176 339 | 68 327 |
| 34 | 698 811 | 363 529 | 163 954 | 68 863 |
| **35—39** | **3 066 773** | **1 577 283** | **701 927** | **262 909** |
| 35 | 738 272 | 386 296 | 187 200 | 64 459 |
| 36 | 669 143 | 370 867 | 147 068 | 57 658 |
| 37 | 631 336 | 289 920 | 139 304 | 51 449 |
| 38 | 538 393 | 300 939 | 124 205 | 47 530 |
| 39 | 489 629 | 229 261 | 104 150 | 41 813 |
| **40—44** | **1 720 434** | **889 033** | **415 768** | **181 837** |
| 40 | 449 907 | 238 661 | 114 836 | 48 119 |
| 41 | 372 109 | 199 055 | 92 223 | 38 701 |
| 42 | 344 354 | 174 769 | 75 936 | 31 422 |
| 43 | 295 244 | 142 803 | 67 486 | 31 631 |
| 44 | 258 820 | 133 745 | 65 287 | 31 964 |

单位：人

| 与妻子年龄之差 | | | | | |
| --- | --- | --- | --- | --- | --- |
| －5 岁 | －6 岁 | －7 岁 | －8 岁 | －9 岁 | －10 岁及以上 |
| **1 121 738** | **557 917** | **310 430** | **189 382** | **120 073** | **304 109** |
| 7 864 | 3 669 | 1 862 | 1 207 | 787 | 8 051 |
| 94 | 72 | 118 | 101 | 122 | 1 245 |
| 218 | 141 | 124 | 151 | 122 | 1 607 |
| 653 | 370 | 251 | 189 | 141 | 2 052 |
| 1 880 | 961 | 470 | 276 | 173 | 1 696 |
| 5 019 | 2 125 | 899 | 490 | 229 | 1 451 |
| **78 614** | **31 724** | **13 705** | **7 183** | **4 359** | **20 387** |
| 9 836 | 4 323 | 2 238 | 879 | 488 | 2 922 |
| 16 079 | 7 211 | 2 612 | 1 193 | 783 | 3 388 |
| 19 724 | 6 509 | 2 545 | 1 549 | 621 | 4 324 |
| 17 115 | 5 719 | 3 121 | 1 264 | 910 | 4 245 |
| 15 860 | 7 962 | 3 189 | 2 298 | 1 557 | 5 508 |
| **102 437** | **41 819** | **21 012** | **12 057** | **7 890** | **32 144** |
| 19 984 | 7 157 | 4 368 | 2 611 | 1 841 | 7 111 |
| 20 567 | 10 099 | 4 666 | 2 624 | 1 816 | 8 497 |
| 30 092 | 11 340 | 5 294 | 3 104 | 1 841 | 7 756 |
| 17 622 | 7 166 | 3 668 | 2 077 | 1 273 | 5 137 |
| 14 172 | 6 057 | 3 016 | 1 641 | 1 119 | 3 643 |
| **127 821** | **57 687** | **28 722** | **16 212** | **9 143** | **28 185** |
| 21 154 | 9 398 | 4 707 | 3 066 | 1 881 | 5 096 |
| 23 466 | 10 286 | 5 640 | 3 389 | 1 946 | 5 077 |
| 29 309 | 14 308 | 7 194 | 4 185 | 1 847 | 6 050 |
| 28 827 | 12 492 | 6 512 | 2 933 | 1 674 | 6 037 |
| 25 065 | 11 203 | 4 669 | 2 639 | 1 795 | 5 925 |
| **101 416** | **43 649** | **23 658** | **15 114** | **10 448** | **34 386** |
| 26 318 | 9 429 | 5 127 | 3 147 | 2 276 | 7 429 |
| 20 344 | 9 092 | 4 900 | 3 165 | 2 156 | 7 352 |
| 19 426 | 8 845 | 4 655 | 3 063 | 2 049 | 7 590 |
| 18 643 | 8 500 | 4 824 | 2 948 | 1 962 | 6 495 |
| 16 685 | 7 783 | 4 152 | 2 791 | 2 005 | 5 520 |
| **87 288** | **46 655** | **27 689** | **18 277** | **11 619** | **28 013** |
| 21 032 | 10 224 | 6 230 | 4 553 | 3 471 | 6 878 |
| 16 771 | 9 098 | 6 285 | 4 548 | 2 435 | 5 654 |
| 16 114 | 9 500 | 6 198 | 3 643 | 1 965 | 5 414 |
| 16 613 | 9 784 | 5 129 | 2 778 | 1 908 | 5 109 |
| 16 758 | 8 049 | 3 847 | 2 755 | 1 840 | 4 958 |

2—8 续表 4

| 丈夫年龄（岁） | 丈夫年龄 | | | |
|---|---|---|---|---|
| | —1 岁 | —2 岁 | —3 岁 | —4 岁 |
| **45—49** | **1 131 195** | **630 010** | **332 695** | **165 328** |
| 45 | 236 564 | 125 655 | 67 516 | 33 082 |
| 46 | 219 537 | 126 911 | 68 228 | 30 850 |
| 47 | 227 745 | 131 766 | 65 730 | 29 314 |
| 48 | 235 497 | 131 373 | 61 515 | 32 802 |
| 49 | 211 852 | 114 305 | 69 706 | 39 280 |
| **50—54** | **1 101 580** | **720 951** | **442 578** | **251 578** |
| 50 | 199 938 | 130 902 | 77 287 | 42 287 |
| 51 | 217 880 | 135 417 | 83 170 | 46 711 |
| 52 | 221 839 | 147 595 | 90 360 | 53 785 |
| 53 | 230 816 | 148 850 | 94 842 | 58 139 |
| 54 | 231 107 | 158 187 | 96 919 | 50 656 |
| **55—59** | **1 064 426** | **752 353** | **490 161** | **288 821** |
| 55 | 220 148 | 146 449 | 94 147 | 60 043 |
| 56 | 235 087 | 163 490 | 103 648 | 63 209 |
| 57 | 219 488 | 159 117 | 108 928 | 57 665 |
| 58 | 197 661 | 152 157 | 89 529 | 55 650 |
| 59 | 192 042 | 131 140 | 93 909 | 52 254 |
| **60—64** | **754 397** | **558 923** | **352 676** | **211 621** |
| 60 | 189 044 | 146 539 | 78 951 | 43 719 |
| 61 | 160 158 | 102 195 | 73 273 | 51 395 |
| 62 | 148 057 | 116 922 | 79 617 | 44 216 |
| 63 | 131 739 | 99 308 | 62 038 | 34 047 |
| 64 | 125 399 | 93 959 | 58 797 | 38 244 |
| **65—69** | **453 957** | **338 508** | **210 398** | **119 656** |
| 65 | 125 608 | 89 727 | 57 796 | 32 100 |
| 66 | 101 806 | 79 586 | 47 621 | 25 681 |
| 67 | 79 923 | 60 276 | 38 875 | 22 171 |
| 68 | 76 530 | 60 803 | 35 547 | 21 352 |
| 69 | 70 090 | 48 116 | 30 559 | 18 352 |
| **70—74** | **198 029** | **150 914** | **97 565** | **58 088** |
| 70 | 55 011 | 42 214 | 30 324 | 18 722 |
| 71 | 45 376 | 36 955 | 23 438 | 12 641 |
| 72 | 40 562 | 29 254 | 15 821 | 10 038 |
| 73 | 30 699 | 19 687 | 15 009 | 9 634 |
| 74 | 26 381 | 22 804 | 12 973 | 7 053 |

单位：人

| 与 妻 子 年 龄 之 差 | | | | | |
|---|---|---|---|---|---|
| -5 岁 | -6 岁 | -7 岁 | -8 岁 | -9 岁 | -10岁及以上 |
| **82 595** | **43 373** | **26 679** | **17 331** | **12 007** | **30 844** |
| 15 609 | 6 863 | 4 306 | 2 904 | 1 910 | 5 247 |
| 13 539 | 8 034 | 4 825 | 3 152 | 2 229 | 5 672 |
| 15 416 | 8 349 | 5 372 | 3 453 | 2 385 | 6 260 |
| 17 968 | 9 968 | 5 795 | 3 696 | 2 702 | 6 863 |
| 20 063 | 10 159 | 6 381 | 4 126 | 2 781 | 6 802 |
| **142 255** | **79 209** | **46 169** | **30 070** | **19 291** | **41 753** |
| 22 657 | 12 555 | 7 792 | 5 109 | 3 662 | 7 975 |
| 26 132 | 15 416 | 8 571 | 6 051 | 3 969 | 8 205 |
| 31 105 | 16 301 | 9 756 | 6 420 | 3 826 | 8 909 |
| 29 764 | 15 697 | 10 120 | 5 975 | 4 118 | 8 632 |
| 32 597 | 19 240 | 9 930 | 6 515 | 3 716 | 8 032 |
| **152 432** | **78 793** | **46 955** | **28 081** | **18 099** | **35 459** |
| 35 477 | 16 302 | 10 047 | 5 477 | 3 605 | 7 747 |
| 31 262 | 17 478 | 9 200 | 5 813 | 4 014 | 7 788 |
| 32 190 | 15 797 | 9 380 | 6 409 | 3 950 | 7 318 |
| 27 412 | 14 603 | 9 351 | 5 480 | 3 262 | 6 650 |
| 26 091 | 14 613 | 8 977 | 4 902 | 3 268 | 5 956 |
| **126 779** | **71 396** | **39 582** | **23 407** | **14 291** | **25 071** |
| 30 310 | 17 689 | 9 095 | 5 715 | 3 773 | 6 193 |
| 28 510 | 14 661 | 8 869 | 5 517 | 3 210 | 5 386 |
| 23 577 | 13 652 | 8 682 | 5 005 | 2 707 | 5 163 |
| 22 891 | 14 262 | 7 627 | 3 826 | 2 392 | 4 357 |
| 21 491 | 11 132 | 5 309 | 3 344 | 2 209 | 3 972 |
| **66 829** | **36 253** | **21 989** | **13 337** | **8 020** | **13 152** |
| 17 048 | 7 848 | 5 310 | 3 557 | 2 174 | 3 514 |
| 13 993 | 8 576 | 5 041 | 2 938 | 1 834 | 3 172 |
| 12 763 | 6 876 | 4 145 | 2 562 | 1 616 | 2 533 |
| 11 636 | 6 805 | 3 852 | 2 372 | 1 298 | 2 190 |
| 11 389 | 6 148 | 3 641 | 1 908 | 1 098 | 1 743 |
| **32 822** | **17 818** | **9 524** | **5 466** | **3 147** | **5 254** |
| 10 038 | 5 844 | 2 783 | 1 600 | 999 | 1 796 |
| 7 664 | 3 709 | 2 115 | 1 280 | 789 | 1 250 |
| 5 991 | 3 288 | 1 945 | 1 122 | 575 | 887 |
| 4 842 | 2 768 | 1 578 | 835 | 446 | 756 |
| 4 287 | 2 209 | 1 103 | 629 | 338 | 565 |

2—8 续表5

| 丈夫年龄（岁） | 丈夫年龄 | | | |
|---|---|---|---|---|
| | —1岁 | —2岁 | —3岁 | —4岁 |
| **75—79** | **75 107** | **52 177** | **33 980** | **20 211** |
| 75 | 24 833 | 16 144 | 10 313 | 6 585 |
| 76 | 19 172 | 13 547 | 9 117 | 5 634 |
| 77 | 13 143 | 9 162 | 6 564 | 3 690 |
| 78 | 10 294 | 7 876 | 4 452 | 2 205 |
| 79 | 7 665 | 5 448 | 3 534 | 2 097 |
| **80—84** | **17 783** | **12 482** | **7 433** | **4 221** |
| 80 | 6 354 | 4 712 | 2 600 | 1 516 |
| 81 | 4 512 | 2 910 | 1 938 | 1 137 |
| 82 | 3 024 | 2 288 | 1 420 | 765 |
| 83 | 2 298 | 1 545 | 901 | 527 |
| 84 | 1 595 | 1 027 | 574 | 276 |
| **85—89** | **2 379** | **1 455** | **778** | **401** |
| 85 | 939 | 607 | 349 | 216 |
| 86 | 632 | 436 | 238 | 103 |
| 87 | 412 | 231 | 111 | 47 |
| 88 | 280 | 130 | 50 | 26 |
| 89 | 116 | 51 | 30 | 9 |
| **90—94** | **99** | **62** | **33** | **16** |
| 90 | 50 | 24 | 17 | 4 |
| 91 | 22 | 13 | 3 | 7 |
| 92 | 12 | 15 | 10 | 2 |
| 93 | 6 | 7 | 2 | 1 |
| 94 | 9 | 3 | 1 | 2 |
| **95—99** | **8** | **8** | **2** | — |
| 95 | 4 | 2 | 1 | — |
| 96 | — | 4 | 1 | — |
| 97 | 2 | — | — | — |
| 98 | 2 | 2 | — | — |
| 99 | — | — | — | — |
| **100岁及以上** | — | — | — | — |

单位：人

| 与妻子年龄之差 | | | | | |
|---|---|---|---|---|---|
| －5 岁 | －6 岁 | －7 岁 | －8 岁 | －9 岁 | －10 岁及以上 |
| **10 189** | **4 829** | **2 416** | **1 361** | **841** | **1 248** |
| 3 438 | 1 583 | 797 | 455 | 278 | 416 |
| 2 743 | 1 306 | 609 | 375 | 214 | 323 |
| 1 652 | 759 | 458 | 244 | 146 | 246 |
| 1 287 | 721 | 339 | 151 | 120 | 181 |
| 1 069 | 460 | 213 | 136 | 83 | 82 |
| | | | | | |
| **2 236** | **986** | **450** | **262** | **122** | **137** |
| 921 | 432 | 185 | 135 | 70 | 67 |
| 596 | 263 | 117 | 69 | 26 | 33 |
| 355 | 172 | 89 | 32 | 13 | 17 |
| 244 | 74 | 44 | 15 | 7 | 9 |
| 120 | 45 | 15 | 11 | 6 | 11 |
| | | | | | |
| **149** | **53** | **17** | **16** | **8** | **23** |
| 84 | 18 | 5 | 7 | 5 | 5 |
| 39 | 19 | 6 | 4 | — | 8 |
| 11 | 7 | 4 | 2 | 2 | 7 |
| 12 | 8 | — | 1 | — | 2 |
| 3 | 1 | 2 | 2 | 1 | 1 |
| | | | | | |
| **12** | **3** | **1** | **1** | **1** | **2** |
| 5 | — | 1 | 1 | 1 | 1 |
| 2 | — | — | — | — | 1 |
| 3 | 1 | — | — | — | — |
| — | 2 | — | — | — | — |
| 2 | — | — | — | — | — |
| | | | | | |
| — | **1** | — | — | — | — |
| — | 1 | — | — | — | — |
| — | — | — | — | — | — |
| — | — | — | — | — | — |
| — | — | — | — | — | — |
| — | — | — | — | — | — |
| | | | | | |
| — | — | — | — | — | — |

2—9 全国按户主民族

| 民族 | 合计 | 一人户 | 二人户 | 三人户 |
| --- | --- | --- | --- | --- |
| **总计** | **276 911 767** | **17 355 508** | **30 605 168** | **65 717 790** |
| 汉族 | 257 729 646 | 16 418 916 | 28 990 676 | 62 329 389 |
| 蒙古族 | 971 482 | 41 307 | 76 844 | 193 555 |
| 回族 | 1 921 074 | 94 518 | 180 081 | 407 371 |
| 藏族 | 832 186 | 57 536 | 65 252 | 96 077 |
| 维吾尔族 | 1 516 534 | 104 499 | 158 806 | 234 915 |
| 苗族 | 1 531 524 | 69 649 | 115 141 | 227 556 |
| 彝族 | 1 348 828 | 68 080 | 105 604 | 192 622 |
| 壮族 | 3 060 272 | 151 479 | 209 675 | 390 728 |
| 布依族 | 512 135 | 23 913 | 34 067 | 68 706 |
| 朝鲜族 | 497 536 | 17 018 | 57 166 | 150 610 |
| 满族 | 2 371 287 | 80 843 | 230 967 | 691 295 |
| 侗族 | 540 082 | 26 073 | 42 087 | 87 126 |
| 瑶族 | 416 894 | 20 131 | 30 274 | 57 592 |
| 白族 | 326 131 | 13 678 | 25 270 | 49 693 |
| 土家族 | 1 371 368 | 86 884 | 153 548 | 286 123 |
| 哈尼族 | 234 025 | 7 874 | 12 064 | 26 994 |
| 哈萨克族 | 187 052 | 4 364 | 8 094 | 19 542 |
| 傣族 | 189 339 | 4 753 | 8 135 | 20 505 |
| 黎族 | 193 051 | 8 348 | 11 880 | 18 921 |
| 傈僳族 | 116 966 | 4 652 | 8 194 | 16 138 |
| 佤族 | 68 922 | 2 572 | 4 760 | 9 029 |
| 畲族 | 138 762 | 9 810 | 12 758 | 21 735 |
| 高山族 | 678 | 49 | 92 | 229 |
| 拉祜族 | 78 770 | 1 972 | 4 641 | 10 272 |
| 水族 | 72 458 | 5 009 | 5 942 | 10 840 |
| 东乡族 | 65 061 | 867 | 2 724 | 6 188 |
| 纳西族 | 56 471 | 2 252 | 3 789 | 7 930 |

分的家庭户规模

单位:户

| 四人户 | 五人户 | 六人户 | 七人户 | 八人户 | 九人户 | 十人及十人以上户 |
|---|---|---|---|---|---|---|
| 71 510 544 | 49 114 451 | 23 284 783 | 10 860 512 | 4 762 215 | 2 025 666 | 1 675 130 |
| 67 027 602 | 45 451 427 | 20 954 255 | 9 490 563 | 4 036 578 | 1 669 253 | 1 360 987 |
| 260 656 | 184 948 | 107 266 | 56 957 | 27 591 | 12 488 | 9 870 |
| 460 361 | 338 782 | 201 797 | 114 556 | 61 193 | 30 795 | 31 620 |
| 127 846 | 131 087 | 110 640 | 88 488 | 63 544 | 41 200 | 50 516 |
| 260 353 | 250 812 | 190 608 | 141 955 | 85 978 | 46 132 | 42 476 |
| 347 348 | 336 439 | 212 753 | 118 508 | 57 840 | 25 878 | 20 412 |
| 292 663 | 281 330 | 197 748 | 113 716 | 55 326 | 24 152 | 17 587 |
| 630 234 | 636 948 | 466 597 | 292 458 | 155 967 | 72 434 | 53 752 |
| 103 046 | 115 819 | 81 288 | 46 847 | 22 693 | 9 700 | 6 056 |
| 159 052 | 71 788 | 27 775 | 9 406 | 3 076 | 1 074 | 571 |
| 762 109 | 367 841 | 152 550 | 55 738 | 19 405 | 6 644 | 3 895 |
| 135 893 | 120 240 | 68 291 | 34 940 | 15 257 | 6 263 | 3 912 |
| 93 815 | 88 609 | 57 445 | 34 573 | 18 199 | 8 815 | 7 441 |
| 78 207 | 68 575 | 43 950 | 24 361 | 12 284 | 5 739 | 4 374 |
| 386 293 | 274 116 | 119 094 | 45 024 | 14 379 | 4 156 | 1 751 |
| 45 958 | 49 397 | 37 173 | 24 049 | 14 109 | 7 937 | 8 470 |
| 26 002 | 29 422 | 27 652 | 25 788 | 19 893 | 13 183 | 13 112 |
| 43 786 | 38 749 | 30 935 | 19 156 | 10 576 | 6 048 | 6 696 |
| 27 984 | 38 201 | 31 155 | 23 384 | 15 516 | 8 437 | 9 225 |
| 25 841 | 25 125 | 17 331 | 10 381 | 5 268 | 2 369 | 1 667 |
| 13 069 | 14 988 | 11 007 | 6 586 | 3 661 | 1 731 | 1 519 |
| 31 873 | 27 969 | 16 673 | 9 533 | 4 468 | 2 086 | 1 857 |
| 163 | 88 | 28 | 16 | 8 | 2 | 3 |
| 16 464 | 18 396 | 12 101 | 7 339 | 3 901 | 1 923 | 1 761 |
| 13 869 | 14 129 | 10 265 | 6 569 | 3 519 | 1 525 | 791 |
| 11 046 | 13 319 | 11 048 | 8 114 | 5 225 | 3 022 | 3 508 |
| 14 984 | 12 342 | 7 522 | 3 966 | 1 909 | 878 | 899 |

2—9 续表

| 民族 | 合计 | 一人户 | 二人户 | 三人户 |
| --- | --- | --- | --- | --- |
| 景颇族 | 20 185 | 557 | 1 102 | 2 167 |
| 柯尔克孜族 | 26 307 | 857 | 1 725 | 3 199 |
| 土族 | 33 939 | 1 185 | 1 543 | 3 670 |
| 达斡尔族 | 25 220 | 923 | 2 325 | 5 365 |
| 仫佬族 | 28 489 | 1 291 | 1 914 | 3 595 |
| 羌族 | 36 073 | 1 426 | 2 342 | 4 920 |
| 布朗族 | 14 964 | 431 | 769 | 1 588 |
| 撒拉族 | 14 658 | 526 | 713 | 1 284 |
| 毛南族 | 13 643 | 826 | 991 | 1 887 |
| 仡佬族 | 96 053 | 4 751 | 8 275 | 15 192 |
| 锡伯族 | 38 402 | 1 390 | 3 715 | 11 049 |
| 阿昌族 | 4 695 | 152 | 256 | 520 |
| 普米族 | 5 408 | 193 | 286 | 540 |
| 塔吉克族 | 5 391 | 233 | 374 | 565 |
| 怒族 | 5 680 | 372 | 516 | 832 |
| 乌孜别克族 | 2 844 | 111 | 194 | 399 |
| 俄罗斯族 | 2 803 | 168 | 398 | 916 |
| 鄂温克族 | 4 829 | 255 | 446 | 954 |
| 德昂族 | 2 670 | 56 | 133 | 265 |
| 保安族 | 2 183 | 45 | 115 | 245 |
| 裕固族 | 2 412 | 129 | 194 | 405 |
| 京族 | 3 151 | 241 | 273 | 459 |
| 塔塔尔族 | 963 | 46 | 59 | 148 |
| 独龙族 | 1 105 | 74 | 90 | 139 |
| 鄂伦春族 | 1 332 | 82 | 157 | 308 |
| 赫哲族 | 887 | 31 | 92 | 245 |
| 门巴族 | 1 219 | 56 | 80 | 113 |
| 珞巴族 | 433 | 49 | 30 | 48 |
| 基诺族 | 3 364 | 168 | 173 | 380 |
| 其他未识别的民族 | 162 936 | 11 517 | 17 230 | 24 566 |
| 外国人加入中国籍 | 995 | 321 | 127 | 146 |

单位:户

| 四人户 | 五人户 | 六人户 | 七人户 | 八人户 | 九人户 | 十人及十人以上户 |
|---|---|---|---|---|---|---|
| 3 183 | 3 686 | 3 186 | 2 529 | 1 704 | 1 020 | 1 051 |
| 4 155 | 4 434 | 3 781 | 3 321 | 2 263 | 1 325 | 1 247 |
| 7 016 | 7 624 | 5 400 | 3 409 | 1 978 | 1 099 | 1 015 |
| 6 839 | 4 726 | 2 667 | 1 248 | 603 | 284 | 240 |
| 6 262 | 5 833 | 4 211 | 2 767 | 1 423 | 688 | 505 |
| 7 905 | 7 101 | 5 481 | 3 424 | 1 842 | 911 | 721 |
| 2 638 | 2 934 | 2 535 | 1 722 | 1 062 | 614 | 671 |
| 2 026 | 2 511 | 2 321 | 1 854 | 1 360 | 840 | 1 223 |
| 2 982 | 2 667 | 1 998 | 1 237 | 632 | 275 | 148 |
| 20 886 | 21 996 | 13 904 | 6 813 | 2 795 | 963 | 478 |
| 11 901 | 5 723 | 2 672 | 1 129 | 488 | 179 | 156 |
| 785 | 885 | 776 | 563 | 347 | 220 | 191 |
| 964 | 1 106 | 956 | 631 | 388 | 157 | 187 |
| 673 | 769 | 676 | 595 | 449 | 360 | 697 |
| 1 047 | 1 160 | 813 | 512 | 254 | 105 | 69 |
| 477 | 463 | 384 | 290 | 225 | 121 | 180 |
| 744 | 351 | 132 | 53 | 23 | 9 | 9 |
| 1 220 | 913 | 537 | 281 | 131 | 58 | 34 |
| 469 | 512 | 416 | 295 | 205 | 136 | 183 |
| 548 | 497 | 343 | 176 | 117 | 49 | 48 |
| 573 | 513 | 317 | 171 | 48 | 36 | 26 |
| 781 | 597 | 349 | 206 | 93 | 63 | 89 |
| 167 | 152 | 110 | 111 | 74 | 49 | 47 |
| 181 | 211 | 148 | 120 | 71 | 38 | 33 |
| 403 | 209 | 90 | 45 | 24 | 8 | 6 |
| 286 | 145 | 54 | 16 | 11 | 4 | 3 |
| 189 | 165 | 163 | 120 | 118 | 75 | 140 |
| 73 | 59 | 51 | 45 | 37 | 22 | 19 |
| 787 | 672 | 449 | 289 | 216 | 106 | 124 |
| 27 705 | 34 839 | 24 849 | 13 544 | 5 854 | 1 979 | 853 |
| 162 | 112 | 67 | 25 | 17 | 9 | 9 |

## 2—10 全国1989年育龄妇女

| 年　　龄<br>（岁） | 1989年年中<br>妇女人数 | 出生人数 | 生育率 | 第一孩 | | 第二 |
|---|---|---|---|---|---|---|
| | | | | 出生数 | 生育率 | 出生数 |
| **总　　计** | 300 199 353 | 23 850 536 | 79.45 | 11 790 815 | 39.28 | 7 462 351 |
| 15—19 | 60 832 397 | 1 337 535 | 21.99 | 1 189 198 | 19.55 | 138 767 |
| 15 | 11 443 691 | 7 043 | 0.62 | 6 710 | 0.59 | 253 |
| 16 | 11 955 254 | 34 640 | 2.90 | 33 276 | 2.78 | 1 266 |
| 17 | 11 928 154 | 124 042 | 10.40 | 116 495 | 9.77 | 7 173 |
| 18 | 12 660 569 | 348 941 | 27.56 | 317 922 | 25.11 | 29 631 |
| 19 | 12 844 729 | 822 869 | 64.06 | 714 795 | 55.65 | 100 444 |
| 20—24 | 60 610 171 | 12 049 695 | 198.81 | 8 066 430 | 133.09 | 3 285 811 |
| 20 | 13 335 020 | 1 657 824 | 124.32 | 1 379 428 | 103.44 | 255 136 |
| 21 | 11 965 751 | 2 157 318 | 180.29 | 1 675 084 | 139.99 | 429 570 |
| 22 | 11 132 124 | 2 484 083 | 223.15 | 1 710 938 | 153.69 | 664 796 |
| 23 | 12 250 527 | 2 970 482 | 242.48 | 1 829 620 | 149.35 | 936 985 |
| 24 | 11 926 749 | 2 779 988 | 233.09 | 1 471 360 | 123.37 | 999 324 |
| 25—29 | 45 751 235 | 7 116 694 | 155.55 | 2 297 817 | 50.22 | 2 944 781 |
| 25 | 12 328 474 | 2 463 542 | 199.83 | 1 057 256 | 85.76 | 985 749 |
| 26 | 13 060 283 | 2 197 230 | 168.24 | 726 008 | 55.59 | 931 314 |
| 27 | 7 783 117 | 1 142 032 | 146.73 | 278 919 | 35.84 | 482 501 |
| 28 | 5 655 919 | 644 937 | 114.03 | 135 467 | 23.95 | 265 571 |
| 29 | 6 923 442 | 668 953 | 96.62 | 100 167 | 14.47 | 279 646 |
| 30—34 | 42 571 822 | 2 372 991 | 55.74 | 187 319 | 4.40 | 890 492 |
| 30 | 6 843 038 | 556 300 | 81.29 | 57 851 | 8.45 | 230 522 |
| 31 | 9 053 122 | 608 906 | 67.26 | 50 198 | 5.54 | 242 083 |
| 32 | 8 821 542 | 487 965 | 55.32 | 34 643 | 3.93 | 179 984 |
| 33 | 8 528 430 | 383 096 | 44.92 | 25 013 | 2.93 | 132 101 |
| 34 | 9 325 690 | 336 724 | 36.11 | 19 614 | 2.10 | 105 802 |
| 35—39 | 39 756 664 | 777 563 | 19.56 | 40 391 | 1.02 | 182 348 |
| 35 | 8 878 360 | 253 433 | 28.55 | 13 852 | 1.56 | 71 926 |
| 36 | 8 355 542 | 189 550 | 22.69 | 9 783 | 1.17 | 47 251 |
| 37 | 8 182 775 | 148 334 | 18.13 | 7 394 | 0.90 | 31 975 |
| 38 | 7 040 598 | 100 576 | 14.29 | 5 088 | 0.72 | 18 614 |
| 39 | 7 299 389 | 85 670 | 11.74 | 4 274 | 0.59 | 12 582 |
| 40—44 | 28 055 626 | 159 193 | 5.67 | 7 711 | 0.27 | 16 906 |
| 40 | 6 205 339 | 51 903 | 8.36 | 2 522 | 0.41 | 6 209 |
| 41 | 5 896 378 | 39 009 | 6.62 | 1 818 | 0.31 | 4 091 |
| 42 | 5 686 195 | 28 843 | 5.07 | 1 424 | 0.25 | 2 868 |
| 43 | 5 284 386 | 22 013 | 4.17 | 1 136 | 0.21 | 2 149 |
| 44 | 4 983 328 | 17 425 | 3.50 | 811 | 0.16 | 1 589 |
| 45—49 | 22 621 438 | 36 865 | 1.63 | 1 949 | 0.09 | 3 246 |
| 45 | 4 702 941 | 11 655 | 2.48 | 557 | 0.12 | 977 |
| 46 | 4 462 839 | 8 429 | 1.89 | 429 | 0.10 | 750 |
| 47 | 4 581 520 | 6 907 | 1.51 | 375 | 0.08 | 650 |
| 48 | 4 501 413 | 5 320 | 1.18 | 346 | 0.08 | 492 |
| 49 | 4 372 725 | 4 554 | 1.04 | 242 | 0.06 | 377 |

# 分年龄、孩次的生育状况

单位:人、%

| 孩 | 第三孩 | | 第四孩 | | 第五孩及以上 | |
|---|---|---|---|---|---|---|
| 生育率 | 出生数 | 生育率 | 出生数 | 生育率 | 出生数 | 生育率 |
| 24.86 | 2 965 302 | 9.88 | 1 011 155 | 3.37 | 620 913 | 2.07 |
| | | | | | | |
| 2.28 | 8 622 | 0.14 | 759 | 0.01 | 189 | 0.00 |
| 0.02 | 39 | 0.00 | 22 | 0.00 | 19 | 0.00 |
| 0.11 | 63 | 0.01 | 17 | 0.00 | 18 | 0.00 |
| 0.60 | 320 | 0.03 | 31 | 0.00 | 23 | 0.00 |
| 2.34 | 1 269 | 0.10 | 88 | 0.01 | 31 | 0.00 |
| 7.82 | 6 931 | 0.54 | 601 | 0.05 | 98 | 0.01 |
| | | | | | | |
| 54.21 | 612 794 | 10.11 | 74 358 | 1.23 | 10 302 | 0.17 |
| 19.13 | 21 486 | 1.61 | 1 594 | 0.12 | 180 | 0.01 |
| 35.90 | 47 925 | 4.01 | 4 199 | 0.35 | 540 | 0.05 |
| 59.72 | 97 961 | 8.80 | 9 327 | 0.84 | 1 061 | 0.10 |
| 76.49 | 180 783 | 14.76 | 20 600 | 1.68 | 2 494 | 0.20 |
| 83.79 | 264 639 | 22.19 | 38 638 | 3.24 | 6 027 | 0.51 |
| | | | | | | |
| 64.37 | 1 409 529 | 30.81 | 370 123 | 8.09 | 94 444 | 2.06 |
| 79.96 | 347 395 | 28.18 | 63 185 | 5.13 | 9 957 | 0.81 |
| 71.31 | 426 723 | 32.67 | 95 409 | 7.31 | 17 776 | 1.36 |
| 61.99 | 280 899 | 36.09 | 80 230 | 10.31 | 19 483 | 2.50 |
| 46.95 | 168 904 | 29.86 | 57 807 | 10.22 | 17 188 | 3.04 |
| 40.39 | 185 608 | 26.81 | 73 492 | 10.61 | 30 040 | 4.34 |
| | | | | | | |
| 20.92 | 697 687 | 16.39 | 368 471 | 8.66 | 229 022 | 5.38 |
| 33.69 | 162 766 | 23.79 | 72 901 | 10.65 | 32 260 | 4.71 |
| 26.74 | 179 935 | 19.88 | 89 978 | 9.94 | 46 712 | 5.16 |
| 20.40 | 145 929 | 16.54 | 79 237 | 8.98 | 48 172 | 5.46 |
| 15.49 | 112 594 | 13.20 | 65 460 | 7.68 | 47 928 | 5.62 |
| 11.35 | 96 463 | 10.34 | 60 895 | 6.53 | 53 950 | 5.79 |
| | | | | | | |
| 4.59 | 204 351 | 5.14 | 156 834 | 3.94 | 193 639 | 4.87 |
| 8.10 | 71 052 | 8.00 | 48 230 | 5.43 | 48 373 | 5.45 |
| 5.66 | 51 539 | 6.17 | 37 900 | 4.54 | 43 077 | 5.16 |
| 3.91 | 38 803 | 4.74 | 30 967 | 3.78 | 39 195 | 4.79 |
| 2.64 | 24 635 | 3.50 | 21 700 | 3.08 | 30 539 | 4.34 |
| 1.72 | 18 322 | 2.51 | 18 037 | 2.47 | 32 455 | 4.45 |
| | | | | | | |
| 0.60 | 27 270 | 0.97 | 33 124 | 1.18 | 74 182 | 2.64 |
| 1.00 | 10 124 | 1.63 | 11 459 | 1.85 | 21 589 | 3.48 |
| 0.69 | 6 983 | 1.18 | 8 209 | 1.39 | 17 908 | 3.04 |
| 0.50 | 4 613 | 0.81 | 5 881 | 1.03 | 14 057 | 2.47 |
| 0.41 | 3 245 | 0.61 | 4 360 | 0.83 | 11 123 | 2.10 |
| 0.32 | 2 305 | 0.46 | 3 215 | 0.65 | 9 505 | 1.91 |
| | | | | | | |
| 0.14 | 5 049 | 0.22 | 7 486 | 0.33 | 19 135 | 0.85 |
| 0.21 | 1 480 | 0.31 | 2 216 | 0.47 | 6 425 | 1.37 |
| 0.17 | 1 200 | 0.27 | 1 684 | 0.38 | 4 366 | 0.98 |
| 0.14 | 961 | 0.21 | 1 400 | 0.31 | 3 521 | 0.77 |
| 0.11 | 792 | 0.18 | 1 162 | 0.26 | 2 528 | 0.56 |
| 0.09 | 616 | 0.14 | 1 024 | 0.23 | 2 295 | 0.52 |

## 2-11 全国市1989年育龄妇女

| 年龄（岁） | 1989年年中妇女人数 | 出生人数 | 生育率 | 第一孩 出生数 | 第一孩 生育率 | 第二 出生数 |
|---|---|---|---|---|---|---|
| **总计** | 60 799 793 | 3 294 515 | 54.19 | 2 349 735 | 38.65 | 687 938 |
| 15—19 | 10 576 218 | 99 813 | 9.44 | 91 832 | 8.68 | 7 575 |
| 15 | 1 704 892 | 440 | 0.26 | 418 | 0.25 | 15 |
| 16 | 2 007 265 | 2 057 | 1.02 | 1 976 | 0.98 | 79 |
| 17 | 2 138 030 | 7 897 | 3.69 | 7 554 | 3.53 | 326 |
| 18 | 2 342 198 | 24 835 | 10.60 | 23 132 | 9.88 | 1 635 |
| 19 | 2 383 833 | 64 584 | 27.09 | 58 752 | 24.65 | 5 520 |
| 20—24 | 11 112 518 | 1 551 259 | 139.60 | 1 293 937 | 116.44 | 222 840 |
| 20 | 2 521 358 | 154 671 | 61.34 | 138 413 | 54.90 | 15 113 |
| 21 | 2 180 663 | 224 200 | 102.81 | 195 084 | 89.46 | 26 605 |
| 22 | 1 890 413 | 278 946 | 147.56 | 230 967 | 122.18 | 42 753 |
| 23 | 2 204 921 | 423 287 | 191.97 | 348 497 | 158.05 | 64 615 |
| 24 | 2 315 163 | 470 155 | 203.08 | 380 976 | 164.56 | 73 754 |
| 25—29 | 10 431 830 | 1 232 154 | 118.11 | 855 093 | 81.97 | 273 925 |
| 25 | 2 687 590 | 454 544 | 169.13 | 353 711 | 131.61 | 79 076 |
| 26 | 2 863 531 | 388 927 | 135.82 | 277 630 | 96.95 | 82 429 |
| 27 | 1 617 769 | 175 625 | 108.56 | 110 594 | 68.36 | 44 589 |
| 28 | 1 477 913 | 109 554 | 74.13 | 65 082 | 44.04 | 30 093 |
| 29 | 1 785 027 | 103 504 | 57.98 | 48 076 | 26.93 | 37 738 |
| 30—34 | 9 858 846 | 315 355 | 31.99 | 90 530 | 9.18 | 145 960 |
| 30 | 1 689 725 | 80 138 | 47.43 | 28 476 | 16.85 | 34 777 |
| 31 | 2 155 293 | 82 761 | 38.40 | 24 676 | 11.45 | 38 682 |
| 32 | 2 017 129 | 63 566 | 31.51 | 16 799 | 8.33 | 30 386 |
| 33 | 1 939 932 | 48 742 | 25.13 | 11 863 | 6.12 | 23 288 |
| 34 | 2 056 767 | 40 148 | 19.52 | 8 716 | 4.24 | 18 827 |
| 35—39 | 8 370 275 | 81 987 | 9.80 | 16 113 | 1.93 | 34 716 |
| 35 | 1 941 240 | 29 355 | 15.12 | 6 029 | 3.11 | 13 620 |
| 36 | 1 754 777 | 20 910 | 11.92 | 4 003 | 2.28 | 9 246 |
| 37 | 1 681 394 | 14 946 | 8.89 | 2 847 | 1.69 | 6 038 |
| 38 | 1 480 873 | 9 823 | 6.63 | 1 879 | 1.27 | 3 620 |
| 39 | 1 511 991 | 6 953 | 4.60 | 1 355 | 0.90 | 2 192 |
| 40—44 | 5 632 132 | 10 957 | 1.95 | 1 969 | 0.35 | 2 450 |
| 40 | 1 254 016 | 3 865 | 3.08 | 788 | 0.63 | 988 |
| 41 | 1 183 623 | 2 711 | 2.29 | 501 | 0.42 | 614 |
| 42 | 1 145 407 | 1 950 | 1.70 | 326 | 0.28 | 411 |
| 43 | 1 053 817 | 1 412 | 1.34 | 208 | 0.20 | 257 |
| 44 | 995 269 | 1 019 | 1.02 | 146 | 0.15 | 180 |
| 45—49 | 4 817 974 | 2 990 | 0.62 | 261 | 0.05 | 472 |
| 45 | 941 983 | 748 | 0.79 | 84 | 0.09 | 131 |
| 46 | 941 619 | 653 | 0.69 | 54 | 0.06 | 108 |
| 47 | 976 436 | 595 | 0.61 | 55 | 0.06 | 95 |
| 48 | 981 080 | 512 | 0.52 | 44 | 0.04 | 77 |
| 49 | 976 856 | 482 | 0.49 | 24 | 0.02 | 61 |

## 分年龄、孩次的生育状况(第二口径)

单位:人、%

| 孩 | 第三孩 | | 第四孩 | | 第五孩及以上 | |
|---|---|---|---|---|---|---|
| 生育率 | 出生数 | 生育率 | 出生数 | 生育率 | 出生数 | 生育率 |
| 11.31 | 178 118 | 2.93 | 52 252 | 0.86 | 26 472 | 0.44 |
| 0.72 | 367 | 0.03 | 28 | 0.00 | 11 | 0.00 |
| 0.01 | 4 | 0.00 | 1 | 0.00 | 2 | 0.00 |
| 0.04 | 1 | 0.00 | 1 | 0.00 | — | — |
| 0.15 | 12 | 0.01 | 4 | 0.00 | 1 | 0.00 |
| 0.70 | 64 | 0.03 | 1 | 0.00 | 3 | 0.00 |
| 2.32 | 286 | 0.12 | 21 | 0.01 | 5 | 0.00 |
| 20.05 | 30 676 | 2.76 | 3 394 | 0.31 | 412 | 0.04 |
| 5.99 | 1 062 | 0.42 | 76 | 0.03 | 7 | 0.00 |
| 12.20 | 2 284 | 1.05 | 202 | 0.09 | 25 | 0.01 |
| 22.62 | 4 761 | 2.52 | 420 | 0.22 | 45 | 0.02 |
| 29.30 | 9 099 | 4.13 | 968 | 0.44 | 108 | 0.05 |
| 31.86 | 13 470 | 5.82 | 1 728 | 0.75 | 227 | 0.10 |
| 26.26 | 80 408 | 7.71 | 18 685 | 1.79 | 4 043 | 0.39 |
| 29.42 | 18 412 | 6.85 | 2 931 | 1.09 | 414 | 0.15 |
| 28.79 | 23 473 | 8.20 | 4 621 | 1.61 | 774 | 0.27 |
| 27.56 | 15 764 | 9.74 | 3 839 | 2.37 | 839 | 0.52 |
| 20.36 | 10 456 | 7.07 | 3 144 | 2.13 | 779 | 0.53 |
| 21.14 | 12 303 | 6.89 | 4 150 | 2.32 | 1 237 | 0.69 |
| 14.80 | 48 780 | 4.95 | 19 601 | 1.99 | 10 484 | 1.06 |
| 20.58 | 11 279 | 6.68 | 4 039 | 2.39 | 1 567 | 0.93 |
| 17.95 | 12 398 | 5.75 | 4 878 | 2.26 | 2 127 | 0.99 |
| 15.06 | 10 017 | 4.97 | 4 174 | 2.07 | 2 190 | 1.09 |
| 12.00 | 8 007 | 4.13 | 3 377 | 1.74 | 2 207 | 1.14 |
| 9.15 | 7 079 | 3.44 | 3 133 | 1.52 | 2 393 | 1.16 |
| 4.15 | 15 193 | 1.82 | 7 987 | 0.95 | 7 978 | 0.95 |
| 7.02 | 5 168 | 2.66 | 2 451 | 1.26 | 2 087 | 1.08 |
| 5.27 | 3 894 | 2.22 | 1 906 | 1.09 | 1 861 | 1.06 |
| 3.59 | 2 897 | 1.72 | 1 560 | 0.93 | 1 604 | 0.95 |
| 2.44 | 1 897 | 1.28 | 1 170 | 0.79 | 1 257 | 0.85 |
| 1.45 | 1 337 | 0.88 | 900 | 0.60 | 1 169 | 0.77 |
| 0.44 | 2 057 | 0.37 | 1 825 | 0.32 | 2 656 | 0.47 |
| 0.79 | 760 | 0.61 | 569 | 0.45 | 760 | 0.61 |
| 0.52 | 502 | 0.42 | 454 | 0.38 | 640 | 0.54 |
| 0.36 | 368 | 0.32 | 343 | 0.30 | 502 | 0.44 |
| 0.24 | 254 | 0.24 | 265 | 0.25 | 428 | 0.41 |
| 0.18 | 173 | 0.17 | 194 | 0.19 | 326 | 0.33 |
| 0.10 | 637 | 0.13 | 732 | 0.15 | 888 | 0.18 |
| 0.14 | 130 | 0.14 | 162 | 0.17 | 241 | 0.26 |
| 0.11 | 149 | 0.16 | 139 | 0.15 | 203 | 0.22 |
| 0.10 | 134 | 0.14 | 140 | 0.14 | 171 | 0.18 |
| 0.08 | 124 | 0.13 | 129 | 0.13 | 138 | 0.14 |
| 0.06 | 100 | 0.10 | 162 | 0.17 | 135 | 0.14 |

## 2-12 全国镇1989年育龄妇女

| 年龄（岁） | 1989年年中妇女人数 | 出生人数 | 生育率 | 第一孩 出生数 | 第一孩 生育率 | 第二 出生数 |
|---|---|---|---|---|---|---|
| 总计 | 24 064 828 | 1 445 358 | 60.06 | 953 726 | 39.63 | 362 066 |
| 15—19 | 4 589 858 | 53 962 | 11.76 | 49 918 | 10.88 | 3 789 |
| 15 | 793 991 | 232 | 0.29 | 214 | 0.27 | 12 |
| 16 | 895 774 | 1 188 | 1.33 | 1 147 | 1.28 | 35 |
| 17 | 926 100 | 4 255 | 4.59 | 4 060 | 4.38 | 186 |
| 18 | 978 950 | 13 176 | 13.46 | 12 364 | 12.63 | 774 |
| 19 | 995 043 | 35 111 | 35.29 | 32 133 | 32.29 | 2 782 |
| 20—24 | 4 826 274 | 729 301 | 151.11 | 609 789 | 126.35 | 103 538 |
| 20 | 1 028 561 | 78 635 | 76.45 | 71 117 | 69.14 | 6 991 |
| 21 | 921 576 | 112 534 | 122.11 | 99 465 | 107.93 | 11 902 |
| 22 | 862 182 | 142 352 | 165.11 | 121 029 | 140.38 | 18 970 |
| 23 | 988 314 | 195 366 | 197.68 | 160 699 | 162.60 | 30 065 |
| 24 | 1 025 641 | 200 414 | 195.40 | 157 479 | 153.54 | 35 610 |
| 25—29 | 4 039 547 | 471 330 | 116.68 | 271 294 | 67.16 | 149 291 |
| 25 | 1 090 704 | 176 598 | 161.91 | 125 946 | 115.47 | 40 339 |
| 26 | 1 137 599 | 145 481 | 127.88 | 87 993 | 77.35 | 43 637 |
| 27 | 666 007 | 68 645 | 103.07 | 32 112 | 48.22 | 26 074 |
| 28 | 517 805 | 39 915 | 77.09 | 14 596 | 28.19 | 18 115 |
| 29 | 627 432 | 40 691 | 64.85 | 10 647 | 16.97 | 21 126 |
| 30—34 | 3 566 412 | 143 196 | 40.15 | 18 790 | 5.27 | 83 251 |
| 30 | 608 538 | 33 761 | 55.48 | 6 107 | 10.04 | 19 077 |
| 31 | 780 741 | 36 951 | 47.33 | 5 131 | 6.57 | 21 630 |
| 32 | 728 608 | 29 285 | 40.19 | 3 400 | 4.67 | 17 234 |
| 33 | 697 397 | 23 066 | 33.07 | 2 332 | 3.34 | 13 616 |
| 34 | 751 128 | 20 133 | 26.80 | 1 820 | 2.42 | 11 694 |
| 35—39 | 3 116 624 | 40 526 | 13.00 | 3 299 | 1.06 | 20 601 |
| 35 | 715 113 | 14 852 | 20.77 | 1 195 | 1.67 | 8 335 |
| 36 | 654 624 | 10 233 | 15.63 | 829 | 1.27 | 5 422 |
| 37 | 627 752 | 7 365 | 11.73 | 562 | 0.90 | 3 615 |
| 38 | 545 218 | 4 634 | 8.50 | 399 | 0.73 | 1 990 |
| 39 | 573 917 | 3 442 | 6.00 | 314 | 0.55 | 1 239 |
| 40—44 | 2 137 612 | 5 347 | 2.50 | 533 | 0.25 | 1 352 |
| 40 | 481 606 | 1 855 | 3.85 | 177 | 0.37 | 569 |
| 41 | 449 343 | 1 278 | 2.84 | 131 | 0.29 | 318 |
| 42 | 433 353 | 955 | 2.20 | 106 | 0.24 | 209 |
| 43 | 396 699 | 708 | 1.78 | 69 | 0.17 | 152 |
| 44 | 376 611 | 551 | 1.46 | 50 | 0.13 | 104 |
| 45—49 | 1 788 501 | 1 696 | 0.95 | 103 | 0.06 | 244 |
| 45 | 358 075 | 453 | 1.27 | 30 | 0.08 | 69 |
| 46 | 353 172 | 381 | 1.08 | 17 | 0.05 | 66 |
| 47 | 362 117 | 341 | 0.94 | 22 | 0.06 | 47 |
| 48 | 361 233 | 268 | 0.74 | 15 | 0.04 | 35 |
| 49 | 353 904 | 253 | 0.71 | 19 | 0.05 | 27 |

# 分年龄、孩次的生育状况(第二口径)

单位:人、%

| 孩 | 第三孩 | | 第四孩 | | 第五孩及以上 | |
|---|---|---|---|---|---|---|
| 生育率 | 出生数 | 生育率 | 出生数 | 生育率 | 出生数 | 生育率 |
| 15.05 | 89 467 | 3.72 | 26 851 | 1.12 | 13 248 | 0.55 |
| 0.83 | 218 | 0.05 | 26 | 0.01 | 11 | 0.00 |
| 0.02 | 3 | 0.00 | 1 | 0.00 | 2 | 0.00 |
| 0.04 | 3 | 0.00 | — | — | 3 | 0.00 |
| 0.20 | 7 | 0.01 | 2 | 0.00 | — | — |
| 0.79 | 35 | 0.04 | 2 | 0.00 | 1 | 0.00 |
| 2.80 | 170 | 0.17 | 21 | 0.02 | 5 | 0.01 |
| 21.45 | 14 169 | 2.94 | 1 574 | 0.33 | 231 | 0.05 |
| 6.80 | 479 | 0.47 | 38 | 0.04 | 10 | 0.01 |
| 12.91 | 1 073 | 1.16 | 85 | 0.09 | 9 | 0.01 |
| 22.00 | 2 111 | 2.45 | 215 | 0.25 | 27 | 0.03 |
| 30.42 | 4 140 | 4.19 | 407 | 0.41 | 55 | 0.06 |
| 34.72 | 6 366 | 6.21 | 829 | 0.81 | 130 | 0.13 |
| 36.96 | 39 718 | 9.83 | 8 975 | 2.22 | 2 052 | 0.51 |
| 36.98 | 8 755 | 8.03 | 1 322 | 1.21 | 236 | 0.22 |
| 38.36 | 11 371 | 10.00 | 2 116 | 1.86 | 364 | 0.32 |
| 39.15 | 8 113 | 12.18 | 1 936 | 2.91 | 410 | 0.62 |
| 34.98 | 5 274 | 10.19 | 1 560 | 3.01 | 370 | 0.71 |
| 33.67 | 6 205 | 9.89 | 2 041 | 3.25 | 672 | 1.07 |
| 23.34 | 25 384 | 7.12 | 10 510 | 2.95 | 5 261 | 1.48 |
| 31.35 | 5 760 | 9.47 | 2 099 | 3.45 | 718 | 1.18 |
| 27.70 | 6 469 | 8.29 | 2 674 | 3.42 | 1 047 | 1.34 |
| 23.65 | 5 280 | 7.25 | 2 220 | 3.05 | 1 151 | 1.58 |
| 19.52 | 4 191 | 6.01 | 1 792 | 2.57 | 1 135 | 1.63 |
| 15.57 | 3 684 | 4.90 | 1 725 | 2.30 | 1 210 | 1.61 |
| 6.61 | 8 422 | 2.70 | 4 319 | 1.39 | 3 885 | 1.25 |
| 11.66 | 2 935 | 4.10 | 1 367 | 1.91 | 1 020 | 1.43 |
| 8.28 | 2 097 | 3.20 | 1 034 | 1.58 | 851 | 1.30 |
| 5.76 | 1 561 | 2.49 | 828 | 1.32 | 799 | 1.27 |
| 3.65 | 1 037 | 1.90 | 600 | 1.10 | 608 | 1.12 |
| 2.16 | 792 | 1.38 | 490 | 0.85 | 607 | 1.06 |
| 0.63 | 1 210 | 0.57 | 997 | 0.47 | 1 255 | 0.59 |
| 1.18 | 396 | 0.82 | 326 | 0.68 | 387 | 0.80 |
| 0.71 | 293 | 0.65 | 252 | 0.56 | 284 | 0.63 |
| 0.48 | 250 | 0.58 | 162 | 0.37 | 228 | 0.53 |
| 0.38 | 153 | 0.39 | 143 | 0.36 | 191 | 0.48 |
| 0.28 | 118 | 0.31 | 114 | 0.30 | 165 | 0.44 |
| 0.14 | 346 | 0.19 | 450 | 0.25 | 553 | 0.31 |
| 0.19 | 81 | 0.23 | 116 | 0.32 | 157 | 0.44 |
| 0.19 | 86 | 0.24 | 103 | 0.29 | 109 | 0.31 |
| 0.13 | 76 | 0.21 | 85 | 0.23 | 111 | 0.31 |
| 0.10 | 50 | 0.14 | 74 | 0.20 | 94 | 0.26 |
| 0.08 | 53 | 0.15 | 72 | 0.20 | 82 | 0.23 |

## 2-13 全国县1989年育龄妇女

| 年龄（岁） | 1989年年中妇女人数 | 出生人数 | 生育率 | 第一孩 出生数 | 第一孩 生育率 | 第二 出生数 |
|---|---|---|---|---|---|---|
| 总计 | 215 334 732 | 19 110 663 | 88.75 | 8 487 354 | 39.41 | 6 412 347 |
| 15—19 | 45 666 321 | 1 183 760 | 25.92 | 1 047 448 | 22.94 | 127 403 |
| 15 | 8 944 808 | 6 371 | 0.71 | 6 078 | 0.68 | 226 |
| 16 | 9 052 215 | 31 395 | 3.47 | 30 153 | 3.33 | 1 152 |
| 17 | 8 864 024 | 111 890 | 12.62 | 104 881 | 11.83 | 6 661 |
| 18 | 9 339 421 | 310 930 | 33.29 | 282 426 | 30.24 | 27 222 |
| 19 | 9 465 853 | 723 174 | 76.40 | 623 910 | 65.91 | 92 142 |
| 20—24 | 44 671 379 | 9 769 135 | 218.69 | 6 162 704 | 137.96 | 2 959 433 |
| 20 | 9 785 101 | 1 424 518 | 145.58 | 1 169 898 | 119.56 | 233 032 |
| 21 | 8 863 512 | 1 820 584 | 205.40 | 1 380 535 | 155.75 | 391 063 |
| 22 | 8 379 529 | 2 062 785 | 246.17 | 1 358 942 | 162.17 | 603 073 |
| 23 | 9 057 292 | 2 351 829 | 259.66 | 1 320 424 | 145.79 | 842 305 |
| 24 | 8 585 945 | 2 109 419 | 245.68 | 932 905 | 108.65 | 889 960 |
| 25—29 | 31 279 858 | 5 413 210 | 173.06 | 1 171 430 | 37.45 | 2 521 565 |
| 25 | 8 550 180 | 1 832 400 | 214.31 | 577 599 | 67.55 | 866 334 |
| 26 | 9 059 153 | 1 662 822 | 183.55 | 360 385 | 39.78 | 805 248 |
| 27 | 5 499 341 | 897 762 | 163.25 | 136 213 | 24.77 | 411 838 |
| 28 | 3 660 201 | 495 468 | 135.37 | 55 789 | 15.24 | 217 363 |
| 29 | 4 510 983 | 524 758 | 116.33 | 41 444 | 9.19 | 220 782 |
| 30—34 | 29 146 564 | 1 914 440 | 65.68 | 77 999 | 2.68 | 661 281 |
| 30 | 4 544 775 | 442 401 | 97.34 | 23 268 | 5.12 | 176 668 |
| 31 | 6 117 088 | 489 194 | 79.97 | 20 391 | 3.33 | 181 771 |
| 32 | 6 075 805 | 395 114 | 65.03 | 14 444 | 2.38 | 132 364 |
| 33 | 5 891 101 | 311 288 | 52.84 | 10 818 | 1.84 | 95 197 |
| 34 | 6 517 795 | 276 443 | 42.41 | 9 078 | 1.39 | 75 281 |
| 35—39 | 28 269 765 | 655 050 | 23.17 | 20 979 | 0.74 | 127 031 |
| 35 | 6 222 007 | 209 226 | 33.63 | 6 628 | 1.07 | 49 971 |
| 36 | 5 946 141 | 158 407 | 26.64 | 4 951 | 0.83 | 32 583 |
| 37 | 5 873 629 | 126 023 | 21.46 | 3 985 | 0.68 | 22 322 |
| 38 | 5 014 507 | 86 119 | 17.17 | 2 810 | 0.56 | 13 004 |
| 39 | 5 213 481 | 75 275 | 14.44 | 2 605 | 0.50 | 9 151 |
| 40—44 | 20 285 882 | 142 889 | 7.04 | 5 209 | 0.26 | 13 104 |
| 40 | 4 469 717 | 46 183 | 10.33 | 1 557 | 0.35 | 4 652 |
| 41 | 4 263 412 | 35 020 | 8.21 | 1 186 | 0.28 | 3 159 |
| 42 | 4 107 435 | 25 938 | 6.31 | 992 | 0.24 | 2 248 |
| 43 | 3 833 870 | 19 893 | 5.19 | 859 | 0.22 | 1 740 |
| 44 | 3 611 448 | 15 855 | 4.39 | 615 | 0.17 | 1 305 |
| 45—49 | 16 014 963 | 32 179 | 2.01 | 1 585 | 0.10 | 2 530 |
| 45 | 3 402 883 | 10 454 | 3.07 | 443 | 0.13 | 777 |
| 46 | 3 168 048 | 7 395 | 2.33 | 358 | 0.11 | 576 |
| 47 | 3 242 967 | 5 971 | 1.84 | 298 | 0.09 | 508 |
| 48 | 3 159 100 | 4 540 | 1.44 | 287 | 0.09 | 380 |
| 49 | 3 041 965 | 3 819 | 1.26 | 199 | 0.07 | 289 |

## 分年龄、孩次的生育状况 (第二口径)

单位:人、%

| 孩 | 第三孩 | | 第四孩 | | 第五孩及以上 | |
|---|---|---|---|---|---|---|
| 生育率 | 出生数 | 生育率 | 出生数 | 生育率 | 出生数 | 生育率 |
| 29.78 | 2 697 717 | 12.53 | 932 052 | 4.33 | 581 193 | 2.70 |
| 2.79 | 8 037 | 0.18 | 705 | 0.02 | 167 | 0.00 |
| 0.03 | 32 | 0.00 | 20 | 0.00 | 15 | 0.00 |
| 0.13 | 59 | 0.01 | 16 | 0.00 | 15 | 0.00 |
| 0.75 | 301 | 0.03 | 25 | 0.00 | 22 | 0.00 |
| 2.91 | 1 170 | 0.13 | 85 | 0.01 | 27 | 0.00 |
| 9.73 | 6 475 | 0.68 | 559 | 0.06 | 88 | 0.01 |
| 66.25 | 567 949 | 12.71 | 69 390 | 1.55 | 9 659 | 0.22 |
| 23.81 | 19 945 | 2.04 | 1 480 | 0.15 | 163 | 0.02 |
| 44.12 | 44 568 | 5.03 | 3 912 | 0.44 | 506 | 0.06 |
| 71.97 | 91 089 | 10.87 | 8 692 | 1.04 | 989 | 0.12 |
| 93.00 | 167 544 | 18.50 | 19 225 | 2.12 | 2 331 | 0.26 |
| 103.65 | 244 803 | 28.51 | 36 081 | 4.20 | 5 670 | 0.66 |
| 80.61 | 1 289 403 | 41.22 | 342 463 | 10.95 | 88 349 | 2.82 |
| 101.32 | 320 228 | 37.45 | 58 932 | 6.89 | 9 307 | 1.09 |
| 88.89 | 391 879 | 43.26 | 88 672 | 9.79 | 16 638 | 1.84 |
| 74.89 | 257 022 | 46.74 | 74 455 | 13.54 | 18 234 | 3.32 |
| 59.39 | 153 174 | 41.85 | 53 103 | 14.51 | 16 039 | 4.38 |
| 48.94 | 167 100 | 37.04 | 67 301 | 14.92 | 28 131 | 6.24 |
| 22.69 | 623 523 | 21.39 | 338 360 | 11.61 | 213 277 | 7.32 |
| 38.87 | 145 727 | 32.06 | 66 763 | 14.69 | 29 975 | 6.60 |
| 29.72 | 161 068 | 26.33 | 82 426 | 13.47 | 43 538 | 7.12 |
| 21.79 | 130 632 | 21.50 | 72 843 | 11.99 | 44 831 | 7.38 |
| 16.16 | 100 396 | 17.04 | 60 291 | 10.23 | 44 586 | 7.57 |
| 11.55 | 85 700 | 13.15 | 56 037 | 8.60 | 50 347 | 7.72 |
| 4.49 | 180 736 | 6.39 | 144 528 | 5.11 | 181 776 | 6.43 |
| 8.03 | 62 949 | 10.12 | 44 412 | 7.14 | 45 266 | 7.28 |
| 5.48 | 45 548 | 7.66 | 34 960 | 5.88 | 40 365 | 6.79 |
| 3.80 | 34 345 | 5.85 | 28 579 | 4.87 | 36 792 | 6.26 |
| 2.59 | 21 701 | 4.33 | 19 930 | 3.97 | 28 674 | 5.72 |
| 1.76 | 16 193 | 3.11 | 16 647 | 3.19 | 30 679 | 5.88 |
| 0.65 | 24 003 | 1.18 | 30 302 | 1.49 | 70 271 | 3.46 |
| 1.04 | 8 968 | 2.01 | 10 564 | 2.36 | 20 442 | 4.57 |
| 0.74 | 6 188 | 1.45 | 7 503 | 1.76 | 16 984 | 3.98 |
| 0.55 | 3 995 | 0.97 | 5 376 | 1.31 | 13 327 | 3.24 |
| 0.45 | 2 838 | 0.74 | 3 952 | 1.03 | 10 504 | 2.74 |
| 0.36 | 2 014 | 0.56 | 2 907 | 0.80 | 9 014 | 2.50 |
| 0.16 | 4 066 | 0.25 | 6 304 | 0.39 | 17 694 | 1.10 |
| 0.23 | 1 269 | 0.37 | 1 938 | 0.57 | 6 027 | 1.77 |
| 0.18 | 965 | 0.30 | 1 442 | 0.46 | 4 054 | 1.28 |
| 0.16 | 751 | 0.23 | 1 175 | 0.36 | 3 239 | 1.00 |
| 0.12 | 618 | 0.20 | 959 | 0.30 | 2 296 | 0.73 |
| 0.10 | 463 | 0.15 | 790 | 0.26 | 2 078 | 0.68 |

## 2-14 1989年全国分年龄

| 年龄（岁） | 合计 | | | 一月 | | |
|---|---|---|---|---|---|---|
| | 合计 | 男 | 女 | 小计 | 男 | 女 |
| 总计 | 6 572 959 | 3 619 772 | 2 953 187 | 507 054 | 279 474 | 227 580 |
| 0—4 | 721 060 | 362 910 | 358 150 | 42 213 | 21 469 | 20 744 |
| 0 | 526 907 | 262 421 | 264 486 | 33 601 | 17 001 | 16 600 |
| 1 | 82 911 | 42 051 | 40 860 | 3 951 | 2 038 | 1 913 |
| 2 | 54 522 | 27 934 | 26 588 | 2 212 | 1 125 | 1 087 |
| 3 | 33 706 | 17 883 | 15 823 | 1 459 | 790 | 669 |
| 4 | 23 014 | 12 621 | 10 393 | 990 | 515 | 475 |
| 5—9 | 72 296 | 43 309 | 28 987 | 3 346 | 1 873 | 1 473 |
| 5 | 17 977 | 10 234 | 7 743 | 798 | 441 | 357 |
| 6 | 15 586 | 9 255 | 6 331 | 785 | 420 | 365 |
| 7 | 14 934 | 9 089 | 5 845 | 685 | 380 | 305 |
| 8 | 12 211 | 7 624 | 4 587 | 524 | 305 | 219 |
| 9 | 11 588 | 7 107 | 4 481 | 554 | 327 | 227 |
| 10—14 | 58 472 | 34 273 | 24 199 | 3 037 | 1 776 | 1 261 |
| 10 | 10 978 | 6 553 | 4 425 | 535 | 311 | 224 |
| 11 | 10 407 | 6 194 | 4 213 | 480 | 281 | 199 |
| 12 | 10 838 | 6 296 | 4 542 | 597 | 350 | 247 |
| 13 | 12 231 | 7 127 | 5 104 | 667 | 388 | 279 |
| 14 | 14 018 | 8 103 | 5 915 | 758 | 446 | 312 |
| 15—19 | 121 952 | 68 945 | 53 007 | 6 991 | 4 064 | 2 927 |
| 15 | 16 938 | 9 640 | 7 298 | 935 | 548 | 387 |
| 16 | 20 729 | 11 617 | 9 112 | 1 208 | 684 | 524 |
| 17 | 24 037 | 13 581 | 10 456 | 1 350 | 783 | 567 |
| 18 | 28 806 | 16 283 | 12 523 | 1 734 | 1 023 | 711 |
| 19 | 31 442 | 17 824 | 13 618 | 1 764 | 1 026 | 738 |
| 20—24 | 161 052 | 90 153 | 70 899 | 9 283 | 5 337 | 3 946 |
| 20 | 34 373 | 19 366 | 15 007 | 1 987 | 1 173 | 814 |
| 21 | 32 082 | 17 901 | 14 181 | 1 666 | 962 | 704 |
| 22 | 30 176 | 16 914 | 13 262 | 1 873 | 1 066 | 807 |
| 23 | 32 140 | 17 795 | 14 345 | 1 827 | 1 007 | 820 |
| 24 | 32 281 | 18 177 | 14 104 | 1 930 | 1 129 | 801 |
| 25—29 | 119 438 | 68 135 | 51 303 | 7 091 | 4 190 | 2 901 |
| 25 | 32 188 | 17 922 | 14 266 | 2 105 | 1 216 | 889 |
| 26 | 31 296 | 17 860 | 13 436 | 1 703 | 1 007 | 696 |
| 27 | 20 974 | 11 962 | 9 012 | 931 | 563 | 368 |
| 28 | 16 165 | 9 373 | 6 792 | 1 204 | 727 | 477 |
| 29 | 18 815 | 11 018 | 7 797 | 1 148 | 677 | 471 |

# 按月份分布的死亡人口数

单位：人

| 二月 | | | 三月 | | | 四月 | | |
|---|---|---|---|---|---|---|---|---|
| 小计 | 男 | 女 | 小计 | 男 | 女 | 小计 | 男 | 女 |
| 592 139 | 321 106 | 271 033 | 567 382 | 309 502 | 257 880 | 552 574 | 304 421 | 248 153 |
| 51 730 | 26 516 | 25 214 | 57 580 | 29 221 | 28 359 | 59 528 | 30 058 | 29 470 |
| 40 358 | 20 649 | 19 709 | 43 079 | 21 627 | 21 452 | 42 936 | 21 296 | 21 640 |
| 5 343 | 2 732 | 2 611 | 6 375 | 3 289 | 3 086 | 7 052 | 3 675 | 3 377 |
| 2 941 | 1 482 | 1 459 | 4 010 | 2 097 | 1 913 | 4 618 | 2 436 | 2 182 |
| 1 757 | 934 | 823 | 2 473 | 1 306 | 1 167 | 2 907 | 1 539 | 1 368 |
| 1 331 | 719 | 612 | 1 643 | 902 | 741 | 2 015 | 1 112 | 903 |
| 3 940 | 2 231 | 1 709 | 4 738 | 2 666 | 2 072 | 5 496 | 3 203 | 2 293 |
| 1 026 | 540 | 486 | 1 227 | 682 | 545 | 1 499 | 844 | 655 |
| 888 | 513 | 375 | 1 072 | 614 | 458 | 1 208 | 703 | 505 |
| 759 | 443 | 316 | 910 | 501 | 409 | 1 026 | 583 | 443 |
| 639 | 376 | 263 | 768 | 425 | 343 | 872 | 555 | 317 |
| 628 | 359 | 269 | 761 | 444 | 317 | 891 | 518 | 373 |
| 3 838 | 2 197 | 1 641 | 4 036 | 2 287 | 1 749 | 4 729 | 2 730 | 1 999 |
| 648 | 394 | 254 | 735 | 419 | 316 | 902 | 528 | 374 |
| 624 | 371 | 253 | 664 | 386 | 278 | 795 | 479 | 316 |
| 722 | 385 | 337 | 764 | 443 | 321 | 854 | 480 | 374 |
| 842 | 472 | 370 | 879 | 492 | 387 | 964 | 550 | 414 |
| 1 002 | 575 | 427 | 994 | 547 | 447 | 1 214 | 693 | 521 |
| 8 066 | 4 518 | 3 548 | 9 061 | 5 073 | 3 988 | 10 179 | 5 667 | 4 512 |
| 1 127 | 621 | 506 | 1 328 | 762 | 566 | 1 357 | 733 | 624 |
| 1 448 | 826 | 622 | 1 506 | 809 | 697 | 1 684 | 896 | 788 |
| 1 606 | 914 | 692 | 1 797 | 971 | 826 | 2 009 | 1 105 | 904 |
| 1 917 | 1 077 | 840 | 2 179 | 1 245 | 934 | 2 448 | 1 388 | 1 060 |
| 1 968 | 1 080 | 888 | 2 251 | 1 286 | 965 | 2 681 | 1 545 | 1 136 |
| 10 627 | 5 787 | 4 840 | 11 592 | 6 492 | 5 100 | 13 654 | 7 693 | 5 961 |
| 2 315 | 1 202 | 1 113 | 2 538 | 1 432 | 1 106 | 3 014 | 1 689 | 1 325 |
| 1 933 | 1 092 | 841 | 2 187 | 1 210 | 977 | 2 556 | 1 420 | 1 136 |
| 2 086 | 1 141 | 945 | 2 237 | 1 251 | 986 | 2 636 | 1 495 | 1 141 |
| 2 183 | 1 169 | 1 014 | 2 306 | 1 282 | 1 024 | 2 791 | 1 576 | 1 215 |
| 2 110 | 1 183 | 927 | 2 324 | 1 317 | 1 007 | 2 657 | 1 513 | 1 144 |
| 7 954 | 4 396 | 3 558 | 8 721 | 5 014 | 3 707 | 10 055 | 5 686 | 4 369 |
| 2 305 | 1 259 | 1 046 | 2 497 | 1 422 | 1 075 | 2 778 | 1 538 | 1 240 |
| 1 950 | 1 061 | 889 | 2 170 | 1 236 | 934 | 2 526 | 1 428 | 1 098 |
| 1 072 | 598 | 474 | 1 243 | 681 | 562 | 1 566 | 921 | 645 |
| 1 282 | 737 | 545 | 1 396 | 834 | 562 | 1 485 | 823 | 662 |
| 1 345 | 741 | 604 | 1 415 | 841 | 574 | 1 700 | 976 | 724 |

2—14 续表1

| 年龄（岁） | 合计 | | | 一月 | | |
|---|---|---|---|---|---|---|
| | 合计 | 男 | 女 | 小计 | 男 | 女 |
| 30—34 | 134 937 | 79 854 | 55 083 | 9 140 | 5 542 | 3 598 |
| 30 | 21 691 | 12 907 | 8 784 | 1 613 | 986 | 627 |
| 31 | 26 626 | 15 777 | 10 849 | 1 685 | 1 034 | 651 |
| 32 | 27 398 | 16 177 | 11 221 | 1 728 | 1 042 | 686 |
| 33 | 27 716 | 16 309 | 11 407 | 2 000 | 1 214 | 786 |
| 34 | 31 506 | 18 684 | 12 822 | 2 114 | 1 266 | 848 |
| 35—39 | 159 588 | 95 933 | 63 655 | 10 770 | 6 466 | 4 304 |
| 35 | 32 640 | 19 395 | 13 245 | 2 061 | 1 233 | 828 |
| 36 | 32 055 | 19 040 | 13 015 | 2 262 | 1 367 | 895 |
| 37 | 31 243 | 18 786 | 12 457 | 1 900 | 1 126 | 774 |
| 38 | 30 304 | 18 163 | 12 141 | 2 181 | 1 327 | 854 |
| 39 | 33 346 | 20 549 | 12 797 | 2 366 | 1 413 | 953 |
| 40—44 | 166 239 | 101 537 | 64 702 | 11 332 | 6 842 | 4 490 |
| 40 | 33 237 | 20 510 | 12 727 | 2 163 | 1 320 | 843 |
| 41 | 31 970 | 19 661 | 12 309 | 2 223 | 1 339 | 884 |
| 42 | 32 932 | 20 060 | 12 872 | 2 179 | 1 302 | 877 |
| 43 | 32 969 | 19 956 | 13 013 | 2 321 | 1 391 | 930 |
| 44 | 35 131 | 21 350 | 13 781 | 2 446 | 1 490 | 956 |
| 45—49 | 206 922 | 127 490 | 79 432 | 14 950 | 9 102 | 5 848 |
| 45 | 35 731 | 22 029 | 13 702 | 2 451 | 1 491 | 960 |
| 46 | 37 267 | 23 188 | 14 079 | 2 843 | 1 717 | 1 126 |
| 47 | 40 311 | 24 792 | 15 519 | 2 840 | 1 752 | 1 088 |
| 48 | 45 116 | 27 718 | 17 398 | 3 470 | 2 148 | 1 322 |
| 49 | 48 497 | 29 763 | 18 734 | 3 346 | 1 994 | 1 352 |
| 50—54 | 311 840 | 193 182 | 118 658 | 23 346 | 14 454 | 8 892 |
| 50 | 52 817 | 32 740 | 20 077 | 4 215 | 2 660 | 1 555 |
| 51 | 57 315 | 35 569 | 21 746 | 4 107 | 2 556 | 1 551 |
| 52 | 61 748 | 38 194 | 23 554 | 4 771 | 2 887 | 1 884 |
| 53 | 67 454 | 41 741 | 25 713 | 4 947 | 3 048 | 1 899 |
| 54 | 72 506 | 44 938 | 27 568 | 5 306 | 3 303 | 2 003 |
| 55—59 | 449 615 | 282 766 | 166 849 | 34 765 | 21 813 | 12 952 |
| 55 | 78 796 | 49 349 | 29 447 | 6 117 | 3 863 | 2 254 |
| 56 | 82 281 | 51 879 | 30 402 | 6 110 | 3 777 | 2 333 |
| 57 | 84 931 | 53 505 | 31 426 | 6 505 | 4 163 | 2 342 |
| 58 | 95 847 | 60 554 | 35 293 | 8 098 | 5 121 | 2 977 |
| 59 | 107 760 | 67 479 | 40 281 | 7 935 | 4 889 | 3 046 |

单位：人

| 二 | 月 | | 三 | 月 | | 四 | 月 | |
|---|---|---|---|---|---|---|---|---|
| 小计 | 男 | 女 | 小计 | 男 | 女 | 小计 | 男 | 女 |
| 10 455 | 5 970 | 4 485 | 10 990 | 6 421 | 4 569 | 12 003 | 6 995 | 5 008 |
| 1 811 | 1 031 | 780 | 1 797 | 1 070 | 727 | 1 926 | 1 103 | 823 |
| 2 076 | 1 176 | 900 | 2 166 | 1 261 | 905 | 2 435 | 1 449 | 986 |
| 1 985 | 1 133 | 852 | 2 184 | 1 227 | 957 | 2 306 | 1 334 | 972 |
| 2 140 | 1 203 | 937 | 2 246 | 1 340 | 906 | 2 486 | 1 442 | 1 044 |
| 2 443 | 1 427 | 1 016 | 2 597 | 1 523 | 1 074 | 2 850 | 1 667 | 1 183 |
| 12 431 | 7 391 | 5 040 | 13 057 | 7 700 | 5 357 | 13 823 | 8 297 | 5 526 |
| 2 432 | 1 434 | 998 | 2 702 | 1 600 | 1 102 | 2 791 | 1 629 | 1 162 |
| 2 598 | 1 514 | 1 084 | 2 609 | 1 487 | 1 122 | 2 869 | 1 666 | 1 203 |
| 2 216 | 1 305 | 911 | 2 384 | 1 384 | 1 000 | 2 575 | 1 569 | 1 006 |
| 2 521 | 1 448 | 1 073 | 2 587 | 1 514 | 1 073 | 2 678 | 1 654 | 1 024 |
| 2 664 | 1 690 | 974 | 2 775 | 1 715 | 1 060 | 2 910 | 1 779 | 1 131 |
| 13 313 | 8 036 | 5 277 | 13 652 | 8 230 | 5 422 | 14 344 | 8 721 | 5 623 |
| 2 610 | 1 559 | 1 051 | 2 604 | 1 612 | 992 | 2 738 | 1 728 | 1 010 |
| 2 665 | 1 627 | 1 038 | 2 631 | 1 598 | 1 033 | 2 680 | 1 629 | 1 051 |
| 2 532 | 1 562 | 970 | 2 745 | 1 606 | 1 139 | 2 923 | 1 769 | 1 154 |
| 2 674 | 1 587 | 1 087 | 2 767 | 1 639 | 1 128 | 2 895 | 1 743 | 1 152 |
| 2 832 | 1 701 | 1 131 | 2 905 | 1 775 | 1 130 | 3 108 | 1 852 | 1 256 |
| 17 038 | 10 274 | 6 764 | 17 109 | 10 512 | 6 597 | 18 121 | 11 093 | 7 028 |
| 2 810 | 1 676 | 1 134 | 2 835 | 1 739 | 1 096 | 3 107 | 1 917 | 1 190 |
| 3 119 | 1 898 | 1 221 | 3 199 | 2 025 | 1 174 | 3 246 | 2 008 | 1 238 |
| 3 410 | 2 019 | 1 391 | 3 351 | 2 050 | 1 301 | 3 619 | 2 217 | 1 402 |
| 3 806 | 2 301 | 1 505 | 3 857 | 2 359 | 1 498 | 3 989 | 2 408 | 1 581 |
| 3 893 | 2 380 | 1 513 | 3 867 | 2 339 | 1 528 | 4 160 | 2 543 | 1 617 |
| 27 033 | 16 531 | 10 502 | 26 887 | 16 460 | 10 427 | 27 720 | 16 966 | 10 754 |
| 4 673 | 2 883 | 1 790 | 4 653 | 2 812 | 1 841 | 4 786 | 2 925 | 1 861 |
| 4 888 | 2 963 | 1 925 | 4 838 | 2 980 | 1 858 | 4 976 | 3 096 | 1 880 |
| 5 490 | 3 366 | 2 124 | 5 333 | 3 314 | 2 019 | 5 534 | 3 327 | 2 207 |
| 5 747 | 3 512 | 2 235 | 5 791 | 3 505 | 2 286 | 6 047 | 3 647 | 2 400 |
| 6 235 | 3 807 | 2 428 | 6 272 | 3 849 | 2 423 | 6 377 | 3 971 | 2 406 |
| 40 528 | 25 225 | 15 303 | 38 831 | 24 287 | 14 544 | 38 962 | 24 496 | 14 466 |
| 7 006 | 4 338 | 2 668 | 6 850 | 4 253 | 2 597 | 7 009 | 4 458 | 2 551 |
| 7 277 | 4 515 | 2 762 | 6 704 | 4 159 | 2 545 | 6 973 | 4 365 | 2 608 |
| 7 391 | 4 603 | 2 788 | 7 161 | 4 532 | 2 629 | 7 311 | 4 596 | 2 715 |
| 9 398 | 5 869 | 3 529 | 9 033 | 5 735 | 3 298 | 8 780 | 5 534 | 3 246 |
| 9 456 | 5 900 | 3 556 | 9 083 | 5 608 | 3 475 | 8 889 | 5 543 | 3 346 |

2—14 续表 2

| 年龄（岁） | 合计 | | | 一月 | | |
|---|---|---|---|---|---|---|
| | 合计 | 男 | 女 | 小计 | 男 | 女 |
| **60—64** | **610 494** | **378 512** | **231 982** | **48 883** | **30 314** | **18 569** |
| 60 | 111 987 | 69 836 | 42 151 | 9 223 | 5 690 | 3 533 |
| 61 | 116 892 | 73 054 | 43 838 | 9 081 | 5 699 | 3 382 |
| 62 | 117 724 | 73 062 | 44 662 | 8 841 | 5 528 | 3 313 |
| 63 | 125 413 | 77 188 | 48 225 | 10 676 | 6 543 | 4 133 |
| 64 | 138 478 | 85 372 | 53 106 | 11 062 | 6 854 | 4 208 |
| **65—69** | **749 605** | **447 754** | **301 851** | **61 613** | **36 838** | **24 775** |
| 65 | 139 709 | 85 052 | 54 657 | 10 770 | 6 559 | 4 211 |
| 66 | 136 181 | 82 643 | 53 538 | 11 167 | 6 852 | 4 315 |
| 67 | 144 766 | 86 933 | 57 833 | 12 376 | 7 411 | 4 965 |
| 68 | 159 827 | 94 637 | 65 190 | 13 654 | 8 144 | 5 510 |
| 69 | 169 122 | 98 489 | 70 633 | 13 646 | 7 872 | 5 774 |
| **70—74** | **838 255** | **469 272** | **368 983** | **70 146** | **39 429** | **30 717** |
| 70 | 169 399 | 96 850 | 72 549 | 14 060 | 8 050 | 6 010 |
| 71 | 164 095 | 93 493 | 70 602 | 13 670 | 7 839 | 5 831 |
| 72 | 169 339 | 95 274 | 74 065 | 13 810 | 7 787 | 6 023 |
| 73 | 165 850 | 91 440 | 74 410 | 13 871 | 7 605 | 6 266 |
| 74 | 169 572 | 92 215 | 77 357 | 14 735 | 8 148 | 6 587 |
| **75—79** | **753 162** | **388 658** | **364 504** | **65 359** | **34 119** | **31 240** |
| 75 | 167 349 | 89 941 | 77 408 | 13 341 | 7 217 | 6 124 |
| 76 | 153 732 | 81 594 | 72 138 | 13 145 | 7 002 | 6 143 |
| 77 | 143 989 | 74 605 | 69 384 | 12 730 | 6 723 | 6 007 |
| 78 | 144 310 | 72 736 | 71 574 | 13 142 | 6 743 | 6 399 |
| 79 | 143 782 | 69 782 | 74 000 | 13 001 | 6 434 | 6 567 |
| **80—84** | **570 799** | **255 038** | **315 761** | **50 766** | **23 259** | **27 507** |
| 80 | 139 538 | 65 754 | 73 784 | 12 098 | 5 776 | 6 322 |
| 81 | 120 575 | 55 414 | 65 161 | 10 588 | 5 052 | 5 536 |
| 82 | 113 547 | 50 350 | 63 197 | 10 543 | 4 823 | 5 720 |
| 83 | 104 925 | 45 112 | 59 813 | 9 310 | 4 063 | 5 247 |
| 84 | 92 214 | 38 408 | 53 806 | 8 227 | 3 545 | 4 682 |
| **85—89** | **279 102** | **105 862** | **173 240** | **25 383** | **9 969** | **15 414** |
| 85 | 79 147 | 31 803 | 47 344 | 7 294 | 3 011 | 4 283 |
| 86 | 66 475 | 25 836 | 40 639 | 6 100 | 2 460 | 3 640 |
| 87 | 55 472 | 20 820 | 34 652 | 5 204 | 2 033 | 3 171 |
| 88 | 45 731 | 16 361 | 29 370 | 4 170 | 1 561 | 2 609 |
| 89 | 32 277 | 11 042 | 21 235 | 2 615 | 904 | 1 711 |
| **90 岁及以上** | **88 131** | **26 189** | **61 942** | **8 640** | **2 618** | **6 022** |

单位：人

| 二月 | | | 三月 | | | 四月 | | |
|---|---|---|---|---|---|---|---|---|
| 小计 | 男 | 女 | 小计 | 男 | 女 | 小计 | 男 | 女 |
| 57 009 | 34 767 | 22 242 | 54 947 | 34 010 | 20 937 | 53 391 | 33 273 | 20 118 |
| 10 890 | 6 699 | 4 191 | 9 984 | 6 248 | 3 736 | 10 074 | 6 290 | 3 784 |
| 10 419 | 6 290 | 4 129 | 10 377 | 6 379 | 3 998 | 10 195 | 6 490 | 3 705 |
| 10 736 | 6 576 | 4 160 | 10 542 | 6 582 | 3 960 | 10 286 | 6 392 | 3 894 |
| 12 379 | 7 500 | 4 879 | 11 999 | 7 318 | 4 681 | 11 133 | 6 886 | 4 247 |
| 12 585 | 7 702 | 4 883 | 12 045 | 7 483 | 4 562 | 11 703 | 7 215 | 4 488 |
| 71 722 | 42 473 | 29 249 | 67 908 | 40 215 | 27 693 | 65 094 | 38 776 | 26 318 |
| 12 935 | 7 834 | 5 101 | 12 545 | 7 571 | 4 974 | 12 447 | 7 549 | 4 898 |
| 12 871 | 7 724 | 5 147 | 12 245 | 7 379 | 4 866 | 11 507 | 6 995 | 4 512 |
| 14 012 | 8 386 | 5 626 | 13 085 | 7 764 | 5 321 | 12 395 | 7 463 | 4 932 |
| 15 932 | 9 347 | 6 585 | 14 892 | 8 693 | 6 199 | 14 130 | 8 312 | 5 818 |
| 15 972 | 9 182 | 6 790 | 15 141 | 8 808 | 6 333 | 14 615 | 8 457 | 6 158 |
| 83 491 | 46 263 | 37 228 | 76 074 | 42 214 | 33 860 | 71 335 | 39 609 | 31 726 |
| 16 644 | 9 420 | 7 224 | 15 530 | 8 741 | 6 789 | 14 748 | 8 341 | 6 407 |
| 16 391 | 9 388 | 7 003 | 14 748 | 8 316 | 6 432 | 13 738 | 7 769 | 5 969 |
| 16 507 | 9 142 | 7 365 | 15 235 | 8 548 | 6 687 | 14 279 | 7 935 | 6 344 |
| 16 301 | 8 771 | 7 530 | 14 995 | 8 126 | 6 869 | 14 112 | 7 751 | 6 361 |
| 17 648 | 9 542 | 8 106 | 15 566 | 8 483 | 7 083 | 14 458 | 7 813 | 6 645 |
| 76 075 | 38 900 | 37 175 | 68 086 | 34 704 | 33 382 | 61 109 | 31 171 | 29 938 |
| 15 899 | 8 453 | 7 446 | 14 730 | 7 849 | 6 881 | 13 745 | 7 339 | 6 406 |
| 15 265 | 8 052 | 7 213 | 14 006 | 7 313 | 6 693 | 12 467 | 6 512 | 5 955 |
| 14 700 | 7 530 | 7 170 | 12 915 | 6 604 | 6 311 | 11 595 | 5 984 | 5 611 |
| 15 134 | 7 631 | 7 503 | 13 214 | 6 598 | 6 616 | 11 773 | 5 840 | 5 933 |
| 15 077 | 7 234 | 7 843 | 13 221 | 6 340 | 6 881 | 11 529 | 5 496 | 6 033 |
| 58 635 | 25 942 | 32 693 | 51 647 | 22 469 | 29 178 | 45 409 | 19 992 | 25 417 |
| 14 037 | 6 580 | 7 457 | 12 652 | 5 831 | 6 821 | 11 370 | 5 373 | 5 997 |
| 12 332 | 5 538 | 6 794 | 10 918 | 4 923 | 5 995 | 9 550 | 4 315 | 5 235 |
| 12 400 | 5 453 | 6 947 | 10 564 | 4 567 | 5 997 | 9 206 | 4 011 | 5 195 |
| 10 441 | 4 415 | 6 026 | 9 214 | 3 833 | 5 381 | 8 079 | 3 392 | 4 687 |
| 9 425 | 3 956 | 5 469 | 8 299 | 3 315 | 4 984 | 7 204 | 2 901 | 4 303 |
| 28 765 | 10 927 | 17 838 | 24 637 | 9 206 | 15 431 | 21 064 | 8 010 | 13 054 |
| 8 254 | 3 305 | 4 949 | 7 188 | 2 810 | 4 378 | 6 180 | 2 465 | 3 715 |
| 6 838 | 2 651 | 4 187 | 5 709 | 2 217 | 3 492 | 4 929 | 1 904 | 3 025 |
| 5 838 | 2 187 | 3 651 | 4 969 | 1 823 | 3 146 | 4 239 | 1 599 | 2 640 |
| 4 844 | 1 777 | 3 067 | 4 074 | 1 440 | 2 634 | 3 389 | 1 239 | 2 150 |
| 2 991 | 1 007 | 1 984 | 2 697 | 916 | 1 781 | 2 327 | 803 | 1 524 |
| 9 489 | 2 762 | 6 727 | 7 829 | 2 321 | 5 508 | 6 558 | 1 985 | 4 573 |

2—14 续表 3

| 年龄（岁） | 五月 | | | 六月 | |
|---|---|---|---|---|---|
| | 合计 | 男 | 女 | 小计 | 男 |
| **总计** | 524 611 | 291 111 | 233 500 | 537 039 | 299 549 |
| 0—4 | 57 631 | 29 193 | 28 438 | 60 160 | 31 103 |
| 0 | 39 687 | 19 775 | 19 912 | 39 638 | 20 058 |
| 1 | 7 567 | 3 829 | 3 738 | 8 424 | 4 484 |
| 2 | 4 962 | 2 659 | 2 303 | 5 830 | 3 055 |
| 3 | 3 170 | 1 670 | 1 500 | 3 668 | 2 015 |
| 4 | 2 245 | 1 260 | 985 | 2 600 | 1 491 |
| 5—9 | 6 525 | 4 007 | 2 518 | 9 172 | 5 827 |
| 5 | 1 728 | 1 008 | 720 | 2 184 | 1 290 |
| 6 | 1 405 | 870 | 535 | 2 010 | 1 271 |
| 7 | 1 393 | 883 | 510 | 1 887 | 1 213 |
| 8 | 1 015 | 649 | 366 | 1 605 | 1 074 |
| 9 | 984 | 597 | 387 | 1 486 | 979 |
| 10—14 | 5 316 | 3 175 | 2 141 | 6 961 | 4 176 |
| 10 | 948 | 575 | 373 | 1 339 | 835 |
| 11 | 925 | 572 | 353 | 1 240 | 750 |
| 12 | 969 | 588 | 381 | 1 318 | 779 |
| 13 | 1 175 | 688 | 487 | 1 450 | 875 |
| 14 | 1 299 | 752 | 547 | 1 614 | 937 |
| 15—19 | 11 204 | 6 354 | 4 850 | 13 268 | 7 542 |
| 15 | 1 616 | 934 | 682 | 1 889 | 1 071 |
| 16 | 1 888 | 1 054 | 834 | 2 375 | 1 333 |
| 17 | 2 199 | 1 242 | 957 | 2 613 | 1 511 |
| 18 | 2 692 | 1 521 | 1 171 | 2 997 | 1 684 |
| 19 | 2 809 | 1 603 | 1 206 | 3 394 | 1 943 |
| 20—24 | 14 447 | 8 079 | 6 368 | 16 597 | 9 275 |
| 20 | 3 142 | 1 782 | 1 360 | 3 626 | 2 100 |
| 21 | 2 806 | 1 534 | 1 272 | 3 220 | 1 785 |
| 22 | 2 753 | 1 551 | 1 202 | 3 071 | 1 697 |
| 23 | 2 810 | 1 546 | 1 264 | 3 334 | 1 826 |
| 24 | 2 936 | 1 666 | 1 270 | 3 346 | 1 867 |
| 25—29 | 10 538 | 6 001 | 4 537 | 11 624 | 6 566 |
| 25 | 3 009 | 1 676 | 1 333 | 3 174 | 1 744 |
| 26 | 2 707 | 1 557 | 1 150 | 3 138 | 1 761 |
| 27 | 1 648 | 946 | 702 | 1 971 | 1 091 |
| 28 | 1 465 | 829 | 636 | 1 553 | 906 |
| 29 | 1 709 | 993 | 716 | 1 788 | 1 064 |

单位:人

| | 七月 | | | 八月 | | |
|---|---|---|---|---|---|---|
| 女 | 小计 | 男 | 女 | 小计 | 男 | 女 |
| 237 490 | 545 735 | 303 163 | 242 572 | 551 923 | 305 158 | 246 765 |
| 29 057 | 63 747 | 31 952 | 31 795 | 69 453 | 34 111 | 35 342 |
| 19 580 | 42 515 | 20 842 | 21 673 | 48 152 | 23 350 | 24 802 |
| 3 940 | 8 842 | 4 518 | 4 324 | 8 546 | 4 205 | 4 341 |
| 2 775 | 5 931 | 3 061 | 2 870 | 6 413 | 3 201 | 3 212 |
| 1 653 | 3 777 | 2 032 | 1 745 | 3 744 | 1 924 | 1 820 |
| 1 109 | 2 682 | 1 499 | 1 183 | 2 598 | 1 431 | 1 167 |
| 3 345 | 10 912 | 7 019 | 3 893 | 9 045 | 5 534 | 3 511 |
| 894 | 2 320 | 1 371 | 949 | 2 080 | 1 223 | 857 |
| 739 | 2 331 | 1 521 | 810 | 1 930 | 1 153 | 777 |
| 674 | 2 395 | 1 600 | 795 | 1 936 | 1 194 | 742 |
| 531 | 1 964 | 1 297 | 667 | 1 629 | 1 044 | 585 |
| 507 | 1 902 | 1 230 | 672 | 1 470 | 920 | 550 |
| 2 785 | 8 213 | 5 058 | 3 155 | 6 785 | 4 019 | 2 766 |
| 504 | 1 618 | 1 018 | 600 | 1 406 | 863 | 543 |
| 490 | 1 554 | 942 | 612 | 1 314 | 784 | 530 |
| 539 | 1 584 | 958 | 626 | 1 220 | 722 | 498 |
| 575 | 1 604 | 981 | 623 | 1 312 | 765 | 547 |
| 677 | 1 853 | 1 159 | 694 | 1 533 | 885 | 648 |
| 5 726 | 14 330 | 8 308 | 6 022 | 13 369 | 7 603 | 5 766 |
| 818 | 2 066 | 1 259 | 807 | 1 933 | 1 107 | 826 |
| 1 042 | 2 554 | 1 501 | 1 053 | 2 261 | 1 283 | 978 |
| 1 102 | 2 836 | 1 672 | 1 164 | 2 645 | 1 527 | 1 118 |
| 1 313 | 3 329 | 1 825 | 1 504 | 3 167 | 1 848 | 1 319 |
| 1 451 | 3 545 | 2 051 | 1 494 | 3 363 | 1 838 | 1 525 |
| 7 322 | 17 562 | 9 709 | 7 853 | 16 713 | 9 215 | 7 498 |
| 1 526 | 3 918 | 2 236 | 1 682 | 3 669 | 1 971 | 1 698 |
| 1 435 | 3 582 | 1 972 | 1 610 | 3 415 | 1 886 | 1 529 |
| 1 374 | 3 271 | 1 774 | 1 497 | 3 025 | 1 711 | 1 314 |
| 1 508 | 3 475 | 1 901 | 1 574 | 3 295 | 1 830 | 1 465 |
| 1 479 | 3 316 | 1 826 | 1 490 | 3 309 | 1 817 | 1 492 |
| 5 058 | 12 257 | 6 967 | 5 290 | 11 856 | 6 703 | 5 153 |
| 1 430 | 3 343 | 1 842 | 1 501 | 3 160 | 1 744 | 1 416 |
| 1 377 | 3 307 | 1 904 | 1 403 | 3 178 | 1 806 | 1 372 |
| 880 | 2 140 | 1 198 | 942 | 2 240 | 1 251 | 989 |
| 647 | 1 546 | 896 | 650 | 1 459 | 837 | 622 |
| 724 | 1 921 | 1 127 | 794 | 1 819 | 1 065 | 754 |

2—14 续表 4

| 年龄（岁） | 五月 | | | 六月 | |
|---|---|---|---|---|---|
| | 合计 | 男 | 女 | 小计 | 男 |
| 30—34 | 12 025 | 6 958 | 5 067 | 12 655 | 7 564 |
| 30 | 1 940 | 1 121 | 819 | 2 143 | 1 338 |
| 31 | 2 419 | 1 384 | 1 035 | 2 499 | 1 487 |
| 32 | 2 339 | 1 344 | 995 | 2 551 | 1 502 |
| 33 | 2 396 | 1 412 | 984 | 2 564 | 1 514 |
| 34 | 2 931 | 1 697 | 1 234 | 2 898 | 1 723 |
| 35—39 | 13 806 | 8 227 | 5 579 | 14 509 | 8 735 |
| 35 | 2 855 | 1 684 | 1 171 | 3 080 | 1 843 |
| 36 | 2 738 | 1 654 | 1 084 | 2 896 | 1 662 |
| 37 | 2 622 | 1 558 | 1 064 | 2 838 | 1 706 |
| 38 | 2 614 | 1 537 | 1 077 | 2 723 | 1 669 |
| 39 | 2 977 | 1 794 | 1 183 | 2 972 | 1 855 |
| 40—44 | 14 383 | 8 752 | 5 631 | 14 439 | 8 864 |
| 40 | 2 837 | 1 729 | 1 108 | 2 971 | 1 845 |
| 41 | 2 779 | 1 714 | 1 065 | 2 748 | 1 665 |
| 42 | 2 890 | 1 742 | 1 148 | 2 897 | 1 770 |
| 43 | 2 892 | 1 731 | 1 161 | 2 851 | 1 780 |
| 44 | 2 985 | 1 836 | 1 149 | 2 972 | 1 804 |
| 45—49 | 17 974 | 11 094 | 6 880 | 18 206 | 11 273 |
| 45 | 3 127 | 1 907 | 1 220 | 3 277 | 2 001 |
| 46 | 3 180 | 1 993 | 1 187 | 3 206 | 2 034 |
| 47 | 3 482 | 2 165 | 1 317 | 3 570 | 2 208 |
| 48 | 3 916 | 2 387 | 1 529 | 3 867 | 2 377 |
| 49 | 4 269 | 2 642 | 1 627 | 4 286 | 2 653 |
| 50—54 | 26 947 | 16 749 | 10 198 | 26 722 | 16 617 |
| 50 | 4 749 | 2 937 | 1 812 | 4 706 | 2 919 |
| 51 | 5 018 | 3 120 | 1 898 | 4 828 | 3 069 |
| 52 | 5 210 | 3 215 | 1 995 | 5 120 | 3 174 |
| 53 | 5 703 | 3 574 | 2 129 | 5 825 | 3 613 |
| 54 | 6 267 | 3 903 | 2 364 | 6 243 | 3 842 |
| 55—59 | 37 602 | 23 721 | 13 881 | 37 864 | 23 832 |
| 55 | 6 762 | 4 288 | 2 474 | 6 867 | 4 186 |
| 56 | 6 724 | 4 190 | 2 534 | 6 832 | 4 330 |
| 57 | 7 164 | 4 599 | 2 565 | 7 126 | 4 504 |
| 58 | 8 274 | 5 173 | 3 101 | 7 966 | 5 053 |
| 59 | 8 678 | 5 471 | 3 207 | 9 073 | 5 759 |

单位：人

| 女 | 七月 小计 | 七月 男 | 七月 女 | 八月 小计 | 八月 男 | 八月 女 |
|---|---|---|---|---|---|---|
| 509 | 13 090 | 7 809 | 5 281 | 12 632 | 7 525 | 5 107 |
| 805 | 2 156 | 1 293 | 863 | 1 946 | 1 191 | 755 |
| 1 012 | 2 649 | 1 585 | 1 064 | 2 560 | 1 523 | 1 037 |
| 1 049 | 2 599 | 1 525 | 1 074 | 2 627 | 1 592 | 1 035 |
| 1 050 | 2 659 | 1 590 | 1 069 | 2 616 | 1 531 | 1 085 |
| 1 175 | 3 027 | 1 816 | 1 211 | 2 883 | 1 688 | 1 195 |
| 5 774 | 14 953 | 9 006 | 5 947 | 14 842 | 9 064 | 5 778 |
| 1 237 | 3 077 | 1 871 | 1 206 | 2 995 | 1 758 | 1 237 |
| 1 234 | 3 001 | 1 759 | 1 242 | 2 949 | 1 794 | 1 155 |
| 1 132 | 2 947 | 1 784 | 1 163 | 3 053 | 1 869 | 1 184 |
| 1 054 | 2 752 | 1 629 | 1 123 | 2 734 | 1 657 | 1 077 |
| 1 117 | 3 176 | 1 963 | 1 213 | 3 111 | 1 986 | 1 125 |
| 5 575 | 14 876 | 9 097 | 5 779 | 15 082 | 9 381 | 5 701 |
| 1 126 | 3 007 | 1 835 | 1 172 | 3 060 | 1 931 | 1 129 |
| 1 083 | 2 904 | 1 763 | 1 141 | 2 837 | 1 747 | 1 090 |
| 1 127 | 2 959 | 1 820 | 1 139 | 2 979 | 1 851 | 1 128 |
| 1 071 | 2 847 | 1 703 | 1 144 | 2 953 | 1 816 | 1 137 |
| 1 168 | 3 159 | 1 976 | 1 183 | 3 253 | 2 036 | 1 217 |
| 6 933 | 17 945 | 11 276 | 6 669 | 18 268 | 11 369 | 6 899 |
| 1 276 | 3 212 | 2 044 | 1 168 | 3 286 | 2 040 | 1 246 |
| 1 172 | 3 178 | 2 023 | 1 155 | 3 294 | 2 088 | 1 206 |
| 1 362 | 3 518 | 2 224 | 1 294 | 3 442 | 2 113 | 1 329 |
| 1 490 | 3 800 | 2 359 | 1 441 | 3 929 | 2 449 | 1 480 |
| 1 633 | 4 237 | 2 626 | 1 611 | 4 317 | 2 679 | 1 638 |
| 10 105 | 26 498 | 16 525 | 9 973 | 26 218 | 16 425 | 9 793 |
| 1 787 | 4 489 | 2 795 | 1 694 | 4 510 | 2 858 | 1 652 |
| 1 759 | 4 851 | 3 011 | 1 840 | 4 922 | 3 045 | 1 877 |
| 1 946 | 5 282 | 3 308 | 1 974 | 5 137 | 3 220 | 1 917 |
| 2 212 | 5 639 | 3 512 | 2 127 | 5 619 | 3 553 | 2 066 |
| 2 401 | 6 237 | 3 899 | 2 338 | 6 030 | 3 749 | 2 281 |
| 14 032 | 36 843 | 23 139 | 13 704 | 37 332 | 23 609 | 13 723 |
| 2 681 | 6 569 | 4 136 | 2 433 | 6 593 | 4 141 | 2 452 |
| 2 502 | 6 765 | 4 292 | 2 473 | 7 026 | 4 488 | 2 538 |
| 2 622 | 7 063 | 4 388 | 2 675 | 7 021 | 4 420 | 2 601 |
| 2 913 | 7 429 | 4 699 | 2 730 | 7 533 | 4 803 | 2 730 |
| 3 314 | 9 017 | 5 624 | 3 393 | 9 159 | 5 757 | 3 402 |

2-14 续表 5

| 年龄（岁） | 五月 |  |  | 六月 |  |
|---|---|---|---|---|---|
|  | 合计 | 男 | 女 | 小计 | 男 |
| **60—64** | **50 231** | **31 287** | **18 944** | **50 007** | **31 150** |
| 60 | 9 275 | 5 822 | 3 453 | 9 472 | 5 945 |
| 61 | 9 660 | 6 085 | 3 575 | 9 601 | 5 963 |
| 62 | 9 694 | 6 065 | 3 629 | 9 592 | 6 063 |
| 63 | 10 140 | 6 219 | 3 921 | 10 044 | 6 214 |
| 64 | 11 462 | 7 096 | 4 366 | 11 298 | 6 965 |
| **65—69** | **59 946** | **35 596** | **24 350** | **59 203** | **35 474** |
| 65 | 11 267 | 6 839 | 4 428 | 11 293 | 6 928 |
| 66 | 10 939 | 6 597 | 4 342 | 10 728 | 6 518 |
| 67 | 11 384 | 6 773 | 4 611 | 11 293 | 6 795 |
| 68 | 12 770 | 7 434 | 5 336 | 12 402 | 7 371 |
| 69 | 13 586 | 7 953 | 5 633 | 13 487 | 7 862 |
| **70—74** | **65 251** | **36 686** | **28 565** | **64 399** | **35 789** |
| 70 | 13 356 | 7 706 | 5 650 | 13 329 | 7 597 |
| 71 | 12 682 | 7 284 | 5 398 | 12 580 | 7 039 |
| 72 | 13 134 | 7 455 | 5 679 | 12 946 | 7 279 |
| 73 | 12 837 | 7 046 | 5 791 | 12 733 | 7 009 |
| 74 | 13 242 | 7 195 | 6 047 | 12 811 | 6 865 |
| **75—79** | **55 372** | **28 303** | **27 069** | **55 649** | **28 706** |
| 75 | 12 480 | 6 658 | 5 822 | 12 758 | 6 899 |
| 76 | 11 259 | 5 952 | 5 307 | 11 495 | 6 099 |
| 77 | 10 603 | 5 419 | 5 184 | 10 932 | 5 672 |
| 78 | 10 667 | 5 290 | 5 377 | 10 171 | 5 059 |
| 79 | 10 363 | 4 984 | 5 379 | 10 293 | 4 977 |
| **80—84** | **40 918** | **18 190** | **22 728** | **40 306** | **18 007** |
| 80 | 10 166 | 4 735 | 5 431 | 10 091 | 4 688 |
| 81 | 8 683 | 3 947 | 4 736 | 8 487 | 3 881 |
| 82 | 8 075 | 3 551 | 4 524 | 8 014 | 3 588 |
| 83 | 7 463 | 3 200 | 4 263 | 7 450 | 3 231 |
| 84 | 6 531 | 2 757 | 3 774 | 6 264 | 2 619 |
| **85—89** | **18 676** | **7 089** | **11 587** | **19 483** | **7 333** |
| 85 | 5 443 | 2 193 | 3 250 | 5 597 | 2 266 |
| 86 | 4 411 | 1 738 | 2 673 | 4 713 | 1 794 |
| 87 | 3 758 | 1 417 | 2 341 | 3 708 | 1 369 |
| 88 | 3 025 | 1 041 | 1 984 | 3 232 | 1 169 |
| 89 | 2 039 | 700 | 1 339 | 2 233 | 735 |
| **90岁及以上** | **5 819** | **1 650** | **4 169** | **5 815** | **1 716** |

单位:人

| | 七 | | 月 | 八 | | 月 |
|---|---|---|---|---|---|---|
| 女 | 小计 | 男 | 女 | 小计 | 男 | 女 |
| **18 857** | **48 593** | **30 109** | **18 484** | **49 095** | **30 446** | **18 649** |
| 3 527 | 8 895 | 5 574 | 3 321 | 8 979 | 5 562 | 3 417 |
| 3 638 | 9 247 | 5 814 | 3 433 | 9 465 | 5 904 | 3 561 |
| 3 529 | 9 378 | 5 779 | 3 599 | 9 584 | 5 972 | 3 612 |
| 3 830 | 9 802 | 6 017 | 3 785 | 9 768 | 6 027 | 3 741 |
| 4 333 | 11 271 | 6 925 | 4 346 | 11 299 | 6 981 | 4 318 |
| **23 729** | **58 850** | **35 239** | **23 611** | **59 273** | **35 445** | **23 828** |
| 4 365 | 11 081 | 6 819 | 4 262 | 11 124 | 6 760 | 4 364 |
| 4 210 | 10 732 | 6 453 | 4 279 | 10 820 | 6 649 | 4 171 |
| 4 498 | 11 275 | 6 746 | 4 529 | 11 516 | 6 920 | 4 596 |
| 5 031 | 12 114 | 7 172 | 4 942 | 12 272 | 7 203 | 5 069 |
| 5 625 | 13 648 | 8 049 | 5 599 | 13 541 | 7 913 | 5 628 |
| **28 610** | **63 827** | **35 786** | **28 041** | **65 018** | **36 410** | **28 608** |
| 5 732 | 12 957 | 7 454 | 5 503 | 13 173 | 7 563 | 5 610 |
| 5 541 | 12 611 | 7 200 | 5 411 | 12 819 | 7 338 | 5 481 |
| 5 667 | 13 101 | 7 327 | 5 774 | 13 370 | 7 523 | 5 847 |
| 5 724 | 12 521 | 6 898 | 5 623 | 12 791 | 7 057 | 5 734 |
| 5 946 | 12 637 | 6 907 | 5 730 | 12 865 | 6 929 | 5 936 |
| **26 943** | **56 502** | **28 999** | **27 503** | **57 565** | **29 578** | **27 987** |
| 5 859 | 12 873 | 6 832 | 6 041 | 13 239 | 7 122 | 6 117 |
| 5 396 | 11 613 | 6 169 | 5 444 | 11 556 | 6 115 | 5 441 |
| 5 260 | 10 809 | 5 583 | 5 226 | 10 939 | 5 616 | 5 323 |
| 5 112 | 10 557 | 5 324 | 5 233 | 10 897 | 5 441 | 5 456 |
| 5 316 | 10 650 | 5 091 | 5 559 | 10 934 | 5 284 | 5 650 |
| **22 299** | **41 123** | **18 146** | **22 977** | **42 473** | **18 953** | **23 520** |
| 5 403 | 10 024 | 4 733 | 5 291 | 10 517 | 4 920 | 5 597 |
| 4 606 | 8 705 | 3 952 | 4 753 | 8 854 | 4 095 | 4 759 |
| 4 426 | 8 004 | 3 511 | 4 493 | 8 395 | 3 665 | 4 730 |
| 4 219 | 7 589 | 3 208 | 4 381 | 7 821 | 3 381 | 4 440 |
| 3 645 | 6 801 | 2 742 | 4 059 | 6 886 | 2 892 | 3 994 |
| **12 150** | **19 677** | **7 282** | **12 395** | **20 689** | **7 837** | **12 852** |
| 3 331 | 5 585 | 2 210 | 3 375 | 5 907 | 2 352 | 3 555 |
| 2 919 | 4 785 | 1 846 | 2 939 | 4 968 | 1 901 | 3 067 |
| 2 339 | 3 846 | 1 354 | 2 492 | 4 087 | 1 566 | 2 521 |
| 2 063 | 3 259 | 1 126 | 2 133 | 3 298 | 1 173 | 2 125 |
| 1 498 | 2 202 | 746 | 1 456 | 2 429 | 845 | 1 584 |
| **4 099** | **5 937** | **1 737** | **4 200** | **6 215** | **1 931** | **4 284** |

2—14 续表 6

| 年龄（岁） | 九月 | | | 十月 | |
|---|---|---|---|---|---|
| | 合计 | 男 | 女 | 小计 | 男 |
| **总计** | **481 886** | **267 164** | **214 722** | **583 028** | **320 994** |
| **0—4** | **58 814** | **29 268** | **29 546** | **71 753** | **35 680** |
| 0 | 42 776 | 21 265 | 21 511 | 54 013 | 26 704 |
| 1 | 6 581 | 3 170 | 3 411 | 7 359 | 3 653 |
| 2 | 4 723 | 2 334 | 2 389 | 5 115 | 2 544 |
| 3 | 2 848 | 1 492 | 1 356 | 3 268 | 1 709 |
| 4 | 1 886 | 1 007 | 879 | 1 998 | 1 070 |
| **5—9** | **5 482** | **3 277** | **2 205** | **5 460** | **3 095** |
| 5 | 1 366 | 789 | 577 | 1 493 | 806 |
| 6 | 1 177 | 664 | 513 | 1 082 | 631 |
| 7 | 1 154 | 711 | 443 | 1 129 | 641 |
| 8 | 905 | 563 | 342 | 930 | 548 |
| 9 | 880 | 550 | 330 | 826 | 469 |
| **10—14** | **4 364** | **2 502** | **1 862** | **4 446** | **2 513** |
| 10 | 762 | 449 | 313 | 840 | 460 |
| 11 | 792 | 462 | 330 | 809 | 475 |
| 12 | 816 | 488 | 328 | 764 | 425 |
| 13 | 948 | 536 | 412 | 935 | 537 |
| 14 | 1 046 | 567 | 479 | 1 098 | 616 |
| **15—19** | **9 891** | **5 495** | **4 396** | **9 747** | **5 396** |
| 15 | 1 299 | 739 | 560 | 1 298 | 751 |
| 16 | 1 620 | 868 | 752 | 1 543 | 862 |
| 17 | 1 993 | 1 091 | 902 | 1 922 | 1 046 |
| 18 | 2 346 | 1 310 | 1 036 | 2 264 | 1 233 |
| 19 | 2 633 | 1 487 | 1 146 | 2 720 | 1 504 |
| **20—24** | **13 560** | **7 661** | **5 899** | **13 889** | **7 635** |
| 20 | 2 847 | 1 606 | 1 241 | 2 722 | 1 494 |
| 21 | 2 790 | 1 573 | 1 217 | 3 037 | 1 678 |
| 22 | 2 476 | 1 400 | 1 076 | 2 522 | 1 405 |
| 23 | 2 698 | 1 536 | 1 162 | 2 779 | 1 497 |
| 24 | 2 749 | 1 546 | 1 203 | 2 829 | 1 561 |
| **25—29** | **10 023** | **5 759** | **4 264** | **10 556** | **6 004** |
| 25 | 2 601 | 1 461 | 1 140 | 2 673 | 1 471 |
| 26 | 2 741 | 1 597 | 1 144 | 2 838 | 1 627 |
| 27 | 1 939 | 1 093 | 846 | 2 136 | 1 223 |
| 28 | 1 193 | 682 | 511 | 1 286 | 741 |
| 29 | 1 549 | 926 | 623 | 1 623 | 942 |

单位：人

| 女 | 十一月 小计 | 十一月 男 | 十一月 女 | 十二月 小计 | 十二月 男 | 十二月 女 |
|---|---|---|---|---|---|---|
| 262 034 | 542 259 | 297 938 | 244 321 | 587 329 | 320 192 | 267 137 |
| 36 073 | 62 762 | 31 405 | 31 357 | 65 689 | 32 934 | 32 755 |
| 27 309 | 48 672 | 24 104 | 24 568 | 51 480 | 25 750 | 25 730 |
| 3 706 | 6 109 | 3 120 | 2 989 | 6 762 | 3 338 | 3 424 |
| 2 571 | 3 964 | 2 018 | 1 946 | 3 803 | 1 922 | 1 881 |
| 1 559 | 2 441 | 1 322 | 1 119 | 2 194 | 1 150 | 1 044 |
| 928 | 1 576 | 841 | 735 | 1 450 | 774 | 676 |
| 2 365 | 4 282 | 2 392 | 1 890 | 3 898 | 2 185 | 1 713 |
| 687 | 1 184 | 658 | 526 | 1 072 | 582 | 490 |
| 451 | 922 | 498 | 424 | 776 | 397 | 379 |
| 488 | 851 | 472 | 379 | 809 | 468 | 341 |
| 382 | 716 | 401 | 315 | 644 | 387 | 257 |
| 357 | 609 | 363 | 246 | 597 | 351 | 246 |
| 1 933 | 3 400 | 1 938 | 1 462 | 3 347 | 1 902 | 1 445 |
| 380 | 648 | 356 | 292 | 597 | 345 | 252 |
| 334 | 599 | 346 | 253 | 611 | 346 | 265 |
| 339 | 614 | 337 | 277 | 616 | 341 | 275 |
| 398 | 713 | 421 | 292 | 742 | 422 | 320 |
| 482 | 826 | 478 | 348 | 781 | 448 | 333 |
| 4 351 | 7 974 | 4 407 | 3 567 | 7 872 | 4 518 | 3 354 |
| 547 | 1 023 | 536 | 487 | 1 067 | 579 | 488 |
| 681 | 1 390 | 766 | 624 | 1 252 | 735 | 517 |
| 876 | 1 534 | 860 | 674 | 1 533 | 859 | 674 |
| 1 031 | 1 900 | 1 038 | 862 | 1 833 | 1 091 | 742 |
| 1 216 | 2 127 | 1 207 | 920 | 2 187 | 1 254 | 933 |
| 6 254 | 11 610 | 6 596 | 5 014 | 11 518 | 6 674 | 4 844 |
| 1 228 | 2 268 | 1 342 | 926 | 2 327 | 1 339 | 988 |
| 1 359 | 2 551 | 1 444 | 1 107 | 2 339 | 1 345 | 994 |
| 1 117 | 2 119 | 1 212 | 907 | 2 107 | 1 211 | 896 |
| 1 282 | 2 322 | 1 270 | 1 052 | 2 320 | 1 355 | 965 |
| 1 268 | 2 350 | 1 328 | 1 022 | 2 425 | 1 424 | 1 001 |
| 4 552 | 9 321 | 5 327 | 3 994 | 9 442 | 5 522 | 3 920 |
| 1 202 | 2 248 | 1 254 | 994 | 2 295 | 1 295 | 1 000 |
| 1 211 | 2 559 | 1 444 | 1 115 | 2 479 | 1 432 | 1 047 |
| 913 | 1 958 | 1 116 | 842 | 2 130 | 1 281 | 849 |
| 545 | 1 099 | 644 | 455 | 1 197 | 717 | 480 |
| 681 | 1 457 | 869 | 588 | 1 341 | 797 | 544 |

2-14 续表 7

| 年龄（岁） | 九月 合计 | 九月 男 | 九月 女 | 十月 小计 | 十月 男 |
|---|---|---|---|---|---|
| 30－34 | 10 712 | 6 381 | 4 331 | 11 347 | 6 708 |
| 30 | 1 605 | 946 | 659 | 1 714 | 994 |
| 31 | 2 117 | 1 284 | 833 | 2 243 | 1 314 |
| 32 | 2 327 | 1 385 | 942 | 2 444 | 1 468 |
| 33 | 2 205 | 1 279 | 926 | 2 300 | 1 369 |
| 34 | 2 458 | 1 487 | 971 | 2 646 | 1 563 |
| 35－39 | 12 493 | 7 483 | 5 010 | 13 939 | 8 507 |
| 35 | 2 597 | 1 532 | 1 065 | 2 833 | 1 717 |
| 36 | 2 485 | 1 501 | 984 | 2 783 | 1 671 |
| 37 | 2 546 | 1 534 | 1 012 | 2 903 | 1 781 |
| 38 | 2 305 | 1 351 | 954 | 2 534 | 1 544 |
| 39 | 2 560 | 1 565 | 995 | 2 886 | 1 794 |
| 40－44 | 13 330 | 8 281 | 5 049 | 14 715 | 9 055 |
| 40 | 2 717 | 1 734 | 983 | 2 994 | 1 855 |
| 41 | 2 618 | 1 613 | 1 005 | 2 807 | 1 738 |
| 42 | 2 606 | 1 586 | 1 020 | 2 995 | 1 856 |
| 43 | 2 580 | 1 612 | 968 | 2 900 | 1 771 |
| 44 | 2 809 | 1 736 | 1 073 | 3 019 | 1 835 |
| 45－49 | 15 848 | 9 728 | 6 120 | 18 251 | 11 255 |
| 45 | 2 820 | 1 734 | 1 086 | 3 157 | 1 966 |
| 46 | 2 867 | 1 796 | 1 071 | 3 243 | 1 988 |
| 47 | 3 032 | 1 812 | 1 220 | 3 615 | 2 225 |
| 48 | 3 364 | 2 062 | 1 302 | 3 882 | 2 399 |
| 49 | 3 765 | 2 324 | 1 441 | 4 354 | 2 677 |
| 50－54 | 23 247 | 14 546 | 8 701 | 27 216 | 16 993 |
| 50 | 3 701 | 2 344 | 1 357 | 4 450 | 2 736 |
| 51 | 4 327 | 2 721 | 1 606 | 5 086 | 3 186 |
| 52 | 4 592 | 2 844 | 1 748 | 5 288 | 3 336 |
| 53 | 5 101 | 3 182 | 1 919 | 5 946 | 3 699 |
| 54 | 5 526 | 3 455 | 2 071 | 6 446 | 4 036 |
| 55－59 | 33 179 | 20 915 | 12 264 | 39 442 | 24 962 |
| 55 | 5 829 | 3 705 | 2 124 | 6 731 | 4 233 |
| 56 | 6 235 | 3 952 | 2 283 | 7 339 | 4 672 |
| 57 | 6 257 | 3 856 | 2 401 | 7 571 | 4 814 |
| 58 | 6 603 | 4 179 | 2 424 | 7 975 | 5 046 |
| 59 | 8 255 | 5 223 | 3 032 | 9 826 | 6 197 |

单位:人

| 女 | 十一月 | | | 十二月 | | |
|---|---|---|---|---|---|---|
| | 小计 | 男 | 女 | 小计 | 男 | 女 |
| 4 639 | 10 015 | 5 979 | 4 036 | 9 873 | 6 002 | 3 871 |
| 720 | 1 501 | 919 | 582 | 1 539 | 915 | 624 |
| 929 | 1 919 | 1 119 | 800 | 1 858 | 1 161 | 697 |
| 976 | 2 141 | 1 297 | 844 | 2 167 | 1 328 | 839 |
| 931 | 2 089 | 1 226 | 863 | 2 015 | 1 189 | 826 |
| 1 083 | 2 365 | 1 418 | 947 | 2 294 | 1 409 | 885 |
| 5 432 | 12 401 | 7 490 | 4 911 | 12 564 | 7 567 | 4 997 |
| 1 116 | 2 582 | 1 553 | 1 029 | 2 635 | 1 541 | 1 094 |
| 1 112 | 2 430 | 1 468 | 962 | 2 435 | 1 497 | 938 |
| 1 122 | 2 571 | 1 552 | 1 019 | 2 688 | 1 618 | 1 070 |
| 990 | 2 340 | 1 424 | 916 | 2 335 | 1 409 | 926 |
| 1 092 | 2 478 | 1 493 | 985 | 2 471 | 1 502 | 969 |
| 5 660 | 13 293 | 8 095 | 5 198 | 13 480 | 8 183 | 5 297 |
| 1 139 | 2 760 | 1 681 | 1 079 | 2 776 | 1 681 | 1 095 |
| 1 069 | 2 529 | 1 625 | 904 | 2 549 | 1 603 | 946 |
| 1 139 | 2 590 | 1 574 | 1 016 | 2 637 | 1 622 | 1 015 |
| 1 129 | 2 630 | 1 579 | 1 051 | 2 659 | 1 604 | 1 055 |
| 1 184 | 2 784 | 1 636 | 1 148 | 2 859 | 1 673 | 1 186 |
| 6 996 | 16 368 | 10 141 | 6 227 | 16 844 | 10 373 | 6 471 |
| 1 191 | 2 795 | 1 772 | 1 023 | 2 854 | 1 742 | 1 112 |
| 1 255 | 2 909 | 1 813 | 1 096 | 2 983 | 1 805 | 1 178 |
| 1 390 | 3 150 | 1 970 | 1 180 | 3 282 | 2 037 | 1 245 |
| 1 483 | 3 566 | 2 170 | 1 396 | 3 670 | 2 299 | 1 371 |
| 1 677 | 3 948 | 2 416 | 1 532 | 4 055 | 2 490 | 1 565 |
| 10 223 | 24 327 | 15 112 | 9 215 | 25 679 | 15 804 | 9 875 |
| 1 714 | 3 824 | 2 375 | 1 449 | 4 061 | 2 496 | 1 565 |
| 1 900 | 4 635 | 2 861 | 1 774 | 4 839 | 2 961 | 1 878 |
| 1 952 | 4 808 | 3 020 | 1 788 | 5 183 | 3 183 | 2 000 |
| 2 247 | 5 395 | 3 351 | 2 044 | 5 694 | 3 545 | 2 149 |
| 2 410 | 5 665 | 3 505 | 2 160 | 5 902 | 3 619 | 2 283 |
| 14 480 | 36 151 | 22 906 | 13 245 | 38 116 | 23 861 | 14 255 |
| 2 498 | 6 060 | 3 785 | 2 275 | 6 403 | 3 963 | 2 440 |
| 2 667 | 6 958 | 4 506 | 2 452 | 7 338 | 4 633 | 2 705 |
| 2 757 | 6 912 | 4 388 | 2 524 | 7 449 | 4 642 | 2 807 |
| 2 929 | 7 281 | 4 610 | 2 671 | 7 477 | 4 732 | 2 745 |
| 3 629 | 8 940 | 5 617 | 3 323 | 9 449 | 5 891 | 3 558 |

2—14 续表 8

| 年龄（岁） | 九月 | | | 十月 | |
|---|---|---|---|---|---|
| | 合计 | 男 | 女 | 小计 | 男 |
| **60-64** | **43 663** | **27 269** | **16 394** | **53 267** | **33 256** |
| 60 | 7 883 | 4 892 | 2 991 | 9 550 | 6 037 |
| 61 | 8 484 | 5 433 | 3 051 | 10 446 | 6 546 |
| 62 | 8 610 | 5 353 | 3 257 | 10 504 | 6 561 |
| 63 | 8 712 | 5 489 | 3 223 | 10 444 | 6 438 |
| 64 | 9 974 | 6 102 | 3 872 | 12 323 | 7 674 |
| **65—69** | **52 774** | **31 940** | **20 834** | **65 634** | **39 414** |
| 65 | 10 065 | 6 241 | 3 824 | 12 538 | 7 593 |
| 66 | 9 672 | 5 890 | 3 782 | 11 870 | 7 292 |
| 67 | 10 131 | 6 201 | 3 930 | 12 443 | 7 503 |
| 68 | 10 959 | 6 554 | 4 405 | 13 748 | 8 279 |
| 69 | 11 947 | 7 054 | 4 893 | 15 035 | 8 747 |
| **70—74** | **57 993** | **32 685** | **25 308** | **73 022** | **41 348** |
| 70 | 11 555 | 6 606 | 4 949 | 14 718 | 8 540 |
| 71 | 11 312 | 6 569 | 4 743 | 14 414 | 8 235 |
| 72 | 11 924 | 6 775 | 5 149 | 14 995 | 8 518 |
| 73 | 11 487 | 6 360 | 5 127 | 14 440 | 8 114 |
| 74 | 11 715 | 6 375 | 5 340 | 14 455 | 7 941 |
| **75—79** | **52 088** | **27 176** | **24 912** | **66 524** | **34 572** |
| 75 | 11 963 | 6 460 | 5 503 | 15 233 | 8 219 |
| 76 | 10 708 | 5 732 | 4 976 | 13 686 | 7 347 |
| 77 | 9 912 | 5 252 | 4 660 | 12 553 | 6 515 |
| 78 | 9 851 | 5 016 | 4 835 | 12 469 | 6 359 |
| 79 | 9 654 | 4 716 | 4 938 | 12 583 | 6 132 |
| **80—84** | **39 349** | **17 769** | **21 580** | **50 687** | **22 733** |
| 80 | 9 583 | 4 543 | 5 040 | 12 473 | 5 977 |
| 81 | 8 371 | 3 886 | 4 485 | 10 682 | 4 829 |
| 82 | 7 551 | 3 383 | 4 168 | 9 691 | 4 265 |
| 83 | 7 318 | 3 208 | 4 110 | 9 572 | 4 191 |
| 84 | 6 526 | 2 749 | 3 777 | 8 269 | 3 471 |
| **85—89** | **19 175** | **7 293** | **11 882** | **25 302** | **9 517** |
| 85 | 5 335 | 2 166 | 3 169 | 6 990 | 2 789 |
| 86 | 4 587 | 1 709 | 2 878 | 6 038 | 2 305 |
| 87 | 3 884 | 1 521 | 2 363 | 5 081 | 1 943 |
| 88 | 3 118 | 1 090 | 2 028 | 4 030 | 1 418 |
| 89 | 2 251 | 807 | 1 444 | 3 163 | 1 062 |
| **90 岁及以上** | **5 901** | **1 736** | **4 165** | **7 831** | **2 351** |

单位:人

| | 十一月 | | | 十二月 | | |
|---|---|---|---|---|---|---|
| 女 | 小计 | 男 | 女 | 小计 | 男 | 女 |
| 20 011 | 49 115 | 30 513 | 18 602 | 52 293 | 32 118 | 20 175 |
| 3 513 | 8 563 | 5 409 | 3 154 | 9 199 | 5 668 | 3 531 |
| 3 900 | 9 741 | 6 146 | 3 595 | 10 176 | 6 305 | 3 871 |
| 3 943 | 9 766 | 5 988 | 3 778 | 10 191 | 6 203 | 3 988 |
| 4 006 | 9 756 | 6 020 | 3 736 | 10 560 | 6 517 | 4 043 |
| 4 649 | 11 289 | 6 950 | 4 339 | 12 167 | 7 425 | 4 742 |
| 26 220 | 61 510 | 36 993 | 24 517 | 66 078 | 39 351 | 26 727 |
| 4 945 | 11 378 | 7 014 | 4 364 | 12 266 | 7 345 | 4 921 |
| 4 578 | 11 395 | 6 938 | 4 457 | 12 235 | 7 356 | 4 879 |
| 4 940 | 12 066 | 7 254 | 4 812 | 12 790 | 7 717 | 5 073 |
| 5 469 | 12 967 | 7 744 | 5 223 | 13 987 | 8 384 | 5 603 |
| 6 288 | 13 704 | 8 043 | 5 661 | 14 800 | 8 549 | 6 251 |
| 31 674 | 70 056 | 39 573 | 30 483 | 77 643 | 43 480 | 34 163 |
| 6 178 | 13 785 | 8 011 | 5 774 | 15 544 | 8 821 | 6 723 |
| 6 179 | 13 932 | 7 900 | 6 032 | 15 198 | 8 616 | 6 582 |
| 6 477 | 14 174 | 8 119 | 6 055 | 15 864 | 8 866 | 6 998 |
| 6 326 | 14 113 | 7 985 | 6 128 | 15 649 | 8 718 | 6 931 |
| 6 514 | 14 052 | 7 558 | 6 494 | 15 388 | 8 459 | 6 929 |
| 31 952 | 64 826 | 34 008 | 30 818 | 74 007 | 38 422 | 35 585 |
| 7 014 | 14 624 | 8 038 | 6 586 | 16 464 | 8 855 | 7 609 |
| 6 339 | 13 366 | 7 177 | 6 189 | 15 166 | 8 124 | 7 042 |
| 6 038 | 12 226 | 6 411 | 5 815 | 14 075 | 7 296 | 6 779 |
| 6 110 | 12 376 | 6 299 | 6 077 | 14 059 | 7 136 | 6 923 |
| 6 451 | 12 234 | 6 083 | 6 151 | 14 243 | 7 011 | 7 232 |
| 27 954 | 50 991 | 22 869 | 28 122 | 58 495 | 26 709 | 31 786 |
| 6 496 | 12 284 | 5 821 | 6 463 | 14 243 | 6 777 | 7 466 |
| 5 853 | 10 934 | 5 073 | 5 861 | 12 471 | 5 923 | 6 548 |
| 5 426 | 9 856 | 4 361 | 5 495 | 11 248 | 5 172 | 6 076 |
| 5 381 | 9 720 | 4 228 | 5 492 | 10 948 | 4 762 | 6 186 |
| 4 798 | 8 197 | 3 386 | 4 811 | 9 585 | 4 075 | 5 510 |
| 15 785 | 25 693 | 9 773 | 15 920 | 30 558 | 11 626 | 18 932 |
| 4 201 | 7 024 | 2 865 | 4 159 | 8 350 | 3 371 | 4 979 |
| 3 733 | 6 229 | 2 478 | 3 751 | 7 168 | 2 833 | 4 335 |
| 3 138 | 4 910 | 1 793 | 3 117 | 5 948 | 2 215 | 3 733 |
| 2 612 | 4 232 | 1 492 | 2 740 | 5 060 | 1 835 | 3 225 |
| 2 101 | 3 298 | 1 145 | 2 153 | 4 032 | 1 372 | 2 660 |
| 5 480 | 8 164 | 2 421 | 5 743 | 9 933 | 2 961 | 6 972 |

2—15 全国按现住地和 1985 年 7 月 1 日

| 现住地和年龄(岁) | 省 | | | 际 | |
|---|---|---|---|---|---|
| | 迁入人口 | | | 迁出人 | |
| | 合计 | 男 | 女 | 合计 | 男 |
| **总　　计** | 11 065 361 | 6 432 311 | 4 633 050 | 11 065 361 | 6 432 311 |
| 5—9 | 466 876 | 240 933 | 225 943 | 466 876 | 240 933 |
| 10—14 | 479 600 | 247 932 | 231 668 | 479 600 | 247 932 |
| 15—19 | 1 795 411 | 1 020 245 | 775 166 | 1 795 411 | 1 020 245 |
| 20—24 | 3 444 452 | 1 941 080 | 1 503 372 | 3 444 452 | 1 941 080 |
| 25—29 | 1 821 671 | 1 117 388 | 704 283 | 1 821 671 | 1 117 388 |
| 30—34 | 832 638 | 520 634 | 312 004 | 832 638 | 520 634 |
| 35—39 | 731 443 | 442 257 | 289 186 | 731 443 | 442 257 |
| 40—44 | 468 337 | 286 651 | 181 686 | 468 337 | 286 651 |
| 45—49 | 293 781 | 182 619 | 111 162 | 293 781 | 182 619 |
| 50—54 | 226 687 | 148 202 | 78 485 | 226 687 | 148 202 |
| 55—59 | 166 246 | 110 815 | 55 431 | 166 246 | 110 815 |
| 60 岁及以上 | 338 219 | 173 555 | 164 664 | 338 219 | 173 555 |
| **北　京　市** | 672 662 | 440 375 | 232 287 | 132 148 | 97 952 |
| 5—9 | 18 812 | 10 054 | 8 758 | 2 328 | 1 233 |
| 10—14 | 20 429 | 10 428 | 10 001 | 3 491 | 1 830 |
| 15—19 | 124 714 | 81 884 | 42 830 | 9 519 | 5 890 |
| 20—24 | 243 344 | 170 246 | 73 098 | 39 549 | 27 847 |
| 25—29 | 110 658 | 75 119 | 35 539 | 32 380 | 26 424 |
| 30—34 | 40 839 | 26 679 | 14 160 | 12 427 | 10 466 |
| 35—39 | 34 854 | 21 248 | 13 606 | 10 487 | 8 289 |
| 40—44 | 21 261 | 13 650 | 7 611 | 6 117 | 4 685 |
| 45—49 | 13 015 | 7 863 | 5 152 | 3 933 | 3 075 |
| 50—54 | 11 238 | 6 664 | 4 574 | 3 769 | 3 057 |
| 55—59 | 9 568 | 5 759 | 3 809 | 2 926 | 2 431 |
| 60 岁及以上 | 23 930 | 10 781 | 13 149 | 5 222 | 2 725 |
| **天　津　市** | 244 607 | 138 932 | 105 675 | 72 194 | 46 910 |
| 5—9 | 9 767 | 5 034 | 4 733 | 1 841 | 983 |
| 10—14 | 17 272 | 8 937 | 8 335 | 2 400 | 1 237 |
| 15—19 | 45 756 | 28 495 | 17 261 | 9 060 | 5 898 |
| 20—24 | 72 775 | 44 806 | 27 969 | 22 743 | 14 620 |
| 25—29 | 33 793 | 18 612 | 15 181 | 14 762 | 10 174 |
| 30—34 | 12 858 | 6 691 | 6 167 | 4 980 | 3 529 |
| 35—39 | 15 626 | 7 268 | 8 358 | 4 710 | 3 104 |
| 40—44 | 11 873 | 5 909 | 5 964 | 2 835 | 1 863 |
| 45—49 | 6 419 | 3 233 | 3 186 | 1 829 | 1 129 |
| 50—54 | 5 247 | 2 871 | 2 376 | 1 583 | 1 053 |
| 55—59 | 4 192 | 2 466 | 1 726 | 1 582 | 1 234 |
| 60 岁及以上 | 9 029 | 4 610 | 4 419 | 3 869 | 2 086 |

注:本表未包括其他迁移人口(国际迁移),故与《中国 1990 年人口普查资料》中 11—1 表总计数不一致。

# 常住地分性别、年龄的迁移人口数

单位：人

| 迁移 | | | | 省内迁移 | | |
|---|---|---|---|---|---|---|
| 口 | 净迁移人口 | | | 合计 | 男 | 女 |
| 女 | 合计 | 男 | 女 | | | |
| 4 633 050 | — | — | — | 23 025 734 | 12 375 173 | 10 650 561 |
| | | | | | | |
| 225 943 | — | — | — | 962 444 | 503 398 | 459 046 |
| 231 668 | — | — | — | 1 061 667 | 558 326 | 503 341 |
| 775 166 | — | — | — | 4 164 848 | 2 196 418 | 1 968 430 |
| 1 503 372 | — | — | — | 7 309 552 | 3 746 659 | 3 562 893 |
| 704 283 | — | — | — | 3 670 369 | 1 949 127 | 1 721 242 |
| 312 004 | — | — | — | 1 533 536 | 921 037 | 612 499 |
| 289 186 | — | — | — | 1 254 301 | 712 515 | 541 786 |
| 181 686 | — | — | — | 867 207 | 489 773 | 377 434 |
| 111 162 | — | — | — | 580 278 | 341 805 | 238 473 |
| 78 485 | — | — | — | 495 815 | 320 458 | 175 357 |
| 55 431 | — | — | — | 384 246 | 252 906 | 131 340 |
| 164 664 | — | — | — | 741 471 | 382 751 | 358 720 |
| | | | | | | |
| 34 196 | 540 514 | 342 423 | 198 091 | 84 336 | 49 714 | 34 622 |
| | | | | | | |
| 1 095 | 16 484 | 8 821 | 7 663 | 2 158 | 1 104 | 1 054 |
| 1 661 | 16 938 | 8 598 | 8 340 | 2 077 | 1 039 | 1 038 |
| 3 629 | 115 195 | 75 994 | 39 201 | 14 670 | 8 856 | 5 814 |
| 11 702 | 203 795 | 142 399 | 61 396 | 26 458 | 15 795 | 10 663 |
| 5 956 | 78 278 | 48 695 | 29 583 | 14 112 | 7 947 | 6 165 |
| 1 961 | 28 412 | 16 213 | 12 199 | 6 348 | 4 207 | 2 141 |
| 2 198 | 24 367 | 12 959 | 11 408 | 4 631 | 2 922 | 1 709 |
| 1 432 | 15 144 | 8 965 | 6 179 | 2 850 | 1 697 | 1 153 |
| 858 | 9 082 | 4 788 | 4 294 | 2 202 | 1 257 | 945 |
| 712 | 7 469 | 3 607 | 3 862 | 2 438 | 1 415 | 1 023 |
| 495 | 6 642 | 3 328 | 3 314 | 2 156 | 1 340 | 816 |
| 2 497 | 18 708 | 8 056 | 10 652 | 4 236 | 2 135 | 2 101 |
| | | | | | | |
| 25 284 | 172 413 | 92 022 | 80 391 | 35 422 | 18 889 | 16 533 |
| | | | | | | |
| 858 | 7 926 | 4 051 | 3 875 | 1 139 | 563 | 576 |
| 1 163 | 14 872 | 7 700 | 7 172 | 1 174 | 620 | 554 |
| 3 162 | 36 696 | 22 597 | 14 099 | 5 285 | 3 155 | 2 130 |
| 8 123 | 50 032 | 30 186 | 19 846 | 12 573 | 6 964 | 5 609 |
| 4 588 | 19 031 | 8 438 | 10 593 | 6 530 | 2 690 | 3 840 |
| 1 451 | 7 878 | 3 162 | 4 716 | 2 026 | 1 073 | 953 |
| 1 606 | 10 916 | 4 164 | 6 752 | 1 812 | 960 | 852 |
| 972 | 9 038 | 4 046 | 4 992 | 1 228 | 674 | 554 |
| 700 | 4 590 | 2 104 | 2 486 | 701 | 388 | 313 |
| 530 | 3 664 | 1 818 | 1 846 | 789 | 482 | 307 |
| 348 | 2 610 | 1 232 | 1 378 | 760 | 508 | 252 |
| 1 783 | 5 160 | 2 524 | 2 636 | 1 405 | 812 | 593 |

2—15　续表 1

| 现住地和年龄(岁) | 省 | | | 际 | |
|---|---|---|---|---|---|
| | 迁入人口 | | | 迁出人 | |
| | 合计 | 男 | 女 | 合计 | 男 |
| **河北省** | **520 387** | **226 585** | **293 802** | **645 704** | **416 465** |
| 5—9 | 24 150 | 12 252 | 11 898 | 25 654 | 13 233 |
| 10—14 | 28 720 | 14 733 | 13 987 | 27 112 | 14 138 |
| 15—19 | 76 895 | 37 053 | 39 842 | 100 054 | 67 391 |
| 20—24 | 160 139 | 56 081 | 104 058 | 189 766 | 128 761 |
| 25—29 | 77 267 | 31 127 | 46 140 | 108 626 | 71 623 |
| 30—34 | 39 266 | 18 162 | 21 104 | 52 789 | 35 445 |
| 35—39 | 37 379 | 17 455 | 19 924 | 43 691 | 27 307 |
| 40—44 | 24 848 | 11 700 | 13 148 | 29 284 | 18 497 |
| 45—49 | 15 270 | 7 495 | 7 775 | 18 065 | 10 927 |
| 50—54 | 12 196 | 7 062 | 5 134 | 14 469 | 9 269 |
| 55—59 | 8 768 | 5 428 | 3 340 | 11 342 | 7 459 |
| 60 岁及以上 | 15 489 | 8 037 | 7 452 | 24 852 | 12 415 |
| **山西省** | **307 026** | **194 322** | **112 704** | **218 472** | **137 115** |
| 5—9 | 15 472 | 8 224 | 7 248 | 10 520 | 5 490 |
| 10—14 | 11 210 | 5 809 | 5 401 | 12 445 | 6 424 |
| 15—19 | 48 226 | 31 885 | 16 341 | 32 810 | 20 332 |
| 20—24 | 92 740 | 57 760 | 34 980 | 56 665 | 36 708 |
| 25—29 | 53 423 | 34 090 | 19 333 | 31 500 | 21 550 |
| 30—34 | 27 371 | 17 812 | 9 559 | 20 396 | 13 537 |
| 35—39 | 20 388 | 13 761 | 6 627 | 18 170 | 10 561 |
| 40—44 | 13 227 | 9 121 | 4 106 | 12 065 | 7 349 |
| 45—49 | 8 951 | 6 108 | 2 843 | 6 481 | 4 040 |
| 50—54 | 5 820 | 3 938 | 1 882 | 5 809 | 3 972 |
| 55—59 | 3 658 | 2 402 | 1 256 | 4 509 | 3 194 |
| 60 岁及以上 | 6 540 | 3 412 | 3 128 | 7 102 | 3 958 |
| **内蒙古自治区** | **254 306** | **142 500** | **111 806** | **303 129** | **160 800** |
| 5—9 | 17 129 | 8 729 | 8 400 | 20 748 | 10 653 |
| 10—14 | 13 307 | 6 950 | 6 357 | 23 002 | 11 772 |
| 15—19 | 36 053 | 22 269 | 13 784 | 42 812 | 24 725 |
| 20—24 | 67 811 | 35 483 | 32 328 | 81 436 | 39 430 |
| 25—29 | 44 241 | 25 287 | 18 954 | 44 177 | 23 290 |
| 30—34 | 22 678 | 13 628 | 9 050 | 22 938 | 12 883 |
| 35—39 | 16 401 | 9 684 | 6 717 | 22 619 | 12 485 |
| 40—44 | 9 428 | 5 656 | 3 772 | 14 431 | 8 178 |
| 45—49 | 5 902 | 3 522 | 2 380 | 8 542 | 4 874 |
| 50—54 | 5 231 | 3 207 | 2 024 | 6 936 | 4 165 |
| 55—59 | 4 208 | 2 512 | 1 696 | 5 055 | 2 890 |
| 60 岁及以上 | 11 917 | 5 573 | 6 344 | 10 433 | 5 455 |

单位：人

| 迁移 | | | | 省内迁移 | | |
|---|---|---|---|---|---|---|
| 口 | 净迁移人口 | | | 合计 | 男 | 女 |
| 女 | 合计 | 男 | 女 | | | |
| **229 239** | **−125 317** | **−189 880** | **64 563** | **812 532** | **426 056** | **386 476** |
| 12 421 | −1 504 | −981 | −523 | 30 203 | 15 397 | 14 806 |
| 12 974 | 1 608 | 595 | 1 013 | 32 869 | 17 009 | 15 860 |
| 32 663 | −23 159 | −30 338 | 7 179 | 152 737 | 79 775 | 72 962 |
| 61 005 | −29 627 | −72 680 | 43 053 | 263 869 | 134 236 | 129 633 |
| 37 003 | −31 359 | −40 496 | 9 137 | 131 814 | 66 642 | 65 172 |
| 17 344 | −13 523 | −17 283 | 3 760 | 51 968 | 30 450 | 21 518 |
| 16 384 | −6 312 | −9 852 | 3 540 | 42 834 | 23 508 | 19 326 |
| 10 787 | −4 436 | −6 797 | 2 361 | 30 706 | 15 258 | 15 448 |
| 7 138 | −2 795 | −3 432 | 637 | 19 591 | 9 940 | 9 651 |
| 5 200 | −2 273 | −2 207 | −66 | 17 912 | 11 314 | 6 598 |
| 3 883 | −2 574 | −2 031 | −543 | 13 811 | 9 241 | 4 570 |
| 12 437 | −9 363 | −4 378 | −4 985 | 24 218 | 13 286 | 10 932 |
| **81 357** | **88 554** | **57 207** | **31 347** | **627 356** | **346 431** | **280 925** |
| 5 030 | 4 952 | 2 734 | 2 218 | 30 779 | 16 403 | 14 376 |
| 6 021 | −1 235 | −615 | −620 | 35 480 | 18 640 | 16 840 |
| 12 478 | 15 416 | 11 553 | 3 863 | 123 912 | 63 424 | 60 488 |
| 19 957 | 36 075 | 21 052 | 15 023 | 193 473 | 107 882 | 85 591 |
| 9 950 | 21 923 | 12 540 | 9 383 | 95 252 | 57 646 | 37 606 |
| 6 859 | 6 975 | 4 275 | 2 700 | 42 337 | 25 612 | 16 725 |
| 7 609 | 2 218 | 3 200 | −982 | 30 360 | 15 184 | 15 176 |
| 4 716 | 1 162 | 1 772 | −610 | 22 606 | 10 093 | 12 513 |
| 2 441 | 2 470 | 2 068 | 402 | 15 418 | 7 818 | 7 600 |
| 1 837 | 11 | −34 | 45 | 12 963 | 8 500 | 4 463 |
| 1 315 | −851 | −792 | −59 | 9 834 | 6 983 | 2 851 |
| 3 144 | −562 | −546 | −16 | 14 942 | 8 246 | 6 696 |
| **142 329** | **−48 823** | **−18 300** | **−30 523** | **578 138** | **304 885** | **273 253** |
| 10 095 | −3 619 | −1 924 | −1 695 | 34 471 | 17 619 | 16 852 |
| 11 230 | −9 695 | −4 822 | −4 873 | 30 290 | 15 662 | 14 628 |
| 18 087 | −6 759 | −2 456 | −4 303 | 101 987 | 54 237 | 47 750 |
| 42 006 | −13 625 | −3 947 | −9 678 | 171 535 | 83 851 | 87 684 |
| 20 887 | 64 | 1 997 | −1 933 | 98 212 | 52 169 | 46 043 |
| 10 055 | −260 | 745 | −1 005 | 42 483 | 24 574 | 17 909 |
| 10 134 | −6 218 | −2 801 | −3 417 | 29 811 | 17 125 | 12 686 |
| 6 253 | −5 003 | −2 522 | −2 481 | 17 197 | 10 110 | 7 087 |
| 3 668 | −2 640 | −1 352 | −1 288 | 11 752 | 7 019 | 4 733 |
| 2 771 | −1 705 | −958 | −747 | 11 412 | 6 768 | 4 644 |
| 2 165 | −847 | −378 | −469 | 9 764 | 5 733 | 4 031 |
| 4 978 | 1 484 | 118 | 1 366 | 19 224 | 10 018 | 9 206 |

2—15　续表 2

| 现住地和年龄(岁) | 省际 | | | | |
|---|---|---|---|---|---|
| | 迁入人口 | | | 迁出人 | |
| | 合计 | 男 | 女 | 合计 | 男 |
| **辽宁省** | **541 375** | **323 992** | **217 383** | **294 996** | **180 171** |
| 5—9 | 34 123 | 17 513 | 16 610 | 11 891 | 5 953 |
| 10—14 | 33 901 | 17 226 | 16 675 | 14 239 | 7 387 |
| 15—19 | 81 528 | 54 344 | 27 184 | 37 712 | 23 649 |
| 20—24 | 148 294 | 97 232 | 51 062 | 84 528 | 53 304 |
| 25—29 | 82 510 | 50 728 | 31 782 | 55 151 | 37 541 |
| 30—34 | 42 133 | 23 047 | 19 086 | 23 831 | 14 991 |
| 35—39 | 37 736 | 20 593 | 17 143 | 21 202 | 12 191 |
| 40—44 | 21 614 | 12 341 | 9 273 | 13 062 | 7 525 |
| 45—49 | 14 573 | 8 119 | 6 454 | 7 730 | 4 312 |
| 50—54 | 11 784 | 6 679 | 5 105 | 5 963 | 3 558 |
| 55—59 | 9 004 | 4 978 | 4 026 | 4 954 | 2 960 |
| 60岁及以上 | 24 175 | 11 192 | 12 983 | 14 733 | 6 800 |
| **吉林省** | **237 293** | **146 106** | **91 187** | **355 532** | **189 896** |
| 5—9 | 14 100 | 6 967 | 7 133 | 24 837 | 12 338 |
| 10—14 | 11 917 | 5 967 | 5 950 | 26 561 | 13 405 |
| 15—19 | 34 935 | 23 192 | 11 743 | 43 666 | 24 822 |
| 20—24 | 71 852 | 46 511 | 25 341 | 84 125 | 45 234 |
| 25—29 | 38 040 | 25 033 | 13 007 | 57 365 | 32 276 |
| 30—34 | 19 581 | 11 790 | 7 791 | 28 935 | 14 858 |
| 35—39 | 15 696 | 9 283 | 6 413 | 28 708 | 15 081 |
| 40—44 | 8 622 | 5 235 | 3 387 | 17 370 | 9 279 |
| 45—49 | 5 061 | 3 099 | 1 962 | 11 187 | 5 808 |
| 50—54 | 3 989 | 2 421 | 1 568 | 9 123 | 4 965 |
| 55—59 | 3 294 | 1 876 | 1 418 | 6 728 | 3 673 |
| 60岁及以上 | 10 206 | 4 732 | 5 474 | 16 927 | 8 157 |
| **黑龙江省** | **367 428** | **238 833** | **128 595** | **607 485** | **305 732** |
| 5—9 | 20 184 | 10 125 | 10 059 | 52 735 | 26 382 |
| 10—14 | 15 999 | 8 167 | 7 832 | 60 165 | 30 348 |
| 15—19 | 51 047 | 36 150 | 14 897 | 78 367 | 40 489 |
| 20—24 | 110 552 | 76 475 | 34 077 | 112 650 | 53 562 |
| 25—29 | 65 417 | 44 072 | 21 345 | 75 252 | 38 245 |
| 30—34 | 31 263 | 20 276 | 10 987 | 51 088 | 24 424 |
| 35—39 | 23 619 | 15 263 | 8 356 | 55 530 | 28 071 |
| 40—44 | 12 491 | 8 465 | 4 026 | 33 951 | 17 752 |
| 45—49 | 7 481 | 5 073 | 2 408 | 22 129 | 11 662 |
| 50—54 | 5 994 | 3 819 | 2 175 | 18 266 | 9 726 |
| 55—59 | 5 332 | 3 033 | 2 299 | 14 309 | 8 056 |
| 60岁及以上 | 18 049 | 7 915 | 10 134 | 33 043 | 17 015 |

单位：人

| 迁移 | | | | 省内迁移 | | |
|---|---|---|---|---|---|---|
| 口 | 净迁移人口 | | | 合计 | 男 | 女 |
| 女 | 合计 | 男 | 女 | | | |
| 114 825 | 246 379 | 143 821 | 102 558 | 883 395 | 444 515 | 438 880 |
| 5 938 | 22 232 | 11 560 | 10 672 | 35 257 | 17 922 | 17 335 |
| 6 852 | 19 662 | 9 839 | 9 823 | 43 556 | 22 495 | 21 061 |
| 14 063 | 43 816 | 30 695 | 13 121 | 134 226 | 68 747 | 65 479 |
| 31 224 | 63 766 | 43 928 | 19 838 | 258 400 | 122 279 | 136 121 |
| 17 610 | 27 359 | 13 187 | 14 172 | 150 823 | 73 581 | 77 242 |
| 8 840 | 18 302 | 8 056 | 10 246 | 65 360 | 36 097 | 29 263 |
| 9 011 | 16 534 | 8 402 | 8 132 | 56 544 | 30 065 | 26 479 |
| 5 537 | 8 552 | 4 816 | 3 736 | 36 261 | 19 441 | 16 820 |
| 3 418 | 6 843 | 3 807 | 3 036 | 24 478 | 13 373 | 11 105 |
| 2 405 | 5 821 | 3 121 | 2 700 | 19 597 | 11 251 | 8 346 |
| 1 994 | 4 050 | 2 018 | 2 032 | 15 762 | 8 729 | 7 033 |
| 7 933 | 9 442 | 4 392 | 5 050 | 43 131 | 20 535 | 22 596 |
| 165 636 | −118 239 | −43 790 | −74 449 | 611 199 | 298 711 | 312 488 |
| 12 499 | −10 737 | −5 371 | −5 366 | 35 294 | 17 620 | 17 674 |
| 13 156 | −14 644 | −7 438 | −7 206 | 37 673 | 19 245 | 18 428 |
| 18 844 | −8 731 | −1 630 | −7 101 | 91 748 | 44 316 | 47 432 |
| 38 891 | −12 273 | 1 277 | −13 550 | 164 043 | 72 929 | 91 114 |
| 25 089 | −19 325 | −7 243 | −12 082 | 94 683 | 45 695 | 48 988 |
| 14 077 | −9 354 | −3 068 | −6 286 | 49 149 | 26 333 | 22 816 |
| 13 627 | −13 012 | −5 798 | −7 214 | 42 216 | 22 176 | 20 040 |
| 8 091 | −8 748 | −4 044 | −4 704 | 26 919 | 14 324 | 12 595 |
| 5 379 | −6 126 | −2 709 | −3 417 | 17 513 | 9 557 | 7 956 |
| 4 158 | −5 134 | −2 544 | −2 590 | 13 936 | 7 617 | 6 319 |
| 3 055 | −3 434 | −1 797 | −1 637 | 11 037 | 5 786 | 5 251 |
| 8 770 | −6 721 | −3 425 | −3 296 | 26 988 | 13 113 | 13 875 |
| 301 753 | −240 057 | −66 899 | −173 158 | 1 055 517 | 533 133 | 522 384 |
| 26 353 | −32 551 | −16 257 | −16 294 | 75 600 | 38 707 | 36 893 |
| 29 817 | −44 166 | −22 181 | −21 985 | 75 696 | 39 687 | 36 009 |
| 37 878 | −27 320 | −4 339 | −22 981 | 163 507 | 84 504 | 79 003 |
| 59 088 | −2 098 | 22 913 | −25 011 | 263 026 | 121 530 | 141 496 |
| 37 007 | −9 835 | 5 827 | −15 662 | 160 634 | 79 298 | 81 336 |
| 26 664 | −19 825 | −4 148 | −15 677 | 87 368 | 46 873 | 40 495 |
| 27 459 | −31 911 | −12 808 | −19 103 | 68 828 | 37 275 | 31 553 |
| 16 199 | −21 460 | −9 287 | −12 173 | 41 594 | 22 737 | 18 857 |
| 10 467 | −14 648 | −6 589 | −8 059 | 25 829 | 13 892 | 11 937 |
| 8 540 | −12 272 | −5 907 | −6 365 | 24 773 | 13 453 | 11 320 |
| 6 253 | −8 977 | −5 023 | −3 954 | 21 189 | 11 238 | 9 951 |
| 16 028 | −14 994 | −9 100 | −5 894 | 47 473 | 23 939 | 23 534 |

2—15　续表 3

| 现住地和年龄(岁) | 省 | | | 际 | |
|---|---|---|---|---|---|
| | 迁入人口 | | | 迁出人 | |
| | 合计 | 男 | 女 | 合计 | 男 |
| **上海市** | **665 526** | **447 932** | **217 594** | **132 562** | **95 451** |
| 5—9 | 18 715 | 9 757 | 8 958 | 2 583 | 1 306 |
| 10—14 | 24 935 | 12 519 | 12 416 | 3 304 | 1 676 |
| 15—19 | 112 502 | 68 034 | 44 468 | 8 058 | 5 233 |
| 20—24 | 179 696 | 124 943 | 54 753 | 31 357 | 23 468 |
| 25—29 | 84 104 | 60 915 | 23 189 | 27 771 | 22 475 |
| 30—34 | 47 914 | 35 147 | 12 767 | 10 047 | 7 959 |
| 35—39 | 62 431 | 42 715 | 19 716 | 7 738 | 5 472 |
| 40—44 | 43 973 | 29 992 | 13 981 | 4 808 | 3 491 |
| 45—49 | 24 564 | 17 733 | 6 831 | 2 847 | 2 160 |
| 50—54 | 20 495 | 14 952 | 5 543 | 3 506 | 2 590 |
| 55—59 | 18 594 | 13 721 | 4 873 | 7 222 | 5 676 |
| 60岁及以上 | 27 603 | 17 504 | 10 099 | 23 321 | 13 945 |
| **江苏省** | **791 110** | **397 571** | **393 539** | **620 478** | **427 720** |
| 5—9 | 25 943 | 13 297 | 12 646 | 16 419 | 8 547 |
| 10—14 | 33 422 | 17 235 | 16 187 | 15 013 | 7 670 |
| 15—19 | 111 966 | 56 346 | 55 620 | 87 202 | 58 374 |
| 20—24 | 264 536 | 111 620 | 152 916 | 201 192 | 141 189 |
| 25—29 | 129 477 | 65 562 | 63 915 | 114 309 | 83 384 |
| 30—34 | 48 241 | 27 403 | 20 838 | 50 399 | 36 832 |
| 35—39 | 50 417 | 27 442 | 22 975 | 42 247 | 30 723 |
| 40—44 | 37 163 | 20 857 | 16 306 | 28 680 | 20 805 |
| 45—49 | 24 035 | 14 075 | 9 960 | 17 092 | 12 343 |
| 50—54 | 19 763 | 13 162 | 6 601 | 12 543 | 8 607 |
| 55—59 | 16 925 | 12 579 | 4 346 | 10 610 | 6 941 |
| 60岁及以上 | 29 222 | 17 993 | 11 229 | 24 772 | 12 305 |
| **浙江省** | **335 886** | **184 540** | **151 346** | **632 323** | **408 111** |
| 5—9 | 11 696 | 5 915 | 5 781 | 30 915 | 16 959 |
| 10—14 | 11 285 | 5 703 | 5 582 | 20 646 | 11 184 |
| 15—19 | 37 273 | 21 156 | 16 117 | 101 106 | 65 442 |
| 20—24 | 105 789 | 45 840 | 59 949 | 173 872 | 114 118 |
| 25—29 | 67 218 | 38 854 | 28 364 | 125 042 | 80 079 |
| 30—34 | 27 411 | 18 374 | 9 037 | 67 528 | 44 796 |
| 35—39 | 22 490 | 14 135 | 8 355 | 47 848 | 31 751 |
| 40—44 | 14 228 | 9 051 | 5 177 | 27 040 | 18 596 |
| 45—49 | 8 518 | 5 549 | 2 969 | 12 594 | 8 939 |
| 50—54 | 8 258 | 5 728 | 2 530 | 8 755 | 6 248 |
| 55—59 | 7 201 | 5 361 | 1 840 | 6 417 | 4 391 |
| 60岁及以上 | 14 519 | 8 874 | 5 645 | 10 560 | 5 608 |

单位:人

| 迁移 | | | | 省内迁移 | | |
|---|---|---|---|---|---|---|
| 口 | 净迁移人口 | | | 合计 | 男 | 女 |
| 女 | 合计 | 男 | 女 | | | |
| 37 111 | 532 964 | 352 481 | 180 483 | 173 150 | 102 271 | 70 879 |
| 1 277 | 16 132 | 8 451 | 7 681 | 6 003 | 3 147 | 2 856 |
| 1 628 | 21 631 | 10 843 | 10 788 | 3 535 | 1 756 | 1 779 |
| 2 825 | 104 444 | 62 801 | 41 643 | 23 833 | 12 725 | 11 108 |
| 7 889 | 148 339 | 101 475 | 46 864 | 40 453 | 25 234 | 15 219 |
| 5 296 | 56 333 | 38 440 | 17 893 | 20 739 | 12 150 | 8 589 |
| 2 088 | 37 867 | 27 188 | 10 679 | 29 982 | 17 294 | 12 688 |
| 2 266 | 54 693 | 37 243 | 17 450 | 14 894 | 8 919 | 5 975 |
| 1 317 | 39 165 | 26 501 | 12 664 | 7 430 | 4 424 | 3 006 |
| 687 | 21 717 | 15 573 | 6 144 | 4 224 | 2 629 | 1 595 |
| 916 | 16 989 | 12 362 | 4 627 | 3 795 | 2 333 | 1 462 |
| 1 546 | 11 372 | 8 045 | 3 327 | 5 632 | 3 888 | 1 744 |
| 9 376 | 4 282 | 3 559 | 723 | 12 630 | 7 772 | 4 858 |
| 192 758 | 170 632 | −30 149 | 200 781 | 1 188 589 | 675 133 | 513 456 |
| 7 872 | 9 524 | 4 750 | 4 774 | 29 243 | 14 641 | 14 602 |
| 7 343 | 18 409 | 9 565 | 8 844 | 30 035 | 15 677 | 14 358 |
| 28 828 | 24 764 | −2 028 | 26 792 | 204 602 | 113 911 | 90 691 |
| 60 003 | 63 344 | −29 569 | 92 913 | 435 290 | 236 089 | 199 201 |
| 30 925 | 15 168 | −17 822 | 32 990 | 205 080 | 106 919 | 98 161 |
| 13 567 | −2 158 | −9 429 | 7 271 | 70 991 | 46 834 | 24 157 |
| 11 524 | 8 170 | −3 281 | 11 451 | 61 556 | 40 089 | 21 467 |
| 7 875 | 8 483 | 52 | 8 431 | 41 045 | 28 274 | 12 771 |
| 4 749 | 6 943 | 1 732 | 5 211 | 25 756 | 17 916 | 7 840 |
| 3 936 | 7 220 | 4 555 | 2 665 | 22 663 | 16 382 | 6 281 |
| 3 669 | 6 315 | 5 638 | 677 | 20 672 | 15 216 | 5 456 |
| 12 467 | 4 450 | 5 688 | −1 238 | 41 656 | 23 185 | 18 471 |
| 224 212 | −296 437 | −223 571 | −72 866 | 799 618 | 452 092 | 347 526 |
| 13 956 | −19 219 | −11 044 | −8 175 | 29 547 | 15 259 | 14 288 |
| 9 462 | −9 361 | −5 481 | −3 880 | 25 525 | 13 429 | 12 096 |
| 35 664 | −63 833 | −44 286 | −19 547 | 135 893 | 77 362 | 58 531 |
| 59 754 | −68 083 | −68 278 | 195 | 237 171 | 127 691 | 109 480 |
| 44 963 | −57 824 | −41 225 | −16 599 | 148 032 | 76 569 | 71 463 |
| 22 732 | −40 117 | −26 422 | −13 695 | 63 957 | 40 001 | 23 956 |
| 16 097 | −25 358 | −17 616 | −7 742 | 46 373 | 28 400 | 17 973 |
| 8 444 | −12 812 | −9 545 | −3 267 | 31 359 | 19 793 | 11 566 |
| 3 655 | −4 076 | −3 390 | −686 | 18 283 | 11 958 | 6 325 |
| 2 507 | −497 | −520 | 23 | 16 904 | 11 381 | 5 523 |
| 2 026 | 784 | 970 | −186 | 16 898 | 11 976 | 4 922 |
| 4 952 | 3 959 | 3 266 | 693 | 29 676 | 18 273 | 11 403 |

2—15 续表 4

| 现住地和年龄(岁) | 省际 | | | | |
|---|---|---|---|---|---|
| | 迁入人口 | | | 迁出人 | |
| | 合计 | 男 | 女 | 合计 | 男 |
| **安徽省** | **337 763** | **167 652** | **170 111** | **533 388** | **346 525** |
| 5—9 | 11 877 | 6 053 | 5 824 | 20 600 | 10 836 |
| 10—14 | 13 674 | 7 005 | 6 669 | 18 522 | 9 609 |
| 15—19 | 47 153 | 21 930 | 25 223 | 89 885 | 59 478 |
| 20—24 | 115 693 | 48 183 | 67 510 | 170 429 | 112 984 |
| 25—29 | 61 042 | 34 713 | 26 329 | 80 928 | 51 741 |
| 30—34 | 24 686 | 14 576 | 10 110 | 32 234 | 21 418 |
| 35—39 | 22 475 | 12 324 | 10 151 | 41 044 | 26 661 |
| 40—44 | 13 634 | 7 452 | 6 182 | 25 456 | 16 934 |
| 45—49 | 8 221 | 4 535 | 3 686 | 15 610 | 10 748 |
| 50—54 | 5 811 | 3 600 | 2 211 | 12 815 | 9 189 |
| 55—59 | 4 078 | 2 637 | 1 441 | 10 531 | 7 780 |
| 60岁及以上 | 9 419 | 4 644 | 4 775 | 15 334 | 9 147 |
| **福建省** | **251 044** | **135 480** | **115 564** | **238 387** | **170 474** |
| 5—9 | 9 382 | 4 967 | 4 415 | 11 402 | 6 140 |
| 10—14 | 7 435 | 4 065 | 3 370 | 8 114 | 4 314 |
| 15—19 | 40 377 | 21 310 | 19 067 | 41 344 | 27 063 |
| 20—24 | 90 032 | 40 227 | 49 805 | 65 079 | 48 553 |
| 25—29 | 45 101 | 25 006 | 20 095 | 45 956 | 35 861 |
| 30—34 | 19 614 | 12 631 | 6 983 | 23 308 | 17 234 |
| 35—39 | 13 301 | 8 834 | 4 467 | 18 637 | 13 509 |
| 40—44 | 8 629 | 6 269 | 2 360 | 9 502 | 6 946 |
| 45—49 | 6 575 | 4 976 | 1 599 | 4 949 | 3 780 |
| 50—54 | 4 533 | 3 445 | 1 088 | 3 679 | 2 747 |
| 55—59 | 2 500 | 1 823 | 677 | 2 692 | 2 056 |
| 60岁及以上 | 3 565 | 1 927 | 1 638 | 3 725 | 2 271 |
| **江西省** | **224 865** | **151 494** | **73 371** | **293 772** | **178 144** |
| 5—9 | 10 976 | 5 553 | 5 423 | 11 793 | 5 942 |
| 10—14 | 9 049 | 4 737 | 4 312 | 12 509 | 6 392 |
| 15—19 | 30 956 | 20 879 | 10 077 | 55 992 | 33 216 |
| 20—24 | 62 485 | 41 970 | 20 515 | 93 079 | 56 545 |
| 25—29 | 45 451 | 32 456 | 12 995 | 40 961 | 25 680 |
| 30—34 | 20 920 | 14 923 | 5 997 | 19 580 | 12 365 |
| 35—39 | 16 402 | 11 539 | 4 863 | 18 056 | 11 096 |
| 40—44 | 10 539 | 7 494 | 3 045 | 12 472 | 7 682 |
| 45—49 | 6 069 | 4 452 | 1 617 | 8 667 | 5 525 |
| 50—54 | 3 962 | 2 912 | 1 050 | 7 943 | 5 507 |
| 55—59 | 2 516 | 1 783 | 733 | 5 497 | 4 024 |
| 60岁及以上 | 5 540 | 2 796 | 2 744 | 7 223 | 4 170 |

单位:人

| 迁 | 移 | | | 省内迁移 | | |
|---|---|---|---|---|---|---|
| 口 | 净迁移人口 | | | 合计 | 男 | 女 |
| 女 | 合计 | 男 | 女 | | | |
| 186 863 | −195 625 | −178 873 | −16 752 | 869 545 | 480 036 | 389 509 |
| 9 764 | −8 723 | −4 783 | −3 940 | 32 387 | 17 017 | 15 370 |
| 8 913 | −4 848 | −2 604 | −2 244 | 39 508 | 21 107 | 18 401 |
| 30 407 | −42 732 | −37 548 | −5 184 | 156 661 | 91 640 | 65 021 |
| 57 445 | −54 736 | −64 801 | 10 065 | 288 198 | 154 300 | 133 898 |
| 29 187 | −19 886 | −17 028 | −2 858 | 148 822 | 77 165 | 71 657 |
| 10 816 | −7 548 | −6 842 | −706 | 42 409 | 25 589 | 16 820 |
| 14 383 | −18 569 | −14 337 | −4 232 | 44 564 | 24 684 | 19 880 |
| 8 522 | −11 822 | −9 482 | −2 340 | 33 322 | 18 975 | 14 347 |
| 4 862 | −7 389 | −6 213 | −1 176 | 24 306 | 14 606 | 9 700 |
| 3 626 | −7 004 | −5 589 | −1 415 | 17 762 | 11 711 | 6 051 |
| 2 751 | −6 453 | −5 143 | −1 310 | 13 553 | 9 101 | 4 452 |
| 6 187 | −5 915 | −4 503 | −1 412 | 28 053 | 14 141 | 13 912 |
| 67 913 | 12 657 | −34 994 | 47 651 | 722 698 | 422 077 | 300 621 |
| 5 262 | −2 020 | −1 173 | −847 | 35 627 | 19 116 | 16 511 |
| 3 800 | −679 | −249 | −430 | 33 759 | 18 055 | 15 704 |
| 14 281 | −967 | −5 753 | 4 786 | 136 297 | 76 574 | 59 723 |
| 16 526 | 24 953 | −8 326 | 33 279 | 203 586 | 113 932 | 89 654 |
| 10 095 | −855 | −10 855 | 10 000 | 113 797 | 65 909 | 47 888 |
| 6 074 | −3 694 | −4 603 | 909 | 57 729 | 36 731 | 20 998 |
| 5 128 | −5 336 | −4 675 | −661 | 46 598 | 29 196 | 17 402 |
| 2 556 | −873 | −677 | −196 | 30 699 | 20 046 | 10 653 |
| 1 169 | 1 626 | 1 196 | 430 | 18 969 | 13 091 | 5 878 |
| 932 | 854 | 698 | 156 | 15 268 | 10 696 | 4 572 |
| 636 | −192 | −233 | 41 | 11 738 | 8 231 | 3 507 |
| 1 454 | −160 | −344 | 184 | 18 631 | 10 500 | 8 131 |
| 115 628 | −68 907 | −26 650 | −42 257 | 734 087 | 407 884 | 326 203 |
| 5 851 | −817 | −389 | −428 | 35 585 | 18 354 | 17 231 |
| 6 117 | −3 460 | −1 655 | −1 805 | 48 377 | 25 629 | 22 748 |
| 22 776 | −25 036 | −12 337 | −12 699 | 125 940 | 71 658 | 54 282 |
| 36 534 | −30 594 | −14 575 | −16 019 | 222 706 | 120 789 | 101 917 |
| 15 281 | 4 490 | 6 776 | −2 286 | 109 162 | 60 388 | 48 774 |
| 7 215 | 1 340 | 2 558 | −1 218 | 51 005 | 29 951 | 21 054 |
| 6 960 | −1 654 | 443 | −2 097 | 43 270 | 23 202 | 20 068 |
| 4 790 | −1 933 | −188 | −1 745 | 29 902 | 16 940 | 12 962 |
| 3 142 | −2 598 | −1 073 | −1 525 | 17 941 | 11 252 | 6 689 |
| 2 436 | −3 981 | −2 595 | −1 386 | 15 772 | 10 628 | 5 144 |
| 1 473 | −2 981 | −2 241 | −740 | 11 536 | 7 700 | 3 836 |
| 3 053 | −1 683 | −1 374 | −309 | 22 891 | 11 393 | 11 498 |

2-15 续表 5

| 现住地和年龄(岁) | 省际 | | | | |
|---|---|---|---|---|---|
| | 迁入人口 | | | 迁出人 | |
| | 合计 | 男 | 女 | 合计 | 男 |
| **山　东　省** | **609 432** | **287 962** | **321 470** | **534 842** | **346 917** |
| 5—9 | 40 919 | 20 284 | 20 635 | 26 896 | 13 288 |
| 10—14 | 45 939 | 23 195 | 22 744 | 22 695 | 11 490 |
| 15—19 | 77 141 | 37 950 | 39 191 | 83 315 | 58 842 |
| 20—24 | 147 884 | 56 395 | 91 489 | 160 070 | 113 351 |
| 25—29 | 90 754 | 40 983 | 49 771 | 86 862 | 59 284 |
| 30—34 | 49 698 | 24 373 | 25 325 | 46 046 | 30 115 |
| 35—39 | 51 069 | 26 576 | 24 493 | 35 378 | 21 407 |
| 40—44 | 33 497 | 17 670 | 15 827 | 19 187 | 11 846 |
| 45—49 | 20 989 | 11 265 | 9 724 | 11 359 | 6 559 |
| 50—54 | 16 508 | 9 922 | 6 586 | 9 087 | 5 440 |
| 55—59 | 11 390 | 7 253 | 4 137 | 7 788 | 4 592 |
| 60 岁及以上 | 23 644 | 12 096 | 11 548 | 26 159 | 10 703 |
| **河　南　省** | **477 833** | **278 024** | **199 809** | **589 626** | **368 858** |
| 5—9 | 21 020 | 10 969 | 10 051 | 27 343 | 14 031 |
| 10—14 | 26 628 | 14 016 | 12 612 | 25 546 | 13 375 |
| 15—19 | 69 270 | 42 548 | 26 722 | 110 119 | 71 606 |
| 20—24 | 134 176 | 77 458 | 56 718 | 186 891 | 121 654 |
| 25—29 | 78 086 | 47 293 | 30 793 | 91 556 | 59 756 |
| 30—34 | 36 490 | 20 756 | 15 734 | 41 794 | 26 397 |
| 35—39 | 36 841 | 20 208 | 16 633 | 34 687 | 21 585 |
| 40—44 | 24 959 | 13 671 | 11 288 | 21 747 | 13 109 |
| 45—49 | 14 922 | 8 629 | 6 293 | 15 461 | 8 687 |
| 50—54 | 12 000 | 8 065 | 3 935 | 10 734 | 6 663 |
| 55—59 | 8 808 | 6 373 | 2 435 | 6 923 | 4 454 |
| 60 岁及以上 | 14 633 | 8 038 | 6 595 | 16 825 | 7 541 |
| **湖　北　省** | **431 121** | **290 724** | **140 397** | **346 274** | **201 360** |
| 5—9 | 18 023 | 9 263 | 8 760 | 13 242 | 6 822 |
| 10—14 | 18 058 | 9 460 | 8 598 | 12 318 | 6 338 |
| 15—19 | 72 682 | 50 230 | 22 452 | 51 461 | 30 018 |
| 20—24 | 140 833 | 98 635 | 42 198 | 118 605 | 66 886 |
| 25—29 | 69 675 | 50 141 | 19 534 | 62 503 | 38 208 |
| 30—34 | 33 509 | 23 730 | 9 779 | 23 233 | 13 677 |
| 35—39 | 27 714 | 18 173 | 9 541 | 19 041 | 10 920 |
| 40—44 | 17 827 | 11 500 | 6 327 | 13 645 | 8 204 |
| 45—49 | 10 869 | 6 992 | 3 877 | 9 717 | 6 186 |
| 50—54 | 6 969 | 4 661 | 2 308 | 7 859 | 5 635 |
| 55—59 | 4 576 | 3 025 | 1 551 | 5 044 | 3 601 |
| 60 岁及以上 | 10 386 | 4 914 | 5 472 | 9 606 | 4 865 |

单位:人

| 迁 | 移 | | | | 省内迁移 | | |
|---|---|---|---|---|---|---|---|
| 口 | 净迁移人口 | | | | | | |
| 女 | 合计 | 男 | 女 | | 合计 | 男 | 女 |
| 187 925 | 74 590 | −58 955 | 133 545 | | 1 190 017 | 660 565 | 529 452 |
| 13 608 | 14 023 | 6 996 | 7 027 | | 37 207 | 19 000 | 18 207 |
| 11 205 | 23 244 | 11 705 | 11 539 | | 46 191 | 23 908 | 22 283 |
| 24 473 | −6 174 | −20 892 | 14 718 | | 247 949 | 139 884 | 108 065 |
| 46 719 | −12 186 | −56 956 | 44 770 | | 397 764 | 230 847 | 166 917 |
| 27 578 | 3 892 | −18 301 | 22 193 | | 194 536 | 100 703 | 93 833 |
| 15 931 | 3 652 | −5 742 | 9 394 | | 67 453 | 40 108 | 27 345 |
| 13 971 | 15 691 | 5 169 | 10 522 | | 55 672 | 30 925 | 24 747 |
| 7 341 | 14 310 | 5 824 | 8 486 | | 40 383 | 19 885 | 20 498 |
| 4 800 | 9 630 | 4 706 | 4 924 | | 28 083 | 13 565 | 14 518 |
| 3 647 | 7 421 | 4 482 | 2 939 | | 24 852 | 15 577 | 9 275 |
| 3 196 | 3 602 | 2 661 | 941 | | 16 934 | 10 938 | 5 996 |
| 15 456 | −2 515 | 1 393 | −3 908 | | 32 993 | 15 225 | 17 768 |
| 220 768 | −111 793 | −90 834 | −20 959 | | 1 238 943 | 698 321 | 540 622 |
| 13 312 | −6 323 | −3 062 | −3 261 | | 39 274 | 20 405 | 18 869 |
| 12 171 | 1 082 | 641 | 441 | | 53 335 | 28 183 | 25 152 |
| 38 513 | −40 849 | −29 058 | −11 791 | | 249 913 | 140 845 | 109 068 |
| 65 237 | −52 715 | −44 196 | −8 519 | | 422 680 | 235 613 | 187 067 |
| 31 800 | −13 470 | −12 463 | −1 007 | | 190 367 | 101 496 | 88 871 |
| 15 397 | −5 304 | −5 641 | 337 | | 66 915 | 41 468 | 25 447 |
| 13 102 | 2 154 | −1 377 | 3 531 | | 57 647 | 33 105 | 24 542 |
| 8 638 | 3 212 | 562 | 2 650 | | 42 655 | 23 148 | 19 507 |
| 6 774 | −539 | −58 | −481 | | 31 302 | 18 146 | 13 156 |
| 4 071 | 1 266 | 1 402 | −136 | | 29 267 | 20 966 | 8 301 |
| 2 469 | 1 885 | 1 919 | −34 | | 21 581 | 16 150 | 5 431 |
| 9 284 | −2 192 | 497 | −2 689 | | 34 007 | 18 796 | 15 211 |
| 144 914 | 84 847 | 89 364 | −4 517 | | 1 088 391 | 586 942 | 501 449 |
| 6 420 | 4 781 | 2 441 | 2 340 | | 47 790 | 25 221 | 22 569 |
| 5 980 | 5 740 | 3 122 | 2 618 | | 54 783 | 28 598 | 26 185 |
| 21 443 | 21 221 | 20 212 | 1 009 | | 213 356 | 113 491 | 99 865 |
| 51 719 | 22 228 | 31 749 | −9 521 | | 339 841 | 181 153 | 158 688 |
| 24 295 | 7 172 | 11 933 | −4 761 | | 158 124 | 85 039 | 73 085 |
| 9 556 | 10 276 | 10 053 | 223 | | 67 867 | 40 728 | 27 139 |
| 8 121 | 8 673 | 7 253 | 1 420 | | 58 078 | 31 465 | 26 613 |
| 5 441 | 4 182 | 3 296 | 886 | | 44 388 | 23 190 | 21 198 |
| 3 531 | 1 152 | 806 | 346 | | 27 606 | 15 767 | 11 839 |
| 2 224 | −890 | −974 | 84 | | 21 018 | 12 982 | 8 036 |
| 1 443 | −468 | −576 | 108 | | 17 000 | 10 449 | 6 551 |
| 4 741 | 780 | 49 | 731 | | 38 540 | 18 859 | 19 681 |

2—15 续表 6

| 现住地和年龄(岁) | 省际 | | | | |
|---|---|---|---|---|---|
| | 迁入人口 | | | 迁出人 | |
| | 合计 | 男 | 女 | 合计 | 男 |
| **湖南省** | **271 802** | **166 110** | **105 692** | **528 614** | **286 343** |
| 5—9 | 11 609 | 6 028 | 5 581 | 17 932 | 9 201 |
| 10—14 | 12 750 | 6 597 | 6 153 | 15 067 | 7 773 |
| 15—19 | 36 605 | 22 877 | 13 728 | 111 883 | 48 112 |
| 20—24 | 83 272 | 47 952 | 35 320 | 190 435 | 103 044 |
| 25—29 | 48 009 | 31 327 | 16 682 | 81 695 | 48 442 |
| 30—34 | 23 244 | 16 019 | 7 225 | 34 517 | 21 734 |
| 35—39 | 19 573 | 12 573 | 7 000 | 25 396 | 15 726 |
| 40—44 | 12 389 | 7 856 | 4 533 | 16 926 | 10 620 |
| 45—49 | 7 047 | 4 465 | 2 582 | 11 983 | 7 872 |
| 50—54 | 5 593 | 3 730 | 1 863 | 8 980 | 6 416 |
| 55—59 | 4 006 | 2 775 | 1 231 | 4 825 | 3 310 |
| 60 岁及以上 | 7 705 | 3 911 | 3 794 | 8 975 | 4 093 |
| **广东省** | **1 257 508** | **585 933** | **671 575** | **250 494** | **181 808** |
| 5—9 | 32 331 | 17 347 | 14 984 | 12 772 | 6 938 |
| 10—14 | 30 795 | 16 098 | 14 697 | 8 962 | 4 840 |
| 15—19 | 325 944 | 106 601 | 219 343 | 28 790 | 20 807 |
| 20—24 | 458 614 | 202 162 | 256 452 | 66 654 | 49 945 |
| 25—29 | 174 877 | 99 659 | 75 218 | 49 691 | 36 947 |
| 30—34 | 76 500 | 46 518 | 29 982 | 26 922 | 19 880 |
| 35—39 | 56 497 | 33 637 | 22 860 | 19 777 | 14 344 |
| 40—44 | 35 470 | 22 389 | 13 081 | 12 771 | 10 096 |
| 45—49 | 23 997 | 15 309 | 8 688 | 9 213 | 7 783 |
| 50—54 | 18 502 | 12 340 | 6 162 | 6 019 | 5 004 |
| 55—59 | 10 370 | 6 901 | 3 469 | 3 238 | 2 506 |
| 60 岁及以上 | 13 611 | 6 972 | 6 639 | 5 685 | 2 718 |
| **广西壮族自治区** | **142 505** | **95 254** | **47 251** | **588 889** | **230 486** |
| 5—9 | 6 978 | 3 691 | 3 287 | 14 053 | 7 638 |
| 10—14 | 5 133 | 2 730 | 2 403 | 9 912 | 5 295 |
| 15—19 | 21 064 | 15 235 | 5 829 | 133 304 | 40 137 |
| 20—24 | 41 294 | 28 242 | 13 052 | 247 329 | 86 169 |
| 25—29 | 27 328 | 18 183 | 9 145 | 98 501 | 41 808 |
| 30—34 | 14 081 | 9 731 | 4 350 | 32 527 | 17 546 |
| 35—39 | 9 483 | 6 443 | 3 040 | 20 254 | 11 718 |
| 40—44 | 5 709 | 3 889 | 1 820 | 11 805 | 7 049 |
| 45—49 | 3 715 | 2 512 | 1 203 | 8 060 | 5 388 |
| 50—54 | 2 846 | 1 957 | 889 | 5 330 | 3 632 |
| 55—59 | 1 572 | 1 058 | 514 | 2 831 | 1 810 |
| 60 岁及以上 | 3 302 | 1 583 | 1 719 | 4 983 | 2 296 |

单位:人

| 迁 | 移 | | | 省内迁移 | | |
|---|---|---|---|---|---|---|
| 口 | 净迁移人口 | | | | | |
| 女 | 合计 | 男 | 女 | 合计 | 男 | 女 |
| 242 271 | −256 812 | −120 233 | −136 579 | 1 297 956 | 655 728 | 642 228 |
| 8 731 | −6 323 | −3 173 | −3 150 | 51 905 | 26 549 | 25 356 |
| 7 294 | −2 317 | −1 176 | −1 141 | 62 407 | 32 567 | 29 840 |
| 63 771 | −75 278 | −25 235 | −50 043 | 231 266 | 122 163 | 109 103 |
| 87 391 | −107 163 | −55 092 | −52 071 | 434 395 | 198 752 | 235 643 |
| 33 253 | −33 686 | −17 115 | −16 571 | 199 831 | 95 018 | 104 813 |
| 12 783 | −11 273 | −5 715 | −5 558 | 74 286 | 42 340 | 31 946 |
| 9 670 | −5 823 | −3 153 | −2 670 | 67 624 | 34 736 | 32 888 |
| 6 306 | −4 537 | −2 764 | −1 773 | 48 532 | 25 346 | 23 186 |
| 4 111 | −4 936 | −3 407 | −1 529 | 32 157 | 19 251 | 12 906 |
| 2 564 | −3 387 | −2 686 | −701 | 32 987 | 23 868 | 9 119 |
| 1 515 | −819 | −535 | −284 | 21 732 | 15 052 | 6 680 |
| 4 882 | −1 270 | −182 | −1 088 | 40 834 | 20 086 | 20 748 |
| 68 686 | 1 007 014 | 404 125 | 602 889 | 2 671 046 | 1 410 627 | 1 260 419 |
| 5 834 | 19 559 | 10 409 | 9 150 | 115 454 | 64 353 | 51 101 |
| 4 122 | 21 833 | 11 258 | 10 575 | 93 405 | 50 554 | 42 851 |
| 7 983 | 297 154 | 85 794 | 211 360 | 562 979 | 229 436 | 333 543 |
| 16 709 | 391 960 | 152 217 | 239 743 | 882 661 | 449 770 | 432 891 |
| 12 744 | 125 186 | 62 712 | 62 474 | 412 994 | 242 111 | 170 883 |
| 7 042 | 49 578 | 26 638 | 22 940 | 196 338 | 124 688 | 71 650 |
| 5 433 | 36 720 | 19 293 | 17 427 | 134 718 | 85 663 | 49 055 |
| 2 675 | 22 699 | 12 293 | 10 406 | 83 492 | 54 780 | 28 712 |
| 1 430 | 14 784 | 7 526 | 7 258 | 50 984 | 33 387 | 17 597 |
| 1 015 | 12 483 | 7 336 | 5 147 | 40 055 | 25 559 | 14 496 |
| 732 | 7 132 | 4 395 | 2 737 | 30 765 | 18 631 | 12 134 |
| 2 967 | 7 926 | 4 254 | 3 672 | 67 201 | 31 695 | 35 506 |
| 358 403 | −446 384 | −135 232 | −311 152 | 888 402 | 466 866 | 421 536 |
| 6 415 | −7 075 | −3 947 | −3 128 | 51 925 | 28 485 | 23 440 |
| 4 617 | −4 779 | −2 565 | −2 214 | 60 385 | 32 869 | 27 516 |
| 93 167 | −112 240 | −24 902 | −87 338 | 144 634 | 76 828 | 67 806 |
| 161 160 | −206 035 | −57 927 | −148 108 | 262 642 | 134 738 | 127 904 |
| 56 693 | −71 173 | −23 625 | −47 548 | 144 920 | 74 388 | 70 532 |
| 14 981 | −18 446 | −7 815 | −10 631 | 65 438 | 36 402 | 29 036 |
| 8 536 | −10 771 | −5 275 | −5 496 | 52 212 | 26 415 | 25 797 |
| 4 756 | −6 096 | −3 160 | −2 936 | 34 772 | 18 582 | 16 190 |
| 2 672 | −4 345 | −2 876 | −1 469 | 20 575 | 11 671 | 8 904 |
| 1 698 | −2 484 | −1 675 | −809 | 15 878 | 9 542 | 6 336 |
| 1 021 | −1 259 | −752 | −507 | 10 768 | 6 300 | 4 468 |
| 2 687 | −1 681 | −713 | −968 | 24 253 | 10 646 | 13 607 |

2—15 续表 7

| 现住地和年龄(岁) | 省际 | | | | |
|---|---|---|---|---|---|
| | 迁入人口 | | | 迁出人 | |
| | 合计 | 男 | 女 | 合计 | 男 |
| **海南省** | **150 101** | **100 825** | **49 276** | **105 977** | **56 741** |
| 5—9 | 10 086 | 5 756 | 4 330 | 7 314 | 3 998 |
| 10—14 | 4 448 | 2 493 | 1 955 | 9 917 | 5 213 |
| 15—19 | 14 750 | 10 869 | 3 881 | 16 033 | 8 103 |
| 20—24 | 40 016 | 26 936 | 13 080 | 23 434 | 12 422 |
| 25—29 | 36 015 | 22 568 | 13 447 | 14 063 | 7 915 |
| 30—34 | 17 768 | 12 296 | 5 472 | 8 096 | 4 006 |
| 35—39 | 10 500 | 7 712 | 2 788 | 10 667 | 5 241 |
| 40—44 | 5 788 | 4 653 | 1 135 | 6 722 | 4 270 |
| 45—49 | 3 548 | 2 815 | 733 | 3 310 | 2 106 |
| 50—54 | 2 756 | 2 169 | 587 | 2 679 | 1 316 |
| 55—59 | 1 623 | 1 222 | 401 | 1 834 | 1 149 |
| 60岁及以上 | 2 803 | 1 336 | 1 467 | 1 908 | 1 002 |
| **四川省** | **469 876** | **298 214** | **171 662** | **1 316 049** | **738 482** |
| 5—9 | 19 756 | 9 727 | 10 029 | 30 130 | 15 484 |
| 10—14 | 21 115 | 10 976 | 10 139 | 31 636 | 16 604 |
| 15—19 | 54 959 | 34 960 | 19 999 | 266 823 | 150 906 |
| 20—24 | 142 772 | 84 891 | 57 881 | 504 758 | 262 683 |
| 25—29 | 88 797 | 62 478 | 26 319 | 208 776 | 123 928 |
| 30—34 | 34 804 | 23 234 | 11 570 | 85 301 | 55 864 |
| 35—39 | 35 165 | 22 894 | 12 271 | 70 858 | 43 990 |
| 40—44 | 21 958 | 14 301 | 7 657 | 42 606 | 25 464 |
| 45—49 | 16 891 | 11 920 | 4 971 | 26 896 | 16 561 |
| 50—54 | 12 785 | 9 705 | 3 080 | 17 626 | 11 556 |
| 55—59 | 7 736 | 5 955 | 1 781 | 10 588 | 6 733 |
| 60岁及以上 | 13 138 | 7 173 | 5 965 | 20 051 | 8 709 |
| **贵州省** | **190 408** | **133 141** | **57 267** | **312 786** | **101 065** |
| 5—9 | 6 197 | 3 216 | 2 981 | 9 607 | 4 852 |
| 10—14 | 7 388 | 3 902 | 3 486 | 9 602 | 5 003 |
| 15—19 | 29 713 | 22 014 | 7 699 | 52 270 | 17 801 |
| 20—24 | 54 872 | 38 546 | 16 326 | 128 178 | 27 766 |
| 25—29 | 35 991 | 25 993 | 9 998 | 49 575 | 13 051 |
| 30—34 | 16 559 | 12 506 | 4 053 | 16 213 | 6 553 |
| 35—39 | 14 007 | 9 953 | 4 054 | 13 475 | 5 965 |
| 40—44 | 9 406 | 6 185 | 3 221 | 10 475 | 5 511 |
| 45—49 | 5 657 | 4 135 | 1 522 | 8 419 | 5 041 |
| 50—54 | 3 774 | 2 862 | 912 | 6 062 | 3 977 |
| 55—59 | 2 255 | 1 673 | 582 | 3 821 | 2 655 |
| 60岁及以上 | 4 589 | 2 156 | 2 433 | 5 089 | 2 890 |

单位:人

| 迁移 | | | | 省内迁移 | | |
|---|---|---|---|---|---|---|
| 口 | 净迁移人口 | | | | | |
| 女 | 合计 | 男 | 女 | 合计 | 男 | 女 |
| **49 236** | **44 124** | **44 084** | **40** | **142 873** | **73 164** | **69 709** |
| 3 316 | 2 772 | 1 758 | 1 014 | 9 832 | 5 562 | 4 270 |
| 4 704 | −5 469 | −2 720 | −2 749 | 9 448 | 5 228 | 4 220 |
| 7 930 | −1 283 | 2 766 | −4 049 | 24 001 | 11 421 | 12 580 |
| 11 012 | 16 582 | 14 514 | 2 068 | 37 095 | 18 511 | 18 584 |
| 6 148 | 21 952 | 14 653 | 7 299 | 23 525 | 11 628 | 11 897 |
| 4 090 | 9 672 | 8 290 | 1 382 | 11 291 | 6 172 | 5 119 |
| 5 426 | −167 | 2 471 | −2 638 | 8 194 | 4 374 | 3 820 |
| 2 452 | −934 | 383 | −1 317 | 5 162 | 2 825 | 2 337 |
| 1 204 | 238 | 709 | −471 | 3 221 | 1 813 | 1 408 |
| 1 363 | 77 | 853 | −776 | 3 150 | 1 835 | 1 315 |
| 685 | −211 | 73 | −284 | 2 572 | 1 476 | 1 096 |
| 906 | 895 | 334 | 561 | 5 382 | 2 319 | 3 063 |
| **577 567** | **−846 173** | **−440 268** | **−405 905** | **2 345 256** | **1 190 460** | **1 154 796** |
| 14 646 | −10 374 | −5 757 | −4 617 | 62 761 | 31 895 | 30 866 |
| 15 032 | −10 521 | −5 628 | −4 893 | 85 384 | 44 415 | 40 969 |
| 115 917 | −211 864 | −115 946 | −95 918 | 371 402 | 204 957 | 166 445 |
| 242 075 | −361 986 | −177 792 | −184 194 | 810 220 | 346 839 | 463 381 |
| 84 848 | −119 979 | −61 450 | −58 529 | 386 417 | 188 385 | 198 032 |
| 29 437 | −50 497 | −32 630 | −17 867 | 128 437 | 83 744 | 44 693 |
| 26 868 | −35 693 | −21 096 | −14 597 | 129 714 | 74 278 | 55 436 |
| 17 142 | −20 648 | −11 163 | −9 485 | 101 007 | 53 448 | 47 559 |
| 10 335 | −10 005 | −4 641 | −5 364 | 74 992 | 43 739 | 31 253 |
| 6 070 | −4 841 | −1 851 | −2 990 | 61 266 | 40 270 | 20 996 |
| 3 855 | −2 852 | −778 | −2 074 | 48 860 | 34 925 | 13 935 |
| 11 342 | −6 913 | −1 536 | −5 377 | 84 796 | 43 565 | 41 231 |
| **211 721** | **−122 378** | **32 076** | **−154 454** | **464 694** | **252 841** | **211 853** |
| 4 755 | −3 410 | −1 636 | −1 774 | 21 033 | 10 853 | 10 180 |
| 4 599 | −2 214 | −1 101 | −1 113 | 25 486 | 13 521 | 11 965 |
| 34 469 | −22 557 | 4 213 | −26 770 | 85 948 | 49 626 | 36 322 |
| 100 412 | −73 306 | 10 780 | −84 086 | 147 563 | 76 564 | 70 999 |
| 36 524 | −13 584 | 12 942 | −26 526 | 77 669 | 40 168 | 37 501 |
| 9 660 | 346 | 5 953 | −5 607 | 29 882 | 17 914 | 11 968 |
| 7 510 | 532 | 3 988 | −3 456 | 21 623 | 12 106 | 9 517 |
| 4 964 | −1 069 | 674 | −1 743 | 16 880 | 9 225 | 7 655 |
| 3 378 | −2 762 | −906 | −1 856 | 12 064 | 7 158 | 4 906 |
| 2 085 | −2 288 | −1 115 | −1 173 | 9 148 | 5 869 | 3 279 |
| 1 166 | −1 566 | −982 | −584 | 5 782 | 3 802 | 1 980 |
| 2 199 | −500 | −734 | 234 | 11 616 | 6 035 | 5 581 |

2—15 续表 8

| 现住地和年龄(岁) | 省际 | | | | |
|---|---|---|---|---|---|
| | 迁入人口 | | | 迁出人 | |
| | 合计 | 男 | 女 | 合计 | 男 |
| **云南省** | **250 264** | **184 544** | **65 720** | **277 432** | **96 625** |
| 5—9 | 8 134 | 4 164 | 3 970 | 8 994 | 4 372 |
| 10—14 | 5 412 | 2 949 | 2 463 | 9 156 | 4 554 |
| 15—19 | 38 415 | 30 687 | 7 728 | 32 458 | 10 923 |
| 20—24 | 80 689 | 59 615 | 21 074 | 113 061 | 28 315 |
| 25—29 | 52 562 | 38 575 | 13 987 | 59 035 | 21 794 |
| 30—34 | 24 705 | 18 918 | 5 787 | 16 983 | 6 965 |
| 35—39 | 16 587 | 12 607 | 3 980 | 16 087 | 8 023 |
| 40—44 | 8 607 | 6 680 | 1 927 | 8 281 | 4 113 |
| 45—49 | 5 523 | 4 302 | 1 221 | 4 491 | 2 367 |
| 50—54 | 3 444 | 2 607 | 837 | 3 195 | 1 905 |
| 55—59 | 2 060 | 1 453 | 607 | 2 262 | 1 525 |
| 60 岁及以上 | 4 126 | 1 987 | 2 139 | 3 429 | 1 769 |
| **西藏自治区** | **—** | **—** | **—** | **54 582** | **35 822** |
| 5—9 | — | — | — | 3 378 | 1 758 |
| 10—14 | — | — | — | 6 232 | 3 259 |
| 15—19 | — | — | — | 7 362 | 4 050 |
| 20—24 | — | — | — | 7 019 | 5 485 |
| 25—29 | — | — | — | 8 766 | 7 427 |
| 30—34 | — | — | — | 5 596 | 3 374 |
| 35—39 | — | — | — | 8 031 | 5 068 |
| 40—44 | — | — | — | 3 498 | 2 435 |
| 45—49 | — | — | — | 1 381 | 741 |
| 50—54 | — | — | — | 1 281 | 744 |
| 55—59 | — | — | — | 1 096 | 738 |
| 60 岁及以上 | — | — | — | 942 | 743 |
| **陕西省** | **314 588** | **209 171** | **105 417** | **362 349** | **205 545** |
| 5—9 | 11 850 | 6 193 | 5 657 | 16 868 | 8 919 |
| 10—14 | 13 839 | 7 180 | 6 659 | 20 947 | 11 048 |
| 15—19 | 54 462 | 37 273 | 17 189 | 53 917 | 32 223 |
| 20—24 | 104 510 | 73 857 | 30 653 | 107 656 | 60 174 |
| 25—29 | 46 997 | 33 432 | 13 565 | 59 084 | 36 410 |
| 30—34 | 22 094 | 14 188 | 7 906 | 24 609 | 13 355 |
| 35—39 | 20 574 | 12 961 | 7 613 | 23 517 | 11 097 |
| 40—44 | 13 943 | 8 702 | 5 241 | 18 218 | 9 489 |
| 45—49 | 8 396 | 5 307 | 3 089 | 11 967 | 6 725 |
| 50—54 | 5 469 | 3 461 | 2 008 | 10 013 | 6 691 |
| 55—59 | 3 843 | 2 433 | 1 410 | 6 428 | 4 645 |
| 60 岁及以上 | 8 611 | 4 184 | 4 427 | 9 125 | 4 769 |

单位:人

| 迁 | 移 | | | 省 内 迁 移 | | |
|---|---|---|---|---|---|---|
| 口 | 净迁移人口 | | | 合 计 | 男 | 女 |
| 女 | 合 计 | 男 | 女 | | | |
| **180 807** | **−27 168** | **87 919** | **−115 087** | **732 225** | **423 484** | **308 741** |
| 4 622 | −860 | −208 | −652 | 26 401 | 13 623 | 12 778 |
| 4 602 | −3 744 | −1 605 | −2 139 | 33 312 | 17 286 | 16 026 |
| 21 535 | 5 957 | 19 764 | −13 807 | 139 459 | 79 731 | 59 728 |
| 84 746 | −32 372 | 31 300 | −63 672 | 228 587 | 124 102 | 104 485 |
| 37 241 | −6 473 | 16 781 | −23 254 | 121 157 | 71 389 | 49 768 |
| 10 018 | 7 722 | 11 953 | −4 231 | 45 746 | 28 567 | 17 179 |
| 8 064 | 500 | 4 584 | −4 084 | 37 784 | 23 705 | 14 079 |
| 4 168 | 326 | 2 567 | −2 241 | 26 990 | 17 907 | 9 083 |
| 2 124 | 1 032 | 1 935 | −903 | 18 003 | 11 369 | 6 634 |
| 1 290 | 249 | 702 | −453 | 17 278 | 11 730 | 5 548 |
| 737 | −202 | −72 | −130 | 15 458 | 11 357 | 4 101 |
| 1 660 | 697 | 218 | 479 | 22 050 | 12 718 | 9 332 |
| **18 760** | **−54 582** | **−35 822** | **−18 760** | **—** | **—** | **—** |
| 1 620 | −3 378 | −1 758 | −1 620 | — | — | — |
| 2 973 | −6 232 | −3 259 | −2 973 | — | — | — |
| 3 312 | −7 362 | −4 050 | −3 312 | — | — | — |
| 1 534 | −7 019 | −5 485 | −1 534 | — | — | — |
| 1 339 | −8 766 | −7 427 | −1 339 | — | — | — |
| 2 222 | −5 596 | −3 374 | −2 222 | — | — | — |
| 2 963 | −8 031 | −5 068 | −2 963 | — | — | — |
| 1 063 | −3 498 | −2 435 | −1 063 | — | — | — |
| 640 | −1 381 | −741 | −640 | — | — | — |
| 537 | −1 281 | −744 | −537 | — | — | — |
| 358 | −1 096 | −738 | −358 | — | — | — |
| 199 | −942 | −743 | −199 | — | — | — |
| **156 804** | **−47 761** | **3 626** | **−51 387** | **706 154** | **399 015** | **307 139** |
| 7 949 | −5 018 | −2 726 | −2 292 | 29 545 | 15 466 | 14 079 |
| 9 899 | −7 108 | −3 868 | −3 240 | 35 678 | 18 777 | 16 901 |
| 21 694 | 545 | 5 050 | −4 505 | 128 835 | 70 292 | 58 543 |
| 47 482 | −3 146 | 13 683 | −16 829 | 213 615 | 115 582 | 98 033 |
| 22 674 | −12 087 | −2 978 | −9 109 | 99 453 | 59 366 | 40 087 |
| 11 254 | −2 515 | 833 | −3 348 | 46 199 | 28 020 | 18 179 |
| 12 420 | −2 943 | 1 864 | −4 807 | 40 483 | 22 409 | 18 074 |
| 8 729 | −4 275 | −787 | −3 488 | 32 218 | 18 502 | 13 716 |
| 5 242 | −3 571 | −1 418 | −2 153 | 25 683 | 15 904 | 9 779 |
| 3 322 | −4 544 | −3 230 | −1 314 | 21 373 | 14 606 | 6 767 |
| 1 783 | −2 585 | −2 212 | −373 | 12 741 | 8 663 | 4 078 |
| 4 356 | −514 | −585 | 71 | 20 331 | 11 428 | 8 903 |

2—15 续表 9

<table>
<tr><td rowspan="3">现住地和年龄(岁)</td><td colspan="5">省际</td></tr>
<tr><td colspan="3">迁入人口</td><td colspan="2">迁出人</td></tr>
<tr><td>合计</td><td>男</td><td>女</td><td>合计</td><td>男</td></tr>
<tr><td>甘肃省</td><td>199 196</td><td>112 832</td><td>86 364</td><td>280 715</td><td>170 252</td></tr>
<tr><td>5—9</td><td>9 798</td><td>5 186</td><td>4 612</td><td>11 893</td><td>6 185</td></tr>
<tr><td>10—14</td><td>13 955</td><td>7 482</td><td>6 473</td><td>14 891</td><td>7 721</td></tr>
<tr><td>15—19</td><td>34 995</td><td>21 334</td><td>13 661</td><td>39 433</td><td>25 674</td></tr>
<tr><td>20—24</td><td>57 051</td><td>34 762</td><td>22 289</td><td>87 067</td><td>51 991</td></tr>
<tr><td>25—29</td><td>29 864</td><td>18 862</td><td>11 002</td><td>44 883</td><td>28 174</td></tr>
<tr><td>30—34</td><td>13 086</td><td>7 186</td><td>5 900</td><td>18 279</td><td>11 017</td></tr>
<tr><td>35—39</td><td>11 709</td><td>5 852</td><td>5 857</td><td>20 741</td><td>12 212</td></tr>
<tr><td>40—44</td><td>9 029</td><td>3 924</td><td>5 105</td><td>15 047</td><td>9 127</td></tr>
<tr><td>45—49</td><td>7 135</td><td>2 492</td><td>4 643</td><td>9 027</td><td>5 510</td></tr>
<tr><td>50—54</td><td>4 582</td><td>1 950</td><td>2 632</td><td>7 688</td><td>5 188</td></tr>
<tr><td>55—59</td><td>2 631</td><td>1 336</td><td>1 295</td><td>5 089</td><td>3 533</td></tr>
<tr><td>60 岁及以上</td><td>5 361</td><td>2 466</td><td>2 895</td><td>6 677</td><td>3 920</td></tr>
<tr><td>青海省</td><td>115 819</td><td>81 006</td><td>34 813</td><td>102 141</td><td>59 611</td></tr>
<tr><td>5—9</td><td>5 090</td><td>2 716</td><td>2 374</td><td>5 311</td><td>2 777</td></tr>
<tr><td>10—14</td><td>5 065</td><td>2 736</td><td>2 329</td><td>7 476</td><td>3 842</td></tr>
<tr><td>15—19</td><td>22 074</td><td>17 204</td><td>4 870</td><td>13 383</td><td>7 678</td></tr>
<tr><td>20—24</td><td>32 913</td><td>24 907</td><td>8 006</td><td>21 897</td><td>12 273</td></tr>
<tr><td>25—29</td><td>19 571</td><td>13 511</td><td>6 060</td><td>12 177</td><td>7 366</td></tr>
<tr><td>30—34</td><td>9 226</td><td>6 082</td><td>3 144</td><td>7 779</td><td>4 591</td></tr>
<tr><td>35—39</td><td>7 776</td><td>5 161</td><td>2 615</td><td>7 728</td><td>4 455</td></tr>
<tr><td>40—44</td><td>5 376</td><td>3 477</td><td>1 899</td><td>5 699</td><td>3 061</td></tr>
<tr><td>45—49</td><td>3 305</td><td>2 133</td><td>1 172</td><td>4 645</td><td>2 332</td></tr>
<tr><td>50—54</td><td>1 936</td><td>1 245</td><td>691</td><td>5 507</td><td>3 384</td></tr>
<tr><td>55—59</td><td>1 267</td><td>798</td><td>469</td><td>4 861</td><td>3 558</td></tr>
<tr><td>60 岁及以上</td><td>2 220</td><td>1 036</td><td>1 184</td><td>5 678</td><td>4 294</td></tr>
<tr><td>宁夏回族自治区</td><td>91 912</td><td>49 999</td><td>41 913</td><td>56 609</td><td>33 385</td></tr>
<tr><td>5—9</td><td>6 353</td><td>3 359</td><td>2 994</td><td>2 888</td><td>1 513</td></tr>
<tr><td>10—14</td><td>6 092</td><td>3 188</td><td>2 904</td><td>3 675</td><td>1 956</td></tr>
<tr><td>15—19</td><td>13 712</td><td>8 266</td><td>5 446</td><td>9 318</td><td>5 726</td></tr>
<tr><td>20—24</td><td>25 777</td><td>13 934</td><td>11 843</td><td>18 929</td><td>10 827</td></tr>
<tr><td>25—29</td><td>15 797</td><td>8 988</td><td>6 809</td><td>7 004</td><td>4 528</td></tr>
<tr><td>30—34</td><td>6 874</td><td>3 803</td><td>3 071</td><td>3 527</td><td>2 169</td></tr>
<tr><td>35—39</td><td>5 584</td><td>2 745</td><td>2 839</td><td>3 760</td><td>2 139</td></tr>
<tr><td>40—44</td><td>3 618</td><td>1 889</td><td>1 729</td><td>2 631</td><td>1 482</td></tr>
<tr><td>45—49</td><td>2 203</td><td>1 056</td><td>1 147</td><td>1 578</td><td>903</td></tr>
<tr><td>50—54</td><td>1 661</td><td>855</td><td>806</td><td>1 246</td><td>821</td></tr>
<tr><td>55—59</td><td>1 109</td><td>591</td><td>518</td><td>818</td><td>589</td></tr>
<tr><td>60 岁及以上</td><td>3 132</td><td>1 325</td><td>1 807</td><td>1 235</td><td>732</td></tr>
</table>

单位:人

| 口迁移 | | | | 省内迁移 | | |
|---|---|---|---|---|---|---|
| 口 | 净迁移人口 | | | 合计 | 男 | 女 |
| 女 | 合计 | 男 | 女 | | | |
| **110 463** | **−81 519** | **−57 420** | **−24 099** | **449 631** | **247 052** | **202 579** |
| 5 708 | −2 095 | −999 | −1 096 | 22 598 | 12 081 | 10 517 |
| 7 170 | −936 | −239 | −697 | 27 115 | 14 612 | 12 503 |
| 13 759 | −4 438 | −4 340 | −98 | 78 319 | 44 893 | 33 426 |
| 35 076 | −30 016 | −17 229 | −12 787 | 155 112 | 84 253 | 70 859 |
| 16 709 | −15 019 | −9 312 | −5 707 | 67 794 | 39 730 | 28 064 |
| 7 262 | −5 193 | −3 831 | −1 362 | 26 714 | 14 175 | 12 539 |
| 8 529 | −9 032 | −6 360 | −2 672 | 23 842 | 11 174 | 12 668 |
| 5 920 | −6 018 | −5 203 | −815 | 15 613 | 7 786 | 7 827 |
| 3 517 | −1 892 | −3 018 | 1 126 | 11 133 | 5 633 | 5 500 |
| 2 500 | −3 106 | −3 238 | 132 | 8 248 | 4 817 | 3 431 |
| 1 556 | −2 458 | −2 197 | −261 | 5 452 | 3 419 | 2 033 |
| 2 757 | −1 316 | −1 454 | 138 | 7 691 | 4 479 | 3 212 |
| **42 530** | **13 678** | **21 395** | **−7 717** | **150 900** | **87 378** | **63 522** |
| 2 534 | −221 | −61 | −160 | 8 702 | 4 435 | 4 267 |
| 3 634 | −2 411 | −1 106 | −1 305 | 9 184 | 4 772 | 4 412 |
| 5 705 | 8 691 | 9 526 | −835 | 22 863 | 13 972 | 8 891 |
| 9 624 | 11 016 | 12 634 | −1 618 | 43 656 | 23 847 | 19 809 |
| 4 811 | 7 394 | 6 145 | 1 249 | 25 044 | 14 643 | 10 401 |
| 3 188 | 1 447 | 1 491 | −44 | 11 117 | 6 903 | 4 214 |
| 3 273 | 48 | 706 | −658 | 8 388 | 5 379 | 3 009 |
| 2 638 | −323 | 416 | −739 | 5 390 | 3 408 | 1 982 |
| 2 313 | −1 340 | −199 | −1 141 | 4 521 | 2 588 | 1 933 |
| 2 123 | −3 571 | −2 139 | −1 432 | 4 614 | 2 665 | 1 949 |
| 1 303 | −3 594 | −2 760 | −834 | 3 494 | 2 279 | 1 215 |
| 1 384 | −3 458 | −3 258 | −200 | 3 927 | 2 487 | 1 440 |
| **23 224** | **35 303** | **16 614** | **18 689** | **122 752** | **65 132** | **57 620** |
| 1 375 | 3 465 | 1 846 | 1 619 | 7 492 | 3 863 | 3 629 |
| 1 719 | 2 417 | 1 232 | 1 185 | 9 158 | 4 637 | 4 521 |
| 3 592 | 4 394 | 2 540 | 1 854 | 22 115 | 12 001 | 10 114 |
| 8 102 | 6 848 | 3 107 | 3 741 | 38 393 | 19 700 | 18 693 |
| 2 476 | 8 793 | 4 460 | 4 333 | 16 705 | 9 702 | 7 003 |
| 1 358 | 3 347 | 1 634 | 1 713 | 7 700 | 4 168 | 3 532 |
| 1 621 | 1 824 | 606 | 1 218 | 7 167 | 3 491 | 3 676 |
| 1 149 | 987 | 407 | 580 | 4 528 | 2 386 | 2 142 |
| 675 | 625 | 153 | 472 | 3 129 | 1 657 | 1 472 |
| 425 | 415 | 34 | 381 | 2 419 | 1 383 | 1 036 |
| 229 | 291 | 2 | 289 | 1 497 | 861 | 636 |
| 503 | 1 897 | 593 | 1 304 | 2 449 | 1 283 | 1 166 |

2—15 续表 10

| 现住地和年龄(岁) | 省际 | | | | |
|---|---|---|---|---|---|
| | 迁入人口 | | | 迁出人 | |
| | 合计 | 男 | 女 | 合计 | 男 |
| **新疆维吾尔自治区** | **341 718** | **222 258** | **119 460** | **277 412** | **157 545** |
| 5—9 | 16 406 | 8 594 | 7 812 | 13 989 | 7 162 |
| 10—14 | 10 428 | 5 449 | 4 979 | 24 045 | 12 235 |
| 15—19 | 50 244 | 37 270 | 12 974 | 47 955 | 25 637 |
| 20—24 | 114 041 | 75 411 | 38 630 | 55 999 | 31 772 |
| 25—29 | 69 606 | 43 821 | 25 785 | 33 320 | 22 007 |
| 30—34 | 29 225 | 20 155 | 9 070 | 20 736 | 12 654 |
| 35—39 | 19 149 | 13 218 | 5 931 | 21 359 | 12 066 |
| 40—44 | 9 231 | 6 673 | 2 558 | 22 006 | 11 193 |
| 45—49 | 4 930 | 3 455 | 1 475 | 14 619 | 8 536 |
| 50—54 | 3 541 | 2 213 | 1 328 | 8 222 | 5 177 |
| 55—59 | 3 162 | 1 611 | 1 551 | 4 426 | 2 652 |
| 60岁及以上 | 11 755 | 4 388 | 7 367 | 10 736 | 6 454 |

单位：人

| 迁移 | | | | 省内迁移 | | |
|---|---|---|---|---|---|---|
| 口 | 净迁移人口 | | | 合计 | 男 | 女 |
| 女 | 合计 | 男 | 女 | | | |
| **119 867** | **64 306** | **64 713** | **−407** | **360 912** | **195 771** | **165 141** |
| 6 827 | 2 417 | 1 432 | 985 | 17 232 | 8 738 | 8 494 |
| 11 810 | −13 617 | −6 786 | −6 831 | 16 842 | 8 349 | 8 493 |
| 22 318 | 2 289 | 11 633 | −9 344 | 70 511 | 35 994 | 34 517 |
| 24 227 | 58 042 | 43 639 | 14 403 | 114 547 | 62 887 | 51 660 |
| 11 313 | 36 286 | 21 814 | 14 472 | 54 141 | 30 593 | 23 548 |
| 8 082 | 8 489 | 7 501 | 988 | 25 041 | 14 021 | 11 020 |
| 9 293 | −2 210 | 1 152 | −3 362 | 16 864 | 9 585 | 7 279 |
| 10 813 | −12 775 | −4 520 | −8 255 | 12 079 | 6 569 | 5 510 |
| 6 083 | −9 689 | −5 081 | −4 608 | 9 862 | 5 461 | 4 401 |
| 3 045 | −4 681 | −2 964 | −1 717 | 8 278 | 4 858 | 3 420 |
| 1 774 | −1 264 | −1 041 | −223 | 5 268 | 2 934 | 2 334 |
| 4 282 | 1 019 | −2 066 | 3 085 | 10 247 | 5 782 | 4 465 |

## 2—16 北京市分年龄、性别的人口状况

| 年龄（岁） | 人口数（人） 合计 | 男 | 女 | 占总人口数的百分比 合计 | 男 | 女 | 性别比（女=100） |
|---|---|---|---|---|---|---|---|
| 总计 | 10 819 414 | 5 593 461 | 5 225 953 | 100.00 | 51.70 | 48.30 | 107.03 |
| 0—4 | 808 443 | 416 720 | 391 723 | 7.47 | 3.85 | 3.62 | 106.38 |
| 0 | 143 185 | 74 330 | 68 855 | 1.32 | 0.69 | 0.64 | 107.95 |
| 1 | 158 118 | 81 274 | 76 844 | 1.46 | 0.75 | 0.71 | 105.76 |
| 2 | 177 171 | 91 062 | 86 109 | 1.64 | 0.84 | 0.80 | 105.75 |
| 3 | 173 496 | 89 218 | 84 278 | 1.60 | 0.82 | 0.78 | 105.86 |
| 4 | 156 473 | 80 836 | 75 637 | 1.45 | 0.75 | 0.70 | 106.87 |
| 5—9 | 806 621 | 416 320 | 390 301 | 7.46 | 3.85 | 3.61 | 106.67 |
| 5 | 143 199 | 73 867 | 69 332 | 1.32 | 0.68 | 0.64 | 106.54 |
| 6 | 155 480 | 80 164 | 75 316 | 1.44 | 0.74 | 0.70 | 106.44 |
| 7 | 182 913 | 94 482 | 88 431 | 1.69 | 0.87 | 0.82 | 106.84 |
| 8 | 182 055 | 93 805 | 88 250 | 1.68 | 0.87 | 0.82 | 106.29 |
| 9 | 142 974 | 74 002 | 68 972 | 1.32 | 0.68 | 0.64 | 107.29 |
| 10—14 | 565 982 | 293 066 | 272 916 | 5.23 | 2.71 | 2.52 | 107.38 |
| 10 | 138 364 | 71 606 | 66 758 | 1.28 | 0.66 | 0.62 | 107.26 |
| 11 | 123 644 | 64 180 | 59 464 | 1.14 | 0.59 | 0.55 | 107.93 |
| 12 | 110 712 | 57 260 | 53 452 | 1.02 | 0.53 | 0.49 | 107.12 |
| 13 | 96 577 | 49 912 | 46 665 | 0.89 | 0.46 | 0.43 | 106.96 |
| 14 | 96 685 | 50 108 | 46 577 | 0.89 | 0.46 | 0.43 | 107.58 |
| 15—19 | 799 123 | 427 952 | 371 171 | 7.39 | 3.96 | 3.43 | 115.30 |
| 15 | 103 361 | 53 048 | 50 313 | 0.96 | 0.49 | 0.47 | 105.44 |
| 16 | 132 763 | 68 210 | 64 553 | 1.23 | 0.63 | 0.60 | 105.67 |
| 17 | 163 304 | 85 522 | 77 782 | 1.51 | 0.79 | 0.72 | 109.95 |
| 18 | 187 082 | 102 052 | 85 030 | 1.73 | 0.94 | 0.79 | 120.02 |
| 19 | 212 613 | 119 120 | 93 493 | 1.97 | 1.10 | 0.86 | 127.41 |
| 20—24 | 1 062 480 | 592 917 | 469 563 | 9.82 | 5.48 | 4.34 | 126.27 |
| 20 | 226 575 | 128 808 | 97 767 | 2.09 | 1.19 | 0.90 | 131.75 |
| 21 | 243 583 | 136 278 | 107 305 | 2.25 | 1.26 | 0.99 | 127.00 |
| 22 | 214 542 | 119 418 | 95 124 | 1.98 | 1.10 | 0.88 | 125.54 |
| 23 | 173 619 | 96 470 | 77 149 | 1.60 | 0.89 | 0.71 | 125.04 |
| 24 | 204 161 | 111 943 | 92 218 | 1.89 | 1.03 | 0.85 | 121.39 |
| 25—29 | 1 257 523 | 669 755 | 587 768 | 11.62 | 6.19 | 5.43 | 113.95 |
| 25 | 228 821 | 124 606 | 104 215 | 2.11 | 1.15 | 0.96 | 119.57 |
| 26 | 303 641 | 161 488 | 142 153 | 2.81 | 1.49 | 1.31 | 113.60 |
| 27 | 330 696 | 176 017 | 154 679 | 3.06 | 1.63 | 1.43 | 113.80 |
| 28 | 191 699 | 102 004 | 89 695 | 1.77 | 0.94 | 0.83 | 113.72 |
| 29 | 202 666 | 105 640 | 97 026 | 1.87 | 0.98 | 0.90 | 108.88 |

2—16 续表1

| 年龄（岁） | 人口数（人）合计 | 男 | 女 | 占总人口数的百分比 合计 | 男 | 女 | 性别比（女=100） |
|---|---|---|---|---|---|---|---|
| **30—34** | **1 165 917** | **605 343** | **560 574** | **10.78** | **5.59** | **5.18** | **107.99** |
| 30 | 238 604 | 125 260 | 113 344 | 2.21 | 1.16 | 1.05 | 110.51 |
| 31 | 213 655 | 111 956 | 101 699 | 1.97 | 1.03 | 0.94 | 110.09 |
| 32 | 250 245 | 130 322 | 119 923 | 2.31 | 1.20 | 1.11 | 108.67 |
| 33 | 235 893 | 121 488 | 114 405 | 2.18 | 1.12 | 1.06 | 106.19 |
| 34 | 227 520 | 116 317 | 111 203 | 2.10 | 1.08 | 1.03 | 104.60 |
| **35—39** | **984 498** | **499 226** | **485 272** | **9.10** | **4.61** | **4.49** | **102.88** |
| 35 | 234 850 | 119 438 | 115 412 | 2.17 | 1.10 | 1.07 | 103.49 |
| 36 | 220 394 | 111 663 | 108 731 | 2.04 | 1.03 | 1.00 | 102.70 |
| 37 | 194 393 | 98 497 | 95 896 | 1.80 | 0.91 | 0.89 | 102.71 |
| 38 | 184 029 | 93 111 | 90 918 | 1.70 | 0.86 | 0.84 | 102.41 |
| 39 | 150 832 | 76 517 | 74 315 | 1.39 | 0.71 | 0.69 | 102.96 |
| **40—44** | **633 025** | **316 822** | **316 203** | **5.85** | **2.93** | **2.92** | **100.20** |
| 40 | 150 384 | 76 225 | 74 159 | 1.39 | 0.70 | 0.69 | 102.79 |
| 41 | 125 169 | 62 789 | 62 380 | 1.16 | 0.58 | 0.58 | 100.66 |
| 42 | 120 218 | 60 036 | 60 182 | 1.11 | 0.55 | 0.56 | 99.76 |
| 43 | 119 522 | 59 586 | 59 936 | 1.10 | 0.55 | 0.55 | 99.42 |
| 44 | 117 732 | 58 186 | 59 546 | 1.09 | 0.54 | 0.55 | 97.72 |
| **45—49** | **500 030** | **243 871** | **256 159** | **4.62** | **2.25** | **2.37** | **95.20** |
| 45 | 104 641 | 50 864 | 53 777 | 0.97 | 0.47 | 0.50 | 94.58 |
| 46 | 90 758 | 44 721 | 46 037 | 0.84 | 0.41 | 0.43 | 97.14 |
| 47 | 96 266 | 47 030 | 49 236 | 0.89 | 0.43 | 0.46 | 95.52 |
| 48 | 104 248 | 50 684 | 53 564 | 0.96 | 0.47 | 0.50 | 94.62 |
| 49 | 104 117 | 50 572 | 53 545 | 0.96 | 0.47 | 0.49 | 94.45 |
| **50—54** | **587 985** | **289 084** | **298 901** | **5.43** | **2.67** | **2.76** | **96.72** |
| 50 | 108 928 | 52 123 | 56 805 | 1.01 | 0.48 | 0.53 | 91.76 |
| 51 | 111 042 | 53 465 | 57 577 | 1.03 | 0.49 | 0.53 | 92.86 |
| 52 | 123 041 | 60 168 | 62 873 | 1.14 | 0.56 | 0.58 | 95.70 |
| 53 | 121 952 | 61 073 | 60 879 | 1.13 | 0.56 | 0.56 | 100.32 |
| 54 | 123 022 | 62 255 | 60 767 | 1.14 | 0.58 | 0.56 | 102.45 |
| **55—59** | **553 492** | **287 386** | **266 106** | **5.12** | **2.66** | **2.46** | **108.00** |
| 55 | 124 659 | 63 394 | 61 265 | 1.15 | 0.59 | 0.57 | 103.48 |
| 56 | 118 865 | 61 685 | 57 180 | 1.10 | 0.57 | 0.53 | 107.88 |
| 57 | 113 216 | 58 883 | 54 333 | 1.05 | 0.54 | 0.50 | 108.37 |
| 58 | 101 892 | 53 628 | 48 264 | 0.94 | 0.50 | 0.45 | 111.11 |
| 59 | 94 860 | 49 796 | 45 064 | 0.88 | 0.46 | 0.42 | 110.50 |
| **60—64** | **407 414** | **209 224** | **198 190** | **3.77** | **1.93** | **1.83** | **105.57** |
| 60 | 97 293 | 50 535 | 46 758 | 0.90 | 0.47 | 0.43 | 108.08 |
| 61 | 87 472 | 44 254 | 43 218 | 0.81 | 0.41 | 0.40 | 102.40 |
| 62 | 86 011 | 43 933 | 42 078 | 0.79 | 0.41 | 0.39 | 104.41 |
| 63 | 69 285 | 35 964 | 33 321 | 0.64 | 0.33 | 0.31 | 107.93 |
| 64 | 67 353 | 34 538 | 32 815 | 0.62 | 0.32 | 0.30 | 105.25 |

2－16 续表 2

| 年龄（岁） | 人口数（人） | | | 占总人口数的百分比 | | | 性别比（女＝100） |
|---|---|---|---|---|---|---|---|
| | 合计 | 男 | 女 | 合计 | 男 | 女 | |
| 65－69 | 288 042 | 144 992 | 143 050 | 2.66 | 1.34 | 1.32 | 101.36 |
| 65 | 66 394 | 33 836 | 32 558 | 0.61 | 0.31 | 0.30 | 103.93 |
| 66 | 62 664 | 31 629 | 31 035 | 0.58 | 0.29 | 0.29 | 101.91 |
| 67 | 57 461 | 28 856 | 28 605 | 0.53 | 0.27 | 0.26 | 100.88 |
| 68 | 54 106 | 27 216 | 26 890 | 0.50 | 0.25 | 0.25 | 101.21 |
| 69 | 47 417 | 23 455 | 23 962 | 0.44 | 0.22 | 0.22 | 97.88 |
| 70－74 | 184 984 | 90 570 | 94 414 | 1.71 | 0.84 | 0.87 | 95.93 |
| 70 | 43 622 | 21 870 | 21 752 | 0.40 | 0.20 | 0.20 | 100.54 |
| 71 | 37 964 | 18 617 | 19 347 | 0.35 | 0.17 | 0.18 | 96.23 |
| 72 | 38 295 | 18 703 | 19 592 | 0.35 | 0.17 | 0.18 | 95.46 |
| 73 | 34 406 | 16 738 | 17 668 | 0.32 | 0.15 | 0.16 | 94.74 |
| 74 | 30 697 | 14 642 | 16 055 | 0.28 | 0.14 | 0.15 | 91.20 |
| 75－79 | 121 781 | 55 537 | 66 244 | 1.13 | 0.51 | 0.61 | 83.84 |
| 75 | 27 727 | 13 226 | 14 501 | 0.26 | 0.12 | 0.13 | 91.21 |
| 76 | 28 783 | 13 351 | 15 432 | 0.27 | 0.12 | 0.14 | 86.52 |
| 77 | 24 483 | 11 039 | 13 444 | 0.23 | 0.10 | 0.12 | 82.11 |
| 78 | 21 008 | 9 462 | 11 546 | 0.19 | 0.09 | 0.11 | 81.95 |
| 79 | 19 780 | 8 459 | 11 321 | 0.18 | 0.08 | 0.10 | 74.72 |
| 80－84 | 63 353 | 25 288 | 38 065 | 0.59 | 0.23 | 0.35 | 66.43 |
| 80 | 18 257 | 7 519 | 10 738 | 0.17 | 0.07 | 0.10 | 70.02 |
| 81 | 14 825 | 6 012 | 8 813 | 0.14 | 0.06 | 0.08 | 68.22 |
| 82 | 12 050 | 4 827 | 7 223 | 0.11 | 0.04 | 0.07 | 66.83 |
| 83 | 9 869 | 3 832 | 6 037 | 0.09 | 0.04 | 0.06 | 63.48 |
| 84 | 8 352 | 3 098 | 5 254 | 0.08 | 0.03 | 0.05 | 58.96 |
| 85－89 | 23 319 | 7 956 | 15 363 | 0.22 | 0.07 | 0.14 | 51.79 |
| 85 | 6 970 | 2 468 | 4 502 | 0.06 | 0.02 | 0.04 | 54.82 |
| 86 | 5 756 | 2 006 | 3 750 | 0.05 | 0.02 | 0.03 | 53.49 |
| 87 | 4 474 | 1 542 | 2 932 | 0.04 | 0.01 | 0.03 | 52.59 |
| 88 | 3 570 | 1 170 | 2 400 | 0.03 | 0.01 | 0.02 | 48.75 |
| 89 | 2 549 | 770 | 1 779 | 0.02 | 0.01 | 0.02 | 43.28 |
| 90－94 | 4 675 | 1 267 | 3 408 | 0.04 | 0.01 | 0.03 | 37.18 |
| 90 | 1 779 | 479 | 1 300 | 0.02 | 0.00 | 0.01 | 36.85 |
| 91 | 1 130 | 329 | 801 | 0.01 | 0.00 | 0.01 | 41.07 |
| 92 | 808 | 197 | 611 | 0.01 | 0.00 | 0.01 | 32.24 |
| 93 | 591 | 167 | 424 | 0.01 | 0.00 | 0.00 | 39.39 |
| 94 | 367 | 95 | 272 | 0.00 | 0.00 | 0.00 | 34.93 |
| 95－99 | 687 | 162 | 525 | 0.01 | 0.00 | 0.00 | 30.86 |
| 95 | 263 | 57 | 206 | 0.00 | 0.00 | 0.00 | 27.67 |
| 96 | 197 | 44 | 153 | 0.00 | 0.00 | 0.00 | 28.76 |
| 97 | 113 | 33 | 80 | 0.00 | 0.00 | 0.00 | 41.25 |
| 98 | 64 | 14 | 50 | 0.00 | 0.00 | 0.00 | 28.00 |
| 99 | 50 | 14 | 36 | 0.00 | 0.00 | 0.00 | 38.89 |
| 100岁及以上 | 40 | 3 | 37 | 0.00 | 0.00 | 0.00 | 8.11 |

## 2—17 天津市分年龄、性别的人口状况

| 年龄（岁） | 人口数（人） 合计 | 男 | 女 | 占总人口数的百分比 合计 | 男 | 女 | 性别比（女=100） |
|---|---|---|---|---|---|---|---|
| 总计 | 8 785 427 | 4 470 746 | 4 314 681 | 100.00 | 50.89 | 49.11 | 103.62 |
| 0—4 | 727 345 | 377 689 | 349 656 | 8.28 | 4.30 | 3.98 | 108.02 |
| 0 | 135 000 | 70 819 | 64 181 | 1.54 | 0.81 | 0.73 | 110.34 |
| 1 | 145 060 | 75 634 | 69 426 | 1.65 | 0.86 | 0.79 | 108.94 |
| 2 | 150 768 | 77 915 | 72 853 | 1.72 | 0.89 | 0.83 | 106.95 |
| 3 | 154 046 | 79 752 | 74 294 | 1.75 | 0.91 | 0.85 | 107.35 |
| 4 | 142 471 | 73 569 | 68 902 | 1.62 | 0.84 | 0.78 | 106.77 |
| 5—9 | 702 242 | 361 695 | 340 547 | 7.99 | 4.12 | 3.88 | 106.21 |
| 5 | 130 804 | 67 308 | 63 496 | 1.49 | 0.77 | 0.72 | 106.00 |
| 6 | 139 366 | 71 715 | 67 651 | 1.59 | 0.82 | 0.77 | 106.01 |
| 7 | 156 961 | 80 760 | 76 201 | 1.79 | 0.92 | 0.87 | 105.98 |
| 8 | 159 179 | 81 789 | 77 390 | 1.81 | 0.93 | 0.88 | 105.68 |
| 9 | 115 932 | 60 123 | 55 809 | 1.32 | 0.68 | 0.64 | 107.73 |
| 10—14 | 565 229 | 290 738 | 274 491 | 6.43 | 3.31 | 3.12 | 105.92 |
| 10 | 110 021 | 56 951 | 53 070 | 1.25 | 0.65 | 0.60 | 107.31 |
| 11 | 127 940 | 65 919 | 62 021 | 1.46 | 0.75 | 0.71 | 106.28 |
| 12 | 116 800 | 59 876 | 56 924 | 1.33 | 0.68 | 0.65 | 105.19 |
| 13 | 104 889 | 53 757 | 51 132 | 1.19 | 0.61 | 0.58 | 105.13 |
| 14 | 105 579 | 54 235 | 51 344 | 1.20 | 0.62 | 0.58 | 105.63 |
| 15—19 | 662 596 | 342 805 | 319 791 | 7.54 | 3.90 | 3.64 | 107.20 |
| 15 | 106 144 | 54 492 | 51 652 | 1.21 | 0.62 | 0.59 | 105.50 |
| 16 | 117 522 | 60 521 | 57 001 | 1.34 | 0.69 | 0.65 | 106.18 |
| 17 | 138 612 | 71 471 | 67 141 | 1.58 | 0.81 | 0.76 | 106.45 |
| 18 | 141 794 | 73 725 | 68 069 | 1.61 | 0.84 | 0.77 | 108.31 |
| 19 | 158 524 | 82 596 | 75 928 | 1.80 | 0.94 | 0.86 | 108.78 |
| 20—24 | 757 904 | 392 088 | 365 816 | 8.63 | 4.46 | 4.16 | 107.18 |
| 20 | 157 734 | 82 486 | 75 248 | 1.80 | 0.94 | 0.86 | 109.62 |
| 21 | 167 394 | 86 662 | 80 732 | 1.91 | 0.99 | 0.92 | 107.35 |
| 22 | 149 752 | 77 960 | 71 792 | 1.70 | 0.89 | 0.82 | 108.59 |
| 23 | 126 704 | 65 189 | 61 515 | 1.44 | 0.74 | 0.70 | 105.97 |
| 24 | 156 320 | 79 791 | 76 529 | 1.78 | 0.91 | 0.87 | 104.26 |
| 25—29 | 923 482 | 471 741 | 451 741 | 10.51 | 5.37 | 5.14 | 104.43 |
| 25 | 171 374 | 87 587 | 83 787 | 1.95 | 1.00 | 0.95 | 104.54 |
| 26 | 217 945 | 111 104 | 106 841 | 2.48 | 1.26 | 1.22 | 103.99 |
| 27 | 253 922 | 130 072 | 123 850 | 2.89 | 1.48 | 1.41 | 105.02 |
| 28 | 138 890 | 71 113 | 67 777 | 1.58 | 0.81 | 0.77 | 104.92 |
| 29 | 141 351 | 71 865 | 69 486 | 1.61 | 0.82 | 0.79 | 103.42 |

2—17 续表1

| 年龄（岁） | 人口数（人） | | | 占总人口数的百分比 | | | 性别比（女=100） |
|---|---|---|---|---|---|---|---|
| | 合计 | 男 | 女 | 合计 | 男 | 女 | |
| 30—34 | 936 209 | 476 164 | 460 045 | 10.66 | 5.42 | 5.24 | 103.50 |
| 30 | 172 254 | 88 583 | 83 671 | 1.96 | 1.01 | 0.95 | 105.87 |
| 31 | 170 801 | 86 950 | 83 851 | 1.94 | 0.99 | 0.95 | 103.70 |
| 32 | 208 255 | 106 320 | 101 935 | 2.37 | 1.21 | 1.16 | 104.30 |
| 33 | 195 475 | 98 821 | 96 654 | 2.22 | 1.12 | 1.10 | 102.24 |
| 34 | 189 424 | 95 490 | 93 934 | 2.16 | 1.09 | 1.07 | 101.66 |
| 35—39 | 844 338 | 426 145 | 418 193 | 9.61 | 4.85 | 4.76 | 101.90 |
| 35 | 200 324 | 101 378 | 98 946 | 2.28 | 1.15 | 1.13 | 102.46 |
| 36 | 182 315 | 92 194 | 90 121 | 2.08 | 1.05 | 1.03 | 102.30 |
| 37 | 167 231 | 84 307 | 82 924 | 1.90 | 0.96 | 0.94 | 101.67 |
| 38 | 158 665 | 80 075 | 78 590 | 1.81 | 0.91 | 0.89 | 101.89 |
| 39 | 135 803 | 68 191 | 67 612 | 1.55 | 0.78 | 0.77 | 100.86 |
| 40—44 | 575 168 | 290 374 | 284 794 | 6.55 | 3.31 | 3.24 | 101.96 |
| 40 | 137 548 | 69 956 | 67 592 | 1.57 | 0.80 | 0.77 | 103.50 |
| 41 | 108 988 | 55 088 | 53 900 | 1.24 | 0.63 | 0.61 | 102.20 |
| 42 | 109 176 | 55 313 | 53 863 | 1.24 | 0.63 | 0.61 | 102.69 |
| 43 | 110 488 | 55 658 | 54 830 | 1.26 | 0.63 | 0.62 | 101.51 |
| 44 | 108 968 | 54 359 | 54 609 | 1.24 | 0.62 | 0.62 | 99.54 |
| 45—49 | 401 399 | 199 955 | 201 444 | 4.57 | 2.28 | 2.29 | 99.26 |
| 45 | 90 567 | 45 019 | 45 548 | 1.03 | 0.51 | 0.52 | 98.84 |
| 46 | 72 349 | 36 131 | 36 218 | 0.82 | 0.41 | 0.41 | 99.76 |
| 47 | 80 361 | 40 067 | 40 294 | 0.91 | 0.46 | 0.46 | 99.44 |
| 48 | 83 392 | 41 463 | 41 929 | 0.95 | 0.47 | 0.48 | 98.89 |
| 49 | 74 730 | 37 275 | 37 455 | 0.85 | 0.42 | 0.43 | 99.52 |
| 50—54 | 397 355 | 196 804 | 200 551 | 4.52 | 2.24 | 2.28 | 98.13 |
| 50 | 71 765 | 35 246 | 36 519 | 0.82 | 0.40 | 0.42 | 96.51 |
| 51 | 79 314 | 38 875 | 40 439 | 0.90 | 0.44 | 0.46 | 96.13 |
| 52 | 79 268 | 39 403 | 39 865 | 0.90 | 0.45 | 0.45 | 98.84 |
| 53 | 79 919 | 39 821 | 40 098 | 0.91 | 0.45 | 0.46 | 99.31 |
| 54 | 87 089 | 43 459 | 43 630 | 0.99 | 0.49 | 0.50 | 99.61 |
| 55—59 | 393 892 | 200 187 | 193 705 | 4.48 | 2.28 | 2.20 | 103.35 |
| 55 | 85 693 | 42 948 | 42 745 | 0.98 | 0.49 | 0.49 | 100.47 |
| 56 | 80 168 | 41 040 | 39 128 | 0.91 | 0.47 | 0.45 | 104.89 |
| 57 | 83 124 | 41 912 | 41 212 | 0.95 | 0.48 | 0.47 | 101.70 |
| 58 | 72 919 | 37 562 | 35 357 | 0.83 | 0.43 | 0.40 | 106.24 |
| 59 | 71 988 | 36 725 | 35 263 | 0.82 | 0.42 | 0.40 | 104.15 |
| 60—64 | 330 380 | 167 135 | 163 245 | 3.76 | 1.90 | 1.86 | 102.38 |
| 60 | 76 645 | 38 870 | 37 775 | 0.87 | 0.44 | 0.43 | 102.90 |
| 61 | 67 935 | 34 291 | 33 644 | 0.77 | 0.39 | 0.38 | 101.92 |
| 62 | 70 287 | 35 450 | 34 837 | 0.80 | 0.40 | 0.40 | 101.76 |
| 63 | 58 350 | 29 539 | 28 811 | 0.66 | 0.34 | 0.33 | 102.53 |
| 64 | 57 163 | 28 985 | 28 178 | 0.65 | 0.33 | 0.32 | 102.86 |

2－17 续表 2

| 年龄（岁） | 人口数（人） | | | 占总人口数的百分比 | | | 性别比（女＝100） |
|---|---|---|---|---|---|---|---|
| | 合计 | 男 | 女 | 合计 | 男 | 女 | |
| **65－69** | **236 839** | **119 130** | **117 709** | **2.70** | **1.36** | **1.34** | **101.21** |
| 65 | 55 308 | 27 919 | 27 389 | 0.63 | 0.32 | 0.31 | 101.94 |
| 66 | 52 039 | 26 128 | 25 911 | 0.59 | 0.30 | 0.29 | 100.84 |
| 67 | 46 437 | 23 299 | 23 138 | 0.53 | 0.27 | 0.26 | 100.70 |
| 68 | 45 361 | 22 874 | 22 487 | 0.52 | 0.26 | 0.26 | 101.72 |
| 69 | 37 694 | 18 910 | 18 784 | 0.43 | 0.22 | 0.21 | 100.67 |
| **70－74** | **155 313** | **78 062** | **77 251** | **1.77** | **0.89** | **0.88** | **101.05** |
| 70 | 38 367 | 19 663 | 18 704 | 0.44 | 0.22 | 0.21 | 105.13 |
| 71 | 31 946 | 16 109 | 15 837 | 0.36 | 0.18 | 0.18 | 101.72 |
| 72 | 30 900 | 15 402 | 15 498 | 0.35 | 0.18 | 0.18 | 99.38 |
| 73 | 30 193 | 15 071 | 15 122 | 0.34 | 0.17 | 0.17 | 99.66 |
| 74 | 23 907 | 11 817 | 12 090 | 0.27 | 0.13 | 0.14 | 97.74 |
| **75－79** | **102 851** | **49 742** | **53 109** | **1.17** | **0.57** | **0.60** | **93.66** |
| 75 | 23 303 | 11 644 | 11 659 | 0.27 | 0.13 | 0.13 | 99.87 |
| 76 | 25 231 | 12 327 | 12 904 | 0.29 | 0.14 | 0.15 | 95.53 |
| 77 | 20 234 | 9 697 | 10 537 | 0.23 | 0.11 | 0.12 | 92.03 |
| 78 | 17 886 | 8 587 | 9 299 | 0.20 | 0.10 | 0.11 | 92.34 |
| 79 | 16 197 | 7 487 | 8 710 | 0.18 | 0.09 | 0.10 | 85.96 |
| **80－84** | **50 882** | **22 136** | **28 746** | **0.58** | **0.25** | **0.33** | **77.01** |
| 80 | 14 059 | 6 357 | 7 702 | 0.16 | 0.07 | 0.09 | 82.54 |
| 81 | 12 439 | 5 375 | 7 064 | 0.14 | 0.06 | 0.08 | 76.09 |
| 82 | 10 178 | 4 509 | 5 669 | 0.12 | 0.05 | 0.06 | 79.54 |
| 83 | 7 683 | 3 252 | 4 431 | 0.09 | 0.04 | 0.05 | 73.39 |
| 84 | 6 523 | 2 643 | 3 880 | 0.07 | 0.03 | 0.04 | 68.12 |
| **85－89** | **18 178** | **6 948** | **11 230** | **0.21** | **0.08** | **0.13** | **61.87** |
| 85 | 5 452 | 2 215 | 3 237 | 0.06 | 0.03 | 0.04 | 68.43 |
| 86 | 4 733 | 1 805 | 2 928 | 0.05 | 0.02 | 0.03 | 61.65 |
| 87 | 3 673 | 1 333 | 2 340 | 0.04 | 0.02 | 0.03 | 56.97 |
| 88 | 2 564 | 976 | 1 588 | 0.03 | 0.01 | 0.02 | 61.46 |
| 89 | 1 756 | 619 | 1 137 | 0.02 | 0.01 | 0.01 | 54.44 |
| **90－94** | **3 368** | **1 100** | **2 268** | **0.04** | **0.01** | **0.03** | **48.50** |
| 90 | 1 260 | 436 | 824 | 0.01 | 0.00 | 0.01 | 52.91 |
| 91 | 811 | 255 | 556 | 0.01 | 0.00 | 0.01 | 45.86 |
| 92 | 638 | 212 | 426 | 0.01 | 0.00 | 0.00 | 49.77 |
| 93 | 429 | 127 | 302 | 0.00 | 0.00 | 0.00 | 42.05 |
| 94 | 230 | 70 | 160 | 0.00 | 0.00 | 0.00 | 43.75 |
| **95－99** | **430** | **104** | **326** | **0.00** | **0.00** | **0.00** | **31.90** |
| 95 | 173 | 41 | 132 | 0.00 | 0.00 | 0.00 | 31.06 |
| 96 | 115 | 24 | 91 | 0.00 | 0.00 | 0.00 | 26.37 |
| 97 | 85 | 29 | 56 | 0.00 | 0.00 | 0.00 | 51.79 |
| 98 | 38 | 9 | 29 | 0.00 | 0.00 | 0.00 | 31.03 |
| 99 | 19 | 1 | 18 | 0.00 | 0.00 | 0.00 | 5.56 |
| **100岁及以上** | **27** | **4** | **23** | **0.00** | **0.00** | **0.00** | **17.39** |

# 2—18 河北省分年龄、性别的人口状况

| 年龄（岁） | 人口数（人） | | | 占总人口数的百分比 | | | 性别比 |
|---|---|---|---|---|---|---|---|
| | 合计 | 男 | 女 | 合计 | 男 | 女 | （女=100） |
| **总计** | 61 082 755 | 31 210 112 | 29 872 643 | 100.00 | 51.09 | 48.91 | 104.48 |
| 0—4 | 6 898 867 | 3 593 900 | 3 304 967 | 11.29 | 5.88 | 5.41 | 108.74 |
| 0 | 1 197 531 | 634 344 | 563 187 | 1.96 | 1.04 | 0.92 | 112.63 |
| 1 | 1 360 571 | 714 571 | 646 000 | 2.23 | 1.17 | 1.06 | 110.61 |
| 2 | 1 525 691 | 792 969 | 732 722 | 2.50 | 1.30 | 1.20 | 108.22 |
| 3 | 1 489 775 | 769 712 | 720 063 | 2.44 | 1.26 | 1.18 | 106.90 |
| 4 | 1 325 299 | 682 304 | 642 995 | 2.17 | 1.12 | 1.05 | 106.11 |
| 5—9 | 6 133 172 | 3 170 091 | 2 963 081 | 10.04 | 5.19 | 4.85 | 106.99 |
| 5 | 1 225 697 | 632 186 | 593 511 | 2.01 | 1.03 | 0.97 | 106.52 |
| 6 | 1 175 360 | 607 760 | 567 600 | 1.92 | 0.99 | 0.93 | 107.08 |
| 7 | 1 184 742 | 613 418 | 571 324 | 1.94 | 1.00 | 0.94 | 107.37 |
| 8 | 1 431 183 | 739 840 | 691 343 | 2.34 | 1.21 | 1.13 | 107.01 |
| 9 | 1 116 190 | 576 887 | 539 303 | 1.83 | 0.94 | 0.88 | 106.97 |
| 10—14 | 4 704 887 | 2 424 170 | 2 280 717 | 7.70 | 3.97 | 3.73 | 106.29 |
| 10 | 1 039 060 | 536 736 | 502 324 | 1.70 | 0.88 | 0.82 | 106.85 |
| 11 | 992 773 | 511 608 | 481 165 | 1.63 | 0.84 | 0.79 | 106.33 |
| 12 | 952 326 | 490 469 | 461 857 | 1.56 | 0.80 | 0.76 | 106.19 |
| 13 | 877 075 | 452 239 | 424 836 | 1.44 | 0.74 | 0.70 | 106.45 |
| 14 | 843 653 | 433 118 | 410 535 | 1.38 | 0.71 | 0.67 | 105.50 |
| 15—19 | 5 436 742 | 2 743 011 | 2 693 731 | 8.90 | 4.49 | 4.41 | 101.83 |
| 15 | 855 855 | 435 984 | 419 871 | 1.40 | 0.71 | 0.69 | 103.84 |
| 16 | 984 443 | 498 758 | 485 685 | 1.61 | 0.82 | 0.80 | 102.69 |
| 17 | 1 145 404 | 576 042 | 569 362 | 1.88 | 0.94 | 0.93 | 101.17 |
| 18 | 1 177 925 | 592 492 | 585 433 | 1.93 | 0.97 | 0.96 | 101.21 |
| 19 | 1 273 115 | 639 735 | 633 380 | 2.08 | 1.05 | 1.04 | 101.00 |
| 20—24 | 6 051 089 | 3 031 226 | 3 019 863 | 9.91 | 4.96 | 4.94 | 100.38 |
| 20 | 1 260 873 | 626 815 | 634 058 | 2.06 | 1.03 | 1.04 | 98.86 |
| 21 | 1 237 130 | 615 735 | 621 395 | 2.03 | 1.01 | 1.02 | 99.09 |
| 22 | 1 184 590 | 595 742 | 588 848 | 1.94 | 0.98 | 0.96 | 101.17 |
| 23 | 1 107 765 | 557 608 | 550 157 | 1.81 | 0.91 | 0.90 | 101.35 |
| 24 | 1 260 731 | 635 326 | 625 405 | 2.06 | 1.04 | 1.02 | 101.59 |
| 25—29 | 5 469 723 | 2 753 542 | 2 716 181 | 8.95 | 4.51 | 4.45 | 101.38 |
| 25 | 1 278 003 | 642 401 | 635 602 | 2.09 | 1.05 | 1.04 | 101.07 |
| 26 | 1 358 451 | 684 791 | 673 660 | 2.22 | 1.12 | 1.10 | 101.65 |
| 27 | 1 431 533 | 728 359 | 703 174 | 2.34 | 1.19 | 1.15 | 103.58 |
| 28 | 758 963 | 374 394 | 384 569 | 1.24 | 0.61 | 0.63 | 97.35 |
| 29 | 642 773 | 323 597 | 319 176 | 1.05 | 0.53 | 0.52 | 101.39 |

2—18 续表1

| 年龄 (岁) | 人口数（人） 合计 | 男 | 女 | 占总人口数的百分比 合计 | 男 | 女 | 性别比 (女=100) |
|---|---|---|---|---|---|---|---|
| 30—34 | 5 026 858 | 2 597 203 | 2 429 655 | 8.23 | 4.25 | 3.98 | 106.90 |
| 30 | 919 707 | 477 125 | 442 582 | 1.51 | 0.78 | 0.72 | 107.80 |
| 31 | 883 710 | 456 246 | 427 464 | 1.45 | 0.75 | 0.70 | 106.73 |
| 32 | 1 088 566 | 565 178 | 523 388 | 1.78 | 0.93 | 0.86 | 107.98 |
| 33 | 1 079 802 | 555 539 | 524 263 | 1.77 | 0.91 | 0.86 | 105.97 |
| 34 | 1 055 073 | 543 115 | 511 958 | 1.73 | 0.89 | 0.84 | 106.09 |
| 35—39 | 5 055 963 | 2 598 200 | 2 457 763 | 8.28 | 4.25 | 4.02 | 105.71 |
| 35 | 1 112 932 | 576 289 | 536 643 | 1.82 | 0.94 | 0.88 | 107.39 |
| 36 | 1 064 807 | 547 983 | 516 824 | 1.74 | 0.90 | 0.85 | 106.03 |
| 37 | 987 679 | 507 051 | 480 628 | 1.62 | 0.83 | 0.79 | 105.50 |
| 38 | 996 270 | 509 911 | 486 359 | 1.63 | 0.83 | 0.80 | 104.84 |
| 39 | 894 275 | 456 966 | 437 309 | 1.46 | 0.75 | 0.72 | 104.49 |
| 40—44 | 3 728 021 | 1 928 693 | 1 799 328 | 6.10 | 3.16 | 2.95 | 107.19 |
| 40 | 902 426 | 466 278 | 436 148 | 1.48 | 0.76 | 0.71 | 106.91 |
| 41 | 752 958 | 386 181 | 366 777 | 1.23 | 0.63 | 0.60 | 105.29 |
| 42 | 696 655 | 360 578 | 336 077 | 1.14 | 0.59 | 0.55 | 107.29 |
| 43 | 689 275 | 358 523 | 330 752 | 1.13 | 0.59 | 0.54 | 108.40 |
| 44 | 686 707 | 357 133 | 329 574 | 1.12 | 0.58 | 0.54 | 108.36 |
| 45—49 | 2 453 252 | 1 285 133 | 1 168 119 | 4.02 | 2.10 | 1.91 | 110.02 |
| 45 | 586 784 | 305 194 | 281 590 | 0.96 | 0.50 | 0.46 | 108.38 |
| 46 | 457 924 | 240 141 | 217 783 | 0.75 | 0.39 | 0.36 | 110.27 |
| 47 | 468 334 | 245 801 | 222 533 | 0.77 | 0.40 | 0.36 | 110.46 |
| 48 | 485 337 | 254 778 | 230 559 | 0.79 | 0.42 | 0.38 | 110.50 |
| 49 | 454 873 | 239 219 | 215 654 | 0.74 | 0.39 | 0.35 | 110.93 |
| 50—54 | 2 387 449 | 1 267 730 | 1 119 719 | 3.91 | 2.08 | 1.83 | 113.22 |
| 50 | 470 032 | 248 368 | 221 664 | 0.77 | 0.41 | 0.36 | 112.05 |
| 51 | 453 886 | 242 248 | 211 638 | 0.74 | 0.40 | 0.35 | 114.46 |
| 52 | 488 576 | 261 674 | 226 902 | 0.80 | 0.43 | 0.37 | 115.32 |
| 53 | 485 244 | 257 849 | 227 395 | 0.79 | 0.42 | 0.37 | 113.39 |
| 54 | 489 711 | 257 591 | 232 120 | 0.80 | 0.42 | 0.38 | 110.97 |
| 55—59 | 2 280 069 | 1 185 836 | 1 094 233 | 3.73 | 1.94 | 1.79 | 108.37 |
| 55 | 486 784 | 253 157 | 233 627 | 0.80 | 0.41 | 0.38 | 108.36 |
| 56 | 451 188 | 236 106 | 215 082 | 0.74 | 0.39 | 0.35 | 109.77 |
| 57 | 465 818 | 241 992 | 223 826 | 0.76 | 0.40 | 0.37 | 108.12 |
| 58 | 449 907 | 234 186 | 215 721 | 0.74 | 0.38 | 0.35 | 108.56 |
| 59 | 426 372 | 220 395 | 205 977 | 0.70 | 0.36 | 0.34 | 107.00 |
| 60—64 | 1 907 190 | 965 112 | 942 078 | 3.12 | 1.58 | 1.54 | 102.45 |
| 60 | 444 920 | 227 213 | 217 707 | 0.73 | 0.37 | 0.36 | 104.37 |
| 61 | 379 467 | 192 062 | 187 405 | 0.62 | 0.31 | 0.31 | 102.48 |
| 62 | 398 098 | 201 260 | 196 838 | 0.65 | 0.33 | 0.32 | 102.25 |
| 63 | 346 171 | 174 659 | 171 512 | 0.57 | 0.29 | 0.28 | 101.83 |
| 64 | 338 534 | 169 918 | 168 616 | 0.55 | 0.28 | 0.28 | 100.77 |

2—18 续表 2

| 年 龄 (岁) | 人口数（人） 合计 | 男 | 女 | 占总人口数的百分比 合计 | 男 | 女 | 性别比 (女=100) |
|---|---|---|---|---|---|---|---|
| **65—69** | **1 456 278** | **711 152** | **745 126** | **2.38** | **1.16** | **1.22** | **95.44** |
| 65 | 354 021 | 173 294 | 180 727 | 0.58 | 0.28 | 0.30 | 95.89 |
| 66 | 321 873 | 158 008 | 163 865 | 0.53 | 0.26 | 0.27 | 96.43 |
| 67 | 292 891 | 143 003 | 149 888 | 0.48 | 0.23 | 0.25 | 95.41 |
| 68 | 253 400 | 123 635 | 129 765 | 0.41 | 0.20 | 0.21 | 95.28 |
| 69 | 234 093 | 113 212 | 120 881 | 0.38 | 0.19 | 0.20 | 93.66 |
| **70—74** | **993 012** | **475 671** | **517 341** | **1.63** | **0.78** | **0.85** | **91.95** |
| 70 | 246 307 | 119 254 | 127 053 | 0.40 | 0.20 | 0.21 | 93.86 |
| 71 | 195 111 | 94 334 | 100 777 | 0.32 | 0.15 | 0.16 | 93.61 |
| 72 | 196 109 | 94 036 | 102 073 | 0.32 | 0.15 | 0.17 | 92.13 |
| 73 | 184 209 | 87 628 | 96 581 | 0.30 | 0.14 | 0.16 | 90.73 |
| 74 | 171 276 | 80 419 | 90 857 | 0.28 | 0.13 | 0.15 | 88.51 |
| **75—79** | **658 055** | **302 954** | **355 101** | **1.08** | **0.50** | **0.58** | **85.31** |
| 75 | 158 092 | 73 869 | 84 223 | 0.26 | 0.12 | 0.14 | 87.71 |
| 76 | 159 145 | 74 689 | 84 456 | 0.26 | 0.12 | 0.14 | 88.44 |
| 77 | 129 385 | 59 397 | 69 988 | 0.21 | 0.10 | 0.11 | 84.87 |
| 78 | 110 079 | 50 186 | 59 893 | 0.18 | 0.08 | 0.10 | 83.79 |
| 79 | 101 354 | 44 813 | 56 541 | 0.17 | 0.07 | 0.09 | 79.26 |
| **80—84** | **321 528** | **134 087** | **187 441** | **0.53** | **0.22** | **0.31** | **71.54** |
| 80 | 97 246 | 41 679 | 55 567 | 0.16 | 0.07 | 0.09 | 75.01 |
| 81 | 75 501 | 32 058 | 43 443 | 0.12 | 0.05 | 0.07 | 73.79 |
| 82 | 61 771 | 25 869 | 35 902 | 0.10 | 0.04 | 0.06 | 72.05 |
| 83 | 46 643 | 18 764 | 27 879 | 0.08 | 0.03 | 0.05 | 67.31 |
| 84 | 40 367 | 15 717 | 24 650 | 0.07 | 0.03 | 0.04 | 63.76 |
| **85—89** | **102 044** | **37 045** | **64 999** | **0.17** | **0.06** | **0.11** | **56.99** |
| 85 | 33 564 | 12 720 | 20 844 | 0.05 | 0.02 | 0.03 | 61.02 |
| 86 | 25 771 | 9 525 | 16 246 | 0.04 | 0.02 | 0.03 | 58.63 |
| 87 | 19 313 | 6 946 | 12 367 | 0.03 | 0.01 | 0.02 | 56.17 |
| 88 | 13 664 | 4 602 | 9 062 | 0.02 | 0.01 | 0.01 | 50.78 |
| 89 | 9 732 | 3 252 | 6 480 | 0.02 | 0.01 | 0.01 | 50.19 |
| **90—94** | **16 416** | **4 867** | **11 549** | **0.03** | **0.01** | **0.02** | **42.14** |
| 90 | 6 532 | 2 040 | 4 492 | 0.01 | 0.00 | 0.01 | 45.41 |
| 91 | 3 787 | 1 164 | 2 623 | 0.01 | 0.00 | 0.00 | 44.38 |
| 92 | 2 987 | 862 | 2 125 | 0.00 | 0.00 | 0.00 | 40.56 |
| 93 | 1 940 | 518 | 1 422 | 0.00 | 0.00 | 0.00 | 36.43 |
| 94 | 1 170 | 283 | 887 | 0.00 | 0.00 | 0.00 | 31.91 |
| **95—99** | **2 042** | **476** | **1 566** | **0.00** | **0.00** | **0.00** | **30.40** |
| 95 | 830 | 201 | 629 | 0.00 | 0.00 | 0.00 | 31.96 |
| 96 | 509 | 122 | 387 | 0.00 | 0.00 | 0.00 | 31.52 |
| 97 | 326 | 67 | 259 | 0.00 | 0.00 | 0.00 | 25.87 |
| 98 | 219 | 54 | 165 | 0.00 | 0.00 | 0.00 | 32.73 |
| 99 | 158 | 32 | 126 | 0.00 | 0.00 | 0.00 | 25.40 |
| **100岁及以上** | **98** | **13** | **85** | **0.00** | **0.00** | **0.00** | **15.29** |

## 2—19 山西省分年龄、性别的人口状况

| 年龄（岁） | 人口数（人） | | | 占总人口数的百分比 | | | 性别比（女=100） |
|---|---|---|---|---|---|---|---|
| | 合计 | 男 | 女 | 合计 | 男 | 女 | |
| **总计** | 28 758 846 | 14 958 318 | 13 800 528 | 100.00 | 52.01 | 47.99 | 108.39 |
| 0—4 | 3 029 943 | 1 580 469 | 1 449 474 | 10.54 | 5.50 | 5.04 | 109.04 |
| 0 | 630 444 | 329 068 | 301 376 | 2.19 | 1.14 | 1.05 | 109.19 |
| 1 | 611 539 | 319 916 | 291 623 | 2.13 | 1.11 | 1.01 | 109.70 |
| 2 | 630 040 | 328 660 | 301 380 | 2.19 | 1.14 | 1.05 | 109.05 |
| 3 | 600 671 | 312 648 | 288 023 | 2.09 | 1.09 | 1.00 | 108.55 |
| 4 | 557 249 | 290 177 | 267 072 | 1.94 | 1.01 | 0.93 | 108.65 |
| 5—9 | 2 691 498 | 1 408 556 | 1 282 942 | 9.36 | 4.90 | 4.46 | 109.79 |
| 5 | 575 447 | 301 201 | 274 246 | 2.00 | 1.05 | 0.95 | 109.83 |
| 6 | 528 987 | 277 318 | 251 669 | 1.84 | 0.96 | 0.88 | 110.19 |
| 7 | 544 193 | 285 436 | 258 757 | 1.89 | 0.99 | 0.90 | 110.31 |
| 8 | 564 791 | 294 427 | 270 364 | 1.96 | 1.02 | 0.94 | 108.90 |
| 9 | 478 080 | 250 174 | 227 906 | 1.66 | 0.87 | 0.79 | 109.77 |
| 10—14 | 2 373 386 | 1 231 389 | 1 141 997 | 8.25 | 4.28 | 3.97 | 107.83 |
| 10 | 482 176 | 252 177 | 229 999 | 1.68 | 0.88 | 0.80 | 109.64 |
| 11 | 433 918 | 225 749 | 208 169 | 1.51 | 0.78 | 0.72 | 108.45 |
| 12 | 440 531 | 228 204 | 212 327 | 1.53 | 0.79 | 0.74 | 107.48 |
| 13 | 483 770 | 250 226 | 233 544 | 1.68 | 0.87 | 0.81 | 107.14 |
| 14 | 532 991 | 275 033 | 257 958 | 1.85 | 0.96 | 0.90 | 106.62 |
| 15—19 | 3 056 740 | 1 573 514 | 1 483 226 | 10.63 | 5.47 | 5.16 | 106.09 |
| 15 | 568 675 | 292 836 | 275 839 | 1.98 | 1.02 | 0.96 | 106.16 |
| 16 | 625 877 | 320 697 | 305 180 | 2.18 | 1.12 | 1.06 | 105.08 |
| 17 | 616 592 | 315 970 | 300 622 | 2.14 | 1.10 | 1.05 | 105.11 |
| 18 | 603 489 | 311 081 | 292 408 | 2.10 | 1.08 | 1.02 | 106.39 |
| 19 | 642 107 | 332 930 | 309 177 | 2.23 | 1.16 | 1.08 | 107.68 |
| 20—24 | 3 033 577 | 1 569 362 | 1 464 215 | 10.55 | 5.46 | 5.09 | 107.18 |
| 20 | 638 467 | 326 681 | 311 786 | 2.22 | 1.14 | 1.08 | 104.78 |
| 21 | 647 884 | 332 251 | 315 633 | 2.25 | 1.16 | 1.10 | 105.26 |
| 22 | 606 731 | 316 710 | 290 021 | 2.11 | 1.10 | 1.01 | 109.20 |
| 23 | 543 220 | 282 943 | 260 277 | 1.89 | 0.98 | 0.91 | 108.71 |
| 24 | 597 275 | 310 777 | 286 498 | 2.08 | 1.08 | 1.00 | 108.47 |
| 25—29 | 2 731 813 | 1 415 678 | 1 316 135 | 9.50 | 4.92 | 4.58 | 107.56 |
| 25 | 608 934 | 316 160 | 292 774 | 2.12 | 1.10 | 1.02 | 107.99 |
| 26 | 618 731 | 320 424 | 298 307 | 2.15 | 1.11 | 1.04 | 107.41 |
| 27 | 685 438 | 354 809 | 330 629 | 2.38 | 1.23 | 1.15 | 107.31 |
| 28 | 461 325 | 238 285 | 223 040 | 1.60 | 0.83 | 0.78 | 106.84 |
| 29 | 357 385 | 186 000 | 171 385 | 1.24 | 0.65 | 0.60 | 108.53 |

2—19 续表 1

| 年龄（岁） | 人口数（人） | | | 占总人口数的百分比 | | | 性别比（女=100） |
|---|---|---|---|---|---|---|---|
| | 合计 | 男 | 女 | 合计 | 男 | 女 | |
| 30—34 | 2 376 321 | 1 249 952 | 1 126 369 | 8.26 | 4.35 | 3.92 | 110.97 |
| 30 | 481 226 | 255 217 | 226 009 | 1.67 | 0.89 | 0.79 | 112.92 |
| 31 | 431 515 | 228 038 | 203 477 | 1.50 | 0.79 | 0.71 | 112.07 |
| 32 | 506 521 | 267 374 | 239 147 | 1.76 | 0.93 | 0.83 | 111.80 |
| 33 | 495 154 | 257 840 | 237 314 | 1.72 | 0.90 | 0.83 | 108.65 |
| 34 | 461 905 | 241 483 | 220 422 | 1.61 | 0.84 | 0.77 | 109.55 |
| 35—39 | 2 165 288 | 1 131 494 | 1 033 794 | 7.53 | 3.93 | 3.59 | 109.45 |
| 35 | 485 778 | 255 428 | 230 350 | 1.69 | 0.89 | 0.80 | 110.89 |
| 36 | 460 135 | 240 092 | 220 043 | 1.60 | 0.83 | 0.77 | 109.11 |
| 37 | 418 321 | 218 529 | 199 792 | 1.45 | 0.76 | 0.69 | 109.38 |
| 38 | 419 187 | 218 923 | 200 264 | 1.46 | 0.76 | 0.70 | 109.32 |
| 39 | 381 867 | 198 522 | 183 345 | 1.33 | 0.69 | 0.64 | 108.28 |
| 40—44 | 1 558 217 | 819 963 | 738 254 | 5.42 | 2.85 | 2.57 | 111.07 |
| 40 | 383 030 | 201 988 | 181 042 | 1.33 | 0.70 | 0.63 | 111.57 |
| 41 | 292 167 | 153 589 | 138 578 | 1.02 | 0.53 | 0.48 | 110.83 |
| 42 | 284 358 | 151 002 | 133 356 | 0.99 | 0.53 | 0.46 | 113.23 |
| 43 | 308 018 | 162 014 | 146 004 | 1.07 | 0.56 | 0.51 | 110.97 |
| 44 | 290 644 | 151 370 | 139 274 | 1.01 | 0.53 | 0.48 | 108.69 |
| 45—49 | 1 134 169 | 605 852 | 528 317 | 3.94 | 2.11 | 1.84 | 114.68 |
| 45 | 230 809 | 121 820 | 108 989 | 0.80 | 0.42 | 0.38 | 111.77 |
| 46 | 210 917 | 113 464 | 97 453 | 0.73 | 0.39 | 0.34 | 116.43 |
| 47 | 229 645 | 123 315 | 106 330 | 0.80 | 0.43 | 0.37 | 115.97 |
| 48 | 247 073 | 132 070 | 115 003 | 0.86 | 0.46 | 0.40 | 114.84 |
| 49 | 215 725 | 115 183 | 100 542 | 0.75 | 0.40 | 0.35 | 114.56 |
| 50—54 | 1 129 240 | 607 465 | 521 775 | 3.93 | 2.11 | 1.81 | 116.42 |
| 50 | 218 325 | 117 614 | 100 711 | 0.76 | 0.41 | 0.35 | 116.78 |
| 51 | 217 108 | 116 953 | 100 155 | 0.75 | 0.41 | 0.35 | 116.77 |
| 52 | 228 757 | 124 664 | 104 093 | 0.80 | 0.43 | 0.36 | 119.76 |
| 53 | 233 076 | 124 709 | 108 367 | 0.81 | 0.43 | 0.38 | 115.08 |
| 54 | 231 974 | 123 525 | 108 449 | 0.81 | 0.43 | 0.38 | 113.90 |
| 55—59 | 1 089 264 | 579 614 | 509 650 | 3.79 | 2.02 | 1.77 | 113.73 |
| 55 | 225 396 | 120 292 | 105 104 | 0.78 | 0.42 | 0.37 | 114.45 |
| 56 | 230 278 | 123 178 | 107 100 | 0.80 | 0.43 | 0.37 | 115.01 |
| 57 | 225 700 | 120 266 | 105 434 | 0.78 | 0.42 | 0.37 | 114.07 |
| 58 | 205 316 | 109 068 | 96 248 | 0.71 | 0.38 | 0.33 | 113.32 |
| 59 | 202 574 | 106 810 | 95 764 | 0.70 | 0.37 | 0.33 | 111.53 |
| 60—64 | 839 953 | 431 290 | 408 663 | 2.92 | 1.50 | 1.42 | 105.54 |
| 60 | 194 197 | 101 016 | 93 181 | 0.68 | 0.35 | 0.32 | 108.41 |
| 61 | 165 714 | 85 493 | 80 221 | 0.58 | 0.30 | 0.28 | 106.57 |
| 62 | 170 135 | 87 392 | 82 743 | 0.59 | 0.30 | 0.29 | 105.62 |
| 63 | 154 800 | 78 844 | 75 956 | 0.54 | 0.27 | 0.26 | 103.80 |
| 64 | 155 107 | 78 545 | 76 562 | 0.54 | 0.27 | 0.27 | 102.59 |

2—19 续表 2

| 年龄<br>(岁) | 人口数(人) | | | 占总人口数的百分比 | | | 性别比<br>(女=100) |
|---|---|---|---|---|---|---|---|
| | 合计 | 男 | 女 | 合计 | 男 | 女 | |
| 65—69 | 660 690 | 331 497 | 329 193 | 2.30 | 1.15 | 1.14 | 100.70 |
| 65 | 156 933 | 78 535 | 78 398 | 0.55 | 0.27 | 0.27 | 100.17 |
| 66 | 144 629 | 72 543 | 72 086 | 0.50 | 0.25 | 0.25 | 100.63 |
| 67 | 124 171 | 62 496 | 61 675 | 0.43 | 0.22 | 0.21 | 101.33 |
| 68 | 119 854 | 60 251 | 59 603 | 0.42 | 0.21 | 0.21 | 101.09 |
| 69 | 115 103 | 57 672 | 57 431 | 0.40 | 0.20 | 0.20 | 100.42 |
| 70—74 | 462 374 | 226 991 | 235 383 | 1.61 | 0.79 | 0.82 | 96.43 |
| 70 | 113 387 | 56 065 | 57 322 | 0.39 | 0.19 | 0.20 | 97.81 |
| 71 | 93 757 | 46 130 | 47 627 | 0.33 | 0.16 | 0.17 | 96.86 |
| 72 | 88 039 | 43 173 | 44 866 | 0.31 | 0.15 | 0.16 | 96.23 |
| 73 | 86 169 | 42 435 | 43 734 | 0.30 | 0.15 | 0.15 | 97.03 |
| 74 | 81 022 | 39 188 | 41 834 | 0.28 | 0.14 | 0.15 | 93.68 |
| 75—79 | 274 778 | 130 919 | 143 859 | 0.96 | 0.46 | 0.50 | 91.01 |
| 75 | 71 600 | 34 036 | 37 564 | 0.25 | 0.12 | 0.13 | 90.61 |
| 76 | 64 117 | 31 039 | 33 078 | 0.22 | 0.11 | 0.12 | 93.84 |
| 77 | 52 555 | 25 233 | 27 322 | 0.18 | 0.09 | 0.10 | 92.35 |
| 78 | 46 272 | 21 991 | 24 281 | 0.16 | 0.08 | 0.08 | 90.57 |
| 79 | 40 234 | 18 620 | 21 614 | 0.14 | 0.06 | 0.08 | 86.15 |
| 80—84 | 116 578 | 50 914 | 65 664 | 0.41 | 0.18 | 0.23 | 77.54 |
| 80 | 35 703 | 16 027 | 19 676 | 0.12 | 0.06 | 0.07 | 81.45 |
| 81 | 27 452 | 12 045 | 15 407 | 0.10 | 0.04 | 0.05 | 78.18 |
| 82 | 21 636 | 9 452 | 12 184 | 0.08 | 0.03 | 0.04 | 77.58 |
| 83 | 17 328 | 7 399 | 9 929 | 0.06 | 0.03 | 0.03 | 74.52 |
| 84 | 14 459 | 5 991 | 8 468 | 0.05 | 0.02 | 0.03 | 70.75 |
| 85—89 | 30 665 | 11 939 | 18 726 | 0.11 | 0.04 | 0.07 | 63.76 |
| 85 | 10 631 | 4 252 | 6 379 | 0.04 | 0.01 | 0.02 | 66.66 |
| 86 | 7 962 | 3 155 | 4 807 | 0.03 | 0.01 | 0.02 | 65.63 |
| 87 | 5 835 | 2 196 | 3 639 | 0.02 | 0.01 | 0.01 | 60.35 |
| 88 | 3 789 | 1 421 | 2 368 | 0.01 | 0.00 | 0.01 | 60.01 |
| 89 | 2 448 | 915 | 1 533 | 0.01 | 0.00 | 0.01 | 59.69 |
| 90—94 | 3 874 | 1 317 | 2 557 | 0.01 | 0.00 | 0.01 | 51.51 |
| 90 | 1 648 | 609 | 1 039 | 0.01 | 0.00 | 0.00 | 58.61 |
| 91 | 933 | 318 | 615 | 0.00 | 0.00 | 0.00 | 51.71 |
| 92 | 651 | 201 | 450 | 0.00 | 0.00 | 0.00 | 44.67 |
| 93 | 425 | 130 | 295 | 0.00 | 0.00 | 0.00 | 44.07 |
| 94 | 217 | 59 | 158 | 0.00 | 0.00 | 0.00 | 37.34 |
| 95—99 | 429 | 132 | 297 | 0.00 | 0.00 | 0.00 | 44.44 |
| 95 | 177 | 47 | 130 | 0.00 | 0.00 | 0.00 | 36.15 |
| 96 | 110 | 35 | 75 | 0.00 | 0.00 | 0.00 | 46.67 |
| 97 | 73 | 25 | 48 | 0.00 | 0.00 | 0.00 | 52.08 |
| 98 | 48 | 17 | 31 | 0.00 | 0.00 | 0.00 | 54.84 |
| 99 | 21 | 8 | 13 | 0.00 | 0.00 | 0.00 | 61.54 |
| 100岁及以上 | 49 | 11 | 38 | 0.00 | 0.00 | 0.00 | 28.95 |

# 2—20 内蒙古自治区分年龄、性别的人口状况

| 年龄（岁） | 人口数（人） | | | 占总人口数的百分比 | | | 性别比（女=100） |
|---|---|---|---|---|---|---|---|
| | 合计 | 男 | 女 | 合计 | 男 | 女 | |
| **总计** | 21 456 518 | 11 155 668 | 10 300 850 | 100.00 | 51.99 | 48.01 | 108.30 |
| 0—4 | 2 046 258 | 1 061 642 | 984 616 | 9.54 | 4.95 | 4.59 | 107.82 |
| 0 | 420 628 | 219 135 | 201 493 | 1.96 | 1.02 | 0.94 | 108.76 |
| 1 | 408 080 | 212 395 | 195 685 | 1.90 | 0.99 | 0.91 | 108.54 |
| 2 | 420 491 | 218 028 | 202 463 | 1.96 | 1.02 | 0.94 | 107.69 |
| 3 | 409 842 | 212 020 | 197 822 | 1.91 | 0.99 | 0.92 | 107.18 |
| 4 | 387 217 | 200 064 | 187 153 | 1.80 | 0.93 | 0.87 | 106.90 |
| 5—9 | 2 119 802 | 1 093 556 | 1 026 246 | 9.88 | 5.10 | 4.78 | 106.56 |
| 5 | 422 968 | 218 903 | 204 065 | 1.97 | 1.02 | 0.95 | 107.27 |
| 6 | 407 882 | 210 880 | 197 002 | 1.90 | 0.98 | 0.92 | 107.04 |
| 7 | 434 181 | 224 748 | 209 433 | 2.02 | 1.05 | 0.98 | 107.31 |
| 8 | 466 779 | 239 979 | 226 800 | 2.18 | 1.12 | 1.06 | 105.81 |
| 9 | 387 992 | 199 046 | 188 946 | 1.81 | 0.93 | 0.88 | 105.35 |
| 10—14 | 1 937 658 | 992 192 | 945 466 | 9.03 | 4.62 | 4.41 | 104.94 |
| 10 | 403 346 | 207 682 | 195 664 | 1.88 | 0.97 | 0.91 | 106.14 |
| 11 | 383 030 | 196 468 | 186 562 | 1.79 | 0.92 | 0.87 | 105.31 |
| 12 | 362 319 | 185 693 | 176 626 | 1.69 | 0.87 | 0.82 | 105.13 |
| 13 | 375 055 | 191 848 | 183 207 | 1.75 | 0.89 | 0.85 | 104.72 |
| 14 | 413 908 | 210 501 | 203 407 | 1.93 | 0.98 | 0.95 | 103.49 |
| 15—19 | 2 446 084 | 1 245 298 | 1 200 786 | 11.40 | 5.80 | 5.60 | 103.71 |
| 15 | 453 309 | 229 392 | 223 917 | 2.11 | 1.07 | 1.04 | 102.45 |
| 16 | 485 016 | 246 390 | 238 626 | 2.26 | 1.15 | 1.11 | 103.25 |
| 17 | 492 721 | 249 454 | 243 267 | 2.30 | 1.16 | 1.13 | 102.54 |
| 18 | 487 145 | 249 442 | 237 703 | 2.27 | 1.16 | 1.11 | 104.94 |
| 19 | 527 893 | 270 620 | 257 273 | 2.46 | 1.26 | 1.20 | 105.19 |
| 20—24 | 2 343 826 | 1 218 109 | 1 125 717 | 10.92 | 5.68 | 5.25 | 108.21 |
| 20 | 492 848 | 253 361 | 239 487 | 2.30 | 1.18 | 1.12 | 105.79 |
| 21 | 503 907 | 259 776 | 244 131 | 2.35 | 1.21 | 1.14 | 106.41 |
| 22 | 456 322 | 239 318 | 217 004 | 2.13 | 1.12 | 1.01 | 110.28 |
| 23 | 421 387 | 220 736 | 200 651 | 1.96 | 1.03 | 0.94 | 110.01 |
| 24 | 469 362 | 244 918 | 224 444 | 2.19 | 1.14 | 1.05 | 109.12 |
| 25—29 | 2 183 337 | 1 130 706 | 1 052 631 | 10.18 | 5.27 | 4.91 | 107.42 |
| 25 | 474 354 | 246 821 | 227 533 | 2.21 | 1.15 | 1.06 | 108.48 |
| 26 | 501 520 | 259 499 | 242 021 | 2.34 | 1.21 | 1.13 | 107.22 |
| 27 | 530 234 | 274 187 | 256 047 | 2.47 | 1.28 | 1.19 | 107.08 |
| 28 | 346 812 | 178 564 | 168 248 | 1.62 | 0.83 | 0.78 | 106.13 |
| 29 | 330 417 | 171 635 | 158 782 | 1.54 | 0.80 | 0.74 | 108.09 |

2—20 续表 1

| 年龄（岁） | 人口数（人） | | | 占总人口数的百分比 | | | 性别比（女=100） |
|---|---|---|---|---|---|---|---|
| | 合计 | 男 | 女 | 合计 | 男 | 女 | |
| 30—34 | 1 856 859 | 962 284 | 894 575 | 8.65 | 4.48 | 4.17 | 107.57 |
| 30 | 389 090 | 203 041 | 186 049 | 1.81 | 0.95 | 0.87 | 109.13 |
| 31 | 339 304 | 176 987 | 162 317 | 1.58 | 0.82 | 0.76 | 109.04 |
| 32 | 394 652 | 205 918 | 188 734 | 1.84 | 0.96 | 0.88 | 109.10 |
| 33 | 374 492 | 192 046 | 182 446 | 1.75 | 0.90 | 0.85 | 105.26 |
| 34 | 359 321 | 184 292 | 175 029 | 1.67 | 0.86 | 0.82 | 105.29 |
| 35—39 | 1 621 360 | 835 219 | 786 141 | 7.56 | 3.89 | 3.66 | 106.24 |
| 35 | 378 030 | 195 260 | 182 770 | 1.76 | 0.91 | 0.85 | 106.83 |
| 36 | 356 617 | 183 072 | 173 545 | 1.66 | 0.85 | 0.81 | 105.49 |
| 37 | 309 792 | 158 804 | 150 988 | 1.44 | 0.74 | 0.70 | 105.18 |
| 38 | 312 520 | 161 324 | 151 196 | 1.46 | 0.75 | 0.70 | 106.70 |
| 39 | 264 401 | 136 759 | 127 642 | 1.23 | 0.64 | 0.59 | 107.14 |
| 40—44 | 1 070 679 | 552 954 | 517 725 | 4.99 | 2.58 | 2.41 | 106.80 |
| 40 | 283 521 | 149 046 | 134 475 | 1.32 | 0.69 | 0.63 | 110.84 |
| 41 | 207 782 | 107 158 | 100 624 | 0.97 | 0.50 | 0.47 | 106.49 |
| 42 | 205 014 | 106 654 | 98 360 | 0.96 | 0.50 | 0.46 | 108.43 |
| 43 | 207 761 | 106 043 | 101 718 | 0.97 | 0.49 | 0.47 | 104.25 |
| 44 | 166 601 | 84 053 | 82 548 | 0.78 | 0.39 | 0.38 | 101.82 |
| 45—49 | 840 995 | 430 678 | 410 317 | 3.92 | 2.01 | 1.91 | 104.96 |
| 45 | 172 745 | 87 813 | 84 932 | 0.81 | 0.41 | 0.40 | 103.39 |
| 46 | 169 699 | 86 271 | 83 428 | 0.79 | 0.40 | 0.39 | 103.41 |
| 47 | 153 063 | 78 290 | 74 773 | 0.71 | 0.36 | 0.35 | 104.70 |
| 48 | 171 265 | 88 006 | 83 259 | 0.80 | 0.41 | 0.39 | 105.70 |
| 49 | 174 223 | 90 298 | 83 925 | 0.81 | 0.42 | 0.39 | 107.59 |
| 50—54 | 875 830 | 466 442 | 409 388 | 4.08 | 2.17 | 1.91 | 113.94 |
| 50 | 179 386 | 93 620 | 85 766 | 0.84 | 0.44 | 0.40 | 109.16 |
| 51 | 179 792 | 94 610 | 85 182 | 0.84 | 0.44 | 0.40 | 111.07 |
| 52 | 175 861 | 94 260 | 81 601 | 0.82 | 0.44 | 0.38 | 115.51 |
| 53 | 171 473 | 92 437 | 79 036 | 0.80 | 0.43 | 0.37 | 116.96 |
| 54 | 169 318 | 91 515 | 77 803 | 0.79 | 0.43 | 0.36 | 117.62 |
| 55—59 | 733 056 | 402 418 | 330 638 | 3.42 | 1.88 | 1.54 | 121.71 |
| 55 | 161 785 | 86 903 | 74 882 | 0.75 | 0.41 | 0.35 | 116.05 |
| 56 | 159 889 | 87 356 | 72 533 | 0.75 | 0.41 | 0.34 | 120.44 |
| 57 | 149 135 | 81 197 | 67 938 | 0.70 | 0.38 | 0.32 | 119.52 |
| 58 | 136 009 | 75 459 | 60 550 | 0.63 | 0.35 | 0.28 | 124.62 |
| 59 | 126 238 | 71 503 | 54 735 | 0.59 | 0.33 | 0.26 | 130.63 |
| 60—64 | 520 897 | 291 737 | 229 160 | 2.43 | 1.36 | 1.07 | 127.31 |
| 60 | 115 823 | 65 167 | 50 656 | 0.54 | 0.30 | 0.24 | 128.65 |
| 61 | 103 776 | 57 977 | 45 799 | 0.48 | 0.27 | 0.21 | 126.59 |
| 62 | 109 123 | 60 563 | 48 560 | 0.51 | 0.28 | 0.23 | 124.72 |
| 63 | 96 219 | 54 240 | 41 979 | 0.45 | 0.25 | 0.20 | 129.21 |
| 64 | 95 956 | 53 790 | 42 166 | 0.45 | 0.25 | 0.20 | 127.57 |

2—20 续表 2

| 年龄（岁） | 人口数（人） | | | 占总人口数的百分比 | | | 性别比（女=100） |
|---|---|---|---|---|---|---|---|
| | 合计 | 男 | 女 | 合计 | 男 | 女 | |
| 65—69 | 395 687 | 220 517 | 175 170 | 1.84 | 1.03 | 0.82 | 125.89 |
| 65 | 93 665 | 51 948 | 41 717 | 0.44 | 0.24 | 0.19 | 124.52 |
| 66 | 85 992 | 47 960 | 38 032 | 0.40 | 0.22 | 0.18 | 126.10 |
| 67 | 77 198 | 42 910 | 34 288 | 0.36 | 0.20 | 0.16 | 125.15 |
| 68 | 73 067 | 41 025 | 32 042 | 0.34 | 0.19 | 0.15 | 128.04 |
| 69 | 65 765 | 36 674 | 29 091 | 0.31 | 0.17 | 0.14 | 126.07 |
| 70—74 | 248 557 | 138 574 | 109 983 | 1.16 | 0.65 | 0.51 | 126.00 |
| 70 | 63 155 | 35 418 | 27 737 | 0.29 | 0.17 | 0.13 | 127.69 |
| 71 | 49 802 | 27 814 | 21 988 | 0.23 | 0.13 | 0.10 | 126.50 |
| 72 | 49 450 | 27 753 | 21 697 | 0.23 | 0.13 | 0.10 | 127.91 |
| 73 | 44 723 | 24 843 | 19 880 | 0.21 | 0.12 | 0.09 | 124.96 |
| 74 | 41 427 | 22 746 | 18 681 | 0.19 | 0.11 | 0.09 | 121.76 |
| 75—79 | 140 055 | 75 672 | 64 383 | 0.65 | 0.35 | 0.30 | 117.53 |
| 75 | 36 031 | 19 532 | 16 499 | 0.17 | 0.09 | 0.08 | 118.38 |
| 76 | 34 239 | 18 666 | 15 573 | 0.16 | 0.09 | 0.07 | 119.86 |
| 77 | 27 468 | 14 897 | 12 571 | 0.13 | 0.07 | 0.06 | 118.50 |
| 78 | 23 268 | 12 553 | 10 715 | 0.11 | 0.06 | 0.05 | 117.15 |
| 79 | 19 049 | 10 024 | 9 025 | 0.09 | 0.05 | 0.04 | 111.07 |
| 80—84 | 57 499 | 29 101 | 28 398 | 0.27 | 0.14 | 0.13 | 102.48 |
| 80 | 16 728 | 8 646 | 8 082 | 0.08 | 0.04 | 0.04 | 106.98 |
| 81 | 13 587 | 6 857 | 6 730 | 0.06 | 0.03 | 0.03 | 101.89 |
| 82 | 11 144 | 5 673 | 5 471 | 0.05 | 0.03 | 0.03 | 103.69 |
| 83 | 8 879 | 4 433 | 4 446 | 0.04 | 0.02 | 0.02 | 99.71 |
| 84 | 7 161 | 3 492 | 3 669 | 0.03 | 0.02 | 0.02 | 95.18 |
| 85—89 | 15 660 | 7 430 | 8 230 | 0.07 | 0.03 | 0.04 | 90.28 |
| 85 | 5 147 | 2 519 | 2 628 | 0.02 | 0.01 | 0.01 | 95.85 |
| 86 | 3 958 | 1 878 | 2 080 | 0.02 | 0.01 | 0.01 | 90.29 |
| 87 | 3 133 | 1 447 | 1 686 | 0.01 | 0.01 | 0.01 | 85.82 |
| 88 | 1 982 | 934 | 1 048 | 0.01 | 0.00 | 0.00 | 89.12 |
| 89 | 1 440 | 652 | 788 | 0.01 | 0.00 | 0.00 | 82.74 |
| 90—94 | 2 146 | 1 001 | 1 145 | 0.01 | 0.00 | 0.01 | 87.42 |
| 90 | 839 | 378 | 461 | 0.00 | 0.00 | 0.00 | 82.00 |
| 91 | 559 | 257 | 302 | 0.00 | 0.00 | 0.00 | 85.10 |
| 92 | 364 | 170 | 194 | 0.00 | 0.00 | 0.00 | 87.63 |
| 93 | 234 | 119 | 115 | 0.00 | 0.00 | 0.00 | 103.48 |
| 94 | 150 | 77 | 73 | 0.00 | 0.00 | 0.00 | 105.48 |
| 95—99 | 247 | 124 | 123 | 0.00 | 0.00 | 0.00 | 100.81 |
| 95 | 100 | 50 | 50 | 0.00 | 0.00 | 0.00 | 100.00 |
| 96 | 63 | 36 | 27 | 0.00 | 0.00 | 0.00 | 133.33 |
| 97 | 31 | 12 | 19 | 0.00 | 0.00 | 0.00 | 63.16 |
| 98 | 29 | 17 | 12 | 0.00 | 0.00 | 0.00 | 141.67 |
| 99 | 24 | 9 | 15 | 0.00 | 0.00 | 0.00 | 60.00 |
| 100岁及以上 | 26 | 14 | 12 | 0.00 | 0.00 | 0.00 | 116.67 |

## 2—21 辽宁省分年龄、性别的人口状况

| 年龄<br>(岁) | 人口数(人) | | | 占总人口数的百分比 | | | 性别比<br>(女=100) |
|---|---|---|---|---|---|---|---|
| | 合计 | 男 | 女 | 合计 | 男 | 女 | |
| **总计** | 39 459 694 | 20 152 574 | 19 307 120 | 100.00 | 51.07 | 48.93 | 104.38 |
| 0—4 | 3 264 767 | 1 696 847 | 1 567 920 | 8.27 | 4.30 | 3.97 | 108.22 |
| 0 | 599 761 | 314 728 | 285 033 | 1.52 | 0.80 | 0.72 | 110.42 |
| 1 | 624 753 | 326 392 | 298 361 | 1.58 | 0.83 | 0.76 | 109.39 |
| 2 | 717 101 | 372 754 | 344 347 | 1.82 | 0.94 | 0.87 | 108.25 |
| 3 | 737 086 | 381 491 | 355 595 | 1.87 | 0.97 | 0.90 | 107.28 |
| 4 | 586 066 | 301 482 | 284 584 | 1.49 | 0.76 | 0.72 | 105.94 |
| 5—9 | 2 860 835 | 1 473 787 | 1 387 048 | 7.25 | 3.73 | 3.52 | 106.25 |
| 5 | 465 341 | 239 464 | 225 877 | 1.18 | 0.61 | 0.57 | 106.02 |
| 6 | 481 528 | 248 388 | 233 140 | 1.22 | 0.63 | 0.59 | 106.54 |
| 7 | 611 215 | 314 702 | 296 513 | 1.55 | 0.80 | 0.75 | 106.13 |
| 8 | 753 698 | 388 121 | 365 577 | 1.91 | 0.98 | 0.93 | 106.17 |
| 9 | 549 053 | 283 112 | 265 941 | 1.39 | 0.72 | 0.67 | 106.46 |
| 10—14 | 3 036 938 | 1 560 400 | 1 476 538 | 7.70 | 3.95 | 3.74 | 105.68 |
| 10 | 645 505 | 332 088 | 313 417 | 1.64 | 0.84 | 0.79 | 105.96 |
| 11 | 723 736 | 372 132 | 351 604 | 1.83 | 0.94 | 0.89 | 105.84 |
| 12 | 598 785 | 307 663 | 291 122 | 1.52 | 0.78 | 0.74 | 105.68 |
| 13 | 529 275 | 272 063 | 257 212 | 1.34 | 0.69 | 0.65 | 105.77 |
| 14 | 539 637 | 276 454 | 263 183 | 1.37 | 0.70 | 0.67 | 105.04 |
| 15—19 | 3 541 678 | 1 803 095 | 1 738 583 | 8.98 | 4.57 | 4.41 | 103.71 |
| 15 | 589 154 | 300 803 | 288 351 | 1.49 | 0.76 | 0.73 | 104.32 |
| 16 | 660 605 | 335 185 | 325 420 | 1.67 | 0.85 | 0.82 | 103.00 |
| 17 | 743 450 | 377 482 | 365 968 | 1.88 | 0.96 | 0.93 | 103.15 |
| 18 | 733 835 | 373 347 | 360 488 | 1.86 | 0.95 | 0.91 | 103.57 |
| 19 | 814 634 | 416 278 | 398 356 | 2.06 | 1.05 | 1.01 | 104.50 |
| 20—24 | 4 027 430 | 2 047 782 | 1 979 648 | 10.21 | 5.19 | 5.02 | 103.44 |
| 20 | 786 753 | 398 566 | 388 187 | 1.99 | 1.01 | 0.98 | 102.67 |
| 21 | 867 029 | 437 896 | 429 133 | 2.20 | 1.11 | 1.09 | 102.04 |
| 22 | 785 359 | 402 410 | 382 949 | 1.99 | 1.02 | 0.97 | 105.08 |
| 23 | 722 627 | 367 528 | 355 099 | 1.83 | 0.93 | 0.90 | 103.50 |
| 24 | 865 662 | 441 382 | 424 280 | 2.19 | 1.12 | 1.08 | 104.03 |
| 25—29 | 4 240 262 | 2 158 177 | 2 082 085 | 10.75 | 5.47 | 5.28 | 103.65 |
| 25 | 939 868 | 479 357 | 460 511 | 2.38 | 1.21 | 1.17 | 104.09 |
| 26 | 1 048 446 | 533 876 | 514 570 | 2.66 | 1.35 | 1.30 | 103.75 |
| 27 | 1 191 255 | 611 667 | 579 588 | 3.02 | 1.55 | 1.47 | 105.53 |
| 28 | 476 068 | 239 293 | 236 775 | 1.21 | 0.61 | 0.60 | 101.06 |
| 29 | 584 625 | 293 984 | 290 641 | 1.48 | 0.75 | 0.74 | 101.15 |

2—21 续表1

| 年龄（岁） | 人口数（人）合计 | 男 | 女 | 占总人口数的百分比 合计 | 男 | 女 | 性别比（女=100） |
|---|---|---|---|---|---|---|---|
| 30—34 | 3 967 144 | 2 030 230 | 1 936 914 | 10.05 | 5.15 | 4.91 | 104.82 |
| 30 | 765 693 | 392 385 | 373 308 | 1.94 | 0.99 | 0.95 | 105.11 |
| 31 | 707 543 | 362 608 | 344 935 | 1.79 | 0.92 | 0.87 | 105.12 |
| 32 | 867 629 | 445 520 | 422 109 | 2.20 | 1.13 | 1.07 | 105.55 |
| 33 | 828 166 | 422 120 | 406 046 | 2.10 | 1.07 | 1.03 | 103.96 |
| 34 | 798 113 | 407 597 | 390 516 | 2.02 | 1.03 | 0.99 | 104.37 |
| 35—39 | 3 593 624 | 1 830 250 | 1 763 374 | 9.11 | 4.64 | 4.47 | 103.79 |
| 35 | 840 671 | 430 023 | 410 648 | 2.13 | 1.09 | 1.04 | 104.72 |
| 36 | 772 875 | 394 863 | 378 012 | 1.96 | 1.00 | 0.96 | 104.46 |
| 37 | 689 794 | 350 896 | 338 898 | 1.75 | 0.89 | 0.86 | 103.54 |
| 38 | 687 610 | 349 064 | 338 546 | 1.74 | 0.88 | 0.86 | 103.11 |
| 39 | 602 674 | 305 404 | 297 270 | 1.53 | 0.77 | 0.75 | 102.74 |
| 40—44 | 2 347 303 | 1 192 867 | 1 154 436 | 5.95 | 3.02 | 2.93 | 103.33 |
| 40 | 646 205 | 330 732 | 315 473 | 1.64 | 0.84 | 0.80 | 104.84 |
| 41 | 454 969 | 230 263 | 224 706 | 1.15 | 0.58 | 0.57 | 102.47 |
| 42 | 431 577 | 217 897 | 213 680 | 1.09 | 0.55 | 0.54 | 101.97 |
| 43 | 417 847 | 211 838 | 206 009 | 1.06 | 0.54 | 0.52 | 102.83 |
| 44 | 396 705 | 202 137 | 194 568 | 1.01 | 0.51 | 0.49 | 103.89 |
| 45—49 | 1 799 649 | 919 070 | 880 579 | 4.56 | 2.33 | 2.23 | 104.37 |
| 45 | 363 368 | 184 231 | 179 137 | 0.92 | 0.47 | 0.45 | 102.84 |
| 46 | 356 714 | 183 070 | 173 644 | 0.90 | 0.46 | 0.44 | 105.43 |
| 47 | 358 311 | 184 033 | 174 278 | 0.91 | 0.47 | 0.44 | 105.60 |
| 48 | 367 603 | 187 960 | 179 643 | 0.93 | 0.48 | 0.46 | 104.63 |
| 49 | 353 653 | 179 776 | 173 877 | 0.90 | 0.46 | 0.44 | 103.39 |
| 50—54 | 1 682 906 | 848 608 | 834 298 | 4.26 | 2.15 | 2.11 | 101.72 |
| 50 | 341 115 | 171 890 | 169 225 | 0.86 | 0.44 | 0.43 | 101.57 |
| 51 | 343 503 | 172 982 | 170 521 | 0.87 | 0.44 | 0.43 | 101.44 |
| 52 | 337 605 | 171 222 | 166 383 | 0.86 | 0.43 | 0.42 | 102.91 |
| 53 | 331 087 | 166 953 | 164 134 | 0.84 | 0.42 | 0.42 | 101.72 |
| 54 | 329 596 | 165 561 | 164 035 | 0.84 | 0.42 | 0.42 | 100.93 |
| 55—59 | 1 549 560 | 788 310 | 761 250 | 3.93 | 2.00 | 1.93 | 103.55 |
| 55 | 340 429 | 170 105 | 170 324 | 0.86 | 0.43 | 0.43 | 99.87 |
| 56 | 314 245 | 160 021 | 154 224 | 0.80 | 0.41 | 0.39 | 103.76 |
| 57 | 320 686 | 162 863 | 157 823 | 0.81 | 0.41 | 0.40 | 103.19 |
| 58 | 290 476 | 149 053 | 141 423 | 0.74 | 0.38 | 0.36 | 105.40 |
| 59 | 283 724 | 146 268 | 137 456 | 0.72 | 0.37 | 0.35 | 106.41 |
| 60—64 | 1 305 540 | 672 205 | 633 335 | 3.31 | 1.70 | 1.61 | 106.14 |
| 60 | 300 611 | 153 419 | 147 192 | 0.76 | 0.39 | 0.37 | 104.23 |
| 61 | 264 662 | 135 118 | 129 544 | 0.67 | 0.34 | 0.33 | 104.30 |
| 62 | 268 572 | 138 641 | 129 931 | 0.68 | 0.35 | 0.33 | 106.70 |
| 63 | 241 926 | 125 296 | 116 630 | 0.61 | 0.32 | 0.30 | 107.43 |
| 64 | 229 769 | 119 731 | 110 038 | 0.58 | 0.30 | 0.28 | 108.81 |

2—21 续表 2

| 年龄（岁） | 人口数（人）合计 | 男 | 女 | 占总人口数的百分比 合计 | 男 | 女 | 性别比（女=100） |
|---|---|---|---|---|---|---|---|
| 65—69 | 943 479 | 489 875 | 453 604 | 2.39 | 1.24 | 1.15 | 108.00 |
| 65 | 209 713 | 108 379 | 101 334 | 0.53 | 0.27 | 0.26 | 106.95 |
| 66 | 201 874 | 103 800 | 98 074 | 0.51 | 0.26 | 0.25 | 105.84 |
| 67 | 180 417 | 93 825 | 86 592 | 0.46 | 0.24 | 0.22 | 108.35 |
| 68 | 184 338 | 96 767 | 87 571 | 0.47 | 0.25 | 0.22 | 110.50 |
| 69 | 167 137 | 87 104 | 80 033 | 0.42 | 0.22 | 0.20 | 108.84 |
| 70—74 | 594 942 | 307 627 | 287 315 | 1.51 | 0.78 | 0.73 | 107.07 |
| 70 | 145 719 | 75 809 | 69 910 | 0.37 | 0.19 | 0.18 | 108.44 |
| 71 | 122 368 | 63 669 | 58 699 | 0.31 | 0.16 | 0.15 | 108.47 |
| 72 | 122 290 | 63 578 | 58 712 | 0.31 | 0.16 | 0.15 | 108.29 |
| 73 | 105 227 | 53 904 | 51 323 | 0.27 | 0.14 | 0.13 | 105.03 |
| 74 | 99 338 | 50 667 | 48 671 | 0.25 | 0.13 | 0.12 | 104.10 |
| 75—79 | 396 741 | 197 306 | 199 435 | 1.01 | 0.50 | 0.51 | 98.93 |
| 75 | 90 367 | 45 587 | 44 780 | 0.23 | 0.12 | 0.11 | 101.80 |
| 76 | 95 090 | 48 097 | 46 993 | 0.24 | 0.12 | 0.12 | 102.35 |
| 77 | 77 765 | 38 646 | 39 119 | 0.20 | 0.10 | 0.10 | 98.79 |
| 78 | 69 831 | 34 336 | 35 495 | 0.18 | 0.09 | 0.09 | 96.73 |
| 79 | 63 688 | 30 640 | 33 048 | 0.16 | 0.08 | 0.08 | 92.71 |
| 80—84 | 211 801 | 96 499 | 115 302 | 0.54 | 0.24 | 0.29 | 83.69 |
| 80 | 57 357 | 26 771 | 30 586 | 0.15 | 0.07 | 0.08 | 87.53 |
| 81 | 47 917 | 21 905 | 26 012 | 0.12 | 0.06 | 0.07 | 84.21 |
| 82 | 41 111 | 18 675 | 22 436 | 0.10 | 0.05 | 0.06 | 83.24 |
| 83 | 35 369 | 15 993 | 19 376 | 0.09 | 0.04 | 0.05 | 82.54 |
| 84 | 30 047 | 13 155 | 16 892 | 0.08 | 0.03 | 0.04 | 77.88 |
| 85—89 | 77 465 | 32 657 | 44 808 | 0.20 | 0.08 | 0.11 | 72.88 |
| 85 | 23 360 | 9 860 | 13 500 | 0.06 | 0.02 | 0.03 | 73.04 |
| 86 | 17 108 | 7 350 | 9 758 | 0.04 | 0.02 | 0.02 | 75.32 |
| 87 | 15 245 | 6 381 | 8 864 | 0.04 | 0.02 | 0.02 | 71.99 |
| 88 | 12 795 | 5 347 | 7 448 | 0.03 | 0.01 | 0.02 | 71.79 |
| 89 | 8 957 | 3 719 | 5 238 | 0.02 | 0.01 | 0.01 | 71.00 |
| 90—94 | 15 593 | 6 288 | 9 305 | 0.04 | 0.02 | 0.02 | 67.58 |
| 90 | 5 615 | 2 286 | 3 329 | 0.01 | 0.01 | 0.01 | 68.67 |
| 91 | 3 976 | 1 592 | 2 384 | 0.01 | 0.00 | 0.01 | 66.78 |
| 92 | 2 922 | 1 210 | 1 712 | 0.01 | 0.00 | 0.00 | 70.68 |
| 93 | 1 920 | 755 | 1 165 | 0.00 | 0.00 | 0.00 | 64.81 |
| 94 | 1 160 | 445 | 715 | 0.00 | 0.00 | 0.00 | 62.24 |
| 95—99 | 1 889 | 648 | 1 241 | 0.00 | 0.00 | 0.00 | 52.22 |
| 95 | 740 | 254 | 486 | 0.00 | 0.00 | 0.00 | 52.26 |
| 96 | 474 | 173 | 301 | 0.00 | 0.00 | 0.00 | 57.48 |
| 97 | 286 | 103 | 183 | 0.00 | 0.00 | 0.00 | 56.28 |
| 98 | 227 | 72 | 155 | 0.00 | 0.00 | 0.00 | 46.45 |
| 99 | 162 | 46 | 116 | 0.00 | 0.00 | 0.00 | 39.66 |
| 100岁及以上 | 148 | 46 | 102 | 0.00 | 0.00 | 0.00 | 45.10 |

## 2—22 吉林省分年龄、性别的人口状况

| 年龄（岁） | 人口数（人） | | | 占总人口数的百分比 | | | 性别比 |
|---|---|---|---|---|---|---|---|
| | 合计 | 男 | 女 | 合计 | 男 | 女 | （女＝100） |
| 总计 | 24 659 790 | 12 624 084 | 12 035 706 | 100.00 | 51.19 | 48.81 | 104.89 |
| 0—4 | 2 307 307 | 1 195 360 | 1 111 947 | 9.36 | 4.85 | 4.51 | 107.50 |
| 0 | 442 992 | 229 837 | 213 155 | 1.80 | 0.93 | 0.86 | 107.83 |
| 1 | 451 916 | 235 546 | 216 370 | 1.83 | 0.96 | 0.88 | 108.86 |
| 2 | 485 161 | 251 715 | 233 446 | 1.97 | 1.02 | 0.95 | 107.83 |
| 3 | 484 894 | 250 642 | 234 252 | 1.97 | 1.02 | 0.95 | 107.00 |
| 4 | 442 344 | 227 620 | 214 724 | 1.79 | 0.92 | 0.87 | 106.01 |
| 5—9 | 1 974 758 | 1 017 182 | 957 576 | 8.01 | 4.12 | 3.88 | 106.22 |
| 5 | 401 533 | 206 914 | 194 619 | 1.63 | 0.84 | 0.79 | 106.32 |
| 6 | 371 750 | 191 675 | 180 075 | 1.51 | 0.78 | 0.73 | 106.44 |
| 7 | 397 112 | 204 681 | 192 431 | 1.61 | 0.83 | 0.78 | 106.37 |
| 8 | 447 286 | 230 390 | 216 896 | 1.81 | 0.93 | 0.88 | 106.22 |
| 9 | 357 077 | 183 522 | 173 555 | 1.45 | 0.74 | 0.70 | 105.74 |
| 10—14 | 2 168 660 | 1 108 674 | 1 059 986 | 8.79 | 4.50 | 4.30 | 104.59 |
| 10 | 463 144 | 237 462 | 225 682 | 1.88 | 0.96 | 0.92 | 105.22 |
| 11 | 486 921 | 249 573 | 237 348 | 1.97 | 1.01 | 0.96 | 105.15 |
| 12 | 413 872 | 211 784 | 202 088 | 1.68 | 0.86 | 0.82 | 104.80 |
| 13 | 399 168 | 203 619 | 195 549 | 1.62 | 0.83 | 0.79 | 104.13 |
| 14 | 405 555 | 206 236 | 199 319 | 1.64 | 0.84 | 0.81 | 103.47 |
| 15—19 | 2 532 000 | 1 285 864 | 1 246 136 | 10.27 | 5.21 | 5.05 | 103.19 |
| 15 | 410 618 | 208 020 | 202 598 | 1.67 | 0.84 | 0.82 | 102.68 |
| 16 | 451 105 | 227 752 | 223 353 | 1.83 | 0.92 | 0.91 | 101.97 |
| 17 | 536 862 | 272 069 | 264 793 | 2.18 | 1.10 | 1.07 | 102.75 |
| 18 | 549 948 | 279 733 | 270 215 | 2.23 | 1.13 | 1.10 | 103.52 |
| 19 | 583 467 | 298 290 | 285 177 | 2.37 | 1.21 | 1.16 | 104.60 |
| 20—24 | 2 836 751 | 1 442 425 | 1 394 326 | 11.50 | 5.85 | 5.65 | 103.45 |
| 20 | 579 520 | 292 472 | 287 048 | 2.35 | 1.19 | 1.16 | 101.89 |
| 21 | 609 768 | 306 464 | 303 304 | 2.47 | 1.24 | 1.23 | 101.04 |
| 22 | 567 449 | 290 072 | 277 377 | 2.30 | 1.18 | 1.12 | 104.58 |
| 23 | 523 437 | 268 043 | 255 394 | 2.12 | 1.09 | 1.04 | 104.95 |
| 24 | 556 577 | 285 374 | 271 203 | 2.26 | 1.16 | 1.10 | 105.23 |
| 25—29 | 2 596 351 | 1 329 248 | 1 267 103 | 10.53 | 5.39 | 5.14 | 104.90 |
| 25 | 569 272 | 292 064 | 277 208 | 2.31 | 1.18 | 1.12 | 105.36 |
| 26 | 593 046 | 305 145 | 287 901 | 2.40 | 1.24 | 1.17 | 105.99 |
| 27 | 644 623 | 331 609 | 313 014 | 2.61 | 1.34 | 1.27 | 105.94 |
| 28 | 380 929 | 192 770 | 188 159 | 1.54 | 0.78 | 0.76 | 102.45 |
| 29 | 408 481 | 207 660 | 200 821 | 1.66 | 0.84 | 0.81 | 103.41 |

2—22 续表1

| 年 龄 (岁) | 人口数（人） 合计 | 男 | 女 | 占总人口数的百分比 合计 | 男 | 女 | 性别比 (女=100) |
|---|---|---|---|---|---|---|---|
| **30—34** | **2 178 340** | **1 115 308** | **1 063 032** | **8.83** | **4.52** | **4.31** | **104.92** |
| 30 | 445 278 | 229 262 | 216 016 | 1.81 | 0.93 | 0.88 | 106.13 |
| 31 | 391 959 | 200 943 | 191 016 | 1.59 | 0.81 | 0.77 | 105.20 |
| 32 | 464 050 | 238 574 | 225 476 | 1.88 | 0.97 | 0.91 | 105.81 |
| 33 | 442 979 | 225 310 | 217 669 | 1.80 | 0.91 | 0.88 | 103.51 |
| 34 | 434 074 | 221 219 | 212 855 | 1.76 | 0.90 | 0.86 | 103.93 |
| **35—39** | **2 098 713** | **1 066 325** | **1 032 388** | **8.51** | **4.32** | **4.19** | **103.29** |
| 35 | 468 221 | 240 495 | 227 726 | 1.90 | 0.98 | 0.92 | 105.61 |
| 36 | 451 258 | 229 852 | 221 406 | 1.83 | 0.93 | 0.90 | 103.81 |
| 37 | 405 996 | 205 310 | 200 686 | 1.65 | 0.83 | 0.81 | 102.30 |
| 38 | 403 696 | 204 923 | 198 773 | 1.64 | 0.83 | 0.81 | 103.09 |
| 39 | 369 542 | 185 745 | 183 797 | 1.50 | 0.75 | 0.75 | 101.06 |
| **40—44** | **1 398 125** | **703 374** | **694 751** | **5.67** | **2.85** | **2.82** | **101.24** |
| 40 | 388 934 | 198 757 | 190 177 | 1.58 | 0.81 | 0.77 | 104.51 |
| 41 | 285 530 | 144 180 | 141 350 | 1.16 | 0.58 | 0.57 | 102.00 |
| 42 | 263 464 | 132 300 | 131 164 | 1.07 | 0.54 | 0.53 | 100.87 |
| 43 | 246 312 | 122 464 | 123 848 | 1.00 | 0.50 | 0.50 | 98.88 |
| 44 | 213 885 | 105 673 | 108 212 | 0.87 | 0.43 | 0.44 | 97.65 |
| **45—49** | **1 007 352** | **506 406** | **500 946** | **4.08** | **2.05** | **2.03** | **101.09** |
| 45 | 203 791 | 100 558 | 103 233 | 0.83 | 0.41 | 0.42 | 97.41 |
| 46 | 203 523 | 102 180 | 101 343 | 0.83 | 0.41 | 0.41 | 100.83 |
| 47 | 193 461 | 97 555 | 95 906 | 0.78 | 0.40 | 0.39 | 101.72 |
| 48 | 202 449 | 102 342 | 100 107 | 0.82 | 0.42 | 0.41 | 102.23 |
| 49 | 204 128 | 103 771 | 100 357 | 0.83 | 0.42 | 0.41 | 103.40 |
| **50—54** | **956 943** | **491 311** | **465 632** | **3.88** | **1.99** | **1.89** | **105.51** |
| 50 | 198 611 | 101 195 | 97 416 | 0.81 | 0.41 | 0.40 | 103.88 |
| 51 | 203 225 | 104 361 | 98 864 | 0.82 | 0.42 | 0.40 | 105.56 |
| 52 | 189 949 | 98 690 | 91 259 | 0.77 | 0.40 | 0.37 | 108.14 |
| 53 | 181 932 | 93 779 | 88 153 | 0.74 | 0.38 | 0.36 | 106.38 |
| 54 | 183 226 | 93 286 | 89 940 | 0.74 | 0.38 | 0.36 | 103.72 |
| **55—59** | **820 420** | **424 086** | **396 334** | **3.33** | **1.72** | **1.61** | **107.00** |
| 55 | 180 808 | 91 746 | 89 062 | 0.73 | 0.37 | 0.36 | 103.01 |
| 56 | 180 042 | 92 670 | 87 372 | 0.73 | 0.38 | 0.35 | 106.06 |
| 57 | 164 473 | 84 995 | 79 478 | 0.67 | 0.34 | 0.32 | 106.94 |
| 58 | 144 886 | 75 717 | 69 169 | 0.59 | 0.31 | 0.28 | 109.47 |
| 59 | 150 211 | 78 958 | 71 253 | 0.61 | 0.32 | 0.29 | 110.81 |
| **60—64** | **669 650** | **352 352** | **317 298** | **2.72** | **1.43** | **1.29** | **111.05** |
| 60 | 156 000 | 81 686 | 74 314 | 0.63 | 0.33 | 0.30 | 109.92 |
| 61 | 133 534 | 69 847 | 63 687 | 0.54 | 0.28 | 0.26 | 109.67 |
| 62 | 138 941 | 73 194 | 65 747 | 0.56 | 0.30 | 0.27 | 111.33 |
| 63 | 121 998 | 64 086 | 57 912 | 0.49 | 0.26 | 0.23 | 110.66 |
| 64 | 119 177 | 63 539 | 55 638 | 0.48 | 0.26 | 0.23 | 114.20 |

2—22 续表 2

| 年龄（岁） | 人口数（人） | | | 占总人口数的百分比 | | | 性别比 |
|---|---|---|---|---|---|---|---|
| | 合计 | 男 | 女 | 合计 | 男 | 女 | （女＝100） |
| **65—69** | **495 172** | **263 855** | **231 317** | **2.01** | **1.07** | **0.94** | **114.07** |
| 65 | 114 477 | 60 176 | 54 301 | 0.46 | 0.24 | 0.22 | 110.82 |
| 66 | 104 047 | 55 053 | 48 994 | 0.42 | 0.22 | 0.20 | 112.37 |
| 67 | 95 092 | 50 586 | 44 506 | 0.39 | 0.21 | 0.18 | 113.66 |
| 68 | 95 943 | 52 040 | 43 903 | 0.39 | 0.21 | 0.18 | 118.53 |
| 69 | 85 613 | 46 000 | 39 613 | 0.35 | 0.19 | 0.16 | 116.12 |
| **70—74** | **305 302** | **162 562** | **142 740** | **1.24** | **0.66** | **0.58** | **113.89** |
| 70 | 75 613 | 40 418 | 35 195 | 0.31 | 0.16 | 0.14 | 114.84 |
| 71 | 61 997 | 33 312 | 28 685 | 0.25 | 0.14 | 0.12 | 116.13 |
| 72 | 63 199 | 33 694 | 29 505 | 0.26 | 0.14 | 0.12 | 114.20 |
| 73 | 55 944 | 29 788 | 26 156 | 0.23 | 0.12 | 0.11 | 113.89 |
| 74 | 48 549 | 25 350 | 23 199 | 0.20 | 0.10 | 0.09 | 109.27 |
| **75—79** | **190 119** | **98 753** | **91 366** | **0.77** | **0.40** | **0.37** | **108.09** |
| 75 | 44 044 | 23 039 | 21 005 | 0.18 | 0.09 | 0.09 | 109.68 |
| 76 | 45 837 | 24 007 | 21 830 | 0.19 | 0.10 | 0.09 | 109.97 |
| 77 | 38 219 | 19 806 | 18 413 | 0.15 | 0.08 | 0.07 | 107.57 |
| 78 | 32 922 | 16 882 | 16 040 | 0.13 | 0.07 | 0.07 | 105.25 |
| 79 | 29 097 | 15 019 | 14 078 | 0.12 | 0.06 | 0.06 | 106.68 |
| **80—84** | **88 774** | **43 974** | **44 800** | **0.36** | **0.18** | **0.18** | **98.16** |
| 80 | 25 548 | 12 793 | 12 755 | 0.10 | 0.05 | 0.05 | 100.30 |
| 81 | 20 843 | 10 383 | 10 460 | 0.08 | 0.04 | 0.04 | 99.26 |
| 82 | 17 052 | 8 449 | 8 603 | 0.07 | 0.03 | 0.03 | 98.21 |
| 83 | 13 814 | 6 771 | 7 043 | 0.06 | 0.03 | 0.03 | 96.14 |
| 84 | 11 517 | 5 578 | 5 939 | 0.05 | 0.02 | 0.02 | 93.92 |
| **85—89** | **28 950** | **14 043** | **14 907** | **0.12** | **0.06** | **0.06** | **94.20** |
| 85 | 8 634 | 4 184 | 4 450 | 0.04 | 0.02 | 0.02 | 94.02 |
| 86 | 6 815 | 3 252 | 3 563 | 0.03 | 0.01 | 0.01 | 91.27 |
| 87 | 5 599 | 2 752 | 2 847 | 0.02 | 0.01 | 0.01 | 96.66 |
| 88 | 4 569 | 2 239 | 2 330 | 0.02 | 0.01 | 0.01 | 96.09 |
| 89 | 3 333 | 1 616 | 1 717 | 0.01 | 0.01 | 0.01 | 94.12 |
| **90—94** | **5 224** | **2 540** | **2 684** | **0.02** | **0.01** | **0.01** | **94.63** |
| 90 | 2 060 | 972 | 1 088 | 0.01 | 0.00 | 0.00 | 89.34 |
| 91 | 1 275 | 630 | 645 | 0.01 | 0.00 | 0.00 | 97.67 |
| 92 | 881 | 456 | 425 | 0.00 | 0.00 | 0.00 | 107.29 |
| 93 | 617 | 288 | 329 | 0.00 | 0.00 | 0.00 | 87.54 |
| 94 | 391 | 194 | 197 | 0.00 | 0.00 | 0.00 | 98.48 |
| **95—99** | **769** | **386** | **383** | **0.00** | **0.00** | **0.00** | **100.78** |
| 95 | 264 | 120 | 144 | 0.00 | 0.00 | 0.00 | 83.33 |
| 96 | 185 | 103 | 82 | 0.00 | 0.00 | 0.00 | 125.61 |
| 97 | 143 | 73 | 70 | 0.00 | 0.00 | 0.00 | 104.29 |
| 98 | 88 | 40 | 48 | 0.00 | 0.00 | 0.00 | 83.33 |
| 99 | 89 | 50 | 39 | 0.00 | 0.00 | 0.00 | 128.21 |
| **100岁及以上** | **110** | **56** | **54** | **0.00** | **0.00** | **0.00** | **103.70** |

## 2—23 黑龙江省分年龄、性别的人口状况

| 年龄 (岁) | 人口数（人） | | | 占总人口数的百分比 | | | 性别比 |
|---|---|---|---|---|---|---|---|
| | 合计 | 男 | 女 | 合计 | 男 | 女 | (女=100) |
| 总计 | 35 215 932 | 18 048 747 | 17 167 185 | 100.00 | 51.25 | 48.75 | 105.14 |
| 0—4 | 3 147 593 | 1 623 111 | 1 524 482 | 8.94 | 4.61 | 4.33 | 106.47 |
| 0 | 606 046 | 312 787 | 293 259 | 1.72 | 0.89 | 0.83 | 106.66 |
| 1 | 609 143 | 316 201 | 292 942 | 1.73 | 0.90 | 0.83 | 107.94 |
| 2 | 651 712 | 337 331 | 314 381 | 1.85 | 0.96 | 0.89 | 107.30 |
| 3 | 662 889 | 340 455 | 322 434 | 1.88 | 0.97 | 0.92 | 105.59 |
| 4 | 617 803 | 316 337 | 301 466 | 1.75 | 0.90 | 0.86 | 104.93 |
| 5—9 | 3 015 514 | 1 547 267 | 1 468 247 | 8.56 | 4.39 | 4.17 | 105.38 |
| 5 | 571 262 | 292 456 | 278 806 | 1.62 | 0.83 | 0.79 | 104.90 |
| 6 | 548 615 | 281 422 | 267 193 | 1.56 | 0.80 | 0.76 | 105.33 |
| 7 | 633 627 | 326 302 | 307 325 | 1.80 | 0.93 | 0.87 | 106.17 |
| 8 | 696/498 | 357/312 | 339/186 | 1.98 | 1.01 | 0.96 | 105.34 |
| 9 | 565/512 | 289/775 | 275/737 | 1.61 | 0.82 | 0.78 | 105.09 |
| 10—14 | 3/205/098 | 1/635/037 | 1/570/061 | 9.10 | 4.64 | 4.46 | 104.14 |
| 10 | 682 876 | 350 088 | 332 788 | 1.94 | 0.99 | 0.94 | 105.20 |
| 11 | 678 510 | 346 555 | 331 955 | 1.93 | 0.98 | 0.94 | 104.40 |
| 12 | 608 145 | 309 765 | 298 380 | 1.73 | 0.88 | 0.85 | 103.82 |
| 13 | 590 611 | 301 222 | 289 389 | 1.68 | 0.86 | 0.82 | 104.09 |
| 14 | 644 956 | 327 407 | 317 549 | 1.83 | 0.93 | 0.90 | 103.10 |
| 15—19 | 3 980 060 | 2 033 104 | 1 946 956 | 11.30 | 5.77 | 5.53 | 104.42 |
| 15 | 722 635 | 365 967 | 356 668 | 2.05 | 1.04 | 1.01 | 102.61 |
| 16 | 795 820 | 401 614 | 394 206 | 2.26 | 1.14 | 1.12 | 101.88 |
| 17 | 831 768 | 422 962 | 408 806 | 2.36 | 1.20 | 1.16 | 103.46 |
| 18 | 808 029 | 416 857 | 391 172 | 2.29 | 1.18 | 1.11 | 106.57 |
| 19 | 821 808 | 425 704 | 396 104 | 2.33 | 1.21 | 1.12 | 107.47 |
| 20—24 | 3 993 370 | 2 050 378 | 1 942 992 | 11.34 | 5.82 | 5.52 | 105.53 |
| 20 | 797 201 | 408 596 | 388 605 | 2.26 | 1.16 | 1.10 | 105.14 |
| 21 | 837 100 | 425 135 | 411 965 | 2.38 | 1.21 | 1.17 | 103.20 |
| 22 | 805 131 | 416 051 | 389 080 | 2.29 | 1.18 | 1.10 | 106.93 |
| 23 | 737 903 | 380 403 | 357 500 | 2.10 | 1.08 | 1.02 | 106.41 |
| 24 | 816 035 | 420 193 | 395 842 | 2.32 | 1.19 | 1.12 | 106.15 |
| 25—29 | 3 722 243 | 1 908 521 | 1 813 722 | 10.57 | 5.42 | 5.15 | 105.23 |
| 25 | 816 668 | 420 280 | 396 388 | 2.32 | 1.19 | 1.13 | 106.03 |
| 26 | 860 481 | 443 528 | 416 953 | 2.44 | 1.26 | 1.18 | 106.37 |
| 27 | 894 705 | 460 667 | 434 038 | 2.54 | 1.31 | 1.23 | 106.14 |
| 28 | 567 370 | 287 506 | 279 864 | 1.61 | 0.82 | 0.79 | 102.73 |
| 29 | 583 019 | 296 540 | 286 479 | 1.66 | 0.84 | 0.81 | 103.51 |

2—23 续表1

| 年龄 | 人口数（人） | | | 占总人口数的百分比 | | | 性别比 |
|---|---|---|---|---|---|---|---|
| （岁） | 合计 | 男 | 女 | 合计 | 男 | 女 | （女=100） |
| 30—34 | 3 131 820 | 1 600 774 | 1 531 046 | 8.89 | 4.55 | 4.35 | 104.55 |
| 30 | 654 467 | 338 278 | 316 189 | 1.86 | 0.96 | 0.90 | 106.99 |
| 31 | 576 758 | 296 853 | 279 905 | 1.64 | 0.84 | 0.79 | 106.05 |
| 32 | 662 188 | 338 742 | 323 446 | 1.88 | 0.96 | 0.92 | 104.73 |
| 33 | 628 045 | 317 309 | 310 736 | 1.78 | 0.90 | 0.88 | 102.12 |
| 34 | 610 362 | 309 592 | 300 770 | 1.73 | 0.88 | 0.85 | 102.93 |
| 35—39 | 2 871 475 | 1 452 760 | 1 418 715 | 8.15 | 4.13 | 4.03 | 102.40 |
| 35 | 654 445 | 333 137 | 321 308 | 1.86 | 0.95 | 0.91 | 103.68 |
| 36 | 615 293 | 312 815 | 302 478 | 1.75 | 0.89 | 0.86 | 103.42 |
| 37 | 558 593 | 282 580 | 276 013 | 1.59 | 0.80 | 0.78 | 102.38 |
| 38 | 549 218 | 276 348 | 272 870 | 1.56 | 0.78 | 0.77 | 101.27 |
| 39 | 493 926 | 247 880 | 246 046 | 1.40 | 0.70 | 0.70 | 100.75 |
| 40—44 | 1 954 655 | 979 095 | 975 560 | 5.55 | 2.78 | 2.77 | 100.36 |
| 40 | 508 510 | 258 852 | 249 658 | 1.44 | 0.74 | 0.71 | 103.68 |
| 41 | 406 378 | 204 692 | 201 686 | 1.15 | 0.58 | 0.57 | 101.49 |
| 42 | 372 422 | 186 214 | 186 208 | 1.06 | 0.53 | 0.53 | 100.00 |
| 43 | 356 448 | 176 459 | 179 989 | 1.01 | 0.50 | 0.51 | 98.04 |
| 44 | 310 897 | 152 878 | 158 019 | 0.88 | 0.43 | 0.45 | 96.75 |
| 45—49 | 1 419 797 | 702 304 | 717 493 | 4.03 | 1.99 | 2.04 | 97.88 |
| 45 | 291 790 | 142 669 | 149 121 | 0.83 | 0.41 | 0.42 | 95.67 |
| 46 | 276 431 | 136 512 | 139 919 | 0.78 | 0.39 | 0.40 | 97.57 |
| 47 | 271 131 | 135 095 | 136 036 | 0.77 | 0.38 | 0.39 | 99.31 |
| 48 | 284 965 | 141 295 | 143 670 | 0.81 | 0.40 | 0.41 | 98.35 |
| 49 | 295 480 | 146 733 | 148 747 | 0.84 | 0.42 | 0.42 | 98.65 |
| 50—54 | 1 409 832 | 720 620 | 689 212 | 4.00 | 2.05 | 1.96 | 104.56 |
| 50 | 295 422 | 147 241 | 148 181 | 0.84 | 0.42 | 0.42 | 99.37 |
| 51 | 288 244 | 145 640 | 142 604 | 0.82 | 0.41 | 0.40 | 102.13 |
| 52 | 284 793 | 146 693 | 138 100 | 0.81 | 0.42 | 0.39 | 106.22 |
| 53 | 274 197 | 142 070 | 132 127 | 0.78 | 0.40 | 0.38 | 107.53 |
| 54 | 267 176 | 138 976 | 128 200 | 0.76 | 0.39 | 0.36 | 108.41 |
| 55—59 | 1 153 809 | 621 060 | 532 749 | 3.28 | 1.76 | 1.51 | 116.58 |
| 55 | 261 275 | 137 077 | 124 198 | 0.74 | 0.39 | 0.35 | 110.37 |
| 56 | 253 484 | 135 759 | 117 725 | 0.72 | 0.39 | 0.33 | 115.32 |
| 57 | 231 027 | 124 993 | 106 034 | 0.66 | 0.35 | 0.30 | 117.88 |
| 58 | 203 926 | 111 145 | 92 781 | 0.58 | 0.32 | 0.26 | 119.79 |
| 59 | 204 097 | 112 086 | 92 011 | 0.58 | 0.32 | 0.26 | 121.82 |
| 60—64 | 880 228 | 477 285 | 402 943 | 2.50 | 1.36 | 1.14 | 118.45 |
| 60 | 209 881 | 113 899 | 95 982 | 0.60 | 0.32 | 0.27 | 118.67 |
| 61 | 180 499 | 97 247 | 83 252 | 0.51 | 0.28 | 0.24 | 116.81 |
| 62 | 181 417 | 97 769 | 83 648 | 0.52 | 0.28 | 0.24 | 116.88 |
| 63 | 156 588 | 84 835 | 71 753 | 0.44 | 0.24 | 0.20 | 118.23 |
| 64 | 151 843 | 83 535 | 68 308 | 0.43 | 0.24 | 0.19 | 122.29 |

2—23 续表 2

| 年龄<br>(岁) | 人口数(人) | | | 占总人口数的百分比 | | | 性别比 |
|---|---|---|---|---|---|---|---|
| | 合计 | 男 | 女 | 合计 | 男 | 女 | (女＝100) |
| **65—69** | **605 073** | **326 165** | **278 908** | **1.72** | **0.93** | **0.79** | **116.94** |
| 65 | 143 020 | 77 117 | 65 903 | 0.41 | 0.22 | 0.19 | 117.02 |
| 66 | 126 924 | 68 316 | 58 608 | 0.36 | 0.19 | 0.17 | 116.56 |
| 67 | 116 056 | 62 454 | 53 602 | 0.33 | 0.18 | 0.15 | 116.51 |
| 68 | 115 033 | 62 587 | 52 446 | 0.33 | 0.18 | 0.15 | 119.34 |
| 69 | 104 040 | 55 691 | 48 349 | 0.30 | 0.16 | 0.14 | 115.19 |
| **70—74** | **364 980** | **193 047** | **171 933** | **1.04** | **0.55** | **0.49** | **112.28** |
| 70 | 90 840 | 48 628 | 42 212 | 0.26 | 0.14 | 0.12 | 115.20 |
| 71 | 75 193 | 40 051 | 35 142 | 0.21 | 0.11 | 0.10 | 113.97 |
| 72 | 74 174 | 39 066 | 35 108 | 0.21 | 0.11 | 0.10 | 111.27 |
| 73 | 66 035 | 34 766 | 31 269 | 0.19 | 0.10 | 0.09 | 111.18 |
| 74 | 58 738 | 30 536 | 28 202 | 0.17 | 0.09 | 0.08 | 108.28 |
| **75—79** | **222 452** | **112 855** | **109 597** | **0.63** | **0.32** | **0.31** | **102.97** |
| 75 | 53 778 | 27 457 | 26 321 | 0.15 | 0.08 | 0.07 | 104.32 |
| 76 | 53 668 | 27 305 | 26 363 | 0.15 | 0.08 | 0.07 | 103.57 |
| 77 | 44 097 | 22 578 | 21 519 | 0.13 | 0.06 | 0.06 | 104.92 |
| 78 | 38 041 | 19 146 | 18 895 | 0.11 | 0.05 | 0.05 | 101.33 |
| 79 | 32 868 | 16 369 | 16 499 | 0.09 | 0.05 | 0.05 | 99.21 |
| **80—84** | **100 093** | **47 963** | **52 130** | **0.28** | **0.14** | **0.15** | **92.01** |
| 80 | 29 451 | 14 351 | 15 100 | 0.08 | 0.04 | 0.04 | 95.04 |
| 81 | 23 101 | 11 082 | 12 019 | 0.07 | 0.03 | 0.03 | 92.20 |
| 82 | 18 994 | 9 034 | 9 960 | 0.05 | 0.03 | 0.03 | 90.70 |
| 83 | 15 385 | 7 324 | 8 061 | 0.04 | 0.02 | 0.02 | 90.86 |
| 84 | 13 162 | 6 172 | 6 990 | 0.04 | 0.02 | 0.02 | 88.30 |
| **85—89** | **31 654** | **14 537** | **17 117** | **0.09** | **0.04** | **0.05** | **84.93** |
| 85 | 9 894 | 4 524 | 5 370 | 0.03 | 0.01 | 0.02 | 84.25 |
| 86 | 7 581 | 3 501 | 4 080 | 0.02 | 0.01 | 0.01 | 85.81 |
| 87 | 5 852 | 2 648 | 3 204 | 0.02 | 0.01 | 0.01 | 82.65 |
| 88 | 4 833 | 2 245 | 2 588 | 0.01 | 0.01 | 0.01 | 86.75 |
| 89 | 3 494 | 1 619 | 1 875 | 0.01 | 0.00 | 0.01 | 86.35 |
| **90—94** | **5 315** | **2 462** | **2 853** | **0.02** | **0.01** | **0.01** | **86.30** |
| 90 | 2 016 | 875 | 1 141 | 0.01 | 0.00 | 0.00 | 76.69 |
| 91 | 1 341 | 624 | 717 | 0.00 | 0.00 | 0.00 | 87.03 |
| 92 | 916 | 459 | 457 | 0.00 | 0.00 | 0.00 | 100.44 |
| 93 | 643 | 299 | 344 | 0.00 | 0.00 | 0.00 | 86.92 |
| 94 | 399 | 205 | 194 | 0.00 | 0.00 | 0.00 | 105.67 |
| **95—99** | **784** | **373** | **411** | **0.00** | **0.00** | **0.00** | **90.75** |
| 95 | 305 | 145 | 160 | 0.00 | 0.00 | 0.00 | 90.63 |
| 96 | 183 | 88 | 95 | 0.00 | 0.00 | 0.00 | 92.63 |
| 97 | 132 | 54 | 78 | 0.00 | 0.00 | 0.00 | 69.23 |
| 98 | 86 | 44 | 42 | 0.00 | 0.00 | 0.00 | 104.76 |
| 99 | 78 | 42 | 36 | 0.00 | 0.00 | 0.00 | 116.67 |
| **100岁及以上** | **87** | **29** | **58** | **0.00** | **0.00** | **0.00** | **50.00** |

## 2—24 上海市分年龄、性别的人口状况

| 年龄（岁） | 人口数（人） 合计 | 男 | 女 | 占总人口数的百分比 合计 | 男 | 女 | 性别比（女=100） |
|---|---|---|---|---|---|---|---|
| 总计 | 13 341 852 | 6 806 091 | 6 535 761 | 100.00 | 51.01 | 48.99 | 104.14 |
| 0—4 | 846 623 | 432 581 | 414 042 | 6.35 | 3.24 | 3.10 | 104.48 |
| 0 | 149 398 | 76 459 | 72 939 | 1.12 | 0.57 | 0.55 | 104.83 |
| 1 | 161 812 | 82 469 | 79 343 | 1.21 | 0.62 | 0.59 | 103.94 |
| 2 | 181 522 | 92 762 | 88 760 | 1.36 | 0.70 | 0.67 | 104.51 |
| 3 | 186 199 | 94 904 | 91 295 | 1.40 | 0.71 | 0.68 | 103.95 |
| 4 | 167 692 | 85 987 | 81 705 | 1.26 | 0.64 | 0.61 | 105.24 |
| 5—9 | 903 909 | 464 198 | 439 711 | 6.77 | 3.48 | 3.30 | 105.57 |
| 5 | 155 133 | 79 540 | 75 593 | 1.16 | 0.60 | 0.57 | 105.22 |
| 6 | 178 638 | 91 774 | 86 864 | 1.34 | 0.69 | 0.65 | 105.65 |
| 7 | 210 440 | 108 302 | 102 138 | 1.58 | 0.81 | 0.77 | 106.03 |
| 8 | 215 998 | 111 243 | 104 755 | 1.62 | 0.83 | 0.79 | 106.19 |
| 9 | 143 700 | 73 339 | 70 361 | 1.08 | 0.55 | 0.53 | 104.23 |
| 10—14 | 681 302 | 349 541 | 331 761 | 5.11 | 2.62 | 2.49 | 105.36 |
| 10 | 149 754 | 76 892 | 72 862 | 1.12 | 0.58 | 0.55 | 105.53 |
| 11 | 142 572 | 73 233 | 69 339 | 1.07 | 0.55 | 0.52 | 105.62 |
| 12 | 137 082 | 70 244 | 66 838 | 1.03 | 0.53 | 0.50 | 105.10 |
| 13 | 130 129 | 66 759 | 63 370 | 0.98 | 0.50 | 0.47 | 105.35 |
| 14 | 121 765 | 62 413 | 59 352 | 0.91 | 0.47 | 0.44 | 105.16 |
| 15—19 | 723 639 | 379 109 | 344 530 | 5.42 | 2.84 | 2.58 | 110.04 |
| 15 | 114 798 | 58 771 | 56 027 | 0.86 | 0.44 | 0.42 | 104.90 |
| 16 | 124 031 | 63 684 | 60 347 | 0.93 | 0.48 | 0.45 | 105.53 |
| 17 | 144 677 | 75 222 | 69 455 | 1.08 | 0.56 | 0.52 | 108.30 |
| 18 | 154 502 | 81 604 | 72 898 | 1.16 | 0.61 | 0.55 | 111.94 |
| 19 | 185 631 | 99 828 | 85 803 | 1.39 | 0.75 | 0.64 | 116.35 |
| 20—24 | 961 343 | 522 777 | 438 566 | 7.21 | 3.92 | 3.29 | 119.20 |
| 20 | 201 146 | 109 381 | 91 765 | 1.51 | 0.82 | 0.69 | 119.20 |
| 21 | 219 479 | 119 381 | 100 098 | 1.65 | 0.89 | 0.75 | 119.26 |
| 22 | 186 781 | 102 220 | 84 561 | 1.40 | 0.77 | 0.63 | 120.88 |
| 23 | 156 717 | 85 425 | 71 292 | 1.17 | 0.64 | 0.53 | 119.82 |
| 24 | 197 220 | 106 370 | 90 850 | 1.48 | 0.80 | 0.68 | 117.08 |
| 25—29 | 1 299 774 | 683 606 | 616 168 | 9.74 | 5.12 | 4.62 | 110.94 |
| 25 | 215 024 | 115 371 | 99 653 | 1.61 | 0.86 | 0.75 | 115.77 |
| 26 | 286 386 | 151 301 | 135 085 | 2.15 | 1.13 | 1.01 | 112.00 |
| 27 | 310 470 | 163 386 | 147 084 | 2.33 | 1.22 | 1.10 | 111.08 |
| 28 | 233 086 | 121 865 | 111 221 | 1.75 | 0.91 | 0.83 | 109.57 |
| 29 | 254 808 | 131 683 | 123 125 | 1.91 | 0.99 | 0.92 | 106.95 |

2—24 续表1

| 年龄（岁） | 人口数（人） 合计 | 男 | 女 | 占总人口数的百分比 合计 | 男 | 女 | 性别比（女=100） |
|---|---|---|---|---|---|---|---|
| 30—34 | 1 650 175 | 857 730 | 792 445 | 12.37 | 6.43 | 5.94 | 108.24 |
| 30 | 303 783 | 158 335 | 145 448 | 2.28 | 1.19 | 1.09 | 108.86 |
| 31 | 280 661 | 146 651 | 134 010 | 2.10 | 1.10 | 1.00 | 109.43 |
| 32 | 382 917 | 198 793 | 184 124 | 2.87 | 1.49 | 1.38 | 107.97 |
| 33 | 349 529 | 181 271 | 168 258 | 2.62 | 1.36 | 1.26 | 107.73 |
| 34 | 333 285 | 172 680 | 160 605 | 2.50 | 1.29 | 1.20 | 107.52 |
| 35—39 | 1 429 730 | 752 372 | 677 358 | 10.72 | 5.64 | 5.08 | 111.07 |
| 35 | 359 164 | 184 670 | 174 494 | 2.69 | 1.38 | 1.31 | 105.83 |
| 36 | 309 803 | 161 665 | 148 138 | 2.32 | 1.21 | 1.11 | 109.13 |
| 37 | 267 013 | 141 393 | 125 620 | 2.00 | 1.06 | 0.94 | 112.56 |
| 38 | 261 440 | 140 009 | 121 431 | 1.96 | 1.05 | 0.91 | 115.30 |
| 39 | 232 310 | 124 635 | 107 675 | 1.74 | 0.93 | 0.81 | 115.75 |
| 40—44 | 969 021 | 511 616 | 457 405 | 7.26 | 3.83 | 3.43 | 111.85 |
| 40 | 233 925 | 125 184 | 108 741 | 1.75 | 0.94 | 0.82 | 115.12 |
| 41 | 205 044 | 108 396 | 96 648 | 1.54 | 0.81 | 0.72 | 112.16 |
| 42 | 198 767 | 104 914 | 93 853 | 1.49 | 0.79 | 0.70 | 111.79 |
| 43 | 180 909 | 95 120 | 85 789 | 1.36 | 0.71 | 0.64 | 110.88 |
| 44 | 150 376 | 78 002 | 72 374 | 1.13 | 0.58 | 0.54 | 107.78 |
| 45—49 | 632 463 | 328 751 | 303 712 | 4.74 | 2.46 | 2.28 | 108.24 |
| 45 | 143 300 | 74 852 | 68 448 | 1.07 | 0.56 | 0.51 | 109.36 |
| 46 | 142 930 | 74 848 | 68 082 | 1.07 | 0.56 | 0.51 | 109.94 |
| 47 | 115 098 | 60 191 | 54 907 | 0.86 | 0.45 | 0.41 | 109.62 |
| 48 | 116 368 | 59 993 | 56 375 | 0.87 | 0.45 | 0.42 | 106.42 |
| 49 | 114 767 | 58 867 | 55 900 | 0.86 | 0.44 | 0.42 | 105.31 |
| 50—54 | 599 913 | 300 733 | 299 180 | 4.50 | 2.25 | 2.24 | 100.52 |
| 50 | 108 103 | 54 663 | 53 440 | 0.81 | 0.41 | 0.40 | 102.29 |
| 51 | 109 623 | 54 824 | 54 799 | 0.82 | 0.41 | 0.41 | 100.05 |
| 52 | 120 783 | 60 782 | 60 001 | 0.91 | 0.46 | 0.45 | 101.30 |
| 53 | 119 893 | 60 061 | 59 832 | 0.90 | 0.45 | 0.45 | 100.38 |
| 54 | 141 511 | 70 403 | 71 108 | 1.06 | 0.53 | 0.53 | 99.01 |
| 55—59 | 752 860 | 369 980 | 382 880 | 5.64 | 2.77 | 2.87 | 96.63 |
| 55 | 149 098 | 73 859 | 75 239 | 1.12 | 0.55 | 0.56 | 98.17 |
| 56 | 156 115 | 76 454 | 79 661 | 1.17 | 0.57 | 0.60 | 95.97 |
| 57 | 164 604 | 80 470 | 84 134 | 1.23 | 0.60 | 0.63 | 95.65 |
| 58 | 152 070 | 74 805 | 77 265 | 1.14 | 0.56 | 0.58 | 96.82 |
| 59 | 130 973 | 64 392 | 66 581 | 0.98 | 0.48 | 0.50 | 96.71 |
| 60—64 | 639 682 | 308 927 | 330 755 | 4.79 | 2.32 | 2.48 | 93.40 |
| 60 | 136 496 | 66 267 | 70 229 | 1.02 | 0.50 | 0.53 | 94.36 |
| 61 | 135 242 | 65 091 | 70 151 | 1.01 | 0.49 | 0.53 | 92.79 |
| 62 | 133 829 | 64 323 | 69 506 | 1.00 | 0.48 | 0.52 | 92.54 |
| 63 | 116 203 | 56 638 | 59 565 | 0.87 | 0.42 | 0.45 | 95.09 |
| 64 | 117 912 | 56 608 | 61 304 | 0.88 | 0.42 | 0.46 | 92.34 |

2—24 续表 2

| 年龄（岁） | 人口数（人） 合计 | 男 | 女 | 占总人口数的百分比 合计 | 男 | 女 | 性别比（女=100） |
|---|---|---|---|---|---|---|---|
| **65—69** | **511 306** | **239 894** | **271 412** | **3.83** | **1.80** | **2.03** | **88.39** |
| 65 | 113 673 | 54 408 | 59 265 | 0.85 | 0.41 | 0.44 | 91.80 |
| 66 | 113 378 | 53 175 | 60 203 | 0.85 | 0.40 | 0.45 | 88.33 |
| 67 | 99 803 | 46 972 | 52 831 | 0.75 | 0.35 | 0.40 | 88.91 |
| 68 | 96 037 | 44 442 | 51 595 | 0.72 | 0.33 | 0.39 | 86.14 |
| 69 | 88 415 | 40 897 | 47 518 | 0.66 | 0.31 | 0.36 | 86.07 |
| **70—74** | **348 995** | **156 419** | **192 576** | **2.62** | **1.17** | **1.44** | **81.22** |
| 70 | 83 410 | 38 611 | 44 799 | 0.63 | 0.29 | 0.34 | 86.19 |
| 71 | 77 687 | 34 914 | 42 773 | 0.58 | 0.26 | 0.32 | 81.63 |
| 72 | 68 452 | 30 372 | 38 080 | 0.51 | 0.23 | 0.29 | 79.76 |
| 73 | 61 072 | 27 043 | 34 029 | 0.46 | 0.20 | 0.26 | 79.47 |
| 74 | 58 374 | 25 479 | 32 895 | 0.44 | 0.19 | 0.25 | 77.46 |
| **75—79** | **219 147** | **90 590** | **128 557** | **1.64** | **0.68** | **0.96** | **70.47** |
| 75 | 51 139 | 21 769 | 29 370 | 0.38 | 0.16 | 0.22 | 74.12 |
| 76 | 52 922 | 22 331 | 30 591 | 0.40 | 0.17 | 0.23 | 73.00 |
| 77 | 42 241 | 17 376 | 24 865 | 0.32 | 0.13 | 0.19 | 69.88 |
| 78 | 37 989 | 15 373 | 22 616 | 0.28 | 0.12 | 0.17 | 67.97 |
| 79 | 34 856 | 13 741 | 21 115 | 0.26 | 0.10 | 0.16 | 65.08 |
| **80—84** | **116 932** | **42 064** | **74 868** | **0.88** | **0.32** | **0.56** | **56.18** |
| 80 | 29 586 | 11 261 | 18 325 | 0.22 | 0.08 | 0.14 | 61.45 |
| 81 | 26 258 | 9 768 | 16 490 | 0.20 | 0.07 | 0.12 | 59.24 |
| 82 | 22 467 | 8 118 | 14 349 | 0.17 | 0.06 | 0.11 | 56.58 |
| 83 | 20 688 | 7 112 | 13 576 | 0.16 | 0.05 | 0.10 | 52.39 |
| 84 | 17 933 | 5 805 | 12 128 | 0.13 | 0.04 | 0.09 | 47.86 |
| **85—89** | **43 856** | **12 816** | **31 040** | **0.33** | **0.10** | **0.23** | **41.29** |
| 85 | 14 185 | 4 313 | 9 872 | 0.11 | 0.03 | 0.07 | 43.69 |
| 86 | 10 700 | 3 199 | 7 501 | 0.08 | 0.02 | 0.06 | 42.65 |
| 87 | 7 479 | 2 193 | 5 286 | 0.06 | 0.02 | 0.04 | 41.49 |
| 88 | 6 438 | 1 811 | 4 627 | 0.05 | 0.01 | 0.03 | 39.14 |
| 89 | 5 054 | 1 300 | 3 754 | 0.04 | 0.01 | 0.03 | 34.63 |
| **90—94** | **9 897** | **2 200** | **7 697** | **0.07** | **0.02** | **0.06** | **28.58** |
| 90 | 3 484 | 879 | 2 605 | 0.03 | 0.01 | 0.02 | 33.74 |
| 91 | 2 528 | 565 | 1 963 | 0.02 | 0.00 | 0.01 | 28.78 |
| 92 | 1 774 | 354 | 1 420 | 0.01 | 0.00 | 0.01 | 24.93 |
| 93 | 1 255 | 237 | 1 018 | 0.01 | 0.00 | 0.01 | 23.28 |
| 94 | 856 | 165 | 691 | 0.01 | 0.00 | 0.01 | 23.88 |
| **95—99** | **1 205** | **180** | **1 025** | **0.01** | **0.00** | **0.01** | **17.56** |
| 95 | 519 | 87 | 432 | 0.00 | 0.00 | 0.00 | 20.14 |
| 96 | 280 | 40 | 240 | 0.00 | 0.00 | 0.00 | 16.67 |
| 97 | 190 | 18 | 172 | 0.00 | 0.00 | 0.00 | 10.47 |
| 98 | 139 | 24 | 115 | 0.00 | 0.00 | 0.00 | 20.87 |
| 99 | 77 | 11 | 66 | 0.00 | 0.00 | 0.00 | 16.67 |
| **100岁及以上** | **80** | **7** | **73** | **0.00** | **0.00** | **0.00** | **9.59** |

# 2—25 江苏省分年龄、性别的人口状况

| 年龄（岁） | 人口数（人）合计 | 人口数（人）男 | 人口数（人）女 | 占总人口数的百分比 合计 | 占总人口数的百分比 男 | 占总人口数的百分比 女 | 性别比（女=100） |
|---|---|---|---|---|---|---|---|
| **总计** | 67 056 812 | 34 123 252 | 32 933 560 | 100.00 | 50.89 | 49.11 | 103.61 |
| 0—4 | 6 135 629 | 3 235 777 | 2 899 852 | 9.15 | 4.83 | 4.32 | 111.58 |
| 0 | 1 352 134 | 722 878 | 629 256 | 2.02 | 1.08 | 0.94 | 114.88 |
| 1 | 1 286 854 | 683 295 | 603 559 | 1.92 | 1.02 | 0.90 | 113.21 |
| 2 | 1 285 012 | 675 214 | 609 798 | 1.92 | 1.01 | 0.91 | 110.73 |
| 3 | 1 209 149 | 631 844 | 577 305 | 1.80 | 0.94 | 0.86 | 109.45 |
| 4 | 1 002 480 | 522 546 | 479 934 | 1.49 | 0.78 | 0.72 | 108.88 |
| 5—9 | 4 803 508 | 2 492 923 | 2 310 585 | 7.16 | 3.72 | 3.45 | 107.89 |
| 5 | 886 295 | 461 523 | 424 772 | 1.32 | 0.69 | 0.63 | 108.65 |
| 6 | 874 454 | 455 188 | 419 266 | 1.30 | 0.68 | 0.63 | 108.57 |
| 7 | 977 978 | 507 883 | 470 095 | 1.46 | 0.76 | 0.70 | 108.04 |
| 8 | 1 169 119 | 605 126 | 563 993 | 1.74 | 0.90 | 0.84 | 107.29 |
| 9 | 895 662 | 463 203 | 432 459 | 1.34 | 0.69 | 0.64 | 107.11 |
| 10—14 | 4 984 540 | 2 572 895 | 2 411 645 | 7.43 | 3.84 | 3.60 | 106.69 |
| 10 | 956 499 | 494 988 | 461 511 | 1.43 | 0.74 | 0.69 | 107.25 |
| 11 | 999 296 | 516 423 | 482 873 | 1.49 | 0.77 | 0.72 | 106.95 |
| 12 | 996 264 | 513 540 | 482 724 | 1.49 | 0.77 | 0.72 | 106.38 |
| 13 | 1 018 604 | 525 436 | 493 168 | 1.52 | 0.78 | 0.74 | 106.54 |
| 14 | 1 013 877 | 522 508 | 491 369 | 1.51 | 0.78 | 0.73 | 106.34 |
| 15—19 | 5 848 501 | 2 994 608 | 2 853 893 | 8.72 | 4.47 | 4.26 | 104.93 |
| 15 | 993 043 | 511 821 | 481 222 | 1.48 | 0.76 | 0.72 | 106.36 |
| 16 | 1 010 365 | 520 295 | 490 070 | 1.51 | 0.78 | 0.73 | 106.17 |
| 17 | 1 100 324 | 565 969 | 534 355 | 1.64 | 0.84 | 0.80 | 105.92 |
| 18 | 1 243 177 | 635 536 | 607 641 | 1.85 | 0.95 | 0.91 | 104.59 |
| 19 | 1 501 592 | 760 987 | 740 605 | 2.24 | 1.13 | 1.10 | 102.75 |
| 20—24 | 7 826 653 | 3 923 754 | 3 902 899 | 11.67 | 5.85 | 5.82 | 100.53 |
| 20 | 1 563 411 | 784 950 | 778 461 | 2.33 | 1.17 | 1.16 | 100.83 |
| 21 | 1 706 923 | 854 924 | 851 999 | 2.55 | 1.27 | 1.27 | 100.34 |
| 22 | 1 509 887 | 753 281 | 756 606 | 2.25 | 1.12 | 1.13 | 99.56 |
| 23 | 1 386 264 | 693 140 | 693 124 | 2.07 | 1.03 | 1.03 | 100.00 |
| 24 | 1 660 168 | 837 459 | 822 709 | 2.48 | 1.25 | 1.23 | 101.79 |
| 25—29 | 6 258 435 | 3 169 976 | 3 088 459 | 9.33 | 4.73 | 4.61 | 102.64 |
| 25 | 1 476 760 | 740 465 | 736 295 | 2.20 | 1.10 | 1.10 | 100.57 |
| 26 | 1 470 844 | 743 534 | 727 310 | 2.19 | 1.11 | 1.08 | 102.23 |
| 27 | 1 591 434 | 811 569 | 779 865 | 2.37 | 1.21 | 1.16 | 104.07 |
| 28 | 988 652 | 502 351 | 486 301 | 1.47 | 0.75 | 0.73 | 103.30 |
| 29 | 730 745 | 372 057 | 358 688 | 1.09 | 0.55 | 0.53 | 103.73 |

2—25 续表 1

| 年龄(岁) | 人口数(人) 合计 | 男 | 女 | 占总人口数的百分比 合计 | 男 | 女 | 性别比(女=100) |
|---|---|---|---|---|---|---|---|
| **30—34** | **5 261 012** | **2 734 947** | **2 526 065** | **7.85** | **4.08** | **3.77** | **108.27** |
| 30 | 817 316 | 421 700 | 395 616 | 1.22 | 0.63 | 0.59 | 106.59 |
| 31 | 883 185 | 461 906 | 421 279 | 1.32 | 0.69 | 0.63 | 109.64 |
| 32 | 1 222 637 | 641 683 | 580 954 | 1.82 | 0.96 | 0.87 | 110.45 |
| 33 | 1 227 279 | 636 824 | 590 455 | 1.83 | 0.95 | 0.88 | 107.85 |
| 34 | 1 110 595 | 572 834 | 537 761 | 1.66 | 0.85 | 0.80 | 106.52 |
| **35—39** | **5 702 893** | **2 950 702** | **2 752 191** | **8.50** | **4.40** | **4.10** | **107.21** |
| 35 | 1 338 504 | 697 328 | 641 176 | 2.00 | 1.04 | 0.96 | 108.76 |
| 36 | 1 159 888 | 599 118 | 560 770 | 1.73 | 0.89 | 0.84 | 106.84 |
| 37 | 1 146 249 | 591 859 | 554 390 | 1.71 | 0.88 | 0.83 | 106.76 |
| 38 | 1 155 767 | 597 816 | 557 951 | 1.72 | 0.89 | 0.83 | 107.14 |
| 39 | 902 485 | 464 581 | 437 904 | 1.35 | 0.69 | 0.65 | 106.09 |
| **40—44** | **4 319 151** | **2 263 228** | **2 055 923** | **6.44** | **3.38** | **3.07** | **110.08** |
| 40 | 1 002 604 | 527 559 | 475 045 | 1.50 | 0.79 | 0.71 | 111.05 |
| 41 | 900 344 | 469 375 | 430 969 | 1.34 | 0.70 | 0.64 | 108.91 |
| 42 | 877 616 | 457 763 | 419 853 | 1.31 | 0.68 | 0.63 | 109.03 |
| 43 | 796 047 | 417 516 | 378 531 | 1.19 | 0.62 | 0.56 | 110.30 |
| 44 | 742 540 | 391 015 | 351 525 | 1.11 | 0.58 | 0.52 | 111.23 |
| **45—49** | **3 345 621** | **1 763 634** | **1 581 987** | **4.99** | **2.63** | **2.36** | **111.48** |
| 45 | 720 799 | 381 406 | 339 393 | 1.07 | 0.57 | 0.51 | 112.38 |
| 46 | 696 974 | 369 023 | 327 951 | 1.04 | 0.55 | 0.49 | 112.52 |
| 47 | 613 049 | 323 423 | 289 626 | 0.91 | 0.48 | 0.43 | 111.67 |
| 48 | 663 600 | 347 486 | 316 114 | 0.99 | 0.52 | 0.47 | 109.92 |
| 49 | 651 199 | 342 296 | 308 903 | 0.97 | 0.51 | 0.46 | 110.81 |
| **50—54** | **2 967 534** | **1 547 954** | **1 419 580** | **4.43** | **2.31** | **2.12** | **109.04** |
| 50 | 603 186 | 315 994 | 287 192 | 0.90 | 0.47 | 0.43 | 110.03 |
| 51 | 603 671 | 317 739 | 285 932 | 0.90 | 0.47 | 0.43 | 111.12 |
| 52 | 594 039 | 312 332 | 281 707 | 0.89 | 0.47 | 0.42 | 110.87 |
| 53 | 564 180 | 292 436 | 271 744 | 0.84 | 0.44 | 0.41 | 107.61 |
| 54 | 602 458 | 309 453 | 293 005 | 0.90 | 0.46 | 0.44 | 105.61 |
| **55—59** | **2 738 007** | **1 393 352** | **1 344 655** | **4.08** | **2.08** | **2.01** | **103.62** |
| 55 | 584 097 | 299 229 | 284 868 | 0.87 | 0.45 | 0.42 | 105.04 |
| 56 | 596 474 | 304 795 | 291 679 | 0.89 | 0.45 | 0.43 | 104.50 |
| 57 | 556 849 | 283 425 | 273 424 | 0.83 | 0.42 | 0.41 | 103.66 |
| 58 | 518 792 | 262 549 | 256 243 | 0.77 | 0.39 | 0.38 | 102.46 |
| 59 | 481 795 | 243 354 | 238 441 | 0.72 | 0.36 | 0.36 | 102.06 |
| **60—64** | **2 311 476** | **1 140 698** | **1 170 778** | **3.45** | **1.70** | **1.75** | **97.43** |
| 60 | 516 738 | 258 481 | 258 257 | 0.77 | 0.39 | 0.39 | 100.09 |
| 61 | 506 936 | 250 589 | 256 347 | 0.76 | 0.37 | 0.38 | 97.75 |
| 62 | 482 195 | 238 205 | 243 990 | 0.72 | 0.36 | 0.36 | 97.63 |
| 63 | 398 309 | 196 209 | 202 100 | 0.59 | 0.29 | 0.30 | 97.09 |
| 64 | 407 298 | 197 214 | 210 084 | 0.61 | 0.29 | 0.31 | 93.87 |

2—25 续表 2

| 年龄（岁） | 人口数（人） | | | 占总人口数的百分比 | | | 性别比（女=100） |
|---|---|---|---|---|---|---|---|
| | 合计 | 男 | 女 | 合计 | 男 | 女 | |
| **65—69** | **1 889 943** | **885 560** | **1 004 383** | **2.82** | **1.32** | **1.50** | **88.17** |
| 65 | 429 473 | 205 727 | 223 746 | 0.64 | 0.31 | 0.33 | 91.95 |
| 66 | 418 913 | 198 408 | 220 505 | 0.62 | 0.30 | 0.33 | 89.98 |
| 67 | 355 367 | 166 688 | 188 679 | 0.53 | 0.25 | 0.28 | 88.34 |
| 68 | 353 782 | 162 514 | 191 268 | 0.53 | 0.24 | 0.29 | 84.97 |
| 69 | 332 408 | 152 223 | 180 185 | 0.50 | 0.23 | 0.27 | 84.48 |
| **70—74** | **1 300 371** | **563 151** | **737 220** | **1.94** | **0.84** | **1.10** | **76.39** |
| 70 | 330 734 | 147 873 | 182 861 | 0.49 | 0.22 | 0.27 | 80.87 |
| 71 | 282 872 | 123 165 | 159 707 | 0.42 | 0.18 | 0.24 | 77.12 |
| 72 | 238 547 | 102 685 | 135 862 | 0.36 | 0.15 | 0.20 | 75.58 |
| 73 | 234 634 | 100 093 | 134 541 | 0.35 | 0.15 | 0.20 | 74.40 |
| 74 | 213 584 | 89 335 | 124 249 | 0.32 | 0.13 | 0.19 | 71.90 |
| **75—79** | **758 354** | **299 293** | **459 061** | **1.13** | **0.45** | **0.68** | **65.20** |
| 75 | 183 064 | 75 297 | 107 767 | 0.27 | 0.11 | 0.16 | 69.87 |
| 76 | 195 452 | 77 836 | 117 616 | 0.29 | 0.12 | 0.18 | 66.18 |
| 77 | 145 595 | 57 252 | 88 343 | 0.22 | 0.09 | 0.13 | 64.81 |
| 78 | 124 251 | 47 748 | 76 503 | 0.19 | 0.07 | 0.11 | 62.41 |
| 79 | 109 992 | 41 160 | 68 832 | 0.16 | 0.06 | 0.10 | 59.80 |
| **80—84** | **413 957** | **139 432** | **274 525** | **0.62** | **0.21** | **0.41** | **50.79** |
| 80 | 107 363 | 38 279 | 69 084 | 0.16 | 0.06 | 0.10 | 55.41 |
| 81 | 102 564 | 35 417 | 67 147 | 0.15 | 0.05 | 0.10 | 52.75 |
| 82 | 74 451 | 24 994 | 49 457 | 0.11 | 0.04 | 0.07 | 50.54 |
| 83 | 67 349 | 21 629 | 45 720 | 0.10 | 0.03 | 0.07 | 47.31 |
| 84 | 62 230 | 19 113 | 43 117 | 0.09 | 0.03 | 0.06 | 44.33 |
| **85—89** | **155 271** | **43 605** | **111 666** | **0.23** | **0.07** | **0.17** | **39.05** |
| 85 | 47 830 | 14 431 | 33 399 | 0.07 | 0.02 | 0.05 | 43.21 |
| 86 | 38 328 | 10 820 | 27 508 | 0.06 | 0.02 | 0.04 | 39.33 |
| 87 | 28 196 | 7 803 | 20 393 | 0.04 | 0.01 | 0.03 | 38.26 |
| 88 | 22 876 | 6 060 | 16 816 | 0.03 | 0.01 | 0.03 | 36.04 |
| 89 | 18 041 | 4 491 | 13 550 | 0.03 | 0.01 | 0.02 | 33.14 |
| **90—94** | **31 607** | **6 991** | **24 616** | **0.05** | **0.01** | **0.04** | **28.40** |
| 90 | 12 372 | 2 943 | 9 429 | 0.02 | 0.00 | 0.01 | 31.21 |
| 91 | 7 407 | 1 644 | 5 763 | 0.01 | 0.00 | 0.01 | 28.53 |
| 92 | 5 321 | 1 128 | 4 193 | 0.01 | 0.00 | 0.01 | 26.90 |
| 93 | 3 813 | 774 | 3 039 | 0.01 | 0.00 | 0.00 | 25.47 |
| 94 | 2 694 | 502 | 2 192 | 0.00 | 0.00 | 0.00 | 22.90 |
| **95—99** | **4 066** | **729** | **3 337** | **0.01** | **0.00** | **0.00** | **21.85** |
| 95 | 1 800 | 343 | 1 457 | 0.00 | 0.00 | 0.00 | 23.54 |
| 96 | 978 | 176 | 802 | 0.00 | 0.00 | 0.00 | 21.95 |
| 97 | 612 | 104 | 508 | 0.00 | 0.00 | 0.00 | 20.47 |
| 98 | 445 | 74 | 371 | 0.00 | 0.00 | 0.00 | 19.95 |
| 99 | 231 | 32 | 199 | 0.00 | 0.00 | 0.00 | 16.08 |
| **100岁及以上** | **283** | **43** | **240** | **0.00** | **0.00** | **0.00** | **17.92** |

## 2—26 浙江省分年龄、性别的人口状况

| 年龄（岁） | 人口数（人） 合计 | 男 | 女 | 占总人口数的百分比 合计 | 男 | 女 | 性别比（女=100） |
|---|---|---|---|---|---|---|---|
| 总计 | 41 446 015 | 21 363 128 | 20 082 887 | 100.00 | 51.54 | 48.46 | 106.37 |
| 0—4 | 3 209 262 | 1 710 071 | 1 499 191 | 7.74 | 4.13 | 3.62 | 114.07 |
| 0 | 605 156 | 327 544 | 277 612 | 1.46 | 0.79 | 0.67 | 117.99 |
| 1 | 628 840 | 338 496 | 290 344 | 1.52 | 0.82 | 0.70 | 116.58 |
| 2 | 690 610 | 367 498 | 323 112 | 1.67 | 0.89 | 0.78 | 113.74 |
| 3 | 703 889 | 371 025 | 332 864 | 1.70 | 0.90 | 0.80 | 111.46 |
| 4 | 580 767 | 305 508 | 275 259 | 1.40 | 0.74 | 0.66 | 110.99 |
| 5—9 | 3 132 347 | 1 635 901 | 1 496 446 | 7.56 | 3.95 | 3.61 | 109.32 |
| 5 | 539 813 | 284 378 | 255 435 | 1.30 | 0.69 | 0.62 | 111.33 |
| 6 | 603 029 | 316 041 | 286 988 | 1.45 | 0.76 | 0.69 | 110.12 |
| 7 | 704 557 | 367 808 | 336 749 | 1.70 | 0.89 | 0.81 | 109.22 |
| 8 | 741 288 | 384 180 | 357 108 | 1.79 | 0.93 | 0.86 | 107.58 |
| 9 | 543 660 | 283 494 | 260 166 | 1.31 | 0.68 | 0.63 | 108.97 |
| 10—14 | 3 310 540 | 1 718 112 | 1 592 428 | 7.99 | 4.15 | 3.84 | 107.89 |
| 10 | 609 914 | 318 408 | 291 506 | 1.47 | 0.77 | 0.70 | 109.23 |
| 11 | 653 679 | 339 886 | 313 793 | 1.58 | 0.82 | 0.76 | 108.32 |
| 12 | 678 739 | 351 489 | 327 250 | 1.64 | 0.85 | 0.79 | 107.41 |
| 13 | 677 896 | 350 814 | 327 082 | 1.64 | 0.85 | 0.79 | 107.26 |
| 14 | 690 312 | 357 515 | 332 797 | 1.67 | 0.86 | 0.80 | 107.43 |
| 15—19 | 3 828 490 | 1 958 527 | 1 869 963 | 9.24 | 4.73 | 4.51 | 104.74 |
| 15 | 672 798 | 347 809 | 324 989 | 1.62 | 0.84 | 0.78 | 107.02 |
| 16 | 715 296 | 368 516 | 346 780 | 1.73 | 0.89 | 0.84 | 106.27 |
| 17 | 783 244 | 400 372 | 382 872 | 1.89 | 0.97 | 0.92 | 104.57 |
| 18 | 801 006 | 407 996 | 393 010 | 1.93 | 0.98 | 0.95 | 103.81 |
| 19 | 856 146 | 433 834 | 422 312 | 2.07 | 1.05 | 1.02 | 102.73 |
| 20—24 | 4 480 888 | 2 243 137 | 2 237 751 | 10.81 | 5.41 | 5.40 | 100.24 |
| 20 | 884 506 | 445 257 | 439 249 | 2.13 | 1.07 | 1.06 | 101.37 |
| 21 | 939 377 | 469 665 | 469 712 | 2.27 | 1.13 | 1.13 | 99.99 |
| 22 | 855 172 | 426 662 | 428 510 | 2.06 | 1.03 | 1.03 | 99.57 |
| 23 | 830 001 | 413 772 | 416 229 | 2.00 | 1.00 | 1.00 | 99.41 |
| 24 | 971 832 | 487 781 | 484 051 | 2.34 | 1.18 | 1.17 | 100.77 |
| 25—29 | 4 226 700 | 2 147 420 | 2 079 280 | 10.20 | 5.18 | 5.02 | 103.28 |
| 25 | 966 314 | 488 920 | 477 394 | 2.33 | 1.18 | 1.15 | 102.41 |
| 26 | 1 002 824 | 507 817 | 495 007 | 2.42 | 1.23 | 1.19 | 102.59 |
| 27 | 1 076 341 | 547 902 | 528 439 | 2.60 | 1.32 | 1.28 | 103.68 |
| 28 | 647 118 | 328 536 | 318 582 | 1.56 | 0.79 | 0.77 | 103.12 |
| 29 | 534 103 | 274 245 | 259 858 | 1.29 | 0.66 | 0.63 | 105.54 |

2—26 续表1

| 年龄（岁） | 人口数（人） | | | 占总人口数的百分比 | | | 性别比（女=100） |
|---|---|---|---|---|---|---|---|
| | 合计 | 男 | 女 | 合计 | 男 | 女 | |
| 30—34 | 3 594 409 | 1 863 490 | 1 730 919 | 8.67 | 4.50 | 4.18 | 107.66 |
| 30 | 654 601 | 339 694 | 314 907 | 1.58 | 0.82 | 0.76 | 107.87 |
| 31 | 597 088 | 309 986 | 287 102 | 1.44 | 0.75 | 0.69 | 107.97 |
| 32 | 813 454 | 425 093 | 388 361 | 1.96 | 1.03 | 0.94 | 109.46 |
| 33 | 788 288 | 407 869 | 380 419 | 1.90 | 0.98 | 0.92 | 107.22 |
| 34 | 740 978 | 380 848 | 360 130 | 1.79 | 0.92 | 0.87 | 105.75 |
| 35—39 | 3 458 710 | 1 778 948 | 1 679 762 | 8.35 | 4.29 | 4.05 | 105.90 |
| 35 | 773 077 | 400 041 | 373 036 | 1.87 | 0.97 | 0.90 | 107.24 |
| 36 | 747 389 | 384 885 | 362 504 | 1.80 | 0.93 | 0.87 | 106.17 |
| 37 | 665 398 | 340 473 | 324 925 | 1.61 | 0.82 | 0.78 | 104.79 |
| 38 | 683 223 | 350 573 | 332 650 | 1.65 | 0.85 | 0.80 | 105.39 |
| 39 | 589 623 | 302 976 | 286 647 | 1.42 | 0.73 | 0.69 | 105.70 |
| 40—44 | 2 655 783 | 1 389 190 | 1 266 593 | 6.41 | 3.35 | 3.06 | 109.68 |
| 40 | 597 333 | 312 167 | 285 166 | 1.44 | 0.75 | 0.69 | 109.47 |
| 41 | 577 369 | 301 943 | 275 426 | 1.39 | 0.73 | 0.66 | 109.63 |
| 42 | 557 398 | 291 487 | 265 911 | 1.34 | 0.70 | 0.64 | 109.62 |
| 43 | 496 133 | 259 658 | 236 475 | 1.20 | 0.63 | 0.57 | 109.80 |
| 44 | 427 550 | 223 935 | 203 615 | 1.03 | 0.54 | 0.49 | 109.98 |
| 45—49 | 1 728 040 | 930 595 | 797 445 | 4.17 | 2.25 | 1.92 | 116.70 |
| 45 | 393 941 | 209 859 | 184 082 | 0.95 | 0.51 | 0.44 | 114.00 |
| 46 | 385 580 | 206 397 | 179 183 | 0.93 | 0.50 | 0.43 | 115.19 |
| 47 | 327 249 | 176 512 | 150 737 | 0.79 | 0.43 | 0.36 | 117.10 |
| 48 | 304 020 | 164 595 | 139 425 | 0.73 | 0.40 | 0.34 | 118.05 |
| 49 | 317 250 | 173 232 | 144 018 | 0.77 | 0.42 | 0.35 | 120.28 |
| 50—54 | 1 737 653 | 945 822 | 791 831 | 4.19 | 2.28 | 1.91 | 119.45 |
| 50 | 304 781 | 166 536 | 138 245 | 0.74 | 0.40 | 0.33 | 120.46 |
| 51 | 332 899 | 181 775 | 151 124 | 0.80 | 0.44 | 0.36 | 120.28 |
| 52 | 374 657 | 205 457 | 169 200 | 0.90 | 0.50 | 0.41 | 121.43 |
| 53 | 358 751 | 194 158 | 164 593 | 0.87 | 0.47 | 0.40 | 117.96 |
| 54 | 366 565 | 197 896 | 168 669 | 0.88 | 0.48 | 0.41 | 117.33 |
| 55—59 | 1 779 385 | 951 818 | 827 567 | 4.29 | 2.30 | 2.00 | 115.01 |
| 55 | 369 998 | 199 358 | 170 640 | 0.89 | 0.48 | 0.41 | 116.83 |
| 56 | 367 034 | 196 469 | 170 565 | 0.89 | 0.47 | 0.41 | 115.19 |
| 57 | 383 826 | 204 574 | 179 252 | 0.93 | 0.49 | 0.43 | 114.13 |
| 58 | 356 718 | 190 697 | 166 021 | 0.86 | 0.46 | 0.40 | 114.86 |
| 59 | 301 809 | 160 720 | 141 089 | 0.73 | 0.39 | 0.34 | 113.91 |
| 60—64 | 1 474 258 | 779 803 | 694 455 | 3.56 | 1.88 | 1.68 | 112.29 |
| 60 | 302 931 | 161 498 | 141 433 | 0.73 | 0.39 | 0.34 | 114.19 |
| 61 | 315 989 | 167 383 | 148 606 | 0.76 | 0.40 | 0.36 | 112.64 |
| 62 | 316 513 | 167 273 | 149 240 | 0.76 | 0.40 | 0.36 | 112.08 |
| 63 | 274 245 | 145 081 | 129 164 | 0.66 | 0.35 | 0.31 | 112.32 |
| 64 | 264 580 | 138 568 | 126 012 | 0.64 | 0.33 | 0.30 | 109.96 |

2—26 续表 2

| 年龄 | 人口数（人） | | | 占总人口数的百分比 | | | 性别比 |
|---|---|---|---|---|---|---|---|
| （岁） | 合计 | 男 | 女 | 合计 | 男 | 女 | （女＝100） |
| **65—69** | **1 149 742** | **580 798** | **568 944** | **2.77** | **1.40** | **1.37** | **102.08** |
| 65 | 263 304 | 136 252 | 127 052 | 0.64 | 0.33 | 0.31 | 107.24 |
| 66 | 247 874 | 126 580 | 121 294 | 0.60 | 0.31 | 0.29 | 104.36 |
| 67 | 229 659 | 116 495 | 113 164 | 0.55 | 0.28 | 0.27 | 102.94 |
| 68 | 212 966 | 105 362 | 107 604 | 0.51 | 0.25 | 0.26 | 97.92 |
| 69 | 195 939 | 96 109 | 99 830 | 0.47 | 0.23 | 0.24 | 96.27 |
| **70—74** | **785 272** | **370 123** | **415 149** | **1.89** | **0.89** | **1.00** | **89.15** |
| 70 | 188 279 | 91 178 | 97 101 | 0.45 | 0.22 | 0.23 | 93.90 |
| 71 | 164 270 | 77 998 | 86 272 | 0.40 | 0.19 | 0.21 | 90.41 |
| 72 | 157 725 | 73 762 | 83 963 | 0.38 | 0.18 | 0.20 | 87.85 |
| 73 | 144 176 | 67 148 | 77 028 | 0.35 | 0.16 | 0.19 | 87.17 |
| 74 | 130 822 | 60 037 | 70 785 | 0.32 | 0.14 | 0.17 | 84.82 |
| **75—79** | **499 348** | **216 980** | **282 368** | **1.20** | **0.52** | **0.68** | **76.84** |
| 75 | 122 312 | 55 409 | 66 903 | 0.30 | 0.13 | 0.16 | 82.82 |
| 76 | 116 889 | 51 693 | 65 196 | 0.28 | 0.12 | 0.16 | 79.29 |
| 77 | 91 675 | 39 703 | 51 972 | 0.22 | 0.10 | 0.13 | 76.39 |
| 78 | 85 705 | 36 438 | 49 267 | 0.21 | 0.09 | 0.12 | 73.96 |
| 79 | 82 767 | 33 737 | 49 030 | 0.20 | 0.08 | 0.12 | 68.81 |
| **80—84** | **266 342** | **101 670** | **164 672** | **0.64** | **0.25** | **0.40** | **61.74** |
| 80 | 69 686 | 27 898 | 41 788 | 0.17 | 0.07 | 0.10 | 66.76 |
| 81 | 57 357 | 22 601 | 34 756 | 0.14 | 0.05 | 0.08 | 65.03 |
| 82 | 52 880 | 20 149 | 32 731 | 0.13 | 0.05 | 0.08 | 61.56 |
| 83 | 46 715 | 17 084 | 29 631 | 0.11 | 0.04 | 0.07 | 57.66 |
| 84 | 39 704 | 13 938 | 25 766 | 0.10 | 0.03 | 0.06 | 54.09 |
| **85—89** | **102 810** | **33 674** | **69 136** | **0.25** | **0.08** | **0.17** | **48.71** |
| 85 | 32 425 | 10 848 | 21 577 | 0.08 | 0.03 | 0.05 | 50.28 |
| 86 | 24 346 | 8 210 | 16 136 | 0.06 | 0.02 | 0.04 | 50.88 |
| 87 | 18 297 | 6 027 | 12 270 | 0.04 | 0.01 | 0.03 | 49.12 |
| 88 | 15 464 | 4 853 | 10 611 | 0.04 | 0.01 | 0.03 | 45.74 |
| 89 | 12 278 | 3 736 | 8 542 | 0.03 | 0.01 | 0.02 | 43.74 |
| **90—94** | **23 410** | **6 427** | **16 983** | **0.06** | **0.02** | **0.04** | **37.84** |
| 90 | 8 727 | 2 493 | 6 234 | 0.02 | 0.01 | 0.02 | 39.99 |
| 91 | 5 629 | 1 594 | 4 035 | 0.01 | 0.00 | 0.01 | 39.50 |
| 92 | 4 224 | 1 104 | 3 120 | 0.01 | 0.00 | 0.01 | 35.38 |
| 93 | 2 890 | 766 | 2 124 | 0.01 | 0.00 | 0.01 | 36.06 |
| 94 | 1 940 | 470 | 1 470 | 0.00 | 0.00 | 0.00 | 31.97 |
| **95—99** | **2 455** | **582** | **1 873** | **0.01** | **0.00** | **0.00** | **31.07** |
| 95 | 1 117 | 279 | 838 | 0.00 | 0.00 | 0.00 | 33.29 |
| 96 | 593 | 144 | 449 | 0.00 | 0.00 | 0.00 | 32.07 |
| 97 | 394 | 83 | 311 | 0.00 | 0.00 | 0.00 | 26.69 |
| 98 | 236 | 56 | 180 | 0.00 | 0.00 | 0.00 | 31.11 |
| 99 | 115 | 20 | 95 | 0.00 | 0.00 | 0.00 | 21.05 |
| **100岁及以上** | **171** | **40** | **131** | **0.00** | **0.00** | **0.00** | **30.53** |

# 2—27 安徽省分年龄、性别的人口状况

| 年龄（岁） | 人口数（人） | | | 占总人口数的百分比 | | | 性别比 |
|---|---|---|---|---|---|---|---|
| | 合计 | 男 | 女 | 合计 | 男 | 女 | （女=100） |
| **总计** | 56 181 005 | 29 026 412 | 27 154 593 | 100.00 | 51.67 | 48.33 | 106.89 |
| 0—4 | 5 903 518 | 3 085 809 | 2 817 709 | 10.51 | 5.49 | 5.02 | 109.51 |
| 0 | 1 376 799 | 723 307 | 653 492 | 2.45 | 1.29 | 1.16 | 110.68 |
| 1 | 1 210 906 | 636 663 | 574 243 | 2.16 | 1.13 | 1.02 | 110.87 |
| 2 | 1 195 711 | 621 979 | 573 732 | 2.13 | 1.11 | 1.02 | 108.41 |
| 3 | 1 112 661 | 578 431 | 534 230 | 1.98 | 1.03 | 0.95 | 108.27 |
| 4 | 1 007 441 | 525 429 | 482 012 | 1.79 | 0.94 | 0.86 | 109.01 |
| 5—9 | 4 814 551 | 2 531 907 | 2 282 644 | 8.57 | 4.51 | 4.06 | 110.92 |
| 5 | 976 453 | 511 917 | 464 536 | 1.74 | 0.91 | 0.83 | 110.20 |
| 6 | 935 228 | 492 758 | 442 470 | 1.66 | 0.88 | 0.79 | 111.37 |
| 7 | 947 037 | 499 115 | 447 922 | 1.69 | 0.89 | 0.80 | 111.43 |
| 8 | 1 001 543 | 526 659 | 474 884 | 1.78 | 0.94 | 0.85 | 110.90 |
| 9 | 954 290 | 501 458 | 452 832 | 1.70 | 0.89 | 0.81 | 110.74 |
| 10—14 | 5 231 486 | 2 727 763 | 2 503 723 | 9.31 | 4.86 | 4.46 | 108.95 |
| 10 | 1 095 358 | 574 210 | 521 148 | 1.95 | 1.02 | 0.93 | 110.18 |
| 11 | 1 049 332 | 548 385 | 500 947 | 1.87 | 0.98 | 0.89 | 109.47 |
| 12 | 1 015 401 | 529 962 | 485 439 | 1.81 | 0.94 | 0.86 | 109.17 |
| 13 | 1 009 964 | 526 196 | 483 768 | 1.80 | 0.94 | 0.86 | 108.77 |
| 14 | 1 061 431 | 549 010 | 512 421 | 1.89 | 0.98 | 0.91 | 107.14 |
| 15—19 | 6 492 506 | 3 355 937 | 3 136 569 | 11.56 | 5.97 | 5.58 | 106.99 |
| 15 | 1 092 980 | 569 017 | 523 963 | 1.95 | 1.01 | 0.93 | 108.60 |
| 16 | 1 201 112 | 623 655 | 577 457 | 2.14 | 1.11 | 1.03 | 108.00 |
| 17 | 1 362 275 | 706 618 | 655 657 | 2.42 | 1.26 | 1.17 | 107.77 |
| 18 | 1 405 526 | 724 685 | 680 841 | 2.50 | 1.29 | 1.21 | 106.44 |
| 19 | 1 430 613 | 731 962 | 698 651 | 2.55 | 1.30 | 1.24 | 104.77 |
| 20—24 | 7 033 620 | 3 553 286 | 3 480 334 | 12.52 | 6.32 | 6.19 | 102.10 |
| 20 | 1 449 722 | 730 858 | 718 864 | 2.58 | 1.30 | 1.28 | 101.67 |
| 21 | 1 534 938 | 774 825 | 760 113 | 2.73 | 1.38 | 1.35 | 101.94 |
| 22 | 1 363 200 | 686 033 | 677 167 | 2.43 | 1.22 | 1.21 | 101.31 |
| 23 | 1 283 266 | 647 140 | 636 126 | 2.28 | 1.15 | 1.13 | 101.73 |
| 24 | 1 402 494 | 714 430 | 688 064 | 2.50 | 1.27 | 1.22 | 103.83 |
| 25—29 | 5 054 803 | 2 578 755 | 2 476 048 | 9.00 | 4.59 | 4.41 | 104.15 |
| 25 | 1 249 367 | 632 963 | 616 404 | 2.22 | 1.13 | 1.10 | 102.69 |
| 26 | 1 199 137 | 606 076 | 593 061 | 2.13 | 1.08 | 1.06 | 102.19 |
| 27 | 1 438 810 | 743 430 | 695 380 | 2.56 | 1.32 | 1.24 | 106.91 |
| 28 | 811 036 | 415 988 | 395 048 | 1.44 | 0.74 | 0.70 | 105.30 |
| 29 | 356 453 | 180 298 | 176 155 | 0.63 | 0.32 | 0.31 | 102.35 |

2—27 续表 1

| 年龄（岁） | 人口数（人）合计 | 男 | 女 | 占总人口数的百分比 合计 | 男 | 女 | 性别比（女=100） |
|---|---|---|---|---|---|---|---|
| 30—34 | 2 836 704 | 1 504 135 | 1 332 569 | 5.05 | 2.68 | 2.37 | 112.87 |
| 30 | 328 787 | 173 847 | 154 940 | 0.59 | 0.31 | 0.28 | 112.20 |
| 31 | 394 497 | 214 797 | 179 700 | 0.70 | 0.38 | 0.32 | 119.53 |
| 32 | 658 791 | 354 791 | 304 000 | 1.17 | 0.63 | 0.54 | 116.71 |
| 33 | 743 283 | 391 960 | 351 323 | 1.32 | 0.70 | 0.63 | 111.57 |
| 34 | 711 346 | 368 740 | 342 606 | 1.27 | 0.66 | 0.61 | 107.63 |
| 35—39 | 4 012 721 | 2 079 005 | 1 933 716 | 7.14 | 3.70 | 3.44 | 107.51 |
| 35 | 847 917 | 443 213 | 404 704 | 1.51 | 0.79 | 0.72 | 109.52 |
| 36 | 829 561 | 428 752 | 400 809 | 1.48 | 0.76 | 0.71 | 106.97 |
| 37 | 835 867 | 429 625 | 406 242 | 1.49 | 0.76 | 0.72 | 105.76 |
| 38 | 840 152 | 433 804 | 406 348 | 1.50 | 0.77 | 0.72 | 106.76 |
| 39 | 659 224 | 343 611 | 315 613 | 1.17 | 0.61 | 0.56 | 108.87 |
| 40—44 | 3 099 117 | 1 658 344 | 1 440 773 | 5.52 | 2.95 | 2.56 | 115.10 |
| 40 | 705 486 | 377 819 | 327 667 | 1.26 | 0.67 | 0.58 | 115.31 |
| 41 | 649 887 | 347 539 | 302 348 | 1.16 | 0.62 | 0.54 | 114.95 |
| 42 | 633 629 | 338 294 | 295 335 | 1.13 | 0.60 | 0.53 | 114.55 |
| 43 | 570 139 | 304 303 | 265 836 | 1.01 | 0.54 | 0.47 | 114.47 |
| 44 | 539 976 | 290 389 | 249 587 | 0.96 | 0.52 | 0.44 | 116.35 |
| 45—49 | 2 599 572 | 1 411 808 | 1 187 764 | 4.63 | 2.51 | 2.11 | 118.86 |
| 45 | 527 054 | 286 774 | 240 280 | 0.94 | 0.51 | 0.43 | 119.35 |
| 46 | 525 277 | 285 271 | 240 006 | 0.93 | 0.51 | 0.43 | 118.86 |
| 47 | 490 646 | 266 197 | 224 449 | 0.87 | 0.47 | 0.40 | 118.60 |
| 48 | 530 514 | 287 444 | 243 070 | 0.94 | 0.51 | 0.43 | 118.26 |
| 49 | 526 081 | 286 122 | 239 959 | 0.94 | 0.51 | 0.43 | 119.24 |
| 50—54 | 2 214 240 | 1 219 082 | 995 158 | 3.94 | 2.17 | 1.77 | 122.50 |
| 50 | 475 113 | 259 499 | 215 614 | 0.85 | 0.46 | 0.38 | 120.35 |
| 51 | 417 854 | 231 994 | 185 860 | 0.74 | 0.41 | 0.33 | 124.82 |
| 52 | 451 299 | 252 809 | 198 490 | 0.80 | 0.45 | 0.35 | 127.37 |
| 53 | 440 945 | 241 687 | 199 258 | 0.78 | 0.43 | 0.35 | 121.29 |
| 54 | 429 029 | 233 093 | 195 936 | 0.76 | 0.41 | 0.35 | 118.96 |
| 55—59 | 2 073 116 | 1 116 957 | 956 159 | 3.69 | 1.99 | 1.70 | 116.82 |
| 55 | 453 602 | 246 021 | 207 581 | 0.81 | 0.44 | 0.37 | 118.52 |
| 56 | 482 338 | 259 508 | 222 830 | 0.86 | 0.46 | 0.40 | 116.46 |
| 57 | 418 392 | 225 096 | 193 296 | 0.74 | 0.40 | 0.34 | 116.45 |
| 58 | 367 221 | 198 555 | 168 666 | 0.65 | 0.35 | 0.30 | 117.72 |
| 59 | 351 563 | 187 777 | 163 786 | 0.63 | 0.33 | 0.29 | 114.65 |
| 60—64 | 1 778 235 | 925 793 | 852 442 | 3.17 | 1.65 | 1.52 | 108.60 |
| 60 | 392 452 | 207 895 | 184 557 | 0.70 | 0.37 | 0.33 | 112.65 |
| 61 | 367 173 | 191 103 | 176 070 | 0.65 | 0.34 | 0.31 | 108.54 |
| 62 | 365 776 | 190 783 | 174 993 | 0.65 | 0.34 | 0.31 | 109.02 |
| 63 | 326 196 | 168 581 | 157 615 | 0.58 | 0.30 | 0.28 | 106.96 |
| 64 | 326 638 | 167 431 | 159 207 | 0.58 | 0.30 | 0.28 | 105.17 |

2—27 续表 2

| 年龄（岁） | 人口数（人） 合计 | 男 | 女 | 占总人口数的百分比 合计 | 男 | 女 | 性别比（女=100） |
|---|---|---|---|---|---|---|---|
| 65—69 | 1 393 835 | 657 623 | 736 212 | 2.48 | 1.17 | 1.31 | 89.33 |
| 65 | 351 234 | 167 632 | 183 602 | 0.63 | 0.30 | 0.33 | 91.30 |
| 66 | 312 523 | 149 208 | 163 315 | 0.56 | 0.27 | 0.29 | 91.36 |
| 67 | 263 866 | 125 741 | 138 125 | 0.47 | 0.22 | 0.25 | 91.03 |
| 68 | 238 412 | 111 640 | 126 772 | 0.42 | 0.20 | 0.23 | 88.06 |
| 69 | 227 800 | 103 402 | 124 398 | 0.41 | 0.18 | 0.22 | 83.12 |
| 70—74 | 885 109 | 368 732 | 516 377 | 1.58 | 0.66 | 0.92 | 71.41 |
| 70 | 231 305 | 100 802 | 130 503 | 0.41 | 0.18 | 0.23 | 77.24 |
| 71 | 190 085 | 80 606 | 109 479 | 0.34 | 0.14 | 0.19 | 73.63 |
| 72 | 171 591 | 70 891 | 100 700 | 0.31 | 0.13 | 0.18 | 70.40 |
| 73 | 150 994 | 60 712 | 90 282 | 0.27 | 0.11 | 0.16 | 67.25 |
| 74 | 141 134 | 55 721 | 85 413 | 0.25 | 0.10 | 0.15 | 65.24 |
| 75—79 | 449 611 | 164 460 | 285 151 | 0.80 | 0.29 | 0.51 | 57.67 |
| 75 | 126 477 | 48 411 | 78 066 | 0.23 | 0.09 | 0.14 | 62.01 |
| 76 | 116 091 | 43 489 | 72 602 | 0.21 | 0.08 | 0.13 | 59.90 |
| 77 | 89 052 | 32 292 | 56 760 | 0.16 | 0.06 | 0.10 | 56.89 |
| 78 | 67 100 | 23 202 | 43 898 | 0.12 | 0.04 | 0.08 | 52.85 |
| 79 | 50 891 | 17 066 | 33 825 | 0.09 | 0.03 | 0.06 | 50.45 |
| 80—84 | 206 921 | 61 702 | 145 219 | 0.37 | 0.11 | 0.26 | 42.49 |
| 80 | 54 211 | 16 991 | 37 220 | 0.10 | 0.03 | 0.07 | 45.65 |
| 81 | 47 486 | 14 634 | 32 852 | 0.08 | 0.03 | 0.06 | 44.55 |
| 82 | 40 766 | 12 072 | 28 694 | 0.07 | 0.02 | 0.05 | 42.07 |
| 83 | 33 836 | 9 612 | 24 224 | 0.06 | 0.02 | 0.04 | 39.68 |
| 84 | 30 622 | 8 393 | 22 229 | 0.05 | 0.01 | 0.04 | 37.76 |
| 85—89 | 84 089 | 21 727 | 62 362 | 0.15 | 0.04 | 0.11 | 34.84 |
| 85 | 25 484 | 6 937 | 18 547 | 0.05 | 0.01 | 0.03 | 37.40 |
| 86 | 20 800 | 5 535 | 15 265 | 0.04 | 0.01 | 0.03 | 36.26 |
| 87 | 15 687 | 3 954 | 11 733 | 0.03 | 0.01 | 0.02 | 33.70 |
| 88 | 12 382 | 3 091 | 9 291 | 0.02 | 0.01 | 0.02 | 33.27 |
| 89 | 9 736 | 2 210 | 7 526 | 0.02 | 0.00 | 0.01 | 29.36 |
| 90—94 | 14 641 | 3 087 | 11 554 | 0.03 | 0.01 | 0.02 | 26.72 |
| 90 | 6 545 | 1 433 | 5 112 | 0.01 | 0.00 | 0.01 | 28.03 |
| 91 | 3 092 | 639 | 2 453 | 0.01 | 0.00 | 0.00 | 26.05 |
| 92 | 2 262 | 446 | 1 816 | 0.00 | 0.00 | 0.00 | 24.56 |
| 93 | 1 584 | 333 | 1 251 | 0.00 | 0.00 | 0.00 | 26.62 |
| 94 | 1 158 | 236 | 922 | 0.00 | 0.00 | 0.00 | 25.60 |
| 95—99 | 2 267 | 440 | 1 827 | 0.00 | 0.00 | 0.00 | 24.08 |
| 95 | 804 | 164 | 640 | 0.00 | 0.00 | 0.00 | 25.63 |
| 96 | 605 | 130 | 475 | 0.00 | 0.00 | 0.00 | 27.37 |
| 97 | 403 | 65 | 338 | 0.00 | 0.00 | 0.00 | 19.23 |
| 98 | 285 | 54 | 231 | 0.00 | 0.00 | 0.00 | 23.38 |
| 99 | 170 | 27 | 143 | 0.00 | 0.00 | 0.00 | 18.88 |
| 100岁及以上 | 343 | 60 | 283 | 0.00 | 0.00 | 0.00 | 21.20 |

## 2—28 福建省分年龄、性别的人口状况

| 年龄（岁） | 人口数（人）合计 | 男 | 女 | 占总人口数的百分比 合计 | 男 | 女 | 性别比（女=100） |
|---|---|---|---|---|---|---|---|
| 总计 | 30 048 275 | 15 434 048 | 14 614 227 | 100.00 | 51.36 | 48.64 | 105.61 |
| 0—4 | 3 389 163 | 1 774 812 | 1 614 351 | 11.28 | 5.91 | 5.37 | 109.94 |
| 0 | 694 305 | 364 772 | 329 533 | 2.31 | 1.21 | 1.10 | 110.69 |
| 1 | 698 846 | 366 477 | 332 369 | 2.33 | 1.22 | 1.11 | 110.26 |
| 2 | 684 662 | 359 237 | 325 425 | 2.28 | 1.20 | 1.08 | 110.39 |
| 3 | 670 479 | 350 239 | 320 240 | 2.23 | 1.17 | 1.07 | 109.37 |
| 4 | 640 871 | 334 087 | 306 784 | 2.13 | 1.11 | 1.02 | 108.90 |
| 5—9 | 3 109 300 | 1 609 041 | 1 500 259 | 10.35 | 5.35 | 4.99 | 107.25 |
| 5 | 674 498 | 351 353 | 323 145 | 2.24 | 1.17 | 1.08 | 108.73 |
| 6 | 626 473 | 324 964 | 301 509 | 2.08 | 1.08 | 1.00 | 107.78 |
| 7 | 656 007 | 339 910 | 316 097 | 2.18 | 1.13 | 1.05 | 107.53 |
| 8 | 670 984 | 345 325 | 325 659 | 2.23 | 1.15 | 1.08 | 106.04 |
| 9 | 481 338 | 247 489 | 233 849 | 1.60 | 0.82 | 0.78 | 105.83 |
| 10—14 | 2 958 039 | 1 523 284 | 1 434 755 | 9.84 | 5.07 | 4.77 | 106.17 |
| 10 | 495 173 | 254 976 | 240 197 | 1.65 | 0.85 | 0.80 | 106.15 |
| 11 | 560 949 | 289 399 | 271 550 | 1.87 | 0.96 | 0.90 | 106.57 |
| 12 | 630 311 | 324 140 | 306 171 | 2.10 | 1.08 | 1.02 | 105.87 |
| 13 | 626 799 | 322 511 | 304 288 | 2.09 | 1.07 | 1.01 | 105.99 |
| 14 | 644 807 | 332 258 | 312 549 | 2.15 | 1.11 | 1.04 | 106.31 |
| 15—19 | 3 304 584 | 1 690 848 | 1 613 736 | 11.00 | 5.63 | 5.37 | 104.78 |
| 15 | 607 016 | 312 699 | 294 317 | 2.02 | 1.04 | 0.98 | 106.25 |
| 16 | 660 294 | 338 859 | 321 435 | 2.20 | 1.13 | 1.07 | 105.42 |
| 17 | 674 965 | 345 845 | 329 120 | 2.25 | 1.15 | 1.10 | 105.08 |
| 18 | 676 070 | 344 754 | 331 316 | 2.25 | 1.15 | 1.10 | 104.06 |
| 19 | 686 239 | 348 691 | 337 548 | 2.28 | 1.16 | 1.12 | 103.30 |
| 20—24 | 3 239 235 | 1 632 509 | 1 606 726 | 10.78 | 5.43 | 5.35 | 101.60 |
| 20 | 655 436 | 328 238 | 327 198 | 2.18 | 1.09 | 1.09 | 100.32 |
| 21 | 706 609 | 354 915 | 351 694 | 2.35 | 1.18 | 1.17 | 100.92 |
| 22 | 636 606 | 320 428 | 316 178 | 2.12 | 1.07 | 1.05 | 101.34 |
| 23 | 591 767 | 298 406 | 293 361 | 1.97 | 0.99 | 0.98 | 101.72 |
| 24 | 648 817 | 330 522 | 318 295 | 2.16 | 1.10 | 1.06 | 103.84 |
| 25—29 | 2 677 740 | 1 355 969 | 1 321 771 | 8.91 | 4.51 | 4.40 | 102.59 |
| 25 | 633 652 | 321 828 | 311 824 | 2.11 | 1.07 | 1.04 | 103.21 |
| 26 | 610 133 | 306 478 | 303 655 | 2.03 | 1.02 | 1.01 | 100.93 |
| 27 | 741 867 | 379 906 | 361 961 | 2.47 | 1.26 | 1.20 | 104.96 |
| 28 | 390 093 | 195 428 | 194 665 | 1.30 | 0.65 | 0.65 | 100.39 |
| 29 | 301 995 | 152 329 | 149 666 | 1.01 | 0.51 | 0.50 | 101.78 |

2—28 续表1

| 年龄（岁） | 人口数（人） | | | 占总人口数的百分比 | | | 性别比（女=100） |
|---|---|---|---|---|---|---|---|
| | 合计 | 男 | 女 | 合计 | 男 | 女 | |
| 30—34 | 2 275 663 | 1 181 480 | 1 094 183 | 7.57 | 3.93 | 3.64 | 107.98 |
| 30 | 431 677 | 225 408 | 206 269 | 1.44 | 0.75 | 0.69 | 109.28 |
| 31 | 416 941 | 217 224 | 199 717 | 1.39 | 0.72 | 0.66 | 108.77 |
| 32 | 536 913 | 281 225 | 255 688 | 1.79 | 0.94 | 0.85 | 109.99 |
| 33 | 457 190 | 235 755 | 221 435 | 1.52 | 0.78 | 0.74 | 106.47 |
| 34 | 432 942 | 221 868 | 211 074 | 1.44 | 0.74 | 0.70 | 105.11 |
| 35—39 | 2 068 541 | 1 069 017 | 999 524 | 6.88 | 3.56 | 3.33 | 106.95 |
| 35 | 484 064 | 250 793 | 233 271 | 1.61 | 0.83 | 0.78 | 107.51 |
| 36 | 446 082 | 229 005 | 217 077 | 1.48 | 0.76 | 0.72 | 105.49 |
| 37 | 412 081 | 211 516 | 200 565 | 1.37 | 0.70 | 0.67 | 105.46 |
| 38 | 386 900 | 199 180 | 187 720 | 1.29 | 0.66 | 0.62 | 106.10 |
| 39 | 339 414 | 178 523 | 160 891 | 1.13 | 0.59 | 0.54 | 110.96 |
| 40—44 | 1 421 711 | 766 866 | 654 845 | 4.73 | 2.55 | 2.18 | 117.11 |
| 40 | 342 459 | 184 321 | 158 138 | 1.14 | 0.61 | 0.53 | 116.56 |
| 41 | 305 998 | 164 999 | 140 999 | 1.02 | 0.55 | 0.47 | 117.02 |
| 42 | 271 806 | 146 710 | 125 096 | 0.90 | 0.49 | 0.42 | 117.28 |
| 43 | 255 598 | 138 201 | 117 397 | 0.85 | 0.46 | 0.39 | 117.72 |
| 44 | 245 850 | 132 635 | 113 215 | 0.82 | 0.44 | 0.38 | 117.15 |
| 45—49 | 1 084 146 | 595 297 | 488 849 | 3.61 | 1.98 | 1.63 | 121.78 |
| 45 | 222 416 | 120 870 | 101 546 | 0.74 | 0.40 | 0.34 | 119.03 |
| 46 | 224 884 | 123 647 | 101 237 | 0.75 | 0.41 | 0.34 | 122.14 |
| 47 | 220 600 | 121 585 | 99 015 | 0.73 | 0.40 | 0.33 | 122.79 |
| 48 | 216 508 | 119 245 | 97 263 | 0.72 | 0.40 | 0.32 | 122.60 |
| 49 | 199 738 | 109 950 | 89 788 | 0.66 | 0.37 | 0.30 | 122.46 |
| 50—54 | 1 102 591 | 597 956 | 504 635 | 3.67 | 1.99 | 1.68 | 118.49 |
| 50 | 205 138 | 112 066 | 93 072 | 0.68 | 0.37 | 0.31 | 120.41 |
| 51 | 214 202 | 118 779 | 95 423 | 0.71 | 0.40 | 0.32 | 124.48 |
| 52 | 233 318 | 127 102 | 106 216 | 0.78 | 0.42 | 0.35 | 119.66 |
| 53 | 223 012 | 119 186 | 103 826 | 0.74 | 0.40 | 0.35 | 114.79 |
| 54 | 226 921 | 120 823 | 106 098 | 0.76 | 0.40 | 0.35 | 113.88 |
| 55—59 | 1 006 564 | 532 989 | 473 575 | 3.35 | 1.77 | 1.58 | 112.55 |
| 55 | 211 052 | 111 472 | 99 580 | 0.70 | 0.37 | 0.33 | 111.94 |
| 56 | 210 718 | 111 588 | 99 130 | 0.70 | 0.37 | 0.33 | 112.57 |
| 57 | 211 648 | 112 216 | 99 432 | 0.70 | 0.37 | 0.33 | 112.86 |
| 58 | 188 575 | 100 117 | 88 458 | 0.63 | 0.33 | 0.29 | 113.18 |
| 59 | 184 571 | 97 596 | 86 975 | 0.61 | 0.32 | 0.29 | 112.21 |
| 60—64 | 886 690 | 455 461 | 431 229 | 2.95 | 1.52 | 1.44 | 105.62 |
| 60 | 186 916 | 97 775 | 89 141 | 0.62 | 0.33 | 0.30 | 109.69 |
| 61 | 188 644 | 97 586 | 91 058 | 0.63 | 0.32 | 0.30 | 107.17 |
| 62 | 191 341 | 96 528 | 94 813 | 0.64 | 0.32 | 0.32 | 101.81 |
| 63 | 163 154 | 84 356 | 78 798 | 0.54 | 0.28 | 0.26 | 107.05 |
| 64 | 156 635 | 79 216 | 77 419 | 0.52 | 0.26 | 0.26 | 102.32 |

2-28 续表 2

| 年龄（岁） | 人口数（人）合计 | 男 | 女 | 占总人口数的百分比 合计 | 男 | 女 | 性别比（女=100） |
|---|---|---|---|---|---|---|---|
| **65—69** | **630 815** | **301 853** | **328 962** | **2.10** | **1.00** | **1.09** | **91.76** |
| 65 | 149 295 | 72 245 | 77 050 | 0.50 | 0.24 | 0.26 | 93.76 |
| 66 | 132 496 | 64 545 | 67 951 | 0.44 | 0.21 | 0.23 | 94.99 |
| 67 | 121 243 | 58 158 | 63 085 | 0.40 | 0.19 | 0.21 | 92.19 |
| 68 | 118 016 | 55 814 | 62 202 | 0.39 | 0.19 | 0.21 | 89.73 |
| 69 | 109 765 | 51 091 | 58 674 | 0.37 | 0.17 | 0.20 | 87.08 |
| **70—74** | **433 061** | **188 249** | **244 812** | **1.44** | **0.63** | **0.81** | **76.90** |
| 70 | 104 422 | 47 696 | 56 726 | 0.35 | 0.16 | 0.19 | 84.08 |
| 71 | 94 256 | 41 890 | 52 366 | 0.31 | 0.14 | 0.17 | 79.99 |
| 72 | 87 578 | 37 834 | 49 744 | 0.29 | 0.13 | 0.17 | 76.06 |
| 73 | 76 908 | 32 410 | 44 498 | 0.26 | 0.11 | 0.15 | 72.83 |
| 74 | 69 897 | 28 419 | 41 478 | 0.23 | 0.09 | 0.14 | 68.52 |
| **75—79** | **270 009** | **102 403** | **167 606** | **0.90** | **0.34** | **0.56** | **61.10** |
| 75 | 65 417 | 26 523 | 38 894 | 0.22 | 0.09 | 0.13 | 68.19 |
| 76 | 62 823 | 24 328 | 38 495 | 0.21 | 0.08 | 0.13 | 63.20 |
| 77 | 53 485 | 20 015 | 33 470 | 0.18 | 0.07 | 0.11 | 59.80 |
| 78 | 46 980 | 17 177 | 29 803 | 0.16 | 0.06 | 0.10 | 57.64 |
| 79 | 41 304 | 14 360 | 26 944 | 0.14 | 0.05 | 0.09 | 53.30 |
| **80—84** | **130 870** | **41 123** | **89 747** | **0.44** | **0.14** | **0.30** | **45.82** |
| 80 | 34 530 | 11 469 | 23 061 | 0.11 | 0.04 | 0.08 | 49.73 |
| 81 | 29 942 | 9 634 | 20 308 | 0.10 | 0.03 | 0.07 | 47.44 |
| 82 | 25 061 | 7 961 | 17 100 | 0.08 | 0.03 | 0.06 | 46.56 |
| 83 | 21 767 | 6 503 | 15 264 | 0.07 | 0.02 | 0.05 | 42.60 |
| 84 | 19 570 | 5 556 | 14 014 | 0.07 | 0.02 | 0.05 | 39.65 |
| **85—89** | **48 401** | **12 614** | **35 787** | **0.16** | **0.04** | **0.12** | **35.25** |
| 85 | 15 269 | 4 166 | 11 103 | 0.05 | 0.01 | 0.04 | 37.52 |
| 86 | 11 510 | 3 072 | 8 438 | 0.04 | 0.01 | 0.03 | 36.41 |
| 87 | 8 848 | 2 325 | 6 523 | 0.03 | 0.01 | 0.02 | 35.64 |
| 88 | 7 263 | 1 802 | 5 461 | 0.02 | 0.01 | 0.02 | 33.00 |
| 89 | 5 511 | 1 249 | 4 262 | 0.02 | 0.00 | 0.01 | 29.31 |
| **90—94** | **9 526** | **2 001** | **7 525** | **0.03** | **0.01** | **0.03** | **26.59** |
| 90 | 3 438 | 785 | 2 653 | 0.01 | 0.00 | 0.01 | 29.59 |
| 91 | 2 307 | 483 | 1 824 | 0.01 | 0.00 | 0.01 | 26.48 |
| 92 | 1 807 | 365 | 1 442 | 0.01 | 0.00 | 0.00 | 25.31 |
| 93 | 1 153 | 213 | 940 | 0.00 | 0.00 | 0.00 | 22.66 |
| 94 | 821 | 155 | 666 | 0.00 | 0.00 | 0.00 | 23.27 |
| **95—99** | **1 483** | **260** | **1 223** | **0.00** | **0.00** | **0.00** | **21.26** |
| 95 | 599 | 98 | 501 | 0.00 | 0.00 | 0.00 | 19.56 |
| 96 | 382 | 72 | 310 | 0.00 | 0.00 | 0.00 | 23.23 |
| 97 | 258 | 48 | 210 | 0.00 | 0.00 | 0.00 | 22.86 |
| 98 | 142 | 19 | 123 | 0.00 | 0.00 | 0.00 | 15.45 |
| 99 | 102 | 23 | 79 | 0.00 | 0.00 | 0.00 | 29.11 |
| **100岁及以上** | **143** | **16** | **127** | **0.00** | **0.00** | **0.00** | **12.60** |

## 2—29 江西省分年龄、性别的人口状况

| 年龄（岁） | 人口数（人） 合计 | 男 | 女 | 占总人口数的百分比 合计 | 男 | 女 | 性别比（女=100） |
|---|---|---|---|---|---|---|---|
| **总计** | **37 710 177** | **19 491 767** | **18 218 410** | **100.00** | **51.69** | **48.31** | **106.99** |
| **0—4** | **4 163 459** | **2 178 304** | **1 985 155** | **11.04** | **5.78** | **5.26** | **109.73** |
| 0 | 893 005 | 471 241 | 421 764 | 2.37 | 1.25 | 1.12 | 111.73 |
| 1 | 851 365 | 447 196 | 404 169 | 2.26 | 1.19 | 1.07 | 110.65 |
| 2 | 842 690 | 440 407 | 402 283 | 2.23 | 1.17 | 1.07 | 109.48 |
| 3 | 818 363 | 425 519 | 392 844 | 2.17 | 1.13 | 1.04 | 108.32 |
| 4 | 758 036 | 393 941 | 364 095 | 2.01 | 1.04 | 0.97 | 108.20 |
| **5—9** | **3 497 698** | **1 818 024** | **1 679 674** | **9.28** | **4.82** | **4.45** | **108.24** |
| 5 | 785 891 | 408 975 | 376 916 | 2.08 | 1.08 | 1.00 | 108.51 |
| 6 | 720 935 | 375 578 | 345 357 | 1.91 | 1.00 | 0.92 | 108.75 |
| 7 | 702 769 | 366 491 | 336 278 | 1.86 | 0.97 | 0.89 | 108.98 |
| 8 | 690 838 | 358 499 | 332 339 | 1.83 | 0.95 | 0.88 | 107.87 |
| 9 | 597 265 | 308 481 | 288 784 | 1.58 | 0.82 | 0.77 | 106.82 |
| **10—14** | **4 325 702** | **2 236 717** | **2 088 985** | **11.47** | **5.93** | **5.54** | **107.07** |
| 10 | 683 893 | 355 147 | 328 746 | 1.81 | 0.94 | 0.87 | 108.03 |
| 11 | 837 127 | 432 654 | 404 473 | 2.22 | 1.15 | 1.07 | 106.97 |
| 12 | 900 591 | 464 759 | 435 832 | 2.39 | 1.23 | 1.16 | 106.64 |
| 13 | 948 398 | 490 419 | 457 979 | 2.51 | 1.30 | 1.21 | 107.08 |
| 14 | 955 693 | 493 738 | 461 955 | 2.53 | 1.31 | 1.23 | 106.88 |
| **15—19** | **4 504 553** | **2 333 501** | **2 171 052** | **11.95** | **6.19** | **5.76** | **107.48** |
| 15 | 952 820 | 493 429 | 459 391 | 2.53 | 1.31 | 1.22 | 107.41 |
| 16 | 963 412 | 497 848 | 465 564 | 2.55 | 1.32 | 1.23 | 106.93 |
| 17 | 930 950 | 483 259 | 447 691 | 2.47 | 1.28 | 1.19 | 107.94 |
| 18 | 816 183 | 423 465 | 392 718 | 2.16 | 1.12 | 1.04 | 107.83 |
| 19 | 841 188 | 435 500 | 405 688 | 2.23 | 1.15 | 1.08 | 107.35 |
| **20—24** | **4 176 307** | **2 143 597** | **2 032 710** | **11.07** | **5.68** | **5.39** | **105.46** |
| 20 | 851 276 | 433 510 | 417 766 | 2.26 | 1.15 | 1.11 | 103.77 |
| 21 | 921 481 | 471 319 | 450 162 | 2.44 | 1.25 | 1.19 | 104.70 |
| 22 | 822 487 | 423 172 | 399 315 | 2.18 | 1.12 | 1.06 | 105.97 |
| 23 | 767 371 | 396 177 | 371 194 | 2.03 | 1.05 | 0.98 | 106.73 |
| 24 | 813 692 | 419 419 | 394 273 | 2.16 | 1.11 | 1.05 | 106.38 |
| **25—29** | **3 218 272** | **1 661 870** | **1 556 402** | **8.53** | **4.41** | **4.13** | **106.78** |
| 25 | 772 645 | 399 675 | 372 970 | 2.05 | 1.06 | 0.99 | 107.16 |
| 26 | 752 158 | 387 186 | 364 972 | 1.99 | 1.03 | 0.97 | 106.09 |
| 27 | 788 937 | 408 956 | 379 981 | 2.09 | 1.08 | 1.01 | 107.63 |
| 28 | 497 816 | 256 385 | 241 431 | 1.32 | 0.68 | 0.64 | 106.19 |
| 29 | 406 716 | 209 668 | 197 048 | 1.08 | 0.56 | 0.52 | 106.40 |

2—29 续表1

| 年龄（岁） | 人口数（人） 合计 | 男 | 女 | 占总人口数的百分比 合计 | 男 | 女 | 性别比（女=100） |
|---|---|---|---|---|---|---|---|
| 30—34 | 2 663 136 | 1 389 076 | 1 274 060 | 7.06 | 3.68 | 3.38 | 109.03 |
| 30 | 501 946 | 264 863 | 237 083 | 1.33 | 0.70 | 0.63 | 111.72 |
| 31 | 481 516 | 252 262 | 229 254 | 1.28 | 0.67 | 0.61 | 110.04 |
| 32 | 622 905 | 325 235 | 297 670 | 1.65 | 0.86 | 0.79 | 109.26 |
| 33 | 561 885 | 291 272 | 270 613 | 1.49 | 0.77 | 0.72 | 107.63 |
| 34 | 494 884 | 255 444 | 239 440 | 1.31 | 0.68 | 0.63 | 106.68 |
| 35—39 | 2 479 043 | 1 289 886 | 1 189 157 | 6.57 | 3.42 | 3.15 | 108.47 |
| 35 | 544 678 | 283 764 | 260 914 | 1.44 | 0.75 | 0.69 | 108.76 |
| 36 | 539 187 | 280 803 | 258 384 | 1.43 | 0.74 | 0.69 | 108.68 |
| 37 | 501 275 | 260 518 | 240 757 | 1.33 | 0.69 | 0.64 | 108.21 |
| 38 | 476 177 | 247 926 | 228 251 | 1.26 | 0.66 | 0.61 | 108.62 |
| 39 | 417 726 | 216 875 | 200 851 | 1.11 | 0.58 | 0.53 | 107.98 |
| 40—44 | 1 856 534 | 982 539 | 873 995 | 4.92 | 2.61 | 2.32 | 112.42 |
| 40 | 443 495 | 235 294 | 208 201 | 1.18 | 0.62 | 0.55 | 113.01 |
| 41 | 397 106 | 210 574 | 186 532 | 1.05 | 0.56 | 0.49 | 112.89 |
| 42 | 370 384 | 196 359 | 174 025 | 0.98 | 0.52 | 0.46 | 112.83 |
| 43 | 339 801 | 180 496 | 159 305 | 0.90 | 0.48 | 0.42 | 113.30 |
| 44 | 305 748 | 159 816 | 145 932 | 0.81 | 0.42 | 0.39 | 109.51 |
| 45—49 | 1 375 097 | 734 818 | 640 279 | 3.65 | 1.95 | 1.70 | 114.77 |
| 45 | 293 033 | 155 040 | 137 993 | 0.78 | 0.41 | 0.37 | 112.35 |
| 46 | 283 533 | 150 997 | 132 536 | 0.75 | 0.40 | 0.35 | 113.93 |
| 47 | 258 577 | 139 011 | 119 566 | 0.69 | 0.37 | 0.32 | 116.26 |
| 48 | 263 244 | 141 405 | 121 839 | 0.70 | 0.37 | 0.32 | 116.06 |
| 49 | 276 710 | 148 365 | 128 345 | 0.73 | 0.39 | 0.34 | 115.60 |
| 50—54 | 1 372 675 | 732 240 | 640 435 | 3.64 | 1.94 | 1.70 | 114.33 |
| 50 | 265 269 | 141 609 | 123 660 | 0.70 | 0.38 | 0.33 | 114.51 |
| 51 | 273 370 | 147 283 | 126 087 | 0.72 | 0.39 | 0.33 | 116.81 |
| 52 | 286 322 | 153 883 | 132 439 | 0.76 | 0.41 | 0.35 | 116.19 |
| 53 | 275 865 | 146 318 | 129 547 | 0.73 | 0.39 | 0.34 | 112.95 |
| 54 | 271 849 | 143 147 | 128 702 | 0.72 | 0.38 | 0.34 | 111.22 |
| 55—59 | 1 163 331 | 615 367 | 547 964 | 3.08 | 1.63 | 1.45 | 112.30 |
| 55 | 253 046 | 132 791 | 120 255 | 0.67 | 0.35 | 0.32 | 110.42 |
| 56 | 251 060 | 132 774 | 118 286 | 0.67 | 0.35 | 0.31 | 112.25 |
| 57 | 238 625 | 126 379 | 112 246 | 0.63 | 0.34 | 0.30 | 112.59 |
| 58 | 211 817 | 112 274 | 99 543 | 0.56 | 0.30 | 0.26 | 112.79 |
| 59 | 208 783 | 111 149 | 97 634 | 0.55 | 0.29 | 0.26 | 113.84 |
| 60—64 | 994 652 | 516 707 | 477 945 | 2.64 | 1.37 | 1.27 | 108.11 |
| 60 | 207 684 | 109 538 | 98 146 | 0.55 | 0.29 | 0.26 | 111.61 |
| 61 | 199 965 | 104 074 | 95 891 | 0.53 | 0.28 | 0.25 | 108.53 |
| 62 | 213 819 | 111 322 | 102 497 | 0.57 | 0.30 | 0.27 | 108.61 |
| 63 | 189 955 | 98 148 | 91 807 | 0.50 | 0.26 | 0.24 | 106.91 |
| 64 | 183 229 | 93 625 | 89 604 | 0.49 | 0.25 | 0.24 | 104.49 |

2—29 续表 2

| 年龄（岁） | 人口数（人） 合计 | 男 | 女 | 占总人口数的百分比 合计 | 男 | 女 | 性别比（女=100） |
|---|---|---|---|---|---|---|---|
| 65—69 | 831 864 | 407 337 | 424 527 | 2.21 | 1.08 | 1.13 | 95.95 |
| 65 | 188 481 | 93 334 | 95 147 | 0.50 | 0.25 | 0.25 | 98.09 |
| 66 | 175 236 | 86 409 | 88 827 | 0.46 | 0.23 | 0.24 | 97.28 |
| 67 | 160 563 | 78 475 | 82 088 | 0.43 | 0.21 | 0.22 | 95.60 |
| 68 | 159 647 | 77 724 | 81 923 | 0.42 | 0.21 | 0.22 | 94.87 |
| 69 | 147 937 | 71 395 | 76 542 | 0.39 | 0.19 | 0.20 | 93.28 |
| 70—74 | 568 906 | 257 846 | 311 060 | 1.51 | 0.68 | 0.82 | 82.89 |
| 70 | 140 289 | 65 850 | 74 439 | 0.37 | 0.17 | 0.20 | 88.46 |
| 71 | 121 988 | 55 951 | 66 037 | 0.32 | 0.15 | 0.18 | 84.73 |
| 72 | 114 114 | 51 697 | 62 417 | 0.30 | 0.14 | 0.17 | 82.83 |
| 73 | 101 788 | 44 895 | 56 893 | 0.27 | 0.12 | 0.15 | 78.91 |
| 74 | 90 727 | 39 453 | 51 274 | 0.24 | 0.10 | 0.14 | 76.95 |
| 75—79 | 324 218 | 131 112 | 193 106 | 0.86 | 0.35 | 0.51 | 67.90 |
| 75 | 84 858 | 35 833 | 49 025 | 0.23 | 0.10 | 0.13 | 73.09 |
| 76 | 75 741 | 31 193 | 44 548 | 0.20 | 0.08 | 0.12 | 70.02 |
| 77 | 62 834 | 25 277 | 37 557 | 0.17 | 0.07 | 0.10 | 67.30 |
| 78 | 54 688 | 21 460 | 33 228 | 0.15 | 0.06 | 0.09 | 64.58 |
| 79 | 46 097 | 17 349 | 28 748 | 0.12 | 0.05 | 0.08 | 60.35 |
| 80—84 | 142 806 | 48 408 | 94 398 | 0.38 | 0.13 | 0.25 | 51.28 |
| 80 | 40 331 | 14 567 | 25 764 | 0.11 | 0.04 | 0.07 | 56.54 |
| 81 | 34 061 | 11 785 | 22 276 | 0.09 | 0.03 | 0.06 | 52.90 |
| 82 | 27 902 | 9 291 | 18 611 | 0.07 | 0.02 | 0.05 | 49.92 |
| 83 | 22 241 | 7 077 | 15 164 | 0.06 | 0.02 | 0.04 | 46.67 |
| 84 | 18 271 | 5 688 | 12 583 | 0.05 | 0.02 | 0.03 | 45.20 |
| 85—89 | 44 064 | 12 567 | 31 497 | 0.12 | 0.03 | 0.08 | 39.90 |
| 85 | 14 289 | 4 258 | 10 031 | 0.04 | 0.01 | 0.03 | 42.45 |
| 86 | 11 472 | 3 329 | 8 143 | 0.03 | 0.01 | 0.02 | 40.88 |
| 87 | 8 080 | 2 308 | 5 772 | 0.02 | 0.01 | 0.02 | 39.99 |
| 88 | 5 947 | 1 611 | 4 336 | 0.02 | 0.00 | 0.01 | 37.15 |
| 89 | 4 276 | 1 061 | 3 215 | 0.01 | 0.00 | 0.01 | 33.00 |
| 90—94 | 6 789 | 1 622 | 5 167 | 0.02 | 0.00 | 0.01 | 31.39 |
| 90 | 2 692 | 651 | 2 041 | 0.01 | 0.00 | 0.01 | 31.90 |
| 91 | 1 638 | 414 | 1 224 | 0.00 | 0.00 | 0.00 | 33.82 |
| 92 | 1 136 | 276 | 860 | 0.00 | 0.00 | 0.00 | 32.09 |
| 93 | 805 | 165 | 640 | 0.00 | 0.00 | 0.00 | 25.78 |
| 94 | 518 | 116 | 402 | 0.00 | 0.00 | 0.00 | 28.86 |
| 95—99 | 960 | 207 | 753 | 0.00 | 0.00 | 0.00 | 27.49 |
| 95 | 357 | 73 | 284 | 0.00 | 0.00 | 0.00 | 25.70 |
| 96 | 269 | 56 | 213 | 0.00 | 0.00 | 0.00 | 26.29 |
| 97 | 155 | 36 | 119 | 0.00 | 0.00 | 0.00 | 30.25 |
| 98 | 108 | 25 | 83 | 0.00 | 0.00 | 0.00 | 30.12 |
| 99 | 71 | 17 | 54 | 0.00 | 0.00 | 0.00 | 31.48 |
| 100 岁及以上 | 111 | 22 | 89 | 0.00 | 0.00 | 0.00 | 24.72 |

# 2—30 山东省分年龄、性别的人口状况

| 年龄 (岁) | 人口数（人） | | | 占总人口数的百分比 | | | 性别比 (女=100) |
|---|---|---|---|---|---|---|---|
| | 合计 | 男 | 女 | 合计 | 男 | 女 | |
| 总计 | 84 392 104 | 42 913 185 | 41 478 919 | 100.00 | 50.85 | 49.15 | 103.46 |
| 0—4 | 8 729 416 | 4 651 848 | 4 077 568 | 10.34 | 5.51 | 4.83 | 114.08 |
| 0 | 1 571 433 | 844 855 | 726 578 | 1.86 | 1.00 | 0.86 | 116.28 |
| 1 | 1 746 888 | 939 542 | 807 346 | 2.07 | 1.11 | 0.96 | 116.37 |
| 2 | 1 916 319 | 1 026 404 | 889 915 | 2.27 | 1.22 | 1.05 | 115.34 |
| 3 | 1 911 063 | 1 009 612 | 901 451 | 2.26 | 1.20 | 1.07 | 112.00 |
| 4 | 1 583 713 | 831 435 | 752 278 | 1.88 | 0.99 | 0.89 | 110.52 |
| 5—9 | 7 017 401 | 3 647 307 | 3 370 094 | 8.32 | 4.32 | 3.99 | 108.23 |
| 5 | 1 407 834 | 737 260 | 670 574 | 1.67 | 0.87 | 0.79 | 109.94 |
| 6 | 1 366 806 | 712 210 | 654 596 | 1.62 | 0.84 | 0.78 | 108.80 |
| 7 | 1 444 327 | 751 143 | 693 184 | 1.71 | 0.89 | 0.82 | 108.36 |
| 8 | 1 544 492 | 799 945 | 744 547 | 1.83 | 0.95 | 0.88 | 107.44 |
| 9 | 1 253 942 | 646 749 | 607 193 | 1.49 | 0.77 | 0.72 | 106.51 |
| 10—14 | 6 701 549 | 3 449 606 | 3 251 943 | 7.94 | 4.09 | 3.85 | 106.08 |
| 10 | 1 335 589 | 689 024 | 646 565 | 1.58 | 0.82 | 0.77 | 106.57 |
| 11 | 1 364 212 | 702 993 | 661 219 | 1.62 | 0.83 | 0.78 | 106.32 |
| 12 | 1 276 328 | 657 229 | 619 099 | 1.51 | 0.78 | 0.73 | 106.16 |
| 13 | 1 279 766 | 657 119 | 622 647 | 1.52 | 0.78 | 0.74 | 105.54 |
| 14 | 1 445 654 | 743 241 | 702 413 | 1.71 | 0.88 | 0.83 | 105.81 |
| 15—19 | 8 380 492 | 4 245 520 | 4 134 972 | 9.93 | 5.03 | 4.90 | 102.67 |
| 15 | 1 452 958 | 743 634 | 709 324 | 1.72 | 0.88 | 0.84 | 104.84 |
| 16 | 1 481 739 | 754 270 | 727 469 | 1.76 | 0.89 | 0.86 | 103.68 |
| 17 | 1 710 864 | 866 644 | 844 220 | 2.03 | 1.03 | 1.00 | 102.66 |
| 18 | 1 736 023 | 876 464 | 859 559 | 2.06 | 1.04 | 1.02 | 101.97 |
| 19 | 1 998 908 | 1 004 508 | 994 400 | 2.37 | 1.19 | 1.18 | 101.02 |
| 20—24 | 8 867 983 | 4 444 795 | 4 423 188 | 10.51 | 5.27 | 5.24 | 100.49 |
| 20 | 1 958 994 | 978 784 | 980 210 | 2.32 | 1.16 | 1.16 | 99.85 |
| 21 | 1 839 065 | 920 931 | 918 134 | 2.18 | 1.09 | 1.09 | 100.30 |
| 22 | 1 625 293 | 813 845 | 811 448 | 1.93 | 0.96 | 0.96 | 100.30 |
| 23 | 1 628 646 | 817 375 | 811 271 | 1.93 | 0.97 | 0.96 | 100.75 |
| 24 | 1 815 985 | 913 860 | 902 125 | 2.15 | 1.08 | 1.07 | 101.30 |
| 25—29 | 7 853 571 | 3 946 905 | 3 906 666 | 9.31 | 4.68 | 4.63 | 101.03 |
| 25 | 1 760 393 | 886 078 | 874 315 | 2.09 | 1.05 | 1.04 | 101.35 |
| 26 | 1 843 973 | 930 223 | 913 750 | 2.19 | 1.10 | 1.08 | 101.80 |
| 27 | 2 099 849 | 1 065 251 | 1 034 598 | 2.49 | 1.26 | 1.23 | 102.96 |
| 28 | 1 246 515 | 622 724 | 623 791 | 1.48 | 0.74 | 0.74 | 99.83 |
| 29 | 902 841 | 442 629 | 460 212 | 1.07 | 0.52 | 0.55 | 96.18 |

2－30 续表1

| 年龄（岁） | 人口数（人） | | | 占总人口数的百分比 | | | 性别比 |
|---|---|---|---|---|---|---|---|
| | 合计 | 男 | 女 | 合计 | 男 | 女 | （女＝100） |
| **30－34** | **6 605 275** | **3 395 658** | **3 209 617** | **7.83** | **4.02** | **3.80** | **105.80** |
| 30 | 1 069 525 | 540 127 | 529 398 | 1.27 | 0.64 | 0.63 | 102.03 |
| 31 | 1 062 350 | 548 049 | 514 301 | 1.26 | 0.65 | 0.61 | 106.56 |
| 32 | 1 528 599 | 794 428 | 734 171 | 1.81 | 0.94 | 0.87 | 108.21 |
| 33 | 1 488 229 | 765 869 | 722 360 | 1.76 | 0.91 | 0.86 | 106.02 |
| 34 | 1 456 572 | 747 185 | 709 387 | 1.73 | 0.89 | 0.84 | 105.33 |
| **35－39** | **6 950 649** | **3 564 306** | **3 386 343** | **8.24** | **4.22** | **4.01** | **105.26** |
| 35 | 1 531 348 | 789 515 | 741 833 | 1.81 | 0.94 | 0.88 | 106.43 |
| 36 | 1 423 691 | 731 160 | 692 531 | 1.69 | 0.87 | 0.82 | 105.58 |
| 37 | 1 362 706 | 699 120 | 663 586 | 1.61 | 0.83 | 0.79 | 105.35 |
| 38 | 1 412 991 | 723 298 | 689 693 | 1.67 | 0.86 | 0.82 | 104.87 |
| 39 | 1 219 913 | 621 213 | 598 700 | 1.45 | 0.74 | 0.71 | 103.76 |
| **40－44** | **5 062 028** | **2 605 874** | **2 456 154** | **6.00** | **3.09** | **2.91** | **106.10** |
| 40 | 1 211 234 | 622 096 | 589 138 | 1.44 | 0.74 | 0.70 | 105.59 |
| 41 | 1 014 156 | 521 411 | 492 745 | 1.20 | 0.62 | 0.58 | 105.82 |
| 42 | 953 662 | 491 876 | 461 786 | 1.13 | 0.58 | 0.55 | 106.52 |
| 43 | 948 582 | 490 476 | 458 106 | 1.12 | 0.58 | 0.54 | 107.07 |
| 44 | 934 394 | 480 015 | 454 379 | 1.11 | 0.57 | 0.54 | 105.64 |
| **45－49** | **3 629 012** | **1 895 798** | **1 733 214** | **4.30** | **2.25** | **2.05** | **109.38** |
| 45 | 866 175 | 450 989 | 415 186 | 1.03 | 0.53 | 0.49 | 108.62 |
| 46 | 711 236 | 371 986 | 339 250 | 0.84 | 0.44 | 0.40 | 109.65 |
| 47 | 682 051 | 356 905 | 325 146 | 0.81 | 0.42 | 0.39 | 109.77 |
| 48 | 687 941 | 358 343 | 329 598 | 0.82 | 0.42 | 0.39 | 108.72 |
| 49 | 681 609 | 357 575 | 324 034 | 0.81 | 0.42 | 0.38 | 110.35 |
| **50－54** | **3 356 628** | **1 755 057** | **1 601 571** | **3.98** | **2.08** | **1.90** | **109.58** |
| 50 | 680 616 | 356 755 | 323 861 | 0.81 | 0.42 | 0.38 | 110.16 |
| 51 | 647 810 | 340 064 | 307 746 | 0.77 | 0.40 | 0.36 | 110.50 |
| 52 | 667 332 | 351 188 | 316 144 | 0.79 | 0.42 | 0.37 | 111.08 |
| 53 | 666 461 | 348 119 | 318 342 | 0.79 | 0.41 | 0.38 | 109.35 |
| 54 | 694 409 | 358 931 | 335 478 | 0.82 | 0.43 | 0.40 | 106.99 |
| **55－59** | **3 281 659** | **1 665 326** | **1 616 333** | **3.89** | **1.97** | **1.92** | **103.03** |
| 55 | 684 986 | 349 968 | 335 018 | 0.81 | 0.41 | 0.40 | 104.46 |
| 56 | 669 581 | 342 161 | 327 420 | 0.79 | 0.41 | 0.39 | 104.50 |
| 57 | 674 554 | 344 059 | 330 495 | 0.80 | 0.41 | 0.39 | 104.10 |
| 58 | 629 364 | 317 330 | 312 034 | 0.75 | 0.38 | 0.37 | 101.70 |
| 59 | 623 174 | 311 808 | 311 366 | 0.74 | 0.37 | 0.37 | 100.14 |
| **60－64** | **2 722 617** | **1 323 886** | **1 398 731** | **3.23** | **1.57** | **1.66** | **94.65** |
| 60 | 667 382 | 330 439 | 336 943 | 0.79 | 0.39 | 0.40 | 98.07 |
| 61 | 548 064 | 266 769 | 281 295 | 0.65 | 0.32 | 0.33 | 94.84 |
| 62 | 513 822 | 248 697 | 265 125 | 0.61 | 0.29 | 0.31 | 93.80 |
| 63 | 496 418 | 240 259 | 256 159 | 0.59 | 0.28 | 0.30 | 93.79 |
| 64 | 496 931 | 237 722 | 259 209 | 0.59 | 0.28 | 0.31 | 91.71 |

2—30 续表 2

| 年 龄（岁） | 人口数（人） 合 计 | 男 | 女 | 占总人口数的百分比 合 计 | 男 | 女 | 性别比（女=100） |
|---|---|---|---|---|---|---|---|
| 65—69 | 2 118 474 | 996 842 | 1 121 632 | 2.51 | 1.18 | 1.33 | 88.87 |
| 65 | 478 453 | 226 540 | 251 913 | 0.57 | 0.27 | 0.30 | 89.93 |
| 66 | 440 214 | 209 562 | 230 652 | 0.52 | 0.25 | 0.27 | 90.86 |
| 67 | 389 369 | 183 688 | 205 681 | 0.46 | 0.22 | 0.24 | 89.31 |
| 68 | 417 905 | 195 094 | 222 811 | 0.50 | 0.23 | 0.26 | 87.56 |
| 69 | 392 533 | 181 958 | 210 575 | 0.47 | 0.22 | 0.25 | 86.41 |
| 70—74 | 1 492 510 | 678 803 | 813 707 | 1.77 | 0.80 | 0.96 | 83.42 |
| 70 | 378 071 | 173 894 | 204 177 | 0.45 | 0.21 | 0.24 | 85.17 |
| 71 | 319 068 | 145 087 | 173 981 | 0.38 | 0.17 | 0.21 | 83.39 |
| 72 | 288 281 | 131 810 | 156 471 | 0.34 | 0.16 | 0.19 | 84.24 |
| 73 | 259 074 | 117 052 | 142 022 | 0.31 | 0.14 | 0.17 | 82.42 |
| 74 | 248 016 | 110 960 | 137 056 | 0.29 | 0.13 | 0.16 | 80.96 |
| 75—79 | 927 652 | 397 689 | 529 963 | 1.10 | 0.47 | 0.63 | 75.04 |
| 75 | 221 061 | 98 035 | 123 026 | 0.26 | 0.12 | 0.15 | 79.69 |
| 76 | 226 387 | 98 942 | 127 445 | 0.27 | 0.12 | 0.15 | 77.64 |
| 77 | 178 557 | 76 381 | 102 176 | 0.21 | 0.09 | 0.12 | 74.75 |
| 78 | 153 812 | 64 112 | 89 700 | 0.18 | 0.08 | 0.11 | 71.47 |
| 79 | 147 835 | 60 219 | 87 616 | 0.18 | 0.07 | 0.10 | 68.73 |
| 80—84 | 484 752 | 183 032 | 301 720 | 0.57 | 0.22 | 0.36 | 60.66 |
| 80 | 139 470 | 55 032 | 84 438 | 0.17 | 0.07 | 0.10 | 65.17 |
| 81 | 111 739 | 42 910 | 68 829 | 0.13 | 0.05 | 0.08 | 62.34 |
| 82 | 91 611 | 34 299 | 57 312 | 0.11 | 0.04 | 0.07 | 59.85 |
| 83 | 74 284 | 27 129 | 47 155 | 0.09 | 0.03 | 0.06 | 57.53 |
| 84 | 67 648 | 23 662 | 43 986 | 0.08 | 0.03 | 0.05 | 53.79 |
| 85—89 | 177 539 | 56 712 | 120 827 | 0.21 | 0.07 | 0.14 | 46.94 |
| 85 | 55 277 | 18 452 | 36 825 | 0.07 | 0.02 | 0.04 | 50.11 |
| 86 | 42 788 | 14 014 | 28 774 | 0.05 | 0.02 | 0.03 | 48.70 |
| 87 | 34 316 | 10 824 | 23 492 | 0.04 | 0.01 | 0.03 | 46.08 |
| 88 | 26 679 | 8 079 | 18 600 | 0.03 | 0.01 | 0.02 | 43.44 |
| 89 | 18 479 | 5 343 | 13 136 | 0.02 | 0.01 | 0.02 | 40.67 |
| 90—94 | 28 508 | 7 350 | 21 158 | 0.03 | 0.01 | 0.03 | 34.74 |
| 90 | 10 880 | 3 009 | 7 871 | 0.01 | 0.00 | 0.01 | 38.23 |
| 91 | 6 672 | 1 764 | 4 908 | 0.01 | 0.00 | 0.01 | 35.94 |
| 92 | 5 168 | 1 265 | 3 903 | 0.01 | 0.00 | 0.00 | 32.41 |
| 93 | 3 441 | 798 | 2 643 | 0.00 | 0.00 | 0.00 | 30.19 |
| 94 | 2 347 | 514 | 1 833 | 0.00 | 0.00 | 0.00 | 28.04 |
| 95—99 | 4 078 | 812 | 3 266 | 0.00 | 0.00 | 0.00 | 24.86 |
| 95 | 1 669 | 331 | 1 338 | 0.00 | 0.00 | 0.00 | 24.74 |
| 96 | 1 026 | 211 | 815 | 0.00 | 0.00 | 0.00 | 25.89 |
| 97 | 670 | 130 | 540 | 0.00 | 0.00 | 0.00 | 24.07 |
| 98 | 443 | 84 | 359 | 0.00 | 0.00 | 0.00 | 23.40 |
| 99 | 270 | 56 | 214 | 0.00 | 0.00 | 0.00 | 26.17 |
| 100岁及以上 | 311 | 59 | 252 | 0.00 | 0.00 | 0.00 | 23.41 |

## 2—31 河南省分年龄、性别的人口状况

| 年龄（岁） | 人口数（人） 合计 | 男 | 女 | 占总人口数的百分比 合计 | 男 | 女 | 性别比（女=100） |
|---|---|---|---|---|---|---|---|
| 总计 | 85 534 200 | 43 802 724 | 41 731 476 | 100.00 | 51.21 | 48.79 | 104.96 |
| 0—4 | 9 850 493 | 5 249 715 | 4 600 778 | 11.52 | 6.14 | 5.38 | 114.10 |
| 0 | 2 025 187 | 1 092 269 | 932 918 | 2.37 | 1.28 | 1.09 | 117.08 |
| 1 | 2 071 809 | 1 113 651 | 958 158 | 2.42 | 1.30 | 1.12 | 116.23 |
| 2 | 2 122 876 | 1 130 591 | 992 285 | 2.48 | 1.32 | 1.16 | 113.94 |
| 3 | 2 020 448 | 1 069 306 | 951 142 | 2.36 | 1.25 | 1.11 | 112.42 |
| 4 | 1 610 173 | 843 898 | 766 275 | 1.88 | 0.99 | 0.90 | 110.13 |
| 5—9 | 7 631 727 | 3 973 072 | 3 658 655 | 8.92 | 4.65 | 4.28 | 108.59 |
| 5 | 1 427 060 | 744 016 | 683 044 | 1.67 | 0.87 | 0.80 | 108.93 |
| 6 | 1 408 036 | 734 588 | 673 448 | 1.65 | 0.86 | 0.79 | 109.08 |
| 7 | 1 601 367 | 836 002 | 765 365 | 1.87 | 0.98 | 0.89 | 109.23 |
| 8 | 1 673 733 | 870 216 | 803 517 | 1.96 | 1.02 | 0.94 | 108.30 |
| 9 | 1 521 531 | 788 250 | 733 281 | 1.78 | 0.92 | 0.86 | 107.50 |
| 10—14 | 7 566 711 | 3 898 933 | 3 667 778 | 8.85 | 4.56 | 4.29 | 106.30 |
| 10 | 1 573 059 | 815 154 | 757 905 | 1.84 | 0.95 | 0.89 | 107.55 |
| 11 | 1 562 358 | 807 325 | 755 033 | 1.83 | 0.94 | 0.88 | 106.93 |
| 12 | 1 498 565 | 770 132 | 728 433 | 1.75 | 0.90 | 0.85 | 105.72 |
| 13 | 1 451 976 | 747 947 | 704 029 | 1.70 | 0.87 | 0.82 | 106.24 |
| 14 | 1 480 753 | 758 375 | 722 378 | 1.73 | 0.89 | 0.84 | 104.98 |
| 15—19 | 9 336 558 | 4 763 888 | 4 572 670 | 10.92 | 5.57 | 5.35 | 104.18 |
| 15 | 1 650 323 | 843 673 | 806 650 | 1.93 | 0.99 | 0.94 | 104.59 |
| 16 | 1 889 042 | 962 408 | 926 634 | 2.21 | 1.13 | 1.08 | 103.86 |
| 17 | 1 951 830 | 990 864 | 960 966 | 2.28 | 1.16 | 1.12 | 103.11 |
| 18 | 1 900 388 | 970 753 | 929 635 | 2.22 | 1.13 | 1.09 | 104.42 |
| 19 | 1 944 975 | 996 190 | 948 785 | 2.27 | 1.16 | 1.11 | 105.00 |
| 20—24 | 9 683 906 | 4 959 133 | 4 724 773 | 11.32 | 5.80 | 5.52 | 104.96 |
| 20 | 1 975 502 | 1 009 508 | 965 994 | 2.31 | 1.18 | 1.13 | 104.50 |
| 21 | 2 048 306 | 1 054 205 | 994 101 | 2.39 | 1.23 | 1.16 | 106.05 |
| 22 | 1 893 298 | 976 397 | 916 901 | 2.21 | 1.14 | 1.07 | 106.49 |
| 23 | 1 814 221 | 924 712 | 889 509 | 2.12 | 1.08 | 1.04 | 103.96 |
| 24 | 1 952 579 | 994 311 | 958 268 | 2.28 | 1.16 | 1.12 | 103.76 |
| 25—29 | 7 486 250 | 3 777 223 | 3 709 027 | 8.75 | 4.42 | 4.34 | 101.84 |
| 25 | 1 724 015 | 870 704 | 853 311 | 2.02 | 1.02 | 1.00 | 102.04 |
| 26 | 1 851 352 | 933 177 | 918 175 | 2.16 | 1.09 | 1.07 | 101.63 |
| 27 | 2 051 361 | 1 050 071 | 1 001 290 | 2.40 | 1.23 | 1.17 | 104.87 |
| 28 | 1 201 050 | 603 371 | 597 679 | 1.40 | 0.71 | 0.70 | 100.95 |
| 29 | 658 472 | 319 900 | 338 572 | 0.77 | 0.37 | 0.40 | 94.49 |

2－31　续表1

| 年　龄（岁） | 人口数（人） | | | 占总人口数的百分比 | | | 性别比（女＝100） |
|---|---|---|---|---|---|---|---|
| | 合　计 | 男 | 女 | 合　计 | 男 | 女 | |
| 30－34 | 5 662 340 | 2 922 057 | 2 740 283 | 6.62 | 3.42 | 3.20 | 106.63 |
| 30 | 921 213 | 475 173 | 446 040 | 1.08 | 0.56 | 0.52 | 106.53 |
| 31 | 895 317 | 466 051 | 429 266 | 1.05 | 0.54 | 0.50 | 108.57 |
| 32 | 1 288 388 | 670 011 | 618 377 | 1.51 | 0.78 | 0.72 | 108.35 |
| 33 | 1 293 929 | 665 875 | 628 054 | 1.51 | 0.78 | 0.73 | 106.02 |
| 34 | 1 263 493 | 644 947 | 618 546 | 1.48 | 0.75 | 0.72 | 104.27 |
| 35－39 | 6 534 434 | 3 351 301 | 3 183 133 | 7.64 | 3.92 | 3.72 | 105.28 |
| 35 | 1 444 562 | 744 641 | 699 921 | 1.69 | 0.87 | 0.82 | 106.39 |
| 36 | 1 353 406 | 694 648 | 658 758 | 1.58 | 0.81 | 0.77 | 105.45 |
| 37 | 1 283 549 | 656 661 | 626 888 | 1.50 | 0.77 | 0.73 | 104.75 |
| 38 | 1 303 381 | 666 256 | 637 125 | 1.52 | 0.78 | 0.74 | 104.57 |
| 39 | 1 149 536 | 589 095 | 560 441 | 1.34 | 0.69 | 0.66 | 105.11 |
| 40－44 | 4 726 188 | 2 475 197 | 2 250 991 | 5.53 | 2.89 | 2.63 | 109.96 |
| 40 | 1 123 889 | 583 339 | 540 550 | 1.31 | 0.68 | 0.63 | 107.92 |
| 41 | 939 669 | 489 321 | 450 348 | 1.10 | 0.57 | 0.53 | 108.65 |
| 42 | 916 076 | 482 183 | 433 893 | 1.07 | 0.56 | 0.51 | 111.13 |
| 43 | 876 148 | 461 382 | 414 766 | 1.02 | 0.54 | 0.48 | 111.24 |
| 44 | 870 406 | 458 972 | 411 434 | 1.02 | 0.54 | 0.48 | 111.55 |
| 45－49 | 3 423 138 | 1 818 456 | 1 604 682 | 4.00 | 2.13 | 1.88 | 113.32 |
| 45 | 802 867 | 426 154 | 376 713 | 0.94 | 0.50 | 0.44 | 113.12 |
| 46 | 588 253 | 312 741 | 275 512 | 0.69 | 0.37 | 0.32 | 113.51 |
| 47 | 640 669 | 343 874 | 296 795 | 0.75 | 0.40 | 0.35 | 115.86 |
| 48 | 708 229 | 375 201 | 333 028 | 0.83 | 0.44 | 0.39 | 112.66 |
| 49 | 683 120 | 360 486 | 322 634 | 0.80 | 0.42 | 0.38 | 111.73 |
| 50－54 | 3 078 612 | 1 626 415 | 1 452 197 | 3.60 | 1.90 | 1.70 | 112.00 |
| 50 | 648 394 | 342 055 | 306 339 | 0.76 | 0.40 | 0.36 | 111.66 |
| 51 | 555 404 | 293 724 | 261 680 | 0.65 | 0.34 | 0.31 | 112.25 |
| 52 | 597 479 | 320 727 | 276 752 | 0.70 | 0.37 | 0.32 | 115.89 |
| 53 | 620 956 | 327 709 | 293 247 | 0.73 | 0.38 | 0.34 | 111.75 |
| 54 | 656 379 | 342 200 | 314 179 | 0.77 | 0.40 | 0.37 | 108.92 |
| 55－59 | 3 032 971 | 1 568 888 | 1 464 083 | 3.55 | 1.83 | 1.71 | 107.16 |
| 55 | 666 554 | 345 957 | 320 597 | 0.78 | 0.40 | 0.37 | 107.91 |
| 56 | 668 018 | 345 505 | 322 513 | 0.78 | 0.40 | 0.38 | 107.13 |
| 57 | 599 760 | 310 128 | 289 632 | 0.70 | 0.36 | 0.34 | 107.08 |
| 58 | 534 044 | 276 059 | 257 985 | 0.62 | 0.32 | 0.30 | 107.01 |
| 59 | 564 595 | 291 239 | 273 356 | 0.66 | 0.34 | 0.32 | 106.54 |
| 60－64 | 2 531 921 | 1 286 135 | 1 245 786 | 2.96 | 1.50 | 1.46 | 103.24 |
| 60 | 569 770 | 292 929 | 276 841 | 0.67 | 0.34 | 0.32 | 105.81 |
| 61 | 508 073 | 259 521 | 248 552 | 0.59 | 0.30 | 0.29 | 104.41 |
| 62 | 495 323 | 252 340 | 242 983 | 0.58 | 0.30 | 0.28 | 103.85 |
| 63 | 478 135 | 241 563 | 236 572 | 0.56 | 0.28 | 0.28 | 102.11 |
| 64 | 480 620 | 239 782 | 240 838 | 0.56 | 0.28 | 0.28 | 99.56 |

2—31 续表 2

| 年龄（岁） | 人口数（人） 合计 | 男 | 女 | 占总人口数的百分比 合计 | 男 | 女 | 性别比（女=100） |
|---|---|---|---|---|---|---|---|
| **65—69** | **2 069 401** | **972 149** | **1 097 252** | **2.42** | **1.14** | **1.28** | **88.60** |
| 65 | 501 053 | 237 847 | 263 206 | 0.59 | 0.28 | 0.31 | 90.37 |
| 66 | 446 861 | 213 208 | 233 653 | 0.52 | 0.25 | 0.27 | 91.25 |
| 67 | 383 848 | 181 652 | 202 196 | 0.45 | 0.21 | 0.24 | 89.84 |
| 68 | 367 910 | 170 416 | 197 494 | 0.43 | 0.20 | 0.23 | 86.29 |
| 69 | 369 729 | 169 026 | 200 703 | 0.43 | 0.20 | 0.23 | 84.22 |
| **70—74** | **1 483 357** | **639 381** | **843 976** | **1.73** | **0.75** | **0.99** | **75.76** |
| 70 | 377 417 | 167 191 | 210 226 | 0.44 | 0.20 | 0.25 | 79.53 |
| 71 | 304 922 | 132 625 | 172 297 | 0.36 | 0.16 | 0.20 | 76.97 |
| 72 | 285 250 | 122 515 | 162 735 | 0.33 | 0.14 | 0.19 | 75.28 |
| 73 | 262 151 | 111 405 | 150 746 | 0.31 | 0.13 | 0.18 | 73.90 |
| 74 | 253 617 | 105 645 | 147 972 | 0.30 | 0.12 | 0.17 | 71.40 |
| **75—79** | **809 219** | **320 364** | **488 855** | **0.95** | **0.37** | **0.57** | **65.53** |
| 75 | 214 165 | 87 382 | 126 783 | 0.25 | 0.10 | 0.15 | 68.92 |
| 76 | 192 779 | 77 771 | 115 008 | 0.23 | 0.09 | 0.13 | 67.62 |
| 77 | 150 287 | 58 905 | 91 382 | 0.18 | 0.07 | 0.11 | 64.46 |
| 78 | 128 272 | 49 247 | 79 025 | 0.15 | 0.06 | 0.09 | 62.32 |
| 79 | 123 716 | 47 059 | 76 657 | 0.14 | 0.06 | 0.09 | 61.39 |
| **80—84** | **448 257** | **151 718** | **296 539** | **0.52** | **0.18** | **0.35** | **51.16** |
| 80 | 130 980 | 46 655 | 84 325 | 0.15 | 0.05 | 0.10 | 55.33 |
| 81 | 103 225 | 35 714 | 67 511 | 0.12 | 0.04 | 0.08 | 52.90 |
| 82 | 86 724 | 29 175 | 57 549 | 0.10 | 0.03 | 0.07 | 50.70 |
| 83 | 69 727 | 22 403 | 47 324 | 0.08 | 0.03 | 0.06 | 47.34 |
| 84 | 57 601 | 17 771 | 39 830 | 0.07 | 0.02 | 0.05 | 44.62 |
| **85—89** | **150 051** | **42 533** | **107 518** | **0.18** | **0.05** | **0.13** | **39.56** |
| 85 | 47 114 | 13 959 | 33 155 | 0.06 | 0.02 | 0.04 | 42.10 |
| 86 | 37 088 | 10 721 | 26 367 | 0.04 | 0.01 | 0.03 | 40.66 |
| 87 | 29 399 | 8 192 | 21 207 | 0.03 | 0.01 | 0.02 | 38.63 |
| 88 | 21 245 | 5 694 | 15 551 | 0.02 | 0.01 | 0.02 | 36.62 |
| 89 | 15 205 | 3 967 | 11 238 | 0.02 | 0.00 | 0.01 | 35.30 |
| **90—94** | **24 019** | **5 353** | **18 666** | **0.03** | **0.01** | **0.02** | **28.68** |
| 90 | 9 963 | 2 328 | 7 635 | 0.01 | 0.00 | 0.01 | 30.49 |
| 91 | 5 162 | 1 195 | 3 967 | 0.01 | 0.00 | 0.00 | 30.12 |
| 92 | 4 100 | 892 | 3 208 | 0.00 | 0.00 | 0.00 | 27.81 |
| 93 | 2 790 | 546 | 2 244 | 0.00 | 0.00 | 0.00 | 24.33 |
| 94 | 2 004 | 392 | 1 612 | 0.00 | 0.00 | 0.00 | 24.32 |
| **95—99** | **4 230** | **748** | **3 482** | **0.00** | **0.00** | **0.00** | **21.48** |
| 95 | 1 518 | 279 | 1 239 | 0.00 | 0.00 | 0.00 | 22.52 |
| 96 | 1 042 | 176 | 866 | 0.00 | 0.00 | 0.00 | 20.32 |
| 97 | 688 | 121 | 567 | 0.00 | 0.00 | 0.00 | 21.34 |
| 98 | 603 | 102 | 501 | 0.00 | 0.00 | 0.00 | 20.36 |
| 99 | 379 | 70 | 309 | 0.00 | 0.00 | 0.00 | 22.65 |
| **100岁及以上** | **417** | **65** | **352** | **0.00** | **0.00** | **0.00** | **18.47** |

# 2—32 湖北省分年龄、性别的人口状况

| 年龄（岁） | 人口数（人） | | | 占总人口数的百分比 | | | 性别比（女=100） |
|---|---|---|---|---|---|---|---|
| | 合计 | 男 | 女 | 合计 | 男 | 女 | |
| 总计 | 53 970 501 | 27 828 085 | 26 142 416 | 100.00 | 51.56 | 48.44 | 106.45 |
| 0—4 | 6 160 634 | 3 202 258 | 2 958 376 | 11.41 | 5.93 | 5.48 | 108.24 |
| 0 | 1 292 536 | 675 400 | 617 136 | 2.39 | 1.25 | 1.14 | 109.44 |
| 1 | 1 284 482 | 670 465 | 614 017 | 2.38 | 1.24 | 1.14 | 109.19 |
| 2 | 1 271 951 | 661 080 | 610 871 | 2.36 | 1.22 | 1.13 | 108.22 |
| 3 | 1 227 895 | 635 216 | 592 679 | 2.28 | 1.18 | 1.10 | 107.18 |
| 4 | 1 083 770 | 560 097 | 523 673 | 2.01 | 1.04 | 0.97 | 106.96 |
| 5—9 | 4 711 986 | 2 434 167 | 2 277 819 | 8.73 | 4.51 | 4.22 | 106.86 |
| 5 | 1 039 737 | 537 639 | 502 098 | 1.93 | 1.00 | 0.93 | 107.08 |
| 6 | 950 783 | 490 869 | 459 914 | 1.76 | 0.91 | 0.85 | 106.73 |
| 7 | 938 425 | 484 830 | 453 595 | 1.74 | 0.90 | 0.84 | 106.89 |
| 8 | 946 917 | 489 244 | 457 673 | 1.75 | 0.91 | 0.85 | 106.90 |
| 9 | 836 124 | 431 585 | 404 539 | 1.55 | 0.80 | 0.75 | 106.69 |
| 10—14 | 4 484 076 | 2 308 110 | 2 175 966 | 8.31 | 4.28 | 4.03 | 106.07 |
| 10 | 983 672 | 506 400 | 477 272 | 1.82 | 0.94 | 0.88 | 106.10 |
| 11 | 884 814 | 455 532 | 429 282 | 1.64 | 0.84 | 0.80 | 106.11 |
| 12 | 852 776 | 439 182 | 413 594 | 1.58 | 0.81 | 0.77 | 106.19 |
| 13 | 879 239 | 452 236 | 427 003 | 1.63 | 0.84 | 0.79 | 105.91 |
| 14 | 883 575 | 454 760 | 428 815 | 1.64 | 0.84 | 0.79 | 106.05 |
| 15—19 | 5 419 900 | 2 788 284 | 2 631 616 | 10.04 | 5.17 | 4.88 | 105.95 |
| 15 | 916 597 | 470 780 | 445 817 | 1.70 | 0.87 | 0.83 | 105.60 |
| 16 | 987 780 | 505 987 | 481 793 | 1.83 | 0.94 | 0.89 | 105.02 |
| 17 | 1 115 163 | 573 079 | 542 084 | 2.07 | 1.06 | 1.00 | 105.72 |
| 18 | 1 172 249 | 605 278 | 566 971 | 2.17 | 1.12 | 1.05 | 106.76 |
| 19 | 1 228 111 | 633 160 | 594 951 | 2.28 | 1.17 | 1.10 | 106.42 |
| 20—24 | 6 146 824 | 3 164 937 | 2 981 887 | 11.39 | 5.86 | 5.53 | 106.14 |
| 20 | 1 280 798 | 655 646 | 625 152 | 2.37 | 1.21 | 1.16 | 104.88 |
| 21 | 1 417 664 | 727 648 | 690 016 | 2.63 | 1.35 | 1.28 | 105.45 |
| 22 | 1 189 540 | 614 452 | 575 088 | 2.20 | 1.14 | 1.07 | 106.84 |
| 23 | 1 080 350 | 558 246 | 522 104 | 2.00 | 1.03 | 0.97 | 106.92 |
| 24 | 1 178 472 | 608 945 | 569 527 | 2.18 | 1.13 | 1.06 | 106.92 |
| 25—29 | 5 210 778 | 2 699 004 | 2 511 774 | 9.65 | 5.00 | 4.65 | 107.45 |
| 25 | 1 139 294 | 590 082 | 549 212 | 2.11 | 1.09 | 1.02 | 107.44 |
| 26 | 1 225 004 | 631 419 | 593 585 | 2.27 | 1.17 | 1.10 | 106.37 |
| 27 | 1 360 814 | 704 810 | 656 004 | 2.52 | 1.31 | 1.22 | 107.44 |
| 28 | 1 008 173 | 525 127 | 483 046 | 1.87 | 0.97 | 0.90 | 108.71 |
| 29 | 477 493 | 247 566 | 229 927 | 0.88 | 0.46 | 0.43 | 107.67 |

2—32 续表1

| 年龄 (岁) | 人口数（人） | | | 占总人口数的百分比 | | | 性别比 (女=100) |
|---|---|---|---|---|---|---|---|
| | 合计 | 男 | 女 | 合计 | 男 | 女 | |
| **30—34** | **4 056 457** | **2 114 738** | **1 941 719** | **7.52** | **3.92** | **3.60** | **108.91** |
| 30 | 630 648 | 330 561 | 300 087 | 1.17 | 0.61 | 0.56 | 110.16 |
| 31 | 737 520 | 386 746 | 350 774 | 1.37 | 0.72 | 0.65 | 110.26 |
| 32 | 984 938 | 515 199 | 469 739 | 1.82 | 0.95 | 0.87 | 109.68 |
| 33 | 902 102 | 468 678 | 433 424 | 1.67 | 0.87 | 0.80 | 108.13 |
| 34 | 801 249 | 413 554 | 387 695 | 1.48 | 0.77 | 0.72 | 106.67 |
| **35—39** | **3 935 851** | **2 040 882** | **1 894 969** | **7.29** | **3.78** | **3.51** | **107.70** |
| 35 | 895 071 | 463 934 | 431 137 | 1.66 | 0.86 | 0.80 | 107.61 |
| 36 | 841 455 | 435 190 | 406 265 | 1.56 | 0.81 | 0.75 | 107.12 |
| 37 | 778 313 | 403 937 | 374 376 | 1.44 | 0.75 | 0.69 | 107.90 |
| 38 | 765 611 | 397 970 | 367 641 | 1.42 | 0.74 | 0.68 | 108.25 |
| 39 | 655 401 | 339 851 | 315 550 | 1.21 | 0.63 | 0.58 | 107.70 |
| **40—44** | **3 036 276** | **1 599 701** | **1 436 575** | **5.63** | **2.96** | **2.66** | **111.36** |
| 40 | 670 641 | 355 050 | 315 591 | 1.24 | 0.66 | 0.58 | 112.50 |
| 41 | 617 675 | 324 931 | 292 744 | 1.14 | 0.60 | 0.54 | 110.99 |
| 42 | 630 188 | 330 853 | 299 335 | 1.17 | 0.61 | 0.55 | 110.53 |
| 43 | 610 973 | 322 496 | 288 477 | 1.13 | 0.60 | 0.53 | 111.79 |
| 44 | 506 799 | 266 371 | 240 428 | 0.94 | 0.49 | 0.45 | 110.79 |
| **45—49** | **2 344 742** | **1 241 698** | **1 103 044** | **4.34** | **2.30** | **2.04** | **112.57** |
| 45 | 479 540 | 255 399 | 224 141 | 0.89 | 0.47 | 0.42 | 113.95 |
| 46 | 483 879 | 255 986 | 227 893 | 0.90 | 0.47 | 0.42 | 112.33 |
| 47 | 432 423 | 228 284 | 204 139 | 0.80 | 0.42 | 0.38 | 111.83 |
| 48 | 471 688 | 249 872 | 221 816 | 0.87 | 0.46 | 0.41 | 112.65 |
| 49 | 477 212 | 252 157 | 225 055 | 0.88 | 0.47 | 0.42 | 112.04 |
| **50—54** | **2 040 728** | **1 089 210** | **951 518** | **3.78** | **2.02** | **1.76** | **114.47** |
| 50 | 380 004 | 200 193 | 179 811 | 0.70 | 0.37 | 0.33 | 111.34 |
| 51 | 372 013 | 198 831 | 173 182 | 0.69 | 0.37 | 0.32 | 114.81 |
| 52 | 427 001 | 230 139 | 196 862 | 0.79 | 0.43 | 0.36 | 116.90 |
| 53 | 425 812 | 227 907 | 197 905 | 0.79 | 0.42 | 0.37 | 115.16 |
| 54 | 435 898 | 232 140 | 203 758 | 0.81 | 0.43 | 0.38 | 113.93 |
| **55—59** | **1 924 474** | **1 021 494** | **902 980** | **3.57** | **1.89** | **1.67** | **113.12** |
| 55 | 416 992 | 219 493 | 197 499 | 0.77 | 0.41 | 0.37 | 111.14 |
| 56 | 439 413 | 233 280 | 206 133 | 0.81 | 0.43 | 0.38 | 113.17 |
| 57 | 408 148 | 217 386 | 190 762 | 0.76 | 0.40 | 0.35 | 113.96 |
| 58 | 328 648 | 174 214 | 154 434 | 0.61 | 0.32 | 0.29 | 112.81 |
| 59 | 331 273 | 177 121 | 154 152 | 0.61 | 0.33 | 0.29 | 114.90 |
| **60—64** | **1 530 078** | **799 384** | **730 694** | **2.84** | **1.48** | **1.35** | **109.40** |
| 60 | 353 847 | 187 378 | 166 469 | 0.66 | 0.35 | 0.31 | 112.56 |
| 61 | 311 895 | 163 187 | 148 708 | 0.58 | 0.30 | 0.28 | 109.74 |
| 62 | 310 601 | 162 653 | 147 948 | 0.58 | 0.30 | 0.27 | 109.94 |
| 63 | 278 282 | 144 664 | 133 618 | 0.52 | 0.27 | 0.25 | 108.27 |
| 64 | 275 453 | 141 502 | 133 951 | 0.51 | 0.26 | 0.25 | 105.64 |

2—32 续表 2

| 年龄(岁) | 人口数(人) | | | 占总人口数的百分比 | | | 性别比(女=100) |
|---|---|---|---|---|---|---|---|
| | 合计 | 男 | 女 | 合计 | 男 | 女 | |
| 65—69 | 1 335 225 | 648 205 | 687 020 | 2.47 | 1.20 | 1.27 | 94.35 |
| 65 | 316 013 | 156 694 | 159 319 | 0.59 | 0.29 | 0.30 | 98.35 |
| 66 | 296 954 | 144 574 | 152 380 | 0.55 | 0.27 | 0.28 | 94.88 |
| 67 | 258 262 | 125 099 | 133 163 | 0.48 | 0.23 | 0.25 | 93.94 |
| 68 | 240 748 | 116 435 | 124 313 | 0.45 | 0.22 | 0.23 | 93.66 |
| 69 | 223 248 | 105 403 | 117 845 | 0.41 | 0.20 | 0.22 | 89.44 |
| 70—74 | 863 028 | 388 529 | 474 499 | 1.60 | 0.72 | 0.88 | 81.88 |
| 70 | 220 368 | 102 297 | 118 071 | 0.41 | 0.19 | 0.22 | 86.64 |
| 71 | 175 761 | 80 075 | 95 686 | 0.33 | 0.15 | 0.18 | 83.69 |
| 72 | 161 959 | 72 997 | 88 962 | 0.30 | 0.14 | 0.16 | 82.05 |
| 73 | 159 847 | 70 704 | 89 143 | 0.30 | 0.13 | 0.17 | 79.32 |
| 74 | 145 093 | 62 456 | 82 637 | 0.27 | 0.12 | 0.15 | 75.58 |
| 75—79 | 503 995 | 201 990 | 302 005 | 0.93 | 0.37 | 0.56 | 66.88 |
| 75 | 135 339 | 56 662 | 78 677 | 0.25 | 0.10 | 0.15 | 72.02 |
| 76 | 125 438 | 51 066 | 74 372 | 0.23 | 0.09 | 0.14 | 68.66 |
| 77 | 98 437 | 39 083 | 59 354 | 0.18 | 0.07 | 0.11 | 65.85 |
| 78 | 82 554 | 31 883 | 50 671 | 0.15 | 0.06 | 0.09 | 62.92 |
| 79 | 62 227 | 23 296 | 38 931 | 0.12 | 0.04 | 0.07 | 59.84 |
| 80—84 | 188 657 | 64 427 | 124 230 | 0.35 | 0.12 | 0.23 | 51.86 |
| 80 | 54 148 | 19 443 | 34 705 | 0.10 | 0.04 | 0.06 | 56.02 |
| 81 | 44 918 | 15 624 | 29 294 | 0.08 | 0.03 | 0.05 | 53.34 |
| 82 | 35 983 | 12 259 | 23 724 | 0.07 | 0.02 | 0.04 | 51.67 |
| 83 | 28 647 | 9 322 | 19 325 | 0.05 | 0.02 | 0.04 | 48.24 |
| 84 | 24 961 | 7 779 | 17 182 | 0.05 | 0.01 | 0.03 | 45.27 |
| 85—89 | 64 887 | 18 353 | 46 534 | 0.12 | 0.03 | 0.09 | 39.44 |
| 85 | 19 649 | 5 868 | 13 781 | 0.04 | 0.01 | 0.03 | 42.58 |
| 86 | 16 626 | 4 677 | 11 949 | 0.03 | 0.01 | 0.02 | 39.14 |
| 87 | 12 739 | 3 510 | 9 229 | 0.02 | 0.01 | 0.02 | 38.03 |
| 88 | 9 153 | 2 477 | 6 676 | 0.02 | 0.00 | 0.01 | 37.10 |
| 89 | 6 720 | 1 821 | 4 899 | 0.01 | 0.00 | 0.01 | 37.17 |
| 90—94 | 10 094 | 2 351 | 7 743 | 0.02 | 0.00 | 0.01 | 30.36 |
| 90 | 4 396 | 1 050 | 3 346 | 0.01 | 0.00 | 0.01 | 31.38 |
| 91 | 2 219 | 533 | 1 686 | 0.00 | 0.00 | 0.00 | 31.61 |
| 92 | 1 532 | 336 | 1 196 | 0.00 | 0.00 | 0.00 | 28.09 |
| 93 | 1 117 | 256 | 861 | 0.00 | 0.00 | 0.00 | 29.73 |
| 94 | 830 | 176 | 654 | 0.00 | 0.00 | 0.00 | 26.91 |
| 95—99 | 1 603 | 315 | 1 288 | 0.00 | 0.00 | 0.00 | 24.46 |
| 95 | 547 | 105 | 442 | 0.00 | 0.00 | 0.00 | 23.76 |
| 96 | 406 | 77 | 329 | 0.00 | 0.00 | 0.00 | 23.40 |
| 97 | 297 | 66 | 231 | 0.00 | 0.00 | 0.00 | 28.57 |
| 98 | 204 | 38 | 166 | 0.00 | 0.00 | 0.00 | 22.89 |
| 99 | 149 | 29 | 120 | 0.00 | 0.00 | 0.00 | 24.17 |
| 100岁及以上 | 208 | 48 | 160 | 0.00 | 0.00 | 0.00 | 30.00 |

## 2—33 湖南省分年龄、性别的人口状况

| 年龄 (岁) | 人口数（人） | | | 占总人口数的百分比 | | | 性别比 |
|---|---|---|---|---|---|---|---|
| | 合计 | 男 | 女 | 合计 | 男 | 女 | (女=100) |
| **总计** | **60 657 992** | **31 497 631** | **29 160 361** | **100.00** | **51.93** | **48.07** | **108.02** |
| **0—4** | **6 564 495** | **3 420 807** | **3 143 688** | **10.82** | **5.64** | **5.18** | **108.82** |
| 0 | 1 424 093 | 747 271 | 676 822 | 2.35 | 1.23 | 1.12 | 110.41 |
| 1 | 1 367 570 | 716 233 | 651 337 | 2.25 | 1.18 | 1.07 | 109.96 |
| 2 | 1 360 824 | 707 866 | 652 958 | 2.24 | 1.17 | 1.08 | 108.41 |
| 3 | 1 279 343 | 663 414 | 615 929 | 2.11 | 1.09 | 1.02 | 107.71 |
| 4 | 1 132 665 | 586 023 | 546 642 | 1.87 | 0.97 | 0.90 | 107.20 |
| **5—9** | **5 431 526** | **2 805 701** | **2 625 825** | **8.95** | **4.63** | **4.33** | **106.85** |
| 5 | 1 084 109 | 562 343 | 521 766 | 1.79 | 0.93 | 0.86 | 107.78 |
| 6 | 1 046 134 | 540 236 | 505 898 | 1.72 | 0.89 | 0.83 | 106.79 |
| 7 | 1 168 615 | 603 981 | 564 634 | 1.93 | 1.00 | 0.93 | 106.97 |
| 8 | 1 210 082 | 624 415 | 585 667 | 1.99 | 1.03 | 0.97 | 106.62 |
| 9 | 922 586 | 474 726 | 447 860 | 1.52 | 0.78 | 0.74 | 106.00 |
| **10—14** | **4 968 062** | **2 561 991** | **2 406 071** | **8.19** | **4.22** | **3.97** | **106.48** |
| 10 | 1 006 392 | 519 302 | 487 090 | 1.66 | 0.86 | 0.80 | 106.61 |
| 11 | 934 426 | 481 464 | 452 962 | 1.54 | 0.79 | 0.75 | 106.29 |
| 12 | 916 436 | 472 738 | 443 698 | 1.51 | 0.78 | 0.73 | 106.54 |
| 13 | 1 005 628 | 518 261 | 487 367 | 1.66 | 0.85 | 0.80 | 106.34 |
| 14 | 1 105 180 | 570 226 | 534 954 | 1.82 | 0.94 | 0.88 | 106.59 |
| **15—19** | **6 510 037** | **3 379 632** | **3 130 405** | **10.73** | **5.57** | **5.16** | **107.96** |
| 15 | 1 229 688 | 633 284 | 596 404 | 2.03 | 1.04 | 0.98 | 106.18 |
| 16 | 1 360 140 | 702 172 | 657 968 | 2.24 | 1.16 | 1.08 | 106.72 |
| 17 | 1 350 898 | 702 592 | 648 306 | 2.23 | 1.16 | 1.07 | 108.37 |
| 18 | 1 233 837 | 646 116 | 587 721 | 2.03 | 1.07 | 0.97 | 109.94 |
| 19 | 1 335 474 | 695 468 | 640 006 | 2.20 | 1.15 | 1.06 | 108.67 |
| **20—24** | **7 090 891** | **3 632 554** | **3 458 337** | **11.69** | **5.99** | **5.70** | **105.04** |
| 20 | 1 435 892 | 723 746 | 712 146 | 2.37 | 1.19 | 1.17 | 101.63 |
| 21 | 1 606 555 | 821 153 | 785 402 | 2.65 | 1.35 | 1.29 | 104.55 |
| 22 | 1 399 177 | 724 767 | 674 410 | 2.31 | 1.19 | 1.11 | 107.47 |
| 23 | 1 271 571 | 653 097 | 618 474 | 2.10 | 1.08 | 1.02 | 105.60 |
| 24 | 1 377 696 | 709 791 | 667 905 | 2.27 | 1.17 | 1.10 | 106.27 |
| **25—29** | **5 537 344** | **2 846 510** | **2 690 834** | **9.13** | **4.69** | **4.44** | **105.79** |
| 25 | 1 399 322 | 721 184 | 678 138 | 2.31 | 1.19 | 1.12 | 106.35 |
| 26 | 1 404 870 | 717 963 | 686 907 | 2.32 | 1.18 | 1.13 | 104.52 |
| 27 | 1 572 904 | 813 625 | 759 279 | 2.59 | 1.34 | 1.25 | 107.16 |
| 28 | 739 152 | 378 750 | 360 402 | 1.22 | 0.62 | 0.59 | 105.09 |
| 29 | 421 096 | 214 988 | 206 108 | 0.69 | 0.35 | 0.34 | 104.31 |

2—33 续表1

| 年龄（岁） | 人口数（人） 合计 | 男 | 女 | 占总人口数的百分比 合计 | 男 | 女 | 性别比（女=100） |
|---|---|---|---|---|---|---|---|
| 30—34 | 4 095 561 | 2 164 720 | 1 930 841 | 6.75 | 3.57 | 3.18 | 112.11 |
| 30 | 667 047 | 352 083 | 314 964 | 1.10 | 0.58 | 0.52 | 111.79 |
| 31 | 656 126 | 349 687 | 306 439 | 1.08 | 0.58 | 0.51 | 114.11 |
| 32 | 969 117 | 515 618 | 453 499 | 1.60 | 0.85 | 0.75 | 113.70 |
| 33 | 962 402 | 508 184 | 454 218 | 1.59 | 0.84 | 0.75 | 111.88 |
| 34 | 840 869 | 439 148 | 401 721 | 1.39 | 0.72 | 0.66 | 109.32 |
| 35—39 | 4 454 403 | 2 328 318 | 2 126 085 | 7.34 | 3.84 | 3.51 | 109.51 |
| 35 | 949 199 | 496 990 | 452 209 | 1.56 | 0.82 | 0.75 | 109.90 |
| 36 | 937 902 | 489 018 | 448 884 | 1.55 | 0.81 | 0.74 | 108.94 |
| 37 | 914 642 | 478 097 | 436 545 | 1.51 | 0.79 | 0.72 | 109.52 |
| 38 | 889 612 | 466 172 | 423 440 | 1.47 | 0.77 | 0.70 | 110.09 |
| 39 | 763 048 | 398 041 | 365 007 | 1.26 | 0.66 | 0.60 | 109.05 |
| 40—44 | 3 397 500 | 1 814 100 | 1 583 400 | 5.60 | 2.99 | 2.61 | 114.57 |
| 40 | 825 606 | 440 932 | 384 674 | 1.36 | 0.73 | 0.63 | 114.62 |
| 41 | 720 837 | 383 692 | 337 145 | 1.19 | 0.63 | 0.56 | 113.81 |
| 42 | 698 396 | 374 498 | 323 898 | 1.15 | 0.62 | 0.53 | 115.62 |
| 43 | 623 509 | 334 296 | 289 213 | 1.03 | 0.55 | 0.48 | 115.59 |
| 44 | 529 152 | 280 682 | 248 470 | 0.87 | 0.46 | 0.41 | 112.96 |
| 45—49 | 2 542 886 | 1 382 849 | 1 160 037 | 4.19 | 2.28 | 1.91 | 119.21 |
| 45 | 511 985 | 275 235 | 236 750 | 0.84 | 0.45 | 0.39 | 116.26 |
| 46 | 547 999 | 297 309 | 250 690 | 0.90 | 0.49 | 0.41 | 118.60 |
| 47 | 475 612 | 258 166 | 217 446 | 0.78 | 0.43 | 0.36 | 118.73 |
| 48 | 493 439 | 269 901 | 223 538 | 0.81 | 0.44 | 0.37 | 120.74 |
| 49 | 513 851 | 282 238 | 231 613 | 0.85 | 0.47 | 0.38 | 121.86 |
| 50—54 | 2 566 637 | 1 389 990 | 1 176 647 | 4.23 | 2.29 | 1.94 | 118.13 |
| 50 | 489 639 | 266 928 | 222 711 | 0.81 | 0.44 | 0.37 | 119.85 |
| 51 | 516 742 | 281 493 | 235 249 | 0.85 | 0.46 | 0.39 | 119.66 |
| 52 | 541 108 | 294 354 | 246 754 | 0.89 | 0.49 | 0.41 | 119.29 |
| 53 | 534 769 | 288 447 | 246 322 | 0.88 | 0.48 | 0.41 | 117.10 |
| 54 | 484 379 | 258 768 | 225 611 | 0.80 | 0.43 | 0.37 | 114.70 |
| 55—59 | 2 273 533 | 1 217 010 | 1 056 523 | 3.75 | 2.01 | 1.74 | 115.19 |
| 55 | 455 804 | 242 165 | 213 639 | 0.75 | 0.40 | 0.35 | 113.35 |
| 56 | 485 947 | 260 844 | 225 103 | 0.80 | 0.43 | 0.37 | 115.88 |
| 57 | 475 313 | 254 862 | 220 451 | 0.78 | 0.42 | 0.36 | 115.61 |
| 58 | 431 070 | 229 855 | 201 215 | 0.71 | 0.38 | 0.33 | 114.23 |
| 59 | 425 399 | 229 284 | 196 115 | 0.70 | 0.38 | 0.32 | 116.91 |
| 60—64 | 1 830 464 | 964 451 | 866 013 | 3.02 | 1.59 | 1.43 | 111.37 |
| 60 | 412 226 | 219 575 | 192 651 | 0.68 | 0.36 | 0.32 | 113.98 |
| 61 | 376 665 | 198 207 | 178 458 | 0.62 | 0.33 | 0.29 | 111.07 |
| 62 | 409 885 | 217 438 | 192 447 | 0.68 | 0.36 | 0.32 | 112.99 |
| 63 | 331 604 | 173 742 | 157 862 | 0.55 | 0.29 | 0.26 | 110.06 |
| 64 | 300 084 | 155 489 | 144 595 | 0.49 | 0.26 | 0.24 | 107.53 |

2—33 续表 2

| 年龄(岁) | 人口数(人) 合计 | 男 | 女 | 占总人口数的百分比 合计 | 男 | 女 | 性别比(女=100) |
|---|---|---|---|---|---|---|---|
| **65—69** | **1 438 378** | **723 931** | **714 447** | **2.37** | **1.19** | **1.18** | **101.33** |
| 65 | 338 965 | 171 456 | 167 509 | 0.56 | 0.28 | 0.28 | 102.36 |
| 66 | 325 240 | 165 216 | 160 024 | 0.54 | 0.27 | 0.26 | 103.24 |
| 67 | 261 785 | 131 498 | 130 287 | 0.43 | 0.22 | 0.21 | 100.93 |
| 68 | 259 996 | 130 974 | 129 022 | 0.43 | 0.22 | 0.21 | 101.51 |
| 69 | 252 392 | 124 787 | 127 605 | 0.42 | 0.21 | 0.21 | 97.79 |
| **70—74** | **977 163** | **463 823** | **513 340** | **1.61** | **0.76** | **0.85** | **90.35** |
| 70 | 229 272 | 111 251 | 118 021 | 0.38 | 0.18 | 0.19 | 94.26 |
| 71 | 196 772 | 95 045 | 101 727 | 0.32 | 0.16 | 0.17 | 93.43 |
| 72 | 196 975 | 93 430 | 103 545 | 0.32 | 0.15 | 0.17 | 90.23 |
| 73 | 188 937 | 88 326 | 100 611 | 0.31 | 0.15 | 0.17 | 87.79 |
| 74 | 165 207 | 75 771 | 89 436 | 0.27 | 0.12 | 0.15 | 84.72 |
| **75—79** | **603 722** | **263 809** | **339 913** | **1.00** | **0.43** | **0.56** | **77.61** |
| 75 | 155 532 | 70 316 | 85 216 | 0.26 | 0.12 | 0.14 | 82.52 |
| 76 | 142 804 | 63 277 | 79 527 | 0.24 | 0.10 | 0.13 | 79.57 |
| 77 | 118 911 | 51 240 | 67 671 | 0.20 | 0.08 | 0.11 | 75.72 |
| 78 | 103 639 | 44 304 | 59 335 | 0.17 | 0.07 | 0.10 | 74.67 |
| 79 | 82 836 | 34 672 | 48 164 | 0.14 | 0.06 | 0.08 | 71.99 |
| **80—84** | **264 730** | **101 877** | **162 853** | **0.44** | **0.17** | **0.27** | **62.56** |
| 80 | 71 319 | 28 827 | 42 492 | 0.12 | 0.05 | 0.07 | 67.84 |
| 81 | 61 387 | 24 003 | 37 384 | 0.10 | 0.04 | 0.06 | 64.21 |
| 82 | 52 454 | 20 020 | 32 434 | 0.09 | 0.03 | 0.05 | 61.73 |
| 83 | 43 386 | 16 043 | 27 343 | 0.07 | 0.03 | 0.05 | 58.67 |
| 84 | 36 184 | 12 984 | 23 200 | 0.06 | 0.02 | 0.04 | 55.97 |
| **85—89** | **94 259** | **31 117** | **63 142** | **0.16** | **0.05** | **0.10** | **49.28** |
| 85 | 29 680 | 10 261 | 19 419 | 0.05 | 0.02 | 0.03 | 52.84 |
| 86 | 24 242 | 8 088 | 16 154 | 0.04 | 0.01 | 0.03 | 50.07 |
| 87 | 18 544 | 5 966 | 12 578 | 0.03 | 0.01 | 0.02 | 47.43 |
| 88 | 12 760 | 3 988 | 8 772 | 0.02 | 0.01 | 0.01 | 45.46 |
| 89 | 9 033 | 2 814 | 6 219 | 0.01 | 0.00 | 0.01 | 45.25 |
| **90—94** | **14 005** | **3 851** | **10 154** | **0.02** | **0.01** | **0.02** | **37.93** |
| 90 | 5 495 | 1 602 | 3 893 | 0.01 | 0.00 | 0.01 | 41.15 |
| 91 | 3 191 | 884 | 2 307 | 0.01 | 0.00 | 0.00 | 38.32 |
| 92 | 2 462 | 634 | 1 828 | 0.00 | 0.00 | 0.00 | 34.68 |
| 93 | 1 715 | 442 | 1 273 | 0.00 | 0.00 | 0.00 | 34.72 |
| 94 | 1 142 | 289 | 853 | 0.00 | 0.00 | 0.00 | 33.88 |
| **95—99** | **2 210** | **550** | **1 660** | **0.00** | **0.00** | **0.00** | **33.13** |
| 95 | 862 | 215 | 647 | 0.00 | 0.00 | 0.00 | 33.23 |
| 96 | 575 | 137 | 438 | 0.00 | 0.00 | 0.00 | 31.28 |
| 97 | 390 | 99 | 291 | 0.00 | 0.00 | 0.00 | 34.02 |
| 98 | 231 | 65 | 166 | 0.00 | 0.00 | 0.00 | 39.16 |
| 99 | 152 | 34 | 118 | 0.00 | 0.00 | 0.00 | 28.81 |
| **100岁及以上** | **186** | **40** | **146** | **0.00** | **0.00** | **0.00** | **27.40** |

## 2—34 广东省分年龄、性别的人口状况

| 年龄（岁） | 人口数（人） 合计 | 男 | 女 | 占总人口数的百分比 合计 | 男 | 女 | 性别比（女=100） |
|---|---|---|---|---|---|---|---|
| 总计 | 62 829 741 | 32 151 260 | 30 678 481 | 100.00 | 51.17 | 48.83 | 104.80 |
| 0—4 | 6 934 302 | 3 646 034 | 3 288 268 | 11.04 | 5.80 | 5.23 | 110.88 |
| 0 | 1 368 612 | 722 946 | 645 666 | 2.18 | 1.15 | 1.03 | 111.97 |
| 1 | 1 387 657 | 732 913 | 654 744 | 2.21 | 1.17 | 1.04 | 111.94 |
| 2 | 1 382 928 | 725 970 | 656 958 | 2.20 | 1.16 | 1.05 | 110.50 |
| 3 | 1 442 522 | 756 104 | 686 418 | 2.30 | 1.20 | 1.09 | 110.15 |
| 4 | 1 352 583 | 708 101 | 644 482 | 2.15 | 1.13 | 1.03 | 109.87 |
| 5—9 | 6 511 644 | 3 421 064 | 3 090 580 | 10.36 | 5.44 | 4.92 | 110.69 |
| 5 | 1 354 287 | 711 786 | 642 501 | 2.16 | 1.13 | 1.02 | 110.78 |
| 6 | 1 315 028 | 691 500 | 623 528 | 2.09 | 1.10 | 0.99 | 110.90 |
| 7 | 1 287 063 | 679 077 | 607 986 | 2.05 | 1.08 | 0.97 | 111.69 |
| 8 | 1 340 950 | 705 030 | 635 920 | 2.13 | 1.12 | 1.01 | 110.87 |
| 9 | 1 214 316 | 633 671 | 580 645 | 1.93 | 1.01 | 0.92 | 109.13 |
| 10—14 | 5 351 367 | 2 790 829 | 2 560 538 | 8.52 | 4.44 | 4.08 | 108.99 |
| 10 | 1 218 595 | 636 981 | 581 614 | 1.94 | 1.01 | 0.93 | 109.52 |
| 11 | 1 143 611 | 594 820 | 548 791 | 1.82 | 0.95 | 0.87 | 108.39 |
| 12 | 1 002 614 | 521 874 | 480 740 | 1.60 | 0.83 | 0.77 | 108.56 |
| 13 | 974 314 | 508 155 | 466 159 | 1.55 | 0.81 | 0.74 | 109.01 |
| 14 | 1 012 233 | 528 999 | 483 234 | 1.61 | 0.84 | 0.77 | 109.47 |
| 15—19 | 6 489 052 | 3 270 839 | 3 218 213 | 10.33 | 5.21 | 5.12 | 101.64 |
| 15 | 1 105 672 | 575 310 | 530 362 | 1.76 | 0.92 | 0.84 | 108.47 |
| 16 | 1 261 296 | 646 718 | 614 578 | 2.01 | 1.03 | 0.98 | 105.23 |
| 17 | 1 327 980 | 666 667 | 661 313 | 2.11 | 1.06 | 1.05 | 100.81 |
| 18 | 1 362 753 | 674 978 | 687 775 | 2.17 | 1.07 | 1.09 | 98.14 |
| 19 | 1 431 351 | 707 166 | 724 185 | 2.28 | 1.13 | 1.15 | 97.65 |
| 20—24 | 6 732 786 | 3 388 882 | 3 343 904 | 10.72 | 5.39 | 5.32 | 101.35 |
| 20 | 1 436 480 | 707 800 | 728 680 | 2.29 | 1.13 | 1.16 | 97.13 |
| 21 | 1 448 290 | 723 177 | 725 113 | 2.31 | 1.15 | 1.15 | 99.73 |
| 22 | 1 312 830 | 660 669 | 652 161 | 2.09 | 1.05 | 1.04 | 101.30 |
| 23 | 1 213 868 | 618 030 | 595 838 | 1.93 | 0.98 | 0.95 | 103.72 |
| 24 | 1 321 318 | 679 206 | 642 112 | 2.10 | 1.08 | 1.02 | 105.78 |
| 25—29 | 5 726 694 | 2 952 207 | 2 774 487 | 9.11 | 4.70 | 4.42 | 106.41 |
| 25 | 1 326 363 | 683 788 | 642 575 | 2.11 | 1.09 | 1.02 | 106.41 |
| 26 | 1 294 814 | 665 713 | 629 101 | 2.06 | 1.06 | 1.00 | 105.82 |
| 27 | 1 399 995 | 727 579 | 672 416 | 2.23 | 1.16 | 1.07 | 108.20 |
| 28 | 1 025 560 | 530 576 | 494 984 | 1.63 | 0.84 | 0.79 | 107.19 |
| 29 | 679 962 | 344 551 | 335 411 | 1.08 | 0.55 | 0.53 | 102.73 |

2—34 续表1

| 年龄（岁） | 人口数（人） 合计 | 男 | 女 | 占总人口数的百分比 合计 | 男 | 女 | 性别比（女=100） |
|---|---|---|---|---|---|---|---|
| 30—34 | 4 745 596 | 2 464 177 | 2 281 419 | 7.55 | 3.92 | 3.63 | 108.01 |
| 30 | 823 523 | 427 086 | 396 437 | 1.31 | 0.68 | 0.63 | 107.73 |
| 31 | 917 568 | 476 869 | 440 699 | 1.46 | 0.76 | 0.70 | 108.21 |
| 32 | 1 096 849 | 574 132 | 522 717 | 1.75 | 0.91 | 0.83 | 109.84 |
| 33 | 986 364 | 511 654 | 474 710 | 1.57 | 0.81 | 0.76 | 107.78 |
| 34 | 921 292 | 474 436 | 446 856 | 1.47 | 0.76 | 0.71 | 106.17 |
| 35—39 | 4 343 896 | 2 245 874 | 2 098 022 | 6.91 | 3.57 | 3.34 | 107.05 |
| 35 | 1 003 734 | 520 676 | 483 058 | 1.60 | 0.83 | 0.77 | 107.79 |
| 36 | 947 237 | 487 421 | 459 816 | 1.51 | 0.78 | 0.73 | 106.00 |
| 37 | 853 219 | 437 989 | 415 230 | 1.36 | 0.70 | 0.66 | 105.48 |
| 38 | 797 869 | 412 025 | 385 844 | 1.27 | 0.66 | 0.61 | 106.79 |
| 39 | 741 837 | 387 763 | 354 074 | 1.18 | 0.62 | 0.56 | 109.51 |
| 40—44 | 3 140 832 | 1 686 699 | 1 454 133 | 5.00 | 2.68 | 2.31 | 115.99 |
| 40 | 789 735 | 423 660 | 366 075 | 1.26 | 0.67 | 0.58 | 115.73 |
| 41 | 656 914 | 350 782 | 306 132 | 1.05 | 0.56 | 0.49 | 114.59 |
| 42 | 605 916 | 325 585 | 280 331 | 0.96 | 0.52 | 0.45 | 116.14 |
| 43 | 556 864 | 299 685 | 257 179 | 0.89 | 0.48 | 0.41 | 116.53 |
| 44 | 531 403 | 286 987 | 244 416 | 0.85 | 0.46 | 0.39 | 117.42 |
| 45—49 | 2 432 932 | 1 314 544 | 1 118 388 | 3.87 | 2.09 | 1.78 | 117.54 |
| 45 | 536 219 | 292 065 | 244 154 | 0.85 | 0.46 | 0.39 | 119.62 |
| 46 | 481 635 | 260 677 | 220 958 | 0.77 | 0.41 | 0.35 | 117.98 |
| 47 | 465 797 | 251 884 | 213 913 | 0.74 | 0.40 | 0.34 | 117.75 |
| 48 | 474 277 | 254 140 | 220 137 | 0.75 | 0.40 | 0.35 | 115.45 |
| 49 | 475 004 | 255 778 | 219 226 | 0.76 | 0.41 | 0.35 | 116.67 |
| 50—54 | 2 460 947 | 1 313 556 | 1 147 391 | 3.92 | 2.09 | 1.83 | 114.48 |
| 50 | 488 566 | 264 222 | 224 344 | 0.78 | 0.42 | 0.36 | 117.78 |
| 51 | 485 092 | 262 308 | 222 784 | 0.77 | 0.42 | 0.35 | 117.74 |
| 52 | 497 615 | 267 489 | 230 126 | 0.79 | 0.43 | 0.37 | 116.24 |
| 53 | 488 438 | 260 051 | 228 387 | 0.78 | 0.41 | 0.36 | 113.86 |
| 54 | 501 236 | 259 486 | 241 750 | 0.80 | 0.41 | 0.38 | 107.34 |
| 55—59 | 2 313 274 | 1 183 931 | 1 129 343 | 3.68 | 1.88 | 1.80 | 104.83 |
| 55 | 484 747 | 247 410 | 237 337 | 0.77 | 0.39 | 0.38 | 104.24 |
| 56 | 484 664 | 249 018 | 235 646 | 0.77 | 0.40 | 0.38 | 105.67 |
| 57 | 475 908 | 243 684 | 232 224 | 0.76 | 0.39 | 0.37 | 104.93 |
| 58 | 443 439 | 226 339 | 217 100 | 0.71 | 0.36 | 0.35 | 104.26 |
| 59 | 424 516 | 217 480 | 207 036 | 0.68 | 0.35 | 0.33 | 105.04 |
| 60—64 | 1 920 635 | 962 727 | 957 908 | 3.06 | 1.53 | 1.52 | 100.50 |
| 60 | 416 093 | 212 163 | 203 930 | 0.66 | 0.34 | 0.32 | 104.04 |
| 61 | 385 190 | 193 749 | 191 441 | 0.61 | 0.31 | 0.30 | 101.21 |
| 62 | 402 224 | 201 634 | 200 590 | 0.64 | 0.32 | 0.32 | 100.52 |
| 63 | 366 963 | 183 745 | 183 218 | 0.58 | 0.29 | 0.29 | 100.29 |
| 64 | 350 165 | 171 436 | 178 729 | 0.56 | 0.27 | 0.28 | 95.92 |

2－34 续表2

| 年龄（岁） | 人口数（人） | | | 占总人口数的百分比 | | | 性别比（女＝100） |
|---|---|---|---|---|---|---|---|
| | 合计 | 男 | 女 | 合计 | 男 | 女 | |
| **65－69** | **1 422 283** | **660 826** | **761 457** | **2.26** | **1.05** | **1.21** | **86.78** |
| 65 | 338 095 | 159 065 | 179 030 | 0.54 | 0.25 | 0.28 | 88.85 |
| 66 | 293 496 | 138 220 | 155 276 | 0.47 | 0.22 | 0.25 | 89.02 |
| 67 | 267 046 | 123 160 | 143 886 | 0.43 | 0.20 | 0.23 | 85.60 |
| 68 | 273 363 | 126 126 | 147 237 | 0.44 | 0.20 | 0.23 | 85.66 |
| 69 | 250 283 | 114 255 | 136 028 | 0.40 | 0.18 | 0.22 | 83.99 |
| **70－74** | **1 021 515** | **432 791** | **588 724** | **1.63** | **0.69** | **0.94** | **73.51** |
| 70 | 235 906 | 105 089 | 130 817 | 0.38 | 0.17 | 0.21 | 80.33 |
| 71 | 207 676 | 89 856 | 117 820 | 0.33 | 0.14 | 0.19 | 76.27 |
| 72 | 207 177 | 87 649 | 119 528 | 0.33 | 0.14 | 0.19 | 73.33 |
| 73 | 194 327 | 80 220 | 114 107 | 0.31 | 0.13 | 0.18 | 70.30 |
| 74 | 176 429 | 69 977 | 106 452 | 0.28 | 0.11 | 0.17 | 65.74 |
| **75－79** | **696 480** | **259 311** | **437 169** | **1.11** | **0.41** | **0.70** | **59.32** |
| 75 | 164 338 | 64 530 | 99 808 | 0.26 | 0.10 | 0.16 | 64.65 |
| 76 | 154 792 | 59 515 | 95 277 | 0.25 | 0.09 | 0.15 | 62.47 |
| 77 | 139 417 | 52 163 | 87 254 | 0.22 | 0.08 | 0.14 | 59.78 |
| 78 | 126 984 | 45 316 | 81 668 | 0.20 | 0.07 | 0.13 | 55.49 |
| 79 | 110 949 | 37 787 | 73 162 | 0.18 | 0.06 | 0.12 | 51.65 |
| **80－84** | **377 283** | **111 416** | **265 867** | **0.60** | **0.18** | **0.42** | **41.91** |
| 80 | 98 679 | 31 743 | 66 936 | 0.16 | 0.05 | 0.11 | 47.42 |
| 81 | 83 243 | 25 536 | 57 707 | 0.13 | 0.04 | 0.09 | 44.25 |
| 82 | 74 237 | 21 586 | 52 651 | 0.12 | 0.03 | 0.08 | 41.00 |
| 83 | 64 098 | 17 563 | 46 535 | 0.10 | 0.03 | 0.07 | 37.74 |
| 84 | 57 026 | 14 988 | 42 038 | 0.09 | 0.02 | 0.07 | 35.65 |
| **85－89** | **163 232** | **37 978** | **125 254** | **0.26** | **0.06** | **0.20** | **30.32** |
| 85 | 47 556 | 11 984 | 35 572 | 0.08 | 0.02 | 0.06 | 33.69 |
| 86 | 38 971 | 9 306 | 29 665 | 0.06 | 0.01 | 0.05 | 31.37 |
| 87 | 31 300 | 7 052 | 24 248 | 0.05 | 0.01 | 0.04 | 29.08 |
| 88 | 25 598 | 5 588 | 20 010 | 0.04 | 0.01 | 0.03 | 27.93 |
| 89 | 19 807 | 4 048 | 15 759 | 0.03 | 0.01 | 0.03 | 25.69 |
| **90－94** | **37 283** | **6 571** | **30 712** | **0.06** | **0.01** | **0.05** | **21.40** |
| 90 | 13 415 | 2 570 | 10 845 | 0.02 | 0.00 | 0.02 | 23.70 |
| 91 | 8 767 | 1 560 | 7 207 | 0.01 | 0.00 | 0.01 | 21.65 |
| 92 | 6 956 | 1 159 | 5 797 | 0.01 | 0.00 | 0.01 | 19.99 |
| 93 | 4 702 | 758 | 3 944 | 0.01 | 0.00 | 0.01 | 19.22 |
| 94 | 3 443 | 524 | 2 919 | 0.01 | 0.00 | 0.00 | 17.95 |
| **95－99** | **7 064** | **944** | **6 120** | **0.01** | **0.00** | **0.01** | **15.42** |
| 95 | 2 423 | 339 | 2 084 | 0.00 | 0.00 | 0.00 | 16.27 |
| 96 | 1 774 | 230 | 1 544 | 0.00 | 0.00 | 0.00 | 14.90 |
| 97 | 1 234 | 170 | 1 064 | 0.00 | 0.00 | 0.00 | 15.98 |
| 98 | 931 | 123 | 808 | 0.00 | 0.00 | 0.00 | 15.22 |
| 99 | 702 | 82 | 620 | 0.00 | 0.00 | 0.00 | 13.23 |
| **100岁及以上** | **644** | **60** | **584** | **0.00** | **0.00** | **0.00** | **10.27** |

## 2—35 广西壮族自治区分年龄、性别的人口状况

| 年龄（岁） | 人口数（人） 合计 | 男 | 女 | 占总人口数的百分比 合计 | 男 | 女 | 性别比（女=100） |
|---|---|---|---|---|---|---|---|
| **总计** | **42 244 884** | **22 156 180** | **20 088 704** | **100.00** | **52.45** | **47.55** | **110.29** |
| **0—4** | **4 756 564** | **2 573 594** | **2 182 970** | **11.26** | **6.09** | **5.17** | **117.89** |
| 0 | 845 935 | 465 391 | 380 544 | 2.00 | 1.10 | 0.90 | 122.30 |
| 1 | 883 862 | 481 690 | 402 172 | 2.09 | 1.14 | 0.95 | 119.77 |
| 2 | 925 540 | 501 876 | 423 664 | 2.19 | 1.19 | 1.00 | 118.46 |
| 3 | 1 051 699 | 565 263 | 486 436 | 2.49 | 1.34 | 1.15 | 116.21 |
| 4 | 1 049 528 | 559 374 | 490 154 | 2.48 | 1.32 | 1.16 | 114.12 |
| **5—9** | **4 812 316** | **2 558 927** | **2 253 389** | **11.39** | **6.06** | **5.33** | **113.56** |
| 5 | 1 087 304 | 580 570 | 506 734 | 2.57 | 1.37 | 1.20 | 114.57 |
| 6 | 953 815 | 508 091 | 445 724 | 2.26 | 1.20 | 1.06 | 113.99 |
| 7 | 886 679 | 473 403 | 413 276 | 2.10 | 1.12 | 0.98 | 114.55 |
| 8 | 969 166 | 515 261 | 453 905 | 2.29 | 1.22 | 1.07 | 113.52 |
| 9 | 915 352 | 481 602 | 433 750 | 2.17 | 1.14 | 1.03 | 111.03 |
| **10—14** | **4 532 451** | **2 365 442** | **2 167 009** | **10.73** | **5.60** | **5.13** | **109.16** |
| 10 | 972 688 | 510 029 | 462 659 | 2.30 | 1.21 | 1.10 | 110.24 |
| 11 | 908 898 | 473 547 | 435 351 | 2.15 | 1.12 | 1.03 | 108.77 |
| 12 | 859 222 | 446 518 | 412 704 | 2.03 | 1.06 | 0.98 | 108.19 |
| 13 | 886 300 | 462 445 | 423 855 | 2.10 | 1.09 | 1.00 | 109.10 |
| 14 | 905 343 | 472 903 | 432 440 | 2.14 | 1.12 | 1.02 | 109.36 |
| **15—19** | **4 455 746** | **2 341 193** | **2 114 553** | **10.55** | **5.54** | **5.01** | **110.72** |
| 15 | 927 022 | 483 725 | 443 297 | 2.19 | 1.15 | 1.05 | 109.12 |
| 16 | 944 342 | 492 695 | 451 647 | 2.24 | 1.17 | 1.07 | 109.09 |
| 17 | 875 864 | 460 201 | 415 663 | 2.07 | 1.09 | 0.98 | 110.71 |
| 18 | 849 259 | 447 992 | 401 267 | 2.01 | 1.06 | 0.95 | 111.64 |
| 19 | 859 259 | 456 580 | 402 679 | 2.03 | 1.08 | 0.95 | 113.39 |
| **20—24** | **4 431 278** | **2 330 948** | **2 100 330** | **10.49** | **5.52** | **4.97** | **110.98** |
| 20 | 883 834 | 461 981 | 421 853 | 2.09 | 1.09 | 1.00 | 109.51 |
| 21 | 939 081 | 491 079 | 448 002 | 2.22 | 1.16 | 1.06 | 109.62 |
| 22 | 864 865 | 455 658 | 409 207 | 2.05 | 1.08 | 0.97 | 111.35 |
| 23 | 830 314 | 438 320 | 391 994 | 1.97 | 1.04 | 0.93 | 111.82 |
| 24 | 913 184 | 483 910 | 429 274 | 2.16 | 1.15 | 1.02 | 112.73 |
| **25—29** | **3 575 564** | **1 892 418** | **1 683 146** | **8.46** | **4.48** | **3.98** | **112.43** |
| 25 | 886 223 | 467 757 | 418 466 | 2.10 | 1.11 | 0.99 | 111.78 |
| 26 | 869 017 | 456 165 | 412 852 | 2.06 | 1.08 | 0.98 | 110.49 |
| 27 | 917 842 | 493 103 | 424 739 | 2.17 | 1.17 | 1.01 | 116.10 |
| 28 | 535 227 | 285 399 | 249 828 | 1.27 | 0.68 | 0.59 | 114.24 |
| 29 | 367 255 | 189 994 | 177 261 | 0.87 | 0.45 | 0.42 | 107.18 |

2—35 续表1

| 年龄（岁） | 人口数（人） | | | 占总人口数的百分比 | | | 性别比 |
|---|---|---|---|---|---|---|---|
| | 合计 | 男 | 女 | 合计 | 男 | 女 | （女=100） |
| **30—34** | **2 694 642** | **1 431 384** | **1 263 258** | **6.38** | **3.39** | **2.99** | **113.31** |
| 30 | 417 882 | 219 556 | 198 326 | 0.99 | 0.52 | 0.47 | 110.70 |
| 31 | 507 824 | 270 487 | 237 337 | 1.20 | 0.64 | 0.56 | 113.97 |
| 32 | 650 261 | 350 053 | 300 208 | 1.54 | 0.83 | 0.71 | 116.60 |
| 33 | 579 234 | 307 884 | 271 350 | 1.37 | 0.73 | 0.64 | 113.46 |
| 34 | 539 441 | 283 404 | 256 037 | 1.28 | 0.67 | 0.61 | 110.69 |
| **35—39** | **2 678 148** | **1 419 500** | **1 258 648** | **6.34** | **3.36** | **2.98** | **112.78** |
| 35 | 585 886 | 311 324 | 274 562 | 1.39 | 0.74 | 0.65 | 113.39 |
| 36 | 575 137 | 303 108 | 272 029 | 1.36 | 0.72 | 0.64 | 111.42 |
| 37 | 549 813 | 291 641 | 258 172 | 1.30 | 0.69 | 0.61 | 112.96 |
| 38 | 496 640 | 263 719 | 232 921 | 1.18 | 0.62 | 0.55 | 113.22 |
| 39 | 470 672 | 249 708 | 220 964 | 1.11 | 0.59 | 0.52 | 113.01 |
| **40—44** | **2 042 719** | **1 097 584** | **945 135** | **4.84** | **2.60** | **2.24** | **116.13** |
| 40 | 529 429 | 285 800 | 243 629 | 1.25 | 0.68 | 0.58 | 117.31 |
| 41 | 437 932 | 236 512 | 201 420 | 1.04 | 0.56 | 0.48 | 117.42 |
| 42 | 374 512 | 201 603 | 172 909 | 0.89 | 0.48 | 0.41 | 116.59 |
| 43 | 349 685 | 188 222 | 161 463 | 0.83 | 0.45 | 0.38 | 116.57 |
| 44 | 351 161 | 185 447 | 165 714 | 0.83 | 0.44 | 0.39 | 111.91 |
| **45—49** | **1 767 253** | **937 286** | **829 967** | **4.18** | **2.22** | **1.96** | **112.93** |
| 45 | 365 402 | 194 606 | 170 796 | 0.86 | 0.46 | 0.40 | 113.94 |
| 46 | 365 045 | 195 038 | 170 007 | 0.86 | 0.46 | 0.40 | 114.72 |
| 47 | 344 712 | 181 660 | 163 052 | 0.82 | 0.43 | 0.39 | 111.41 |
| 48 | 340 429 | 179 095 | 161 334 | 0.81 | 0.42 | 0.38 | 111.01 |
| 49 | 351 665 | 186 887 | 164 778 | 0.83 | 0.44 | 0.39 | 113.42 |
| **50—54** | **1 633 810** | **865 242** | **768 568** | **3.87** | **2.05** | **1.82** | **112.58** |
| 50 | 346 826 | 184 763 | 162 063 | 0.82 | 0.44 | 0.38 | 114.01 |
| 51 | 321 940 | 172 673 | 149 267 | 0.76 | 0.41 | 0.35 | 115.68 |
| 52 | 322 012 | 170 941 | 151 071 | 0.76 | 0.40 | 0.36 | 113.15 |
| 53 | 320 885 | 169 902 | 150 983 | 0.76 | 0.40 | 0.36 | 112.53 |
| 54 | 322 147 | 166 963 | 155 184 | 0.76 | 0.40 | 0.37 | 107.59 |
| **55—59** | **1 441 270** | **746 741** | **694 529** | **3.41** | **1.77** | **1.64** | **107.52** |
| 55 | 303 156 | 154 972 | 148 184 | 0.72 | 0.37 | 0.35 | 104.58 |
| 56 | 300 763 | 157 083 | 143 680 | 0.71 | 0.37 | 0.34 | 109.33 |
| 57 | 290 979 | 152 580 | 138 399 | 0.69 | 0.36 | 0.33 | 110.25 |
| 58 | 273 020 | 140 798 | 132 222 | 0.65 | 0.33 | 0.31 | 106.49 |
| 59 | 273 352 | 141 308 | 132 044 | 0.65 | 0.33 | 0.31 | 107.02 |
| **60—64** | **1 135 476** | **580 011** | **555 465** | **2.69** | **1.37** | **1.31** | **104.42** |
| 60 | 263 792 | 135 448 | 128 344 | 0.62 | 0.32 | 0.30 | 105.54 |
| 61 | 226 997 | 116 060 | 110 937 | 0.54 | 0.27 | 0.26 | 104.62 |
| 62 | 233 887 | 120 153 | 113 734 | 0.55 | 0.28 | 0.27 | 105.64 |
| 63 | 213 774 | 109 781 | 103 993 | 0.51 | 0.26 | 0.25 | 105.57 |
| 64 | 197 026 | 98 569 | 98 457 | 0.47 | 0.23 | 0.23 | 100.11 |

2—35 续表2

| 年龄（岁） | 人口数（人） |  |  | 占总人口数的百分比 |  |  | 性别比 |
|---|---|---|---|---|---|---|---|
|  | 合计 | 男 | 女 | 合计 | 男 | 女 | （女=100） |
| 65—69 | 853 639 | 413 078 | 440 561 | 2.02 | 0.98 | 1.04 | 93.76 |
| 65 | 195 032 | 94 926 | 100 106 | 0.46 | 0.22 | 0.24 | 94.83 |
| 66 | 172 780 | 84 437 | 88 343 | 0.41 | 0.20 | 0.21 | 95.58 |
| 67 | 155 660 | 75 467 | 80 193 | 0.37 | 0.18 | 0.19 | 94.11 |
| 68 | 163 786 | 79 336 | 84 450 | 0.39 | 0.19 | 0.20 | 93.94 |
| 69 | 166 381 | 78 912 | 87 469 | 0.39 | 0.19 | 0.21 | 90.22 |
| 70—74 | 644 572 | 293 628 | 350 944 | 1.53 | 0.70 | 0.83 | 83.67 |
| 70 | 156 476 | 72 600 | 83 876 | 0.37 | 0.17 | 0.20 | 86.56 |
| 71 | 131 059 | 60 754 | 70 305 | 0.31 | 0.14 | 0.17 | 86.41 |
| 72 | 127 297 | 57 874 | 69 423 | 0.30 | 0.14 | 0.16 | 83.36 |
| 73 | 119 323 | 53 746 | 65 577 | 0.28 | 0.13 | 0.16 | 81.96 |
| 74 | 110 417 | 48 654 | 61 763 | 0.26 | 0.12 | 0.15 | 78.78 |
| 75—79 | 433 462 | 184 622 | 248 840 | 1.03 | 0.44 | 0.59 | 74.19 |
| 75 | 102 691 | 44 633 | 58 058 | 0.24 | 0.11 | 0.14 | 76.88 |
| 76 | 94 430 | 40 901 | 53 529 | 0.22 | 0.10 | 0.13 | 76.41 |
| 77 | 86 082 | 37 052 | 49 030 | 0.20 | 0.09 | 0.12 | 75.57 |
| 78 | 79 760 | 33 343 | 46 417 | 0.19 | 0.08 | 0.11 | 71.83 |
| 79 | 70 499 | 28 693 | 41 806 | 0.17 | 0.07 | 0.10 | 68.63 |
| 80—84 | 238 222 | 89 331 | 148 891 | 0.56 | 0.21 | 0.35 | 60.00 |
| 80 | 65 019 | 25 355 | 39 664 | 0.15 | 0.06 | 0.09 | 63.92 |
| 81 | 52 016 | 20 177 | 31 839 | 0.12 | 0.05 | 0.08 | 63.37 |
| 82 | 46 457 | 17 237 | 29 220 | 0.11 | 0.04 | 0.07 | 58.99 |
| 83 | 39 623 | 14 489 | 25 134 | 0.09 | 0.03 | 0.06 | 57.65 |
| 84 | 35 107 | 12 073 | 23 034 | 0.08 | 0.03 | 0.05 | 52.41 |
| 85—89 | 94 706 | 29 676 | 65 030 | 0.22 | 0.07 | 0.15 | 45.63 |
| 85 | 29 357 | 9 809 | 19 548 | 0.07 | 0.02 | 0.05 | 50.18 |
| 86 | 23 139 | 7 357 | 15 782 | 0.05 | 0.02 | 0.04 | 46.62 |
| 87 | 17 870 | 5 504 | 12 366 | 0.04 | 0.01 | 0.03 | 44.51 |
| 88 | 13 626 | 3 992 | 9 634 | 0.03 | 0.01 | 0.02 | 41.44 |
| 89 | 10 714 | 3 014 | 7 700 | 0.03 | 0.01 | 0.02 | 39.14 |
| 90—94 | 18 007 | 4 585 | 13 422 | 0.04 | 0.01 | 0.03 | 34.16 |
| 90 | 7 175 | 1 885 | 5 290 | 0.02 | 0.00 | 0.01 | 35.63 |
| 91 | 3 990 | 1 022 | 2 968 | 0.01 | 0.00 | 0.01 | 34.43 |
| 92 | 3 093 | 809 | 2 284 | 0.01 | 0.00 | 0.01 | 35.42 |
| 93 | 2 120 | 524 | 1 596 | 0.01 | 0.00 | 0.00 | 32.83 |
| 94 | 1 629 | 345 | 1 284 | 0.00 | 0.00 | 0.00 | 26.87 |
| 95—99 | 4 107 | 839 | 3 268 | 0.01 | 0.00 | 0.01 | 25.67 |
| 95 | 1 250 | 261 | 989 | 0.00 | 0.00 | 0.00 | 26.39 |
| 96 | 1 004 | 193 | 811 | 0.00 | 0.00 | 0.00 | 23.80 |
| 97 | 741 | 137 | 604 | 0.00 | 0.00 | 0.00 | 22.68 |
| 98 | 622 | 135 | 487 | 0.00 | 0.00 | 0.00 | 27.72 |
| 99 | 490 | 113 | 377 | 0.00 | 0.00 | 0.00 | 29.97 |
| 100岁及以上 | 932 | 151 | 781 | 0.00 | 0.00 | 0.00 | 19.33 |

## 2—36 海南省分年龄、性别的人口状况

| 年龄（岁） | 人口数（人） 合计 | 男 | 女 | 占总人口数的百分比 合计 | 男 | 女 | 性别比（女=100） |
|---|---|---|---|---|---|---|---|
| **总计** | **6 558 076** | **3 418 860** | **3 139 216** | **100.00** | **52.13** | **47.87** | **108.91** |
| **0—4** | **733 946** | **391 480** | **342 466** | **11.19** | **5.97** | **5.22** | **114.31** |
| 0 | 149 479 | 79 877 | 69 602 | 2.28 | 1.22 | 1.06 | 114.76 |
| 1 | 145 035 | 78 059 | 66 976 | 2.21 | 1.19 | 1.02 | 116.55 |
| 2 | 143 314 | 76 454 | 66 860 | 2.19 | 1.17 | 1.02 | 114.35 |
| 3 | 151 642 | 80 636 | 71 006 | 2.31 | 1.23 | 1.08 | 113.56 |
| 4 | 144 476 | 76 454 | 68 022 | 2.20 | 1.17 | 1.04 | 112.40 |
| **5—9** | **779 252** | **413 087** | **366 165** | **11.88** | **6.30** | **5.58** | **112.81** |
| 5 | 152 734 | 81 236 | 71 498 | 2.33 | 1.24 | 1.09 | 113.62 |
| 6 | 156 631 | 83 015 | 73 616 | 2.39 | 1.27 | 1.12 | 112.77 |
| 7 | 157 456 | 83 764 | 73 692 | 2.40 | 1.28 | 1.12 | 113.67 |
| 8 | 166 659 | 88 140 | 78 519 | 2.54 | 1.34 | 1.20 | 112.25 |
| 9 | 145 772 | 76 932 | 68 840 | 2.22 | 1.17 | 1.05 | 111.75 |
| **10—14** | **656 031** | **344 695** | **311 336** | **10.00** | **5.26** | **4.75** | **110.71** |
| 10 | 153 441 | 80 737 | 72 704 | 2.34 | 1.23 | 1.11 | 111.05 |
| 11 | 137 305 | 72 131 | 65 174 | 2.09 | 1.10 | 0.99 | 110.67 |
| 12 | 128 916 | 67 769 | 61 147 | 1.97 | 1.03 | 0.93 | 110.83 |
| 13 | 117 911 | 61 973 | 55 938 | 1.80 | 0.94 | 0.85 | 110.79 |
| 14 | 118 458 | 62 085 | 56 373 | 1.81 | 0.95 | 0.86 | 110.13 |
| **15－19** | **665 681** | **350 219** | **315 462** | **10.15** | **5.34** | **4.81** | **111.02** |
| 15 | 123 090 | 64 472 | 58 618 | 1.88 | 0.98 | 0.89 | 109.99 |
| 16 | 133 443 | 69 586 | 63 857 | 2.03 | 1.06 | 0.97 | 108.97 |
| 17 | 137 001 | 71 748 | 65 253 | 2.09 | 1.09 | 1.00 | 109.95 |
| 18 | 138 308 | 73 099 | 65 209 | 2.11 | 1.11 | 0.99 | 112.10 |
| 19 | 133 839 | 71 314 | 62 525 | 2.04 | 1.09 | 0.95 | 114.06 |
| **20—24** | **682 175** | **357 639** | **324 536** | **10.40** | **5.45** | **4.95** | **110.20** |
| 20 | 149 534 | 78 779 | 70 755 | 2.28 | 1.20 | 1.08 | 111.34 |
| 21 | 141 040 | 74 150 | 66 890 | 2.15 | 1.13 | 1.02 | 110.85 |
| 22 | 132 559 | 69 454 | 63 105 | 2.02 | 1.06 | 0.96 | 110.06 |
| 23 | 124 325 | 65 074 | 59 251 | 1.90 | 0.99 | 0.90 | 109.83 |
| 24 | 134 717 | 70 182 | 64 535 | 2.05 | 1.07 | 0.98 | 108.75 |
| **25—29** | **617 198** | **327 030** | **290 168** | **9.41** | **4.99** | **4.42** | **112.70** |
| 25 | 139 636 | 73 527 | 66 109 | 2.13 | 1.12 | 1.01 | 111.22 |
| 26 | 138 597 | 72 885 | 65 712 | 2.11 | 1.11 | 1.00 | 110.92 |
| 27 | 144 042 | 76 522 | 67 520 | 2.20 | 1.17 | 1.03 | 113.33 |
| 28 | 118 173 | 63 613 | 54 560 | 1.80 | 0.97 | 0.83 | 116.59 |
| 29 | 76 750 | 40 483 | 36 267 | 1.17 | 0.62 | 0.55 | 111.62 |

2—36 续表1

| 年龄（岁） | 人口数（人） 合计 | 男 | 女 | 占总人口数的百分比 合计 | 男 | 女 | 性别比（女=100） |
|---|---|---|---|---|---|---|---|
| 30—34 | 439 013 | 231 699 | 207 314 | 6.69 | 3.53 | 3.16 | 111.76 |
| 30 | 80 021 | 42 034 | 37 987 | 1.22 | 0.64 | 0.58 | 110.65 |
| 31 | 83 040 | 44 571 | 38 469 | 1.27 | 0.68 | 0.59 | 115.86 |
| 32 | 99 891 | 53 429 | 46 462 | 1.52 | 0.81 | 0.71 | 115.00 |
| 33 | 89 300 | 46 795 | 42 505 | 1.36 | 0.71 | 0.65 | 110.09 |
| 34 | 86 761 | 44 870 | 41 891 | 1.32 | 0.68 | 0.64 | 107.11 |
| 35—39 | 412 662 | 216 588 | 196 074 | 6.29 | 3.30 | 2.99 | 110.46 |
| 35 | 96 622 | 50 387 | 46 235 | 1.47 | 0.77 | 0.71 | 108.98 |
| 36 | 86 733 | 44 810 | 41 923 | 1.32 | 0.68 | 0.64 | 106.89 |
| 37 | 80 597 | 42 049 | 38 548 | 1.23 | 0.64 | 0.59 | 109.08 |
| 38 | 76 280 | 40 396 | 35 884 | 1.16 | 0.62 | 0.55 | 112.57 |
| 39 | 72 430 | 38 946 | 33 484 | 1.10 | 0.59 | 0.51 | 116.31 |
| 40—44 | 298 242 | 163 717 | 134 525 | 4.55 | 2.50 | 2.05 | 121.70 |
| 40 | 80 988 | 44 353 | 36 635 | 1.23 | 0.68 | 0.56 | 121.07 |
| 41 | 61 533 | 33 745 | 27 788 | 0.94 | 0.51 | 0.42 | 121.44 |
| 42 | 57 993 | 31 999 | 25 994 | 0.88 | 0.49 | 0.40 | 123.10 |
| 43 | 50 903 | 27 974 | 22 929 | 0.78 | 0.43 | 0.35 | 122.00 |
| 44 | 46 825 | 25 646 | 21 179 | 0.71 | 0.39 | 0.32 | 121.09 |
| 45—49 | 234 639 | 122 605 | 112 034 | 3.58 | 1.87 | 1.71 | 109.44 |
| 45 | 48 731 | 26 824 | 21 907 | 0.74 | 0.41 | 0.33 | 122.44 |
| 46 | 45 692 | 24 315 | 21 377 | 0.70 | 0.37 | 0.33 | 113.74 |
| 47 | 46 279 | 24 270 | 22 009 | 0.71 | 0.37 | 0.34 | 110.27 |
| 48 | 46 525 | 23 349 | 23 176 | 0.71 | 0.36 | 0.35 | 100.75 |
| 49 | 47 412 | 23 847 | 23 565 | 0.72 | 0.36 | 0.36 | 101.20 |
| 50—54 | 270 241 | 142 472 | 127 769 | 4.12 | 2.17 | 1.95 | 111.51 |
| 50 | 55 789 | 28 167 | 27 622 | 0.85 | 0.43 | 0.42 | 101.97 |
| 51 | 51 054 | 26 395 | 24 659 | 0.78 | 0.40 | 0.38 | 107.04 |
| 52 | 54 188 | 28 726 | 25 462 | 0.83 | 0.44 | 0.39 | 112.82 |
| 53 | 53 911 | 29 362 | 24 549 | 0.82 | 0.45 | 0.37 | 119.61 |
| 54 | 55 299 | 29 822 | 25 477 | 0.84 | 0.45 | 0.39 | 117.05 |
| 55—59 | 230 892 | 123 786 | 107 106 | 3.52 | 1.89 | 1.63 | 115.57 |
| 55 | 51 311 | 27 552 | 23 759 | 0.78 | 0.42 | 0.36 | 115.96 |
| 56 | 48 873 | 26 563 | 22 310 | 0.75 | 0.41 | 0.34 | 119.06 |
| 57 | 45 677 | 24 744 | 20 933 | 0.70 | 0.38 | 0.32 | 118.21 |
| 58 | 43 569 | 22 924 | 20 645 | 0.66 | 0.35 | 0.31 | 111.04 |
| 59 | 41 462 | 22 003 | 19 459 | 0.63 | 0.34 | 0.30 | 113.07 |
| 60—64 | 183 601 | 93 117 | 90 484 | 2.80 | 1.42 | 1.38 | 102.91 |
| 60 | 45 470 | 23 604 | 21 866 | 0.69 | 0.36 | 0.33 | 107.95 |
| 61 | 35 489 | 18 014 | 17 475 | 0.54 | 0.27 | 0.27 | 103.08 |
| 62 | 37 422 | 19 210 | 18 212 | 0.57 | 0.29 | 0.28 | 105.48 |
| 63 | 34 289 | 17 185 | 17 104 | 0.52 | 0.26 | 0.26 | 100.47 |
| 64 | 30 931 | 15 104 | 15 827 | 0.47 | 0.23 | 0.24 | 95.43 |

2—36 续表 2

| 年龄(岁) | 人口数(人) 合计 | 男 | 女 | 占总人口数的百分比 合计 | 男 | 女 | 性别比(女=100) |
|---|---|---|---|---|---|---|---|
| **65—69** | **136 037** | **62 282** | **73 755** | **2.07** | **0.95** | **1.12** | **84.44** |
| 65 | 32 569 | 14 901 | 17 668 | 0.50 | 0.23 | 0.27 | 84.34 |
| 66 | 27 226 | 12 626 | 14 600 | 0.42 | 0.19 | 0.22 | 86.48 |
| 67 | 25 416 | 11 800 | 13 616 | 0.39 | 0.18 | 0.21 | 86.66 |
| 68 | 26 009 | 11 887 | 14 122 | 0.40 | 0.18 | 0.22 | 84.17 |
| 69 | 24 817 | 11 068 | 13 749 | 0.38 | 0.17 | 0.21 | 80.50 |
| **70—74** | **97 115** | **40 001** | **57 114** | **1.48** | **0.61** | **0.87** | **70.04** |
| 70 | 26 677 | 11 311 | 15 366 | 0.41 | 0.17 | 0.23 | 73.61 |
| 71 | 18 798 | 7 935 | 10 863 | 0.29 | 0.12 | 0.17 | 73.05 |
| 72 | 18 651 | 7 644 | 11 007 | 0.28 | 0.12 | 0.17 | 69.45 |
| 73 | 17 128 | 6 985 | 10 143 | 0.26 | 0.11 | 0.15 | 68.87 |
| 74 | 15 861 | 6 126 | 9 735 | 0.24 | 0.09 | 0.15 | 62.93 |
| **75—79** | **64 312** | **23 172** | **41 140** | **0.98** | **0.35** | **0.63** | **56.32** |
| 75 | 15 990 | 5 976 | 10 014 | 0.24 | 0.09 | 0.15 | 59.68 |
| 76 | 14 062 | 5 229 | 8 833 | 0.21 | 0.08 | 0.13 | 59.20 |
| 77 | 12 239 | 4 510 | 7 729 | 0.19 | 0.07 | 0.12 | 58.35 |
| 78 | 12 055 | 4 143 | 7 912 | 0.18 | 0.06 | 0.12 | 52.36 |
| 79 | 9 966 | 3 314 | 6 652 | 0.15 | 0.05 | 0.10 | 49.82 |
| **80—84** | **36 239** | **10 383** | **25 856** | **0.55** | **0.16** | **0.39** | **40.16** |
| 80 | 10 285 | 3 091 | 7 194 | 0.16 | 0.05 | 0.11 | 42.97 |
| 81 | 7 456 | 2 180 | 5 276 | 0.11 | 0.03 | 0.08 | 41.32 |
| 82 | 6 825 | 1 941 | 4 884 | 0.10 | 0.03 | 0.07 | 39.74 |
| 83 | 5 958 | 1 669 | 4 289 | 0.09 | 0.03 | 0.07 | 38.91 |
| 84 | 5 715 | 1 502 | 4 213 | 0.09 | 0.02 | 0.06 | 35.65 |
| **85—89** | **16 406** | **4 043** | **12 363** | **0.25** | **0.06** | **0.19** | **32.70** |
| 85 | 4 932 | 1 266 | 3 666 | 0.08 | 0.02 | 0.06 | 34.53 |
| 86 | 3 859 | 980 | 2 879 | 0.06 | 0.01 | 0.04 | 34.04 |
| 87 | 2 981 | 736 | 2 245 | 0.05 | 0.01 | 0.03 | 32.78 |
| 88 | 2 534 | 565 | 1 969 | 0.04 | 0.01 | 0.03 | 28.69 |
| 89 | 2 100 | 496 | 1 604 | 0.03 | 0.01 | 0.02 | 30.92 |
| **90—94** | **3 505** | **692** | **2 813** | **0.05** | **0.01** | **0.04** | **24.60** |
| 90 | 1 448 | 313 | 1 135 | 0.02 | 0.00 | 0.02 | 27.58 |
| 91 | 700 | 123 | 577 | 0.01 | 0.00 | 0.01 | 21.32 |
| 92 | 537 | 90 | 447 | 0.01 | 0.00 | 0.01 | 20.13 |
| 93 | 466 | 101 | 365 | 0.01 | 0.00 | 0.01 | 27.67 |
| 94 | 354 | 65 | 289 | 0.01 | 0.00 | 0.00 | 22.49 |
| **95—99** | **807** | **138** | **669** | **0.01** | **0.00** | **0.01** | **20.63** |
| 95 | 261 | 46 | 215 | 0.00 | 0.00 | 0.00 | 21.40 |
| 96 | 193 | 28 | 165 | 0.00 | 0.00 | 0.00 | 16.97 |
| 97 | 149 | 31 | 118 | 0.00 | 0.00 | 0.00 | 26.27 |
| 98 | 127 | 18 | 109 | 0.00 | 0.00 | 0.00 | 16.51 |
| 99 | 77 | 15 | 62 | 0.00 | 0.00 | 0.00 | 24.19 |
| **100岁及以上** | **82** | **15** | **67** | **0.00** | **0.00** | **0.00** | **22.39** |

## 2—37 四川省分年龄、性别的人口状况

| 年龄（岁） | 人口数（人） | | | 占总人口数的百分比 | | | 性别比（女=100） |
|---|---|---|---|---|---|---|---|
| | 合计 | 男 | 女 | 合计 | 男 | 女 | |
| 总计 | 107 218 310 | 55 545 645 | 51 672 665 | 100.00 | 51.81 | 48.19 | 107.50 |
| 0—4 | 9 740 356 | 5 121 858 | 4 618 498 | 9.08 | 4.78 | 4.31 | 110.90 |
| 0 | 1 848 382 | 975 191 | 873 191 | 1.72 | 0.91 | 0.81 | 111.68 |
| 1 | 1 813 806 | 960 399 | 853 407 | 1.69 | 0.90 | 0.80 | 112.54 |
| 2 | 1 899 672 | 996 656 | 903 016 | 1.77 | 0.93 | 0.84 | 110.37 |
| 3 | 2 303 609 | 1 209 532 | 1 094 077 | 2.15 | 1.13 | 1.02 | 110.55 |
| 4 | 1 874 887 | 980 080 | 894 807 | 1.75 | 0.91 | 0.83 | 109.53 |
| 5—9 | 7 096 578 | 3 697 038 | 3 399 540 | 6.62 | 3.45 | 3.17 | 108.75 |
| 5 | 1 338 155 | 699 665 | 638 490 | 1.25 | 0.65 | 0.60 | 109.58 |
| 6 | 1 198 522 | 626 475 | 572 047 | 1.12 | 0.58 | 0.53 | 109.51 |
| 7 | 1 438 952 | 752 309 | 686 643 | 1.34 | 0.70 | 0.64 | 109.56 |
| 8 | 1 800 738 | 935 013 | 865 725 | 1.68 | 0.87 | 0.81 | 108.00 |
| 9 | 1 320 211 | 683 576 | 636 635 | 1.23 | 0.64 | 0.59 | 107.37 |
| 10—14 | 8 011 406 | 4 128 310 | 3 883 096 | 7.47 | 3.85 | 3.62 | 106.31 |
| 10 | 1 236 364 | 639 316 | 597 048 | 1.15 | 0.60 | 0.56 | 107.08 |
| 11 | 1 328 576 | 686 415 | 642 161 | 1.24 | 0.64 | 0.60 | 106.89 |
| 12 | 1 375 195 | 709 434 | 665 761 | 1.28 | 0.66 | 0.62 | 106.56 |
| 13 | 1 821 815 | 937 173 | 884 642 | 1.70 | 0.87 | 0.83 | 105.94 |
| 14 | 2 249 456 | 1 155 972 | 1 093 484 | 2.10 | 1.08 | 1.02 | 105.71 |
| 15—19 | 13 931 611 | 7 125 233 | 6 806 378 | 12.99 | 6.65 | 6.35 | 104.68 |
| 15 | 2 628 625 | 1 344 197 | 1 284 428 | 2.45 | 1.25 | 1.20 | 104.65 |
| 16 | 2 864 836 | 1 463 464 | 1 401 372 | 2.67 | 1.36 | 1.31 | 104.43 |
| 17 | 2 800 478 | 1 434 844 | 1 365 634 | 2.61 | 1.34 | 1.27 | 105.07 |
| 18 | 2 740 077 | 1 403 508 | 1 336 569 | 2.56 | 1.31 | 1.25 | 105.01 |
| 19 | 2 897 595 | 1 479 220 | 1 418 375 | 2.70 | 1.38 | 1.32 | 104.29 |
| 20—24 | 13 054 620 | 6 651 255 | 6 403 365 | 12.18 | 6.20 | 5.97 | 103.87 |
| 20 | 2 733 369 | 1 361 523 | 1 371 846 | 2.55 | 1.27 | 1.28 | 99.25 |
| 21 | 2 825 298 | 1 423 709 | 1 401 589 | 2.64 | 1.33 | 1.31 | 101.58 |
| 22 | 2 561 606 | 1 316 158 | 1 245 448 | 2.39 | 1.23 | 1.16 | 105.68 |
| 23 | 2 367 377 | 1 217 418 | 1 149 959 | 2.21 | 1.14 | 1.07 | 105.87 |
| 24 | 2 566 970 | 1 332 447 | 1 234 523 | 2.39 | 1.24 | 1.15 | 107.93 |
| 25—29 | 9 108 429 | 4 726 281 | 4 382 148 | 8.50 | 4.41 | 4.09 | 107.85 |
| 25 | 2 453 072 | 1 276 049 | 1 177 023 | 2.29 | 1.19 | 1.10 | 108.41 |
| 26 | 2 656 947 | 1 380 613 | 1 276 334 | 2.48 | 1.29 | 1.19 | 108.17 |
| 27 | 2 319 873 | 1 212 444 | 1 107 429 | 2.16 | 1.13 | 1.03 | 109.48 |
| 28 | 1 045 558 | 535 034 | 510 524 | 0.98 | 0.50 | 0.48 | 104.80 |
| 29 | 632 979 | 322 141 | 310 838 | 0.59 | 0.30 | 0.29 | 103.64 |

2—37 续表1

| 年龄（岁） | 人口数（人） 合计 | 男 | 女 | 占总人口数的百分比 合计 | 男 | 女 | 性别比（女=100） |
|---|---|---|---|---|---|---|---|
| 30—34 | 6 852 167 | 3 692 529 | 3 159 638 | 6.39 | 3.44 | 2.95 | 116.87 |
| 30 | 881 953 | 475 244 | 406 709 | 0.82 | 0.44 | 0.38 | 116.85 |
| 31 | 1 077 580 | 590 530 | 487 050 | 1.01 | 0.55 | 0.45 | 121.25 |
| 32 | 1 611 192 | 876 057 | 735 135 | 1.50 | 0.82 | 0.69 | 119.17 |
| 33 | 1 580 559 | 848 648 | 731 911 | 1.47 | 0.79 | 0.68 | 115.95 |
| 34 | 1 700 883 | 902 050 | 798 833 | 1.59 | 0.84 | 0.75 | 112.92 |
| 35—39 | 8 869 430 | 4 606 756 | 4 262 674 | 8.27 | 4.30 | 3.98 | 108.07 |
| 35 | 1 903 753 | 1 004 101 | 899 652 | 1.78 | 0.94 | 0.84 | 111.61 |
| 36 | 1 901 612 | 987 510 | 914 102 | 1.77 | 0.92 | 0.85 | 108.03 |
| 37 | 1 889 865 | 972 796 | 917 069 | 1.76 | 0.91 | 0.86 | 106.08 |
| 38 | 1 755 699 | 907 971 | 847 728 | 1.64 | 0.85 | 0.79 | 107.11 |
| 39 | 1 418 501 | 734 378 | 684 123 | 1.32 | 0.68 | 0.64 | 107.35 |
| 40—44 | 6 661 478 | 3 549 079 | 3 112 399 | 6.21 | 3.31 | 2.90 | 114.03 |
| 40 | 1 547 394 | 819 140 | 728 254 | 1.44 | 0.76 | 0.68 | 112.48 |
| 41 | 1 365 502 | 727 042 | 638 460 | 1.27 | 0.68 | 0.60 | 113.87 |
| 42 | 1 273 792 | 682 865 | 590 927 | 1.19 | 0.64 | 0.55 | 115.56 |
| 43 | 1 303 768 | 704 864 | 598 904 | 1.22 | 0.66 | 0.56 | 117.69 |
| 44 | 1 171 022 | 615 168 | 555 854 | 1.09 | 0.57 | 0.52 | 110.67 |
| 45—49 | 5 606 869 | 2 991 232 | 2 615 637 | 5.23 | 2.79 | 2.44 | 114.36 |
| 45 | 1 131 067 | 597 564 | 533 503 | 1.05 | 0.56 | 0.50 | 112.01 |
| 46 | 1 236 180 | 658 921 | 577 259 | 1.15 | 0.61 | 0.54 | 114.15 |
| 47 | 1 124 395 | 599 501 | 524 894 | 1.05 | 0.56 | 0.49 | 114.21 |
| 48 | 1 048 957 | 559 246 | 489 711 | 0.98 | 0.52 | 0.46 | 114.20 |
| 49 | 1 066 270 | 576 000 | 490 270 | 0.99 | 0.54 | 0.46 | 117.49 |
| 50—54 | 4 623 497 | 2 471 789 | 2 151 708 | 4.31 | 2.31 | 2.01 | 114.88 |
| 50 | 988 797 | 530 129 | 458 668 | 0.92 | 0.49 | 0.43 | 115.58 |
| 51 | 939 013 | 500 760 | 438 253 | 0.88 | 0.47 | 0.41 | 114.26 |
| 52 | 891 116 | 478 204 | 412 912 | 0.83 | 0.45 | 0.39 | 115.81 |
| 53 | 927 528 | 497 658 | 429 870 | 0.87 | 0.46 | 0.40 | 115.77 |
| 54 | 877 043 | 465 038 | 412 005 | 0.82 | 0.43 | 0.38 | 112.87 |
| 55—59 | 4 073 178 | 2 173 924 | 1 899 254 | 3.80 | 2.03 | 1.77 | 114.46 |
| 55 | 757 302 | 396 228 | 361 074 | 0.71 | 0.37 | 0.34 | 109.74 |
| 56 | 831 607 | 444 860 | 386 747 | 0.78 | 0.41 | 0.36 | 115.03 |
| 57 | 899 443 | 484 774 | 414 669 | 0.84 | 0.45 | 0.39 | 116.91 |
| 58 | 795 382 | 420 816 | 374 566 | 0.74 | 0.39 | 0.35 | 112.35 |
| 59 | 789 444 | 427 246 | 362 198 | 0.74 | 0.40 | 0.34 | 117.96 |
| 60—64 | 3 466 755 | 1 819 743 | 1 647 012 | 3.23 | 1.70 | 1.54 | 110.49 |
| 60 | 770 788 | 413 072 | 357 716 | 0.72 | 0.39 | 0.33 | 115.47 |
| 61 | 730 322 | 382 963 | 347 359 | 0.68 | 0.36 | 0.32 | 110.25 |
| 62 | 742 787 | 390 687 | 352 100 | 0.69 | 0.36 | 0.33 | 110.96 |
| 63 | 646 202 | 335 425 | 310 777 | 0.60 | 0.31 | 0.29 | 107.93 |
| 64 | 576 656 | 297 596 | 279 060 | 0.54 | 0.28 | 0.26 | 106.64 |

2－37 续表 2

| 年龄（岁） | 人口数（人） | | | 占总人口数的百分比 | | | 性别比（女＝100） |
|---|---|---|---|---|---|---|---|
| | 合计 | 男 | 女 | 合计 | 男 | 女 | |
| 65－69 | 2 575 929 | 1 288 013 | 1 287 916 | 2.40 | 1.20 | 1.20 | 100.01 |
| 65 | 609 240 | 312 543 | 296 697 | 0.57 | 0.29 | 0.28 | 105.34 |
| 66 | 570 560 | 284 804 | 285 756 | 0.53 | 0.27 | 0.27 | 99.67 |
| 67 | 476 175 | 236 663 | 239 512 | 0.44 | 0.22 | 0.22 | 98.81 |
| 68 | 472 888 | 234 231 | 238 657 | 0.44 | 0.22 | 0.22 | 98.15 |
| 69 | 447 066 | 219 772 | 227 294 | 0.42 | 0.20 | 0.21 | 96.69 |
| 70－74 | 1 771 934 | 818 958 | 952 976 | 1.65 | 0.76 | 0.89 | 85.94 |
| 70 | 423 140 | 202 958 | 220 182 | 0.39 | 0.19 | 0.21 | 92.18 |
| 71 | 365 087 | 171 153 | 193 934 | 0.34 | 0.16 | 0.18 | 88.25 |
| 72 | 342 353 | 158 178 | 184 175 | 0.32 | 0.15 | 0.17 | 85.88 |
| 73 | 338 193 | 153 233 | 184 960 | 0.32 | 0.14 | 0.17 | 82.85 |
| 74 | 303 161 | 133 436 | 169 725 | 0.28 | 0.12 | 0.16 | 78.62 |
| 75－79 | 1 057 161 | 444 505 | 612 656 | 0.99 | 0.41 | 0.57 | 72.55 |
| 75 | 264 791 | 115 265 | 149 526 | 0.25 | 0.11 | 0.14 | 77.09 |
| 76 | 252 189 | 107 952 | 144 237 | 0.24 | 0.10 | 0.13 | 74.84 |
| 77 | 211 511 | 88 253 | 123 258 | 0.20 | 0.08 | 0.11 | 71.60 |
| 78 | 181 158 | 74 521 | 106 637 | 0.17 | 0.07 | 0.10 | 69.88 |
| 79 | 147 512 | 58 514 | 88 998 | 0.14 | 0.05 | 0.08 | 65.75 |
| 80－84 | 495 650 | 174 289 | 321 361 | 0.46 | 0.16 | 0.30 | 54.23 |
| 80 | 127 857 | 48 150 | 79 707 | 0.12 | 0.04 | 0.07 | 60.41 |
| 81 | 114 917 | 41 423 | 73 494 | 0.11 | 0.04 | 0.07 | 56.36 |
| 82 | 99 382 | 34 253 | 65 129 | 0.09 | 0.03 | 0.06 | 52.59 |
| 83 | 82 849 | 27 704 | 55 145 | 0.08 | 0.03 | 0.05 | 50.24 |
| 84 | 70 645 | 22 759 | 47 886 | 0.07 | 0.02 | 0.04 | 47.53 |
| 85－89 | 180 980 | 54 743 | 126 237 | 0.17 | 0.05 | 0.12 | 43.37 |
| 85 | 55 413 | 17 467 | 37 946 | 0.05 | 0.02 | 0.04 | 46.03 |
| 86 | 44 945 | 13 787 | 31 158 | 0.04 | 0.01 | 0.03 | 44.25 |
| 87 | 34 468 | 10 278 | 24 190 | 0.03 | 0.01 | 0.02 | 42.49 |
| 88 | 26 269 | 7 618 | 18 651 | 0.02 | 0.01 | 0.02 | 40.84 |
| 89 | 19 885 | 5 593 | 14 292 | 0.02 | 0.01 | 0.01 | 39.13 |
| 90－94 | 33 873 | 8 658 | 25 215 | 0.03 | 0.01 | 0.02 | 34.34 |
| 90 | 13 044 | 3 502 | 9 542 | 0.01 | 0.00 | 0.01 | 36.70 |
| 91 | 8 051 | 2 035 | 6 016 | 0.01 | 0.00 | 0.01 | 33.83 |
| 92 | 5 877 | 1 456 | 4 421 | 0.01 | 0.00 | 0.00 | 32.93 |
| 93 | 4 107 | 1 004 | 3 103 | 0.00 | 0.00 | 0.00 | 32.36 |
| 94 | 2 794 | 661 | 2 133 | 0.00 | 0.00 | 0.00 | 30.99 |
| 95－99 | 5 583 | 1 292 | 4 291 | 0.01 | 0.00 | 0.00 | 30.11 |
| 95 | 1 957 | 474 | 1 483 | 0.00 | 0.00 | 0.00 | 31.96 |
| 96 | 1 456 | 323 | 1 133 | 0.00 | 0.00 | 0.00 | 28.51 |
| 97 | 948 | 212 | 736 | 0.00 | 0.00 | 0.00 | 28.80 |
| 98 | 705 | 162 | 543 | 0.00 | 0.00 | 0.00 | 29.83 |
| 99 | 517 | 121 | 396 | 0.00 | 0.00 | 0.00 | 30.56 |
| 100岁及以上 | 826 | 160 | 666 | 0.00 | 0.00 | 0.00 | 24.02 |

## 2—38 贵州省分年龄、性别的人口状况

| 年龄（岁） | 人口数（人） | | | 占总人口数的百分比 | | | 性别比 |
|---|---|---|---|---|---|---|---|
| | 合计 | 男 | 女 | 合计 | 男 | 女 | （女＝100） |
| **总计** | 32 391 051 | 16 768 810 | 15 622 241 | 100.00 | 51.77 | 48.23 | 107.34 |
| 0—4 | 3 654 397 | 1 874 814 | 1 779 583 | 11.28 | 5.79 | 5.49 | 105.35 |
| 0 | 745 604 | 373 342 | 372 262 | 2.30 | 1.15 | 1.15 | 100.29 |
| 1 | 735 819 | 378 599 | 357 220 | 2.27 | 1.17 | 1.10 | 105.98 |
| 2 | 762 288 | 393 997 | 368 291 | 2.35 | 1.22 | 1.14 | 106.98 |
| 3 | 742 785 | 384 086 | 358 699 | 2.29 | 1.19 | 1.11 | 107.08 |
| 4 | 667 901 | 344 790 | 323 111 | 2.06 | 1.06 | 1.00 | 106.71 |
| 5—9 | 3 300 764 | 1 718 084 | 1 582 680 | 10.19 | 5.30 | 4.89 | 108.56 |
| 5 | 654 707 | 340 781 | 313 926 | 2.02 | 1.05 | 0.97 | 108.55 |
| 6 | 626 822 | 327 956 | 298 866 | 1.94 | 1.01 | 0.92 | 109.73 |
| 7 | 629 323 | 329 037 | 300 286 | 1.94 | 1.02 | 0.93 | 109.57 |
| 8 | 757 513 | 393 203 | 364 310 | 2.34 | 1.21 | 1.12 | 107.93 |
| 9 | 632 399 | 327 107 | 305 292 | 1.95 | 1.01 | 0.94 | 107.15 |
| 10—14 | 3 629 514 | 1 877 146 | 1 752 368 | 11.21 | 5.80 | 5.41 | 107.12 |
| 10 | 662 437 | 343 954 | 318 483 | 2.05 | 1.06 | 0.98 | 108.00 |
| 11 | 658 277 | 341 002 | 317 275 | 2.03 | 1.05 | 0.98 | 107.48 |
| 12 | 713 068 | 368 723 | 344 345 | 2.20 | 1.14 | 1.06 | 107.08 |
| 13 | 765 470 | 395 953 | 369 517 | 2.36 | 1.22 | 1.14 | 107.15 |
| 14 | 830 262 | 427 514 | 402 748 | 2.56 | 1.32 | 1.24 | 106.15 |
| 15—19 | 4 089 263 | 2 130 759 | 1 958 504 | 12.62 | 6.58 | 6.05 | 108.80 |
| 15 | 894 580 | 459 430 | 435 150 | 2.76 | 1.42 | 1.34 | 105.58 |
| 16 | 883 736 | 456 496 | 427 240 | 2.73 | 1.41 | 1.32 | 106.85 |
| 17 | 791 725 | 412 496 | 379 229 | 2.44 | 1.27 | 1.17 | 108.77 |
| 18 | 739 757 | 389 242 | 350 515 | 2.28 | 1.20 | 1.08 | 111.05 |
| 19 | 779 465 | 413 095 | 366 370 | 2.41 | 1.28 | 1.13 | 112.75 |
| 20—24 | 3 602 939 | 1 889 200 | 1 713 739 | 11.12 | 5.83 | 5.29 | 110.24 |
| 20 | 750 246 | 391 508 | 358 738 | 2.32 | 1.21 | 1.11 | 109.13 |
| 21 | 775 973 | 407 272 | 368 701 | 2.40 | 1.26 | 1.14 | 110.46 |
| 22 | 724 744 | 380 956 | 343 788 | 2.24 | 1.18 | 1.06 | 110.81 |
| 23 | 650 242 | 341 294 | 308 948 | 2.01 | 1.05 | 0.95 | 110.47 |
| 24 | 701 734 | 368 170 | 333 564 | 2.17 | 1.14 | 1.03 | 110.37 |
| 25—29 | 2 529 959 | 1 321 565 | 1 208 394 | 7.81 | 4.08 | 3.73 | 109.37 |
| 25 | 686 019 | 360 116 | 325 903 | 2.12 | 1.11 | 1.01 | 110.50 |
| 26 | 649 725 | 337 393 | 312 332 | 2.01 | 1.04 | 0.96 | 108.02 |
| 27 | 652 173 | 343 897 | 308 276 | 2.01 | 1.06 | 0.95 | 111.55 |
| 28 | 333 684 | 172 429 | 161 255 | 1.03 | 0.53 | 0.50 | 106.93 |
| 29 | 208 358 | 107 730 | 100 628 | 0.64 | 0.33 | 0.31 | 107.06 |

2—38 续表1

| 年龄（岁） | 人口数（人） | | | 占总人口数的百分比 | | | 性别比 |
|---|---|---|---|---|---|---|---|
| | 合计 | 男 | 女 | 合计 | 男 | 女 | （女=100） |
| **30—34** | **1 834 014** | **962 936** | **871 078** | **5.66** | **2.97** | **2.69** | **110.55** |
| 30 | 288 225 | 152 296 | 135 929 | 0.89 | 0.47 | 0.42 | 112.04 |
| 31 | 319 373 | 169 162 | 150 211 | 0.99 | 0.52 | 0.46 | 112.62 |
| 32 | 416 428 | 220 125 | 196 303 | 1.29 | 0.68 | 0.61 | 112.14 |
| 33 | 404 001 | 211 032 | 192 969 | 1.25 | 0.65 | 0.60 | 109.36 |
| 34 | 405 987 | 210 321 | 195 666 | 1.25 | 0.65 | 0.60 | 107.49 |
| **35—39** | **2 009 840** | **1 039 753** | **970 087** | **6.20** | **3.21** | **2.99** | **107.18** |
| 35 | 451 006 | 234 601 | 216 405 | 1.39 | 0.72 | 0.67 | 108.41 |
| 36 | 445 022 | 229 362 | 215 660 | 1.37 | 0.71 | 0.67 | 106.35 |
| 37 | 420 323 | 217 549 | 202 774 | 1.30 | 0.67 | 0.63 | 107.29 |
| 38 | 372 874 | 192 615 | 180 259 | 1.15 | 0.59 | 0.56 | 106.85 |
| 39 | 320 615 | 165 626 | 154 989 | 0.99 | 0.51 | 0.48 | 106.86 |
| **40—44** | **1 635 823** | **851 120** | **784 703** | **5.05** | **2.63** | **2.42** | **108.46** |
| 40 | 360 760 | 188 819 | 171 941 | 1.11 | 0.58 | 0.53 | 109.82 |
| 41 | 330 030 | 172 307 | 157 723 | 1.02 | 0.53 | 0.49 | 109.25 |
| 42 | 319 038 | 164 870 | 154 168 | 0.98 | 0.51 | 0.48 | 106.94 |
| 43 | 338 486 | 176 893 | 161 593 | 1.04 | 0.55 | 0.50 | 109.47 |
| 44 | 287 509 | 148 231 | 139 278 | 0.89 | 0.46 | 0.43 | 106.43 |
| **45—49** | **1 437 037** | **746 415** | **690 622** | **4.44** | **2.30** | **2.13** | **108.08** |
| 45 | 267 330 | 138 699 | 128 631 | 0.83 | 0.43 | 0.40 | 107.83 |
| 46 | 300 439 | 157 519 | 142 920 | 0.93 | 0.49 | 0.44 | 110.21 |
| 47 | 298 648 | 154 557 | 144 091 | 0.92 | 0.48 | 0.44 | 107.26 |
| 48 | 296 273 | 152 670 | 143 603 | 0.91 | 0.47 | 0.44 | 106.31 |
| 49 | 274 347 | 142 970 | 131 377 | 0.85 | 0.44 | 0.41 | 108.82 |
| **50—54** | **1 312 852** | **685 896** | **626 956** | **4.05** | **2.12** | **1.94** | **109.40** |
| 50 | 263 210 | 136 442 | 126 768 | 0.81 | 0.42 | 0.39 | 107.63 |
| 51 | 272 677 | 142 904 | 129 773 | 0.84 | 0.44 | 0.40 | 110.12 |
| 52 | 277 435 | 145 842 | 131 593 | 0.86 | 0.45 | 0.41 | 110.83 |
| 53 | 259 720 | 135 666 | 124 054 | 0.80 | 0.42 | 0.38 | 109.36 |
| 54 | 239 810 | 125 042 | 114 768 | 0.74 | 0.39 | 0.35 | 108.95 |
| **55—59** | **1 064 873** | **562 368** | **502 505** | **3.29** | **1.74** | **1.55** | **111.91** |
| 55 | 215 791 | 112 621 | 103 170 | 0.67 | 0.35 | 0.32 | 109.16 |
| 56 | 208 368 | 110 207 | 98 161 | 0.64 | 0.34 | 0.30 | 112.27 |
| 57 | 228 265 | 121 381 | 106 884 | 0.70 | 0.37 | 0.33 | 113.56 |
| 58 | 210 112 | 110 652 | 99 460 | 0.65 | 0.34 | 0.31 | 111.25 |
| 59 | 202 337 | 107 507 | 94 830 | 0.62 | 0.33 | 0.29 | 113.37 |
| **60—64** | **795 902** | **415 887** | **380 015** | **2.46** | **1.28** | **1.17** | **109.44** |
| 60 | 196 366 | 103 215 | 93 151 | 0.61 | 0.32 | 0.29 | 110.80 |
| 61 | 173 827 | 90 666 | 83 161 | 0.54 | 0.28 | 0.26 | 109.02 |
| 62 | 183 532 | 96 030 | 87 502 | 0.57 | 0.30 | 0.27 | 109.75 |
| 63 | 137 965 | 72 188 | 65 777 | 0.43 | 0.22 | 0.20 | 109.75 |
| 64 | 104 212 | 53 788 | 50 424 | 0.32 | 0.17 | 0.16 | 106.67 |

2—38 续表 2

| 年龄（岁） | 人口数（人） 合计 | 男 | 女 | 占总人口数的百分比 合计 | 男 | 女 | 性别比（女=100） |
|---|---|---|---|---|---|---|---|
| **65—69** | **561 600** | **278 414** | **283 186** | **1.73** | **0.86** | **0.87** | **98.31** |
| 65 | 119 515 | 59 795 | 59 720 | 0.37 | 0.18 | 0.18 | 100.13 |
| 66 | 121 128 | 60 805 | 60 323 | 0.37 | 0.19 | 0.19 | 100.80 |
| 67 | 110 462 | 54 557 | 55 905 | 0.34 | 0.17 | 0.17 | 97.59 |
| 68 | 107 313 | 52 782 | 54 531 | 0.33 | 0.16 | 0.17 | 96.79 |
| 69 | 103 182 | 50 475 | 52 707 | 0.32 | 0.16 | 0.16 | 95.77 |
| **70—74** | **443 259** | **208 516** | **234 743** | **1.37** | **0.64** | **0.72** | **88.83** |
| 70 | 95 489 | 46 177 | 49 312 | 0.29 | 0.14 | 0.15 | 93.64 |
| 71 | 87 606 | 41 878 | 45 728 | 0.27 | 0.13 | 0.14 | 91.58 |
| 72 | 87 973 | 41 243 | 46 730 | 0.27 | 0.13 | 0.14 | 88.26 |
| 73 | 87 374 | 40 551 | 46 823 | 0.27 | 0.13 | 0.14 | 86.60 |
| 74 | 84 817 | 38 667 | 46 150 | 0.26 | 0.12 | 0.14 | 83.79 |
| **75—79** | **298 508** | **133 118** | **165 390** | **0.92** | **0.41** | **0.51** | **80.49** |
| 75 | 77 003 | 35 075 | 41 928 | 0.24 | 0.11 | 0.13 | 83.66 |
| 76 | 67 945 | 30 765 | 37 180 | 0.21 | 0.09 | 0.11 | 82.75 |
| 77 | 56 154 | 24 997 | 31 157 | 0.17 | 0.08 | 0.10 | 80.23 |
| 78 | 52 657 | 23 024 | 29 633 | 0.16 | 0.07 | 0.09 | 77.70 |
| 79 | 44 749 | 19 257 | 25 492 | 0.14 | 0.06 | 0.08 | 75.54 |
| **80—84** | **139 121** | **55 283** | **83 838** | **0.43** | **0.17** | **0.26** | **65.94** |
| 80 | 38 915 | 16 058 | 22 857 | 0.12 | 0.05 | 0.07 | 70.25 |
| 81 | 32 876 | 13 137 | 19 739 | 0.10 | 0.04 | 0.06 | 66.55 |
| 82 | 27 323 | 10 819 | 16 504 | 0.08 | 0.03 | 0.05 | 65.55 |
| 83 | 21 635 | 8 359 | 13 276 | 0.07 | 0.03 | 0.04 | 62.96 |
| 84 | 18 372 | 6 910 | 11 462 | 0.06 | 0.02 | 0.04 | 60.29 |
| **85—89** | **43 951** | **15 316** | **28 635** | **0.14** | **0.05** | **0.09** | **53.49** |
| 85 | 13 836 | 4 996 | 8 840 | 0.04 | 0.02 | 0.03 | 56.52 |
| 86 | 11 213 | 3 996 | 7 217 | 0.03 | 0.01 | 0.02 | 55.37 |
| 87 | 8 749 | 2 929 | 5 820 | 0.03 | 0.01 | 0.02 | 50.33 |
| 88 | 6 198 | 2 079 | 4 119 | 0.02 | 0.01 | 0.01 | 50.47 |
| 89 | 3 955 | 1 316 | 2 639 | 0.01 | 0.00 | 0.01 | 49.87 |
| **90—94** | **6 126** | **1 882** | **4 244** | **0.02** | **0.01** | **0.01** | **44.34** |
| 90 | 2 581 | 863 | 1 718 | 0.01 | 0.00 | 0.01 | 50.23 |
| 91 | 1 386 | 410 | 976 | 0.00 | 0.00 | 0.00 | 42.01 |
| 92 | 960 | 274 | 686 | 0.00 | 0.00 | 0.00 | 39.94 |
| 93 | 722 | 206 | 516 | 0.00 | 0.00 | 0.00 | 39.92 |
| 94 | 477 | 129 | 348 | 0.00 | 0.00 | 0.00 | 37.07 |
| **95—99** | **1 121** | **294** | **827** | **0.00** | **0.00** | **0.00** | **35.55** |
| 95 | 388 | 103 | 285 | 0.00 | 0.00 | 0.00 | 36.14 |
| 96 | 277 | 72 | 205 | 0.00 | 0.00 | 0.00 | 35.12 |
| 97 | 179 | 52 | 127 | 0.00 | 0.00 | 0.00 | 40.94 |
| 98 | 175 | 40 | 135 | 0.00 | 0.00 | 0.00 | 29.63 |
| 99 | 102 | 27 | 75 | 0.00 | 0.00 | 0.00 | 36.00 |
| **100岁及以上** | **188** | **44** | **144** | **0.00** | **0.00** | **0.00** | **30.56** |

## 2—39 云南省分年龄、性别的人口状况

| 年龄（岁） | 人口数（人） | | | 占总人口数的百分比 | | | 性别比（女=100） |
|---|---|---|---|---|---|---|---|
| | 合计 | 男 | 女 | 合计 | 男 | 女 | |
| **总计** | 36 972 587 | 18 995 900 | 17 976 687 | 100.00 | 51.38 | 48.62 | 105.67 |
| 0—4 | 4 004 745 | 2 074 330 | 1 930 415 | 10.83 | 5.61 | 5.22 | 107.46 |
| 0 | 824 625 | 426 652 | 397 973 | 2.23 | 1.15 | 1.08 | 107.21 |
| 1 | 790 656 | 410 576 | 380 080 | 2.14 | 1.11 | 1.03 | 108.02 |
| 2 | 809 047 | 419 208 | 389 839 | 2.19 | 1.13 | 1.05 | 107.53 |
| 3 | 820 869 | 424 689 | 396 180 | 2.22 | 1.15 | 1.07 | 107.20 |
| 4 | 759 548 | 393 205 | 366 343 | 2.05 | 1.06 | 0.99 | 107.33 |
| 5—9 | 3 601 817 | 1 856 205 | 1 745 612 | 9.74 | 5.02 | 4.72 | 106.34 |
| 5 | 730 883 | 377 353 | 353 530 | 1.98 | 1.02 | 0.96 | 106.74 |
| 6 | 707 576 | 365 694 | 341 882 | 1.91 | 0.99 | 0.92 | 106.96 |
| 7 | 741 666 | 383 181 | 358 485 | 2.01 | 1.04 | 0.97 | 106.89 |
| 8 | 779 660 | 400 098 | 379 562 | 2.11 | 1.08 | 1.03 | 105.41 |
| 9 | 642 032 | 329 879 | 312 153 | 1.74 | 0.89 | 0.84 | 105.68 |
| 10—14 | 4 097 549 | 2 095 684 | 2 001 865 | 11.08 | 5.67 | 5.41 | 104.69 |
| 10 | 698 634 | 357 949 | 340 685 | 1.89 | 0.97 | 0.92 | 105.07 |
| 11 | 799 980 | 409 987 | 389 993 | 2.16 | 1.11 | 1.05 | 105.13 |
| 12 | 864 475 | 441 791 | 422 684 | 2.34 | 1.19 | 1.14 | 104.52 |
| 13 | 897 998 | 458 849 | 439 149 | 2.43 | 1.24 | 1.19 | 104.49 |
| 14 | 836 462 | 427 108 | 409 354 | 2.26 | 1.16 | 1.11 | 104.34 |
| 15—19 | 4 396 219 | 2 269 864 | 2 126 355 | 11.89 | 6.14 | 5.75 | 106.75 |
| 15 | 861 614 | 439 963 | 421 651 | 2.33 | 1.19 | 1.14 | 104.34 |
| 16 | 912 666 | 467 334 | 445 332 | 2.47 | 1.26 | 1.20 | 104.94 |
| 17 | 882 927 | 455 335 | 427 592 | 2.39 | 1.23 | 1.16 | 106.49 |
| 18 | 868 350 | 451 599 | 416 751 | 2.35 | 1.22 | 1.13 | 108.36 |
| 19 | 870 662 | 455 633 | 415 029 | 2.35 | 1.23 | 1.12 | 109.78 |
| 20—24 | 4 155 940 | 2 165 860 | 1 990 080 | 11.24 | 5.86 | 5.38 | 108.83 |
| 20 | 830 850 | 428 755 | 402 095 | 2.25 | 1.16 | 1.09 | 106.63 |
| 21 | 925 970 | 479 651 | 446 319 | 2.50 | 1.30 | 1.21 | 107.47 |
| 22 | 806 340 | 424 009 | 382 331 | 2.18 | 1.15 | 1.03 | 110.90 |
| 23 | 752 632 | 395 182 | 357 450 | 2.04 | 1.07 | 0.97 | 110.56 |
| 24 | 840 148 | 438 263 | 401 885 | 2.27 | 1.19 | 1.09 | 109.05 |
| 25—29 | 3 282 814 | 1 705 338 | 1 577 476 | 8.88 | 4.61 | 4.27 | 108.11 |
| 25 | 824 271 | 430 651 | 393 620 | 2.23 | 1.16 | 1.06 | 109.41 |
| 26 | 774 906 | 401 228 | 373 678 | 2.10 | 1.09 | 1.01 | 107.37 |
| 27 | 794 796 | 414 105 | 380 691 | 2.15 | 1.12 | 1.03 | 108.78 |
| 28 | 547 183 | 283 906 | 263 277 | 1.48 | 0.77 | 0.71 | 107.84 |
| 29 | 341 658 | 175 448 | 166 210 | 0.92 | 0.47 | 0.45 | 105.56 |

2—39 续表1

| 年龄（岁） | 人口数（人） | | | 占总人口数的百分比 | | | 性别比（女=100） |
|---|---|---|---|---|---|---|---|
| | 合计 | 男 | 女 | 合计 | 男 | 女 | |
| 30—34 | 2 287 387 | 1 184 682 | 1 102 705 | 6.19 | 3.20 | 2.98 | 107.43 |
| 30 | 425 750 | 222 356 | 203 394 | 1.15 | 0.60 | 0.55 | 109.32 |
| 31 | 347 956 | 180 210 | 167 746 | 0.94 | 0.49 | 0.45 | 107.43 |
| 32 | 509 092 | 264 876 | 244 216 | 1.38 | 0.72 | 0.66 | 108.46 |
| 33 | 494 951 | 254 452 | 240 499 | 1.34 | 0.69 | 0.65 | 105.80 |
| 34 | 509 638 | 262 788 | 246 850 | 1.38 | 0.71 | 0.67 | 106.46 |
| 35—39 | 2 271 007 | 1 171 164 | 1 099 843 | 6.14 | 3.17 | 2.97 | 106.48 |
| 35 | 542 223 | 280 291 | 261 932 | 1.47 | 0.76 | 0.71 | 107.01 |
| 36 | 508 107 | 261 607 | 246 500 | 1.37 | 0.71 | 0.67 | 106.13 |
| 37 | 457 831 | 236 009 | 221 822 | 1.24 | 0.64 | 0.60 | 106.40 |
| 38 | 415 675 | 213 571 | 202 104 | 1.12 | 0.58 | 0.55 | 105.67 |
| 39 | 347 171 | 179 686 | 167 485 | 0.94 | 0.49 | 0.45 | 107.28 |
| 40—44 | 1 779 744 | 925 677 | 854 067 | 4.81 | 2.50 | 2.31 | 108.38 |
| 40 | 401 195 | 211 014 | 190 181 | 1.09 | 0.57 | 0.51 | 110.95 |
| 41 | 361 050 | 188 389 | 172 661 | 0.98 | 0.51 | 0.47 | 109.11 |
| 42 | 351 495 | 181 841 | 169 654 | 0.95 | 0.49 | 0.46 | 107.18 |
| 43 | 364 541 | 189 253 | 175 288 | 0.99 | 0.51 | 0.47 | 107.97 |
| 44 | 301 463 | 155 180 | 146 283 | 0.82 | 0.42 | 0.40 | 106.08 |
| 45—49 | 1 531 439 | 791 393 | 740 046 | 4.14 | 2.14 | 2.00 | 106.94 |
| 45 | 290 856 | 148 914 | 141 942 | 0.79 | 0.40 | 0.38 | 104.91 |
| 46 | 314 294 | 163 869 | 150 425 | 0.85 | 0.44 | 0.41 | 108.94 |
| 47 | 313 786 | 162 823 | 150 963 | 0.85 | 0.44 | 0.41 | 107.86 |
| 48 | 317 561 | 162 710 | 154 851 | 0.86 | 0.44 | 0.42 | 105.08 |
| 49 | 294 942 | 153 077 | 141 865 | 0.80 | 0.41 | 0.38 | 107.90 |
| 50—54 | 1 454 638 | 757 044 | 697 594 | 3.93 | 2.05 | 1.89 | 108.52 |
| 50 | 274 241 | 141 676 | 132 565 | 0.74 | 0.38 | 0.36 | 106.87 |
| 51 | 283 611 | 148 210 | 135 401 | 0.77 | 0.40 | 0.37 | 109.46 |
| 52 | 303 999 | 159 313 | 144 686 | 0.82 | 0.43 | 0.39 | 110.11 |
| 53 | 295 292 | 153 936 | 141 356 | 0.80 | 0.42 | 0.38 | 108.90 |
| 54 | 297 495 | 153 909 | 143 586 | 0.80 | 0.42 | 0.39 | 107.19 |
| 55—59 | 1 274 030 | 661 828 | 612 202 | 3.45 | 1.79 | 1.66 | 108.11 |
| 55 | 263 430 | 135 530 | 127 900 | 0.71 | 0.37 | 0.35 | 105.97 |
| 56 | 246 986 | 128 536 | 118 450 | 0.67 | 0.35 | 0.32 | 108.51 |
| 57 | 263 573 | 137 544 | 126 029 | 0.71 | 0.37 | 0.34 | 109.14 |
| 58 | 251 735 | 130 340 | 121 395 | 0.68 | 0.35 | 0.33 | 107.37 |
| 59 | 248 306 | 129 878 | 118 428 | 0.67 | 0.35 | 0.32 | 109.67 |
| 60—64 | 1 023 401 | 519 746 | 503 655 | 2.77 | 1.41 | 1.36 | 103.19 |
| 60 | 238 113 | 122 018 | 116 095 | 0.64 | 0.33 | 0.31 | 105.10 |
| 61 | 214 995 | 109 088 | 105 907 | 0.58 | 0.30 | 0.29 | 103.00 |
| 62 | 225 779 | 114 505 | 111 274 | 0.61 | 0.31 | 0.30 | 102.90 |
| 63 | 192 045 | 97 681 | 94 364 | 0.52 | 0.26 | 0.26 | 103.52 |
| 64 | 152 469 | 76 454 | 76 015 | 0.41 | 0.21 | 0.21 | 100.58 |

2－39 续表 2

| 年龄（岁） | 人口数（人） | | | 占总人口数的百分比 | | | 性别比（女＝100） |
|---|---|---|---|---|---|---|---|
| | 合计 | 男 | 女 | 合计 | 男 | 女 | |
| **65－69** | **761 617** | **365 787** | **395 830** | **2.06** | **0.99** | **1.07** | **92.41** |
| 65 | 163 457 | 79 903 | 83 554 | 0.44 | 0.22 | 0.23 | 95.63 |
| 66 | 162 012 | 78 252 | 83 760 | 0.44 | 0.21 | 0.23 | 93.42 |
| 67 | 151 780 | 72 496 | 79 284 | 0.41 | 0.20 | 0.21 | 91.44 |
| 68 | 150 851 | 72 514 | 78 337 | 0.41 | 0.20 | 0.21 | 92.57 |
| 69 | 133 517 | 62 622 | 70 895 | 0.36 | 0.17 | 0.19 | 88.33 |
| **70－74** | **523 536** | **237 919** | **285 617** | **1.42** | **0.64** | **0.77** | **83.30** |
| 70 | 118 232 | 54 705 | 63 527 | 0.32 | 0.15 | 0.17 | 86.11 |
| 71 | 105 925 | 49 140 | 56 785 | 0.29 | 0.13 | 0.15 | 86.54 |
| 72 | 102 326 | 46 260 | 56 066 | 0.28 | 0.13 | 0.15 | 82.51 |
| 73 | 101 087 | 45 566 | 55 521 | 0.27 | 0.12 | 0.15 | 82.07 |
| 74 | 95 966 | 42 248 | 53 718 | 0.26 | 0.11 | 0.15 | 78.65 |
| **75－79** | **330 063** | **141 810** | **188 253** | **0.89** | **0.38** | **0.51** | **75.33** |
| 75 | 85 614 | 37 627 | 47 987 | 0.23 | 0.10 | 0.13 | 78.41 |
| 76 | 78 315 | 34 603 | 43 712 | 0.21 | 0.09 | 0.12 | 79.16 |
| 77 | 61 894 | 26 238 | 35 656 | 0.17 | 0.07 | 0.10 | 73.59 |
| 78 | 56 373 | 23 686 | 32 687 | 0.15 | 0.06 | 0.09 | 72.46 |
| 79 | 47 867 | 19 656 | 28 211 | 0.13 | 0.05 | 0.08 | 69.67 |
| **80－84** | **146 061** | **55 445** | **90 616** | **0.40** | **0.15** | **0.25** | **61.19** |
| 80 | 43 917 | 17 259 | 26 658 | 0.12 | 0.05 | 0.07 | 64.74 |
| 81 | 37 040 | 14 324 | 22 716 | 0.10 | 0.04 | 0.06 | 63.06 |
| 82 | 27 349 | 10 398 | 16 951 | 0.07 | 0.03 | 0.05 | 61.34 |
| 83 | 20 334 | 7 371 | 12 963 | 0.05 | 0.02 | 0.04 | 56.86 |
| 84 | 17 421 | 6 093 | 11 328 | 0.05 | 0.02 | 0.03 | 53.79 |
| **85－89** | **41 764** | **13 590** | **28 174** | **0.11** | **0.04** | **0.08** | **48.24** |
| 85 | 13 001 | 4 397 | 8 604 | 0.04 | 0.01 | 0.02 | 51.10 |
| 86 | 10 184 | 3 375 | 6 809 | 0.03 | 0.01 | 0.02 | 49.57 |
| 87 | 8 171 | 2 565 | 5 606 | 0.02 | 0.01 | 0.02 | 45.75 |
| 88 | 6 045 | 1 910 | 4 135 | 0.02 | 0.01 | 0.01 | 46.19 |
| 89 | 4 363 | 1 343 | 3 020 | 0.01 | 0.00 | 0.01 | 44.47 |
| **90－94** | **7 246** | **2 085** | **5 161** | **0.02** | **0.01** | **0.01** | **40.40** |
| 90 | 2 913 | 835 | 2 078 | 0.01 | 0.00 | 0.01 | 40.18 |
| 91 | 1 716 | 503 | 1 213 | 0.00 | 0.00 | 0.00 | 41.47 |
| 92 | 1 249 | 345 | 904 | 0.00 | 0.00 | 0.00 | 38.16 |
| 93 | 829 | 235 | 594 | 0.00 | 0.00 | 0.00 | 39.56 |
| 94 | 539 | 167 | 372 | 0.00 | 0.00 | 0.00 | 44.89 |
| **95－99** | **1 304** | **380** | **924** | **0.00** | **0.00** | **0.00** | **41.13** |
| 95 | 438 | 125 | 313 | 0.00 | 0.00 | 0.00 | 39.94 |
| 96 | 312 | 94 | 218 | 0.00 | 0.00 | 0.00 | 43.12 |
| 97 | 221 | 67 | 154 | 0.00 | 0.00 | 0.00 | 43.51 |
| 98 | 205 | 63 | 142 | 0.00 | 0.00 | 0.00 | 44.37 |
| 99 | 128 | 31 | 97 | 0.00 | 0.00 | 0.00 | 31.96 |
| **100岁及以上** | **266** | **69** | **197** | **0.00** | **0.00** | **0.00** | **35.03** |

## 2—40 西藏自治区分年龄、性别的人口状况

| 年龄（岁） | 人口数（人） 合计 | 男 | 女 | 占总人口数的百分比 合计 | 男 | 女 | 性别比（女=100） |
|---|---|---|---|---|---|---|---|
| 总计 | 2 196 029 | 1 098 912 | 1 097 117 | 100.00 | 50.04 | 49.96 | 100.16 |
| 0—4 | 276 263 | 139 428 | 136 835 | 12.58 | 6.35 | 6.23 | 101.89 |
| 0 | 56 431 | 28 259 | 28 172 | 2.57 | 1.29 | 1.28 | 100.31 |
| 1 | 46 746 | 23 784 | 22 962 | 2.13 | 1.08 | 1.05 | 103.58 |
| 2 | 54 427 | 27 484 | 26 943 | 2.48 | 1.25 | 1.23 | 102.01 |
| 3 | 58 190 | 28 912 | 29 278 | 2.65 | 1.32 | 1.33 | 98.75 |
| 4 | 60 469 | 30 989 | 29 480 | 2.75 | 1.41 | 1.34 | 105.12 |
| 5—9 | 277 794 | 139 751 | 138 043 | 12.65 | 6.36 | 6.29 | 101.24 |
| 5 | 56 709 | 28 363 | 28 346 | 2.58 | 1.29 | 1.29 | 100.06 |
| 6 | 55 621 | 27 845 | 27 776 | 2.53 | 1.27 | 1.26 | 100.25 |
| 7 | 55 116 | 27 914 | 27 202 | 2.51 | 1.27 | 1.24 | 102.62 |
| 8 | 57 767 | 28 985 | 28 782 | 2.63 | 1.32 | 1.31 | 100.71 |
| 9 | 52 581 | 26 644 | 25 937 | 2.39 | 1.21 | 1.18 | 102.73 |
| 10—14 | 227 369 | 115 337 | 112 032 | 10.35 | 5.25 | 5.10 | 102.95 |
| 10 | 49 673 | 25 319 | 24 354 | 2.26 | 1.15 | 1.11 | 103.96 |
| 11 | 45 232 | 22 900 | 22 332 | 2.06 | 1.04 | 1.02 | 102.54 |
| 12 | 44 813 | 22 747 | 22 066 | 2.04 | 1.04 | 1.00 | 103.09 |
| 13 | 43 706 | 22 304 | 21 402 | 1.99 | 1.02 | 0.97 | 104.21 |
| 14 | 43 945 | 22 067 | 21 878 | 2.00 | 1.00 | 1.00 | 100.86 |
| 15—19 | 217 507 | 110 629 | 106 878 | 9.90 | 5.04 | 4.87 | 103.51 |
| 15 | 41 916 | 20 975 | 20 941 | 1.91 | 0.96 | 0.95 | 100.16 |
| 16 | 43 477 | 22 179 | 21 298 | 1.98 | 1.01 | 0.97 | 104.14 |
| 17 | 43 396 | 21 968 | 21 428 | 1.98 | 1.00 | 0.98 | 102.52 |
| 18 | 45 596 | 23 137 | 22 459 | 2.08 | 1.05 | 1.02 | 103.02 |
| 19 | 43 122 | 22 370 | 20 752 | 1.96 | 1.02 | 0.94 | 107.80 |
| 20—24 | 224 106 | 115 991 | 108 115 | 10.21 | 5.28 | 4.92 | 107.28 |
| 20 | 49 410 | 26 033 | 23 377 | 2.25 | 1.19 | 1.06 | 111.36 |
| 21 | 46 967 | 24 571 | 22 396 | 2.14 | 1.12 | 1.02 | 109.71 |
| 22 | 45 550 | 23 288 | 22 262 | 2.07 | 1.06 | 1.01 | 104.61 |
| 23 | 41 058 | 21 067 | 19 991 | 1.87 | 0.96 | 0.91 | 105.38 |
| 24 | 41 121 | 21 032 | 20 089 | 1.87 | 0.96 | 0.91 | 104.69 |
| 25—29 | 195 559 | 100 431 | 95 128 | 8.91 | 4.57 | 4.33 | 105.57 |
| 25 | 43 412 | 22 185 | 21 227 | 1.98 | 1.01 | 0.97 | 104.51 |
| 26 | 43 062 | 22 263 | 20 799 | 1.96 | 1.01 | 0.95 | 107.04 |
| 27 | 40 110 | 20 566 | 19 544 | 1.83 | 0.94 | 0.89 | 105.23 |
| 28 | 38 701 | 20 242 | 18 459 | 1.76 | 0.92 | 0.84 | 109.66 |
| 29 | 30 274 | 15 175 | 15 099 | 1.38 | 0.69 | 0.69 | 100.50 |

2—40 续表1

| 年龄<br>(岁) | 人口数(人) | | | 占总人口数的百分比 | | | 性别比<br>(女=100) |
|---|---|---|---|---|---|---|---|
| | 合计 | 男 | 女 | 合计 | 男 | 女 | |
| **30—34** | **138 380** | **69 924** | **68 456** | **6.30** | **3.18** | **3.12** | **102.14** |
| 30 | 31 774 | 15 864 | 15 910 | 1.45 | 0.72 | 0.72 | 99.71 |
| 31 | 29 185 | 14 920 | 14 265 | 1.33 | 0.68 | 0.65 | 104.59 |
| 32 | 27 873 | 14 068 | 13 805 | 1.27 | 0.64 | 0.63 | 101.91 |
| 33 | 24 658 | 12 414 | 12 244 | 1.12 | 0.57 | 0.56 | 101.39 |
| 34 | 24 890 | 12 658 | 12 232 | 1.13 | 0.58 | 0.56 | 103.48 |
| **35—39** | **118 818** | **61 212** | **57 606** | **5.41** | **2.79** | **2.62** | **106.26** |
| 35 | 25 713 | 13 097 | 12 616 | 1.17 | 0.60 | 0.57 | 103.81 |
| 36 | 25 388 | 13 054 | 12 334 | 1.16 | 0.59 | 0.56 | 105.84 |
| 37 | 23 355 | 12 164 | 11 191 | 1.06 | 0.55 | 0.51 | 108.69 |
| 38 | 23 398 | 12 238 | 11 160 | 1.07 | 0.56 | 0.51 | 109.66 |
| 39 | 20 964 | 10 659 | 10 305 | 0.95 | 0.49 | 0.47 | 103.44 |
| **40—44** | **104 847** | **53 085** | **51 762** | **4.77** | **2.42** | **2.36** | **102.56** |
| 40 | 23 077 | 12 149 | 10 928 | 1.05 | 0.55 | 0.50 | 111.17 |
| 41 | 21 164 | 10 533 | 10 631 | 0.96 | 0.48 | 0.48 | 99.08 |
| 42 | 21 393 | 10 755 | 10 638 | 0.97 | 0.49 | 0.48 | 101.10 |
| 43 | 19 895 | 9 982 | 9 913 | 0.91 | 0.45 | 0.45 | 100.70 |
| 44 | 19 318 | 9 666 | 9 652 | 0.88 | 0.44 | 0.44 | 100.15 |
| **45—49** | **94 296** | **46 915** | **47 381** | **4.29** | **2.14** | **2.16** | **99.02** |
| 45 | 19 180 | 9 572 | 9 608 | 0.87 | 0.44 | 0.44 | 99.63 |
| 46 | 18 518 | 9 288 | 9 230 | 0.84 | 0.42 | 0.42 | 100.63 |
| 47 | 19 537 | 9 692 | 9 845 | 0.89 | 0.44 | 0.45 | 98.45 |
| 48 | 19 514 | 9 708 | 9 806 | 0.89 | 0.44 | 0.45 | 99.00 |
| 49 | 17 547 | 8 655 | 8 892 | 0.80 | 0.39 | 0.40 | 97.33 |
| **50—54** | **85 888** | **42 351** | **43 537** | **3.91** | **1.93** | **1.98** | **97.28** |
| 50 | 19 685 | 9 691 | 9 994 | 0.90 | 0.44 | 0.46 | 96.97 |
| 51 | 15 998 | 7 749 | 8 249 | 0.73 | 0.35 | 0.38 | 93.94 |
| 52 | 17 228 | 8 732 | 8 496 | 0.78 | 0.40 | 0.39 | 102.78 |
| 53 | 16 885 | 8 390 | 8 495 | 0.77 | 0.38 | 0.39 | 98.76 |
| 54 | 16 092 | 7 789 | 8 303 | 0.73 | 0.35 | 0.38 | 93.81 |
| **55—59** | **72 740** | **34 543** | **38 197** | **3.31** | **1.57** | **1.74** | **90.43** |
| 55 | 16 251 | 7 994 | 8 257 | 0.74 | 0.36 | 0.38 | 96.81 |
| 56 | 14 994 | 7 142 | 7 852 | 0.68 | 0.33 | 0.36 | 90.96 |
| 57 | 14 029 | 6 579 | 7 450 | 0.64 | 0.30 | 0.34 | 88.31 |
| 58 | 13 923 | 6 540 | 7 383 | 0.63 | 0.30 | 0.34 | 88.58 |
| 59 | 13 543 | 6 288 | 7 255 | 0.62 | 0.29 | 0.33 | 86.67 |
| **60—64** | **60 800** | **27 896** | **32 904** | **2.77** | **1.27** | **1.50** | **84.78** |
| 60 | 14 385 | 6 812 | 7 573 | 0.66 | 0.31 | 0.34 | 89.95 |
| 61 | 11 677 | 5 247 | 6 430 | 0.53 | 0.24 | 0.29 | 81.60 |
| 62 | 12 045 | 5 556 | 6 489 | 0.55 | 0.25 | 0.30 | 85.62 |
| 63 | 11 625 | 5 194 | 6 431 | 0.53 | 0.24 | 0.29 | 80.77 |
| 64 | 11 068 | 5 087 | 5 981 | 0.50 | 0.23 | 0.27 | 85.05 |

2—40 续表 2

| 年龄（岁） | 人口数（人） | | | 占总人口数的百分比 | | | 性别比（女=100） |
|---|---|---|---|---|---|---|---|
| | 合计 | 男 | 女 | 合计 | 男 | 女 | |
| **65—69** | **44 860** | **19 601** | **25 259** | **2.04** | **0.89** | **1.15** | **77.60** |
| 65 | 10 108 | 4 610 | 5 498 | 0.46 | 0.21 | 0.25 | 83.85 |
| 66 | 9 977 | 4 315 | 5 662 | 0.45 | 0.20 | 0.26 | 76.21 |
| 67 | 8 976 | 3 861 | 5 115 | 0.41 | 0.18 | 0.23 | 75.48 |
| 68 | 8 475 | 3 662 | 4 813 | 0.39 | 0.17 | 0.22 | 76.09 |
| 69 | 7 324 | 3 153 | 4 171 | 0.33 | 0.14 | 0.19 | 75.59 |
| **70—74** | **29 163** | **11 893** | **17 270** | **1.33** | **0.54** | **0.79** | **68.87** |
| 70 | 7 201 | 2 999 | 4 202 | 0.33 | 0.14 | 0.19 | 71.37 |
| 71 | 5 694 | 2 314 | 3 380 | 0.26 | 0.11 | 0.15 | 68.46 |
| 72 | 5 915 | 2 433 | 3 482 | 0.27 | 0.11 | 0.16 | 69.87 |
| 73 | 5 248 | 2 122 | 3 126 | 0.24 | 0.10 | 0.14 | 67.88 |
| 74 | 5 105 | 2 025 | 3 080 | 0.23 | 0.09 | 0.14 | 65.75 |
| **75—79** | **17 127** | **6 508** | **10 619** | **0.78** | **0.30** | **0.48** | **61.29** |
| 75 | 4 175 | 1 590 | 2 585 | 0.19 | 0.07 | 0.12 | 61.51 |
| 76 | 3 805 | 1 531 | 2 274 | 0.17 | 0.07 | 0.10 | 67.33 |
| 77 | 3 643 | 1 350 | 2 293 | 0.17 | 0.06 | 0.10 | 58.87 |
| 78 | 3 069 | 1 140 | 1 929 | 0.14 | 0.05 | 0.09 | 59.10 |
| 79 | 2 435 | 897 | 1 538 | 0.11 | 0.04 | 0.07 | 58.32 |
| **80—84** | **7 285** | **2 476** | **4 809** | **0.33** | **0.11** | **0.22** | **51.49** |
| 80 | 2 278 | 800 | 1 478 | 0.10 | 0.04 | 0.07 | 54.13 |
| 81 | 1 291 | 455 | 836 | 0.06 | 0.02 | 0.04 | 54.43 |
| 82 | 1 557 | 543 | 1 014 | 0.07 | 0.02 | 0.05 | 53.55 |
| 83 | 1 197 | 373 | 824 | 0.05 | 0.02 | 0.04 | 45.27 |
| 84 | 962 | 305 | 657 | 0.04 | 0.01 | 0.03 | 46.42 |
| **85—89** | **2 511** | **742** | **1 769** | **0.11** | **0.03** | **0.08** | **41.94** |
| 85 | 718 | 219 | 499 | 0.03 | 0.01 | 0.02 | 43.89 |
| 86 | 559 | 162 | 397 | 0.03 | 0.01 | 0.02 | 40.81 |
| 87 | 470 | 134 | 336 | 0.02 | 0.01 | 0.02 | 39.88 |
| 88 | 466 | 141 | 325 | 0.02 | 0.01 | 0.01 | 43.38 |
| 89 | 298 | 86 | 212 | 0.01 | 0.00 | 0.01 | 40.57 |
| **90—94** | **476** | **126** | **350** | **0.02** | **0.01** | **0.02** | **36.00** |
| 90 | 220 | 67 | 153 | 0.01 | 0.00 | 0.01 | 43.79 |
| 91 | 78 | 14 | 64 | 0.00 | 0.00 | 0.00 | 21.88 |
| 92 | 81 | 23 | 58 | 0.00 | 0.00 | 0.00 | 39.66 |
| 93 | 52 | 13 | 39 | 0.00 | 0.00 | 0.00 | 33.33 |
| 94 | 45 | 9 | 36 | 0.00 | 0.00 | 0.00 | 25.00 |
| **95—99** | **181** | **62** | **119** | **0.01** | **0.00** | **0.01** | **52.10** |
| 95 | 43 | 20 | 23 | 0.00 | 0.00 | 0.00 | 86.96 |
| 96 | 31 | 10 | 21 | 0.00 | 0.00 | 0.00 | 47.62 |
| 97 | 40 | 10 | 30 | 0.00 | 0.00 | 0.00 | 33.33 |
| 98 | 36 | 11 | 25 | 0.00 | 0.00 | 0.00 | 44.00 |
| 99 | 31 | 11 | 20 | 0.00 | 0.00 | 0.00 | 55.00 |
| **100岁及以上** | **59** | **11** | **48** | **0.00** | **0.00** | **0.00** | **22.92** |

# 2—41 陕西省分年龄、性别的人口状况

| 年龄（岁） | 人口数（人） | | | 占总人口数的百分比 | | | 性别比（女=100） |
|---|---|---|---|---|---|---|---|
| | 合计 | 男 | 女 | 合计 | 男 | 女 | |
| **总计** | 32 882 286 | 17 070 054 | 15 812 232 | 100.00 | 51.91 | 48.09 | 107.95 |
| 0—4 | 3 854 466 | 2 013 317 | 1 841 149 | 11.72 | 6.12 | 5.60 | 109.35 |
| 0 | 757 566 | 400 375 | 357 191 | 2.30 | 1.22 | 1.09 | 112.09 |
| 1 | 790 543 | 414 571 | 375 972 | 2.40 | 1.26 | 1.14 | 110.27 |
| 2 | 801 770 | 417 738 | 384 032 | 2.44 | 1.27 | 1.17 | 108.78 |
| 3 | 783 885 | 406 322 | 377 563 | 2.38 | 1.24 | 1.15 | 107.62 |
| 4 | 720 702 | 374 311 | 346 391 | 2.19 | 1.14 | 1.05 | 108.06 |
| 5—9 | 3 018 156 | 1 579 010 | 1 439 146 | 9.18 | 4.80 | 4.38 | 109.72 |
| 5 | 708 438 | 369 114 | 339 324 | 2.15 | 1.12 | 1.03 | 108.78 |
| 6 | 612 612 | 321 282 | 291 330 | 1.86 | 0.98 | 0.89 | 110.28 |
| 7 | 605 874 | 318 711 | 287 163 | 1.84 | 0.97 | 0.87 | 110.99 |
| 8 | 613 875 | 320 873 | 293 002 | 1.87 | 0.98 | 0.89 | 109.51 |
| 9 | 477 357 | 249 030 | 228 327 | 1.45 | 0.76 | 0.69 | 109.07 |
| 10—14 | 2 622 100 | 1 360 452 | 1 261 648 | 7.97 | 4.14 | 3.84 | 107.83 |
| 10 | 510 871 | 266 903 | 243 968 | 1.55 | 0.81 | 0.74 | 109.40 |
| 11 | 502 660 | 260 246 | 242 414 | 1.53 | 0.79 | 0.74 | 107.36 |
| 12 | 515 646 | 267 027 | 248 619 | 1.57 | 0.81 | 0.76 | 107.40 |
| 13 | 522 888 | 271 034 | 251 854 | 1.59 | 0.82 | 0.77 | 107.62 |
| 14 | 570 035 | 295 242 | 274 793 | 1.73 | 0.90 | 0.84 | 107.44 |
| 15—19 | 3 448 516 | 1 783 362 | 1 665 154 | 10.49 | 5.42 | 5.06 | 107.10 |
| 15 | 588 351 | 302 936 | 285 415 | 1.79 | 0.92 | 0.87 | 106.14 |
| 16 | 670 789 | 344 871 | 325 918 | 2.04 | 1.05 | 0.99 | 105.82 |
| 17 | 709 865 | 366 649 | 343 216 | 2.16 | 1.12 | 1.04 | 106.83 |
| 18 | 720 549 | 373 673 | 346 876 | 2.19 | 1.14 | 1.05 | 107.73 |
| 19 | 758 962 | 395 233 | 363 729 | 2.31 | 1.20 | 1.11 | 108.66 |
| 20—24 | 3 516 926 | 1 822 816 | 1 694 110 | 10.70 | 5.54 | 5.15 | 107.60 |
| 20 | 730 788 | 375 006 | 355 782 | 2.22 | 1.14 | 1.08 | 105.40 |
| 21 | 787 630 | 406 559 | 381 071 | 2.40 | 1.24 | 1.16 | 106.69 |
| 22 | 705 110 | 367 043 | 338 067 | 2.14 | 1.12 | 1.03 | 108.57 |
| 23 | 639 483 | 333 264 | 306 219 | 1.94 | 1.01 | 0.93 | 108.83 |
| 24 | 653 915 | 340 944 | 312 971 | 1.99 | 1.04 | 0.95 | 108.94 |
| 25—29 | 3 044 925 | 1 582 086 | 1 462 839 | 9.26 | 4.81 | 4.45 | 108.15 |
| 25 | 649 294 | 338 723 | 310 571 | 1.97 | 1.03 | 0.94 | 109.06 |
| 26 | 693 339 | 358 785 | 334 554 | 2.11 | 1.09 | 1.02 | 107.24 |
| 27 | 747 740 | 389 488 | 358 252 | 2.27 | 1.18 | 1.09 | 108.72 |
| 28 | 510 599 | 264 857 | 245 742 | 1.55 | 0.81 | 0.75 | 107.78 |
| 29 | 443 953 | 230 233 | 213 720 | 1.35 | 0.70 | 0.65 | 107.73 |

2—41 续表1

| 年龄（岁） | 人口数（人） | | | 占总人口数的百分比 | | | 性别比 |
|---|---|---|---|---|---|---|---|
| | 合计 | 男 | 女 | 合计 | 男 | 女 | （女＝100） |
| 30—34 | 2 614 270 | 1 366 589 | 1 247 681 | 7.95 | 4.16 | 3.79 | 109.53 |
| 30 | 520 283 | 272 023 | 248 260 | 1.58 | 0.83 | 0.75 | 109.57 |
| 31 | 495 663 | 260 094 | 235 569 | 1.51 | 0.79 | 0.72 | 110.41 |
| 32 | 567 868 | 299 293 | 268 575 | 1.73 | 0.91 | 0.82 | 111.44 |
| 33 | 525 193 | 273 424 | 251 769 | 1.60 | 0.83 | 0.77 | 108.60 |
| 34 | 505 263 | 261 755 | 243 508 | 1.54 | 0.80 | 0.74 | 107.49 |
| 35—39 | 2 448 001 | 1 259 845 | 1 188 156 | 7.44 | 3.83 | 3.61 | 106.03 |
| 35 | 544 714 | 282 513 | 262 201 | 1.66 | 0.86 | 0.80 | 107.75 |
| 36 | 509 493 | 260 895 | 248 598 | 1.55 | 0.79 | 0.76 | 104.95 |
| 37 | 481 833 | 248 124 | 233 709 | 1.47 | 0.75 | 0.71 | 106.17 |
| 38 | 488 739 | 251 485 | 237 254 | 1.49 | 0.76 | 0.72 | 106.00 |
| 39 | 423 222 | 216 828 | 206 394 | 1.29 | 0.66 | 0.63 | 105.06 |
| 40—44 | 1 792 161 | 924 240 | 867 921 | 5.45 | 2.81 | 2.64 | 106.49 |
| 40 | 426 121 | 221 380 | 204 741 | 1.30 | 0.67 | 0.62 | 108.13 |
| 41 | 350 152 | 181 064 | 169 088 | 1.06 | 0.55 | 0.51 | 107.08 |
| 42 | 334 710 | 174 251 | 160 459 | 1.02 | 0.53 | 0.49 | 108.60 |
| 43 | 355 157 | 183 008 | 172 149 | 1.08 | 0.56 | 0.52 | 106.31 |
| 44 | 326 021 | 164 537 | 161 484 | 0.99 | 0.50 | 0.49 | 101.89 |
| 45—49 | 1 522 926 | 781 583 | 741 343 | 4.63 | 2.38 | 2.25 | 105.43 |
| 45 | 316 246 | 160 460 | 155 786 | 0.96 | 0.49 | 0.47 | 103.00 |
| 46 | 320 353 | 165 731 | 154 622 | 0.97 | 0.50 | 0.47 | 107.18 |
| 47 | 299 681 | 153 822 | 145 859 | 0.91 | 0.47 | 0.44 | 105.46 |
| 48 | 292 855 | 150 451 | 142 404 | 0.89 | 0.46 | 0.43 | 105.65 |
| 49 | 293 791 | 151 119 | 142 672 | 0.89 | 0.46 | 0.43 | 105.92 |
| 50—54 | 1 354 803 | 698 091 | 656 712 | 4.12 | 2.12 | 2.00 | 106.30 |
| 50 | 276 905 | 141 523 | 135 382 | 0.84 | 0.43 | 0.41 | 104.54 |
| 51 | 266 981 | 136 592 | 130 389 | 0.81 | 0.42 | 0.40 | 104.76 |
| 52 | 280 538 | 145 727 | 134 811 | 0.85 | 0.44 | 0.41 | 108.10 |
| 53 | 272 939 | 141 405 | 131 534 | 0.83 | 0.43 | 0.40 | 107.50 |
| 54 | 257 440 | 132 844 | 124 596 | 0.78 | 0.40 | 0.38 | 106.62 |
| 55—59 | 1 130 001 | 596 723 | 533 278 | 3.44 | 1.81 | 1.62 | 111.90 |
| 55 | 246 781 | 127 133 | 119 648 | 0.75 | 0.39 | 0.36 | 106.26 |
| 56 | 231 859 | 121 425 | 110 434 | 0.71 | 0.37 | 0.34 | 109.95 |
| 57 | 223 736 | 118 796 | 104 940 | 0.68 | 0.36 | 0.32 | 113.20 |
| 58 | 221 928 | 118 418 | 103 510 | 0.67 | 0.36 | 0.31 | 114.40 |
| 59 | 205 697 | 110 951 | 94 746 | 0.63 | 0.34 | 0.29 | 117.10 |
| 60—64 | 821 065 | 440 955 | 380 110 | 2.50 | 1.34 | 1.16 | 116.01 |
| 60 | 173 325 | 94 370 | 78 955 | 0.53 | 0.29 | 0.24 | 119.52 |
| 61 | 165 285 | 89 062 | 76 223 | 0.50 | 0.27 | 0.23 | 116.84 |
| 62 | 175 665 | 93 739 | 81 926 | 0.53 | 0.29 | 0.25 | 114.42 |
| 63 | 151 928 | 81 101 | 70 827 | 0.46 | 0.25 | 0.22 | 114.51 |
| 64 | 154 862 | 82 683 | 72 179 | 0.47 | 0.25 | 0.22 | 114.55 |

2-41 续表 2

| 年 龄<br>(岁) | 人口数(人)<br>合计 | 男 | 女 | 占总人口数的百分比<br>合计 | 男 | 女 | 性别比<br>(女=100) |
|---|---|---|---|---|---|---|---|
| 65-69 | 738 893 | 387 409 | 351 484 | 2.25 | 1.18 | 1.07 | 110.22 |
| 65 | 168 219 | 88 473 | 79 746 | 0.51 | 0.27 | 0.24 | 110.94 |
| 66 | 162 054 | 85 252 | 76 802 | 0.49 | 0.26 | 0.23 | 111.00 |
| 67 | 134 760 | 70 462 | 64 298 | 0.41 | 0.21 | 0.20 | 109.59 |
| 68 | 137 714 | 72 221 | 65 493 | 0.42 | 0.22 | 0.20 | 110.27 |
| 69 | 136 146 | 71 001 | 65 145 | 0.41 | 0.22 | 0.20 | 108.99 |
| 70-74 | 532 169 | 273 752 | 258 417 | 1.62 | 0.83 | 0.79 | 105.93 |
| 70 | 129 731 | 67 212 | 62 519 | 0.39 | 0.20 | 0.19 | 107.51 |
| 71 | 108 295 | 56 004 | 52 291 | 0.33 | 0.17 | 0.16 | 107.10 |
| 72 | 103 767 | 53 057 | 50 710 | 0.32 | 0.16 | 0.15 | 104.63 |
| 73 | 101 140 | 52 150 | 48 990 | 0.31 | 0.16 | 0.15 | 106.45 |
| 74 | 89 236 | 45 329 | 43 907 | 0.27 | 0.14 | 0.13 | 103.24 |
| 75-79 | 279 766 | 139 329 | 140 437 | 0.85 | 0.42 | 0.43 | 99.21 |
| 75 | 76 008 | 38 549 | 37 459 | 0.23 | 0.12 | 0.11 | 102.91 |
| 76 | 69 707 | 35 215 | 34 492 | 0.21 | 0.11 | 0.10 | 102.10 |
| 77 | 54 708 | 26 972 | 27 736 | 0.17 | 0.08 | 0.08 | 97.25 |
| 78 | 42 464 | 20 923 | 21 541 | 0.13 | 0.06 | 0.07 | 97.13 |
| 79 | 36 879 | 17 670 | 19 209 | 0.11 | 0.05 | 0.06 | 91.99 |
| 80-84 | 110 057 | 48 255 | 61 802 | 0.33 | 0.15 | 0.19 | 78.08 |
| 80 | 33 349 | 15 366 | 17 983 | 0.10 | 0.05 | 0.05 | 85.45 |
| 81 | 26 616 | 11 785 | 14 831 | 0.08 | 0.04 | 0.05 | 79.46 |
| 82 | 20 058 | 8 606 | 11 452 | 0.06 | 0.03 | 0.03 | 75.15 |
| 83 | 16 373 | 6 898 | 9 475 | 0.05 | 0.02 | 0.03 | 72.80 |
| 84 | 13 661 | 5 600 | 8 061 | 0.04 | 0.02 | 0.02 | 69.47 |
| 85-89 | 29 092 | 10 993 | 18 099 | 0.09 | 0.03 | 0.06 | 60.74 |
| 85 | 9 587 | 3 800 | 5 787 | 0.03 | 0.01 | 0.02 | 65.66 |
| 86 | 7 633 | 2 866 | 4 767 | 0.02 | 0.01 | 0.01 | 60.12 |
| 87 | 6 075 | 2 226 | 3 849 | 0.02 | 0.01 | 0.01 | 57.83 |
| 88 | 3 401 | 1 288 | 2 113 | 0.01 | 0.00 | 0.01 | 60.96 |
| 89 | 2 396 | 813 | 1 583 | 0.01 | 0.00 | 0.00 | 51.36 |
| 90-94 | 3 395 | 1 066 | 2 329 | 0.01 | 0.00 | 0.01 | 45.77 |
| 90 | 1 344 | 429 | 915 | 0.00 | 0.00 | 0.00 | 46.89 |
| 91 | 785 | 268 | 517 | 0.00 | 0.00 | 0.00 | 51.84 |
| 92 | 589 | 166 | 423 | 0.00 | 0.00 | 0.00 | 39.24 |
| 93 | 403 | 125 | 278 | 0.00 | 0.00 | 0.00 | 44.96 |
| 94 | 274 | 78 | 196 | 0.00 | 0.00 | 0.00 | 39.80 |
| 95-99 | 526 | 164 | 362 | 0.00 | 0.00 | 0.00 | 45.30 |
| 95 | 211 | 66 | 145 | 0.00 | 0.00 | 0.00 | 45.52 |
| 96 | 149 | 41 | 108 | 0.00 | 0.00 | 0.00 | 37.96 |
| 97 | 85 | 30 | 55 | 0.00 | 0.00 | 0.00 | 54.55 |
| 98 | 53 | 16 | 37 | 0.00 | 0.00 | 0.00 | 43.24 |
| 99 | 28 | 11 | 17 | 0.00 | 0.00 | 0.00 | 64.71 |
| 100岁及以上 | 72 | 17 | 55 | 0.00 | 0.00 | 0.00 | 30.91 |

# 2—42 甘肃省分年龄、性别的人口状况

| 年龄（岁） | 人口数（人） 合计 | 男 | 女 | 占总人口数的百分比 合计 | 男 | 女 | 性别比（女=100） |
|---|---|---|---|---|---|---|---|
| 总计 | 22 371 085 | 11 591 905 | 10 779 180 | 100.00 | 51.82 | 48.18 | 107.54 |
| 0—4 | 2 488 910 | 1 294 640 | 1 194 270 | 11.13 | 5.79 | 5.34 | 108.40 |
| 0 | 496 312 | 261 909 | 234 403 | 2.22 | 1.17 | 1.05 | 111.73 |
| 1 | 512 512 | 268 373 | 244 139 | 2.29 | 1.20 | 1.09 | 109.93 |
| 2 | 520 552 | 269 095 | 251 457 | 2.33 | 1.20 | 1.12 | 107.01 |
| 3 | 508 773 | 262 582 | 246 191 | 2.27 | 1.17 | 1.10 | 106.66 |
| 4 | 450 761 | 232 681 | 218 080 | 2.01 | 1.04 | 0.97 | 106.70 |
| 5—9 | 1 988 184 | 1 027 420 | 960 764 | 8.89 | 4.59 | 4.29 | 106.94 |
| 5 | 441 672 | 228 577 | 213 095 | 1.97 | 1.02 | 0.95 | 107.27 |
| 6 | 398 520 | 206 068 | 192 452 | 1.78 | 0.92 | 0.86 | 107.08 |
| 7 | 382 203 | 198 579 | 183 624 | 1.71 | 0.89 | 0.82 | 108.14 |
| 8 | 418 000 | 215 894 | 202 106 | 1.87 | 0.97 | 0.90 | 106.82 |
| 9 | 347 789 | 178 302 | 169 487 | 1.55 | 0.80 | 0.76 | 105.20 |
| 10—14 | 1 781 139 | 916 528 | 864 611 | 7.96 | 4.10 | 3.86 | 106.00 |
| 10 | 350 148 | 181 182 | 168 966 | 1.57 | 0.81 | 0.76 | 107.23 |
| 11 | 380 081 | 195 620 | 184 461 | 1.70 | 0.87 | 0.82 | 106.05 |
| 12 | 352 159 | 180 188 | 171 971 | 1.57 | 0.81 | 0.77 | 104.78 |
| 13 | 344 063 | 177 076 | 166 987 | 1.54 | 0.79 | 0.75 | 106.04 |
| 14 | 354 688 | 182 462 | 172 226 | 1.59 | 0.82 | 0.77 | 105.94 |
| 15—19 | 2 705 020 | 1 397 445 | 1 307 575 | 12.09 | 6.25 | 5.84 | 106.87 |
| 15 | 413 824 | 211 945 | 201 879 | 1.85 | 0.95 | 0.90 | 104.99 |
| 16 | 536 268 | 276 629 | 259 639 | 2.40 | 1.24 | 1.16 | 106.54 |
| 17 | 578 142 | 298 490 | 279 652 | 2.58 | 1.33 | 1.25 | 106.74 |
| 18 | 576 581 | 299 021 | 277 560 | 2.58 | 1.34 | 1.24 | 107.73 |
| 19 | 600 205 | 311 360 | 288 845 | 2.68 | 1.39 | 1.29 | 107.79 |
| 20—24 | 2 904 411 | 1 488 464 | 1 415 947 | 12.98 | 6.65 | 6.33 | 105.12 |
| 20 | 609 834 | 308 279 | 301 555 | 2.73 | 1.38 | 1.35 | 102.23 |
| 21 | 632 121 | 322 497 | 309 624 | 2.83 | 1.44 | 1.38 | 104.16 |
| 22 | 573 155 | 294 967 | 278 188 | 2.56 | 1.32 | 1.24 | 106.03 |
| 23 | 534 286 | 275 907 | 258 379 | 2.39 | 1.23 | 1.15 | 106.78 |
| 24 | 555 015 | 286 814 | 268 201 | 2.48 | 1.28 | 1.20 | 106.94 |
| 25—29 | 2 105 181 | 1 089 655 | 1 015 526 | 9.41 | 4.87 | 4.54 | 107.30 |
| 25 | 530 806 | 277 593 | 253 213 | 2.37 | 1.24 | 1.13 | 109.63 |
| 26 | 514 761 | 267 087 | 247 674 | 2.30 | 1.19 | 1.11 | 107.84 |
| 27 | 524 798 | 273 518 | 251 280 | 2.35 | 1.22 | 1.12 | 108.85 |
| 28 | 338 984 | 172 339 | 166 645 | 1.52 | 0.77 | 0.74 | 103.42 |
| 29 | 195 832 | 99 118 | 96 714 | 0.88 | 0.44 | 0.43 | 102.49 |

2－42 续表1

| 年 龄<br>(岁) | 人 口 数 (人) | | | 占总人口数的百分比 | | | 性 别 比<br>(女＝100) |
|---|---|---|---|---|---|---|---|
| | 合 计 | 男 | 女 | 合 计 | 男 | 女 | |
| **30－34** | **1 392 914** | **737 192** | **655 722** | **6.23** | **3.30** | **2.93** | **112.42** |
| 30 | 236 164 | 125 755 | 110 409 | 1.06 | 0.56 | 0.49 | 113.90 |
| 31 | 215 764 | 114 570 | 101 194 | 0.96 | 0.51 | 0.45 | 113.22 |
| 32 | 303 613 | 162 526 | 141 087 | 1.36 | 0.73 | 0.63 | 115.20 |
| 33 | 311 822 | 163 167 | 148 655 | 1.39 | 0.73 | 0.66 | 109.76 |
| 34 | 325 551 | 171 174 | 154 377 | 1.46 | 0.77 | 0.69 | 110.88 |
| **35－39** | **1 506 574** | **779 753** | **726 821** | **6.73** | **3.49** | **3.25** | **107.28** |
| 35 | 325 296 | 169 156 | 156 140 | 1.45 | 0.76 | 0.70 | 108.34 |
| 36 | 317 862 | 164 575 | 153 287 | 1.42 | 0.74 | 0.69 | 107.36 |
| 37 | 299 367 | 155 042 | 144 325 | 1.34 | 0.69 | 0.65 | 107.43 |
| 38 | 298 395 | 154 519 | 143 876 | 1.33 | 0.69 | 0.64 | 107.40 |
| 39 | 265 654 | 136 461 | 129 193 | 1.19 | 0.61 | 0.58 | 105.63 |
| **40－44** | **1 240 942** | **640 507** | **600 435** | **5.55** | **2.86** | **2.68** | **106.67** |
| 40 | 281 867 | 147 978 | 133 889 | 1.26 | 0.66 | 0.60 | 110.52 |
| 41 | 240 877 | 125 305 | 115 572 | 1.08 | 0.56 | 0.52 | 108.42 |
| 42 | 241 171 | 126 392 | 114 779 | 1.08 | 0.56 | 0.51 | 110.12 |
| 43 | 247 069 | 125 878 | 121 191 | 1.10 | 0.56 | 0.54 | 103.87 |
| 44 | 229 958 | 114 954 | 115 004 | 1.03 | 0.51 | 0.51 | 99.96 |
| **45－49** | **1 101 199** | **577 280** | **523 919** | **4.92** | **2.58** | **2.34** | **110.18** |
| 45 | 225 102 | 115 500 | 109 602 | 1.01 | 0.52 | 0.49 | 105.38 |
| 46 | 229 223 | 120 588 | 108 635 | 1.02 | 0.54 | 0.49 | 111.00 |
| 47 | 219 594 | 115 372 | 104 222 | 0.98 | 0.52 | 0.47 | 110.70 |
| 48 | 215 559 | 113 514 | 102 045 | 0.96 | 0.51 | 0.46 | 111.24 |
| 49 | 211 721 | 112 306 | 99 415 | 0.95 | 0.50 | 0.44 | 112.97 |
| **50－54** | **976 961** | **515 343** | **461 618** | **4.37** | **2.30** | **2.06** | **111.64** |
| 50 | 215 730 | 113 899 | 101 831 | 0.96 | 0.51 | 0.46 | 111.85 |
| 51 | 199 713 | 105 008 | 94 705 | 0.89 | 0.47 | 0.42 | 110.88 |
| 52 | 198 429 | 105 014 | 93 415 | 0.89 | 0.47 | 0.42 | 112.42 |
| 53 | 184 573 | 97 149 | 87 424 | 0.83 | 0.43 | 0.39 | 111.12 |
| 54 | 178 516 | 94 273 | 84 243 | 0.80 | 0.42 | 0.38 | 111.91 |
| **55－59** | **794 972** | **422 074** | **372 898** | **3.55** | **1.89** | **1.67** | **113.19** |
| 55 | 169 579 | 88 678 | 80 901 | 0.76 | 0.40 | 0.36 | 109.61 |
| 56 | 168 432 | 89 607 | 78 825 | 0.75 | 0.40 | 0.35 | 113.68 |
| 57 | 159 991 | 84 506 | 75 485 | 0.72 | 0.38 | 0.34 | 111.95 |
| 58 | 144 009 | 76 965 | 67 044 | 0.64 | 0.34 | 0.30 | 114.80 |
| 59 | 152 961 | 82 318 | 70 643 | 0.68 | 0.37 | 0.32 | 116.53 |
| **60－64** | **476 119** | **256 392** | **219 727** | **2.13** | **1.15** | **0.98** | **116.69** |
| 60 | 98 596 | 52 927 | 45 669 | 0.44 | 0.24 | 0.20 | 115.89 |
| 61 | 87 882 | 47 693 | 40 189 | 0.39 | 0.21 | 0.18 | 118.67 |
| 62 | 95 153 | 51 092 | 44 061 | 0.43 | 0.23 | 0.20 | 115.96 |
| 63 | 95 312 | 51 421 | 43 891 | 0.43 | 0.23 | 0.20 | 117.16 |
| 64 | 99 176 | 53 259 | 45 917 | 0.44 | 0.24 | 0.21 | 115.99 |

2—42 续表 2

| 年龄(岁) | 人口数(人) 合计 | 男 | 女 | 占总人口数的百分比 合计 | 男 | 女 | 性别比(女=100) |
|---|---|---|---|---|---|---|---|
| **65—69** | **409 920** | **210 963** | **198 957** | **1.83** | **0.94** | **0.89** | **106.03** |
| 65 | 99 166 | 51 709 | 47 457 | 0.44 | 0.23 | 0.21 | 108.96 |
| 66 | 90 098 | 46 493 | 43 605 | 0.40 | 0.21 | 0.19 | 106.62 |
| 67 | 78 301 | 40 142 | 38 159 | 0.35 | 0.18 | 0.17 | 105.20 |
| 68 | 73 311 | 37 906 | 35 405 | 0.33 | 0.17 | 0.16 | 107.06 |
| 69 | 69 044 | 34 713 | 34 331 | 0.31 | 0.16 | 0.15 | 101.11 |
| **70—74** | **280 644** | **139 055** | **141 589** | **1.25** | **0.62** | **0.63** | **98.21** |
| 70 | 66 624 | 33 363 | 33 261 | 0.30 | 0.15 | 0.15 | 100.31 |
| 71 | 59 590 | 29 563 | 30 027 | 0.27 | 0.13 | 0.13 | 98.45 |
| 72 | 55 480 | 27 490 | 27 990 | 0.25 | 0.12 | 0.13 | 98.21 |
| 73 | 52 039 | 25 822 | 26 217 | 0.23 | 0.12 | 0.12 | 98.49 |
| 74 | 46 911 | 22 817 | 24 094 | 0.21 | 0.10 | 0.11 | 94.70 |
| **75—79** | **146 847** | **69 531** | **77 316** | **0.66** | **0.31** | **0.35** | **89.93** |
| 75 | 39 524 | 19 013 | 20 511 | 0.18 | 0.08 | 0.09 | 92.70 |
| 76 | 34 965 | 16 921 | 18 044 | 0.16 | 0.08 | 0.08 | 93.78 |
| 77 | 27 855 | 13 175 | 14 680 | 0.12 | 0.06 | 0.07 | 89.75 |
| 78 | 24 123 | 11 171 | 12 952 | 0.11 | 0.05 | 0.06 | 86.25 |
| 79 | 20 380 | 9 251 | 11 129 | 0.09 | 0.04 | 0.05 | 83.13 |
| **80—84** | **55 131** | **23 546** | **31 585** | **0.25** | **0.11** | **0.14** | **74.55** |
| 80 | 16 901 | 7 475 | 9 426 | 0.08 | 0.03 | 0.04 | 79.30 |
| 81 | 13 177 | 5 630 | 7 547 | 0.06 | 0.03 | 0.03 | 74.60 |
| 82 | 10 430 | 4 424 | 6 006 | 0.05 | 0.02 | 0.03 | 73.66 |
| 83 | 8 191 | 3 424 | 4 767 | 0.04 | 0.02 | 0.02 | 71.83 |
| 84 | 6 432 | 2 593 | 3 839 | 0.03 | 0.01 | 0.02 | 67.54 |
| **85—89** | **14 074** | **5 456** | **8 618** | **0.06** | **0.02** | **0.04** | **63.31** |
| 85 | 4 549 | 1 824 | 2 725 | 0.02 | 0.01 | 0.01 | 66.94 |
| 86 | 3 570 | 1 330 | 2 240 | 0.02 | 0.01 | 0.01 | 59.38 |
| 87 | 2 790 | 1 094 | 1 696 | 0.01 | 0.00 | 0.01 | 64.50 |
| 88 | 1 834 | 711 | 1 123 | 0.01 | 0.00 | 0.01 | 63.31 |
| 89 | 1 331 | 497 | 834 | 0.01 | 0.00 | 0.00 | 59.59 |
| **90—94** | **1 600** | **551** | **1 049** | **0.01** | **0.00** | **0.00** | **52.53** |
| 90 | 754 | 277 | 477 | 0.00 | 0.00 | 0.00 | 58.07 |
| 91 | 339 | 115 | 224 | 0.00 | 0.00 | 0.00 | 51.34 |
| 92 | 242 | 74 | 168 | 0.00 | 0.00 | 0.00 | 44.05 |
| 93 | 147 | 46 | 101 | 0.00 | 0.00 | 0.00 | 45.54 |
| 94 | 118 | 39 | 79 | 0.00 | 0.00 | 0.00 | 49.37 |
| **95—99** | **261** | **86** | **175** | **0.00** | **0.00** | **0.00** | **49.14** |
| 95 | 78 | 34 | 44 | 0.00 | 0.00 | 0.00 | 77.27 |
| 96 | 62 | 23 | 39 | 0.00 | 0.00 | 0.00 | 58.97 |
| 97 | 41 | 11 | 30 | 0.00 | 0.00 | 0.00 | 36.67 |
| 98 | 45 | 13 | 32 | 0.00 | 0.00 | 0.00 | 40.63 |
| 99 | 35 | 5 | 30 | 0.00 | 0.00 | 0.00 | 16.67 |
| **100岁及以上** | **82** | **24** | **58** | **0.00** | **0.00** | **0.00** | **41.38** |

# 2—43 青海省分年龄、性别的人口状况

| 年龄（岁） | 人口数（人）合计 | 男 | 女 | 占总人口数的百分比 合计 | 男 | 女 | 性别比（女=100） |
|---|---|---|---|---|---|---|---|
| 总计 | 4 456 952 | 2 310 183 | 2 146 769 | 100.00 | 51.83 | 48.17 | 107.61 |
| 0—4 | 455 896 | 232 133 | 223 763 | 10.23 | 5.21 | 5.02 | 103.74 |
| 0 | 95 754 | 48 795 | 46 959 | 2.15 | 1.09 | 1.05 | 103.91 |
| 1 | 91 247 | 46 261 | 44 986 | 2.05 | 1.04 | 1.01 | 102.83 |
| 2 | 93 147 | 47 432 | 45 715 | 2.09 | 1.06 | 1.03 | 103.76 |
| 3 | 92 711 | 47 304 | 45 407 | 2.08 | 1.06 | 1.02 | 104.18 |
| 4 | 83 037 | 42 341 | 40 696 | 1.86 | 0.95 | 0.91 | 104.04 |
| 5—9 | 422 988 | 215 857 | 207 131 | 9.49 | 4.84 | 4.65 | 104.21 |
| 5 | 78 971 | 40 354 | 38 617 | 1.77 | 0.91 | 0.87 | 104.50 |
| 6 | 74 732 | 38 008 | 36 724 | 1.68 | 0.85 | 0.82 | 103.50 |
| 7 | 84 586 | 43 061 | 41 525 | 1.90 | 0.97 | 0.93 | 103.70 |
| 8 | 96 476 | 49 143 | 47 333 | 2.16 | 1.10 | 1.06 | 103.82 |
| 9 | 88 223 | 45 291 | 42 932 | 1.98 | 1.02 | 0.96 | 105.49 |
| 10—14 | 491 791 | 250 623 | 241 168 | 11.03 | 5.62 | 5.41 | 103.92 |
| 10 | 96 868 | 49 317 | 47 551 | 2.17 | 1.11 | 1.07 | 103.71 |
| 11 | 96 114 | 48 973 | 47 141 | 2.16 | 1.10 | 1.06 | 103.89 |
| 12 | 95 964 | 48 865 | 47 099 | 2.15 | 1.10 | 1.06 | 103.75 |
| 13 | 99 091 | 50 582 | 48 509 | 2.22 | 1.13 | 1.09 | 104.27 |
| 14 | 103 754 | 52 886 | 50 868 | 2.33 | 1.19 | 1.14 | 103.97 |
| 15—19 | 576 198 | 302 244 | 273 954 | 12.93 | 6.78 | 6.15 | 110.33 |
| 15 | 104 840 | 53 733 | 51 107 | 2.35 | 1.21 | 1.15 | 105.14 |
| 16 | 116 907 | 60 394 | 56 513 | 2.62 | 1.36 | 1.27 | 106.87 |
| 17 | 117 545 | 61 793 | 55 752 | 2.64 | 1.39 | 1.25 | 110.84 |
| 18 | 118 662 | 63 166 | 55 496 | 2.66 | 1.42 | 1.25 | 113.82 |
| 19 | 118 244 | 63 158 | 55 086 | 2.65 | 1.42 | 1.24 | 114.65 |
| 20—24 | 572 285 | 301 270 | 271 015 | 12.84 | 6.76 | 6.08 | 111.16 |
| 20 | 122 088 | 64 192 | 57 896 | 2.74 | 1.44 | 1.30 | 110.87 |
| 21 | 122 857 | 64 610 | 58 247 | 2.76 | 1.45 | 1.31 | 110.92 |
| 22 | 115 137 | 60 657 | 54 480 | 2.58 | 1.36 | 1.22 | 111.34 |
| 23 | 104 368 | 54 958 | 49 410 | 2.34 | 1.23 | 1.11 | 111.23 |
| 24 | 107 835 | 56 853 | 50 982 | 2.42 | 1.28 | 1.14 | 111.52 |
| 25—29 | 422 260 | 224 785 | 197 475 | 9.47 | 5.04 | 4.43 | 113.83 |
| 25 | 110 079 | 58 691 | 51 388 | 2.47 | 1.32 | 1.15 | 114.21 |
| 26 | 107 715 | 57 133 | 50 582 | 2.42 | 1.28 | 1.13 | 112.95 |
| 27 | 104 937 | 56 017 | 48 920 | 2.35 | 1.26 | 1.10 | 114.51 |
| 28 | 64 407 | 34 241 | 30 166 | 1.45 | 0.77 | 0.68 | 113.51 |
| 29 | 35 122 | 18 703 | 16 419 | 0.79 | 0.42 | 0.37 | 113.91 |

2—43 续表1

| 年 龄 (岁) | 人口数(人) 合计 | 男 | 女 | 占总人口数的百分比 合计 | 男 | 女 | 性别比 (女=100) |
|---|---|---|---|---|---|---|---|
| **30—34** | **268 965** | **142.991** | **125 974** | **6.03** | **3.21** | **2.83** | **113.51** |
| 30 | 44 740 | 24 309 | 20 431 | 1.00 | 0.55 | 0.46 | 118.98 |
| 31 | 47 201 | 25 309 | 21 892 | 1.06 | 0.57 | 0.49 | 115.61 |
| 32 | 59 833 | 32 098 | 27 735 | 1.34 | 0.72 | 0.62 | 115.73 |
| 33 | 57 855 | 30 047 | 27 808 | 1.30 | 0.67 | 0.62 | 108.05 |
| 34 | 59 336 | 31 228 | 28 108 | 1.33 | 0.70 | 0.63 | 111.10 |
| **35—39** | **267 249** | **139 253** | **127 996** | **6.00** | **3.12** | **2.87** | **108.79** |
| 35 | 60 985 | 32 003 | 28 982 | 1.37 | 0.72 | 0.65 | 110.42 |
| 36 | 56 137 | 29 217 | 26 920 | 1.26 | 0.66 | 0.60 | 108.53 |
| 37 | 52 488 | 27 507 | 24 981 | 1.18 | 0.62 | 0.56 | 110.11 |
| 38 | 51 921 | 26 954 | 24 967 | 1.16 | 0.60 | 0.56 | 107.96 |
| 39 | 45 718 | 23 572 | 22 146 | 1.03 | 0.53 | 0.50 | 106.44 |
| **40—44** | **216 375** | **109 452** | **106 923** | **4.85** | **2.46** | **2.40** | **102.37** |
| 40 | 49 944 | 26 095 | 23 849 | 1.12 | 0.59 | 0.54 | 109.42 |
| 41 | 43 403 | 22 513 | 20 890 | 0.97 | 0.51 | 0.47 | 107.77 |
| 42 | 40 632 | 20 688 | 19 944 | 0.91 | 0.46 | 0.45 | 103.73 |
| 43 | 42 183 | 20 748 | 21 435 | 0.95 | 0.47 | 0.48 | 96.79 |
| 44 | 40 213 | 19 408 | 20 805 | 0.90 | 0.44 | 0.47 | 93.29 |
| **45—49** | **202 521** | **101 803** | **100 718** | **4.54** | **2.28** | **2.26** | **101.08** |
| 45 | 40 205 | 19 478 | 20 727 | 0.90 | 0.44 | 0.47 | 93.97 |
| 46 | 40 158 | 19 765 | 20 393 | 0.90 | 0.44 | 0.46 | 96.92 |
| 47 | 40 254 | 20 051 | 20 203 | 0.90 | 0.45 | 0.45 | 99.25 |
| 48 | 42 404 | 21 804 | 20 600 | 0.95 | 0.49 | 0.46 | 105.84 |
| 49 | 39 500 | 20 705 | 18 795 | 0.89 | 0.46 | 0.42 | 110.16 |
| **50—54** | **186 677** | **100 162** | **86 515** | **4.19** | **2.25** | **1.94** | **115.77** |
| 50 | 39 151 | 20 631 | 18 520 | 0.88 | 0.46 | 0.42 | 111.40 |
| 51 | 37 247 | 19 957 | 17 290 | 0.84 | 0.45 | 0.39 | 115.43 |
| 52 | 38 335 | 20 582 | 17 753 | 0.86 | 0.46 | 0.40 | 115.94 |
| 53 | 36 358 | 19 808 | 16 550 | 0.82 | 0.44 | 0.37 | 119.69 |
| 54 | 35 586 | 19 184 | 16 402 | 0.80 | 0.43 | 0.37 | 116.96 |
| **55—59** | **144 728** | **78 289** | **66 439** | **3.25** | **1.76** | **1.49** | **117.84** |
| 55 | 32 011 | 17 429 | 14 582 | 0.72 | 0.39 | 0.33 | 119.52 |
| 56 | 30 784 | 16 777 | 14 007 | 0.69 | 0.38 | 0.31 | 119.78 |
| 57 | 29 057 | 15 837 | 13 220 | 0.65 | 0.36 | 0.30 | 119.80 |
| 58 | 26 424 | 14 082 | 12 342 | 0.59 | 0.32 | 0.28 | 114.10 |
| 59 | 26 452 | 14 164 | 12 288 | 0.59 | 0.32 | 0.28 | 115.27 |
| **60—64** | **92 251** | **47 962** | **44 289** | **2.07** | **1.08** | **0.99** | **108.29** |
| 60 | 21 747 | 11 557 | 10 190 | 0.49 | 0.26 | 0.23 | 113.42 |
| 61 | 18 167 | 9 667 | 8 500 | 0.41 | 0.22 | 0.19 | 113.73 |
| 62 | 19 017 | 9 813 | 9 204 | 0.43 | 0.22 | 0.21 | 106.62 |
| 63 | 16 973 | 8 793 | 8 180 | 0.38 | 0.20 | 0.18 | 107.49 |
| 64 | 16 347 | 8 132 | 8 215 | 0.37 | 0.18 | 0.18 | 98.99 |

2—43 续表 2

| 年龄（岁） | 人口数（人） | | | 占总人口数的百分比 | | | 性别比（女=100） |
|---|---|---|---|---|---|---|---|
| | 合计 | 男 | 女 | 合计 | 男 | 女 | |
| **65—69** | **63 841** | **31 215** | **32 626** | **1.43** | **0.70** | **0.73** | **95.68** |
| 65 | 16 098 | 7 929 | 8 169 | 0.36 | 0.18 | 0.18 | 97.06 |
| 66 | 13 987 | 6 918 | 7 069 | 0.31 | 0.16 | 0.16 | 97.86 |
| 67 | 12 489 | 6 055 | 6 434 | 0.28 | 0.14 | 0.14 | 94.11 |
| 68 | 11 285 | 5 503 | 5 782 | 0.25 | 0.12 | 0.13 | 95.17 |
| 69 | 9 982 | 4 810 | 5 172 | 0.22 | 0.11 | 0.12 | 93.00 |
| **70—74** | **40 427** | **18 703** | **21 724** | **0.91** | **0.42** | **0.49** | **86.09** |
| 70 | 10 346 | 4 886 | 5 460 | 0.23 | 0.11 | 0.12 | 89.49 |
| 71 | 8 714 | 4 066 | 4 648 | 0.20 | 0.09 | 0.10 | 87.48 |
| 72 | 7 956 | 3 730 | 4 226 | 0.18 | 0.08 | 0.09 | 88.26 |
| 73 | 7 146 | 3 186 | 3 960 | 0.16 | 0.07 | 0.09 | 80.45 |
| 74 | 6 265 | 2 835 | 3 430 | 0.14 | 0.06 | 0.08 | 82.65 |
| **75—79** | **20 989** | **9 123** | **11 866** | **0.47** | **0.20** | **0.27** | **76.88** |
| 75 | 5 500 | 2 463 | 3 037 | 0.12 | 0.06 | 0.07 | 81.10 |
| 76 | 4 928 | 2 218 | 2 710 | 0.11 | 0.05 | 0.06 | 81.85 |
| 77 | 4 106 | 1 780 | 2 326 | 0.09 | 0.04 | 0.05 | 76.53 |
| 78 | 3 595 | 1 521 | 2 074 | 0.08 | 0.03 | 0.05 | 73.34 |
| 79 | 2 860 | 1 141 | 1 719 | 0.06 | 0.03 | 0.04 | 66.38 |
| **80—84** | **8 455** | **3 287** | **5 168** | **0.19** | **0.07** | **0.12** | **63.60** |
| 80 | 2 561 | 1 018 | 1 543 | 0.06 | 0.02 | 0.03 | 65.98 |
| 81 | 1 930 | 766 | 1 164 | 0.04 | 0.02 | 0.03 | 65.81 |
| 82 | 1 551 | 585 | 966 | 0.03 | 0.01 | 0.02 | 60.56 |
| 83 | 1 336 | 524 | 812 | 0.03 | 0.01 | 0.02 | 64.53 |
| 84 | 1 077 | 394 | 683 | 0.02 | 0.01 | 0.02 | 57.69 |
| **85—89** | **2 516** | **873** | **1 643** | **0.06** | **0.02** | **0.04** | **53.13** |
| 85 | 771 | 274 | 497 | 0.02 | 0.01 | 0.01 | 55.13 |
| 86 | 666 | 238 | 428 | 0.01 | 0.01 | 0.01 | 55.61 |
| 87 | 451 | 156 | 295 | 0.01 | 0.00 | 0.01 | 52.88 |
| 88 | 359 | 126 | 233 | 0.01 | 0.00 | 0.01 | 54.08 |
| 89 | 269 | 79 | 190 | 0.01 | 0.00 | 0.00 | 41.58 |
| **90—94** | **420** | **126** | **294** | **0.01** | **0.00** | **0.01** | **42.86** |
| 90 | 170 | 49 | 121 | 0.00 | 0.00 | 0.00 | 40.50 |
| 91 | 91 | 34 | 57 | 0.00 | 0.00 | 0.00 | 59.65 |
| 92 | 71 | 15 | 56 | 0.00 | 0.00 | 0.00 | 26.79 |
| 93 | 57 | 20 | 37 | 0.00 | 0.00 | 0.00 | 54.05 |
| 94 | 31 | 8 | 23 | 0.00 | 0.00 | 0.00 | 34.78 |
| **95—99** | **91** | **25** | **66** | **0.00** | **0.00** | **0.00** | **37.88** |
| 95 | 26 | 7 | 19 | 0.00 | 0.00 | 0.00 | 36.84 |
| 96 | 16 | 3 | 13 | 0.00 | 0.00 | 0.00 | 23.08 |
| 97 | 14 | 3 | 11 | 0.00 | 0.00 | 0.00 | 27.27 |
| 98 | 15 | 8 | 7 | 0.00 | 0.00 | 0.00 | 114.29 |
| 99 | 20 | 4 | 16 | 0.00 | 0.00 | 0.00 | 25.00 |
| **100岁及以上** | **29** | **7** | **22** | **0.00** | **0.00** | **0.00** | **31.82** |

## 2—44 宁夏回族自治区分年龄、性别的人口状况

| 年龄（岁） | 人口数（人） | | | 占总人口数的百分比 | | | 性别比 |
|---|---|---|---|---|---|---|---|
| | 合计 | 男 | 女 | 合计 | 男 | 女 | （女=100） |
| **总计** | 4 655 445 | 2 389 470 | 2 265 975 | 100.00 | 51.33 | 48.67 | 105.45 |
| **0—4** | 533 861 | 274 441 | 259 420 | 11.47 | 5.90 | 5.57 | 105.79 |
| 0 | 109 856 | 56 636 | 53 220 | 2.36 | 1.22 | 1.14 | 106.42 |
| 1 | 108 606 | 56 138 | 52 468 | 2.33 | 1.21 | 1.13 | 106.99 |
| 2 | 110 979 | 56 886 | 54 093 | 2.38 | 1.22 | 1.16 | 105.16 |
| 3 | 106 556 | 54 512 | 52 044 | 2.29 | 1.17 | 1.12 | 104.74 |
| 4 | 97 864 | 50 269 | 47 595 | 2.10 | 1.08 | 1.02 | 105.62 |
| **5—9** | 512 809 | 263 197 | 249 612 | 11.02 | 5.65 | 5.36 | 105.44 |
| 5 | 98 353 | 50 316 | 48 037 | 2.11 | 1.08 | 1.03 | 104.74 |
| 6 | 94 859 | 49 016 | 45 843 | 2.04 | 1.05 | 0.98 | 106.92 |
| 7 | 102 258 | 52 742 | 49 516 | 2.20 | 1.13 | 1.06 | 106.52 |
| 8 | 116 463 | 59 742 | 56 721 | 2.50 | 1.28 | 1.22 | 105.33 |
| 9 | 100 876 | 51 381 | 49 495 | 2.17 | 1.10 | 1.06 | 103.81 |
| **10—14** | 523 989 | 266 826 | 257 163 | 11.26 | 5.73 | 5.52 | 103.76 |
| 10 | 109 529 | 55 830 | 53 699 | 2.35 | 1.20 | 1.15 | 103.97 |
| 11 | 100 758 | 51 356 | 49 402 | 2.16 | 1.10 | 1.06 | 103.96 |
| 12 | 99 389 | 50 466 | 48 923 | 2.13 | 1.08 | 1.05 | 103.15 |
| 13 | 100 120 | 51 038 | 49 082 | 2.15 | 1.10 | 1.05 | 103.99 |
| 14 | 114 193 | 58 136 | 56 057 | 2.45 | 1.25 | 1.20 | 103.71 |
| **15—19** | 555 993 | 283 921 | 272 072 | 11.94 | 6.10 | 5.84 | 104.36 |
| 15 | 109 877 | 55 821 | 54 056 | 2.36 | 1.20 | 1.16 | 103.27 |
| 16 | 112 874 | 57 555 | 55 319 | 2.42 | 1.24 | 1.19 | 104.04 |
| 17 | 116 134 | 59 828 | 56 306 | 2.49 | 1.29 | 1.21 | 106.26 |
| 18 | 107 141 | 54 761 | 52 380 | 2.30 | 1.18 | 1.13 | 104.55 |
| 19 | 109 967 | 55 956 | 54 011 | 2.36 | 1.20 | 1.16 | 103.60 |
| **20—24** | 541 266 | 272 518 | 268 748 | 11.63 | 5.85 | 5.77 | 101.40 |
| 20 | 116 399 | 57 918 | 58 481 | 2.50 | 1.24 | 1.26 | 99.04 |
| 21 | 118 968 | 59 470 | 59 498 | 2.56 | 1.28 | 1.28 | 99.95 |
| 22 | 107 067 | 54 076 | 52 991 | 2.30 | 1.16 | 1.14 | 102.05 |
| 23 | 97 596 | 49 355 | 48 241 | 2.10 | 1.06 | 1.04 | 102.31 |
| 24 | 101 236 | 51 699 | 49 537 | 2.17 | 1.11 | 1.06 | 104.36 |
| **25—29** | 420 720 | 217 495 | 203 225 | 9.04 | 4.67 | 4.37 | 107.02 |
| 25 | 103 069 | 54 188 | 48 881 | 2.21 | 1.16 | 1.05 | 110.86 |
| 26 | 102 134 | 52 781 | 49 353 | 2.19 | 1.13 | 1.06 | 106.95 |
| 27 | 107 146 | 55 489 | 51 657 | 2.30 | 1.19 | 1.11 | 107.42 |
| 28 | 65 796 | 33 011 | 32 785 | 1.41 | 0.71 | 0.70 | 100.69 |
| 29 | 42 575 | 22 026 | 20 549 | 0.91 | 0.47 | 0.44 | 107.19 |

2－44　续表 1

| 年　　龄<br>（岁） | 人　口　数　（人） | | | 占总人口数的百分比 | | | 性　别　比<br>（女＝100） |
|---|---|---|---|---|---|---|---|
| | 合　计 | 男 | 女 | 合　计 | 男 | 女 | |
| 30－34 | 302 391 | 156 273 | 146 118 | 6.50 | 3.36 | 3.14 | 106.95 |
| 30 | 54 213 | 28 697 | 25 516 | 1.16 | 0.62 | 0.55 | 112.47 |
| 31 | 47 686 | 24 570 | 23 116 | 1.02 | 0.53 | 0.50 | 106.29 |
| 32 | 65 898 | 34 644 | 31 254 | 1.42 | 0.74 | 0.67 | 110.85 |
| 33 | 65 921 | 33 279 | 32 642 | 1.42 | 0.71 | 0.70 | 101.95 |
| 34 | 68 673 | 35 083 | 33 590 | 1.48 | 0.75 | 0.72 | 104.44 |
| 35－39 | 302 904 | 155 015 | 147 889 | 6.51 | 3.33 | 3.18 | 104.82 |
| 35 | 68 552 | 35 173 | 33 379 | 1.47 | 0.76 | 0.72 | 105.37 |
| 36 | 64 939 | 33 092 | 31 847 | 1.39 | 0.71 | 0.68 | 103.91 |
| 37 | 57 924 | 29 614 | 28 310 | 1.24 | 0.64 | 0.61 | 104.61 |
| 38 | 58 545 | 30 234 | 28 311 | 1.26 | 0.65 | 0.61 | 106.79 |
| 39 | 52 944 | 26 902 | 26 042 | 1.14 | 0.58 | 0.56 | 103.30 |
| 40－44 | 219 929 | 110 545 | 109 384 | 4.72 | 2.37 | 2.35 | 101.06 |
| 40 | 54 832 | 28 199 | 26 633 | 1.18 | 0.61 | 0.57 | 105.88 |
| 41 | 43 207 | 22 235 | 20 972 | 0.93 | 0.48 | 0.45 | 106.02 |
| 42 | 39 959 | 20 563 | 19 396 | 0.86 | 0.44 | 0.42 | 106.02 |
| 43 | 42 335 | 20 936 | 21 399 | 0.91 | 0.45 | 0.46 | 97.84 |
| 44 | 39 596 | 18 612 | 20 984 | 0.85 | 0.40 | 0.45 | 88.70 |
| 45－49 | 192 895 | 97 773 | 95 122 | 4.14 | 2.10 | 2.04 | 102.79 |
| 45 | 39 418 | 19 125 | 20 293 | 0.85 | 0.41 | 0.44 | 94.24 |
| 46 | 41 519 | 21 061 | 20 458 | 0.89 | 0.45 | 0.44 | 102.95 |
| 47 | 40 741 | 20 778 | 19 963 | 0.88 | 0.45 | 0.43 | 104.08 |
| 48 | 36 337 | 18 701 | 17 636 | 0.78 | 0.40 | 0.38 | 106.04 |
| 49 | 34 880 | 18 108 | 16 772 | 0.75 | 0.39 | 0.36 | 107.97 |
| 50－54 | 167 471 | 86 708 | 80 763 | 3.60 | 1.86 | 1.73 | 107.36 |
| 50 | 37 572 | 19 364 | 18 208 | 0.81 | 0.42 | 0.39 | 106.35 |
| 51 | 34 892 | 17 860 | 17 032 | 0.75 | 0.38 | 0.37 | 104.86 |
| 52 | 34 634 | 18 041 | 16 593 | 0.74 | 0.39 | 0.36 | 108.73 |
| 53 | 30 311 | 15 750 | 14 561 | 0.65 | 0.34 | 0.31 | 108.17 |
| 54 | 30 062 | 15 693 | 14 369 | 0.65 | 0.34 | 0.31 | 109.21 |
| 55－59 | 131 349 | 70 436 | 60 913 | 2.82 | 1.51 | 1.31 | 115.63 |
| 55 | 29 296 | 15 256 | 14 040 | 0.63 | 0.33 | 0.30 | 108.66 |
| 56 | 28 164 | 15 025 | 13 139 | 0.60 | 0.32 | 0.28 | 114.35 |
| 57 | 26 141 | 13 989 | 12 152 | 0.56 | 0.30 | 0.26 | 115.12 |
| 58 | 23 344 | 12 641 | 10 703 | 0.50 | 0.27 | 0.23 | 118.11 |
| 59 | 24 404 | 13 525 | 10 879 | 0.52 | 0.29 | 0.23 | 124.32 |
| 60－64 | 86 577 | 47 531 | 39 046 | 1.86 | 1.02 | 0.84 | 121.73 |
| 60 | 19 740 | 10 886 | 8 854 | 0.42 | 0.23 | 0.19 | 122.95 |
| 61 | 16 392 | 9 044 | 7 348 | 0.35 | 0.19 | 0.16 | 123.08 |
| 62 | 16 846 | 9 227 | 7 619 | 0.36 | 0.20 | 0.16 | 121.11 |
| 63 | 16 972 | 9 248 | 7 724 | 0.36 | 0.20 | 0.17 | 119.73 |
| 64 | 16 627 | 9 126 | 7 501 | 0.36 | 0.20 | 0.16 | 121.66 |

2—44 续表 2

| 年 龄<br>(岁) | 人口数(人) 合计 | 男 | 女 | 占总人口数的百分比 合计 | 男 | 女 | 性别比<br>(女=100) |
|---|---|---|---|---|---|---|---|
| 65—69 | 68 574 | 36 426 | 32 148 | 1.47 | 0.78 | 0.69 | 113.31 |
| 65 | 16 888 | 8 904 | 7 984 | 0.36 | 0.19 | 0.17 | 111.52 |
| 66 | 14 522 | 7 874 | 6 648 | 0.31 | 0.17 | 0.14 | 118.44 |
| 67 | 13 324 | 6 987 | 6 337 | 0.29 | 0.15 | 0.14 | 110.26 |
| 68 | 12 095 | 6 515 | 5 580 | 0.26 | 0.14 | 0.12 | 116.76 |
| 69 | 11 745 | 6 146 | 5 599 | 0.25 | 0.13 | 0.12 | 109.77 |
| 70—74 | 50 508 | 26 753 | 23 755 | 1.08 | 0.57 | 0.51 | 112.62 |
| 70 | 11 816 | 6 190 | 5 626 | 0.25 | 0.13 | 0.12 | 110.02 |
| 71 | 10 665 | 5 625 | 5 040 | 0.23 | 0.12 | 0.11 | 111.61 |
| 72 | 10 080 | 5 405 | 4 675 | 0.22 | 0.12 | 0.10 | 115.61 |
| 73 | 9 242 | 4 853 | 4 389 | 0.20 | 0.10 | 0.09 | 110.57 |
| 74 | 8 705 | 4 680 | 4 025 | 0.19 | 0.10 | 0.09 | 116.27 |
| 75—79 | 28 150 | 15 125 | 13 025 | 0.60 | 0.32 | 0.28 | 116.12 |
| 75 | 7 344 | 3 933 | 3 411 | 0.16 | 0.08 | 0.07 | 115.30 |
| 76 | 6 834 | 3 689 | 3 145 | 0.15 | 0.08 | 0.07 | 117.30 |
| 77 | 5 512 | 2 973 | 2 539 | 0.12 | 0.06 | 0.05 | 117.09 |
| 78 | 4 645 | 2 504 | 2 141 | 0.10 | 0.05 | 0.05 | 116.95 |
| 79 | 3 815 | 2 026 | 1 789 | 0.08 | 0.04 | 0.04 | 113.25 |
| 80—84 | 11 772 | 6 277 | 5 495 | 0.25 | 0.13 | 0.12 | 114.23 |
| 80 | 3 534 | 1 914 | 1 620 | 0.08 | 0.04 | 0.03 | 118.15 |
| 81 | 2 644 | 1 415 | 1 229 | 0.06 | 0.03 | 0.03 | 115.13 |
| 82 | 2 233 | 1 176 | 1 057 | 0.05 | 0.03 | 0.02 | 111.26 |
| 83 | 1 790 | 917 | 873 | 0.04 | 0.02 | 0.02 | 105.04 |
| 84 | 1 571 | 855 | 716 | 0.03 | 0.02 | 0.02 | 119.41 |
| 85—89 | 3 548 | 1 828 | 1 720 | 0.08 | 0.04 | 0.04 | 106.28 |
| 85 | 1 118 | 574 | 544 | 0.02 | 0.01 | 0.01 | 105.51 |
| 86 | 889 | 472 | 417 | 0.02 | 0.01 | 0.01 | 113.19 |
| 87 | 667 | 338 | 329 | 0.01 | 0.01 | 0.01 | 102.74 |
| 88 | 490 | 255 | 235 | 0.01 | 0.01 | 0.01 | 108.51 |
| 89 | 384 | 189 | 195 | 0.01 | 0.00 | 0.00 | 96.92 |
| 90—94 | 588 | 301 | 287 | 0.01 | 0.01 | 0.01 | 104.88 |
| 90 | 263 | 143 | 120 | 0.01 | 0.00 | 0.00 | 119.17 |
| 91 | 113 | 59 | 54 | 0.00 | 0.00 | 0.00 | 109.26 |
| 92 | 100 | 44 | 56 | 0.00 | 0.00 | 0.00 | 78.57 |
| 93 | 54 | 22 | 32 | 0.00 | 0.00 | 0.00 | 68.75 |
| 94 | 58 | 33 | 25 | 0.00 | 0.00 | 0.00 | 132.00 |
| 95—99 | 118 | 64 | 54 | 0.00 | 0.00 | 0.00 | 118.52 |
| 95 | 34 | 18 | 16 | 0.00 | 0.00 | 0.00 | 112.50 |
| 96 | 25 | 13 | 12 | 0.00 | 0.00 | 0.00 | 108.33 |
| 97 | 19 | 11 | 8 | 0.00 | 0.00 | 0.00 | 137.50 |
| 98 | 21 | 13 | 8 | 0.00 | 0.00 | 0.00 | 162.50 |
| 99 | 19 | 9 | 10 | 0.00 | 0.00 | 0.00 | 90.00 |
| 100岁及以上 | 33 | 17 | 16 | 0.00 | 0.00 | 0.00 | 106.25 |

# 2—45 新疆维吾尔自治区分年龄、性别的人口状况

| 年龄 | 人口数（人） | | | 占总人口数的百分比 | | | 性别比 |
|---|---|---|---|---|---|---|---|
| （岁） | 合计 | 男 | 女 | 合计 | 男 | 女 | （女＝100） |
| **总计** | **15 156 883** | **7 823 195** | **7 333 688** | **100.00** | **51.61** | **48.39** | **106.67** |
| **0—4** | **1 821 498** | **925 341** | **896 157** | **12.02** | **6.11** | **5.91** | **103.26** |
| 0 | 362 662 | 184 488 | 178 174 | 2.39 | 1.22 | 1.18 | 103.54 |
| 1 | 346 836 | 177 045 | 169 791 | 2.29 | 1.17 | 1.12 | 104.27 |
| 2 | 366 619 | 185 824 | 180 795 | 2.42 | 1.23 | 1.19 | 102.78 |
| 3 | 378 936 | 191 400 | 187 536 | 2.50 | 1.26 | 1.24 | 102.06 |
| 4 | 366 445 | 186 584 | 179 861 | 2.42 | 1.23 | 1.19 | 103.74 |
| **5—9** | **1 656 046** | **840 540** | **815 506** | **10.93** | **5.55** | **5.38** | **103.07** |
| 5 | 367 003 | 186 075 | 180 928 | 2.42 | 1.23 | 1.19 | 102.84 |
| 6 | 341 856 | 174 020 | 167 836 | 2.26 | 1.15 | 1.11 | 103.68 |
| 7 | 328 845 | 166 855 | 161 990 | 2.17 | 1.10 | 1.07 | 103.00 |
| 8 | 331 612 | 167 603 | 164 009 | 2.19 | 1.11 | 1.08 | 102.19 |
| 9 | 286 730 | 145 987 | 140 743 | 1.89 | 0.96 | 0.93 | 103.73 |
| **10—14** | **1 532 141** | **789 103** | **743 038** | **10.11** | **5.21** | **4.90** | **106.20** |
| 10 | 311 019 | 159 490 | 151 529 | 2.05 | 1.05 | 1.00 | 105.25 |
| 11 | 269 362 | 137 998 | 131 364 | 1.78 | 0.91 | 0.87 | 105.05 |
| 12 | 307 234 | 157 671 | 149 563 | 2.03 | 1.04 | 0.99 | 105.42 |
| 13 | 308 797 | 158 824 | 149 973 | 2.04 | 1.05 | 0.99 | 105.90 |
| 14 | 335 729 | 175 120 | 160 609 | 2.22 | 1.16 | 1.06 | 109.03 |
| **15—19** | **1 823 332** | **940 384** | **882 948** | **12.03** | **6.20** | **5.83** | **106.51** |
| 15 | 351 608 | 185 661 | 165 947 | 2.32 | 1.22 | 1.09 | 111.88 |
| 16 | 360 571 | 189 134 | 171 437 | 2.38 | 1.25 | 1.13 | 110.32 |
| 17 | 361 639 | 189 890 | 171 749 | 2.39 | 1.25 | 1.13 | 110.56 |
| 18 | 400 761 | 198 292 | 202 469 | 2.64 | 1.31 | 1.34 | 97.94 |
| 19 | 348 753 | 177 407 | 171 346 | 2.30 | 1.17 | 1.13 | 103.54 |
| **20—24** | **1 728 365** | **883 414** | **844 951** | **11.40** | **5.83** | **5.57** | **104.55** |
| 20 | 426 579 | 211 899 | 214 680 | 2.81 | 1.40 | 1.42 | 98.70 |
| 21 | 337 292 | 174 751 | 162 541 | 2.23 | 1.15 | 1.07 | 107.51 |
| 22 | 351 798 | 180 454 | 171 344 | 2.32 | 1.19 | 1.13 | 105.32 |
| 23 | 300 780 | 154 762 | 146 018 | 1.98 | 1.02 | 0.96 | 105.99 |
| 24 | 311 916 | 161 548 | 150 368 | 2.06 | 1.07 | 0.99 | 107.44 |
| **25—29** | **1 289 821** | **669 086** | **620 735** | **8.51** | **4.41** | **4.10** | **107.79** |
| 25 | 344 290 | 174 051 | 170 239 | 2.27 | 1.15 | 1.12 | 102.24 |
| 26 | 293 530 | 151 940 | 141 590 | 1.94 | 1.00 | 0.93 | 107.31 |
| 27 | 278 219 | 147 560 | 130 659 | 1.84 | 0.97 | 0.86 | 112.94 |
| 28 | 219 443 | 114 844 | 104 599 | 1.45 | 0.76 | 0.69 | 109.79 |
| 29 | 154 339 | 80 691 | 73 648 | 1.02 | 0.53 | 0.49 | 109.56 |

2—45 续表1

| 年龄（岁） | 人口数（人） | | | 占总人口数的百分比 | | | 性别比 |
|---|---|---|---|---|---|---|---|
| | 合计 | 男 | 女 | 合计 | 男 | 女 | （女=100） |
| **30—34** | **965 768** | **500 468** | **465 300** | **6.37** | **3.30** | **3.07** | **107.56** |
| 30 | 245 729 | 123 515 | 122 214 | 1.62 | 0.81 | 0.81 | 101.06 |
| 31 | 169 340 | 90 356 | 78 984 | 1.12 | 0.60 | 0.52 | 114.40 |
| 32 | 200 803 | 105 919 | 94 884 | 1.32 | 0.70 | 0.63 | 111.63 |
| 33 | 176 303 | 91 915 | 84 388 | 1.16 | 0.61 | 0.56 | 108.92 |
| 34 | 173 593 | 88 763 | 84 830 | 1.15 | 0.59 | 0.56 | 104.64 |
| **35—39** | **861 049** | **429 778** | **431 271** | **5.68** | **2.84** | **2.85** | **99.65** |
| 35 | 225 746 | 111 716 | 114 030 | 1.49 | 0.74 | 0.75 | 97.97 |
| 36 | 180 972 | 90 908 | 90 064 | 1.19 | 0.60 | 0.59 | 100.94 |
| 37 | 160 637 | 80 945 | 79 692 | 1.06 | 0.53 | 0.53 | 101.57 |
| 38 | 164 813 | 82 112 | 82 701 | 1.09 | 0.54 | 0.55 | 99.29 |
| 39 | 128 881 | 64 097 | 64 784 | 0.85 | 0.42 | 0.43 | 98.94 |
| **40—44** | **766 070** | **373 475** | **392 595** | **5.05** | **2.46** | **2.59** | **95.13** |
| 40 | 239 535 | 118 536 | 120 999 | 1.58 | 0.78 | 0.80 | 97.96 |
| 41 | 136 608 | 68 511 | 68 097 | 0.90 | 0.45 | 0.45 | 100.61 |
| 42 | 140 972 | 69 668 | 71 304 | 0.93 | 0.46 | 0.47 | 97.71 |
| 43 | 126 308 | 60 536 | 65 772 | 0.83 | 0.40 | 0.43 | 92.04 |
| 44 | 122 647 | 56 224 | 66 423 | 0.81 | 0.37 | 0.44 | 84.65 |
| **45—49** | **702 575** | **350 098** | **352 477** | **4.64** | **2.31** | **2.33** | **99.33** |
| 45 | 179 749 | 84 229 | 95 520 | 1.19 | 0.56 | 0.63 | 88.18 |
| 46 | 131 498 | 63 006 | 68 492 | 0.87 | 0.42 | 0.45 | 91.99 |
| 47 | 125 591 | 62 978 | 62 613 | 0.83 | 0.42 | 0.41 | 100.58 |
| 48 | 137 793 | 71 376 | 66 417 | 0.91 | 0.47 | 0.44 | 107.47 |
| 49 | 127 944 | 68 509 | 59 435 | 0.84 | 0.45 | 0.39 | 115.27 |
| **50—54** | **627 023** | **339 178** | **287 845** | **4.14** | **2.24** | **1.90** | **117.83** |
| 50 | 197 900 | 101 372 | 96 528 | 1.31 | 0.67 | 0.64 | 105.02 |
| 51 | 114 630 | 62 896 | 51 734 | 0.76 | 0.41 | 0.34 | 121.58 |
| 52 | 116 299 | 65 127 | 51 172 | 0.77 | 0.43 | 0.34 | 127.27 |
| 53 | 101 755 | 57 115 | 44 640 | 0.67 | 0.38 | 0.29 | 127.95 |
| 54 | 96 439 | 52 668 | 43 771 | 0.64 | 0.35 | 0.29 | 120.33 |
| **55—59** | **438 566** | **243 216** | **195 350** | **2.89** | **1.60** | **1.29** | **124.50** |
| 55 | 122 647 | 63 718 | 58 929 | 0.81 | 0.42 | 0.39 | 108.13 |
| 56 | 92 167 | 50 841 | 41 326 | 0.61 | 0.34 | 0.27 | 123.02 |
| 57 | 79 047 | 45 214 | 33 833 | 0.52 | 0.30 | 0.22 | 133.64 |
| 58 | 76 380 | 43 420 | 32 960 | 0.50 | 0.29 | 0.22 | 131.74 |
| 59 | 68 325 | 40 023 | 28 302 | 0.45 | 0.26 | 0.19 | 141.41 |
| **60—64** | **352 347** | **202 396** | **149 951** | **2.32** | **1.34** | **0.99** | **134.97** |
| 60 | 130 718 | 70 181 | 60 537 | 0.86 | 0.46 | 0.40 | 115.93 |
| 61 | 58 551 | 34 136 | 24 415 | 0.39 | 0.23 | 0.16 | 139.82 |
| 62 | 60 087 | 35 964 | 24 123 | 0.40 | 0.24 | 0.16 | 149.09 |
| 63 | 51 987 | 31 793 | 20 194 | 0.34 | 0.21 | 0.13 | 157.44 |
| 64 | 51 004 | 30 322 | 20 682 | 0.34 | 0.20 | 0.14 | 146.61 |

2－45 续表 2

| 年龄（岁） | 人口数（人） 合计 | 男 | 女 | 占总人口数的百分比 合计 | 男 | 女 | 性别比（女＝100） |
|---|---|---|---|---|---|---|---|
| 65－69 | 245 084 | 142 096 | 102 988 | 1.62 | 0.94 | 0.68 | 137.97 |
| 65 | 77 180 | 42 747 | 34 433 | 0.51 | 0.28 | 0.23 | 124.15 |
| 66 | 49 303 | 28 769 | 20 534 | 0.33 | 0.19 | 0.14 | 140.10 |
| 67 | 41 753 | 24 967 | 16 786 | 0.28 | 0.16 | 0.11 | 148.74 |
| 68 | 41 916 | 25 229 | 16 687 | 0.28 | 0.17 | 0.11 | 151.19 |
| 69 | 34 932 | 20 384 | 14 548 | 0.23 | 0.13 | 0.10 | 140.12 |
| 70－74 | 168 502 | 94 075 | 74 427 | 1.11 | 0.62 | 0.49 | 126.40 |
| 70 | 70 142 | 37 464 | 32 678 | 0.46 | 0.25 | 0.22 | 114.65 |
| 71 | 27 668 | 15 949 | 11 719 | 0.18 | 0.11 | 0.08 | 136.10 |
| 72 | 27 220 | 15 870 | 11 350 | 0.18 | 0.10 | 0.07 | 139.82 |
| 73 | 22 702 | 13 056 | 9 646 | 0.15 | 0.09 | 0.06 | 135.35 |
| 74 | 20 770 | 11 736 | 9 034 | 0.14 | 0.08 | 0.06 | 129.91 |
| 75－79 | 88 952 | 50 522 | 38 430 | 0.59 | 0.33 | 0.25 | 131.47 |
| 75 | 29 628 | 16 634 | 12 994 | 0.20 | 0.11 | 0.09 | 128.01 |
| 76 | 18 624 | 10 649 | 7 975 | 0.12 | 0.07 | 0.05 | 133.53 |
| 77 | 14 662 | 8 487 | 6 175 | 0.10 | 0.06 | 0.04 | 137.44 |
| 78 | 15 141 | 8 692 | 6 449 | 0.10 | 0.06 | 0.04 | 134.78 |
| 79 | 10 897 | 6 060 | 4 837 | 0.07 | 0.04 | 0.03 | 125.28 |
| 80－84 | 52 682 | 28 551 | 24 131 | 0.35 | 0.19 | 0.16 | 118.32 |
| 80 | 25 513 | 13 464 | 12 049 | 0.17 | 0.09 | 0.08 | 111.74 |
| 81 | 8 377 | 4 589 | 3 788 | 0.06 | 0.03 | 0.02 | 121.15 |
| 82 | 7 621 | 4 245 | 3 376 | 0.05 | 0.03 | 0.02 | 125.74 |
| 83 | 5 661 | 3 137 | 2 524 | 0.04 | 0.02 | 0.02 | 124.29 |
| 84 | 5 510 | 3 116 | 2 394 | 0.04 | 0.02 | 0.02 | 130.16 |
| 85－89 | 21 602 | 12 235 | 9 367 | 0.14 | 0.08 | 0.06 | 130.62 |
| 85 | 8 044 | 4 525 | 3 519 | 0.05 | 0.03 | 0.02 | 128.59 |
| 86 | 4 607 | 2 699 | 1 908 | 0.03 | 0.02 | 0.01 | 141.46 |
| 87 | 3 573 | 1 982 | 1 591 | 0.02 | 0.01 | 0.01 | 124.58 |
| 88 | 2 997 | 1 705 | 1 292 | 0.02 | 0.01 | 0.01 | 131.97 |
| 89 | 2 381 | 1 324 | 1 057 | 0.02 | 0.01 | 0.01 | 125.26 |
| 90－94 | 9 976 | 5 802 | 4 174 | 0.07 | 0.04 | 0.03 | 139.00 |
| 90 | 6 105 | 3 421 | 2 684 | 0.04 | 0.02 | 0.02 | 127.46 |
| 91 | 1 040 | 602 | 438 | 0.01 | 0.00 | 0.00 | 137.44 |
| 92 | 1 110 | 702 | 408 | 0.01 | 0.00 | 0.00 | 172.06 |
| 93 | 820 | 523 | 297 | 0.01 | 0.00 | 0.00 | 176.09 |
| 94 | 901 | 554 | 347 | 0.01 | 0.00 | 0.00 | 159.65 |
| 95－99 | 4 854 | 3 033 | 1 821 | 0.03 | 0.02 | 0.01 | 166.56 |
| 95 | 1 644 | 1 005 | 639 | 0.01 | 0.01 | 0.00 | 157.28 |
| 96 | 893 | 588 | 305 | 0.01 | 0.00 | 0.00 | 192.79 |
| 97 | 724 | 458 | 266 | 0.00 | 0.00 | 0.00 | 172.18 |
| 98 | 955 | 596 | 359 | 0.01 | 0.00 | 0.00 | 166.02 |
| 99 | 638 | 386 | 252 | 0.00 | 0.00 | 0.00 | 153.17 |
| 100岁及以上 | 630 | 404 | 226 | 0.00 | 0.00 | 0.00 | 178.76 |

# 第 三 部 分

# 1990年全国人口普查

# 分析文章

# 全国有 3373.9 万学龄少年儿童不在校

1986 年我国颁布实施义务教育法以来，城乡中小学学龄儿童入学率大幅度上升，其中小学学龄儿童入学率已由 1952 年的 49.2%升至 1990 年的 97.8%。基础教育事业的普及为提高我国人口的文化素质提供了必要的条件。随着扫盲工作和各类教育工作的发展，我国文盲率迅速下降，拥有小学以上文化程度人口逐年增多。值得重视的是，据 1990 年第四次全国人口普查 10%抽样资料，目前全国仍有 3000 多万 6－14 岁学龄儿童由于种种原因没有在学校读书。

## 一、不在校学龄儿童人数多、比重大

全国 6－14 岁不在校学龄儿童共 3373.9 万人，占 6－14 岁学龄儿童总数的 19.07%，其中男性 1470.3 万人，占 43.58%；女性 1903.6 万人，占 56.42%，女性比男性多 433.3 万人。全国平均每五个 6－14 岁学龄儿童之中有一人不在校。

全国不在校学龄儿童之中，6－11 岁小学学龄儿童共 2180.0 万人，占 64.62%；12－14 岁中学学龄儿童共 1193.9 万人，占 35.38%。

从全国不在校学龄儿童的年龄分布看，6 岁儿童不在校率高达 58.77%，主要是由于一些地区规定儿童必须年满 7 周岁方能入学；7 岁儿童不在校率降至 24.42%；8－11 岁儿童不在校率在 6.25%－9.13%之间；12 岁、13 岁、14 岁儿童不在校率又逐步上升，分别为 12.13%、18.71%、29.32%。这表明，目前我国 8－11 岁儿童受教育者比例较高。

## 二、农村学龄儿童不在校率高于城市

农村不在校学龄儿童共 2830.0 万人，占全国不在校学龄儿童总数的 83.88%；市镇不在校学龄儿童共 543.9 万人，占全国不在校学龄儿童总数的 16.12%。农村不在校学龄儿童人数是市镇不在校学龄儿童人数的五倍多。

在农村，除 6 岁儿童外，7－11 岁小学学龄儿童共 7729.5 万人，其中 918.6 万人不在校，不在校率为 11.88%；12－14 岁中学学龄儿童共 4624.0 万人，其中 1072.7 万人不在校，不在校率为 23.20%。农村各年龄组儿童不在校率一般比市镇高 5 个百分点左右，13 岁、14 岁儿童不在校率分别为 21.47%、33.58%，分别比城市高 13 个百分点、20 个百分点。这表明，在农村有五分之一 13 岁儿童和三分之一 14 岁儿童已离开学校，不同程度地参加家庭或社会劳动。

## 三、学龄儿童不在校率的地区差异

从学龄儿童不在校率的地区分布看，三大直辖市、东北三省以及中南、华东地区的大多数省份的学龄儿童不在校率明显低于或接近全国平均水平，西北、西南有些省份的学龄儿童不在校率较高。6－14 岁学龄儿童不在校率低于 20%的省市有北京、天津、河北、山西、辽宁、吉林、黑龙江、上海、江苏、山东、河南、湖北、湖南、广东、陕西；不在校率在 20%－30%之间的省份有内蒙、浙江、安徽、福建、江西、广西、海南、四川、甘肃、宁夏、新疆；不在校率高于30%的省份有贵州、云南、青海（详见附表，西藏资料暂缺）。

不在校中小学学龄儿童无疑是新文盲的主要来源。据1990年第四次全国人口普查，全国现有文盲人口18003万人，文盲人口占总人口的比重虽然比1982年下降了6.93个百分点，但是，文盲人口绝对数只比1982年的22996万人减少4993万人。根据分年龄死亡率和文盲率推算，我国每年的文盲人口自然减员约500万人，八年就可减员4000多万人，再加上近年来全国每年扫除文盲400万人左右，如果每年没有新文盲产生，凭自然减员和扫盲工作，我国文盲率应有更大幅度下降。人口普查资料表明，我国在扫除旧文盲的同时又出现了一批数量相当的新文盲。据有关部门调查，中小学学龄儿童不在校的原因是多方面的，例如，受"读书不如早挣钱"的思想影响；教育事业发展满足不了学龄人口急速增长的需要；家庭经济困难，无力支付学杂费等等。如何巩固中小学学龄儿童入学率，保证他们完成九年义务教育，杜绝新文盲的产生，是当前亟待解决的社会问题。

附表　　省、自治区、直辖市6—14岁不在校人口占同龄人口比重

单位:%

| 地区 | 总计 | 男 | 女 | 地区 | 总计 | 男 | 女 |
|---|---|---|---|---|---|---|---|
| 总计 | 19.07 | 16.05 | 22.32 | 吉林 | 18.83 | 15.03 | 16.68 |
| 江苏 | 9.83 | 7.83 | 11.97 | 四川 | 20.52 | 17.53 | 23.73 |
| 北京 | 11.07 | 11.19 | 10.94 | 内蒙古 | 20.70 | 18.99 | 22.51 |
| 上海 | 11.21 | 11.25 | 11.17 | 海南 | 21.77 | 23.02 | 25.79 |
| 河北 | 11.65 | 10.75 | 12.61 | 安徽 | 23.06 | 17.48 | 29.21 |
| 山西 | 11.89 | 11.01 | 12.85 | 福建 | 23.55 | 18.02 | 29.45 |
| 河南 | 13.09 | 10.69 | 15.66 | 广西 | 23.58 | 20.25 | 27.28 |
| 辽宁 | 13.29 | 12.90 | 13.70 | 浙江 | 23.84 | 22.31 | 25.50 |
| 湖北 | 14.00 | 11.31 | 16.86 | 新疆 | 24.01 | 23.12 | 24.15 |
| 天津 | 14.20 | 14.04 | 14.36 | 江西 | 26.12 | 19.78 | 32.94 |
| 山东 | 14.76 | 12.13 | 17.57 | 宁夏 | 27.19 | 21.75 | 32.90 |
| 湖南 | 15.53 | 13.07 | 18.14 | 甘肃 | 28.91 | 22.65 | 35.60 |
| 陕西 | 15.88 | 13.39 | 14.62 | 贵州 | 33.97 | 25.15 | 43.50 |
| 黑龙江 | 16.33 | 15.34 | 17.37 | 云南 | 35.35 | 29.27 | 41.76 |
| 广东 | 17.93 | 15.53 | 20.56 | 青海 | 39.34 | 33.81 | 45.09 |

注：西藏资料暂缺

（国务院人口普查办公室）

# 我国人口城市化步伐加快 但水平仍较低

人口城市化是社会发展的必然过程。第四次人口普查资料表明，我国人口城市化已进入活跃发展时期，但城市化水平仍较低，发展不均衡。

## 一、人口城市化水平低，发展不均衡

第四次人口普查100%计算机汇总结果表明，1990年大陆30个省、自治区、直辖市人口为113051万人（不含现役军人），其中市人口21122万人，镇人口8492万人，乡村人口83437万人（注）；市镇人口占总人口比重为26.20%，乡村人口比重为73.80%。我国市镇人口比重较低，只相当于1988印度、印度尼西亚的水平，比1982年发展中国家29%的平均水平还低，更低于该年份42.2%的世界平均水平。

在省、自治区中，市镇人口比重最高的是辽宁省，为51.13%，最低的是西藏，为11.52%，两者相差39.61个百分点，地区差异很大。

城市化水平较高的省（区）有：东北三省，其市镇人口比重均高于40%；市镇人口比重在30%－40%之间的有广东、内蒙古、新疆、浙江。若按1989年现价产值计算，上述7省份和三个直辖市市镇人均非农业产值9730元，乡村人均农业产值1180元。

市镇人口比重低于20%的省区是：西藏、云南、广西、贵州、河南、安徽、湖南、河北，它们分别处于西南边陲少数民族地区和中部经济较落后地区，地域分布特征十分明显。按以上口径，这8个省区的市镇人均非农业产值8340元，乡村人均农业产值620元，较上述三个直辖市、东北三省、广东、内蒙古、新疆、浙江等10个城市化水平较高的省市区的市镇人均非农业产值和乡村人均农业产值分别低14%和47%。这充分说明：工业化带来人口城市化，人口城市化解放了农村生产力，进而推动了社会经济的进一步发展。各省、自治区、直辖市城市化水平排序见附表。

## 二、人口城市化进入活跃发展时期

据统计，1949－1981年间，我国市镇人口由5765万人增至20171万人，年平均增长率3.99%，高于同期全国人口自然增长率2.05个百分点；市镇人口占总人口比重由10.64%提高到20.16%，提高了9.52个百分点。1982－1990年8年间，市镇人口由21480万人增加到30191万人（1982

---

注："市人口"指设区的市所辖的区人口和不设区的市所辖的居委会人口；"镇人口"指不设区的市所辖镇的居委会人口和县辖镇的居委会人口；除上述两种人口以外的全部人口为"县人口"，即乡村人口。

—1990 年数字为年底数，是根据第四次人口普查数据推算数），年平均增长率为 4.35%，高于同期全国人口自然增长率 2.87 个百分点，市镇人口比重提高了 5.28 个百分点。与前 32 年比较，我国人口城市化进展加快，已进入活跃发展时期。

## 三、我国城镇人口增长主要来自机械增长和区划变动

从人口自然增长分析。在城乡二元经济结构条件下，我国城镇人口的社会经济保障条件比乡村人口优越得多，使得城镇人口计划生育后顾之忧少，生育观转变快。80 年代我国城市妇女总和生育率保持在 1.5 以下，农村为 2.6；城市的一孩比重超过 2/3，农村则不到 1/2，1989 年农村的多孩比重是城市的 2.5 倍，为 22.1%。1989 年全国出生人口 2468 万人，其中农村占 80%，出生率高达 24‰，高于城市近 10 个千分点，城镇人口自然增长水平明显低于乡村。因此人口自然增长对城镇人口增长影响不大。

城镇人口机械增长日益突出。随着商品经济的发展，人口流动已打破地区行政管辖界限，逐渐活跃起来。农村实行联产承包责任制后，农业劳动生产率迅速提高，长期隐蔽的农村大量剩余劳动力暴露出来。为了寻找出路和追求较高劳动收益，乡村劳动力纷纷涌入城镇务工经商。第四次人口普查 100%计算机汇总资料表明，按 1985 年 7 月 1 日常住地类型分的省内跨县、市迁移人口，全国有 2302.6 万人，其中从乡村迁移到市、镇的有 1173.1 万人，比重为 50.95%，成为迁移人口的主流。其中广东从乡村到市镇的迁移人口最多，为 183.2 万人，占省内迁移人口比重也最高，为 68.59%；北京、天津、江苏、浙江 4 省市的迁移人口中，从乡村到市镇的比重均高于或接近 60%；宁夏、青海、新疆的比重最低，分别为 39.84%、31.13%和 30.75%。经济越发达地区，迁移人口中乡村进入城镇的越多。

区划变动对市镇人口增长影响举足轻重。1982 年以后市镇建制发生较大变化，一大批县、乡改建为市、镇。这次普查与 1982 年相比，市由 236 个增加到 456 个，增长 93%，其中设区的市由 104 个增加到 188 个，增长了 80%；县辖镇由 2664 个增加到 9322 个，增长了 2.5 倍。市镇数量的大量增加，尤其是设区市的增加，导致了市镇人口的快速增长。

随着我国市场经济发育、成熟，以行政手段为主的户籍制度及相关的城镇福利措施将弱化，国家和个人将更多地根据产业结构和利益选择来决定人口的城乡归属，城市化步伐继续加快。若按 1982—1990 年市镇人口年平均增长率 4.35%的速度发展，2000 年我国市镇人口将有可能达 4.62 亿人，占全国人口总数 12.94 亿人（预计数）的 35.70%，比 1990 年底提高 9.29 个百分点。

人口城市化的过程就是农村人口进入城镇的过程。大量农业剩余劳动力进城，填补了城镇一些工作岗位空缺，促进了城镇繁荣，也有利于提高农业劳动生产率，增强农业造血功能。这些进城农民今后发展趋势怎样，国家相应的政策措施如何，将直接关系到我国城市化进程，是需要我们认真研究和解决的问题。

附表

全国各省、自治区、直辖市城市化水平排序

| 地区 | 市镇人口比重% | 地区 | 市镇人口比重% |
|---|---|---|---|
| 全国 | 26.20 | 宁夏 | 26.01 |
| | | 海南 | 23.94 |
| 北京 | 73.44 | 甘肃 | 22.00 |
| 天津 | 69.56 | 江苏 | 21.58 |
| 上海 | 66.23 | 陕西 | 21.53 |
| 辽宁 | 51.13 | 福建 | 21.36 |
| 黑龙江 | 47.96 | 江西 | 20.35 |
| 吉林 | 42.27 | 四川 | 20.18 |
| 广东 | 36.76 | 贵州 | 19.24 |
| 内蒙古 | 36.34 | 河北 | 19.21 |
| 新疆 | 32.50 | 湖南 | 18.03 |
| 浙江 | 31.17 | 安徽 | 17.84 |
| 山西 | 28.84 | 河南 | 15.23 |
| 湖北 | 28.75 | 云南 | 14.91 |
| 山东 | 27.34 | 广西 | 14.87 |
| 青海 | 26.16 | 西藏 | 11.52 |

（国务院人口普查办公室）

# 从出生孩次的变化看我国控制人口增长的成效

1991年是全国认真贯彻执行中共中央、国务院《关于加强计划生育工作严格控制人口增长的决定》的第一年，各级党政领导高度重视人口控制工作，强化了计划生育管理，努力落实人口计划目标管理责任制。人口变动情况抽样调查数据表明，1991年全国人口出生率为19.58‰；自然增长率为12.98‰，分别比上年下降了1.38和1.41个千分点。1991年全国出生2259万人，比上年少出生125万人，是近几年出生人数最少的一年，反映出1991年计划生育工作取得了显著成绩，人口增长过快的势头有所缓解。

## 一、多孩生育得到有效控制

1991 年一孩率(出生人口中第一孩所占比重)由 1990 年的 51.78%上升到 55.24%，上升 3.37 个百分点；二孩和多孩（三孩及三孩以上）率则由 1990 年的 31.47%和 16.66%，分别下降到 30.89%和 13.87%，多孩率下降 2.79 个百分点，其下降幅度是近几年来最大的一年。从出生人数看，1991 年虽然一孩出生受生育旺盛年龄妇女增加的影响，多出生 11 万人，但是二孩出生和多孩出生之和却比 1990 年减少 136 万人，这说明二孩和多孩生育已得到有效控制。

## 二、降低多孩率的重点在农村和少数民族人口集中的地区

1991 年各省、自治区、直辖市一孩率最高的是上海，达到 91.97%，最低的是海南和新疆，分别为 37.97%和 37.76%，多孩率最低的是上海和北京，不到 1%，而新疆则高达 37.75%，根据多孩率的高低，可将全国 30 个省、自治区、直辖市分为四大类：

1. 基本杜绝多孩生育的地区，多孩率低于 5%的地区有 3 个直辖市、辽宁、浙江共 5 个省(市)，总人口为 11535 万人。

2. 多孩率为 5%至全国平均水平（13.87%）的次低地区，这类地区有四川、江苏、吉林、黑龙江、山东、河南、内蒙、河北、安徽、甘肃 10 个省（区），总人口为 57608 万人。

3. 多孩率为 13.87%至 25%的次高地区，这类地区有湖南、江西、云南、湖北、贵州、福建、山西、宁夏、陕西、广西、广东、西藏 12 个省（区），总人口为 43536 万人。

4. 多孩率在 25%以上的最高地区，有新疆、海南和青海 3 个省（区），总人口为 2683 万人(详见附表)。

从上述四类地区的比较分析看，有以下两个特点：(1) 城镇人口比重高的地区，多孩率低；(2) 少数民族人口多的地区，多孩率高。这说明多孩生育主要发生在广大农村和少数民族集中的地区。

从全国分市、镇、县的孩次率分布也可看出，农村的多孩率为 15.8%，高于城市的 4.56%，也高于镇的 7.94%。因此，今后降低多孩率，控制人口增长的重点应放在农村和少数民族地区及边远地区。

单位:%

| 地　区 | 二孩率 | 二孩率 | 多孩率 |
|---|---|---|---|
| 市 | 76. 86 | 18. 58 | 4. 56 |
| 镇 | 67. 42 | 24. 64 | 7. 94 |
| 县 | 50. 83 | 33. 34 | 15. 83 |

据测算，我国生育旺盛年龄的妇女今年将可能达到 11062 万人，约比 1991 年增加 174 万人，加上去年部分妇女因“羊年”推迟生育的反弹作用，今年的人口控制工作将是十分艰巨的。

附表　　各省、自治区、直辖市孩次状况

单位：%

| 地　区 | 1991年总人口（万人） | 一孩率 | 二孩率 | 多孩率 |
|---|---|---|---|---|
| 上海 | 1340 | 91.97 | 7.77 | 0.26 |
| 北京 | 1094 | 88.29 | 11.29 | 0.42 |
| 天津 | 909 | 77.13 | 21.06 | 1.81 |
| 辽宁 | 3990 | 77.10 | 19.77 | 3.13 |
| 浙江 | 4202 | 72.53 | 25.63 | 1.85 |
| 江苏 | 6844 | 69.69 | 22.49 | 7.82 |
| 吉林 | 2509 | 69.00 | 24.09 | 6.91 |
| 四川 | 10897 | 68.51 | 26.02 | 5.47 |
| 黑龙江 | 3575 | 64.05 | 26.27 | 9.68 |
| 山东 | 8570 | 59.92 | 29.84 | 10.24 |
| 内蒙古 | 2184 | 56.10 | 32.48 | 11.42 |
| 湖南 | 6209 | 54.73 | 29.67 | 15.60 |
| 河北 | 6220 | 54.33 | 34.13 | 11.54 |
| 河南 | 8763 | 54.00 | 35.66 | 10.34 |
| 安徽 | 5761 | 53.03 | 34.45 | 12.52 |
| 湖北 | 5512 | 51.35 | 32.48 | 16.17 |
| 甘肃 | 2285 | 50.53 | 36.50 | 12.97 |
| 贵州 | 3315 | 50.36 | 31.09 | 18.55 |
| 宁夏 | 480 | 47.95 | 29.94 | 22.11 |
| 云南 | 3782 | 47.75 | 36.44 | 15.81 |
| 福建 | 3079 | 47.54 | 33.85 | 18.61 |
| 江西 | 3865 | 47.29 | 36.90 | 15.81 |
| 山西 | 2942 | 45.84 | 33.77 | 20.39 |
| 陕西 | 3363 | 45.20 | 31.76 | 23.04 |
| 广东 | 6439 | 43.56 | 32.06 | 24.38 |
| 青海 | 454 | 42.81 | 28.26 | 28.93 |
| 西藏 | 226 | 42.19 | 37.50 | 20.31 |
| 广西 | 4324 | 41.75 | 34.87 | 23.38 |
| 海南 | 674 | 37.97 | 30.33 | 31.70 |
| 新疆 | 1555 | 37.76 | 24.49 | 37.75 |

注：各省、自治区、直辖市按一孩率由高到低排列。

（国务院人口普查办公室）

# 我国老年人口现状及发展趋势

随着计划生育工作的深入开展，妇女生育水平的逐步下降，我国的人口年龄结构发生了变化。人口类型从年轻型变为成年型，老年人口数量和比重逐年增加，人口老化速度加快，并由此带来了一系列老年人口问题。只有全面了解我国老年人口的现状及发展趋势，才能更好地迎接人口老化的挑战。

## 一、我国老年人口的现状

第四次全国人口普查100%机器汇总资料表明，我国老年人口的现状具有以下几个特点：

1. 老年人口数量大，增长速度快

1990年全国65岁及65岁以上的老年人口为6299万人，占全国总人口的5.57%，(注)与1982年的4927.6万人相比，增长了27.8%，年平均增长速度为3.12%；而同期总人口的年平均增长速度仅为1.50%。老年人口的年平均增长速度是总人口年平均增长速度的2倍多。

与一些发达国家相比，我国的人口老化速度也是相当快的。英国老年人口比重从百分之五点多增长到百分之七点多用了八十多年，瑞典用了四十多年，世界上人口老化速度最快的日本老年人口比重从1950年4.9%增长到1970年的7.1%用了20年时间。而我国在今后十几年内老年人口比重将可能达到7%以上，速度明显高于上述国家。

2. 沿海地区老年人口比重较高

在30个省、自治区、直辖市中，65岁及65岁以上的老年人口比重超过全国平均水平5.57%的有12个，大多分布在沿海地区（见附表）。其中超过6%的有6个，它们是：上海（9.38%）、浙江（6.83%）、江苏（6.79%）、天津（6.46%）、北京（6.35%）、山东（6.20%）。上海是老年人口比重最高的地区，人口类型已进入老年型。老年人口比重低于4%的有4个，新疆（3.91%）、黑龙江（3.78%）、宁夏（3.51%）、青海（3.07%）。可见，我国老年人口比重的分布是沿海地区高，内陆边疆地区低。

3. 老年人口的婚姻状况稳定

我国老年人口的已婚率为98.81%，终身未婚的仅占1.19%，离婚率仅为0.71%（见下表）。

老年人口的婚姻状况

| | 人数（万人） | | | 占老年人口的比重（%） | | |
|---|---|---|---|---|---|---|
| | 合计 | 男 | 女 | 合计 | 男 | 女 |
| 合计 | 6299 | 2866 | 3433 | 100.00 | 100.00 | 100.00 |
| 未婚 | 75 | 65 | 10 | 1.19 | 2.27 | 0.29 |
| 有配偶 | 3184 | 1908 | 1276 | 50.55 | 66.57 | 37.17 |
| 丧偶 | 2995 | 860 | 2135 | 47.55 | 30.01 | 62.19 |
| 离婚 | 45 | 33 | 12 | 0.71 | 1.15 | 0.35 |

注：老年人口若按全国60岁及60岁以上的口径计算，则全国共9697万人，占全国总人口的8.58%。

这说明我国老年人口的婚姻关系十分稳定。但也要看到，老年人口中有近一半过着无偶的生活，无偶率为49.45％。分性别看，终身未婚的老年人多为男性，是女性未婚人数的6.5倍；离婚的男性老年人数也多于女性，是女性的2.75倍；而丧偶的老年人数则是女性多于男性，是男性的2.5倍。这是因为女性的平均预期寿命高于男性。

4. 老年人口的文化素质低于全国平均水平

我国老年人口中具有大专以上文化程度的占老年人口的0.52％，而全国6岁及6岁以上人口中具有大专以上文化程度的占1.59％；老年人口中不识字或识字很少的比例为75.07％，远远高于全国20.61％的平均水平。其他各类文化程度的比例均低于全国平均水平。

5. 在业老年人口集中在农、林、牧、渔业

我国65岁及65岁以上的在业老年人口占老年人口总数的19.27％，占在业人口总数的1.87％。分性别看，男性老年人口的在业比例为32.72％，女性仅为8.03％。分行业看，在业老年人口中90.10％的老年人集中在农、林、牧、渔业。这种状况主要是由于对从事农、林、牧、渔业的没有明确的离退休界限，只要身体条件允许就仍在从事劳动。

## 二、我国老年人口的发展趋势

1990年我国0～14岁少年儿童人口占总人口的比例为27.69％，65岁及65岁以上老年人口占总人口的比例为5.57％，年龄中位数为25.25岁，这表明我国的人口类型已经完成了从年轻型向成年型的转变。据预测，下个世纪初我国的人口类型将完成向老年型的转变，然后向高度老龄化发展。在继续严格执行现行计划生育政策的前提下，未来六十年我国人口年龄结构的变化过程大致可以分为三个阶段：

1. 1990～2003年，人口由成年型向老年型转变。到2003年65岁及65岁以上的老年人占总人口的比例将达到7％以上，少年儿童比例将可能降到30％以下，年龄中位数将超过30岁。

2. 2003～2020年，人口类型成为典型的老年型人口。这一阶段的老年人口比例将可能从7.03％增长到10.85％，少年儿童比例将可能下降到19.04％，年龄中位数将达到35.67岁。

3. 2020～2050年，人口老龄化程度急剧提高。老年人口比例将可能达到20.43％，少年儿童比例将下降到16％，年龄中位数将高达43.7岁，人口年龄结构将出现高度老龄化。

鉴于我国老年人口的现状及今后发展的趋势，我们应及早采取对策以减轻人口老化给社会和经济发展带来的影响。

**附表**　　省、自治区、直辖市老年人口状况

| 地　　区 | 65岁及65岁以上人口比重（％） | 65岁及65岁以上人口数（万人） | 年龄中位数（岁） | 地　　区 | 65岁及65岁以上人口比重（％） | 65岁及65岁以上人口数（万人） | 年龄中位数（岁） |
|---|---|---|---|---|---|---|---|
| **总　　计** | 5.57 | 6299 | 25.25 | 安　　徽 | 5.41 | 304 | 24.02 |
| 上　　海 | 9.38 | 125 | 33.80 | 海　　南 | 5.41 | 35 | 23.26 |
| 浙　　江 | 6.83 | 283 | 28.27 | 山　　西 | 5.39 | 155 | 25.36 |
| 江　　苏 | 6.79 | 455 | 28.14 | 陕　　西 | 5.15 | 169 | 24.97 |

附表　　省、自治区、直辖市老年人口状况（续表）

| 地　　区 | 65岁及65岁以上人口比重（%） | 65岁及65岁以上人口数（万人） | 年龄中位数（岁） | 地　　区 | 65岁及65岁以上人口比重（%） | 65岁及65岁以上人口数（万人） | 年龄中位数（岁） |
|---|---|---|---|---|---|---|---|
| 天　津 | 6.46 | 57 | 30.58 | 江　西 | 5.09 | 192 | 22.83 |
| 北　京 | 6.35 | 69 | 30.47 | 福　建 | 5.07 | 152 | 23.49 |
| 山　东 | 6.20 | 523 | 26.59 | 云　南 | 4.90 | 181 | 22.87 |
| 广　东 | 5.93 | 373 | 24.55 | 西　藏 | 4.63 | 10 | 22.21 |
| 河　南 | 5.83 | 499 | 24.33 | 吉　林 | 4.52 | 111 | 25.98 |
| 河　北 | 5.81 | 355 | 26.20 | 贵　州 | 4.47 | 145 | 22.11 |
| 四　川 | 5.71 | 612 | 25.97 | 甘　肃 | 4.06 | 91 | 23.83 |
| 辽　宁 | 5.68 | 224 | 28.54 | 内蒙古 | 4.01 | 86 | 24.65 |
| 湖　南 | 5.60 | 340 | 24.83 | 新　疆 | 3.91 | 59 | 22.16 |
| 湖　北 | 5.50 | 297 | 25.06 | 黑龙江 | 3.78 | 133 | 25.36 |
| 广　西 | 5.42 | 229 | 22.89 | 宁　夏 | 3.51 | 16 | 21.86 |
| | | | | 青　海 | 3.07 | 14 | 22.46 |

注：按老年人口比重由高到低排列

（国务院人口普查办公室）

# 近年来我国妇女的生育水平比80年代初有较大幅度的下降

第四次人口普查资料表明，近年来我国妇女的生育水平在经济发展和计划生育工作的双重效应下，比70年代末、80年代初有较大幅度的下降。

## 一、总和生育率水平进一步下降

七十年代，是我国妇女生育水平急剧下降的十年：总和生育率从1970年5.81逐年下降，到1979年已下降到2.73。进入八十年代，我国妇女的生育水平继续下降，1984年总和生育率降到最低值2.19。尽管由于1985年计划生育工作做了一些政策上的调整，在部分地区对农村独女户放开了二胎生育，加上"第三次生育高峰期"的冲击，妇女的总和生育率在1986和1987两年有所上升，但随着计划生育工作的加强，到1990年，总和生育率又从1987年的2.49下降到2.25。

1977—1990 年我国妇女的总和生育率

| 年份 | 总和生育率 | 年份 | 总和生育率 |
|---|---|---|---|
| 1977 | 2.84 | 1984 | 2.19 |
| 1978 | 2.72 | 1985 | 2.20 |
| 1979 | 2.73 | 1986 | 2.41 |
| 1980 | 2.66 | 1987 | 2.49 |
| 1981 | 2.58 | 1988 | 2.31 |
| 1982 | 2.57 | 1989 | 2.25 |
| 1983 | 2.25 | 1990 | 2.25 |

将 1989 年各省、自治区、直辖市妇女总和生育率与 1981 年水平相比较，也可看出我国多数地区近年来的妇女总和生育率有所下降，特别是有些过去属于高生育水平的地区，下降幅度更为明显。如宁夏、青海、贵州、广西、云南等五个省、自治区，1981 年育龄妇女的总和生育率都在 3.8 以上，1989 年则均降到 3.0 以下，下降了 1.5—1.2 不等。其它过去总和生育率较高的省、自治区，如新疆、广东，以及人口较多的省，如四川、浙江，1989 年与 1981 相比，总和生育率也下降了 0.7—0.5 不等。天津、山西、上海、山东、河南、湖北、陕西等地的总和生育率 1989 年尽管比 1981 年略有回升，但因上升幅度都不大，所以全国育龄妇女的总和生育率水平与 9 年前相比，总趋势还是下降的（详见附表 1）。

## 二、地区差别缩小，三分之一的省市总和生育率低于或接近更替水平

近年来，我国不同地区之间妇女生育率水平的差别显著缩小。1981 年上海总和生育率最低，为 1.316，贵州最高，为 4.355，两者之间相差 2.31 倍。1989 年北京最低，为 1.332，新疆最高，为 3.157，两者之间相差 1.37 倍。9 年之中，不同地区总和生育率指标高低之间的差距减少了 40%。

1981 年，全国育龄妇女总和生育率在 2.2 以下，接近或低于更替水平的地区有北京、天津、辽宁、吉林、黑龙江、上海、江苏、浙江、山东等 9 个省、自治区和直辖市。1989 年又增加了内蒙古、四川两个省、自治区。这样，我国 80 年代末期有三分之一的地区，总人口近 36946 万人的生育水平已低于或接近总和生育率 2.1 的更替水平。

## 三、多孩生育比例明显降低，但潜在危胁不容忽视

据 1982 年人口普查资料，在 1981 年生过孩子的妇女中，有 554.8 万人生的是第三个及第三个以上的孩子，占当年有生育妇女的四分之一以上。这说明 80 年代初期，我国妇女多孩生育的比例还是相当高的。为此，国家把计划生育工作的重点放在了控制妇女的多胎生育上。1990 年人口普查资料证明，经过近十年的努力，“少生”的政策正在被越来越多的人们所接受，多孩比例明显下降：从 1981 年 27.15%，下降到 1989 年 19.27%，下降了 7.88 个百分点。分年龄组看，下降幅度最大的是 35—39 岁组，由 90.35%降到 71.36%，下降了 18.99 个百分点（详见附表 2）。二孩比例的上升和多孩比例的下降，反映了自 1986 年以来，大部分农村地区采取“独女户间隔生二胎”政策，一方面降低了多孩生育比例，另一方面也增加了二孩生育的比例。然而值得注意的是，与 9 年前相比，15—29 岁低年龄组妇女的多孩生育比例有不同程度的上升。由于这部分妇女正处

于生育旺盛期，且人口基数大，多孩生育比例的每一点上升都可能造成出生人口数的大量增加。这意味着90年代的人口控制工作，仍受到潜在的多孩生育的危胁。因此，大力提倡晚婚晚育和继续严格控制多孩生育，仍然是下一个十年计划生育工作的重点。

**附表1** 1981、1989年各省、自治区、直辖市总和生育率

单位：人

| 地区 | 1981 | 1989 | 1989比1981± | 地区 | 1981 | 1989 | 1989比1981± |
|---|---|---|---|---|---|---|---|
| **全国** | **2.583** | **2.253** | **−0.330** | 山东 | 2.104 | 2.124 | +0.020 |
| 北京 | 1.589 | 1.332 | −0.257 | 河南 | 2.651 | 2.897 | +0.246 |
| 天津 | 1.645 | 1.661 | +0.016 | 湖北 | 2.445 | 2.496 | +0.051 |
| 河北 | 2.650 | 2.331 | −0.319 | 湖南 | 2.833 | 2.397 | −0.436 |
| 山西 | 2.385 | 2.461 | +0.076 | 广东 | 3.283 | 2.512 | −0.771 |
| 内蒙古 | 2.621 | 1.967 | −0.654 | 广西 | 4.103 | 2.727 | −1.376 |
| 辽宁 | 1.773 | 1.505 | −0.268 | 四川 | 2.434 | 1.758 | −0.676 |
| 吉林 | 1.842 | 1.806 | −0.036 | 贵州 | 4.355 | 2.963 | −1.392 |
| 黑龙江 | 2.062 | 1.713 | −0.349 | 云南 | 3.814 | 2.588 | −1.226 |
| 上海 | 1.316 | 1.344 | +0.028 | 陕西 | 2.394 | 2.705 | +0.311 |
| 江苏 | 2.076 | 1.939 | −0.137 | 甘肃 | 2.728 | 2.340 | −0.388 |
| 浙江 | 1.982 | 1.404 | −0.578 | 青海 | 3.927 | 2.468 | −1.460 |
| 安徽 | 2.799 | 2.511 | −0.288 | 宁夏 | 4.120 | 2.614 | −1.506 |
| 福建 | 2.717 | 2.362 | −0.355 | 新疆 | 3.883 | 3.157 | −0.726 |
| 江西 | 2.790 | 2.460 | −0.330 | | | | |

**附表2** 1981、1989年出生婴儿的孩次比例

单位：%

| 母亲年龄 | 1981年孩次比例 | | | 1989年孩次比例 | | |
|---|---|---|---|---|---|---|
| | 第1孩 | 第2孩 | 第3孩及以上 | 第1孩 | 第2孩 | 第3孩及以上 |
| **合计** | **47.25** | **25.60** | **27.15** | **49.44** | **31.29** | **19.27** |
| 15—19 | 93.90 | 5.84 | 0.26 | 88.91 | 10.37 | 0.72 |
| 20—24 | 75.08 | 20.75 | 4.17 | 66.94 | 27.27 | 5.79 |
| 25—29 | 46.86 | 32.17 | 20.97 | 32.29 | 41.38 | 26.33 |
| 30—34 | 11.98 | 21.99 | 66.03 | 7.89 | 37.53 | 54.58 |
| 35—39 | 3.64 | 6.01 | 90.35 | 5.19 | 23.45 | 71.36 |
| 40—44 | 2.07 | 2.74 | 95.19 | 4.84 | 10.62 | 84.54 |
| 45—49 | 4.43 | 2.74 | 92.83 | 5.29 | 8.81 | 85.90 |

（国务院人口普查办公室）

# 西藏藏族劳动年龄人口基本状况

西藏和平解放以来，藏族劳动年龄人口数量逐渐增多，据第四次人口普查资料，到1990年已有15—64岁劳动年龄人口123.1万人，占全区劳动年龄人口的93.83%，他们的主要特点如下：

## 一、劳动年龄人口就业率高、青壮年比重大

如果以15岁及15岁以上就业人口占同龄人口的比例计算，藏族人口就业率为78.06%，与全国平均水平79.09%接近。如果以15—64岁就业人口占同龄劳动适龄人口的比例计算，则藏族劳动年龄人口就业率高达83.06%，即绝大数劳动年龄人口参与了社会生产劳动。

藏族劳动年龄人口中，15—29岁青年占47.75%，30—49岁壮年人口占34.84%，50岁及50岁以上人口仅占17.41%。藏族劳动年龄人口的年龄构成是相当年轻的，这表明藏族青壮年劳动力资源较充足，劳动年龄人口总体朝气蓬勃、适应性强。

## 二、劳动年龄人口文化素质亟待提高

在业人口的文化素质是直接影响社会经济发展水平的重要因素。西藏和平解放以来，藏族在业人口的文化素质已有很大程度提高，在文盲、半文盲人口比重大幅度下降的同时，102.3万在业人口中已有2.35万拥有高中以上文化程度的各类人才，他们大多是解放后培养的中青年知识分子。然而，西藏地域辽阔、资源丰富，藏族有文化的在业人口数量远远满足不了西藏社会经济发展的需要。

1990年普查结果表明，藏族在业人口中，文盲、半文盲人口比重高达70.50%，而大学文化程度人口比重仅占0.4%。从各行业人口的文化构成看，文盲、半文盲人口比重最高的是农、林、牧、渔、水利业，其比重高达79.24%，最低的是金融、保险业，比重为2.43%；小学以下文化程度人口比重较高的行业是工业、建筑业、商业、交通、房地产、地质等以体力劳动为主的行业；高中以上文化程度人口比重最高的是科研和综合技术服务业，其比重为60.52%，其次是卫生、体育和社会福利业等以脑力劳动为主的行业（详见附表1)。

目前藏族在业人口的文化构成说明，无论是以体力劳动为主的行业，还是以脑力劳动为主的行业，都面临着加强在职培训，全面提高在业人口文化素质的艰巨任务。

## 三、行、职业构成与全国有较大差异

从1990年人口普查所掌握的藏族在业人口行业构成看，藏族在业人口84.07%分布在农、林、牧、渔、水利业；3.10%分布在工业；其余各行业仅占12.83%。与全国总人口中在业人口的行业构成相比，藏族在业人口中农、林、牧、渔、水利业人口比重比全国同业人口比重高11.77个百分点，工业人口比重比全国同业人口比重低10.28个百分点。地质和勘探业，卫生、体育和社会福利事业，教育、文化艺术和广播电视事业，国家机关、政党机关和社会团体四个行业的就业人

口比重高于全国同业人口比重，其它各行业人口比重均低于全国同业人口比重（详见附表2）。从总体上看，目前藏族在业人口中第一产业人口比重相当高，第三产业人口比重较低，与全国在业人口的行业结构相比，存在较大差距。

与全国在业人口的职业构成相比，藏族在业人口的职业构成中，农、林、牧、渔业人口比重高达83.46%，比全国同业人口比重高12.84个百分点，生产工人、运输工人和有关人员比重比全国同业人口比重低9.49个百分点。国家机关党群组织、企事业单位负责人，办事人员和有关人员，商业工作人员，服务性工作人员等人口比重均低于全国同业人口比重。唯独各类专业技术人员比重比全国同业人口比重高0.84个百分点（详见附表3）。这是由于历史原因，宗教在西藏有着久远而深刻的影响，境内居民（除汉族外）几乎全部信仰宗教，仅藏族就有2.6万人从事宗教职业。也就是说，全国平均每5个宗教职业者中就有一名西藏藏族宗教职业者。在藏族6万各类专业技术人员中，宗教职业者占43%。因此，西藏藏族各类专业技术人员的比重相对较高，而科学研究人员、工程技术人员和农林技术人员、卫生技术人员、经济业务人员等职业人口比重都明显低于全国同职业人口比重，尤其是教学人员比重不足全国同业人口比重一半，与全国相比，差距悬殊。

藏族在业人口的职业构成资料还表明，在进一步开发利用西藏丰富的自然资源和独特的人文景观的同时，一些劳动岗位亟待充实，例如藏族农林牧渔业人口中，有73.13%是农业人口，有26.48%是牧业人口，林业人口只0.21%，渔业人口只占0.02%，狩猎业人口只占0.01%。藏族牧业人口比重是全国同业人口比重的25倍多，而全国渔业人口比重却是藏族渔业人口比重的33倍多，两者反差强烈。又如，藏族各职业人口中，飞机和船舶技术人员只有4人；科学技术管理人员和辅助人员只有8人；导游员只有23人，显然无法满足当今西藏科学技术日益进步、交通和旅游业迅速发展的需要。西藏是我国最大的林区之一，也是我国湖泊最多的地区。西藏的风景名胜世界闻名，吸引着众多中外游客。西藏具有发展林业、渔业、旅游业的巨大潜力，已往由于藏族人民生活习惯以及气候、资金、技术力量等条件限制，上述事业发展比较迟缓。近年来，随着西藏建设的全面发展和改革开放的不断深化，上述行职业正在崛起，亟待大批有专业技术的人才充实到有关行职业的各个劳动岗位。

附表1　　藏族各行业人口的文化构成

（%）

| 行业 | 文盲半文盲 | 小学 | 初中 | 高中 | 大学 |
|---|---|---|---|---|---|
| 1、农、林、牧、渔、水利业 | 79.24 | 19.92 | 0.71 | 0.12 | 0.01 |
| 2、工业 | 50.23 | 38.32 | 8.94 | 1.99 | 0.52 |
| 3、地质普查和勘探业 | 18.56 | 42.81 | 15.97 | 18.02 | 4.64 |
| 4、建筑业 | 45.48 | 43.06 | 8.47 | 2.23 | 0.76 |
| 5、交通运输、邮电通讯业 | 33.38 | 49.54 | 12.44 | 4.10 | 0.54 |
| 6、商业、公共饮食业、物资供销和仓储业 | 36.73 | 45.53 | 13.26 | 3.90 | 0.58 |
| 7、房地产管理、公用事业、居民服务和咨询服务业 | 32.27 | 41.11 | 19.59 | 5.53 | 1.50 |
| 8、卫生、体育和社会福利业 | 8.94 | 37.85 | 16.11 | 32.01 | 5.09 |
| 9、教育、文化艺术和广播电视事业 | 8.83 | 50.24 | 22.68 | 13.96 | 4.29 |
| 10、科学研究和综合技术服务事业 | 8.42 | 18.64 | 12.42 | 40.48 | 20.04 |
| 11、金融、保险业 | 2.43 | 43.78 | 34.87 | 16.87 | 2.05 |
| 12、国家机关、政党机关和社会团体 | 12.12 | 42.18 | 21.60 | 18.98 | 5.12 |
| 13、其他行业 | 60.00 | 0 | 20.00 | 20.00 | 0 |

附表2　　藏族与全国在业人口行业构成比较

(%)

| 行　　业 | 藏　族 | 全　国 |
| --- | --- | --- |
| 一、农、林、牧、渔、水利业 | 84.07 | 72.30 |
| 二、工　　业 | 3.10 | 13.38 |
| 三、地质普查和勘探业 | 0.13 | 0.10 |
| 四、建　筑　业 | 0.68 | 1.84 |
| 五、交通运输、邮电通讯业 | 1.53 | 1.83 |
| 六、商业、公共饮食业、物资供销和仓储业 | 1.80 | 3.96 |
| 七、房地产管理、公用事业、居民服务和咨询服务业 | 0.39 | 0.95 |
| 八、卫生、体育和社会福利业 | 0.86 | 0.79 |
| 九、教育、文化艺术和广播电视事业 | 4.13 | 2.33 |
| 十、科学研究和综合技术服务事业 | 0.10 | 0.23 |
| 十一、金融、保险业 | 0.25 | 0.33 |
| 十二、国家机关、党政机关和社会团体 | 2.96 | 1.94 |
| 十三、其他机关 | 0 | 0.02 |
| 合　计 | 100.00 | 100.00 |

附表3　　藏族与全国在业人口职业构成比较

(%)

| 职　　业 | 藏　族 | 全　国 |
| --- | --- | --- |
| 在业人口合计 | 100.00 | 100.00 |
| 1. 各类专业技术人员 | 6.16 | 5.32 |
| 2. 国家机关、党群组织、企事业单位负责人 | 1.44 | 1.77 |
| 3. 办事人员和有关人员 | 1.06 | 1.68 |
| 4. 商业工作人员 | 1.15 | 3.01 |
| 5. 服务性工作人员 | 1.06 | 2.39 |
| 6. 农、林、牧、渔劳动者 | 83.46 | 70.62 |
| 7. 生产、运输工人和有关人员 | 5.67 | 15.16 |
| 8. 不便分类的其他劳动者 | 0 | 0.05 |

(国务院人口普查办公室)

# 长江三角洲及长江沿江地区<br>人口增长快、城镇化水平高、老龄化<br>已 初 露 端 倪

长江三角洲及长江沿江地区，东起上海、西至重庆，涉及上海、江苏、浙江、安徽、江西、湖北、湖南、四川 7 省 1 市，包括 28 个市 8 个地区及所辖的 191 个县（市）〔注〕。在改革开放的大潮下，该地区人口与经济的发展日益引起人们的关注。第四次人口普查资料向我们展示了该地区的人口基本状况及特征：

## 基 本 特 征

### 一、人口稠密，增长速度较快

长江三角洲及长江沿江地区自古以来是我国的经济腹地，人口特别稠密。第四次人口普查结果显示，1990 年 7 月 1 日，该地区总人口为 16765 万人，占全国总人口的 14.83%，其中男 8613 万人，女 8152 万人，性别比为 105.7；人口密度为每平方公里 460 人，是全国平均水平的 3.9 倍（全国为 118 人/平方公里）。但是，这一地区的人口分布却不平衡，从东部到西部，人口密度逐级递减，适好与地势成反比。人口最密集的长江入海口——上海市的人口密度高达每平方公里 2104 人；居于第二位的是长江下游的江苏省（仅指长江三角洲及长江沿江地区在江苏省境内的那部分。以下各省均类同），人口密度为 779 人/平方公里；其次是浙江省，为 479 人/平方公里；处于长江中下游的湖北省的人口密度为每平方公里 363 人，湖南省为 325 人，四川省为 403 人。

近年来，长江三角洲及长江沿江地区的人口增长速度仍然较快。1989 年，人口出生率为 19.05‰，死亡率为 6.67‰，自然增长率为 12.38‰。尽管这一增长率比全国平均人口自然增长率低 2.51 个千分点，但仍处于较高的水平，而且，长江中下游的江西、湖北、安徽、湖南一带，人口自然增长率高于全国 14.89‰的平均水平。（江西人口自然增长率为 19.33‰，湖北为 17.72‰，安徽为 17.65‰，湖南为 16.33‰）。该地区每年净增人口达 200 万人以上，相当于 3 个中等县的总人口。

由于人口的快速增长，该地区土地资源日益稀缺。1990 年，该地区人均耕地面积只有 0.82 亩，低于全国人均 1.3 亩的水平，更远低于世界人均 6.3 亩的水平。

---

【注】：长江三角洲地区包括整个上海市，江苏省的南京市、无锡市、苏州市、常州市、南通市、扬州市、镇江市，浙江省的杭州市、宁波市、嘉兴市、湖州市、绍兴市、舟山市等 14 个市及所辖的 74 个县（市）。长江沿江地区包括安徽省的芜湖市、马鞍山市、铜陵市、安庆市、池州地区、巢湖地区、江西省的九江市，湖南省的岳阳市、常德市、益阳地区，湖北省的黄石市、鄂州市、武汉市、宜昌市、沙市市、荆门市、黄岗地区、咸宁地区、荆州地区，四川省的重庆市、万县市和涪陵地区等 14 个市 8 个地区及所辖的 117 个县（市）。

二、人口文化素质较高

1990年，长江三角洲及长江沿江地区每十万人口中拥有各种文化程度的人数高于全国平均水平。每十万人口中，拥有大学文化程度的人数达1967人，比全国平均1394人多573人，高出41.1%；拥有高中文化程度的人数达9295人，比全国平均7951人多1344人，高出16.9%；拥有初中文化程度的人数达25106人，比全国平均水平23298人多1808人，高出7.8%。

然而，不容乐观的是，该地区15岁及15岁以上的文盲、半文盲人口仍有2620多万，占总人口的15.63%，与全国平均水平16.06%相差无几，尤其是安徽的文盲、半文盲人口占总人口的比重高达26.16%，比全国平均水平高出10.1个百分点。

三、城镇化水平高

人口普查结果表明，长江三角洲及长江沿江地区市镇人口为5338.5万人，占总人口的31.84%，比全国城镇化水平26.20%高出5.64个百分点。其中市人口为3888万人，占总人口的23.19%，比全国市人口比重18.68%高出4.51个百分点；镇人口为1450.5万人，占总人口的8.65%，比全国镇人口比重7.51%高出1.14个百分点。这一地区中，非农业人口在100万以上的特大城市有5个，是上海市、南京市、武汉市、重庆市和杭州市；非农业人口在50～100万之间的大城市有4个，是无锡市、苏州市、宁波市、常州市；非农业人口在20～50万之间的中等城市有19个；非农业人口少于20万的小城市有33个，城市分布较为密集。

四、老龄化已初露端倪

人口老化是社会发展的必然趋势，但过早的老龄化会阻碍社会经济的发展。1990年，长江三角洲及长江沿江地区65岁及65岁以上的老年人口占总人口的比重已达到6.54%，比全国平均水平高出0.97个百分点，离7%的标准仅差0.46个百分点，已接近进入老龄化社会。在这一区域中，长江三角洲地区已全面进入老龄化社会，上海65岁及65岁以上的老年人口占总人口的比重高达9.38%，江苏达到7.54%，浙江也达到7.13%。

五、就业人口占总人口的比重较高

根据第四次人口普查资料计算，长江三角洲及长江沿江地区劳动就业人口占总人口的比重较高，达到62.14%，比全国平均水平高出4.89个百分点。较高的劳动就业人口比重说明该地区劳动力资源已较充分地利用。

但是，从就业人口的产业结构看，该地区的就业格局还比较落后。1990年，长江三角洲及长江沿江地区第一产业就业人数占总就业人数的62.50%，比全国72.24%的水平低9.75个百分点；第二产业比重达23.51%，比全国15.18%的水平高出8.33个百分点；第三产业比重是13.99%，比全国平均12.58%的水平略有高出。从长江三角洲看，人口的就业格局已发生变化，第一产业的就业人数占总就业人数的比重已降到接近50%或低于50%。但是，第三产业普遍发展不足。第三产业发展程度最高的上海市，仍只容纳了29.34%的就业人口，大部分地区只容纳了大约13%的就业人口。

从劳动者的职业结构看，各类专业技术人员，国家机关、党群组织、企事业单位负责人，办事人员和有关人员，这些以智力劳动为主的就业人口占总就业人口的比重只达10.14%，稍高于全国平均水平（8.81%），但与发达国家约30%～50%的比重相比，相差较大。因此，长江三角洲及长江沿江地区的职业结构仍是相当落后的。

1990年，长江三角洲及长江沿江地区每十万人口中拥有各类专业技术人员3706人，比全国平均水平的3042人高出664人。其中，上海专业技术人员最多，每十万人口中拥有8059人，是长江三角洲及长江沿江地区平均水平的2.2倍，是全国平均水平的2.6倍。因此，上海的潜力很大，这也正是长江三角洲及长江沿江地区经济发展的龙头在上海的原因之一。

## 几点建议

针对长江三角洲及长江沿江地区上述的人口特点，应扬长避短，采取相应的措施，使人口状况朝有利于经济发展的方向转变，同时，应尽力采取措施缓减人口变化对社会经济的冲击。

一、加强计划生育管理，严格控制人口增长，尽力减轻人口密度过高对社会、经济、生态等方面的压力。

二、在长江三角洲地区，率先建立社会保障体系，确保老有所养，以缓解人口老化给社会经济的冲击，并逐步在整个长江三角洲及长江沿江地区推广、普及。

三、充分发挥这一地区人口文化素质高，特别是高文化程度人口比重高、人才密集和技术力量雄厚的优势，以科技为先导，促进经济的发展。同时，要注意加强普及教育和在职人员的继续教育，深入持久地开展扫盲工作，发挥这一地区人口文化素质较高的优势。

四、紧紧抓住这一地区劳动就业人口占总人口的比重较高、城镇化水平高的特点，大力发展第三产业，力争在本世纪末，使这一地区的人口就业结构发生明显转变。特别是长江三角洲地区，应率先实现人口就业格局的转变，从而带动整个长江三角洲及长江沿江地区的经济发展和产业结构转变，以实现整个区域的经济腾飞。

**附表** 长江三角洲及长江沿江地区人口增长状况及人口密度

| 地区别 | 总人口（万人） | 人口密度（人/平方公里） | 人均耕地面积（亩/人） | 出生率（‰） | 自然增长率（‰） |
|---|---|---|---|---|---|
| **全国** | **113051** | **118** | **1.3** | **21.17** | **14.89** |
| 长江三角洲及长江沿江地区小计 | 16765 | 460 | 0.82 | 19.05 | 12.38 |
| 上海 | 1334 | 2104 | 0.36 | 11.34 | 5.00 |
| 江苏 | 3781 | 779 | 0.87 | 16.15 | 10.02 |
| 浙江 | 2151 | 479 | 0.70 | 15.13 | 8.77 |
| 安徽 | 1481 | 379 | 0.84 | 24.51 | 17.65 |
| 江西 | 406 | 216 | 0.87 | 26.26 | 19.33 |
| 湖北 | 3513 | 363 | 0.92 | 24.51 | 17.72 |
| 湖南 | 1474 | 325 | 1.01 | 23.35 | 16.33 |
| 四川 | 2624 | 403 | 0.83 | 15.99 | 9.12 |

注：总人口中未包括中国人民解放军现役军人。

（国务院人口普查办公室）

# 中国女性人口的变化
# 对生育机制和出生水平的影响

第四次人口普查资料显示出近八年来，我国女性人口状况有很大变化：

## 一、女性人口的年龄结构变化明显

1990年我国女性人口总数达54873万人，比1982年人口普查时净增6010万人。女性人口的年龄结构也发生了显著的变化：20—44岁女性人口各年龄组的比重均有所上升，50岁以上老年人口的比重也有所上升；其他年龄组女性人口比重则有所下降。与1982年相比，由于生育率的下降，0—14岁女性人口绝对数约减少了1300多万人，所占比重下降6.08个百分点。15—49岁育龄妇女绝对数约增加了5863万人，所占比重上升4.95个百分点。50岁以上老年妇女绝对数约增加了1576万人，所占比重上升1.13个百分点（详见附表1）。

## 二、处于生育旺盛年龄段的女性人口净增三千多万人

我国六十年代初至七十年代中期出生的女性人口，自八十年代中期开始陆续进入婚育年龄，使育龄妇女人数逐年增加。同时，处于生育旺盛年龄段的女性人口从1982年的8130万人，增加到11230万，净增人数达3100万人，所占比重（20—29岁）也由1982年的32.73%上升到36.65%，上升3.92个百分点。

## 三、育龄妇女的受教育水平显著提高

第四次人口普查资料反映出我国育龄妇女的受教育水平比1982年明显提高：具有小学以上各种文化程度的人口比重大都有所上升；文盲半文盲的比重明显下降。其中有大专以上文化程度的育龄妇女比重上升了0.82个百分点；初中文化程度的上升了7.82个百分点；小学文化程度的上升了8.37个百分点；文盲半文盲的比重下降了16.58个百分点（详见附表2）。

## 四、从事脑力劳动的女性人口比重上升

1982年，我国16—54岁女性就业人口占同龄女性人口的89%，1990年此项比重上升到92%。这一比重的提高反映出改革开放以来，越来越多的女性人口参加社会生产劳动。与此同时，我国在业妇女的职业构成也发生了变化：同1982年相比，各类专业技术人员、国家机关、党群组织负

责人及办事人员和有关人员等从事脑力劳动的妇女比重从5.45%上升到6.67%，上升1.25个百分点；商业工作者和服务性工作人员的比重从4.32%上升到5.87%，上升1.55个百分点；从事其它体力劳动的妇女比重从90.14%下降到87.31%，减少2.83个百分点（详见附表3）。尽管女性人口的职业构成变化幅度不大，但脑力劳动者人数的增加是社会发展的大趋势，它对生育机制转变所起的作用是不可低估的。

## 五、女性人口的婚育年龄提前

1990年我国15—19岁女性人口中有4.63%的人已经结婚，比1982年同一年龄组女性已婚人口比重上升了0.3个百分点。虽然从比重上看变化不大，但由于受年龄结构的影响，早婚妇女的绝对数加大了，致使这个年龄组的妇女生育率比1981年增长了两倍以上，由6.12‰上升到22.6‰。这两个比重的上升，使我国女性人口的平均初婚年龄从1982年的22.8岁，提前到22.1岁，平均初育年龄从25.32岁，提前到23.19岁，八年间提前了2.13岁。

我国女性人口上述五个方面的变化对生育机制和出生水平的影响表现在三个方面：

1. *出生人口继续增加*。由于育龄妇女特别是生育旺盛年龄段人数的增多，使我国近年出生的孩子数在妇女总生育水平下降的情况下不仅没有减少，反而有所增加：1980—1984年，我国平均每年出生2000万人；1986—1990年增加到2300万人—2400万人。人口出生率和自然增长率都在上升。1980年我国人口出生率为18.21‰，自然增长率为11.87‰，1989年出生率为21.86‰，自然增长率为15.04‰。80年代人口出生率除了比70年代初的个别年份低之外，大多数年份都高于70年代的水平。70年代的人口出生率有5个年份低于20‰，而80年代只有一年低于20‰。

2. *妇女生育峰值年龄提前*。1989年我国妇女的平均初育年龄比1981年提前了2.13岁。从妇女的年龄构成看，初育年龄每降低一岁，等于2000万妇女提前生育。因此，妇女初育年龄的变动，必然引起生育峰值年龄的变化。同1981年相比，无论城镇还是农村，我国妇女的生育峰值年龄都提前了2—3岁：

| | 全国 | 市 | 镇 | 县 |
|---|---|---|---|---|
| 1981年生育峰值年龄 | 25岁 | 26岁 | 26岁 | 25岁 |
| 1989年生育峰值年龄 | 23岁 | 24岁 | 23岁 | 23岁 |

妇女生育峰值年龄提前，是早婚、早育现象增多的表现。据1990年人口普查，我国15—19岁早婚妇女的生育率为22.16‰，是1981年同一年龄组妇女生育率6.12‰的3.62倍。1989年15—19岁有生育的妇女，占当年有生育妇女总数的5.65%。按此比例推算，1989年当年出生的婴儿中，约有135万是15—19岁妇女生育的孩子。从客观上讲，生育峰值年龄的提前，将给育龄妇女提供多胎生育的机会，并会缩短人口的世代间隔，这对人口数量的控制是不利的。

3. *多孩生育现象仍较严重*。由于婚育年龄提前，1989年与1981年相比，15—19岁和20—24岁这两个年龄组妇女的多孩生育率都高于1981年。另外，由于育龄妇女绝对数的增加，尽管1989年出生婴儿的多孩比例下降了，但属于三孩以上的出生人数仍高达462万人。这说明80年代末期，中国妇女中多孩生育的现象仍然比较严重。由于生育峰值年龄提前，如果今后不采取有效措施严格控制多孩生育，则在妇女30岁后漫长的生育年龄期中，仍潜伏着相当严重的多孩生育的危险性。这一点，必须引起高度重视。

附表1　1982、1990年人口普查中国女性人口的年龄构成

单位：%

| 年龄组 | 1982年 | 1990年 | 增减百分点 | 年龄组 | 1982年 | 1990年 | 增减百分点 |
|---|---|---|---|---|---|---|---|
| 合计 | 100 | 100 | — | 35—39 | 5.25 | 7.61 | +2.36 |
| 0—14 | 33.44 | 27.36 | —6.08 | 40—44 | 4.63 | 5.55 | +0.92 |
| 15—19 | 12.60 | 10.66 | —1.94 | 45—49 | 4.57 | 4.24 | —0.33 |
| 20—24 | 7.47 | 11.19 | +3.72 | 50—64 | 10.10 | 10.55 | +0.45 |
| 25—29 | 9.17 | 9.24 | +0.07 | 65+ | 5.60 | 6.28 | +0.68 |
| 30—34 | 7.17 | 7.32 | +0.15 | | | | |

附表2　1982、1990年我国不同文化程度育龄妇女比重

| 文化程度 | 1982年（%） | 1990年（%） | 增减百分点 |
|---|---|---|---|
| 合计 | 100 | 100 | — |
| 大专以上 | 0.57 | 1.39 | +0.82 |
| 高中 | 10.10 | 9.67 | —0.43 |
| 初中 | 22.86 | 30.68 | +7.82 |
| 小学 | 30.82 | 39.19 | +8.37 |
| 文盲半文盲 | 35.65 | 19.07 | —16.58 |

附表3　1982、1990年中国女性在业人口的职业构成

单位：%

| 职业 | 1982年 | 1990年 | 增减百分点 |
|---|---|---|---|
| 合计 | 100 | 100 | — |
| 1. 各类专业技术人员 | 4.44 | 5.35 | +0.91 |
| 2. 国家机关、党群组织负责人 | 0.37 | 0.45 | +0.08 |
| 3. 办事人员和有关人员 | 0.73 | 0.98 | +0.26 |
| 4. 商业工作者 | 1.89 | 3.12 | +1.23 |
| 5. 服务性工作人员 | 2.43 | 2.75 | +0.32 |
| 6. 农林牧渔劳动者 | 77.10 | 75.26 | —1.84 |
| 7. 生产工人、运输工人和有关人员 | 12.96 | 12.03 | —0.93 |
| 8. 不便分类的其它劳动者 | 0.08 | 0.05 | —0.03 |

（国务院人口普查办公室）

# 人口重负制约着北京市经济发展

人是社会经济活动的主体，因此，人口发展状况与社会经济之间存在着极其紧密的联系。人口状况是否与经济状况相适应，直接影响着社会经济的发展和进步。1990年第四次人口普查资料表明，北京市的人口状况与社会经济发展之间存在着诸多的不适应，人口重负表现突出，并在许多方面影响了社会经济的发展，成为北京市社会经济发展的掣肘和负担，不能不引起人们的普遍关注。

## 一、人口重负　重在哪里

第四次人口普查资料表明，北京市的人口重负问题，不仅仅表现为人口总量过大而形成的负担，而且表现为人口素质、人口结构与社会经济状况的不适应，集中反映在以下几方面：

1. 重负之一：人口总量膨胀；发展速度居全国前列。

截止1990年7月1日0时，北京市人口总数已达1081.9万人，突破了“七五”期间人口控制在1000万以内的目标，比1982年第三次人口普查的923.1万人增加了158.9万人，平均每年增加19.9万人，为第二次至第三次人口普查期间年均增加9.1万人的2.2倍，年均增长率也由1.1%上升为2.0%。这一增长速度不仅高于全国（1.5%）的平均水平，而且高于上海（1.5%）、天津（1.6%）以及改革开放最活跃的广东（近2%）、福建（1.9%）和海南（1.8%），在全国各省、市、自治区中仅低于宁夏而居第二位。由此可见，北京市的人口无论是绝对量的增长还是相对速度的提高，与第三次人口普查相比，都大大地加快了，在全国处于突出的地位，这是北京市人口重负最直接的表现。

2. 重负之二：人口素质的整体水平不高。文化素质与经济发展的要求尚存差距。

人口素质，首先表现为人口的文化素质。文化素质是人口素质的重要方面，也是社会经济发展的重要依托。从第四次人口普查资料看，北京市人口的文化素质虽比第三次人口普查时有所改善，在全国也处于较高的水平，如每万人口中，有大学以上文化程度的558人，大大高于其它省市，但与世界发达国家相比差距甚大，人口文化素质仍处于较低的水平。据联合国教科文组织对114个国家的统计，我国每万人口中大学生数居113位，是倒数第二。另外，从总体水平看，北京市人口的文化素质也是偏低的，全市6岁以上人口平均受教育年限仅为8.6年，只相当初中三年级的文化程度，与中央提出的要把北京“建成全国科学、文化、技术最发达，教育程度最高的第一流城市，并且在世界上也是最发达的城市之一”的要求还相差甚远。

北京人口文化素质的现状已令人忧虑，而现实生活中出现的一些新情况又在一定程度上延缓着人口文化素质的提高。普查资料显示，1989年7月1日－1990年6月30日，全市人口的出生率为13.4‰，其中8个城近郊区为10.1‰，10个远郊县为17.9‰，两者相差7.8个千分点，表明北京农村人口的自然增长远远快于市镇人口。此外，从人口增长的另一因素——迁移增长看，亦是农村人口增长快。有资料表明，自1985年7月1日以来，北京的净迁入人口达50多万人，其中来自农村的占62.4%。在外地农村人口大量涌入和北京自身农村人口自然增长快于城区人口两个因素的共同作用下，北京农村人口的增长加快了。从目前的情况看，北京的农业人口中，尚有50%以上的人口文化程度在初中以下，相当一部分人仍处于文盲、半文盲状况。在目前城市与农村人口的文化水平尚有较大差别的情况下，农村人口增长加快，必然会延缓北京人口整体文化水平的提高，拉大人口与现代化城市建设相适应的差距，从人口素质方面加重北京人口的负担。

3. 重负之三：人口年龄结构向老龄化倾斜

北京人口的年龄结构在两次普查期间发生了明显的变化（见下表）。

| 年龄组 | 1982年普查 | 1990年普查 | 1990年比1982年增加 |
|---|---|---|---|
| 6岁以下儿童（%） | 9.2 | 8.9 | −0.3 |
| 7−14岁少年儿童（%） | 13.2 | 10.3 | −2.9 |
| 15−25岁青年（%） | 24.7 | 17.9 | −6.8 |
| 劳动力年龄人口（%） | 65.7 | 64.3 | −1.4 |
| 老年人口（%）{男60岁以上 女55岁以上 | 10.4 | 13.9 | +3.5 |
| 人口年龄中位数（岁） | 27.2 | 31.1 | +3.9 |

由上表可见，我市除老年人口比重明显上升外，其它各年龄组人口比重均呈下降趋势。表明今后一段时间内，北京在总人口扩大的情况下，劳动年龄人口数量将明显缩减，并随时间的推移而日益突出。预测资料表明，到2000年进入劳动年龄的人口为17万，2020年减少为9万；而同期退出劳动年龄的人口将由10万增至20万，进出差额达10万人。这就使北京一方面面临着人口膨胀的压力，一方面又不得不从市外吸收相当数量的劳动力以解决城市发展的需要，这种由人口结构而产生的矛盾是北京市人口重负的又一个重要方面。

## 二、重负不释　忧患相随

人口重负已成为北京许多社会经济问题的重要根源，给北京社会经济的发展带来诸多忧患。

1. 经济发展成果被抵消，人民生活水平提高受到影响。

经济的发展，应表现为综合经济实力的增强和人民生活水平的提高，而人口重负所产生的负作用，使北京在上述两个方面的发展都受到了较大影响。

首先，一个国家或地区经济水平的提高和综合实力的增强，必然会表现为国民生产总值或产品总量的增加和人均水平的同步提高，而后者更能直接反映经济水平的提高。正如欧美及日本等一些发达国家，不仅国民生产总值高，人均水平更高。然而，两次普查期间，北京国民生产总值与人均国民生产总值的增长情况（见下表）却表明，北京人均国民生产总值的增速，远低于国民生产总值的增速，无疑北京经济发展的成果被过快增长的人口部分地抵消了。

| 项　　目 | 1982 年 | 1990 年 | 1990 年比<br>1982 年增长（%） |
| --- | --- | --- | --- |
| 国民生产总值（亿元） | 154.9 | 500.7 | 223.2 |
| 人均国民生产总值（元） | 1685 | 4880 | 189.6 |

其次，经济的发展，还应体现为人民生活水平的提高。近年来，随着国民经济的发展和改革开放的深入，北京各项社会事业的投入规模不断扩大，市政府在解决人民生活诸多不便方面也做出了极大的努力，然而，人民生活的改善并没有达到应有的程度。就此，可以算几笔简单的帐。

——1990 年，北京城镇居民住房面积达 4916.2 万平方米，比 1982 年 2929.1 万平方米增长了 68.6%，而人均居住面积仅 7.7 平方米，增长了 43.5%。

——1990 年，北京的卫生事业费为 1.9 亿元，比 1982 年增加 5.6%，而人均卫生事业费不仅没有增加，反而由 19.5 元下降为 17.8 元，减少了 1.7 元。如人口仍维持 1982 年水平，人均卫生事业费则可增至 20.6 元。

——1990 年，北京市的教育经费 8.2 亿元，为 1982 年 2.4 亿元的 3.4 倍，而人均教育经费只有 75.8 元。如果人口不增加，人均教育经费可提高到 88.8 元。

——1990 年，北京市的公共交通车辆为 5160 辆，比 1982 年的 3579 辆增加 44.2%，而人均公共汽车拥有辆只增加了 22.9%，再加上日益庞大的流动人口群，致使北京市的公共交通拥挤状况迟迟得不到解决。

由此可见，人口增长过快，确使北京人民生活水平的提高受到了一定的影响，诸如交通拥挤、住房紧张、入学难、看病难等一系列社会问题，对北京社会经济发展产生的影响也是不可低估的。

2. 消费基金膨胀，科技进步迟缓，经济发展后劲不足。

人口重负现象，在国民收入分配中表现为使积累基金与消费基金的分配比例受到制约，使本该增加为积累基金的份额被迫划归消费基金，从而影响了扩大再生产的进行，削弱了经济发展的后劲。

首先，人口数量的增长，必然导致消费的增加。要保证同时满足现有人口生活水平与经济发展同步提高和新增人口的需要，唯一的途径就是扩大消费基金的比例。否则只能是以延缓甚至降低现有人口生活水平为代价。其次，人口结构的变化，也加剧着消费基金膨胀的压力。北京市老年人口抚养系数的上升，必然导致抚养费用的增加。发达国家学者所做的抽样调查表明，65 岁以上老年人口的费用比少儿平均高 37%。因此，老年人口抚养系数的不断上升，必然导致抚养费用的上升，这是致使消费基金膨胀的重要因素，同样会影响以致削弱经济发展的后劲。

再次，由于消费基金的膨胀，致使积累基金相对缩减，扩大再生产的顺利进行受到制约。而大量新增就业人口的安置，客观上要求扩大生产规模，增加就业岗位，其结果是导致平均技术装备水平的降低，使生产力水平长期处于以劳动力投入为经济增长主要因素的状况。据有关资料测算，目前，北京工业总产值增长绝对值中，依靠劳动力投放创造的贡献值高达 49.2%，其次是资金投入创造的贡献值达 27.6%，而做为第一生产力和当今世界经济发展决定因素的科学技术所创造的贡献值只占 23.2%。而发达国家在 50—70 年代，科学技术在经济增长中的贡献值已达 50—70%。可见，平均技术装备水平的降低，导致了科学技术进步缓慢。与此同时，劳动人口的文化素质也对科技进步产生着直接的影响，随着社会生产的现代化和科学技术对生产发展作用的日益巨大，劳动者素质的高低较之数量的增减对经济发展的影响更为重要，而我市在业人口文化素质明显偏低的状况，必然进一步阻碍科学技术的普及和推广，依靠科技进步推动经济发展的进程无疑被大大地放慢了。

## 三、排忧解患　需要措施

以上分析表明，北京市的人口重负现象已对社会经济的发展产生多方面的影响。为改善北京目前的人口状况，保证社会经济的更快发展，我们必须采取相应的措施，在控制人口数量，提高人口质量，改善人口结构上下功夫。

1．控制人口数量

①更加严格的执行计划生育政策。

有人以为，北京的计划生育工作在全国已处于领先地位，靠实行计划生育控制人口增长潜力已不大。然而，人口普查资料表明，北京市育龄妇女的一孩率比第三次普查时有所下降，而二、三孩的比例却上升，其中又以远郊县上升的幅度最大（见下表），全市一孩率只为71.7%，远郊县只有53.4%，这说明北京市的计划生育工作，特别是农村的计划生育工作，必须进一步加强，特别是要尽快建立健全有关的法律法规，以确保执行效果。

| 孩　　次 | 全市育龄妇女 | | 十个区 | | 八个县 | |
|---|---|---|---|---|---|---|
| | 1989 | 1981 | 1989 | 1981 | 1989 | 1981 |
| 一　孩　率 | 71.74 | 84.10 | 85.43 | 90.84 | 53.38 | 73.16 |
| 二　孩　率 | 24.21 | 12.81 | 12.58 | 7.74 | 39.81 | 21.04 |
| 三　孩　率 | 3.43 | 2.22 | 1.63 | 1.07 | 5.84 | 4.09 |
| 四孩及以上 | 0.62 | 0.87 | 0.36 | 0.36 | 0.97 | 1.71 |

②大力宣传和提倡晚婚晚育。

晚婚晚育也是控制人口数量的一个途径。资料表明，1990年与1982年比较，法定婚龄前的青年男女早婚现象增多，处于法定婚姻年龄低限的男女青年（男22，23岁；女20，21岁）已婚现象亦大幅度增加，男子增长64.8%，女子增长70%。随之而来的是早育现象的增多，这一现象同样主要发生在郊区县的农村，因此，必须大力加强农村的晚婚晚育教育。

③加强对迁入人口的管理工作。

随着市场经济的发展和社会经济交往的扩大，流动人口的规模必然加大，作为全国政治、文化中心和国内、国际交流中心的北京，外地迁入人口的渠道和范围都将大为增加，这给迁入人口的控制和管理工作带来较大的困难。为此，建议有关部门对于非国家计划迁入人员，实行收取教育费用和城市建设费用等新政策，以保证在改革开放的新形势下，既不阻止必要的对北京发展有益的交往，又不放任自流，从而达到控制北京人口数量的目的。

2．提高人口质量

①严格控制农村，特别是经济落后地区的超生现象，以期实现人口生产的良性发展。

从前面的分析中知道，无论是出生率的提高，还是早婚早育现象的增多，都是以农村为突出表现的。而这种生育方式的延续，不可避免地形成一种人口素质的逆淘汰现象，即城镇与农村生育率的显著差别，形成经济文化发达地区的出生率低，经济文化落后地区的出生率高，使经济文化落后地区的人口增长快于经济文化发达地区的状态，从而导致未来人口整体素质的下降。因此，提高人口质量必须从最基本的做起，加强立法工作与经济手段相结合，建立和开展社会保障与劳动保险制度，逐步控制甚至杜绝农村的超生现象，并在今后的工作中长期不懈地抓下去。

②增加教育投入，提高人口的文化素质

从目前的情况看，增加教育投入，不仅是教育年限的延长和教育范围的扩大，更应体现为对受教育者使用过程中投入的增加。北京的人口形势仿佛两堵墙的夹挤，一方面是人口数量太大，只能降低生育率，控制新生人口的增长；另一方面是人口老龄化又需要大量新生劳动力进行补充，这种人口形势对未来劳动力提出了很高的要求，既要搞好生产建设，又要赡养数量惊人的老年人口。因此，强健的体质、良好的智力、较高的文化素质、优良的道德品质等等，都是未来劳动力所应具备的，这些的实现无疑要以大力发展教育事业为前提。在目前国家财力有限的条件下，不妨采取自费教育、特殊教育、宽进严出等多种方式，动员社会力量兴办教育事业，以达到扩大教育范围，延长教育年限，提高人口素质的目的。目前，知识分子待遇低，以致造成了大量人才流失现象，对于这一点必须由国家认真加以解决，以期实现提高人口素质的长期和有效性。

3. 改善人口结构

人口结构的调整是一项时间长、见效慢的工作，需要我们十几年、几十年坚持不懈的努力。目前人口结构的老化和未来人口老化的加剧，无疑会对社会经济的发展产生一定的不良影响，这是不以人们意识为转移的，但我们也不能听之任之，特别是我国的人口老化是在大力实行计划生育的前提下产生的，具有一定的人为因素。因此，我们必须从长远与全局的角度综合考虑和调整未来的人口政策，适当的时候可以首先在经济发达地区调整生育政策，以利人口结构的早日改善。切不能吞下无计划生育的苦果，又尝人口老龄化的艰辛。

（北京市人口普查办公室　李　萍）

# 吉林省人口普查揭示了双胎生育的三个特点

在过去较长的一段时期内，人们对妇女的生育问题曾进行过诸多和深入的研究。但由于以往资料的缺乏，人们对在人口再生产过程中育龄妇女的双胎生育情况了解和研究甚少。1990 年进行的全国第四次人口普查为此提供了有关资料，经从人口统计学的角度对其分析发现，生育妇女的双胎生育带有规律性的特点。

## 一、双胎生育占生育妇女的近 1%

第四次人口普查获得的 100%机器汇总资料表明，在 1989 年我省 15 至 49 岁的育龄妇女中，有生育的为 455161 人，其中生育双胎的为 4233 人，占有生育妇女人数的 0.93%。即占近 1%的比例数字，意味着吉林省在每 100 名有生育的妇女中，就有 1 人作为双胞胎婴儿的母亲将承担起同时养育两个婴儿的义务。

从分析市、镇、县的生育双胎的妇女占有生育妇女人数的比例看，也基本保持在1%左右，其中镇的妇女生育双胎的比例较高，为1.08%，依次县为0.98%，市为0.85%。

1989年吉林省出生的双胎婴儿为4233对，即出生的双胎婴儿人数为8466人，与该年全省458471人的出生人口数相比见晓，其比例为1.9%，即每100名出生人口中平均就有近2人属于双胎婴儿。如果每年基本保持这样一个比例的话，即便考虑死亡因素，那么在吉林省总人口中属于同胞兄弟姐妹的人口也不在少数。

## 二、生育妇女年龄越大，双胎生育机会就越多

一般说来，生育胎次的多少，与其母亲的年龄的大小有一定关系，即生育妇女的年龄越大，生育的孩次就越多，反之则越低。

第四次人口普查获得的有关数据，又为我们揭示了这样一个问题——双胎生育与生育妇女的年龄同样存在着密切联系。以1989年全省按5岁分组的生育双胎妇女占有生育妇女人数的比重为例：15－19岁组生育双胎的妇女占有生育妇女人数的0.53%，20－24岁组的占0.75%，25－29岁组的占1.11%，30－34岁组的占1.42%，35－39岁组的占1.80%，40－44岁组的占1.93%，45－49岁组的占2.76%。从上述数据明显看出，随着生育妇女年龄的依次提高，生育双胎的比重亦依次增大，其中高龄组妇女生育双胎的比重比低龄组妇女高出3倍强，说明生育妇女的年龄越大，其生育双胎的机会就越多。

另，从分别对市、镇、县的生育妇女按年龄分组的生育双胎情况来研究，其结果也证明了生育双胎机遇的大小，与其生育妇女年龄的大小存在着较强的正相关关系。从利用四普得到的实际数据绘制出的统计相关图看，不论全省，还是分市、镇、县，这种生育双胎机遇与生育妇女年龄变化的趋势均相近，发展规律亦相同。

## 三、双胎婴儿的性别组合各占1/3，性别比趋于低值

据第四次人口普查，在吉林省1989年出生的双胎婴儿中，属于男女婴各一的双胎为1389对，占双胎婴儿的32.8%；双胎均为女婴的为1447对，占双胎婴儿的34.2%；双胎均为男婴的为1397对，占双胎婴儿的33.0%。可见，双胎均为男婴和双胎均为女婴以及双胎为一男婴、一女婴的三种性别的比例各占三分之一，其性别组合几乎均等。

令人注意的是，市、镇、县间的双胎婴儿的性别组合情况竟毫无明显差异，且均与全省水平保持大相径同。下表中的数字足以证明了双胎婴儿的性别组合基本是保持各占三分之一的一个较为固定的比例。

| | 双胎性别组合人数（人） | | | | 双胎性别组合比例(%) | | |
|---|---|---|---|---|---|---|---|
| | 合计 | 二男 | 一男一女 | 二女 | 二男 | 一男一女 | 二女 |
| 全省 | 4233 | 1397 | 1389 | 1447 | 33.0 | 32.8 | 34.2 |
| 市 | 854 | 281 | 285 | 288 | 32.9 | 33.4 | 33.7 |
| 镇 | 576 | 204 | 174 | 198 | 35.4 | 30.2 | 34.4 |
| 县 | 2803 | 912 | 930 | 961 | 32.5 | 33.2 | 34.3 |

值得一提的是，第四次人口普查不仅为我们揭示了双胎婴儿性别组合为各占三分之一的特点，同时又由此引发出了双胎婴儿性别比偏低的问题。

近年来，吉林省出生人口的性别比值一直偏高些。例如第三次人口普查获得的1981年出生人口的性别比107.77（以女性为100，下同）；1987年1%人口抽样调查获得的1986年出生人口的性别比为109.88；第四次人口普查获得的1989年出生人口的性别比为108.42。基于这种情况，想象中的双胎婴儿的性别比值毫无疑问地应接近于偏高的出生人口的性别比值才是，但"四普"数据得出的答案恰恰相反，即双胎婴儿的性别比值为96.54，这不仅低于总人口的104.90的性别比值，而且大大低于出生人口的108.42的性别比值。

是什么原因致使双胎婴儿性别组合各占近三分之一？尚待有关方面从生物学、生理学和遗传学等角度加以研究和探讨。但至少可以说明这一点，正是由于吉林省乃至全国的这种双胎婴儿的性别组合，而导致了双胎婴儿性别比必然趋于低值，且这种低值现象在一定程度上已起到了对出生人口性别比过高的减缓作用。

（吉林省人口普查办公室　樊保力）

# 黑龙江省人口城市化与城市生态问题研究

城市是人类改造环境建造的产物，随着人口大量向城市集中，人们的生产和生活活动在高级复杂的城市生态系统中的影响力量愈显突出，并产生诸多生态问题。本文将对黑龙江省人口城市化与城市生态问题进行初步的探讨。

## 一、人口城市化与城市生态环境的关系

人口城市化表现为在一定区域内人口向城市集中，城市人口比重不断上升。就城市本身而言，人口城市化有如下特征：①人口总量增多，人口密度增大；②人口活动日益频繁，人口通过社会、经济、生活等活动不断改变着周围环境，建造新的生存环境；③城市功能提高，辐射力增大，对人口的吸引和集聚作用明显；④人们消费水平提高，对生存空间和资源的需求量增多，对环境压力增大。总之，人口规模的扩大和人均消费水平的提高对自然环境的干预程度加深，形成的城市人工环境更趋复杂和多样。

城市人口和城市生态环境共同组成城市生态系统，人口是城市生态系统的主体，人口活动直接影响着城市生态系统。首先，人口城市化改变了城市下垫面的组成和性质，城市中用水泥和砖瓦建造的密集的建筑物和道路代替了土壤草地和森林等自然地面，改变了地面的粗糙度和原有地面的反射和辐射性质，影响着土壤和大气的性能；其次，人口城市化使城市能源消耗量增加，人们使用煤、石油和天然气等能源进行生产和生活，同时释放了大量能源，排放了大量废气和废渣，改变了大气热量状况和土壤结构；第三，人口城市化使城市用水量增加，改变了城市水环境，引

起地下水位下降，水环境质量变劣等问题；第四，人口城市化破坏了地球化学循环，使原有的碳、氮循环不能正常进行，大量的氮氧化物和一氧化碳进入大气，影响了大气质量。人类不合理的活动造成对环境的破坏又反作用于人类，首先，城市的扩展占用大量耕地，耕地面积减少，产生粮食问题；其次，水源枯竭，水质变劣使人类用水量无法保证；第三，人类活动引起的各种污染直接影响着人们的身心健康；第四，人口过度密集产生住房难、乘车难等问题，影响人们正常活动。

城市人口合理发展和活动是保障城市生态系统平衡的前提，城市化既要保证自然环境质量，考虑到人工环境的容纳力，又要不断地建造适合人类生存的复杂的高级的人工环境，促进社会经济发展和环境质量改善，形成优化的城市生态环境。

## 二、人口城市化的现状及问题

城市是多种功能的聚合体，人口城市化既是人口向城市集中的过程，也是城市功能不断完善和发展的过程。黑龙江省是人口城市化水平较高的省份，在城市化过程中人口对城市生态的影响表现在以下几方面。

1. 大中城市人口增长迅速，城市人口规模结构不合理。城乡社会经济发展的不平衡促使人口向城市集中，1983－1989 年在全省 54 个县中，只有抚远、呼玛、塔河和漠河 4 个县人口为净迁入，其余均为净迁出。其中有 18 个净迁出人口多于自然增加人口，人口处于负增长状态。大中城市人口净迁入量较大，人口规模继续扩大，中小城市人口增长缓慢。1990 年全省 100 万人以上特大城市及 50－100 万人口的大城市人口中市人口比重达 76.76％，占市镇总人口比重为 58.75％，人口向大城市集中，大城市人口压力日趋加重。

2. 资源型城市人口发展快，行业单一。随着丰富的煤炭、石油资源的开发，鸡西、鹤岗、双鸭山、七台河和大庆等城市人口增长迅速，尤其是开发潜力大的七台河市和油城大庆市人口增长快，1982－1990 年 8 年间人口分别增长了 77.33％和 34.28％。丰富的资源决定了这些城市生产结构较为单一，以采掘资源及与之有关的行业为主。煤城以采煤及电力工业为主，油城以采炼油及化学工业为主，这些行业是对环境污染较重的行业，资源型城市单一的生产结构影响城市生态环境的好转与改善。

3. 城市化与工业化不协调，城市人口承载力较弱。城市的发展及对人口的承载需要一定的物质基础，在发展生产的基础上不断改善城市的基础设施，增强城市的功能，吸引大量人口迁入并保证城市各种功能的正常运转。在生产力水平较低的情况下，工业化水平应与城市化水平相协调，才能保证城市生态系统的平衡。1990 年全省工业人口占全部在业人口比重为 22.93％，市镇在业人口中工业人口占 41.60％，而全省市镇人口（二口径）占总人口的比重达 49.69％，显然，城市化水平高于工业化水平，如果按第一口径计算，城市化水平与工业化水平差距更大。城市基础设施欠帐多，不能保障城市各项功能正常运行，无法根本解决大量人口带来的压力，城市仍是人口承载力较弱的载体。

4. 城市自流人口猛增，城市负担进一步加重。农村经济体制改革释放了大批农业剩余劳动力，很多人到异地从事经济活动，其中大多数进入城市谋生，导致城市人口中自流人口增长迅速，比重不断上升。1990 年与 1982 年相比，人与户口在同一城市的人口比重下降，人在城市户口在外地的人口比重上升。从全省十个地级市看，自流人口 8 年间由 36.1 万人增长到 87.5 万人，增长 1.42 倍。自流人口比重由 4.27％上升到 8.61％，提高了 4.34 个百分点。自流人口大量涌入城市，使城市超负荷运转，各种矛盾日益突出，一些生态问题逐渐加重，影响城市生态系统的平衡。

5. 人口社会经济活动主要集中在城市建成区，单位负荷加重。全省城市人口主要集中在大中城市，大中城市人口又主要集中在城市建成区。全省十个地级市建成区面积占全省总面积的1.8%，却集中了全省22.47%的人口，43.18%的企业和52.7%的机动车，煤炭消耗量是全省的77.82%，平均每平方公里拥有机动车171辆。人口和主要污染源的相对集中，加重了城市单位污染负荷。

6. 重工业比重大，工业结构不合理。黑龙江省工业结构一直以重工业为主，目前，重工业仍占很大比重，1988年轻工业与重工业职工人数之比（重工业为1）为0.50∶1，低于全国平均水平0.72∶1，更低于上海的0.94∶1，山东的0.99∶1，广东的1.81∶1。1990年10个省辖市重工业产值是轻工业产值的3.13倍，重工业能耗较高，一般是轻工业的4倍，因此工业属能源消耗型工业。能源利用中又以煤炭为主，占68.7%，且每年以5.84%的速度增长，这种工业和能源结构不可避免地产生煤烟型大气污染。

## 三、人口城市化中的城市生态问题

人口城市化过程是与工业化、现代化同时进行的，由于城市化和工业化、现代化之间不协调，引起许多城市生态问题。

（一）人口城市化中的自然生态问题

人类通过社会经济活动不断改变着生存环境，城市人口高度密集，经济职能高度集中，对自然环境干预最大，自然环境问题最为突出。

1. 废气排放量增多，大气污染物普遍超标。

城市人口增长，工业化水平提高，各城市向大气排放的废气量逐年增长。“七五”期间，全省十个省辖市人口由903.6万人增长到977.25万人，年平均增长率为1.98%，同期废气排放量由3791.3亿立方米增长到4408.5亿立方米，年平均增长率为3.84%，废气中污染物排放量不断增加，二氧化碳、氮氧化物和一氧化碳的排放量分别由1986年的26万吨、34万吨和5.6万吨增长到1990年的31万吨、45万吨和6.3万吨，年平均增长率分别为4.50%、7.26%和2.99%，由于采取了一些控制大气污染物排放的措施，降尘和总悬浮颗粒物排放量降低，城市大气质量有所好转，但由于其他污染物排放量的增长，城市大气质量仍未得到根本改善，各种污染物普遍超标。1990年监测数据表明，有40%的城市二氧化硫超标，污染较重的有哈尔滨、鸡西和牡丹江等城市；有80%的城市氮氧化物超标，其中哈尔滨、鹤岗、齐齐哈尔和七台河等城市污染较重；总悬浮颗粒物所有城市均超标，其中牡丹江、鸡西、鹤岗、双鸭山及哈尔滨等城市污染相当严重；一氧化碳所有城市均超标，污染相对较重的是牡丹江和哈尔滨两大城市。大气中污染物的增多，两个特大城市出现了酸雨，在监督的哈尔滨、齐齐哈尔、鹤岗、大庆和佳木斯五城市中，齐齐哈尔在1988年和1990年两年和哈尔滨在1990年分别出现了7．6%、8．2%和8．6%的酸雨率。

2. 水环境质量变劣，城市附近水域尤著。

城市化水平的提高，城市耗水量增加，排放污水量增多，造成城市水环境质量变劣等问题。

（1）地面水有机物污染严重，多数饮用水水源地使用功能不能保证。城市是主要的废水排放地，十个省辖市工业废水排放量占全省的75%以上，“七五”期间，城市废水排放量由13．6亿吨增长15．2亿吨，增长11．76%，废水中挥发酚和砷的排放量不断增加，分别增长了80．85%和

12．88%，纳污量较大的松花江干流水中严重乏氧，多数水域使用功能不能保证，使城市附近水域存在的水环境质量问题尤为突出。由于城市是主要的污染源和用水地，多数饮用水水源地的使用功能不能保证。

（2）地下水位下降，污染严重。1990年全省工业新鲜用水量为29．6亿吨，比1986年的24．2亿吨增长22．3%。十个省辖市以地下水作为供水水源的占30%，地下水与地面水联合供水的占30%。由于地下水不合理开采及工业废水和生活废水不合理的排放，主要城市地下水污染尚未得到有效控制，哈尔滨市地下水水位急剧下降，已形成面积为234平方公里的区域性降落漏斗，漏斗水位平均下降速度为0．3米/年，面积平均扩展速度为11．0平方公里/年；1981－1990年10年间水的总硬度上升41．0毫克/升，硬水区面积扩展，地下水总硬度大于450毫克/升的分布面积平均扩展速率为2．4平方公里/年。齐齐哈尔和佳木斯市地下水污染指数不断提高，说明一些主要城市地下水污染有发展趋势。

3．绿地面积较少，生物环境较差。

根据人体呼吸来看，需要同周围植物进行气体交换，每人至少需要5平方米的植树面积和25平方米的草坪。全省城市绿地面积很少，人均仅有3．8平方米，仅为华盛顿人均绿化面积40．8平方米的1/11。城市绿地少，使城市生产和生活产生的二氧化碳大量滞留在城市上空，产生温室效应；城市裸露地面多，加大了扬尘量，影响大气质量。

4．土壤环境发生变化，固体废物占地严重。

城市人口的集中，兴建了大批的建筑物及排水系统，影响雨水向土壤渗透，地下水补给减少，且加大了土壤负荷，土壤颗粒间隙变小，蓄水力下降。城市固体废物占地不断增加，1986年占地面积1235万平方米，到1990年达2304万平方米，增长了86．56%。生活垃圾量不断增加，1990年为741．8万吨，是1985年331．2万吨的2．24倍。大量固体废物占地及埋入土壤，影响了土壤的结构和性能。

（二）人口城市化中的社会环境问题

城市人口密度增长，影响着人们的社会经济活动，产生许多社会问题。

1．住房紧张，交通拥挤等问题突出。

随着城市各项事业的发展，住宅建设发展很快，1990年城市住房居住面积有5880．6万平方米，比1985年的3360万平方米增长了75．02%，但由于城市人口增长较快，人均居住面积由4．2平方米增长到5．6平方米，仅增长了33．33%，有相当一部分被新增人口抵销，目前仍有一些特困户，拥挤户存在。

市区铺装道路不够，跟不上机动车增长速度。“七五”期间年平均铺装道路增长8．7%，机动车增长13．9%，1990年末平均每万人拥有铺装道路长度仅有7．1公里，平均每公里拥有机动车25．4辆，由于部分道路狭窄，质量较低，许多交通道路车辆拥挤，车速缓慢。哈尔滨市1986年全市平均车流量为595辆/小时，1990年增加到1204辆/小时，是1986年的两倍，车辆猛增造成城市主要干线经常出现堵塞现象。1990年哈尔滨市平均每天乘客量达134．63万人次，庞大的乘车人群对市内交通压力很大，乘车难仍未得到根本解决。

2．噪声声级普遍超标，污染严重。

由于城市人口密度大，交通道路拥挤，工厂集中，城市噪声污染严重。生活噪声、交通噪声和工业噪声是城市的主要噪声来源，分别占42．5%、29．2%和17、8%，“七五”期间，在监测的9个省辖市的监测区域总人口中，有67．3%的人口处于55分贝（A）以上的环境中；在监测总面积中，有57.7%的面积暴露在55分贝（A）以上，在监测路段总长中，有73.4%的路段暴露在70分贝（A）以上；9个省辖市道路交通噪声全部超过70分贝（A）；在监测的功能区噪声中，昼间有58.3%的均值超过标准，夜间有54.2%的均值超过标准。人口最多的哈尔滨市噪声声级超标最为严重，在6类功能区按昼夜间分的12项指标中，哈尔滨市有11项超标，其中8项在各市中超标值最大，噪声污染对人们的休息、睡眠、工作效率和身体健康有很大影响。

3. 城市就业压力沉重。

城市人口过快增长，劳动年龄人口增多，城市存在大量的待业人口。1990年哈尔滨市待业人口达8.8万人，其中16－24岁的青年占84%；全市每年因不能升学需要安排就业的人口达2.5万人，每年最多只能安排2万人，就业压力很大。大批农村剩余劳动力进城务工经商冲击着城市劳务市场，使本来就存在的人口待业问题更加严重，大量待业人口的存在仍是城市发展中的一大社会问题。

## 四、协调人口城市化和城市生态环境的关系，保证城市生态系统平衡。

1. 把人口发展规划和环境规划纳入城市总体规划之中。城市统一规划和布局是创建优化城市环境的前提，在规划中，既要制定人口发展规划，又要考虑到环境综合整治规划。城市建设中要统一规划，合理布局，综合开发，配套建设，增强城市污染的综合防治能力。

2. 改善城市人口规模结构，加快中小城镇发展，大城市人口众多，企业林立，污染源集中，是城市生态问题的主要集中地。在控制大城市人口增长的情况下，目前大城市人口增长仍快于中小城市。大城市人口规模继续扩大，中小城市人口增长缓慢。大城市人口过快增长给城市发展带来很大压力，产生一系列矛盾，今后应进一步严格控制大城市人口增长，加快发展中小城镇，减轻大城市人口压力。

3. 加强城市基础设施建设，提高综合服务能力。现在城市基础设施欠帐多，服务功能低下是一个特征，改善环境，增强城市功能要在城市基础设施建设上下功夫，加快城市道路的铺装，增加绿地面积，提高绿化率，抓好城市公共卫生。黑龙江省处于高寒地区，采暖期较长，采暖期污染普遍重于非采暖期，因此要提高城市集中供热率，并要发展城市供电业，在民用燃料构成上，要扩大液化气、煤气等气体燃料和家用电器的使用率，积极发展城市公用事业，逐步改善城市环境。

4. 调整工业结构和能源结构，降低能耗。现在能耗、水耗高与工业结构偏重直接相关，且煤炭等一次性能源使用率较高，占总能耗的68.7%，大力发展轻工业，降低重工业比重，节约和减少能耗、水耗及一次性能源使用率，减少对环境的污染。对于资源型城市，在发展主导产业时，应加快辅助和配套产业的发展，改变单一型经济结构，建立多元经济结构，逐步发展替代产业，延续城市的经济职能。

5. 加强对污染源的综合治理，减少污染物的排放量。工业污染源是城市的主要污染源，控制工业污染源的产生和释放是改善城市环境的根本措施。黑龙江省城市单位产品能耗、水耗高于全国平均水平，工业用水量重复率1990年达57.44%，比国内大中城市低10－20%，更低于发达国家的80%。热设备热效率普遍在40%左右，大量热能被浪费掉，且排入环境造成污染。因而老企业要加快设备改造，新企业采用新技术、新工艺、发展高新技术，减少污染物的产生量和排放量。

（黑龙江省人口普查办公室　刘少为　魏书慧）

# 90年代上海人口市情

人口的基本状况直接影响和制约了上海社会经济的发展。本文利用第四次人口普查资料及其他有关资料对上海人口市情的十个方面而进行研究，分析其主要矛盾，探讨相应的对策建议。

## 一、人口分布与第三产业布局

自80年代初以来，上海的人口分布发生了转折性变化。市中心地段的人口密度显著下降，人口最稠密地区从1982年的每平方公里16.9万人，降低到1990年的每平方公里13.6万人。而市区周围地带的人口密度则在上升之中，每平方公里4万人的等值线区域及每平方公里2万人的等值线区域明显扩大。由于政府在市区边缘地带建造的大批住宅先后投入使用，不少居民为了改善居住条件纷纷从市中心迁往市区四周的新住宅，从而导致使市区人口分布有一种逐步趋于合理化的倾向，反映了市中心过密人口向外围疏解取得了成效。当然，“中部高、四周低”的上海人口分布格局依然明显存在。

应该看到，今后上海要发展成为国际经济、金融、贸易中心，不但要求上海三大产业之间的部门结构向第三产业倾斜，而且第三产业也将逐步由低层次向高层次演变。原先在第三产业中占主导地位的传统服务业、一般商业的比重将逐步下降，而金融业、保险业、批发业、房地产业及产业服务部门等迅速发展。这必然会对城市人口分布提出新的要求。

早期第三产业主要是为生活服务的初级层次行业，人口越多的地方第三产业也就越发达。当第三产业从生活服务向生产服务发展时，又会与人口分布产生新的矛盾。一方面它希望地区内有大量流动人口，包括市内流动人口，这样才能充分发挥其集聚效益；另一方面它不希望有众多的人口常住拥挤于此，以免限制其发展。因此，上海今后的发展就会像发达国家的大城市一样，市中心常住人口逐渐空穴化，也就是说上海人口分布应该逐渐从峰状结构向盆状结构演变。

要引导市民从市中心向四周外围地区迁移，除了继续促使许多市民从改善居住条件出发，从市中心向外围搬迁，同时应该在全市全面实施级差地租和级差房租政策。因为前者的作用是有限的，其吸引力随着市中心人口密度的适度下降而迅速减弱，而级差政策则是根本的。现在市中心地带正在进行的土地批租、道路扩建等带来的动迁问题，其难度将会随着级差房租的实施而逐步消失，黄金地段的居民将会从经济比较利益出发，自愿地向边缘地区搬迁。

目前，虽然近年来市区人口分布有一种逐步趋于合理化的倾向，但由于缺乏相应的政策措施，如地价政策等，市区商业分布没有相应的变化，商业营业额分布的“市中心单峰突起型”没有明显改变；散布在外围居民区的为一般居民服务的饮食服务业变化不大，而市中心地段的饮食服务业营业额与外围地区的差距却大大增加。因此，级差地租的实施，也必然会促进一般商业、饮食服务业在外围新村区域的网络建设，以巩固和推动市区人口的扩散趋势。所以，如果讲前一段促进人口合理分布的重要因素是市民为改善居住条件所驱动，则今后人口合理分布的一贴良药是级差政策的全面实施。

## 二、劳动力与劳动力市场

利用普查资料，通过定量计算可以看到，在本世纪内上海进入劳动力队伍和退出劳动力队伍的人数大体相当，全市劳动适龄人口（男18至59岁，女18至54岁）波动于800万左右。随着体制改革的深化，本世纪内上海的劳动力资源在数量上供需矛盾不会产生，在许多领域将会是有所过剩。

80年代以来，上海劳动力总体素质不断提高，但仍有很多差距。普查资料表明，上海每万名在业人口中，大专以上文化程度的人口有794人，高中（含中专）2709人，初中文化程度4163人，小学文化程度1635人，文盲半文盲699人。上海在业人口文化构成呈现出以初中为主，还有23%是小学及以下文化程度，可见总体文化素质还比较低。

根据普查资料，上海15至19岁青少年的就业率为38.8%，比1982年下降了19.1个百分点。但与发达国家相比，该年龄段人口的就业率日本为19.4%，法国为20.4%，上海明显高于这些国家。这从一个侧面反映了上海地区劳动力的文化素质与发达国家的相对差距。因为社会经济发展水平较高的地区，需要劳动者具有较高的文化知识和技能，这就需要对未来劳动者进行较长时间的文化和技术培训。

随着改革开放的深入，上海的经济体制正在转轨，产业结构正在调整，要适应和实现这一转变，对劳动力的需求已经不是量的概念，关键在于进一步提高他们的文化水平和技术水平。因此，对在业人口和即将就业人口进行各种有效的培养和教育具有重要意义。

当然，保证劳动力资源的使用效率，促使劳动力素质的不断提高，其基本对策是建立在社会保障体系下的劳动力市场。其市场竞争机制将激发人的创造性，调动人的积极性。其市场功能也使得用人单位有择人权，劳动者有自由择业权。这种双向选择能充分发挥企业和劳动者的双向积极性，促使劳动力素质的提高和劳动力就业结构的合理化。所以，建立和开放劳动力市场，让劳动者自由择业，自由流动，打破劳动力的单位所有制和部门所有制，是发展社会主义市场经济的重要组成部分。

## 三、人才与人才吸引政策

普查资料表明，上海现有专业技术人员107万余人，与1982年相比，增加35.6%。这个发展速度是总人口增长速度的2.8倍，是在业人口增长速度的4.2倍，但是与发展需要相比还很不够。如果根据耗散结构理论，把城市经济发展系统划分为积累期、成长期、饱和期、饱和后期，那么，通过计算可以看到，目前上海人才、社会劳动力与国民收入三者数量的发展正处于成长期，对人才的需求量是很大的。

面对改革开放的形势，上海社会经济的发展对于人才的需求，不但是量的概念，而更多的是质的概念。虽然普查资料表明，上海人才的文化程度与1982年相比，已有相当程度提高，但是由于长期以来，专业人才受传统的教育方式和用人制度限制，也受经济发展实际情况的制约，专业人才中懂技术不懂经营，懂经营不懂外贸，懂外贸不懂技术等情况比比皆是。因此，上海不但需要进一步提高人才的文化程度和技术能力，而且需要人才结构由单向型向复合型、外向型高层次的方向发展，解决高素质人才供不应求的矛盾。

问题的严重性还在于人才的流失。改革开放以来，广东经济发展迅速，尤其是深圳、珠海等特区，政策开放性强，生活水平发展快，工资待遇高，相比之下，上海与之差距较大，上海的人口迁移倾斜于广东。根据四普资料，从 1985 年 7 月 1 日至 1990 年 7 月 1 日的五年中，广东迁入上海的人数与上海迁出去广东的“迁入迁出比”为 0.86。上海与国外之间的迁移具有更强的倾斜性，五年中，国外与上海的迁入迁出比仅 0.03。而且，上海出国人员和文化素质远高于上海居民的文化素质。普查资料提供的上海 6.5 万余名 6 岁以上的出国人员中，大学、大专文化程度的占 53.72%。他们的平均受教育年限为 13.6 年，远高于上海市民的 8.2 年。这是一种典型的人才流失。上海该是到了拿出吸引人才新政策的时候了。

要达到上海社会经济发展所需要的人才数量要求，尤其是质量上的要求，关键在于制定并实施市场经济机制下的人才培训政策和人才吸引政策。一方面要深化教育体制改革，调整教育结构，建立多元化的人才培训体制；另一方面要有包括高工资、高待遇等在内的以及环境优化的人才吸引手段，吸引全国各地的人才，吸引出国人员回归，以至吸引国外的人才。

## 四、人口自然变动负增长与计划生育

1991 年上海市区人口的出生数小于死亡数，人口自然变动第一次进入负增长。1992 年上海市区人口的自然变动也是这一趋势。由于计划生育工作的成效，市区育龄妇女的总和生育率从 60 年代中开始逐步低于世代更替水平；郊县育龄妇女总和生育率也从 70 年代初开始，经过在更替水平左右波动后，于 70 年代中完全低于世代更替水平。人口学理论表明，总和生育率低于世代更替水平，一定时期后，人口自然变动就进入负增长。因此，目前市区人口自然变动的负增长，郊县人口自然变动进入 1949 年以来的最低水平，是上海长期认真宣传贯彻执行计划生育政策的结果。

今后上海人口自然变动的趋势，考虑到近阶段内计划生育政策难以有大幅度的变动，根据普查资料预测，上海市区人口的自然变动将进入持续的人口负增长，郊县也将在本世纪内迈进人口自然变动的负增长行列。这种状况将持续相当一段时间。

长期的人口自然变动负增长会带来一系列社会经济问题，不利于整个社会的协调发展。因此，一方面上海的计划生育工作应该在市民能理解和接受当前国家计划生育政策的大前提下，逐步突出优生、优育、优教，提高人口素质；另一方面，在顺应全国人口形势大环境的前提下，要充分考虑正在来临的上海人口自然变动负增长的特点，不断补充完善从 1990 年开始实施的《上海市计划生育条例》的有关条款。以独生子女组成的家庭可以生育两孩为转机，逐步缓慢稳妥地向一对夫妇生两孩过渡。

如果说以前上海计划生育工作的重点是控制人口数量，那么，今后上海计划生育工作的主要任务应该是大力提高人口素质，改善人口结构。所以，当前上海的计划生育工作正处在一个重要的转折时期。

## 五、人口流动与间接调控

第四次人口普查资料表明，上海的常住流入人口达 60 万人之多，相当于一个大城市的规模，其中 10 万人在上海已居住了五年以上。由于改革开放促使人口流动的规模日趋扩大，特别是促使从事经济活动的常住流入人口激剧增加，使得流动人口由过去的因投亲靠友、退休退职、随迁、婚迁为目的的社会原因流入为主转变为经济原因流入为主，普查资料表明，流入人口中因务工经商而常住上海的占 62.6%。这是 80 年代以来我国社会变革中的突出现象。

以土地联产承包责任制为开端的农村经济改革，进一步提高了农业劳动生产率，加剧了农业劳动力的剩余；另一方面也使得农民享有较大的自主决策权，促使大批农民剩余劳动力就地或异地转入非农产业，其中有相当数量的农民进入象上海这样的大城市。因此，农民为主体必然成为当前上海流入人口的另一重要特点。四普资料也表明了这一点，在全市常住流入人口中，73.3%是农业户口，74.2%原来居住在乡村。

流动人口因其个人的主观愿望与国家的宏观目的的不完全一致性，必然形成对社会主义建设有其利的一面，也有其弊的一面。所以，有必要健全政策体系，起到间接调控的作用，达到兴利除弊的目的。

上海是全国最大的经济中心，经济效益高，就业机会多，对流动人口有很大的吸引力。但是，上海却没有合适的物价政策，未形成一种对流动人口的制约力，致使众多低素质流动人口能轻易在上海谋生；又没有在高物价背景下相应的高工资政策，来吸引有技术有才能的人大量流入上海。因此，上海应该对工资、物价等政策进行改革，形成一套科学的流动人口政策体系，起到间接调控的作用，从而对于高素质的流入人口有强烈的吸引力，促使流入人口向高层次、高素质转化。

## 六、人口年龄结构与教育事业

利用普查资料得到的上海市分年龄分性别人口数，绘制出人口“金字塔”，从中可以看到上海的人口年龄金字塔呈现出峰谷交替现象，像棵“圣诞树”。这里隐含了上海几十年来社会经济变化的痕迹。八年抗战时期，由于生活艰难，出生婴儿减少，形成了当前 50 岁左右人群的人口低谷。建国后，人民生活稳定，加上当时人们对人口与经济的辩证关系还没有正确认识，从而造成 50 年代至 60 年代的生育高峰。从 60 年代中期开始，上海广泛开展计划生育宣传，又恰逢抗战时期生育低谷的的出生者进入生育期，形成了 70 年代的人口低谷。80 年代前期和中后期，由于 50 年代及 60 年代初生育高峰的出生者先后进入生育旺盛期，从而形成了“金字塔”下部的生育小高峰。近期开始是 70 年代生育低谷的出生者进入生育期，出生数呈现明显减少趋势。

根据上海人口峰谷交替极不稳定的年龄结构，通过定量计算，可以预见到各类学龄人口高峰期的波浪式前推现象。由于受 80 年代前期和中后期出生小高峰的影响，上海市入托儿所（1 至 3 岁）和入幼儿园（4 至 6 岁）适龄儿童高峰期先后在 90 年代前期结束，小学学龄人口（7 至 12 岁）高峰期将在 90 年代中后期结束，初中学龄人口（13—15 岁）高峰期将从 90 年代中期开始持续到下世纪初，高中学龄人口（16 至 18 岁）高峰将从 90 年代后期出现并持续到下世纪第一个十年的中期。

因此，有关部门不仅可以把发展托幼事业的工作重点从前几年解决数量上的“入托难”和“入园难”逐步转到提高托儿所和幼儿园的教学质量上来，并且应该根据婴幼儿人数逐年减少的实际情况，相应减少托儿所、幼儿园。

鉴于 90 年代中后期上海市区将先后出现小学学龄人口高峰区与初中学龄人口高峰交叉重叠，初中学龄人口高峰与高中学龄人口高峰交叉重叠的现象，因此，通过定量预测建议，像前几年上海小学六年级提前进入初中学习一样，在 1996 年至 1998 年间市区初中三年级学生可提前进入高中、中专或技校预备班；在 1999 年至 2003 年间市区小学可恢复六年制教学，初中可恢复三年制教学；在2004年至2006年间市区初中三年级学生可推迟一年毕业，读完高一课程后再报考高中、中专或技校，以减缓各类学龄人口高峰期对学校教育的波浪式冲击。

## 七、人口老化及其对策

上海是我国第一个进入老年型人口的地区。1990年，上海人口的老化系数已达9.38%。“三普”以来的8年间，上海老年人口的增长速度为42.1%，快于总人口的12.5%的增长速度；80岁以上的高龄老人的增长速度为59.1%，又快于老年人口的增长速度。

通过计算分析，可以看到，今后上海人口的老化演变过程大体可分为四个阶段：从现在至2000年，正是抗战爆发前上海的人口小高峰逐步进入老年期，人口老化迅速。接下去的10年则为抗战时期形成的人口出生低谷婴儿先后跨入老年阶段，人口老化缓慢。这以后是抗战胜利后迅速增多的出生婴儿及50年代上海生育高峰出生的婴儿进入老年期，这是一个老年人口的突增阶段，上海人口将严重老化。到这时，社会上每100个人就有30位65岁以上老人，其中10位是80岁以上的老人；而现在每100个人中只有9位老人，其中1位是老龄人。正是上海人口年龄结构的特殊性，致使那时上海人口老化的严重程度远超过当前任何一个国家和地区，其对社会经济发展的影响，将会十分严重。到下世纪中叶，随着50年代生育高峰出生的人群先后退出历史舞台，上海将逐步过渡到人口的相对稳定状况。

上海人口老化问题的难度在于，发达国家是在社会经济高度发展后或同时，缓慢而自然地出现老龄化现象，对老龄化带来的问题具有较强的承受能力；而上海则在社会经济相对还不够发达的情况下，过早过快以及将要过强的出现人口老龄问题。为此，应该看到解决人口老化问题的根本对策是大力发展经济。从现在开始的20来年时间里，上海少儿抚养系数是很低的，劳动力资源相对丰富。所以，从人口因素来看，这也是上海社会经济发展的极好机会。目前，上海的人口老化程度并不可怕，原联邦德国在战后经济起飞初期的1950年，人口老化系数也已达9.4%。现在的关键就在于加强改革力度，大力发展经济，务必要在人口严重老化以前，经济上取得尽可能大的质的飞跃。

随着今后上海人口的严重老化现象，应将人口老龄化问题放在战略位置上，作为上海社会发展总体规划的组成部分通盘来解决。在强调家庭养老，强调在家庭中小辈在感情等方面对老年人的精神赡养义务的同时，不断发展社会养老，建立和完善社会养老保障体系；还应努力为老年人创造更多的参与社会活动机会，不断提高老年人的身体素质，以增强老年人在经济上与生活上的自立能力，发展老人自我养老。

## 八、老人参劳与退休年龄

在上海人口老化的过程中，如何发挥老年人的作用，已成为一个极需关注的社会问题。由于当前市区职工绝大部分在全民或集体企事业单位工作，执行国家规定的退休制度，从而造成如普查资料所反映的那样，市区男性在60岁，女性在50岁附近劳动参与率激烈下降的现象。与国外相比，上海市区老年人的参劳率是比较低的。

当前上海人口的期望寿命已经提高到75.4岁，这就为老人参与劳动提供了基本的时间上的保证。据有关调查，上海市区60岁以上老人中，身体健康和较健康的占近3/4。所以，就健康条件而言，他们中的大多数是可以继续参与劳动的。

从调查资料来看，近六成的60岁以上老人认为，退休后应继续为社会工作。四普资料表明，上海市区60岁以上的劳动参与率仅10.4%，相比之下，老人参劳的愿望远超过了实际的参劳状况。但是，从劳动力市场看，现在至下世纪初，上海的劳动力在数量上有所过剩，对老年劳动力不会有大的需求，尚不具备全面推迟职工退休年龄的条件，只能在一部分急需知识和技术层次较高的部门试行适当推迟退休年龄的“弹性退休制度”。这就需要考虑更多的老人参劳形式，开拓更多的老人参劳渠道。

只是在十多年以后，随着上海50年代及60年代初生育高峰出生的婴儿先后退出劳动适龄人口队伍，根据普查资料推算，上海将进入近二十年的劳动适龄人口迅速下降阶段，猛跌至500多万。因此，从2010年开始，考虑到一方面上海劳动力将呈现缺乏，另方面退休职工大量增加，社会养老经费负担会迅速加重，这一阶段适时地推迟职工的退休年龄，将会显得重要。

## 九、人口死亡与卫生保健意识

职业人群是财富的创造者，他们的健康问题直接关系到经济发展和国家兴旺。利用普查的死亡人口等资料，计算不同职业人群在50岁时的期望寿命，可以看到，其中生产工人的期望寿命最低。他们多在现场第一线，工作较繁重，环境相应较差；此外，一般来说，他们的文化水平较低，卫生保健意识较差。相比而言，服务性工作人员、办事人员、商业工作人员的期望寿命较高，而专业技术人员的期望寿命最高。近年来知识分子的健康受到重视，各级卫生机构定期对知识分子进行健康检查；此外，他们的知识层次高，自我保健意识较强。

分析45岁至54岁的不同职业人群的死亡率，则中年死亡率最高的农林牧渔业劳动者，以及生产工人。第二层次是服务性工作人员、办事人员、商业工作人员。中年死亡率最低的是专业技术人员和机关、企事业单位负责人。因此，要进一步改善第一线工人、农民的劳动条件，提高他们的卫生保健意识。工人农民在职业人群中所占比例最大，提高工人农民的健康水平，降低他们的死亡率，具有很大的意义。

利用上海四普资料进行的有关研究还表明，在各类科研、工程技术、管理、卫生、经济业务、法律、教学、文艺体育等人员中，中、小学教师和医生的期望寿命较低。在国家机关、党群组织、企事业单位负责人中，男性为党的基层组织负责人期望寿命较低，女性为居民委员会（村民委员会）负责人期望寿命较低。在行政办事人员、政保工作人员和邮电工作人员中，男性的人民警察和公安保卫人员期望寿命较低。在各类服务性工作人员中，环境清洁卫生工人、公勤人员的期望寿命较低。在农、林、牧、渔劳动者中，粮农、菜农的期望寿命较低。在各类生产工人、运输工人中，织布、针织、缝纫工人、印刷工人、油漆工人、机器装配、修理、机床操作工人的期望寿命较低。这应该引起有关部门的重视。

## 十、浦东新区人口及其人口管理观念上的更新

根据普查资料，浦东新区共有常住人口138.8万余人，占全市常住人口的10.4%。浦东新区的人口密度为每平公里2731人，略高于全市平均人口密度，但分布比较均匀。人口密度最高的街道每平方公里43326人，是市区人口最密集街道的人口密度的1/3。浦东新区人口的平均文化程度

稍低于全市水平，但10万人中具有大学文化程度的人数高于长春、大连、成都、青岛等大城市。所以，从人口角度看，浦东新区有较充分的劳动力，文化素质相对较高，人口分布相对合理，为开发开放提供了良好的条件。

确实，浦东新区人口存在着人才不够多、行业构成不够合理等问题。但是，浦东是上海的浦东，浦东开发离不开上海，浦东新区不同于深圳、珠海等地的主要特点之一就是它依托于上海的人才、技术、教育、经济与管理等优势的流入。

当然，浦东更是全国的浦东，而且要使其成为世界浦东，这就必须有人口管理概念上的根本改变。经济要在竞争中高速发展，必须要凭借相当规模的人口频繁地流入、流出和竞争行为。要改变上海长期以来严密而僵硬的户籍制度以及限制迁入政策。一定时间内相当规模的人口流动，正是这个城市有吸引力、有生机的表现。没有人流，难以形成物流、财流、信息流。就形不成经济迅速发展的局面。所以，浦东新区应该有促使人口流动的方针，既有促使人口流入的政策，也有促进人口流出的政策。在人口流动中进行调控，变目前的户籍管理为证件化管理。人口在流动中竞争，在流动中发展，在流动中求得人口结构、劳动力结构和人才结构的合理性。这应该是浦东新区人口管理政策，乃至今后全市人口管理政策的基本思路。

（上海市人口普查办公室　周祖根）

# 江苏省省际人口迁移探讨

改革开放以来，随着商品经济的迅速发展，人口迁移、流动日趋频繁，成为近几年来出现的一个突出的人口问题。有关专家预测90年代以至下个世纪，人口迁移、流动现象将更加突出。纵观近年来我国人口的迁移趋势，一改过去由沿海向内地迁移的模式，而转变为内地向沿海迁移。江苏是全国人口密度最高的省份，人多地少矛盾十分突出。80年代出生人口年均在110万以上，然而，省际间人口迁移不但没有减轻新增人口带来的压力，反而自1973年起，连续十九年差进，累计净迁入115万人，相当于1954－1972年压缩江苏人口净迁出的84％。第四次人口普查资料表明，近五年来江苏省省际间人口迁移又有新的发展，婚姻迁入、工作调动、务工经商的人口迁入呈多股进。大量净迁入人口，更增加了江苏人口压力。分析研究江苏省省际人口迁移的原因、现状、特点、规律，这对加强未来迁移、流动人口的导向、管理，具有一定意义。

## 一、影响人口迁移增长的背景

影响人口迁移的原因很多，就江苏的情况来看大致有以下几个方面：

（一）、经济因素

江苏近十年来，经济发展迅速，1981年到1988年工农业总产值连续8年全国之冠，与内地省份之间经济差距越来越大，特别是与邻近安徽省的差距，由80年代初期人均国民收入相差200元，扩大到80年代末期近千元。江苏地区间的经济发展也十分不平衡，苏北的徐淮盐连四市与上海市的差距更为突出，目前已扩大到2000多元。这种地区间的“梯度压力”，有力地推动了江苏省省际间的人口迁移。

(二)、历史上大量移民

历史上移民,为人口迁移架起了桥梁。江苏很早就是全国人口最稠密的地区之一,鸦片战争后,帝国主义入侵我国,江苏大批破产农民流入上海,1935 年时,上海市 375.2 万人口,江苏籍占 37%。建国后,为缓解江苏人口压力,国家有组织有计划疏散人口。1954——1972 年累计净迁出 136.75 万人。重要的迁移有以下几次:(1)1959——1960 年,为开发新疆,国家组织了 12 万青壮年及其家属 4 万余人迁往新疆。(2)六十年代国民经济困难时期,迁出的下放职工及重灾区农民外流到东北、西北及浙赣等地,这一时期迁出的人数大约 100 万之多。(3)六十年代到七十年代中期,约有 10 万职工随工厂内迁三线。此间,由外省迁入江苏的累计共有 58 万人。历史的原因,使江苏籍人口大量外迁,目前江苏经济发展迅速,则更增强他们回迁的动因。大批人口迁居外省,使江苏对外联系更加广泛、密切,为省际间人口互迁起了很大的"媒介"作用。

(三)、苏锡常地区劳动力短缺

苏锡常地区是江苏省计划生育执行得较早较好的地区,70 年代初期,人口已得到了有效的控制,从而使近年来的适龄劳动力人口相对减少。80 年代中后期又正是该地区乡镇工业迅猛发展的时期,对劳动力需求则又是大幅度增加,因而呈现出劳动力的不足现象。如无锡县,1989 年乡镇工业产值达 889611 万元,为 1970 年的 222.9 倍,而 18——23 岁的新增劳动力人口,则比 70 年代初期减少 1 万人。因而五年来,外地迁入补充的劳动力人口就有 4 万余人。这些地区所需补充的劳动力,除来自江苏本省以外,还吸引着外省的劳动力流入。

(四)青年人口大量增加

迁移人口的年龄结构有其规律性。据 1% 人口抽样调查表明,15——29 岁人口的迁移,占整个迁移人口的 50——60%,远远高于其它年龄段人口。我国第二次出生高峰时期生育的人口,目前都已进入这一年龄段,比"三普"时期增加 5825 万人,增长近 20%。这一年龄段的人口,将历经升学、就业、婚姻等重要事件,面临许多机遇与选择,最富有进取心与冒险精神。这对省际间人口迁移也将产生一定影响。

此外,江苏地处沿海,气候温和,土地肥沃,物产丰富,文化发达等等也吸引着外省人口的迁入。长江、京杭运河和京沪、陇海铁路沟通全国各地,为迁移者提供了十分有利的条件。

## 二、省际人口迁移现状

省际间的人口迁移,过去一直缺乏详细资料。第四次人口普查为我们提供了丰富数据。现以第四次人口普查全国 10% 机器汇总资料为依据,对江苏省省际间人口迁移情况分析如下:

资料表明,从 1985 年 7 月 1 日至 1990 年 7 月 1 日的五年间,江苏省省际间人口的总迁移量达 142.82 万人,次于四川,居全国第二位。其中迁入人口 83.97 万人,次于广东,居全国第二位;迁出人口 58.85 万人,次于四川、河北、浙江、黑龙江,居全国第五位;净迁入人口 25.12 万人,次于广东、北京、上海,居全国第四位(注)。省际间人口迁移,江苏已走在全国前列。

(一)地区分布

江苏省省际间人口迁移,迁入的人口来自全国各地,同时江苏迁往外省的人口又走向全国各地。但由于与各省、市、自治区之间的具体联系不同,人口迁移又各具特色。

邻近的安徽省,迁入江苏人口最多,达 15.13 万人,其次为四川 9.66 万人,再次为上海 6.95 万人、浙江 6.14 万人，四省市合计占 45%。迁入 4——5 万人的有 2 个省，3——4 万人的有 4 个省(自治区)，2——3 万人的有 5 个省，1——2 万人的有 6 个省(自治区)，不足万人的有 8 个省(市、自治区)。

从大区情况来看：迁入人口以来自华东各省市为最多，合计达 37.18 万人，占 44.28%；其次为西南区的云贵川三省，合计 17.71 万人，占 21.09%。这三省与江苏远隔千里之遥，但迁入江苏的人口已超过与其毗邻的省。如贵州省迁往外省、市、自治区的人口中，迁来江苏的人口居第一位，占其外迁人口的 15.18%。云南省外迁人口来江苏居第二位，占 12.29%。第三省迁入江苏的主要是婚姻迁移过来的女性人口。西北区，迁入江苏人口为 8.9 万人，总量并不算多，这主要是由于该区人口迁移流量还不大。但向江苏集聚迁移的迹象已十分明显。其中新疆在迁往各省、市、自治区的人口中，迁来江苏的人口居第一位，占其外迁人口的 13%，宁夏居第二位，甘肃居第三位，青海居第四位，陕西居第六位。可见江苏作为其迁往的目标，所处的位次均较高，这里也反映了五、六十年代移居的人口正在不断回迁。

江苏迁往外省的人口中，以迁往上海的人数最多，达 18.98 万人，占 32.25%，是迁往中南、西南、西北、东北四大区 17 个省、自治区(不包括西藏)的总和。这主要是上海地理位置与江苏毗邻，人均收入水平高于江苏，特别是苏北地区。加之上海市人口中江苏籍占有相当大的比重，信息比较灵通，这就使得江苏剩余劳动力得以补充上海市劳动力的不足。这些人口中大多数从事务工经商活动。迁往外省的人口同样以去华东各省市为最多，合计达 34.59 万人，占 58.78%。迁往其余各地，除北京 3.56 万人，数量略大外，别的分布还算均匀，集聚现象并不明显，人口大省为 1——2 万人，小省也有 2——3 千人。

江苏与各省、市、自治区之间的人口迁移互换，迁出大于迁进的有：上海 12.03 万人，北京 2.61 万人，广东 0.97 万人，辽宁 0.45 万人，天津 0.44 万人。以上五省市经济水平明显高于江苏。与其余省、自治区之间的人口迁移都呈进大于出(参见表一)。宁夏与江苏之间进出迁移量都较小，迁入江苏人口略少于江苏迁出的人口。这里迁移量最大的突出表现为安徽以 15 万人向江苏迁移，江苏则以近 19 万人之众向上海推进，为典型的人口“梯度迁移”。由此可见，江苏省省际间人口迁移完全符合人口迁移中的人往高处走的“上行”迁移规律。

(二)、性别构成

五年迁入江苏的男性 44.35 万人，占 52.82%，女性 39.62 万人，占 47.18%。由江苏迁往外省的男性 39.96 万人，占 67.90%，女性 18.89 万人，占 32.10%。进出相抵，使江苏净增男性 4.39 万人，女性 20.73 万人，净增人口中，女性占 82.52%，相当于外省婚姻迁入的人数。

(三)、城乡分布

由外省、市、自治区迁入江苏的人口中，其中来自城市 27.92 万人，占 33.25%，镇 9.23 万人，占 10.99%，乡村 46.82 万人，占 55.76%。落户常住江苏城市的有 45.56 万人，占 54.26%。镇 14.33 万人，占 17.07%，乡村 24.08 万人，占 28.67%。可见外省城镇迁移来的人口，基本都落户在江苏城镇，另外还有 20 余万外省的乡村人口，常住在江苏城镇。

江苏迁往外省人口中，由城市迁出的 13.12 万人，占 22.29%，镇迁出的 6.27 万人，占 10.66%，乡村迁出的 39.46 万人，占 67.05%。

五年来省际间的人口迁移城乡互换，使江苏常住城市人口增加 32.44 万人，镇增加 8.06 万人，乡村减少 15.38 万人。年均市镇增加 8 万人，乡村减少 3 万人。

(四)、原因构成

从迁移人口的原因构成来看：

1、婚姻迁入居第一。迁入江苏的人口最多是婚姻迁移，达 20.56 万人，其中女性人口 20.02 万人，占 97.37%。是全省迁入人口的 24.48%，占全国此项迁移人数的 13.37%。为全国各省、市、自治区中唯一超过 20 万人的省，并大大领先于河北(15.99 万人)，山东(12.43 万人)、广东(12.30 万人)等婚进人口居全国第二、三、四位的省份。她们主要来自四川 5.56 万人，贵州 3.35 万人，云南 2.56 万人，安徽 2.52 万人，四省合计占此项的 68.04%。分别是上述各省迁入人数的 57.56%、71.28%、76.42%、16.65%。江苏婚姻迁移外省的人数 4.42 万人，主要是迁往上海 1.03 万人，其次与安徽、山东两省交界地段，跨省婚嫁的现象比较频繁，去这两省的有近 2 万人。

2、务工经商进出两旺。在迁入的人口中，务工经商人数居第二位，达 16.69 万人，占 19.88%。他们主要来自安徽 6.75 万人，浙江 2.61 万人，四川 1.65 万人，河南 1.29 万人，四省合计占此项人口的 73.7%。来自其它省、市、自治区人数均不足万人。表现为迁入江苏的务工经商人口，来源较为集中。其迁入总量次于广东(68.59 万人)、北京(29.78 万人)、上海(23.51 万人)。这主要是江苏本省的劳动力资源比较丰富，苏北剩余劳动力人口向苏南及上海迁移，给外省劳动力来江苏就业带来一定的难度。从江苏大批务工经商人口外迁的情况来看，便可得知。五年来由江苏迁入外省的务工经商人口更高达 25.49 万人，居迁出人口的第一位，占迁出人数的 43.31%。次于四川(57.80 万人)、浙江(39.21 万人)、广西(26.05 万人)。主要迁往上海 10.77 万人，占总数的 42.25%，再次为北京 2.24 万人，广东 1.13 万人，新疆 1.11 万人，安徽 1.09 万人，五省市合计占 64.10%。其余的省、市、自治区均不足万人。迁出人口的目的地同样表现为相对集中。这里反映了新疆距离江苏之远，而迁出的人数大大高于众多比其距离更近省份，体现了历史的移民所起的“媒介”作用，促进了人口迁移。

3、工作调动迁移频繁。江苏因工作调动迁入、迁出的人口始终在跨省迁移的人口中占有较大的比重。五年来因工作调动迁入的人口 13.50 万人，占 16.08%，居第三位。仅次于四川(14.28 万人)，高于广东(11.89 万人)、上海(12.24 万人)、北京(7.44 万人)、天津(2.79 万人)等经济发达省市。迁入的人口主要来自安徽 1.37 万人、山东 1.17 万人、浙江 1.16 万人、新疆 1.09 万人。其中新疆工作调动占其迁入江苏人口的 30.70%。此外还有 10 个省市迁入的人数在 5000 人左右。可见工作调动迁移中，江苏吸引着全国各地人口的迁入，同时也反映出以新疆为代表的省、自治区历史上的大批江苏移民，目前正通过工作调动而逐步回迁。由江苏工作调动迁出的有 7.80 万人，占外迁人数的 13.25%，居迁出原因的第二位。主要迁往上海 1.51 万人，安徽 1.09 万人，浙江 1.04 万人，福建 0.85 万人，山东 0.68 万人。迁往其余省市人数则较少。

除以上三大主要迁移原因外，其它原因迁入的人口，数量虽然不占优势，但向江苏迁移集聚现象也十分明显。表现为退休退职、其它原因迁入江苏的人数，均居全国第一位。其中最为突出的退休退职迁移，全国每六人就有一人迁来江苏。分配录用迁入居全国第二位；学习培训居第三位；随迁家属居第四位；只有投亲靠友迁入人数位次较后一些为第八位。可见九类迁移原因中，就有八类在全国处于四位之前。而迁往外省的人口，唯有分配录用迁出的人数居全国第一位，反映江苏人才外流比较严重，务工经商、工作调动、学习培训均居第四位，其余五类均在四位之后。具体迁移人数及位次参见表二。

## 三、存在问题

省际间人口迁移从总体上来讲，迁入迁出对经济发展起到了一定的促进作用，解决了部分职工的夫妻分居和部分大龄青年的婚姻问题。但迁移中存在的问题也不容忽视：

1、表现为计划性小，盲目性大。在九类迁移原因中，分配录用（主要是国家计划分配）、学习培训（主要是国家计划招生）类迁移的计划性强。因而江苏学习培训迁入的人数居全国第二位，分配出去的人数居全国第一位，如不是国家计划控制，则结果不然。这类迁移占总数比例为12%。工作调动迁移既有计划性也有盲目性，从江苏情况来看，五六十年代迁居边疆人口，陆续回迁，这不符合国家经济发展总体要求。婚姻迁移、务工经商、投亲靠友及其它迁移等，均具有很大程度的盲目性，迁移过程中，直接受地区间经济水平差异的影响，这几类的人口迁移占整个迁移人口的75%。这给经济发展快的地区将带来很大的人口压力。

2、重心失衡，不利于人口合理布局。目前省际间人口迁移存在着宏观需要与个人微观利益之间的矛盾。表现为：沿海地区人口稠密，特别是江苏密度为全国各省之首，边疆地区人口稀少，人口分布本身处于失重状态，而这种状况不但得不到相对平衡，反而在进一步扩大。从国家宏观发展来看，边疆地区资源丰富，但技术力量薄弱，急需大量技术、劳动力投入开发，而目前的状况是，迁移者往往是从自身的利益出发，纷纷从边疆及贫困落后地区向沿海发达地区迁移。

3、婚姻迁移形成潮流。省际间人口的婚姻迁移，起步于70年代末，但上升幅度十分惊人，目前江苏因婚姻迁入的人口占总的迁入人数近四分之一，占净增数的64%，成为江苏人口机械增长中的首要因素。一方面给江苏部分大龄未婚青年解决了婚姻问题；另一方面给江苏等沿海省市带来很大人口压力。并造成新的地区性人口性比例失调，使贫困地区“光棍村”的范围越来越大。

**表一** 江苏省省际间迁移人口数 单位：万人

| 地区 | 由外省迁入江苏 | 由江苏迁往外省 | 净增 | 地区 | 由外省迁入江苏 | 由江苏迁往外省 | 净增 |
|---|---|---|---|---|---|---|---|
| 合计 | 83.97 | 58.85 | 25.12 | 湖北 | 3.10 | 2.21 | 0.89 |
| 北京 | 0.95 | 3.56 | −2.61 | 湖南 | 2.00 | 0.42 | 1.58 |
| 天津 | 0.34 | 0.78 | −0.44 | 广东 | 0.99 | 1.96 | −0.97 |
| 河北 | 1.38 | 0.70 | 0.68 | 广西 | 1.19 | 0.28 | 0.91 |
| 山西 | 0.85 | 0.64 | 0.21 | 海南 | 0.35 | 0.17 | 0.18 |
| 内蒙 | 0.70 | 0.51 | 0.19 | 四川 | 9.66 | 1.34 | 8.32 |
| 辽宁 | 1.19 | 1.64 | −0.45 | 贵州 | 4.70 | 0.44 | 4.26 |
| 吉林 | 1.04 | 0.97 | 0.25 | 云南 | 3.35 | 0.42 | 2.93 |
| 黑龙江 | 2.36 | 1.23 | 1.13 | 陕西 | 2.09 | 1.61 | 0.48 |
| 上海 | 6.95 | 18.98 | −12.03 | 甘肃 | 2.01 | 0.81 | 1.20 |
| 浙江 | 6.14 | 3.37 | 2.77 | 青海 | 1.01 | 0.63 | 0.38 |
| 安徽 | 15.13 | 5.86 | 9.27 | 宁夏 | 0.25 | 0.38 | −0.13 |
| 福建 | 1.85 | 1.66 | 0.19 | 新疆 | 3.55 | 2.08 | 1.47 |
| 江西 | 2.71 | 1.38 | 1.33 | 港澳 | 0.16 | — | — |
| 山东 | 4.40 | 3.34 | 1.06 | 台及 | | | |
| 河南 | 3.49 | 1.66 | 1.83 | 国外 | | | |

*：西藏没有进行迁移调查，故表中数据不平。

表二　　江苏省省际人口迁移原因构成

| 迁移原因 | 由外省迁入江苏 人数（万人） | 比重（%） | 居全国位次 | 由江苏迁往外省 人数（万人） | 比重（%） | 居全国位次 | 净增人数（万人） |
|---|---|---|---|---|---|---|---|
| 合计 | 83.97 | 100.00 | 2 | 58.85 | 100 | 5 | 25.12 |
| 工作调动 | 13.50 | 16.08 | 2 | 7.80 | 13.25 | 4 | 5.70 |
| 分配录用 | 2.91 | 3.47 | 2 | 4.25 | 7.22 | 1 | −1.34 |
| 务工经商 | 16.69 | 19.88 | 4 | 25.49 | 43.31 | 4 | −8.80 |
| 学习培训 | 7.38 | 8.78 | 3 | 4.03 | 6.84 | 4 | 3.35 |
| 投亲靠友 | 5.14 | 6.12 | 8 | 5.28 | 8.97 | 5 | −0.14 |
| 退休退职 | 2.66 | 3.17 | 1 | 0.70 | 1.20 | 8 | 1.96 |
| 随迁家属 | 8.09 | 9.64 | 4 | 3.89 | 6.61 | 12 | 4.20 |
| 婚姻迁移 | 20.56 | 24.48 | 1 | 4.41 | 7.50 | 14 | 16.15 |
| 其它迁移 | 7.04 | 8.38 | 1 | 3.00 | 5.10 | 10 | 4.04 |

注：第四次人口普查是以常住人口统计的，采取现住地和五年前居住地进行比较计算迁移人数，与实际迁移情况相比数据偏低，主要是：(1)五年中多次迁移的只计算一次；(2)五年内回归迁移者未予计算，如战士从入伍到退伍又回原籍等；(3)五年中已死亡迁移者未予计算；(4)出生未满五周岁小孩，他们中的迁移未予计算；(5)已迁入本地但居住未满一年未予计算。

（江苏省人口普查办公室　单干银）

# 浙江省乡镇企业在解决农业剩余劳动力中的作用及其前景

## 一、乡镇企业在解决农业剩余劳动力中的作用

浙江省农村劳动力资源相当丰富，而人均耕地面积很少，自党的十一届三中全会以来，随着家庭联产承包责任制的实施和商品经济的发展，大量的农业剩余劳动力急待转移。1978——1988年是全省农业劳动力高速转移时期，经过这一时期的转移，在全部农村劳动力中，农业劳动力占的比重从1978年的88.78%下降到1988年的63.43%，下降了25.35个百分点。这一转移速度大大快于全国平均水平(见表1)。

表1　　浙江与全国农村劳动力结构变化比较　　单位：万人、%

| 年份 | 内容 | 农村劳动力 全国 | 农村劳动力 浙江 | 从事农业 全国 | 从事农业 浙江 | 从事非农产业 全国 | 从事非农产业 浙江 |
|---|---|---|---|---|---|---|---|
| 1978年 | 绝对数 | 30637.8 | 1465.2 | 27488.2 | 1300.9 | 3149.6 | 164.3 |
|  | 比重 | 100.00 | 100.00 | 89.72 | 88.78 | 10.28 | 11.22 |
| 1979年 | 绝对数 | 31025.00 | 1489.3 | 27835.00 | 1285.80 | 3190.00 | 203.50 |
|  | 比重 | 100.00 | 100.00 | 89.72 | 86.34 | 10.28 | 13.66 |

表1　　浙江与全国农村劳动力结构变化比较(续)　　单位:万人、%

| 年份 | 内容 | 农村劳动力 | | 从事农业 | | 从事非农产业 | |
|---|---|---|---|---|---|---|---|
| | | 全国 | 浙江 | 全国 | 浙江 | 全国 | 浙江 |
| 1980年 | 绝对数 | 31836.00 | 1496.40 | 28334.00 | 1257.40 | 3502.00 | 239.00 |
| | 比重 | 100.00 | 100.00 | 89.00 | 84.03 | 11.00 | 15.97 |
| 1983年 | 绝对数 | 34690.00 | 1691.40 | 30350.00 | 1379.90 | 4340.00 | 311.50 |
| | 比重 | 100.00 | 100.00 | 87.49 | 81.58 | 12.51 | 18.42 |
| 1984年 | 绝对数 | 35968.00 | 1785.90 | 30080.00 | 1277.90 | 5888.00 | 508.00 |
| | 比重 | 100.00 | 100.00 | 83.63 | 71.55 | 16.37 | 28.45 |
| 1985年 | 绝对数 | 37065.00 | 1863.80 | 30352.00 | 1299.10 | 6713.00 | 564.70 |
| | 比重 | 100.00 | 100.00 | 81.89 | 69.70 | 19.11 | 30.30 |
| 1986年 | 绝对数 | 37990.00 | 1914.50 | 30468.00 | 1263.70 | 7522.00 | 650.80 |
| | 比重 | 100.00 | 100.00 | 80.20 | 66.01 | 19.70 | 33.99 |
| 1987年 | 绝对数 | 39000.00 | 1955.10 | 30870.0 | 1260.40 | 8130.00 | 694.70 |
| | 比重 | 100.00 | 100.00 | 79.150 | 64.47 | 20.85 | 35.53 |
| 1988年 | 绝对数 | 40067.00 | 1987.70 | 31456.00 | 1260.80 | 8611.00 | 726.90 |
| | 比重 | 100.00 | 100.00 | 78.51 | 63.43 | 21.49 | 36.57 |
| 1989年 | 绝对数 | 40939 | 2010.99 | 32441.00 | 1308.5 | 8498.00 | 702.49 |
| | 比重 | 100.00 | 100.00 | 79.24 | 65.07 | 20.76 | 34.93 |
| 1990年 | 绝对数 | 42010 | 2034.77 | 33336.00 | 1336.50 | 8674.00 | 698.27 |
| | 比重 | 100.00 | 100.0 | 79.35 | 65.69 | 20.65 | 34.31 |

从表1可见,1978年浙江从事农业的农村劳动力比重低于全国平均数不到一个百分点,而到1988年,则低了15.08个百分点;农村非农产业从业人员年增长率为16.03%,比全国高出5.45个百分点。这一时期,全省农村劳动力的转移是跟乡镇企业的迅速发展分不开的。浙江省乡镇企业工业总产值按1970年价格计算,从1978年的12.85亿元增加到1988年的461.06亿元,年平均增长43.05%。而同期全省农业总产值和城市工业(指乡以上不包括乡办工业)总产值年平均增长速度分别是15.71%和18.57%,1988年,乡镇企业总产值已占全省工农业总产值的43.66%,当时已开始有"半壁江山"之称。与此同时,乡镇企业的从业人员急剧增加,1988年达到540.31万人,比1978年的190.14万人增长184.16%,年平均增长11.01%。1985年乡镇企业从业人员约占全省农村劳动力中从事非农产业人员的82.41%。尽管1989年、1990年,浙江省乡镇企业从业人员数出现回落,农村非农产业人员随之下降,但其绝对量是有限的,也是暂时的。由此可见,全省乡镇企业在吸收农业剩余劳动力中作出了重要的贡献。现分析为下。

首先,乡镇企业的灵活就业体制,在一段时期内,是城市企业特别是国营企业所望尘莫及的。其表现在:

(1)乡镇企业的资本积累速度快于国营企业。年末资金总额(指年末固定资产净值与年末占用流动资金之和)全民所有制工业企业1978年(按1970年不变价计算)为58.52亿元,1988年(按1980年不变价计算)上升到367.37亿元,年均递增率为20.17%,而同期乡镇企业(村以上)的资金总额,从1978年的14.31亿元,上升到1988年的306.23亿元,十年时间增长了21.4倍,年均递增率高达35.84%。资本积累速度的加快,为劳动力转移的加速提供了必要条件。

(2)乡镇企业的技术选择比国营企业更趋向劳动密集型。这可从劳均资本上来反映。按1980年不变价计算，1988 年国营工业企业的劳均资本为 30840 元，乡镇企业为 5668 元，二者相差 5.4 倍，也就是说每 10000 元资本，乡镇企业要比国营工业企业多吸收 1.44 个劳动力，这说明乡镇企业更倾向于劳动密集型的技术选择，增大了劳动力转移的资本弹性，使等量资本积累可以创造更多的非农就业机会。

综合以上两点，一方面由于乡镇企业资本累积速度快于国营企业，另一方面，由于乡镇企业的技术选择更趋向于劳动密集型，比较符合浙江省资金短缺而劳动力过剩的资源和要素供求条件，因而很有利于提高劳动力转移的资本弹性。因此，乡镇企业不仅对农村剩余劳动力的迅速转移，而且对就业结构、经济结构偏差的纠正，都发挥了巨大的作用。

其次，乡镇企业由于其独特的地理位置，更符合农民安土重迁的心理，也更有利于农民利用季节性剩余劳动时间，其进入乡镇企业的成本较之背井离乡，到人生地不熟的城市去就业要低得多，因而无论从心理上还是从经济上看，都更易为农民所接受。

基于以上两方面的情况，我们认为：尽管今天有的同志对乡镇企业的评价褒贬不一，但乡镇企业在解决农业剩余劳动力问题中的作用是应该充分肯定而不可抹杀的。特别是对全省来说，它在这方面的作用更为显著。这是由于，全省农民有较高的广义文化素质（指文化环境意识、价值观念和生活习性等），也有较强的商品观念和致富欲望，一旦遇到了农村改革这样一种有利的机遇，这种长期被压抑的商品意识和致富冲动就特别强烈的呈现出来，致使乡镇企业得以早起步和早发展，使浙江省在全国形成了很大的先发性优势。由于它有较强的市场竞争力以及产业带动效应，从而促使更多的农业劳动力转向了非农产业，在 1978 年改革开放后短短的 4－5 年间，浙江乡镇企业的产品及劳务活动已遍及了全国的许多地方，充分说明了这一点。

## 二、乡镇企业在解决农业剩余劳动力中所面临的问题和挑战

乡镇企业目前的发展并不意味着已经完全解决了浙江省农业劳动力的转移问题。1990 年浙江耕地面积为 2585.30 万亩，按一个劳动力平均负担 4.5 亩计算，农业劳动力的需求量为 574.51 万人，而“四普”登记的农业户口的在业人口有 2066.9 万，除了已向非农产业转移的 760 万和从事林牧渔业的劳动者约 105 万以外，农村隐性的剩余劳动力约有 627 万，占农村劳动力总数的 30％左右，这说明大量的农业剩余劳动力还没有转移。浙江农业劳动力的高速转移，并没有彻底解决浙江人多地少的矛盾。因此，从这个意义上来说，农业劳动力转移还仅仅是个开端。

特别是 1985 年以后，全省的农业劳动力转移速度骤然减慢。1985 到 1988 年，农村劳动力中非农从业人员年递增率为 8.78％，大大低于 1978－1988 年 16.03％的年递增率，从 1988 年到 1990 年，农业就业比重出现了回升，而非农产业就业比重出现了下降的趋势。这主要是因为乡镇企业在吸收农业剩余劳动力中的优势正在减弱。1986 年亏损企业（村以上）为 11215 个，占村以上乡镇企业总数的 11.36％，亏损金额 17496 万元，占实现利润的 8.95％；1990 年亏损企业为 12095 个，占村以上乡镇企业总数的 14.17％，亏损金额 61632 万元，占实现利润的 31.16％。乡镇企业从业人员的年递增率也从 1978－1985 年的 13.64％下降到 1985－1988 年的 5.1％，1988 年以后职工人数甚至出现了下降，从 1988 年的 540.31 万下降到 1990 年的 495.49 万。可见，乡镇企业的不景气在很大程度上抑制了全省农业劳动力的转移。

我们知道，乡镇企业的迅速发展一方面是由于农村改革的推开和经济环境的相对宽松，另一方面则是相对于整个城市经济体制的僵化，使乡镇企业能够主要得益于两个方面：一是较城镇全民企

业更能注重市场导向，它的生存与发展取决于供销渠道的畅通，因而它对市场需求价格变动更加敏感，更能适应；二是劳动力的无限供给，劳动力价格的低廉，使得它比城市企业得天独厚。但是随着城市经济体制改革的推开，特别是1985年以后，农业生产的徘徊不前，工业经济的过热增长，以及随之而出现的通货膨胀，能源、原材料供应紧张，使政府不得不于1988年采取双紧（紧缩银根、紧缩信贷）政策。这对过于依赖信贷资金的浙江省乡镇企业的影响也就特别大，不仅抑制了乡镇企业的发展速度，甚至还使其职工人数在1988年之后出现了下降趋势，从而阻滞了农业劳动力的转移速度。现在，乡镇企业的发展及其在农业劳动力转移方面作用的发挥正面临着来自许多方面的挑战，甚至存在着危机：

第一，是规模效益问题。表现在(1)乡镇企业较多是分散生产，造成动力能源等供应紧张，发挥不出规模经济效益，(2)乡镇企业由于财力有限，它涉及的一切生产行业几乎都是以较小规模经营的。小规模经营在多数情况下不仅对于资源浪费严重，而且一旦市场出现波动，小企业就立刻会被挤垮，从而影响农业劳动力的转移。

第二，重复建设不仅导致对能源、原材料的过度竞争，而且还导致产品销售的低水平过度竞争。浙江是个资源匮乏的省区，人均资源拥有量综合指数，在全国大陆30个省、市、自治区中，居倒数第三位。而浙江的乡镇企业产业结构又是加工型的，对能源、原材料的依赖性很大。在这种情况下，如果乡镇企业发展速度越快，能源、原材料也就越紧张。为了缓和这一矛盾，乡镇企业的发展速度就要受到限制，也就必然影响到农业劳动力的转移。乡镇企业除了规模小外，技术水平一般也相当落后，但由于劳动成本低，其产品价格也低，低质产品销售的过度竞争，落后产品自然会被淘汰。因此，若不能及时改变产品结构和提高工艺水平，企业就要被迫倒闭，以致造成劳动力向农业回流。

第三，乡镇企业由于人员素质差，技术力量薄弱，缺乏竞争能力，不仅妨碍了目前产品质量的提高，而且妨碍了其未来的发展，妨碍其对农业劳动力的进一步吸纳。

第四，乡镇企业就业成本的上升，更是难以克服的吸纳劳动力资源的障碍。从固定资产原值看，1978年浙江省每一职工拥有额为582元，到1988年猛增到2483元，1991年增到4156元，增长了7倍多；从工资水平看，1978年平均每一乡镇企业从业人员工资为318元，1988年为1269元，到1990年增到1537元，增长了4.8倍。乡镇企业产品价格低廉，劳动力价格低廉的优势有所削弱。

## 三、乡镇企业在解决农业剩余劳动力方面的前景

乡镇企业由于其本身产业结构存在某些不合理，再加上前几年国家在宏观上一度采取紧缩政策，使它的发展速度放慢，在很大程度上抑制了农业剩余劳动力的转移速度。但是，如前所述，浙江省1990年还有约占全省农村劳动力总数的30%左右的隐性剩余劳动力，这就形成了一个尖税的矛盾。面对这一矛盾，是否可以说以乡镇企业为主来吸收农业剩余劳动力这条路走不通了呢？回答是否定的。

因为农业剩余劳动力靠城市来转移是有很大困难，甚至还要冒一定风险的。我国城市产业对劳动力的需求不同于发达国家经济起飞之时。建国以来，为了尽快建立民族工业体系，摆脱政治经济的不利地位，一直强调采用和直接引进先进技术。这不仅从数量上减少了对劳动力的需求，而且从素质上提高了对劳动力的要求，从量和质两个方面限制了对农村劳动力的吸纳。目前的城市企业更多半处于缺员和冗员并存的状态，缺的是技术人员和熟练技术工人，冗的是辅助人员和非熟练工人。如果绝大部分的农业剩余劳动力作为非熟练工人进入城市各经济领域，结果只会使缺者更缺，

冗者更冗。因此在短期内,如果主要靠开放城乡劳动力市场解决农村劳动力转移问题,是不可能的,勉强推行,则风险太大。因为从目前的城市体制来看,不仅没能使进入"过渡阶段"的农村劳动力升级,反而由于城乡关系的种种摩擦,还会把一部分初步转移的劳动力重新逼回农村。

这一特殊的社会历史情况,决定了浙江省乃至我国农村劳动力转移必须经过"农村工业化"这个过渡阶段的"洗礼"。至少在今后十年以至更长一些的时间中,乡镇企业还是仍需大力发展的,但其发展道路可能会有曲折,对此,应有充分的思想准备。因为浙江省的农业劳动力转移至今仍然停留在"离土不离乡"的 80 年代模式上,如果乡镇企业所面临的危机和挑战仍然得不到改善,那么一旦国家实行宏观紧缩政策,乡镇企业的发展速度就会减缓,甚至出现停滞状态;而当宏观政策放松,信贷放开时,又会较快发展。近几年,全省乡镇企业的发展就表现了这一特点。经过八十年代后期的紧缩,自 1990 年下半年以来,乡镇企业又开始出现了快速发展。1991 年乡镇企业总产值占工农业总产值的 46.19%,达到了历史最高点。乡镇企业的职工人数也出现了回升,这些数据似乎表明形势一派大好。但是在今后的经济发展中是否又会出现经济过热现象,是否又要不得不采取紧缩政策,而乡镇企业的发展是否又将面临着危机呢?有些经济学家已经指出,当前经济存在着过热的潜在威胁。这对农业劳动力的长期转移和现代化的发展是极为不利的,前景似乎不容乐观。因此,为了使浙江省的农业剩余劳动力能从超常规的转移发展到正常地持续地转移,在保证农业生产发展的同时,不仅要发展乡镇企业,更重要的是正确引导乡镇企业,合理调整乡镇企业的产业结构,走"农村城市化"的道路,以缩小城乡生活差距,缓解城市因具有过强的吸引力,吸引大批农村劳动力向城市集聚而增加就业压力和基础设施压力等,为城市生产创造较为宽松的发展环境,最终使城市成为吸收农业剩余劳动力的主要途径,并实现城乡经济的协调发展。浙江省七届人大五次会议的工作报告指出,乡镇企业是农村经济的重要支柱,也是国民经济的重要组成部分。要一如既往地加强对乡镇企业工作的领导,加强对乡镇企业的改组改造,使乡镇企业逐步由大发展转向大提高。最近召开的省委八届七次全会扩大会议更进一步指出:乡镇企业和其他经济成份比较活跃,县级经济发展比较快,这是我们的一大特色,也是全省经济发展的一大潜力。我们要采取鼓励政策,坚持以公有制经济为主体,实行全民、集体、个人和外资一起上,县、乡、村、户几个轮子一起转,使这一块经济发展得更快一些。为此:

首先,要注意调整乡镇企业的产业结构和产品结构,使其不仅不会在激烈的市场竞争中淘汰和萎缩,而且还能在国际国内的市场中都占有一定的份额,一旦遇到政策调整也不致于影响太大,以保证农业剩余劳动力的持续转移。它的内容应包括:

第一,乡镇政府投资的重点应从加工工业转向基础产业,以逐步缩小由于乡镇企业加工产业的过度膨胀而引起的结构断层。对基础产业的投资,可以围绕小城镇的建设来进行,包括城镇街道、公共设施、热电供应、文化教育、车站码头、邮电通讯等建设,同时要注意投资的规模效益,以解决乡镇企业因过于分散而出现的能源动力供应、生产服务及运输等一系列问题,以保证农业剩余劳动力的持续转移。

第二,通过专业化协作和兼并等,提高企业的组织规模。要鼓励乡镇企业的专业化协作。如企业之间的参股、合股等;支持和扶植为大企业配套和服务的零部件生产企业;在税收、信贷上给予优惠;并要适当限制"小而全"企业的发展。实行企业兼并不仅可以通过市场来进行企业之间的竞争,优胜劣汰,实行兼并,而且政府也要在实行企业兼并中对某些企业采取保护和引导的办法,既要鼓励兼并,又要防止兼并中的盲目、混乱倾向。努力发展增加市场有效供给的产品,名优产品,农副产品精深加工的产品,直接为农业生产服务、出口创汇,为大工业配套和服务的产品。政府还可通过某些政策，有意识地使一部分企业兼并掉另一部分企业，主动而坚决地把那些消耗大、质量差，与大工业争原料而又无发展前途的产品和企业调整下来。

其次，发挥乡镇企业的劳动密集和传统工艺生产的优势。

在今后相当长的一段时期内，乡镇企业一般还不宜过份强调采用高新技术。因为不论是从技术力量，还是从财力、物力上来看不行，而且从浙江省还存在大量农业剩余劳动力来看，乡镇企业也只有选择劳动密集型才能发挥自己的优势。乡镇企业从事传统工艺的生产也往往得天独厚。今后应加强这方面的开发研究，这不仅能丰富传统工艺产品，而且还能吸收更多的农业剩余劳动力。当然，乡镇企业也不应一律采用落后技术，因为乡镇企业处于商品经济环境中，技术落后就不可能生产高质量的产品，并会增加能源、原材料的消耗，就没有竞争力，就有被淘汰的危险。为了防止这种情况的产生，也需要不断提高企业职工的文化科技素质，加强企业的技术改造，因此，乡镇企业的技术选择不仅应为劳动密集型，而且应为技术适宜型。

以上分析说明，乡镇企业发展中出现的问题，大多可以通过调整产业结构、经营方式以及整个经济大环境的变化，继续发挥劳动密集型和传统工艺的优势而得以解决。如果搞得好，则乡镇企业在解决农业剩余劳动力转移中的作用也不至于时大时小。我们知道，全省的乡镇企业已有了一定的基础，具备了进一步稳定发展的条件，其进一步发展已是经济发展的必然趋势，只要我们积极引导，随着治理整顿的结束，整个经济大环境的放活，乡镇企业的生存空间也将大大放宽，从而使持续不断地吸收农业剩余劳动力跃上新台阶。正确解决乡镇企业发展中出现的问题，充分发挥乡镇企业的在吸纳农业剩余劳动力方面的作用，按照“农业现代化－农村工业化－农村城市化－城市化”的步骤分阶段地转移农业剩余劳动力，这应该是我们的基本思路。

（浙江省人口普查办公室　朱飞飞）

## 河南省探索合理调整农村产业结构的途径

河南是一个人口大省，又是一个农业大省，农村产业结构的调整，是深化改革、发展农村商品经济的首要问题，它直接关系到河南省农村剩余劳动力的转移，也是农村实现小康水平的关键。

现根据第四次人口普查资料，对河南农村人口的现状、年龄结构、文化结构、消费结构、地域结构、经济结构等方面作一初步分析，探索以农村人口为基点，调整农村产业结构的途径。

一、农村人口年龄结构表明：农村劳动力资源丰富，剩余劳动力大约有2000万人，必须从农业内部和外部调整农村产业结构，发展农村第二、三产业，拓宽农村剩余劳动力的就业门路，搞活农村商品经济。

人口年龄的构成状况，是人口再生产类型的重要标志，它将直接影响着产业结构的形成、调整和设计。目前，河南省农村人口年龄结构的现状及变化如下表：

河南省农村人口年龄结构的变化情况

| 年　　龄　　别 | 1982年分年龄段人口占总人口% | 1990年分年龄段人口占总人口% | 1990年比1982年±百分点 |
|---|---|---|---|
| 0—15岁 | 35.92 | 30.40 | −5.52 |
| 15—59岁 | 55.67 | 60.52 | +4.85 |
| 15—64岁 | 58.69 | 63.53 | +4.84 |
| 65岁及以上 | 5.39 | 6.07 | +0.68 |
| 年龄中位数(岁) | 20.97(岁) | 23.87(岁) | +2.90(岁) |

注:表中分年龄资料均使用"三普"和"四普"资料。

从河南省农村人口年龄结构变化情况看,两次普查间,0—14岁少年儿童比重呈下降趋势,这是人口控制的结果。但同时还应看到,劳动年龄人口比重、老年人口比重、年龄中位数呈上升趋势,比1982年分别上升了4.85、0.68个百分点,年龄中位数上升了2.9岁。

劳动年龄人口比重的上升,表明了河南省农村劳动力资源的丰富,但伴随而来的是农村剩余劳动力转移问题,从1982年和1990年两次人口普查推算农村人口年龄结构,八年来,河南省农村每年进入劳动年龄的人口有100万人左右,1965年至1973年是人口增长高峰期,农村新增人口已陆续进入劳动年龄,成为农村劳动力的后备军。由于农村劳动力在不断增加,而耕地面积却在不断减少,到1990年河南省农村劳动力平均负担耕地已从1953年的7.1亩减少到2.5亩,在有限的耕地面积上很难容纳过多的农业劳动力,必然要有一部分劳动力从农业中分离出来。

根据1953年和1964年两次普查时农业劳动力与耕地面积的比例估算,河南省现有农业剩余劳动力大约有2000万人,占农业劳动力总数的40%以上,农村中"淤积"着大量剩余劳动力,形成了人口与经济、耕地、就业的尖税矛盾,迫使农村产业结构尽快进行调整。

对农村产业结构进行调整,主要通过两个渠道进行,一是从农业内部进行调整,二是从农业外部进行调整。

从农业内部进行调整,就是挖掘农业内部的潜力,把农业剩余劳动力从种植业转移到林、牧、副、渔业上来。据1990年第四次人口普查资料表明,河南省农村种植业劳动力人口比重为99.73%,其它林、牧、副、渔业劳动力所占比重仅为0.27%。大量的劳动力被固定在种植业上,这种传统的农业生产格局必须打破,全面发展农村商品经济,宜林则林、宜牧则牧、宜渔则渔,使农、林、牧、副、渔五业并举,充分挖掘农业的内部潜力。据统计,全省还有可耕荒地265万亩,宜林荒山、荒地1024万亩,可利用的草坡、草地388万亩,可用于建设用地33万亩,可供养殖的水面88万亩,这些自然资源的开发和利用大约可容纳劳动力300多万人,把农业内部的种植业人口向非种植业转移,这是解决农业剩余劳动力、调整农村产业结构的最优出路。

从农业外部进行调整,就是充分利用农业大省的资源,剩余劳动力的优势,大力发展农村第二、三产业,拓宽农村劳动力的就业门路,增强农村的经济活力。

据有关资料统计,河南省农村第一产业劳动力比重为82.36%,第二产业为9.23%,第三产业为8.41%。这种以农业型为主的产业结构是远远不适应河南省农村人口年龄结构的。要变农村剩余劳动力的包袱为财富,就必须利用农业大省资源的优势,在经营好土地的同时,把一部分人力、物力、财力投向第二、三产业,围绕着农村产品增值上项目,对农副产品进行深加工,改变目前出售原料比重过大的落后局面,解决农副产品卖难问题,提高农业的整体效益。据有关方面报道,在去年全省新办的两万家乡村企业中,近半数是农副产品加工业,这无疑对调整河南省农村产业结构是个良好的开端。

二、农村人口文化结构表明:农村人口文化素质偏低,专业技术人员太少,形成人口素质与产业结构的矛盾。调整农村产业结构时,必须根据河南省农村人口文化结构特点,一方面大力发展劳动密集型产业,将不同文化素质的劳动力吸收就业,另一方面大力发展农村教育事业,提高农村人口的文化素质,从根本上解决科教兴农的难题。

第四次人口普查资料表明,全省农村具有大专文化程度的(含专科、研究生)11.8 万人:具有高中文化程度的(含中专)347 万人:具有初中文化程度的 1846 万人;具有小学文化程度的 2670 万人。从农村每万人拥有的各种文化程度看,大学文化程度的仅有 16 人;高中文化程度的仅有 479 人;初中文化程度的 2546 人;小学文化程度的 3683 人。和全国的平均水平相比,高中以上文化水平相差太大,尤其是大学文化程度的每万人相差 69 人,高中文化程度的每万人相差 153 人。

再从文盲、半文盲情况看,全省农村 15 岁及以上文盲、半文盲为 1281 万人,文盲率为 25.39%,占农村同龄人口的四分之一还强,尤其是 15 岁及以上的女性人口,文盲率高达 35.01%。

从农村劳动适龄人口分年龄文化程度看,39 岁以下高中以上文化程度的,占同年龄人口的比重在 5%到 16%之间,25 至 29 岁组,30 至 34 岁组高中以上文化程度的占同龄人口的比重最高,为 16%,其次是 20 至 24 岁组,比重为 7.76%,而 39 岁以上的年龄组,高中以上文化程度的比重随年龄的增长越来越低,仅在 1%至 3%之间,这种情况表明,河南省农村青年劳动力人口的文化程度稍高,而壮年及老年劳动力人口的文化水平太低,全省农村劳动年龄人口平均文化水平仅有 6.6 学年,刚刚达到小学毕业水平。

从农村各行业人口的职业分布看,各类专业技术人员人数太少,比重太低,全省农村中各类专业技术人员仅有 95 万人,占农村在业人口的比重仅为 2.25%。尤其是农、林、牧、渔业仅有各类专业技术人员 38996 人,占农业在业人口的比重仅为 0.1%,这对于科技兴农、科技兴豫、搞技术密集型产业是极为不利的。

随着产业结构的改革,传统的工业产业,即能够大量吸收劳动力的行业,将不能继续在经济生活中占主导地位,而高新技术的发展又需要有较高的科学文化素质的劳动力,这就形成了人口素质与产业结构的矛看,随着农业工业化和农村城市化的发展,文化素质偏低的农业劳动力很难找到适合的就业机会,而河南省农村剩余劳动力多,文化素质低,无疑给河南省农村产业结构的调整造成沉重的压力。

面对这个严重的局面,我们必须根据河南省农村劳动力资源丰富,资金短缺,技术相对落后,文化素质低的特点,正确处理劳动密集、资金密集和技术密集产业的结构关系。一方面在产业结构调整过程中,在一般劳动密集型和技术密集型产业结构的选择上,要根据河南省农村劳动力的素质条件,大力发展劳动密集型产业,在保证效率提高的前提下,尽可能多的将不同素质的劳动力吸收进就业队伍;另一方面必须大力发展农村教育事业,开办夜校,农民技术学校,有针对性的短期速成班,农民教育的内容要由学文化和学技术相结合,以适应农村改革,调整产业结构、发展商品经济的需要。同时要鼓励青年农民走自学成才的道路,组织文化素质高的青年劳动力及高考落第的农村青年进行科技实践,放手让他们在实践中增长才干,用自己的文化知识迎接农村产业结构改革的挑战。

三、农村的消费结构表明:农村的基本消费品需求正得到初步满足,消费热点开始向非基本消费品转移,农村的产业结构也要随着农村的消费结构的变化进行调整,大力发展农村商业、服务业、开发农村小城镇,使农村剩余劳动力逐步向非农产业转移。

据1990年统计资料表明，1990年农民人均生活消费品支出额由1985年的253元增加到362元，增长43.1%，其中食品、衣着、住房、用品及燃料支出分别增长了36%、45.1%、56.3%、80.6%和15.9%。农户的文化和生活服务性支出增加更快，由1985年人均7.4元上升到1990年的人均35元，增长幅度高达3.7倍。各类消费支出不同程度的增长，引起了农户消费序列的变化，这种变化反映出农民生活水准的上升趋势。1990年末，平均每百户农民已拥有电风扇27.83台、电视机26.86台，收录机11.69台，洗衣机4.02台，分别比1985年同期增长7.3倍、7倍、3.9倍和1.81倍。同时农民的精神文化生活日趋丰富，1990年农民人均用于文化娱乐方面的开支为23.3元，比1985年增长2.1倍之多，农民在着力改善物质生活的同时，也开始重视精神文化生活的改善。另外，农民消费的商品化程度也有所提高，1990年农民生活消费品支出中，67.9%来自市场购买，只有32.1%属于自给性消费，与1985年相比，农户的商品性消费比重上升39.4个百分点，自给性消费比重则相应下降，农户与市场的联系更趋紧密。

从1990年第四次人口普查河南农村各行业人口的职业分布看，农村中商业和服务性工业人员仅占在业人口的1.4%，这个比重是远远不能满足农村人口消费需求的。随着农民消费结构的变化，农村的商业、服务业网点应加快增多，迅速发展第三产业势在必行。

发展农村的商业、服务业首先应发展农村小集镇。小集镇是农村区域中的小型经济中心和社会活动中心，是农副产品的集散地，是联系城乡经济的桥梁，农民可以把农副产品拿到集镇上出售，同时买回自己所需的生活用品，也可以利用农闲在集镇务工、经商，既拓宽了就业门路，又发展了第三产业。对于交通不便的边远山区，要积极发展交通运输业，沟通城乡物资交流，还应发展各种修理业及服务业，繁荣农村经济，满足农民消费需求。

**四、农村的地域结构表明：农村人口的分布与农村的产业结构分布极不平衡，调整农村的产业结构必须坚持因地制宜，扬长避短最大限度的发挥农村的人力和资源优势。**

河南省农村地域广阔，人口众多，资源丰富，人口分布东密西疏。据1990年第四次人口普查资料统计，豫东地区和农村人口分布每平方公里为680人，而豫西地区每平方公里仅有245人。豫北地区交通便利，乡镇企业发展迅速，非农产业正不断发展壮大，而豫南地区资源丰富，二、三产业却发展缓慢，农村产业结构的调整急需起步。

从河南省农村人口的地域分布和资源分布情况分析，农村产业结构的调整应根据地域分布的特点，因地制宜、扬长避短，最大限度地发挥农村的人力资源优势。象大别山区、伏牛山区、太行山区、嵩山山脉等山区农村，应该发展山区矿产效益丰富的优势，大力发展采煤、冶炼、化工、机械、建材业；豫北地区交通便利、经济发达，乡镇企业有一定基础，应该大力发展乡办工业，率先调整农村产业结构，改变昔日农业占大头，第二、三产业微不足道的比例，创出一条农业改革的新路子；豫东地区和豫南地区土地辽阔，盛产粮、油、棉、麻、烟叶、畜牧兴旺，林业发达，要充分利用原材料优势，大搞农副产品深加工，搞好创汇农业，如搞一些食品加工业、酿造业、饲料业，争取尽快形成一批在全国有影响的农副产品深加工企业和拳头产品。

在调整农业外部结构的同时，也要注意根据地域资源分布，加快调整农业内部结构，靠山吃山，靠水吃水，发展养殖业、林果业、小水利、小水电、旅游业等等，增加种植业以外的农业经济收入，使农村经济迈上新台阶。

**五、农村的经济结构表明：农村人口的总量多少直接影响到农村人均经济水平的提高和小康水平的实现，照目前农村人口总量和经济水平的发展状况，本世纪末要在农村实现小康目标，任务相当艰巨。在对人口的宏观控制中，必须有效地控制农村人口的数量的增长，调整农村产业结构，大力**

发展非农产业，农村小康水平才可望实现。

实现农村小康水平的量化指标中，一项最重要的指标是农民人均纯收入，它和人口总量密切相关，所以在调整农村产业结构时，不仅要考虑农村预期达到的经济水平，也要考虑到农村预期达到的人口总量。

1990年第四次人口普查，河南省农村人口为7250万人，和1982年第三次人口普查的6365万人相比，8年间增加了885万人，增长13.9%，平均每年增加111万人，年平均增长速度为1.64%，相当于每年增加一个大县的人口，照此水平增长下去，到2000年河南省农村人口可达8531万人。

人口的过快增长，严重地影响了农民人均经济水平的迅速提高。1990年河南省农业总产值为502.01亿元，比1982年增加了350.95亿元，按可比价格计算增长了82.32%，而农村人均农业总产值由1982年237元增加到1990年的692元，按可比价格计算增长了60.07%，比农业总产值的增长幅度低22个百分点，农村新增农业总产值的27%被新增人口所抵销。

按照国家划分的农村小康水平的标准，到本世纪末，农村人均纯收入达1100元，在温饱的基础上发生质的变化。河南省1990年农民人均纯收入为482元，只有小康标准的43%，很明显差距还有一大半。如果按照河南省十年规划提出的九十年代农民人均纯收入年增7%计算，2000年农民人均纯收入可达1037元；如果以1991年河南省农民人均纯收入539元为基数，按照“七五”时期农民人均纯收入年均7.95%的速度增长，2000年农民人均纯收入可达1073元；依照河南省十年规划，2000年河南省人均国民生产总值、国民收入分别达到1753元、1392元，根据1978—1990年资料，分别利用人均国民生产总值和国民收入对农民家庭年人均收入进行回归分析预测，2000年农民人纯收入分别为846元和812元，以上推断和预测表明，河南省农民人均纯收入要想在2000年突破1100元，还有一定的距离，要缩短这个距离，加快农村实现小康水平的步伐，就必须调整好农村产业结构。

调整农村产业结构除继续提高农业生产的效益外，还必须从增加农村的非农产业的收入着手。1990年统计资料表明，农业生产收入正以5.4%的年递增稳步增长，要依靠农业生产收入提高农民的人均纯收入步子太小，而近年来非农产业收入则以平均每年18.9%的速度大幅度增加，并且在全部农业收入中所占比重已由1985年的13.7%上升到1990年的22.2%，非农产业已成为农村经济发展的重要支柱。如濮阳市区胡村乡地处濮阳市郊，1986年以来，境内先后建起了中原油田、中原已烯工程、中原化肥厂等10多家国家大、中型企业，共占用土地近5000亩，农民人均占有耕从1.7亩减少到1.1亩，农村劳动力大量剩余。在这种情况下，胡村乡政府把发展第三产业作为富乡、富村、富民的突破口，乡里组建了建筑集团公司，兴办了大型停车场，办起了6个集贸市场，20多个中型商场。许多农民发挥自已的一技之长，在工厂附近办起了商店、饭店、理发店、修理店等，服务网点遍布全乡。两年多来，全乡、村集体办的第三产业项目达810多个，农民个人办的第三产业项目达1500多个，初步形成了商业、建筑业、运输业、旅游业、房地产开发、修理、物资、服务业8大产业群体，从业人员占总劳动力的50%以上。去年全乡第三产业总收入占全乡经济总收入的68%，第三产业的蓬勃发展，促进了本乡经济的发展。

在发展非农产业的同时，还应严格控制农村人口的数量增长，使农村经济发展水平和农村人口增长相适应。

总之，在抓住机遇、发展农村商品经济的进程中，以农村人口为基点，调整农村产业结构是实现省政府提出“一高一低”战略目标的重要步骤，也是实现农村小康的必由之路。目前，河南省农村面临着人口年龄结构由年轻型人口向壮年型人口转变的高峰值阶段，在这个阶段，河南省农村商品经济与人口的发展将出现一系列矛盾，有农村剩余劳动力的转移问题，有农村人口文化素质与就业结构的问题，有农村人口消费水平、消费结构变化与生产力矛盾的问题，有农村人口总量发展与实现农村小康水平的矛盾问题，这些矛盾和问题都迫切需要有一个合理的产业结构去适应、去解决、去促使农村商品经济的发展。因此，我们在制定农村的经济发展计划时，必须以农村人口为基点，从农村人口状况和发展趋势出发，充分地考虑农村人口的各种构成，来调整和设计河南省农村产业结构的蓝图。

（河南省人口普查办公室　张曼苹）

# 海南省专业技术队伍的现状、问题及对策

资金、技术、人才是制约海南经济特区腾飞的三大要素。其中：专业技术人才的多少，其素质的高低及分布状况对我省特区经济建设和社会发展事业的影响程度尤为深刻。是推动我省社会经济发展的主要动力，现根据第四次人口普查资料，对海南省专业技术队伍的状况进行分析。

## 一、全省专业技术队伍的现状

（一）、增长情况

海南建省、创办经济特区以来，经过大力培养和积极引进了一大批各级各类专业技术人才，使全省专业技术人员增长较快。据 1990 年第四次全国人口普查，全省共有各类专业技术人员 195013 人，比 1982 年第三次人口普查时的 155712 人增加 39301 人，增长 25.20%，平均每年增加 4913 人；每万名在业劳动者中拥有专业技术人员比重由 1982 年第三次人口普查时的 556 人增加到 1990 年第四次人口普查时 585 人，增加 29 人，增长 5.2%；各类专业技术人员占全省总人口的比重由 1982 年第三次人口普查的 2.75%上升到 1990 年第四次人口普时的 2.97%。

（二）、全省专业技术人员的构成状况

城乡构成：全省各类专业技术人员中，市镇有 120200 人，占 61.64%；农村有 74813 人，占 38.36%。上述资料表明，我省各类专业技术人员在地域分布上主要集中在市、镇，广大农村则分布较少。

年龄构成：全省专业技术人员以中、青年居多，年龄构成较轻。第四次人口普查结果表明，全省各类专业技术人员中，年龄在 39 岁以下的有 130648 人，占 67.0%；年龄在 40－54 岁的有 53694 人，占 27.53%；年龄在 55 岁以上的有 10671 人，占 5.47%。从分性别的年龄结构来看，39 岁以下的男性占 59.83%，女性占 79.48%；40－54 岁，男性占 32.13%，女性占 19.53%；55 岁以上的男性占 8.04%，女性占 0.99%。上述资料表明，我省专业技术队伍在年龄构成上，主要集中在 39 岁以下。这既是优势又有着隐患。如果不加紧培养中、青年专业技术骨干（特别是女性技术干部）使其在专业技术工作中早日挑大梁，起主干作用，那么，下个世纪初当现有是主干的技术力量（一般在 50 岁左右）退休后，将可能出现人才青黄不接、新老交替出现断层的状况。

性别构成：全省专业技术人员中，男性 123905 人，占 63.54%；女性 71108 人，占 36.46%，从年

龄构成来看，男、女在年龄分布上差异较大。全省专业技术人员中，39 岁以下的男性占 56.74%，女性占 43.26%；40－50 岁的专业技术人员中，男性占 74.14%，女性占 25.86%；55 岁以上的专业人员中，男性占 93.4%，女性占 6.6%。

文化程度构成：全省各类专业技术人员中，具有大学专科以上学历的有 35294 人，占 18.1%；中专 54357 人，占 27.87%；高中 60227 人，占 30.88%；初中以下 45135 人，占 23.15%。和 1982 年第三次人口普查时相比，全省专业技术人员的文化程度有较大的提高和变化。具体表现为具有高文化层次的人员比重不断上升、具有较低文化层次的人员比重则有所下降。从三普到四普，全省专业技术人员中，具有大学专科以上的人员所占比重由 8.52%上升到 18.10%，增加 9.58 个百分点；具有中专、高中文化程度的人员比重由 56.4%上升到 58.75%，上升 2.35 个百分点；具有初中以下文化程度的人员比重由 35.08%下降到 23.15%，下降 11.93 个百分点。

各类专业技术人员的文化程度在职业分布上差异较大。按职业分，各种职业中具有大学专科以上的人员比重，科研人员占 70.84%；工程技术及农林技术人员占 33.03%；卫生技术人员占 13.97%；经济业务人员占 9.8%；法律工作人员占 41.12%；教学人员占 23.31%；文艺和体育工作者占 8.29%，文化工作者占 26.15%；宗教职业者占 7.4%；科技管理和辅助人员占 40.11%；飞机和船舶技术人员占 3.27%。上述资料表明，我省专业技术人员中，从事科研、法律工作及工程技术和农林技术的人员文化素质相对较高。而从事经济业务、飞机和船舶技术、文艺、体育、宗教职业者等文化程度相对较低。

职业构成：全省专业技术人员中，从事科研的有 643 人，占 0.24%；从事工程技术及农林技术的有 16220 人，占 8.32%；从事科技管理和辅助人员 182 人，占 0.09%；从事飞机和船舶技术人员 1621 人，占 0.83%；从事卫生技术人员 31718 人，占 16.26%；从事经济业务人员 65359 人，占 33.52%；从事法律工作的人员 2439 人，占 1.25%；从事教学人员 70620 人，占 36.21%；从事文艺、体育工作的人员 2630 人，占 1.35%；从事文化工作人员 3680 人，占 1.89%；从事宗教工作者 81 人，占 0.04%。上述资料表明，全省专业技术人员在职业分布上主要集中在经济业务、卫生技术和教学工作这三个职业，上述三个职业的专业技术人员有 167697 人，占全省各类专业技术人员总量的 85.99%。

行业构成：全省专业技术人员按行业分，从事第一产业的有 22256 人，占 11.4%；从事第二产业的有 15824 人，占 8.12%；从事第三产业的有 156933 人，占 80.47%。

## 二、存在的问题

(一)、专业技术人员分布过于集中

按职业来看，全省专业技术人员中主要集中在经济业务、卫生技术和教学工作这三个职业，有 167697 人，占全省专业技术人员总量的 85.99%。而从事科研以及工程技术和农林技术等生产第一线职业的专业技术人员只有 16865 人，仅占 8.65%。这种状况对加速发展我省工、农业生产不利。

按行业来看，全省专业技术人员主要集中在文教、体育、卫生和国家机关，有 123902 人，占 63.54%；而从事第一线产业的第一、第二产业的专业技术人员只有 38080 人，仅占 19.53%。上述状况，也不利于提高我省第一、第二产业的技术水平及改变我省经济基础落后的状态。

(二)、全省专业技术人员城乡分布不均

从城乡分布来看，我省各类专业技术人员中，城镇有 120200 人，占 61.64%；而广大农村只有

74813 人，仅占 38.36%。上述状况不利于在广大农村推广科学技术振兴农村经济。

(三)、妇女专业技术人员比重过低

全省专业技术人员中，妇女只有 71108 人，仅占 36.46%。在职业分布上，又主要集中在卫生技术，经济业务和教学工作这三个职业，共有 65820 人，占 92.56%。

(四)、各行各业中高精端的专业技术人员不多，专业技术人员素质不高

建省几年来，虽然大力培养和引进了一大批专业技术人才，但是，和建省、办经济特区的高要求还有较大的差距。目前，全省各类专业技术人员中，具有大学本科以上学历的只有 8934 人，仅占专业技术人员的 4.58%，而具有初中以下文化程度的专业技术人员尚有 45135 人，还占 23.15%；全省目前各行各业的专业技术人员中，在国内外知名的专家、学者和高级专业人才还不多。这种状况不仅影响到海南在国内外的知名度，而且也制约着海南特区社会经济的全面发展。

(五)、专业技术人员学非所用现象严重

据第四次人口普查，全省共有中专以上学历的人员有 185438 人，这些人在专业技术上均有一计之长。但真正从事专业技术工作的只有 89651 人，仅占 48.35%。有 95787 人从事非所用的工作，占 51.65%。

## 三、对　　策

(一)、调整专业技术人员分布结构、加强一线产业

要采取必要的措施，对现有专业技术人员进行必要的结构调整，应该保证科研以及工农业第一线生产对专业技术人员的需要。各级政府和有关主管部门应制订各种制度(包括保留城市户口、粮食关系；在专业技术职务评聘，分配住房，提职提薪等方面应对从事一线和基层工作的专业技术人员给予适当的照顾等)，鼓励专业技术人员向工农业及基层单位倾 斜。此外，在实际工作中，要纠正一些不利于鼓励专业技术人员到基层单位工作的政策，(如在提职提薪、分配住房等福利利益时，过分强调在本单位服务年限等等)。

(二)、制定科技人员奖励制度，把竞争机制引入科技队伍

要结合海南的实际，制定科技人员奖励制度，对有突出成果的科技人员要实行重奖，把竞争机制引入科技队伍。

(三)、要大力培养和引进各类专业技术人才

海南创办经济特区，对各类专业技术人才的需求是巨大的，现有专业技术人才仍远不能满足特区建设的需要。因此，培养和引进人才是解决我省专业技术人才不足的两条途径。培养专业技术人才既包括抓好我省现有各类高、中等学校的教学质量，源源不断地为特区输送各类专业技术人才，又包括对现有专业技术人员在业务技术上的再提高。要有计划、有组织地对我省现有专业技术人员特别是一些学历较低的专业技术人员进行岗位培训，提高其业务技术水平，适应特区生产、建设的需要。在培养的同时，我们要充分利用海南特区的优惠政策制定必要的措施，大力引进国内外一些知名的专家、学者以及高级专业技术人才和一批我省急需短缺的专业技术人才，为振兴我省特区经济服务。

(四)各级用人单位在使用和安置专业技术人员时，应充分发挥专业技术人员的专长，使其学以致用。

# 云南省不同民族妇女生育率的差异

第四次全国人口普查结果表明，1990 年 7 月 1 日，云南全省总人口为 3697.3 万人，其中少数民族人口为 1234.4 万人，占全省总人口的 33.4%，超过三分之一。

云南是一个被称为“多民族”的边疆、山区省份。“多民族”的概念又具有少数民族人口数量多、少数民族种类多、少数民族全省境内分布类型多三个方面的涵义。从云南省少数民族数量看，在全国 30 个省、自治区、直辖市中，仅次于广西壮族自治区居全国第二位，是全国少数民族人口超过 1000 万人的三个省区(广西、云南、贵州)之一，全省少数民族人口占全国少数民族总量的 13.53%，约七分之一。少数民族种类多反映在全国确认的 55 个少数民族，在云南进行过普查登记的就有 51 个。其中，人数在 4000 人以上，形成一定规模聚居的居族除汉族外，还有 25 个少数民族。这当中又有 15 个少数民族为云南独有。少数民族分布类型多表现在聚居、混居、散居等多种类型并存，同一民族在不同地区聚居与不同民族在某一地区混居及多种民族在某一地区散居相互交织，构成了复杂、多样的民族聚居特色。

由于不同民族历史传统、宗教信仰、婚姻习俗、经济文化发展水平，社会进步程度等方面的差异，影响着不同民族妇女生育观念和生育行为，使之形成目前状况下存在的生育方面的差异，而这种差异，又对全省及各地、各民族的人口和经济社会发展，产生着重要的影响。

## 一、不同民族妇女出生率、总和生育率的差异和 80 年代以来的变化

出生率和总和生育率，是反映妇女生育状况最直接和最基本的指标，以下分列出云南 26 个 4000 人以上民族两次人口普查获得的生育状况指标如下表一：

从全省情况看，1989 年人口出生率比 1981 年下降了 1.7 个千分点，下降幅度为 6.7%，而这种下降，是在育龄妇女人数不断增多，育龄人群在总人口的比重上升的情况下，即在抵御了强大生育高峰冲击的情况下获得的下降。由于受人口年龄构成的影响，单纯 从出生率的下降还不能完全反映我省妇女生育率的下降的实际，而用不受年龄构成影响的总和生育率指标来看，已从 1981 年的 3.8 下降至 2.6，八年来下降幅度为 32%，充分反映出 80 年代以来云南人口控制方面取得的明显效果。与全国平均水平相比，云南省妇女总和生育率下降的幅度明显高于全国。

**表一**　　云南省 26 个民族出生率、生育率

| 民族别 | 出生率(‰) | | 总和生育率 | | 民族别 | 出生率(‰) | | 总和生育率 | |
|---|---|---|---|---|---|---|---|---|---|
| | 1981 | 1989 | 1981 | 1989 | | 1981 | 1989 | 1981 | 1989 |
| 全国 | 20.9 | 21.0 | 2.6 | 2.3 | | | | | |
| 云南省 | 25.4 | 23.7 | 3.8 | 2.6 | 哈尼 | 36.6 | 29.0 | 5.6 | 3.4 |
| 少数民族 | 30.1 | 27.0 | 4.7 | 3.0 | 壮 | 33.1 | 27.1 | 5.3 | 3.4 |
| 汉 | 23.0 | 22.0 | 3.4 | 2.4 | 傣 | 27.1 | 28.0 | 3.4 | 2.7 |
| 彝 | 29.4 | 24.8 | 4.4 | 2.7 | 苗 | 44.1 | 29.5 | 7.3 | 3.6 |
| 白 | 21.8 | 25.7 | 3.2 | 2.8 | 傈僳 | 35.2 | 28.4 | 5.6 | 3.6 |

表一　　云南省 26 个民族出生率、生育率(续)

| 民族别 | 出生率(‰) 1981 | 出生率(‰) 1989 | 总和生育率 1981 | 总和生育率 1989 | 民族别 | 出生率(‰) 1981 | 出生率(‰) 1989 | 总和生育率 1981 | 总和生育率 1989 |
|---|---|---|---|---|---|---|---|---|---|
| 回 | 22.1 | 27.4 | 3.1 | 3.0 | 怒 | 39.1 | 32.5 | 6.4 | 4.2 |
| 拉祜 | 41.7 | 30.6 | 5.6 | 3.7 | 阿昌 | 27.3 | 33.4 | 4.7 | 3.7 |
| 佤 | 39.7 | 32.2 | 5.6 | 3.9 | 德昂 | 40.7 | 40.8 | 5.8 | 5.0 |
| 纳西 | 20.3 | 22.2 | 3.0 | 2.4 | 基诺 | 23.1 | 28.8 | 2.9 | 2.9 |
| 瑶 | 42.7 | 28.3 | 6.7 | 3.5 | 蒙古 | 18.1 | 25.1 | 2.6 | 2.3 |
| 藏 | 26.8 | 26.4 | 4.0 | 3.0 | 布依 | 29.1 | 28.5 | 5.3 | 3.3 |
| 景颇 | 35.4 | 33.3 | 4.9 | 4.2 | 独龙 | 42.5 | 33.8 | 6.1 | 5.3 |
| 布朗 | 40.9 | 32.4 | 6.4 | 4.2 | 水 | — | 29.0 | — | 3.8 |
| 普米 | 28.7 | 26.3 | 4.7 | 3.3 | 满 | — | 20.2 | — | 1.8 |

从云南少数民族出生率和总和生育率的下降幅度看，也都明显快于全省和汉族，这一方面反映了少数民族人口控制工作也和全省一样，取很大成效，同时也反映了在八十年代初期，云南少数民族妇女生育率还处于较高水平，即使在目前情况下，少数民族人口出生率和妇女总和生育率仍然高于汉族、高于全省、更高于全国平均水平。

从 1989 年不同民族的出生率水平看，低于全省水平的仅有满、汉和纳西三个民族，除汉族外，纳西和满族在全省仅有 27.3 万人，占少数民族人口的 2.2%，因此可以说，几乎整个少数民族人口出生率都高于全省平均水平。分不同类型看，出生率处于较高水平、超过 30‰的还有德昂、独龙、阿昌、景颇、布朗、佤、怒、拉祜 8 个少数民族，这 8 个少数民族都是人口相对较少的民族，合计为 103.1 万人，占全省少数民族人口总量的 8.4%，少数民族人口出生率处于次高水平，高于少数民族平均出生率 27‰。但低于 30‰的有苗、哈尼、水、基诺、布依、傈僳、瑶、傣、回、壮 10 个少数民族，这部分少数民族人口合计为 547.5 万人，占少数民族人口总量的 44.4%。出生率高于全省水平，但低于少数民族平均水平的有藏、普米、蒙古、白、彝 5 个少数民族，这 5 个少数民族人口合计为 554.6 万人，占少数民族人口总量的 44.4%。另有其他未识别民族 1.8 万人，占少数民族人口总量的 0.1%。目前尚未能单独观察他们的出生率水平。

从不同民族妇女总和生育率看，总和生育率的高低和出生率趋势大致相同，但从总和生育率的变化看，除基诺族总和生育率与 1981 年持平且一直较低外，可以说几乎每个民族妇女总和生育率都出现了不同程度的下降。而且在 80 年初期，总和生育率水平较高(5 以上)，下降幅度又较大的民族有苗、傈僳、哈尼、壮、瑶、布朗、怒、布依等 8 个民族。上述 8 个少数民族八年来总和生育率下降幅度均在 2 以上。1981 年总和生育率在 5 以上，下降接近 2 的有拉祜族和佤族，1981 年总和生育率在 5 以上，下降幅度不太大的有德昂、独龙两个民族。

云南省不同民族目前总和生育率差异依然很大，最高的独龙族、德昂族仍在 5 以上，最低的满族仅为 1.8，两者相差近 3 倍，总和生育率在 4——5 之间的有景颇、布朗、怒 3 个民族，总和生育率在 3——4 之间的有佤、水、拉祜、阿昌、苗、傈僳、瑶、哈尼、壮、布依、普米、回、藏 13 个民族。总和生育率相对较低，在 2——3 之间的有基诺、白、彝、傣、纳西、蒙古、汉 7 个民族。

从不同民族妇女总和生育率的差异看，一方面体现了在多民族聚居的云南省，由于各地和各民族间经济文化发展水平和社会进步程度等方面的不平衡，形成了妇女生育水平的巨大差异。另一方面也说明了云南少数民族从总体上看，生育率水平目前依然较高。对于少数民族生育率高的情况，笔者认为应该有以下几点共识。第一，并不是所有少数民族生育率都较高，而是一部分或者可以说是大部分。第二，正是由于云南少数民族种类多，从新中国诞生开始，少数民族从不同的社会形态（有原始社会末期形态、奴隶社会、封建领主制、封建地主制等）跨越了漫长的渡阶段，一并进入社会主义社会，同时各民族经济有了很大发展，生活水平日益提高，人口文化素质也取得了长足的进步，但整个民族的社会发展和进步过程，从速度上来说，并不是与经济发展同步的，不同民族在思想意识、社会文明程度、生育观念和生育行为等方面转变明显要慢于经济增长和生活水平的提高。第三，由于对边疆少数民族地区实施的计划生育政策有别于内地和汉族，即生育政策较内地和汉族宽松，形成了少数民族妇女生育率从总体上说高于汉族的实际，这应该是可以接受的，在作评价时应加以区别。当然，也有一些少数民族，目前多孩率依然较高，早婚早育也很普遍，这种情况所导致的生育率较高的因素应通过逐步深入的计划生育措施和严格执行婚姻法来加以杜绝。

## 二、不同民族妇女生育孩次的变化和差异

在过去的80年代，可以说是中国经济文化和社会发展取得重大成就的年代，也是人口控制工作取得显著成效的时期。在这一时期中，云南省不同民族妇女多孩率（指三孩以上生育人数占全年妇女生育人数的比重）均出现了较大幅度的下降，生育多孩数也比80年代初期减少了许多。第四次全国人口普查资料表明：1989年全省妇女多孩率已由1981年的49.4%下降至23.4%，生育多孩数也由1981年的40万人减少至19万人。其中五孩及以上生育数由1981年的18.1万人减少至4.5万人。多孩生育状况的变化是令人欣慰的。不同民族妇女生育孩次构成情况与1981年比较如下表二：

**表二** 不同民族妇女生育孩次构成及变化 单位：‰

| 民族别 | 1981年 | | | | 1989年 | | | |
|---|---|---|---|---|---|---|---|---|
| | 一孩率 | 二孩率 | 多孩率 | 其中：五孩及以上 | 一孩率 | 二孩率 | 多孩率 | 其中：五孩及以上 |
| 全国 | 47.3 | 25.6 | 27.1 | 7.6 | 49.6 | 31.2 | 19.2 | 2.7 |
| 云南省 | 28.3 | 22.2 | 49.5 | 22.3 | 43.8 | 32.8 | 23.4 | 5.5 |
| 汉 | 31.0 | 23.1 | 45.9 | 20.1 | 47.0 | 33.0 | 20.0 | 4.5 |
| 彝 | 24.6 | 21.5 | 53.9 | 25.0 | 42.4 | 35.3 | 22.3 | 4.9 |
| 白 | 28.9 | 26.5 | 44.6 | 15.2 | 43.8 | 35.2 | 21.0 | 3.8 |
| 哈尼 | 21.2 | 19.3 | 59.5 | 30.0 | 34.4 | 30.3 | 35.3 | 8.7 |
| 壮 | 33.1 | 20.6 | 46.3 | 29.3 | 37.5 | 32.1 | 30.4 | 6.8 |
| 傣 | 35.3 | 26.7 | 38.0 | 13.5 | 40.2 | 36.3 | 23.5 | 3.0 |
| 苗 | 16.2 | 15.2 | 68.6 | 40.4 | 35.1 | 29.5 | 35.4 | 10.9 |
| 傈僳 | 24.6 | 21.5 | 53.9 | 30.7 | 32.7 | 27.8 | 39.5 | 13.2 |
| 回 | 32.0 | 22.3 | 45.7 | 20.8 | 42.8 | 30.0 | 27.2 | 9.0 |
| 拉祜 | 24.3 | 19.0 | 56.7 | 29.6 | 29.7 | 26.6 | 43.7 | 11.8 |
| 佤 | 22.6 | 17.8 | 59.6 | 33.1 | 27.5 | 24.9 | 47.6 | 14.3 |
| 纳西 | 35.7 | 29.9 | 34.4 | 12.4 | 44.4 | 39.3 | 16.3 | 1.7 |
| 瑶 | 17.4 | 17.7 | 64.9 | 35.5 | 33.5 | 30.3 | 36.2 | 11.0 |

表二　　不同民族妇女生育孩次构成及变化(续)　　单位:‰

| 民族别 | 1981年 | | | | 1989年 | | | |
|---|---|---|---|---|---|---|---|---|
| | 一孩率 | 二孩率 | 多孩率 | 其中:五孩及以上 | 一孩率 | 二孩率 | 多孩率 | 其中:五孩及以上 |
| 藏 | 31.1 | 27.0 | 41.9 | 13.4 | 35.8 | 31.9 | 32.3 | 4.5 |
| 景颇 | 24.3 | 18.0 | 57.7 | 31.3 | 27.9 | 25.4 | 46.7 | 16.9 |
| 布朗 | 22.0 | 16.4 | 61.6 | 34.8 | 27.4 | 23.4 | 49.2 | 19.8 |
| 普米 | 20.6 | 19.8 | 59.6 | 26.1 | 32.7 | 30.0 | 37.3 | 10.0 |
| 怒 | 18.9 | 16.2 | 64.9 | 34.2 | 24.9 | 24.7 | 50.4 | 17.3 |
| 阿昌 | 25.1 | 19.1 | 55.8 | 32.9 | 31.2 | 26.7 | 42.1 | 11.8 |
| 德昂 | 20.7 | 22.1 | 57.2 | 30.2 | 24.7 | 26.2 | 49.1 | 14.8 |
| 基诺 | 38.1 | 24.6 | 37.3 | 11.9 | 34.9 | 34.3 | 30.8 | 5.9 |
| 蒙古 | 34.9 | 34.9 | 30.2 | 5.5 | 61.7 | 31.6 | 6.7 | 1.2 |
| 布依 | 23.1 | 21.5 | 55.4 | 30.3 | 37.8 | 34.4 | 27.8 | 6.7 |
| 独龙 | 19.7 | 12.0 | 68.3 | 32.2 | 24.2 | 18.4 | 57.4 | 25.6 |
| 水 | — | — | — | — | 35.0 | 29.4 | 35.6 | 11.7 |
| 满 | — | — | — | — | 75.2 | 17.1 | 7.7 | 1.9 |

从不同民族1989年多孩率看,低于全省水平的有蒙古、满、纳西、汉、白、彝6个民族,目前仍然较高(超过40%)的有独龙、怒、德昂、布朗、佤、景颇、拉祜、阿昌8个民族,其余12个民族多孩率虽然低于40%,但仍就高于全省平均水平。

与1981年数据比较,全省多孩率下降幅度较大的有苗、彝、瑶、布依、哈尼、白、普米7个民族。这7个民族在1981年多孩率在全省均处于较高水平,由于多孩率下降均超过22个百分点以上,到1989年,上述7个民族多孩率在全省有的处于中等水平,有的虽然还相对较高,但比之八十年代初期,多孩率在全省不同民族由高到低排列的位次中,已后移了许多。

虽然全省26个民族多孩率均出现了不同程度的下降,同时带来了全省多孩率的较大幅度下降。但不同民族多孩率的差异目前仍就是很大的,地区间、民族间发展具有显著的不平衡性。有的民族,如满、蒙古、纳西等民族,多孩率已低于全国平均水平;白族、汉族多孩率已接近全国平均水平;但也有许多民族,多孩生育仍占较大比重,个别民族甚至目前还超过50%。较高的多孩生育使出生人口大量增加,导致一些本来就贫困的地区由于人口高增长的压力更加剧了贫困程度,巨大的人口压力使得这些民族地区自然资源过度开发,造成了对生态环境的破坏,进而使人们的生存条件恶化,极大的制约了经济的发展,同时影响到人口文化素质和生活水平的提高并造成就业、就学等方面的困难。我们可以准确地测算出:按妇女现有生育水平全省只要能杜绝五孩以上生育,每年将少出生4.5万人,出生率也将比目前降低1.3个千分点。这也使我们清楚地看到,就云南全省和许多民族看,降低多孩生育、减少出生人口的潜力还是很大的。同时,任务也是十分艰巨的。

## 三、不同民族妇女生育模式的转变及其特点

生育模式是指妇女生育行为的具体表现方式,通常把分年龄的生育率分布状况叫做生育模式。八十年代以来,云南省妇女生育模式发生了较大程度的转变,其特点是:峰值年龄组生育率下降,多孩生育减少,且生育年龄相对集中在20—29岁年龄段,但生育模式的转变中同时表现出早婚生育

率上升的特点。各少数民族妇女生育模式在这一时期内，同全省一样，无疑也都发生了不同程度的转变，从不同少数民族妇女年龄别生育率可以看出转变的程度和特点（见表三）。

**表三** 注①云南省26个民族1989年年龄别生育率和一般生育率 单位：‰

| 民族别 | 年龄组生育率 | | | | | | | 一般生育率（‰） |
|---|---|---|---|---|---|---|---|---|
| | 15—19 | 20—24 | 25—29 | 30—34 | 35—39 | 40—44 | 45—49 | |
| 全省 | 31.6 | 234.2 | 168.1 | 54.1 | 22.6 | 9.5 | 2.3 | 93.8 |
| 汉 | 8.7 | 187.4 | 194.9 | 58.8 | 22.19 | 9.2 | 2.6 | 82.8 |
| 蒙古 | 5.8 | 175.8 | 197.7 | 35.0 | 11.6 | — | — | 79.2 |
| 回 | 10.0 | 181.4 | 229.3 | 91.0 | 43.2 | 21.6 | 8.3 | 95.7 |
| 藏 | 28.3 | 219.4 | 223.6 | 86.4 | 22.5 | 12.2 | 2.6 | 98.8 |
| 苗 | 38.9 | 257.2 | 218.4 | 105.3 | 60.9 | 30.8 | 9.1 | 122.2 |
| 彝 | 19.2 | 221.1 | 194.4 | 60.6 | 25.0 | 10.5 | 2.1 | 93.4 |
| 壮 | 11.5 | 185.5 | 261.0 | 129.6 | 61.8 | 22.2 | 5.3 | 103.5 |
| 布依 | 6.3 | 162.4 | 293.7 | 108.3 | 64.6 | 20.1 | 8.2 | 104.8 |
| 满 | — | 88.6 | 195.8 | 60.7 | 11.2 | 6.6 | — | 57.4 |
| 瑶 | 26.7 | 244.9 | 219.4 | 104.7 | 56.5 | 27.8 | 8.7 | 113.5 |
| 白 | 11.1 | 200.5 | 235.2 | 63.8 | 23.7 | 9.4 | 1.8 | 92.5 |
| 哈尼 | 36.9 | 267.5 | 213.0 | 88.8 | 43.9 | 18.9 | 3.9 | 116.4 |
| 傣 | 37.1 | 231.5 | 169.4 | 61.7 | 19.2 | 5.9 | 1.7 | 99.6 |
| 傈僳 | 39.2 | 251.5 | 209.9 | 109.3 | 59.6 | 36.9 | 10.8 | 118.1 |
| 佤 | 36.3 | 262.9 | 253.6 | 134.0 | 59.5 | 23.8 | 9.8 | 127.7 |
| 拉祜 | 53.9 | 266.6 | 220.0 | 103.6 | 53.2 | 27.4 | 9.6 | 125.7 |
| 水 | 2.1 | 198.8 | 296.7 | 115.0 | 85.9 | 38.7 | 14.6 | 109.3 |
| 纳西 | 10.4 | 177.0 | 192.2 | 65.0 | 22.0 | 4.6 | 0.8 | 79.6 |
| 景颇 | 28.3 | 232.6 | 266.6 | 177.4 | 86.6 | 43.1 | 7.1 | 131.1 |
| 布朗 | 24.7 | 228.9 | 262.6 | 157.3 | 102.5 | 49.1 | 12.6 | 130.4 |
| 阿昌 | 15.5 | 190.2 | 286.0 | 159.2 | 69.0 | 21.8 | — | 122.1 |
| 普米 | 10.4 | 187.3 | 263.3 | 116.0 | 47.2 | 30.1 | 5.2 | 101.9 |
| 怒 | 16.7 | 236.7 | 267.9 | 146.7 | 99.3 | 41.3 | 22.6 | 128.4 |
| 德昂 | 47.1 | 302.7 | 296.4 | 209.2 | 71.2 | 55.7 | 9.2 | 167.8 |
| 独龙 | 12.4 | 242.6 | 298.6 | 197.7 | 169.4 | 94.9 | 28.8 | 157.0 |
| 基诺 | 55.2 | 248.8 | 169.4 | 73.9 | 13.2 | 11.7 | 6.7 | 105.2 |

从分年龄组的育龄妇女生育率可以看出，不同民族妇女生育模式有其自身的特点和相似的类型，就全省26个民族看，归纳起来，大致有以下五种类型：

①早婚早育和多孩生育均得到有效控制，妇女生育年龄高度集中晚育特征明显，即人口控制效果较好的"晚、稀、少"生育模式。符合这种模式特点的有蒙古、满、纳西、汉、白5个民族。其特点是：15—19岁年龄组妇女生育率（反映早婚生育特征指标）均在11‰以下，35—39岁年龄组生育率（反映多孩生育的典型指标）也均在24‰以下，峰值生育年龄组在25—29岁组（可在一定程度上反映晚育，但在多孩生育突出时，峰值生育年龄组也会后移）一般生育率均100‰以下。

②早婚早育占一定比重，但生育年龄相对集中，多孩生育得到一定程度控制的生育模式。符合这种模式特点的有傣、基诺、藏、彝4个民族。其特点是：15—19岁年龄组生育率在21—55‰之间，

峰值生育年龄组提前至 20－24 岁，但 35－39 岁年龄组生育率均在 25‰以下，一般生育率除基诺族略高于 100‰外，其余也均在 100‰以下。反映了以上几个民族妇女结婚、生育开始得都较早，但多孩控制还是有成效的。

③一般生育率处于全省各民族中等水平，早婚早育得到有效控制，但多胎生育仍占一定比重的模式，符合这种模式特点的有水、普米、布依、回、壮 5 个民族，其特点是：15－19 岁妇女生育率均在 12‰以下，生育峰值年龄组均在 25－29 岁年龄值，但 35－39 岁年龄组妇女生育率均在 43－70‰之间，一般生育率在 96－109‰之间。反映了以上几个民族结婚生育相对较晚，但多孩生育仍占一定比重。

④早婚早育突出，但生育龄相对集中、多胎生育仍占一定比重，生育率在全省属于次高水平的生育模式，符合这类模式的有佤、拉祜、傈僳、瑶、苗、哈尼 6 个民族。其特点为：15－19 岁妇女生育率均在 27－54‰之间，早育突出，峰值生育年龄提前至 20－24 岁年龄组，但 35－39 岁妇女生育率也均在 44－60‰之间，一般生育率在 113－127‰之间。

⑤早婚早育占一定比重，且生育期较长、多胎生育较为普遍、生育率在各民族中为最高的“半自然”状态生育模式。符合这种模式的有独龙、德昂、景颇、布朗、怒、阿昌 6 个民族。其特点为：15－19 岁妇女生育率均在 17－47‰之间，峰值生育年龄在 25－29 岁组，但 35－39 岁年龄组生育率均高达 70‰以上，最高的德昂族达 169‰，一般生育率除阿昌、怒为 122‰、128‰以外，其余民族均在 130‰以上，反映了多孩生育普遍，生育率较高的情况。

上述归纳的五种类型的生育模式，反映了云南不同民族妇女生育模式类型的明显差异，而这种差异与早婚、多孩等问题相互交织。在不同民族中，有早婚和多孩控制都较好的“晚、稀、少”生育模式；有早婚早育突出，但多孩生育得到一定程度控制，即生育开始得早，结果也早的模式和与之相反的早婚早育得到一定程度控制而多孩生育占一定比重的模式；也有生育期长、多胎率较高的模式等等。多种不同类型的生育模式影响着不同民族妇女的生育行为。这就是云南不同民族生育状况具有“多类型”特点的具体表现。

与 80 年代初期相比，各少数民族妇女生育模式无疑都发生了很大转变。1981 年育龄妇女一般生育率在 150‰以上的有十个民族，最高的达 197‰，而 1989 年只有两个民族，最高为 168‰。1981 年 35－39 岁年龄组妇女生育率（在这个年龄组生育中，有 95％以上是三孩或三孩以上生育）有 5 个民族高达 200‰以上，表明了多孩生育非常严重．而 1989 年仅有两个民族在这一年龄组生育率超过 100‰，最高为 169‰。充分说明了各民族妇女生育模式向晚育、少育方面的转变是明显的，标志着他们各自的生育观念和生育行为也都在向着更高的文明程度迈进。

## 四、提高各民族人口的文化素质，降低生育率和多孩率的重要途径

在影响生育率的各种社会因素中，文化程度尤为重要。当然，文化的提高、教育的发展并不是孤立的，它与经济发展有其内在的密切联系。教育发展需要一定的经济实力，只有经济不断增长，才能给教育提供和增加投资。另一方面，教育的发展又为经济发展提供先进的科学技术，并输送具有较高文化素质的劳动者，以促进经济的更大发展。

当今世界生育研究表明：人口的低增长与较高文化构成有密切联系，父母所受教育程度越高，其生育的子女数也越少，这种情况在我国和我省各民族中表现也很明显。具有一定文化水平，特别是文化素质较高的民族，易于接受新的思想和生活方式，改变旧的传统生育观念，减少生育子女数。

以云南省26个民族妇女的文盲率分别对总和生育率和多孩率作相关分析，所得相关系数分别为0.74和0.67，均属显著相关，再用各个民族妇女受教育程度(折合为受教育年限)与本民族多孩率作相关分析，相关系数各民族顺0.8以上，属高度相关。因此可以结论，无论是单独一个民族，或是一个民族群体，乃至一个地区、一个省区，人口的文化素质与妇女生育率、多孩率的相关关系是十分明显的。群体越小，越单一，相关程度也就越高。从人口控制的角度看，可以说提高各民族人口的文化素质是降低出生率、多孩率的一条重要途径。当然，目前文化基础还较薄弱的一些少数民族地区，要使人口文化素质有较大的提高，还需要经过长时期的努力，而我们决不能够等到文化素质提高后来获得生育率的自然下降。而要在努力加速边疆少数民族地区经济文化发展的同时，根据不同地区和不同民族的情况，实施计划生育的各项措施，努力控制人口增长。

需要指出的是：虽然妇女文化素质与生育率、多孩率关系明显，但这并不是唯一的关系。从客观上看，各民族妇女的生育率，可以说还受到本民族的历史传统、宗教信仰、婚姻习俗等困素的影响。从微观看，具体到某一妇女的生育行为，同时还受到家庭成员，主要是丈夫和上一代人生育观念的影响，特别是文化素质不高的妇女，家庭成员的生育观念对她们的影响就更为明显。因此，我们要提出并大力宣传计划生育丈夫有责、家庭有责，要在全社会普遍宣传人口控制工作的重大意义，使每一个家庭成年人口都来承担计划生育的责任，共同完成人口计划，这对于各民族和全社会的发展都将是十分有益的。

## 五、结　　论

(1)云南省不同民族妇女生育状况自80年代以来发生了很大变化，各民族都不同程度地表现了出生率，总和生育率下降和多孩生育明显减少的趋势。

(2)不同民族妇女的生育水平目前仍具有明显的差异，但这种差异程度与80年代初期相比正在不断缩小。目前虽有像蒙古、满、纳西等几个少数民族妇女生育水平低于全省；白、傣、彝等几个少数民族妇女生育水平与全省持平外，大多数少数民族妇女生育水平仍旧高于全省平均水平，同时导致了全省少数民族从总体上看生育水平高于全省和汉族。

(3)造成大部分少数民族妇女生育率高的主要原因是早婚早育和多孩生育。尽管这当中有少部分地区和民族所生育的第三孩是政策允许的，但大部份三孩和更高孩次的生育明显是超计划生育的。这是今后对少数民族实施计划生育和控制人口的重点所在。

(4)各少数民族妇女生育模式自80年代以来都发生了转变，相对全省水平来说，蒙古、满、纳西、白、彝、傣几个少数民族已转变成为较稳定的低生育模式，而大部份少数民族则仍处于人口控制程度较低的“半自然状态生育模式”。要使这些民族妇女实现向稳定的低生育模式的根本性转变，还需要一个较长时期，同时需要计划生育工作者继续做大量艰苦细致的工作以及经济文化水平的提高等外部条件的改善来促进。

(5)提高各少数民族的文化素质无疑是降低妇女生育率和多孩率的一条重要途径，但同时要提出并大力宣传计划生育丈夫有责、家庭有责的口号和观点，要在全社会中广泛宣传人口控制工作在我国和我省的紧迫性、长期性和特殊意义，使全体人民都来关心和支持这项工作。

(6)部份少数民族由于人口增长过快，使本地区的经济发展和人口文化素质的提高受到一定程度的影响，同时使这些地区人均占有粮食和各种生产资料、消费资料下降。我们要深刻认识对少数民族实行人口控制的长远意义。这项意义在于：对少数民族实施计划生育和人口控制措施，不仅是党的民族政策的有机组成部份，也是和各少数民族的根本利益相一致的，同时是繁荣少数民族地区经济和文化的一项根本性措施。只有将少数民族人口控制问题同全省的人口控制问题结合起来，根据不同的地区、不同民族、不同的经济社会发展水平，制定并稳定相应的计划生育政策，实行分类指导，继续贯彻实施全省《计划生育条例》，各部门通力协作，抓好计划生育工作，才能保证到本世纪末全省人口控制目标的实现，才能使云南的人口与经济协调发展，实现经济腾飞，实现富民兴滇的宏伟战略目标。

资料来源：文中所用资料均系1990年和1982年人口普查100%机器汇总资料。

注释：①计算1989年年龄别生育率时妇女年龄均直接采用表中甲栏1990年人口普查直接登记的妇女年龄。若以真实的1989年妇女年龄构成相比，各年龄组影响程度不到1%。

（云南省人口普查办公室执笔　张建华）

# 青海省劳动年龄人口状况

辽阔的地域、富饶的资源是青海经济建设得天独厚的条件。解放40多年来，在党中央和国务院的领导和关怀下，青海在经济发展和社会进步方面取得了辉煌成就。青海人民为取得这一辉煌成就发挥了决定性的作用。第四次人口普查为我们全面了解青海人口的发展状况提供了新的依据。本文仅对青海省劳动年龄人口作一简要描述。

## 一、青海劳动年龄人口的基本状况

目前我国规定，劳动年龄人口是指16周岁至男性59岁、女性54周岁之间的人口。低于这个年龄下限和超过这个年龄上限的不再列入劳动年龄人口的范围。

（一）劳动年龄人口的数量及其变化

根据第四次人口普查，1990年7月1日青海省的劳动年龄人口已经达到268.6万人。解放后，青海省的社会经济发生了巨大的变化，随着总人口的迅速发展，全省劳动年龄人口的增长速度非常快。1953年第一次人口普查时，青海省的劳动年龄人口仅为87.9万人，1964年第二次人口普查时，劳动年龄人口达到116.8万人，11年时间增加28.9万人，增长32.9%，年平均增长速度2.6%；1982年进行了第三次人口普查，全省劳动年龄人口为119.2万人，比1964年增加82.4万人，年平均增长速度为3.01%。从1982年第三次人口普查到1990年第四次人口普查，八年时间劳动年龄人口增加69.4万人，增长34.8%，每年平均增长3.8%。

（二）青海劳动年龄人口的特点

1、数量变化特点

青海省劳动年龄人口的数量变化特点主要有二：一是劳动年龄人口的数量与总人口的数量同时增长。1953年到1990年，除了1982年外，其增长速度都超过了总人口的增长速度（见表一）。二是青海劳动年龄人口占总人口的比重除1982年外，都是逐年上升的。但劳动年龄人口占总人口的比重不高。与全国平均水平(66.7%)相比,低6.4个百分点。

表一

青海劳动年龄人口的数量变化

| 年份 | 总人口(人) | 劳动年龄人口(人) | 劳动年龄人口占总人口的(%) | 总人口的环比增长速度(%) | 劳动年龄人口的环比增长速度(%) |
|---|---|---|---|---|---|
| 1953 | 1676534 | 878917 | 52.4 | — | — |
| 1964 | 2145604 | 1167718 | 54.4 | 2.27 | 2.62 |
| 1982 | 3895695 | 1991884 | 51.1 | 3.37 | 3.01 |
| 1990 | 4456952 | 2685979 | 60.3 | 1.70 | 3.81 |

2、性别构成特点

劳动年龄人口的性别比高。1990年人口普查全省总人口性别比为107.6,而劳动年龄人口性别比为116.7,后者比前者高9.1。其原因除了在计算劳动年龄人口时女性比男性少算了5个单岁年龄组的人口外,迁移仍是一个重要因素。人口普查的时点时间是7月1日,7月正是青海的生产、建设黄金时期,外省流入人口不仅多,而且多系男性。

3、年龄构成特点

劳动年龄人口的年龄构成轻。49岁以下的中青年占到90.2%,50岁以上的只占2.8%。(见表二)

表二

1990年青海省劳动年龄人口年龄构成

| | 合计 | 男 | 女 |
|---|---|---|---|
| 总计 | 100.0 | 100.0 | 100.0 |
| 16—29 | 54.6 | 53.6 | 55.8 |
| 30—49 | 35.6 | 34.1 | 37.2 |
| 50—54 | 7.0 | 6.9 | 7.0 |
| 55—59 | 2.8 | 5.4 | — |

青海劳动年龄人口年龄构成轻,说明青海的劳动力资源十分丰富,它将对青海的开发,促进青海的国民经济发展起重要作用;青海省的劳动年龄人口年龄构成轻,劳动力资源丰富,从另外一个方面又要提醒我们要特别重视广开门路,为他们创造更多的就业条件。

4、城乡分布特点

在1964年第二次人口普查时,青海的农村牧区还集中着全省劳动力资源的绝大部分,当时市镇劳动力只占全省劳动力资源的14.4%,到1982年进行第三年次人口普查时,农村牧区劳动力所占比重已由1964年的85.6%下降到75.6%,城镇的劳动力相应由1964年的14.4%上升为24.4%。在此之后,随着城乡经济体制改革和对外开放,青海的劳动力资源的城乡构成进一步发生变化,第一产业的劳动力向第二、第三产业转移的速度加快,农村牧区劳动力所占比重进一步由1982年的75.6%下降为60.7%,城镇劳动力由1982年的24.4%上升为39.3%。这种变化速度是相当快的。

5、劳动年龄人口的地区分布特点

由于受地貌类型、自然条件、资源和生产力水平的影响,青海省劳动力资源的地区分布极不平衡。劳动力资源主要集中在东部地区,占全省土地面积97.2%的六个自治州,劳动力资源不足全省劳动力的40%。

6、劳动年龄人口的民族构成特点

在全省劳动年龄人口中，汉族占62.5%，少数民族占37.5%，与1982年三普时相比，汉族下降了1.8个百分点，少数民族上升了1.8个百分点。

## 二、劳动年龄人口的就业状况

就业人口也称在业人口，是指劳动力资源中从事一定的社会劳动或经营活动，并取得劳动报酬或经营收入的那一部分人口。我国第四次人口普查，对人口就业状况的登记与汇总是从15周岁开始的，年龄上限也没有限制。因此，本文所讲的就业人口，既包括劳动年龄以内的就业人口，也包括劳动年龄界线以外的就业人口。

(一)劳动力的就业程度

青海劳动年龄人口占总人口的比重虽然不高，但劳动力的就业程度并不低。1990年7月1日，青海省的就业人口为241.3万人。15岁以上人口就业率(就业人口与15岁以上人口之比)为78.2%，接近全国79.1%的平均水平。说明青海绝大多数劳动力都参加了社会生产活动。

(二)在业人口的性别、年龄构成

青海省在业人口的性别构成是男高女低，男性占55.5%，女性占44.5%，性别比为124.5，比全国平均水平(122.3)高2.2个百分点。这种性别比偏高的现象在各年龄组都是一致的，总的特点是年龄组越高，性别比越高。如15—19岁组的性别比为112.3，30—34岁组为122，45—49岁组为130.6，60—64岁组为194.7，65岁以上组272.3。青海省在业人口性别比高，表明全省妇女劳动力资源还有很大潜力，有待于重视对这批劳动力的开发使用。

青海省在业人口的年龄中位数为29.4岁，比1982年低1.6岁，34岁以下的年轻人占62.6%，其中29岁以下的占在业人口的半数以上，50岁以上的仅占11.6%，属于典型的年轻型结构。这种年龄构成一方面反映了青海在业人口队伍身强力壮，另一方面也反映了这支队伍中有相当数量的青年，尤其是15—19岁的青年(大约35万多人)，他们放弃了学习文化知识的最佳时机而步入劳动岗位，如果有更多的青年能够继续在校接受正规教育，无疑将大大有益于提高全省劳动人口的文化素质。

(三)在业人口的行业构成

在业人口的行业构成也称部门构成，它是说明在业人口在国民经济各部门中的分配比例，是反映国民经济结构的重要指标。

1、各行业人口的比重

青海省在业人口的68.9%分布在农林牧渔水利业，工业占11%，建设业占3.7%，交通运输和邮电通讯业占2.6%，商业、公共饮食、物资供销和仓储业占3.7%，教育、文化艺术和广播电视事业占3.5%，国家机关、政党机关和社会团体占3.3%，其余6个行业所占比重都不大。

与1982年相比，农林牧渔水利业的在业人口所占比重下降幅度最大，下降1.9个百点。在业人口所占比重上升幅度最大的是商业、公共饮食业、物资供销和仓储业，上升1.1个百分点。升幅度比较大的还有：国家机关、政党机关和社会团体0.7个百分点，教育、文化艺术和广播电视事业0.6个百分点，房地产管理、公共事业、居民服务和咨询服务业0.5个百分点。建筑业保持稳定，其余各业有升有降，但升降幅度不大。农林牧渔水利业在业人口比重下降和商业、公共饮食业、物资供销和仓储业在业人口比重上升是经济发展的客观要求；教育、文化艺术和广播电视事业比重上升是生产力发展的必然结果，它对于活跃全省城乡人民文化生活、提高人口素质益处极大。但国家机关、政党机关和社会团体在业人口比重不断上升不一定完全是件好事。

2、各行业人口的文化构成

根据第四次人口普查资料，1990 年青海省在业人口的文化素质有了很大提高。具有各种文化程度的人占在业人口的比重已由 1982 年的 52%提高到 60%。分行业看，除商业、公共饮食业、物资供销和仓储业下降 1.2 个百分点外，其它 12 个行业都有提高。

在全省 13 个行业中，具有各种文化程度的占本行业在业人口比重在 90%以上的有 10 个行业，商业、公共饮食业、物资供销、仓储业和房地产管理、公共事业、居民服务、咨询服务两个行业也在 80%以上。农林牧渔水利业最低，仅占 44.2%。

(四)在业人口的职业构成

1、各种职业人口的比重

如果把在业人口按照他们所从事的职业划分成体力劳动者和脑力劳动者，1990 年青海省在业人口的职业构成有以下三个特点：第一，从事体力劳动的人数大大高于从事脑力劳动的人数，其所占比重分别为 88.1%和 11.9%；第二，在从事体力劳动的人员中，农林牧渔劳动者比重最高，占 77.1%，其次是生产和运输工人，占 16.9%，商业和服务性工作人员比重最低；第三，在从事脑力劳动的人员中，各类专业技术人员所占比重相对较高，占脑力劳动者的 62.6%。各类专业技术人员多，有利于进一步充分发挥体力劳动者的作用，对发展经济，开放青海有重大意义。

2、各种职业人口的行业分布

青海省各种职业人口在各行业的分布主要有以下两个特点：第一，从总体上看，各种职业人口在各行业的分布是比较合理的。其表现是社会主要物资生产部门都有大量的劳动者生产、工作在生产第一线。比如，全省农林牧渔劳动者几乎全部集中在农林牧渔水利部门，87.2%的生产工人、运输工人和有关人员集中在工业、建筑业和交通运输邮电部门，80%以上的商业工作者集中在商业、公共饮食业、物资供销和仓储业。第二，各类专业技术人员分布在教育、文化艺术和卫生、体育、社会福利部门的较多，分布在农林牧渔水利业和工业部门的偏少。后两个部门的技术力量需要加强。

## 三、不在业人口状况

同在业人口一样，本文所讲的不在业人口，是指 15 周岁以上，及没有从事任何职业的人口。

(一)不在业人口的基本状况

1990 年 7 月 1 日，青海省不在业人口为 673763 人，其中男性 273679 人，占 40.6%；女性 400084 人，占 59.4%，性别比低(68.4)。这表明青海不在业人口中绝大多数是女性人口。

在全省不在业人口中，从事家务劳动的为多数，占 33.9%，在校学生占 27.6%，丧失工作能力的占 14.9%，离退休人员占 9.7%，市镇待业人口占 7.1%，待升学人口占 3.1%，其它人员占 3.7%。与全国相比，除家务劳动、离休退休退职和丧失劳动能力的以外，所占比重都高于全国平均水平(见表三)。

表三　　1990年青海省各种就业人数在各行业的分布

| | 各类专业技术人员 | 国家机关、党群组织企事业单位负责人 | 办事人员和有关人员 | 商业工作人员 | 服务业工作人员 | 农林牧渔劳动者 | 生产工人、运输工人和有关人员 | 不便分类的其他劳动者 |
|---|---|---|---|---|---|---|---|---|
| 合计 | 100 | 100 | 100 | 100 | 100 | 100 | 100 | 100 |
| 农林牧渔水利业 | 6.93 | 5.65 | 3.44 | 0.82 | 2.81 | 99.83 | 1.66 | 8.42 |
| 工业 | 12.73 | 23.85 | 15.16 | 10.86 | 23.56 | 0.04 | 55.28 | 48.86 |
| 地质普查和勘探业 | 2.15 | 1.60 | 1.49 | 0.45 | 1.97 | — | 1.82 | 4.16 |
| 建筑业 | 4.20 | 5.47 | 4.11 | 1.63 | 6.41 | 0.01 | 19.78 | 4.67 |
| 交通运输、邮电通讯业 | 2.61 | 5.07 | 9.77 | 1.08 | 8.74 | 0.05 | 12.16 | 10.75 |
| 商、饮、物资供销和仓储业 | 3.75 | 10.81 | 4.43 | 81.96 | 18.00 | 0.02 | 3.32 | 4.12 |
| 房地产管理、公共事业、居民服务 | 0.98 | 1.69 | 2.10 | 0.78 | 20.06 | 0.01 | 1.27 | 1.65 |
| 卫生、体育和社会福利 | 10.86 | 2.48 | 1.48 | 0.20 | 3.39 | — | 0.45 | 0.82 |
| 教育、文化艺术和广播电视 | 38.84 | 7.43 | 3.93 | 0.36 | 7.14 | 0.01 | 1.02 | 0.96 |
| 科学研究和经济技术服务 | 1.96 | 1.30 | 0.91 | 0.12 | 0.55 | — | 0.36 | 1.46 |
| 金融保险 | 4.40 | 3.36 | 1.73 | 0.08 | 0.52 | — | 0.16 | 0.41 |
| 国家机关、政党机关、社会团体 | 10.37 | 31.14 | 51.15 | 0.63 | 6.69 | 0.03 | 2.66 | 8.28 |
| 其他行业 | 0.22 | 0.06 | 0.30 | 0.03 | 0.16 | — | 0.06 | 5.44 |

（二）市镇待业人口状况

市镇待业人口是指市镇中达到劳动年龄、有劳动能力，并向有关部门登记要求工作而尚未就业的那部分人。本文谈到的市镇待业人口数，既包括市和已被批准的建制镇的待业人口，也包括不是镇但是镇一级政府所在地的那部分待业人口。在计算待业率时，由于这部分地区的在业人口数字没有，因此，下边谈到的待业率不仅指市和已被批准的建制镇的待业人口，而且包括镇一级政府所在地的那部分待业人口。

1、市镇待业人口的数量及其分布

1990年7月1日，青海省的市待业人数为47623人，市镇待业率为4.3%。从地区（市）看，西宁市待业率为5.6%，海南州4.8%，海西州为7.4%，其余各州均在4%以下，果洛州最低，为0.7%。

2、市镇待业人口的特点

(1)工矿地区的人口待业率大于城市，重工业地区大于轻工业地区，牧区大于农业区。

(2)20--24岁之间待业人口的性别比低（男性占46%，女性占54%，性别比为85.17）。这个年龄段的人正是谋求职业的时期，这种性别构成的悬殊，再一次表明当前解决全省劳动就业问题，特别要重视女青年的就业工作。

(3)青海省的市镇待业人口都很年轻。29岁以下的占99.2%，其中19岁以下的占一半以上（56%），这一现象说明，青年人的待业，实际上有相当一部分是待升学。

(4)在全省市镇待业人口中，高中及高中以下文化程度的占99.7%（含文盲半文盲）。目前在市镇就业，对文化技术水平的要求越来越高，许多部门和单位在招工招干中，不仅要进行文化水平考核，有的还优先照顾那些有一定专业技术知识的。文化水平层次低或没有专业知识的，已不能适应经济发展的需要。

青海省的市镇待业人员，主要是由初高中毕业生组成的（占91.9%）。这些人固然要求就业，但其中相当一部分更希望有机会升学学习某种专业技术知识。从这一点讲，就业和就学都可以解决他们的待业问题。为此，我们既要广开就业的路，同时也不能忽视大开就学门路，坚持两种办法一齐上，青海省的市镇待业问题就可以得到缓解。

（青海省人口普查办公室　杨凤川）

# 五个民族自治区人口发展的现状、问题与建议

我国是由56个民族组成的多民族国家。为了国家的富强和各民族的繁荣，党和政府把建立民族区域自治作为解决国内民族问题的基本政策，在少数民族聚居的地方先后成立了内蒙古自治区、新疆维吾尔自治区、广西壮族自治区、宁夏回族自治区、西藏自治区，并对其社会经济发展给予了较大的关怀、支持，使五个自治区的社会经济都不同程度地得到较快发展。但是也应看到，和全国平均水平相比仍有明显差距，究其原因是多方面的，其中人口增长过快，人口素质较低带来的一系列人口与经济问题，无疑是重要的因素。因此，了解和掌握五个少数民族自治区人口的现状及变化趋势，研究和分析人口发展的问题及影响，因地制宜地采取对策，控制民族地区人口增长，提高人口素质，对于振兴和繁荣民族地区的社会经济具有十分重要的意义。

## 一、现　　状

解放前由于受反动统治阶级的压迫，我国少数民族地区人口增长很慢，总的状况是高出生、高死亡、低增长。甚至在某些地区，某些时期，处于低出生、高死亡、负增长的特殊人口再生产类型。据有关资料介绍，内蒙古地区的蒙古族在清朝嘉庆年间还有118万人，到1947年内蒙古自治区成立时，仅剩下83.2万人。

解放后，随着民族政策的不断落实，五个民族自治区的人口得到了迅速的发展，呈现出以下特点。

（一）人口增长较快，妇女生育水平高。

1990年第四次人口普查，五个民族自治区总人口为8571万人（见表1），比1953年第一次人口普查的3431万人增长了1.5倍，年递增率为2.51%，分别比全国同期增长的88.34%和年递增1.73%高61.66和0.78个百分点。其中，人口增长最快的是新疆和宁夏，年递增率分别高达3.11%和3.10%。由于民族自治区人口增长较快，占全国总人口的比重由1953年的5.70%上升到1990年的7.56%。分普查年份看：

1953—1964年，五个民族自治区总人口为急剧增长时期。11年间年递增率为2.73%。比全国同期年递增1.27%高1.46个百分点。其中，人口增长最快的是新疆，年递增率达到了4.79%。这一时期大多数民族地区进行了民主改革和社会主义改造，经济、文化、医疗卫生事业都得到较快发展，人民的物质生活有了很大的改善，人口出生率较高，随着死亡率的迅速下降，人口自然增长率逐渐提高。以宁夏为例，1953年人口出生率为40.01‰，死亡率为19.38‰，自然增长率为20.63‰。

1964 年人口出生率为 49.37‰，死亡率下降为 13.44‰，自然增长率上升为 35.93‰。加上国家有计划地大规模向民族自治区移民，为开发民族地区，还先后在内蒙古、新疆、宁夏等地成立了生产建设兵团。如新疆 1959 至 1961 年净迁入人口达 95 万人，占同期增加人口总数的 74%。尽管 60 年代初，我国由于经济政策的失误，又遭到严重的自然灾害，但从人口发展角度看，对民族自治区影响程度较小。1960 年到 1962 年，全国总人口增长率仅为 0.14%。而五个民族自治区的人口增长率则为 4.33%。

1964—1982 年五个民族自治区总人口为快速增长时期。18 年间年递增率为 2.70%。比全国同期年递增率 2.12%高 0.58 个百分点，其中人口增长最快的是宁夏，年递增率为 3.47%。这一时期，由于"十年"动乱的影响，人口生育失控。1965 年到 1974 年，除个别地区外，人口出生率均高达 30‰左右。70 年代后期内蒙古、广西实行了计划生育，人口出生率明显下降。前期由内地向民族地区迁移的人口仍较多，但从 70 年代末开始，迁移增长的部分人口陆续迁回内地，减缓了民族地区的人口增长。

1982—1990 年五个民族自治区总人口为有计划增长时期。8 年间，年递增率为 1.76%，比全国同期年递增率 1.48%高 0.28 个百分点。其中，人口增长最快的仍是宁夏，年递增率为 2.25%。这一时期，由于民族地区大力推行计划生育，使人口出生率得到了有效的控制。实行计划生育较早的内蒙古，人口出生率已低于全国平均水平。受年龄构成变化影响，民族地区劳动力年龄增长较快，出现了供大于求的现象，迁移人口也明显减少。

表 1　　人口增长状况　　单位：人

| | 1990 年普查总人口 | 人口年递增率(%) | | | |
|---|---|---|---|---|---|
| | | 1990 年比 1953 年 | 1990 年比 1982 年 | 1982 年比 1964 年 | 1964 年比 1953 年 |
| 全国 | 1133682501 | 1.73 | 1.48 | 2.12 | 1.27 |
| 少数民族自治区合计 | 85709802 | 2.49 | 1.76 | 2.70 | 2.73 |
| 内蒙古 | 21456798 | 2.93 | 1.35 | 2.51 | 3.70 |
| 广西 | 42245765 | 2.10 | 1.87 | 2.54 | 1.56 |
| 西藏 | 2196010 | 1.73 | 1.87 | 2.33 | 2.06 |
| 宁夏 | 4655451 | 3.10 | 2.25 | 3.47 | 3.10 |
| 新疆 | 15155778 | 3.11 | 1.86 | 3.32 | 4.97 |

资料来源：全国一、二、三、四次人口普查资料

总的来说民族自治区妇女生育水平仍很高，离计划生育政策要求有明显差距。1989 年全国育龄妇女总和生育率为 2.3。其中西藏为 4.2，新疆为 3.2，广西为 2.7，宁夏为 2.6，均排在全国生育水平较高省之列。内蒙古为 2.0，低于全国平均水平。妇女生育水平高的主要原因，一是社会经济文化发展水平相对来说还比较低，传统的婚育观念和习惯势力较强，群众接受国家政策有一定的阻力；二是少数民族生育政策比汉族宽，有些少数民族有早育多育的习惯，据 1988 年全国生育节育调查数据，1985—1987 年新疆维吾尔妇女总和生育率为 5.83，比汉族的 2.51 高 1.32 倍；三是受历史、地理等因素的影响，少数民族人口大多分布在山区和牧区，居住较为分散，客观上给计划生育工作带来了一定的难度，从而导致民族自治区妇女生育水平较高。

(二)农村人口比重较高，少数民族人口增长快。

1990 年五个民族自治区的农村人口为 6527 万人，占总人口的 76.15%，高于全国同期

73.85%的平均水平，表明少数民族地区的城镇化还较落后，其原因，一是经济实力弱，对城镇建设投资有限；二是工业化程度低，农村劳动力不可能过多地分离出来转入第二、三产业；三是农牧业不发达，劳动生产率低，不可能为发展城镇人口提供大量商品。由于农村人口基数大，比重高，经济文化落后，受传统观念影响深，农村多胎和计划外生育的情况相当严重。因此，降低人口出生率主要取决于农村的生育水平。今后控制人口工作的重点在农村，难点在农村，希望在农村。

1990年五个民族自治区的少数民族人口达到3379万人，占总人口的39.42%，占全国少数民族人口总数的37.05%。与1982年相比，增加了604万人，总增长率为21.78%，年递增为2.49%。比同期民族自治区民族人口总增长率的10.49%和年递增率1.31%，分别高10.82和1.18个百分点。各民族的人口增长应当与当地经济发展水平和人口素质的提高相适应，在经济发展和人口素质相对低的情况下，少数民族人口增长过快并非好事，必然加大对生态环境的压力，引起草原退化、土地沙化、水土流失、气候恶化的状态进一步加剧，使少数民族聚居的地区很难走出人口增长——环境恶化——经济落后的循环困境。长此下去，也将因人口经济问题而影响民族之间的团结。因此，从生存和发展的角度，进一步加强少数民族计划生育工作，显得非常必要和紧迫。

(三)人口文化素质较低，文盲、半文盲人口多。

建国前，民族地区的广大人民群众经济条件很差，没有机会和可能受教育。

建国后，党和政府十分重视民族教育事业的发展，40年来，特别是党的十一届三中全会以来，民族地区的文化教育事业出现了蓬勃发展的新局面，已初步形成了高等教育、义务教育、民族教育、成人教育、幼儿教育等门类较齐全的教育体系，人口的文化素质有了明显提高。1990年五个民族自治区大学文化程度(含大专)为102万人，高中文化程度(含中专)为702万人，初中文化程度为1771万人，小学文化程度为3349万人。在教育事业有了较大发展的同时，还应看到，由于民族自治区经济较落后、教育基础较差等因素，人口的文化素质同先进省区相比仍较落后，与现代化建设的需要仍不适应。主要表现在：一是总体教育水平低。按人口文化程度综合均值法计算(用打分进行量化，视大学为20分，高中为15分，初中为10分，小学为5分，文盲半文盲为0分)，五个自治区人口总体文化程度均值为5.49，说明人口总体文化教育水平仅达到小学文化水平；二是大学文盲比低。五个自治区大学文盲比为8.62，低于全国8.96的水平，说明高等教育很不发达，普及文化教育工作还有待于加强；三是地区间差异较大。从人口文化程度综合均值看，内蒙古、新疆在全国各省的排列中居第8位和第11位。广西、宁夏、西藏则排在第21位、24位和30位(见表2)。

表2　人口文化教育水平综合指标

| | 文化程度综合均值 | | 大学文盲比 | |
|---|---|---|---|---|
| | 均值 | 在全国各省间位次 | 比值(%) | 在全国各省的位次 |
| 合计 | 5.49 | — | 8.62 | — |
| 内蒙古 | 6.02 | 8 | 9.58 | 11 |
| 广西 | 5.35 | 21 | 7.46 | 17 |
| 西藏 | 1.75 | 30 | 1.29 | 30 |
| 宁夏 | 5.02 | 24 | 7.29 | 18 |
| 新疆 | 5.81 | 11 | 14.46 | 7 |

资料来源：根据1990年全国第四次人口普查抽样资料计算

1990年五个民族自治区15岁及以上文盲、半文盲人口为1172万人，相当于上海市1990年人口总量，人口文盲率为20.48%，其中西藏的文盲率为67.58%，女性则高达81%。需要特别指出的是，有些地区旧的文盲没扫完，又出现了新的文盲。宁夏固原地区1990年普查，文盲、半文盲人口为53万人，比1982年的46万人增加了7万人。《全国国民经济和社会发展十年规划和“八五”计划》提出，争取到2000年全国基本扫除青壮年文盲，这对民族自治区来说，任务是十分艰巨的。

(四)人口年龄构成轻，人口再生产潜力大。

1990年全国人口年龄构成：少年儿童系数为27.70%，老年人口系数为5.58%，老少比为20.16%，年龄中位数为25.25岁，已属于成年型人口年龄结构。和全国平均水平相比，五个民族自治区年龄构成比较年轻(见表3)。人口年龄构成轻表明劳动适龄人口抚养少年儿童人数多，用于被抚养人口的消费资金多，必然减少积累资金，从而影响民族自治区经济实力的增强和人民生活水平的提高。

表3　1990年人口年龄构成状况　单位：%

| | 少年儿童系数(0—14岁) | 老年系数(65岁及以上) | 老少比(65岁及以上/0—14岁) | 年龄中位数(岁) |
|---|---|---|---|---|
| 全国 | 27.70 | 5.58 | 20.16 | 25.25 |
| 内蒙古 | 28.37 | 4.01 | 14.15 | 24.64 |
| 广西 | 33.21 | 5.43 | 16.37 | 22.80 |
| 西藏 | 35.18 | 4.07 | 13.38 | 22.35 |
| 宁夏 | 33.54 | 3.38 | 10.10 | 21.93 |
| 新疆 | 32.85 | 3.86 | 11.74 | 22.01 |

资料来源：《中国1990年人口普查10%抽样资料》

1990年全国人口年龄构成资料表明，退出生育年龄(50岁及以上)人口，占总人口的16.3%，生育的后备人口(0—14)占27.20%，人口再生产类型已逐渐趋向稳定型。和全国平均水平相比，五个民族自治区无论退出生育年龄人口还是生育后备人口所占的比重都未达到全国的平均水平(见表4)。从整体上讲，今后人口再生产潜力仍很大，人口的增长趋势仍将高于全国水平。

表4　1990年人口再生产类型　单位：%

| | 0—14岁 | 15—49岁 | 50岁及以上 |
|---|---|---|---|
| 全国 | 27.70 | 55.99 | 16.31 |
| 内蒙古 | 28.37 | 57.25 | 13.88 |
| 广西 | 33.21 | 51.40 | 15.39 |
| 西藏 | 35.18 | 49.97 | 14.85 |
| 宁夏 | 33.54 | 54.74 | 11.72 |
| 新疆 | 32.85 | 53.91 | 13.24 |

资料来源：《中国1990年人口普查10%抽样资料》

## 二、问　　题

五个民族自治区人口发展较快，人口总体文化素质低，给社会经济发展带来了越来越沉重的压力。主要表现：

(一)制约了经济发展水平的提高。

改革开放以来，五个民族自治区的经济发展都有了长足的进步。1989年国民收入达到751亿元(现价下同)，比1980年增长了2.82倍。但是由于人口增长较快，分母效应加大，人均国民收入增长了2.3倍，和全国平均水平相比，1980年人均国民收入和全国相差103元，1989年差距扩大到288元。和兄弟省市相比，人均国民收入的排列位次除内蒙古由1980年的第22位上升到1989年第18位外，其他均为下降。广西由第27位下降到第29位，西藏由第26位下降到第27位，宁夏由第15位下降到第19位，新疆由第11们下降到第12位。

(二)加重了国家的财政负担。

五个民族自治区地方财政收入1989年为96亿元，比1980年的23亿元，增长了3.17倍，但同期人均地方财政收入仅增长2.68倍，面对经济文化落后，人口增长较快的民族地区，国家财政每年不得不调入大量资金予以扶持。据统计，1980年至1989年五个民族自治区地方财政累计收入为466亿元，而同期国家财政补贴累计为425亿元，地方财政收入仅占国家补贴的52.3%。这样的财政状况，要负担沉重的人口负荷，就不可能加快地方经济的发展。

(三)安排劳动力就业压力大。

由于五个民族自治区人口增长较快，制约了社会经济的发展，面临安排劳动力就业的压力增大。从1990年人口普查资料表明，全国市镇就业人口占市镇15岁及以上人口的比重为2.57%。除西藏(2.32%)略低于全国平均水平外，广西为4.41%，新疆为4.2%，宁夏为4.07%，内蒙古为3.14%，均高于全国平均水平。与此同时，农村人多地少的矛盾也日趋突出，如宁夏1950年农村劳动力人均耕地25.2亩，锐减到1989年的8.8亩，30年间减少了近三分之二，造成大部分地区的农村劳动力相对过剩。

(四)未来人口发展形势严峻。

国家八五计划和十年规划下达的人口计划是，五个民族自治区总人口，1995年末为9360万人，2000年末为10037万人，要实现本世纪末人口控制目标，人口年递增率必须控制在1.50%以内，比1982年到1990年年递增率的1.76%降低0.26个百分点。目前各地都面临着人口的结婚、生育高峰期，如果计划生育工作稍有放松，就可能突破人口计划，直接延缓着民族自治区人民生活达到小康水平的进程。

以上还只是出现人口问题的主要表现，在其后还有着更深的危机。今后民族自治区迫于沉重的人口负担在医疗保健和住房条件的改善，社会福利政策和社会保障制度的推进，以及商品供应、交通、环境、通讯等一系列问题上都面临越来越大的压力。

表5　　国家下达给民族自治区的人口计划　　单位：万人、%

| 地区 | 控制指标 | | | | 1990年比1982年年均增长率 |
|---|---|---|---|---|---|
| | 1990年末 | 1995年末 | 2000年末 | 2000年比1990年年均增长率 | |
| 合计 | 8645 | 9360 | 10037 | 1.50 | 1.76 |
| 内蒙古 | 2163 | 2313 | 2452 | 1.26 | 1.35 |
| 广西 | 4261 | 4595 | 4900 | 1.41 | 1.87 |
| 西藏 | 222 | 245 | 270 | 1.98 | 1.87 |
| 宁夏 | 410 | 517 | 570 | 1.95 | 2.25 |
| 新疆 | 1529 | 1690 | 1845 | 1.90 | 1.86 |

## 三、建　　　　议

(一)切实加强计划生育工作。

1、强化领导责任。各级领导要充分认识,民族地区经济的振兴和繁荣,一靠发展社会生产力,二靠控制人口增长,提高人口素质。各级党委和政府要把做好人口出生高降期的计划生育工作作为一项战略任务来抓,认真履行一把手负总责,分管领导具体抓的职责。克服抓经济工作硬,抓人口工作软,检查目标责任制时紧,检查过后松的作法,真正重视、关心、支持计划生育工作,以实际行动贯彻落实我国的基本国策。

2、严格执行计划生育政策。目前在民族地区推行计划生育政策,必须把好三个关口:

第一、把好早婚早育关。1990 年人口普查资料表明,早婚在全国各地不同程度地普遍存在,比 1982 年普查有所回升。早婚必然带来早育、密育、多育。全国人口普查主要数据公报指出,1989 年全国育龄妇女平均初育年龄比 1981 年提前 0.8 岁,生育峰值年龄提前了 2 岁,这些都与早婚现象加剧有直接关系。民族自治区的情况比全国更为严重。新疆、宁夏等地 15、16 岁结婚,21、22 岁成为二三个孩子父母的不乏其人。因此各地要加强管理,尤其是农村要因地、因民族的制定早婚早育的处罚措施,以维护《婚姻法》的严肃性。

第二、把好间隔生育关。国家对 1 千万以下少数民族计划生育采取了适当放宽的政策。但按允许生育 2 个及以上孩子的必须实行间隔期。在实际工作中,基层干部往往片面理解计划生育就是堵多胎,只要不超计划,什么时间生是人家的事。对间隔生育问题有的撒手不管,有的以感情代替政策。据宁夏普查资料表明,1989 年全区生育 2 个孩子以上的妇女,不按间隔生育的占 81.7%,提前出生的婴儿占全年出生婴儿总数的 48.97%,这种“暗超”现象已成为计划生育中最大的口子,对此应该采取行政、经济、法律手段进行综合治理,提高计划生育工作的质量。

第三、把好超生关。普查资料表明,从总体上讲,五个民族自治区多孩生育现象仍十分严重。育龄妇女生育三孩以上的比重西藏为 53.8%,新疆为 44.35%,排在全国各省的前 2 名。广西,宁夏分别为 26.37%和 28.93%,分别比全国平均水平高 7.05 和 9.61 个百分点。今后降低多胎生育仍是民族地区各级计划生育工作部门的重点之一。

3、完善计划生育配套措施。目前,社会上的招生、招工、分配工作等方面还存在着男女事实上的不平等,农村和牧区独女户家庭缺乏劳动力和　养老人负担重等问题,使群众在计划生育方面还存在着后顾之忧,是群众生育意愿和计划生育政策有一定差距的症结之一。各级政府应从实际问题出发,制定和完善有利于推行计划生育政策的有关配套措施,并付诸实施,以解决群众的后顾之忧。

(二)提高人口的文化素质。

1、抓好普及义务教育。经济振兴,科技为本,科技振兴,教育为本。只有普及初等义务教育才能为经济振兴打下牢固的基础。目前民族地区普及初等教育的任务十分艰巨,农村的入学率和巩固率还有待于提高,尤其是女学生的流失率比较严重。各地应根据本地特点,依据《义务教育法》,采取行之有效地措施,诸如:不送子女上学的家长,加以行政经济处罚。尽最大可能减免学生的经济负担等。认真做好普及义务教育工作,杜绝新文盲的产生。同时加强中小学基础教育设施的建设,改善中小学办学的物质条件,巩固教师队伍,逐步改善中小学教师的工资福利待遇,提高师资水平,端正办学思想。

2、加强农村扫盲工作。根据以往扫盲经验,办扫盲识字班效果不佳。在新的历史条件下,扫盲工作要做好三个结合:一是扫盲和脱贫致富结合。在识字的基础上要向扫盲对象传授一、二门实用知识、实用技术，用“智力扶贫”和“技术扶贫”的长期“远利”机制，改革过去“资金扶贫”的短期“近功”行为。二是扫盲和学习科技知识结合。当前广大农村正处于由自给自足的自然经济向商品经济转变，由传统农业向现代农业转变的阶段，对广大农民的文化素质提出了新的要求。在农村扫盲时，要因地制宜的和学习农、林、牧、渔、副业科学技术结合起来，以增加农户的收入来提高农民学习的积极性。三是扫盲和控制人口教育结合。要在对农民学习识字的同时把计划生育、科学育儿、妇幼保健等方面的知识结合起来，只有教育事业与人口控制紧密地结合起来，才能巩固和发展计划生育的成果。

3、大力开展在职职工培训。随着生产与科学技术的密切结合，劳动者现代生产中的生产劳动逐步变为科学劳动，四个现代化的过程就是生产劳动不断智力化的过程。因此，民族地区应适应这一变化过程。要采用多种形式办好灵活高效的培训网络，对现有的干部、职工进行文化教育、业务技术培训和现代化管理知识的传授，提高在业人口的文化素质，下大力气抓好经济建设中这一最重要的基本建设。

(三)合理地流动人口。

目前民族地区的专业人才向东部沿海经济发达地区流动，经济发达地区剩余劳动力向民族地区“东灌”。尽管在目前经济格局下有其必然性，但是不合理。应该制定相应的政策，加以管理和引导。需要指出的是，国家有计划定期或不定期选派一些经济发达地区的干部到民族地区工作，这对民族地区社会经济发展起到重要的促进作用。但是建议国家也有计划地选派民族地区的干部，尤其是少数民族干部到经济发达的地区去锻炼。民族地区的干部可以学到先进的科学知识、现代管理技术。这种双向合理的流动对民族地区的发展将注入更深刻、更有力、更持久的驱动力。

(宁夏回族自治区人口普查办公室　朱尼)

# 第 四 部 分

# 全国历年人口统计数据

# 一、总 户 数、总 人 口

## 4—1 全国历年总户数、总人口

| 年份 | 总户数(万户) | 人口数(万人) |  |  | 性别比(女=100) |
|---|---|---|---|---|---|
|  |  | 合计 | 男 | 女 |  |
| 1949 |  | 54 167 | 28 145 | 26 022 | 108.2 |
| 1950 |  | 55 196 | 28 669 | 26 527 | 108.1 |
| 1951 |  | 56 300 | 29 231 | 27 069 | 108.0 |
| 1952 |  | 57 482 | 29 833 | 27 649 | 107.9 |
| 1953 |  | 58 796 | 30 468 | 28 328 | 107.6 |
| 1954 | 13 553 | 60 266 | 31 242 | 29 024 | 107.6 |
| 1955 | 13 754 | 61 465 | 31 809 | 29 656 | 107.3 |
| 1956 | 14 048 | 62 828 | 32 536 | 30 292 | 107.4 |
| 1957 | 14 431 | 64 653 | 33 469 | 31 184 | 107.3 |
| 1958 | 14 420 | 65 994 | 34 195 | 31 799 | 107.5 |
| 1959 | 14 661 | 67 207 | 34 890 | 32 317 | 108.0 |
| 1960 | 14 746 | 66 207 | 34 283 | 31 924 | 107.4 |
| 1961 | 15 307 | 65 859 | 33 880 | 31 979 | 105.9 |
| 1962 | 15 533 | 67 295 | 34 517 | 32 778 | 105.3 |
| 1963 | 15 637 | 69 172 | 35 533 | 33 639 | 105.6 |
| 1964 | 15 759 | 70 499 | 36 142 | 34 357 | 105.2 |
| 1965 | 15 953 | 72 538 | 37 128 | 35 410 | 104.9 |
| 1966 | 16 098 | 74 542 | 38 189 | 36 353 | 105.1 |
| 1967 | 16 341 | 76 368 | 39 115 | 37 253 | 105.0 |
| 1968 | 16 671 | 78 534 | 40 226 | 38 308 | 105.0 |
| 1969 | 17 072 | 80 671 | 41 289 | 39 382 | 104.8 |
| 1970 | 17 515 | 82 992 | 42 686 | 40 306 | 105.9 |
| 1971 | 17 962 | 85 229 | 43 819 | 41 410 | 105.8 |
| 1972 | 18 222 | 87 177 | 44 813 | 42 364 | 105.8 |
| 1973 | 18 555 | 89 211 | 45 876 | 43 335 | 105.9 |
| 1974 | 18 906 | 90 859 | 46 727 | 44 132 | 105.9 |
| 1975 | 19 311 | 92 420 | 47 564 | 44 856 | 106.0 |
| 1976 | 19 787 | 93 717 | 48 257 | 45 460 | 106.2 |
| 1977 | 20 235 | 94 974 | 48 908 | 46 066 | 106.2 |
| 1978 | 20 641 | 96 259 | 49 567 | 46 692 | 106.2 |
| 1979 | 20 986 | 97 542 | 50 192 | 47 350 | 106.0 |
| 1980 | 21 396 | 98 705 | 50 785 | 47 920 | 106.0 |
| 1981 | 22 057 | 100 072 | 51 519 | 48 553 | 106.1 |
| 1982 | 22 538 | 101 541 (101 654) | 52 310 (52 352) | 49 231 (49 302) | 106.3 (106.2) |
| 1983 | 23 000 | 102 495 (103 008) | 52 865 (53 152) | 49 630 (49 856) | 106.5 (106.6) |
| 1984 | 23 476 | 103 475 (104 357) | 53 423 (53 848) | 50 052 (50 509) | 106.7 (106.6) |
| 1985 | 24 134 | 104 532 (105 851) | 54 011 (54 725) | 50 521 (51 126) | 106.9 (107.0) |
| 1986 | 24 927 | 105 721 (107 507) | 54 605 (55 581) | 51 116 (51 926) | 106.8 (107.0) |
| 1987 | 25 834 | 107 240 (109 300) | 55 409 (56 290) | 51 831 (53 010) | 106.9 (106.2) |
| 1988 | 26 933 | 108 978 (111 026) | 56 298 (57 201) | 52 680 (53 825) | 106.9 (106.3) |
| 1989 | 27 888 | 110 676 (112 704) | 57 193 (58 099) | 53 483 (54 605) | 106.9 (106.4) |
| 1990 | 28 830 | 113 274 (114 333) | 58 498 (58 904) | 54 776 (55 429) | 106.8 (106.3) |
| 1991 | 29 458 | 114 511 (115 823※) | 59 140 | 55 371 | 106.8 |
| 1992 | 30 039 | 115 563 (117 171※) | 59 705 | 55 858 | 106.9 |

注:1. 本表为公安年报数。2. 括号中的数字是根据1990年全国人口普查数据进行调整的数字。3. 标有符号"※"的数字为抽样调查数。4. 总户数包括家庭户和集体户。5. 总人口和性别比含中国人民解放军现役军人。

# 4-2 全国历年非农业、农业人口

| 年　　份 | 总人口 | 非农业人口 | | 农业人口 | |
|---|---|---|---|---|---|
| | | 人口数 | 占总人口% | 人口数 | 占总人口% |
| 1949 | 54 167 | 9 441 | 17.4 | 44 726 | 82.6 |
| 1950 | 55 196 | 9 137 | 16.6 | 46 059 | 83.4 |
| 1951 | 56 300 | 8 674 | 15.4 | 47 626 | 84.6 |
| 1952 | 57 482 | 8 291 | 14.4 | 49 191 | 85.6 |
| 1953 | 58 796 | 8 729 | 14.8 | 50 067 | 85.2 |
| 1954 | 60 266 | 9 229 | 15.3 | 51 037 | 84.7 |
| 1955 | 61 465 | 9 335 | 15.2 | 52 130 | 84.8 |
| 1956 | 62 828 | 10 002 | 15.9 | 52 826 | 84.1 |
| 1957 | 64 653 | 10 618 | 16.4 | 54 035 | 83.6 |
| 1958 | 65 994 | 12 210 | 18.5 | 53 784 | 81.5 |
| 1959 | 67 207 | 13 567 | 20.2 | 53 640 | 79.8 |
| 1960 | 66 207 | 13 731 | 20.7 | 52 476 | 79.3 |
| 1961 | 65 859 | 12 415 | 18.9 | 53 444 | 81.1 |
| 1962 | 67 295 | 11 271 | 16.7 | 56 024 | 83.3 |
| 1963 | 69 172 | 11 584 | 16.7 | 57 588 | 83.3 |
| 1964 | 70 499 | 11 677 | 16.6 | 58 822 | 83.4 |
| 1965 | 72 538 | 12 122 | 16.7 | 60 416 | 83.3 |
| 1966 | 74 542 | 12 340 | 16.6 | 62 202 | 83.4 |
| 1967 | 76 368 | 12 637 | 16.5 | 63 731 | 83.5 |
| 1968 | 78 534 | 12 554 | 16.0 | 65 980 | 84.0 |
| 1969 | 80 671 | 12 403 | 15.4 | 68 268 | 84.6 |
| 1970 | 82 992 | 12 660 | 15.3 | 70 332 | 84.7 |
| 1971 | 85 229 | 13 350 | 15.7 | 71 879 | 84.3 |
| 1972 | 87 177 | 13 632 | 15.6 | 73 545 | 84.4 |
| 1973 | 89 211 | 13 992 | 15.7 | 75 219 | 84.3 |
| 1974 | 90 859 | 14 079 | 15.5 | 76 780 | 84.5 |
| 1975 | 92 420 | 14 278 | 15.4 | 78 142 | 84.6 |
| 1976 | 93 717 | 14 517 | 15.5 | 79 200 | 84.5 |
| 1977 | 94 974 | 14 694 | 15.5 | 80 280 | 84.5 |
| 1978 | 96 259 | 15 230 | 15.8 | 81 029 | 84.2 |
| 1979 | 97 542 | 16 186 | 16.6 | 81 356 | 83.4 |
| 1980 | 98 705 | 16 800 | 17.0 | 81 905 | 83.0 |
| 1981 | 100 072 | 17 413 | 17.4 | 82 659 | 82.6 |
| 1982 | 101 541 | 17 910 | 17.6 | 83 631 | 82.4 |
| 1983 | 102 495 | 18 378 | 17.9 | 84 117 | 82.1 |
| 1984 | 103 475 | 19 686 | 19.0 | 83 789 | 81.0 |
| 1985 | 104 532 | 21 054 | 20.1 | 83 478 | 79.9 |
| 1986 | 105 721 | 20 902 | 19.8 | 84 819 | 80.2 |
| 1987 | 107 240 | 21 592 | 20.1 | 85 648 | 79.9 |
| 1988 | 108 978 | 22 551 | 20.7 | 86 427 | 79.3 |
| 1989 | 110 676 | 23 371 | 21.1 | 87 305 | 78.9 |
| 1990 | 113 274 | 23 887 | 21.1 | 89 387 | 78.9 |
| 1991 | 114 511 | 24 418 | 21.3 | 90 093 | 78.7 |
| 1992 | 115 563 | 25 298 | 21.9 | 90 265 | 78.1 |

注：1. 本表为公安年报数。2. 总人口含中国人民解放军现役军人，并全部作为非农业人口计算。

## 4—3 全国历年人口密度

| 年份 | 总人口（万人） | 人口密度（人/平方公里） | 年份 | 总人口（万人） | 人口密度（人/平方公里） |
|---|---|---|---|---|---|
| 1949 | 54 167 | 56 | 1971 | 85 229 | 89 |
| 1950 | 55 196 | 57 | 1972 | 87 177 | 91 |
| | | | 1973 | 89 211 | 93 |
| 1951 | 56 300 | 59 | 1974 | 90 859 | 95 |
| 1952 | 57 482 | 60 | 1975 | 92 420 | 96 |
| 1953 | 58 796 | 61 | | | |
| 1954 | 60 266 | 63 | 1976 | 93 717 | 98 |
| 1955 | 61 465 | 64 | 1977 | 94 974 | 99 |
| | | | 1978 | 96 259 | 100 |
| 1956 | 62 828 | 65 | 1979 | 97 542 | 102 |
| 1957 | 64 653 | 67 | 1980 | 98 705 | 103 |
| 1958 | 65 994 | 69 | | | |
| 1959 | 67 207 | 70 | 1981 | 100 072 | 104 |
| 1960 | 66 207 | 69 | 1982 | 101 654 | 106 |
| | | | 1983 | 103 008 | 107 |
| 1961 | 65 859 | 69 | 1984 | 104 357 | 109 |
| 1962 | 67 295 | 70 | 1985 | 105 851 | 110 |
| 1963 | 69 172 | 72 | | | |
| 1964 | 70 499 | 73 | 1986 | 107 507 | 112 |
| 1965 | 72 538 | 76 | 1987 | 109 300 | 114 |
| | | | 1988 | 111 026 | 116 |
| 1966 | 74 542 | 78 | 1989 | 112 704 | 117 |
| 1967 | 76 368 | 80 | 1990 | 114 333 | 119 |
| 1968 | 78 534 | 82 | | | |
| 1969 | 80 671 | 84 | 1991 | 115 823 | 121 |
| 1970 | 82 992 | 86 | 1992 | 117 171 | 122 |

注:1. 各年总人口数为大陆30个省、自治区、直辖市人口和现役军人之和，其中1949—1981年人口数为公安年报数，1982—1990年人口数是根据第四次全国人口普查数据的调整数，1991年和1992年人口数为抽样调查推算数。2. 全国面积按960万平方公里计算(不含台湾省)。

## 4—4 台湾、香港、澳门历年人口数

单位:万人

| 年份 | 台湾 | 香港 | 澳门 | 年份 | 台湾 | 香港 | 澳门 |
|---|---|---|---|---|---|---|---|
| 1949 | 739 | 186 | | 1971 | 1 499 | 405 | |
| 1950 | 755 | 236 | | 1972 | 1 529 | 408 | |
| 1951 | 787 | 202 | | 1973 | 1 556 | 416 | |
| 1952 | 813 | 213 | | 1974 | 1 585 | 425 | |
| 1953 | 844 | 224 | | 1975 | 1 615 | 437 | |
| 1954 | 875 | 237 | | 1976 | 1 651 | 444 | |
| 1955 | 908 | 249 | | 1977 | 1 681 | 451 | |
| 1956 | 939 | 262 | | 1978 | 1 714 | 472 | |
| 1957 | 969 | 274 | | 1979 | 1 748 | 490 | |
| 1958 | 1 004 | 285 | | 1980 | 1 781 | 514 | |
| 1959 | 1 043 | 297 | | 1981 | 1 814 | 496 | 30 |
| 1960 | 1 079 | 308 | | 1982 | 1 846 | 506 | 32 |
| 1961 | 1 115 | 318 | | 1983 | 1 873 | 486 | 34 |
| 1962 | 1 151 | 341 | | 1984 | 1 899 | 498 | 38 |
| 1963 | 1 188 | 359 | | 1985 | 1 923 | 545 | 41 |
| 1964 | 1 226 | 387 | | 1986 | 1 945 | 559 | 42 |
| 1965 | 1 263 | 369 | | 1987 | 1 967 | 566 | 43 |
| 1966 | 1 299 | 373 | | 1988 | 1 990 | 575 | 43 |
| 1967 | 1 330 | 383 | | 1989 | 2 011 | 581 | 45 |
| 1968 | 1 365 | 392 | | 1990 | 2 035 | 586 | |
| 1969 | 1 433 | 399 | | 1991 | 2 054 | 582 | 40 * |
| 1970 | 1 468 | 409 | | 1992 | 2 075 | 590 | 37 |

※1991 年 8 月澳门人口普查数,其它年份的人口数为估计数。

4—5 省、自治区、直辖

| 地区 | 1955年 | | | 1956年 | | | |
|---|---|---|---|---|---|---|---|
| | 总户数 | 总人口 | 性别比（女=100） | 总户数 | 总人口 | 性别比（女=100） | 总户数 |
| **总计** | **13 759.6** | **57 465.0** | **107.3** | **14 048.4** | **63 128.3** | **107.4** | **14 431.5** |
| 北京市 | 66.1 | 321.0 | 125.7 | 81.0 | 383.8 | 120.7 | 86.4 |
| 天津市② | 66.8 | 286.3 | 115.2 | 64.3 | 302.6 | 111.6 | 68.4 |
| 河北省 | 897.8 | 4 023.0 | 102.2 | 909.5 | 4 070.2 | 104.3 | 929.0 |
| 山西省 | 373.6 | 1 518.7 | 114.8 | 386.3 | 1 562.6 | 115.7 | 398.4 |
| 内蒙古自治区 | 176.1 | 822.1 | 125.8 | 185.1 | 870.9 | 126.2 | 197.7 |
| 辽宁省 | 430.6 | 2 230.5 | 108.1 | 452.4 | 2 326.2 | 108.7 | 469.9 |
| 吉林省 | 235.8 | 1 210.1 | 113.2 | 242.2 | 1 231.5 | 111.3 | 246.6 |
| 黑龙江省 | 267.5 | 1 335.9 | 119.1 | 287.3 | 1 423.9 | 119.5 | 298.8 |
| 上海市 | 139.8 | 623.1 | 111.5 | 138.8 | 634.9 | 108.2 | 146.6 |
| 江苏省 | 1 007.4 | 4 313.7 | 101.4 | 1 021.3 | 4 695.8 | 100.7 | 1 062.6 |
| 浙江省 | 605.6 | 2 428.4 | 112.8 | 607.7 | 2 444.9 | 113.3 | 617.6 |
| 安徽省 | 739.1 | 3 221.4 | 112.0 | 751.3 | 3 261.6 | 112.0 | 775.4 |
| 福建省 | 323.3 | 1 378.2 | 109.7 | 329.2 | 1 413.2 | 108.2 | 339.5 |
| 江西省 | 453.2 | 1 770.4 | 105.8 | 453.3 | 1 809.0 | 107.1 | 462.6 |
| 山东省 | 1 137.4 | 5 201.1 | 101.0 | 1 167.7 | 5 244.0 | 101.0 | 1 202.6 |
| 河南省 | 1 011.6 | 4 682.3 | 105.5 | 1 044.8 | 4 760.4 | 105.2 | 1 079.6 |
| 湖北省 | 698.0 | 2 925.9 | 107.6 | 705.0 | 2 979.3 | 107.8 | 718.7 |
| 湖南省 | 855.6 | 3 462.8 | 111.0 | 869.3 | 3 527.1 | 111.1 | 883.2 |
| 广东省 | 885.5 | 3 662.7 | 103.5 | 879.7 | 3 704.7 | 103.3 | 900.5 |
| 广西壮族自治区③ | 408.9 | 1 855.9 | 105.8 | 422.0 | 1 891.4 | 105.9 | 430.2 |
| 海南省④ | | | | | | | |
| 四川省 | 1 481.2 | 2 876.9 | 107.0 | 1 519.3 | 7 051.3 | 107.1 | 1 542.1 |
| 贵州省 | 344.7 | 1 595.4 | 103.3 | 349.5 | 1 636.1 | 103.6 | 359.6 |
| 云南省 | 381.0 | 1 814.7 | 99.8 | 384.9 | 1 855.1 | 99.9 | 395.0 |
| 西藏自治区⑤ | 27.6 | 127.4 | 94.6 | 27.6 | 127.4 | 94.6 | 27.6 |
| 陕西省 | 351.7 | 1 711.8 | 117.4 | 361.4 | 1 765.9 | 116.6 | 368.9 |
| 甘肃省 | 243.1 | 1 359.2 | 112.7 | 252.9 | 1 416.4 | 114.1 | 262.0 |
| 青海省 | 32.5 | 182.9 | 103.8 | 34.4 | 199.9 | 111.8 | 36.1 |
| 宁夏回族自治区⑥ | | | | | | | |
| 新疆维吾尔自治区 | 118.1 | 523.2 | 115.8 | 120.2 | 538.2 | 116.8 | 125.9 |
| 其他⑦ | | | | | | | |

注：①本表为公安年报数。②1958年天津市由中央直辖市改为河北省辖市，1967年又恢复为中央直辖市。③广西壮族自治区于
立，以前为西藏地方。⑥宁夏回族自治区于1958年10月25日成立，以前属甘肃省管辖⑦主要指中国人民解放军现役军人。

## 市历年总户数、总人口①

单位:万户、万人

| 1957年 | | 1958年 | | | 1959年 | | |
|---|---|---|---|---|---|---|---|
| 总人口 | 性别比(女=100) | 总户数 | 总人口 | 性别比(女=100) | 总户数 | 总人口 | 性别比(女=100) |
| 64 653.3 | 107.3 | 14 420.7 | 65 994.3 | 107.5 | 14 660.8 | 67 206.9 | 108.0 |
| 401.2 | 114.0 | 133.9 | 635.5 | 109.5 | 139.9 | 684.1 | 113.7 |
| 322.5 | 109.7 | | | | | | |
| 4 149.9 | 104.8 | 944.2 | 4 338.5 | 105.6 | 960.9 | 4 429.3 | 106.1 |
| 1 595.7 | 115.6 | 384.5 | 1 627.5 | 114.7 | 398.3 | 1 675.6 | 115.8 |
| 920.3 | 125.8 | 204.2 | 970.7 | 125.3 | 215.2 | 1 047.0 | 127.9 |
| 2 409.5 | 108.4 | 471.0 | 2 459.1 | 107.9 | 484.4 | 2 515.8 | 109.5 |
| 1 255.1 | 112.0 | 252.7 | 1 287.9 | 112.2 | 258.9 | 1 320.6 | 112.8 |
| 1 485.5 | 117.9 | 310.1 | 1 570.7 | 117.7 | 327.8 | 1 689.0 | 118.2 |
| 689.7 | 108.1 | 225.0 | 999.6 | 101.8 | 231.2 | 1 028.4 | 102.1 |
| 4 523.4 | 100.2 | 976.8 | 4 284.2 | 100.6 | 1 005.2 | 4 315.5 | 101.4 |
| 2 528.3 | 111.9 | 616.1 | 2 588.5 | 113.4 | 617.4 | 2 623.3 | 111.9 |
| 3 356.0 | 111.4 | 791.4 | 3 426.7 | 112.9 | 773.8 | 3 445.5 | 110.5 |
| 1 465.3 | 108.7 | 331.0 | 1 499.4 | 107.9 | 333.4 | 1 566.2 | 110.2 |
| 1 860.4 | 107.0 | 457.3 | 1 921.9 | 107.9 | 466.9 | 1 985.0 | 109.3 |
| 5 402.9 | 101.7 | 1 203.8 | 5 451.8 | 101.7 | 1 242.6 | 5 402.5 | 103.1 |
| 4 866.9 | 105.2 | 1 100.1 | 4 969.9 | 106.8 | 1 066.9 | 5 040.0 | 105.7 |
| 3 078.4 | 107.6 | 719.8 | 3 167.5 | 107.7 | 713.5 | 3 248.3 | 108.0 |
| 3 622.2 | 111.2 | 881.5 | 3 692.7 | 110.6 | 875.0 | 3 712.0 | 111.1 |
| 3 796.3 | 104.1 | 879.7 | 3 906.9 | 104.0 | 943.1 | 3 968.0 | 104.9 |
| 1 939.5 | 105.9 | 432.2 | 1 979.6 | 105.6 | 436.4 | 1 993.6 | 106.3 |
| 7 215.7 | 107.2 | 1 533.1 | 7 296.9 | 107.0 | 1 548.8 | 7 372.3 | 105.9 |
| 1 688.9 | 103.7 | 360.7 | 1 718.0 | 102.6 | 363.5 | 1 752.0 | 103.2 |
| 1 909.8 | 100.0 | 393.7 | 1 927.5 | 100.4 | 397.5 | 1 921.4 | 100.2 |
| 127.4 | 94.6 | 27.6 | 127.4 | 107.5 | 24.4 | 113.0 | 93.5 |
| 1 812.9 | 115.9 | 359.8 | 1 822.7 | 114.1 | 381.1 | 1 890.5 | 114.8 |
| 1 461.1 | 112.4 | 232.8 | 1 315.6 | 113.2 | 236.3 | 1 335.6 | 114.2 |
| 204.7 | 111.7 | 36.3 | 225.0 | 124.1 | 38.4 | 260.0 | 136.4 |
| | | 35.3 | 193.7 | 114.7 | 39.3 | 209.0 | 120.7 |
| 563.8 | 116.8 | 126.1 | 588.9 | 118.6 | 140.7 | 663.4 | 125.5 |

1958年3月5日成立,以前为广西省。④海南省于1988年4月成立,以前为广东省管辖。⑤西藏自治区于1965年9月9日成

4—5 续表1

| 地区 | 1960年 | | | 1961年 | | | |
|---|---|---|---|---|---|---|---|
| | 总户数 | 总人口 | 性别比（女=100） | 总户数 | 总人口 | 性别比（女=100） | 总户数 |
| **总计** | **14 746.2** | **66 207.0** | **107.4** | **15 307.1** | **65 859.1** | **105.9** | **15 532.6** |
| 北京市 | 145.8 | 732.0 | 113.1 | 148.6 | 721.0 | 109.1 | 152.0 |
| 天津市 | | | | | | | |
| 河北省 | 968.7 | 4 429.1 | 105.4 | 1 003.1 | 4 403.5 | 102.7 | 1 019.1 |
| 山西省 | 400.9 | 1 712.0 | 115.8 | 420.2 | 1 709.9 | 112.7 | 431.5 |
| 内蒙古自治区 | 237.9 | 1 175.2 | 129.9 | 244.4 | 1 140.8 | 122.1 | 255.4 |
| 辽宁省 | 495.7 | 2 566.4 | 109.6 | 515.3 | 2 514.9 | 107.0 | 528.6 |
| 吉林省 | 270.7 | 1 404.7 | 114.0 | 285.6 | 1 414.3 | 110.7 | 300.9 |
| 黑龙江省 | 346.0 | 1 815.4 | 117.8 | 378.2 | 1 897.1 | 115.9 | 380.3 |
| 上海市 | 232.9 | 1 050.6 | 102.1 | 237.9 | 1 059.0 | 99.8 | 240.8 |
| 江苏省 | 1 041.0 | 4 272.6 | 100.6 | 1 060.4 | 4 244.1 | 98.9 | 1 083.6 |
| 浙江省 | 622.6 | 2 650.6 | 112.5 | 642.2 | 2 632.2 | 109.6 | 653.3 |
| 安徽省 | 743.4 | 3 085.6 | 106.9 | 757.6 | 2 987.7 | 106.5 | 769.5 |
| 福建省 | 336.1 | 1 594.7 | 110.3 | 348.5 | 1 597.8 | 107.4 | 348.9 |
| 江西省 | 471.5 | 2 018.8 | 109.6 | 484.5 | 2 022.7 | 106.9 | 487.3 |
| 山东省 | 1 218.4 | 5 219.1 | 101.4 | 1 262.3 | 5 265.4 | 99.9 | 1 273.8 |
| 河南省 | 1 060.2 | 4 846.3 | 103.6 | 1 147.9 | 4 803.2 | 100.4 | 1 139.3 |
| 湖北省 | 718.7 | 3 168.0 | 107.9 | 753.5 | 3 183.0 | 104.9 | 760.1 |
| 湖南省 | 867.3 | 3 589.4 | 109.6 | 932.1 | 3 508.0 | 107.8 | 928.1 |
| 广东省 | 948.7 | 3 995.1 | 104.9 | 952.2 | 4 035.7 | 102.4 | 973.5 |
| 广西壮族自治区 | 438.7 | 1 955.3 | 105.0 | 458.1 | 1 939.6 | 103.2 | 452.1 |
| 海南省 | | | | | | | |
| 四川省 | 1 494.6 | 6 854.0 | 107.2 | 1 562.8 | 6 467.3 | 104.3 | 1 600.8 |
| 贵州省 | 407.2 | 1 665.3 | 99.7 | 385.7 | 1 628.6 | 97.2 | 384.0 |
| 云南省 | 394.9 | 1 907.6 | 100.2 | 421.8 | 1 899.4 | 96.7 | 428.9 |
| 西藏自治区 | 24.4 | 112.9 | 93.7 | 24.4 | 112.9 | 93.5 | 26.3 |
| 陕西省 | 385.7 | 1 954.2 | 115.6 | 386.7 | 1 968.3 | 111.5 | 415.3 |
| 甘肃省 | 243.3 | 1 262.5 | 110.5 | 248.8 | 1 210.8 | 105.6 | 254.2 |
| 青海省 | 38.4 | 248.6 | 134.7 | 39.9 | 211.4 | 116.6 | 39.7 |
| 宁夏回族自治区 | 39.9 | 216.3 | 120.7 | 40.7 | 203.1 | 114.1 | 41.4 |
| 新疆维吾尔自治区 | 152.6 | 704.7 | 125.9 | 163.7 | 717.4 | 125.5 | 163.9 |
| 其他 | | | | | 360.0 | | |

单位:万户、万人

| 1962年 | | 1963年 | | | 1964年 | | |
| --- | --- | --- | --- | --- | --- | --- | --- |
| 总人口 | 性别比（女=100） | 总户数 | 总人口 | 性别比（女=100） | 总户数 | 总人口 | 性别比（女=100） |
| 67 295.5 | 105.3 | 15 637.0 | 69 172.0 | 105.6 | 15 759.0 | 70 499.1 | 105.2 |
| 723.6 | 106.2 | 154.3 | 747.4 | 106.0 | 156.0 | 765.4 | 105.9 |
| 4 496.0 | 102.1 | 1 029.0 | 4 593.9 | 103.8 | 1 031.2 | 4 625.7 | 104.7 |
| 1 745.3 | 111.9 | 257.9 | 1 215.4 | 119.1 | 437.3 | 1 824.4 | 112.3 |
| 1 171.8 | 119.6 | 435.8 | 1 790.1 | 112.3 | 263.7 | 1 253.7 | 118.0 |
| 2 549.0 | 106.2 | 534.0 | 2 653.1 | 105.9 | 539.8 | 2 734.2 | 105.6 |
| 1 476.4 | 108.7 | 305.7 | 1 537.1 | 108.7 | 313.8 | 1 595.2 | 108.8 |
| 1 893.5 | 112.3 | 388.0 | 1 972.0 | 111.8 | 403.9 | 2 053.3 | 110.7 |
| 1 057.9 | 98.1 | 241.6 | 1 073.6 | 98.5 | 241.1 | 1 086.2 | 98.5 |
| 4 333.7 | 98.9 | 1 105.6 | 4 441.1 | 99.5 | 1 098.2 | 4 511.8 | 101.1 |
| 2 706.5 | 109.2 | 656.1 | 2 800.5 | 108.9 | 659.1 | 2 874.6 | 109.0 |
| 3 133.2 | 106.3 | 767.2 | 3 232.3 | 106.1 | 769.9 | 3 181.2 | 107.0 |
| 1 639.7 | 107.2 | 488.1 | 2 100.7 | 106.0 | 361.8 | 1 703.5 | 107.6 |
| 2 058.5 | 105.9 | 355.1 | 1 678.4 | 107.2 | 487.0 | 2 143.6 | 106.4 |
| 5 425.7 | 100.4 | 1 287.5 | 5 585.4 | 100.8 | 1 281.5 | 5 605.7 | 101.0 |
| 4 940.2 | 101.2 | 1 129.0 | 5 036.3 | 101.8 | 1 130.7 | 5 099.3 | 102.4 |
| 3 273.9 | 104.0 | 753.6 | 3 349.8 | 104.5 | 756.7 | 3 418.0 | 105.1 |
| 3 600.3 | 108.2 | 920.5 | 3 715.2 | 107.7 | 920.2 | 3 785.1 | 108.0 |
| 4 134.9 | 102.4 | 982.2 | 4 247.3 | 102.9 | 989.6 | 4 347.5 | 103.7 |
| 1 990.2 | 102.5 | 457.7 | 2 066.1 | 103.6 | 470.0 | 2 122.2 | 104.6 |
| 6 485.6 | 102.7 | 1 613.9 | 6 695.8 | 102.9 | 1 633.5 | 6 898.3 | 103.8 |
| 1 664.3 | 98.6 | 384.4 | 1 703.6 | 99.7 | 391.9 | 1 752.0 | 103.3 |
| 1 963.7 | 96.9 | 433.4 | 2 021.1 | 97.6 | 442.6 | 2 088.4 | 99.2 |
| 121.3 | 93.5 | 26.3 | 121.4 | 93.5 | 25.5 | 125.1 | 91.3 |
| 2 007.8 | 110.1 | 418.2 | 2 056.0 | 110.1 | 425.9 | 2 099.9 | 110.2 |
| 1 240.0 | 105.7 | 257.2 | 1 249.2 | 107.0 | 260.7 | 1 290.0 | 108.2 |
| 205.0 | 112.5 | 41.7 | 209.7 | 111.1 | 43.6 | 219.5 | 111.8 |
| 198.9 | 110.7 | 41.4 | 206.7 | 110.9 | 42.9 | 214.9 | 110.7 |
| 698.6 | 115.7 | 171.6 | 712.8 | 114.0 | 180.9 | 744.2 | 114.6 |
| 360.0 | | | 360.0 | | | 336.2 | |

4—5 续表 2

| 地 区 | 1965年 | | | 1966年 | | | |
|---|---|---|---|---|---|---|---|
| | 总户数 | 总人口 | 性别比（女=100） | 总户数 | 总人口 | 性别比（女=100） | 总户数 |
| **总 计** | 15 953.5 | 72 537.7 | 104.9 | 16 098.0 | 74 542.0 | 105.1 | 16 341.0 |
| 北京市 | 156.7 | 776.3 | 106.5 | 156.0 | 771.0 | 106.7 | 159.0 |
| 天津市 | | | | | | | 88.0 |
| 河北省 | 1 040.5 | 4 723.7 | 104.1 | 1 052.0 | 4 823.0 | 104.9 | 975.0 |
| 山西省 | 442.4 | 1 871.6 | 111.8 | 447.0 | 1 911.0 | 111.9 | 453.0 |
| 内蒙古自治区 | 268.0 | 1 296.4 | 117.4 | 272.0 | 1 330.0 | 117.0 | 157.0 |
| 辽宁省 | 547.8 | 2 808.3 | 105.1 | 563.0 | 2 870.0 | 105.3 | 610.0 |
| 吉林省 | 318.5 | 1 639.1 | 107.7 | 322.0 | 1 679.0 | 107.3 | 371.0 |
| 黑龙江省 | 414.5 | 2 133.9 | 109.8 | 397.0 | 2 198.0 | 109.5 | 438.0 |
| 上海市 | 242.0 | 1 093.8 | 98.6 | 242.0 | 1 096.0 | 98.9 | 244.0 |
| 江苏省 | 1 110.1 | 4 623.7 | 100.7 | 1 102.0 | 4 748.0 | 101.5 | 1 091.0 |
| 浙江省 | 667.1 | 2 957.3 | 108.6 | 673.0 | 3 033.0 | 108.6 | 689.0 |
| 安徽省 | 781.5 | 3 285.6 | 106.3 | 793.0 | 3 407.0 | 106.6 | 805.0 |
| 福建省 | 365.3 | 1 759.8 | 107.3 | 371.0 | 1 814.0 | 107.3 | 375.0 |
| 江西省 | 490.1 | 2 209.5 | 106.0 | 495.0 | 2 284.0 | 106.1 | 499.0 |
| 山东省 | 1 288.7 | 5 710.7 | 100.7 | 1 300.0 | 5 851.0 | 101.0 | 1 310.0 |
| 河南省 | 1 144.1 | 5 239.9 | 102.1 | 1 161.0 | 5 389.0 | 102.9 | 1 178.0 |
| 湖北省 | 762.9 | 3 504.5 | 104.8 | 767.0 | 3 603.0 | 104.8 | 780.0 |
| 湖南省 | 934.1 | 3 901.5 | 107.7 | 939.0 | 4 010.0 | 107.8 | 953.0 |
| 广东省 | 936.9 | 4 231.3 | 102.5 | 945.0 | 4 347.0 | 102.8 | 969.0 |
| 广西壮族自治区 | 537.8 | 2 444.7 | 105.6 | 548.0 | 2 519.0 | 103.5 | 559.0 |
| 海南省 | | | | | | | |
| 四川省 | 1 651.8 | 7 137.0 | 103.7 | 1 668.0 | 7 368.0 | 104.0 | 1 704.0 |
| 贵州省 | 398.3 | 1 820.7 | 103.4 | 406.0 | 1 885.0 | 103.6 | 418.0 |
| 云南省 | 446.3 | 2 160.4 | 99.1 | 452.0 | 2 232.0 | 99.6 | 462.0 |
| 西藏自治区 | 27.9 | 135.7 | 93.2 | 21.0 | 136.0 | 94.3 | 25.0 |
| 陕西省 | 432.3 | 2 144.3 | 109.9 | 437.0 | 2 193.0 | 109.9 | 443.0 |
| 甘肃省 | 267.8 | 1 345.4 | 108.1 | 271.0 | 1 393.0 | 107.9 | 276.0 |
| 青海省 | 44.5 | 230.5 | 111.3 | 46.0 | 238.0 | 110.6 | 47.0 |
| 宁夏回族自治区 | 44.1 | 226.8 | 110.7 | 46.0 | 240.0 | 112.4 | 49.0 |
| 新疆维吾尔自治区 | 191.5 | 789.1 | 113.1 | 206.0 | 838.0 | 112.7 | 214.0 |
| 其 他 | | 336.2 | | | 336.0 | | |

单位:万户、万人

| 1967年 | | 1968年 | | | 1969年 | | |
|---|---|---|---|---|---|---|---|
| 总人口 | 性别比(女=100) | 总户数 | 总人口 | 性别比(女=100) | 总户数 | 总人口 | 性别比(女=100) |
| 76 368.2 | 105.0 | 16 671.0 | 78 534.2 | 105.0 | 17 072.0 | 80 671.2 | 104.8 |
| 782.0 | 106.3 | 163.0 | 782.0 | 105.8 | 167.0 | 767.0 | 105.1 |
| 437.0 | 105.2 | 89.0 | 437.0 | 105.2 | 93.0 | 427.0 | 104.3 |
| 4 463.0 | 104.9 | 990.0 | 4 560.0 | 108.7 | 1 018.0 | 4 664.0 | 104.4 |
| 1 947.0 | 112.3 | 461.0 | 1 999.0 | 111.5 | 470.0 | 2 049.0 | 111.7 |
| 694.0 | 123.2 | 161.0 | 712.0 | 123.2 | 168.0 | 736.0 | 123.0 |
| 3 198.0 | 105.3 | 636.0 | 3 269.0 | 104.7 | 654.0 | 3 341.0 | 105.2 |
| 1 961.0 | 106.6 | 378.0 | 2 014.0 | 106.6 | 391.0 | 2 071.0 | 106.7 |
| 2 411.0 | 109.7 | 470.0 | 2 491.0 | 107.4 | 491.0 | 2 595.0 | 107.6 |
| 1 106.0 | 99.3 | 248.0 | 1 109.0 | 99.5 | 252.0 | 1 094.0 | 98.5 |
| 4 862.0 | 101.5 | 1 145.0 | 4 996.0 | 101.8 | 1 184.0 | 5 119.0 | 100.9 |
| 3 102.0 | 108.0 | 706.0 | 3 171.0 | 108.1 | 722.0 | 3 253.0 | 108.1 |
| 3 523.0 | 106.6 | 817.0 | 3 641.0 | 107.5 | 829.0 | 3 762.0 | 108.1 |
| 1 861.0 | 107.0 | 384.0 | 1 918.0 | 106.5 | 394.0 | 1 974.0 | 107.1 |
| 2 354.0 | 106.9 | 514.0 | 2 410.0 | 105.3 | 532.0 | 2 504.0 | 105.9 |
| 5 909.0 | 101.1 | 1 325.0 | 6 086.0 | 101.1 | 1 369.0 | 6 265.0 | 100.9 |
| 5 538.0 | 102.8 | 1 195.0 | 5 694.0 | 102.9 | 1 212.0 | 5 848.0 | 102.8 |
| 3 688.0 | 105.6 | 799.0 | 3 807.0 | 104.8 | 829.0 | 3 922.0 | 104.5 |
| 4 122.0 | 107.8 | 967.0 | 4 239.0 | 107.8 | 981.0 | 4 358.0 | 107.8 |
| 4 456.0 | 103.3 | 976.0 | 4 586.0 | 103.3 | 990.0 | 4 702.0 | 103.3 |
| 2 594.0 | 104.9 | 570.0 | 2 670.0 | 104.8 | 555.0 | 2 745.0 | 105.8 |
| 7 589.0 | 103.6 | 1 704.0 | 7 850.0 | 103.4 | 1 748.0 | 8 092.0 | 103.5 |
| 1 957.0 | 101.3 | 429.0 | 2 035.0 | 100.5 | 441.0 | 2 108.0 | 101.1 |
| 2 284.0 | 99.7 | 474.0 | 2 367.0 | 99.6 | 478.0 | 2 423.0 | 100.2 |
| 137.0 | 95.7 | 26.0 | 140.0 | 94.4 | 26.0 | 142.0 | 94.5 |
| 2 243.0 | 109.8 | 449.0 | 2 295.0 | 109.8 | 455.0 | 2 348.0 | 109.8 |
| 1 438.0 | 107.5 | 281.0 | 1 488.0 | 107.5 | 284.0 | 1 535.0 | 107.2 |
| 250.0 | 110.1 | 48.0 | 261.0 | 110.5 | 54.0 | 272.0 | 110.9 |
| 254.0 | 109.9 | 43.0 | 263.0 | 110.4 | 51.0 | 275.0 | 109.9 |
| 872.0 | 111.1 | 223.0 | 908.0 | 110.2 | 234.0 | 944.0 | 108.8 |
| 336.2 | | | 336.2 | | | 336.2 | |

4—5 续表3

| 地区 | 1970年 | | | 1971年 | | | |
|---|---|---|---|---|---|---|---|
| | 总户数 | 总人口 | 性别比（女=100） | 总户数 | 总人口 | 性别比（女=100） | 总户数 |
| **总计** | **17 515.0** | **82 992.0** | **105.9** | **17 962.1** | **85 229.0** | **105.8** | **18 222.0** |
| 北京市 | 169.0 | 771.0 | 104.5 | 172.5 | 782.8 | 104.6 | 176.7 |
| 天津市 | 95.0 | 423.0 | 103.4 | 97.1 | 429.5 | 103.9 | 98.8 |
| 河北省 | 1 039.0 | 4 774.0 | 104.8 | 1 053.5 | 4 869.1 | 104.0 | 1 070.4 |
| 山西省 | 492.0 | 2 111.0 | 111.3 | 499.1 | 2 164.4 | 111.2 | 505.4 |
| 内蒙古自治区 | 175.0 | 744.0 | 134.0 | 173.8 | 779.1 | 120.0 | 180.0 |
| 辽宁省 | 678.0 | 3 389.0 | 105.1 | 688.1 | 3 446.8 | 104.8 | 696.3 |
| 吉林省 | 399.0 | 2 131.0 | 106.1 | 412.9 | 2 195.0 | 106.3 | 424.6 |
| 黑龙江省 | 513.0 | 2 685.0 | 107.7 | 533.2 | 2 800.1 | 107.7 | 549.7 |
| 上海市 | 253.0 | 1 072.0 | 98.5 | 255.9 | 1 066.8 | 98.0 | 261.3 |
| 江苏省 | 1 215.0 | 5 252.0 | 100.7 | 1 237.4 | 5 360.9 | 100.9 | 1 248.8 |
| 浙江省 | 742.0 | 3 316.0 | 108.0 | 755.8 | 3 389.9 | 108.3 | 766.5 |
| 安徽省 | 873.0 | 3 940.0 | 107.0 | 891.7 | 4 072.7 | 107.0 | 906.2 |
| 福建省 | 407.0 | 2 047.0 | 107.0 | 454.0 | 2 108.7 | 104.2 | 417.5 |
| 江西省 | 544.0 | 2 584.0 | 106.4 | 548.6 | 2 652.3 | 106.5 | 555.5 |
| 山东省 | 1 395.0 | 6 441.0 | 101.3 | 1 414.0 | 6 568.7 | 101.7 | 1 439.4 |
| 河南省 | 1 229.0 | 5 991.0 | 102.8 | 1 245.8 | 6 194.6 | 102.8 | 1 260.6 |
| 湖北省 | 833.0 | 4 027.0 | 104.7 | 842.0 | 4 131.9 | 105.1 | 852.1 |
| 湖南省 | 996.0 | 4 481.0 | 107.8 | 1 044.5 | 4 598.3 | 107.8 | 1 055.6 |
| 广东省 | 1 018.0 | 4 811.0 | 103.0 | 1 040.0 | 4 947.6 | 103.4 | 1 042.0 |
| 广西壮族自治区 | 574.0 | 2 817.0 | 105.2 | 585.9 | 2 898.4 | 105.4 | 592.8 |
| 海南省 | | | | | | | |
| 四川省 | 1 783.0 | 8 342.0 | 103.7 | 1 895.0 | 8 583.7 | 104.4 | 1 936.5 |
| 贵州省 | 452.0 | 2 180.0 | 103.4 | 459.3 | 2 259.0 | 103.7 | 475.6 |
| 云南省 | 495.0 | 2 509.0 | 100.4 | 494.4 | 2 592.7 | 99.2 | 510.2 |
| 西藏自治区 | 27.0 | 145.0 | 93.3 | 27.9 | 150.4 | 96.8 | 30.5 |
| 陕西省 | 472.0 | 2 427.0 | 108.7 | 485.5 | 2 492.3 | 109.3 | 491.2 |
| 甘肃省 | 296.0 | 1 588.0 | 107.0 | 292.4 | 1 642.9 | 107.1 | 308.0 |
| 青海省 | 51.0 | 283.0 | 109.6 | 53.4 | 295.6 | 108.5 | 54.5 |
| 宁夏回族自治区 | 54.0 | 285.0 | 108.0 | 55.2 | 294.9 | 108.3 | 56.5 |
| 新疆维吾尔自治区 | 246.0 | 976.0 | 107.7 | 253.2 | 1 009.9 | 107.0 | 258.8 |
| 其他 | | 450.0 | | | 450.0 | | |

单位:万户、万人

| 1972年 | | 1973年 | | | 1974年 | | |
|---|---|---|---|---|---|---|---|
| 总人口 | 性别比(女=100) | 总户数 | 总人口 | 性别比(女=100) | 总户数 | 总人口 | 性别比(女=100) |
| 87 177.2 | 105.8 | 18 554.8 | 89 211.2 | 105.9 | 18 905.7 | 90 859.3 | 105.9 |
| 793.0 | 103.9 | 180.4 | 806.2 | 104.3 | 183.7 | 814.7 | 104.2 |
| 436.9 | 103.9 | 149.5 | 679.9 | 103.2 | 153.2 | 689.2 | 103.8 |
| 4 961.3 | 104.4 | 1 040.7 | 4 803.7 | 104.6 | 1 058.7 | 4 861.2 | 104.7 |
| 2 213.1 | 111.6 | 515.6 | 2 257.3 | 111.4 | 524.8 | 2 301.9 | 111.2 |
| 802.4 | 118.3 | 185.1 | 821.1 | 118.0 | 189.6 | 839.0 | 117.2 |
| 3 490.6 | 104.8 | 712.0 | 3 548.3 | 104.6 | 724.4 | 3 591.6 | 104.7 |
| 2 249.7 | 105.8 | 435.6 | 2 302.3 | 106.0 | 447.0 | 2 336.0 | 105.9 |
| 2 906.9 | 107.4 | 573.4 | 3 016.3 | 107.4 | 597.6 | 3 113.0 | 107.3 |
| 1 064.1 | 97.7 | 265.9 | 1 070.0 | 98.1 | 269.4 | 1 073.8 | 98.1 |
| 5 433.8 | 101.1 | 1 268.4 | 5 505.7 | 101.5 | 1 290.0 | 5 565.7 | 101.6 |
| 3 450.8 | 108.1 | 782.6 | 3 512.9 | 108.1 | 802.2 | 3 560.9 | 108.0 |
| 4 199.3 | 106.4 | 926.7 | 4 316.8 | 106.6 | 938.1 | 4 408.9 | 106.7 |
| 2 150.7 | 106.6 | 425.7 | 2 210.4 | 106.7 | 439.6 | 2 257.9 | 106.6 |
| 2 723.0 | 106.3 | 563.3 | 2 810.5 | 106.3 | 572.8 | 2 888.3 | 106.4 |
| 6 683.1 | 101.6 | 1 454.8 | 6 793.1 | 101.9 | 1 473.7 | 6 876.0 | 101.9 |
| 6 344.5 | 103.3 | 1 286.8 | 6 516.8 | 102.9 | 1 311.2 | 6 647.4 | 103.0 |
| 4 215.7 | 104.9 | 860.6 | 4 294.6 | 105.1 | 875.4 | 4 348.8 | 105.2 |
| 4 700.6 | 107.8 | 1 069.7 | 4 809.8 | 108.0 | 1 082.9 | 4 900.9 | 108.1 |
| 5 057.1 | 103.3 | 1 051.4 | 5 175.2 | 103.7 | 1 064.7 | 5 268.4 | 103.8 |
| 2 973.1 | 105.9 | 600.8 | 3 056.7 | 105.9 | 609.3 | 3 130.1 | 106.0 |
| 8 817.3 | 104.1 | 1 975.1 | 9 065.7 | 104.4 | 2 018.7 | 9 270.6 | 104.4 |
| 2 323.2 | 103.4 | 482.1 | 2 395.2 | 103.1 | 492.9 | 2 463.4 | 103.1 |
| 2 663.1 | 99.4 | 517.2 | 2 746.9 | 99.5 | 525.2 | 2 819.0 | 99.8 |
| 159.0 | 94.0 | 31.1 | 162.8 | 94.9 | 31.1 | 164.9 | 94.6 |
| 2 553.6 | 108.6 | 502.3 | 2 610.2 | 108.6 | 515.0 | 2 655.4 | 108.4 |
| 1 694.5 | 106.9 | 316.2 | 1 744.5 | 106.9 | 323.6 | 1 781.2 | 106.8 |
| 307.1 | 108.0 | 55.7 | 318.2 | 107.6 | 57.4 | 328.8 | 106.9 |
| 306.0 | 107.8 | 58.7 | 316.8 | 107.8 | 60.8 | 326.5 | 107.5 |
| 1 053.7 | 106.7 | 267.4 | 1 093.3 | 106.4 | 272.7 | 1 125.8 | 105.6 |
| 450.0 | | | 450.0 | | | 450.0 | |

4—5 续表4

| 地区 | 1975年 | | | 1976年 | | | |
|---|---|---|---|---|---|---|---|
| | 总户数 | 总人口 | 性别比（女=100） | 总户数 | 总人口 | 性别比（女=100） | 总户数 |
| **总计** | **19 310.6** | **92 420.1** | **106.0** | **19 787.7** | **93 717.5** | **106.2** | **20 235.6** |
| 北京市 | 188.2 | 822.6 | 104.2 | 192.6 | 828.8 | 104.0 | 198.9 |
| 天津市 | 157.3 | 699.8 | 104.0 | 161.5 | 704.2 | 104.3 | 166.0 |
| 河北省 | 1 078.9 | 4 913.4 | 104.8 | 1 101.0 | 4 943.4 | 105.2 | 1 125.2 |
| 山西省 | 533.1 | 2 340.0 | 110.9 | 547.2 | 2 373.0 | 110.9 | 550.2 |
| 内蒙古自治区 | 195.4 | 853.1 | 116.4 | 200.4 | 866.3 | 116.3 | 203.8 |
| 辽宁省 | 736.6 | 3 622.3 | 105.0 | 756.3 | 3 655.0 | 104.9 | 780.1 |
| 吉林省 | 458.2 | 2 371.4 | 105.8 | 475.6 | 2 406.2 | 105.8 | 489.9 |
| 黑龙江省 | 620.0 | 3 182.9 | 107.2 | 641.0 | 3 251.8 | 106.8 | 659.8 |
| 上海市 | 271.9 | 1 076.7 | 98.1 | 278.8 | 1 081.3 | 98.1 | 287.0 |
| 江苏省 | 1 315.6 | 5 636.1 | 101.8 | 1 348.2 | 5 700.8 | 102.0 | 1 385.5 |
| 浙江省 | 826.8 | 3 614.5 | 108.1 | 853.0 | 3 662.8 | 108.0 | 878.7 |
| 安徽省 | 952.9 | 4 492.6 | 106.8 | 970.3 | 4 557.7 | 107.0 | 996.8 |
| 福建省 | 450.3 | 2 310.3 | 106.8 | 467.6 | 2 361.9 | 106.8 | 477.6 |
| 江西省 | 582.0 | 2 968.5 | 106.7 | 595.5 | 3 048.2 | 106.8 | 605.6 |
| 山东省 | 1 510.2 | 6 971.5 | 102.2 | 1 540.0 | 7 038.1 | 102.4 | 1 575.9 |
| 河南省 | 1 341.6 | 6 757.6 | 103.4 | 1 377.2 | 6 851.9 | 103.7 | 1 405.8 |
| 湖北省 | 886.5 | 4 408.1 | 105.4 | 911.9 | 4 466.7 | 105.4 | 924.6 |
| 湖南省 | 1 092.3 | 4 991.4 | 108.2 | 1 125.4 | 5 056.8 | 108.4 | 1 149.8 |
| 广东省 | 1 083.1 | 5 355.3 | 104.2 | 1 104.1 | 5 427.1 | 104.4 | 1 128.8 |
| 广西壮族自治区 | 618.2 | 3 201.0 | 106.2 | 627.8 | 3 267.4 | 106.3 | 644.8 |
| 海南省 | | | | | | | |
| 四川省 | 2 079.3 | 9 467.2 | 104.6 | 2 132.0 | 9 578.5 | 105.0 | 2 162.1 |
| 贵州省 | 506.0 | 2 531.0 | 103.2 | 521.2 | 2 585.1 | 103.2 | 530.3 |
| 云南省 | 538.3 | 2 884.3 | 100.0 | 542.0 | 2 951.7 | 100.2 | 564.0 |
| 西藏自治区 | 34.1 | 170.2 | 95.1 | 32.2 | 172.1 | 94.8 | 32.9 |
| 陕西省 | 524.9 | 2 692.1 | 108.4 | 537.4 | 2 721.8 | 108.4 | 549.5 |
| 甘肃省 | 330.4 | 1 806.6 | 106.9 | 335.0 | 1 828.6 | 107.0 | 340.7 |
| 青海省 | 58.9 | 337.5 | 107.6 | 61.1 | 346.6 | 107.5 | 63.4 |
| 宁夏回族自治区 | 63.5 | 337.6 | 108.1 | 65.8 | 347.9 | 107.8 | 67.8 |
| 新疆维吾尔自治区 | 276.1 | 1 154.5 | 105.6 | 285.6 | 1 185.8 | 105.1 | 290.1 |
| 其他 | | 450.0 | | | 450.0 | | |

单位:万户、万人

| 1977年 | | 1978年 | | | 1979年 | | |
|---|---|---|---|---|---|---|---|
| 总人口 | 性别比（女=100） | 总户数 | 总人口 | 性别比（女=100） | 总户数 | 总人口 | 性别比（女=100） |
| **94 773.5** | **106.2** | **20 641.0** | **96 259.1** | **106.2** | **20 985.9** | **97 542.7** | **106.0** |
| 838.4 | 103.7 | 205.5 | 849.9 | 103.5 | 214.6 | 870.8 | 102.7 |
| 710.2 | 104.2 | 170.7 | 721.1 | 103.7 | 174.8 | 741.4 | 103.3 |
| 4 998.2 | 105.2 | 1 150.8 | 5 057.5 | 105.4 | 1 175.6 | 5 104.6 | 105.4 |
| 2 398.4 | 110.7 | 558.0 | 2 423.6 | 110.7 | 568.2 | 2 447.2 | 110.4 |
| 879.3 | 115.7 | 208.1 | 890.0 | 115.1 | 394.8 | 1 851.8 | 110.2 |
| 3 691.4 | 104.8 | 810.3 | 3 743.5 | 104.7 | 767.3 | 3 442.6 | 104.2 |
| 2 437.0 | 105.7 | 511.4 | 2 473.5 | 105.3 | 464.4 | 2 184.6 | 105.0 |
| 3 312.2 | 106.8 | 681.9 | 3 376.0 | 106.7 | 657.7 | 3 168.7 | 105.8 |
| 1 086.5 | 98.0 | 291.7 | 1 098.3 | 97.7 | 296.7 | 1 132.1 | 98.0 |
| 5 765.3 | 102.1 | 1 423.1 | 5 834.3 | 102.3 | 1 443.6 | 5 892.6 | 102.4 |
| 3 707.1 | 108.0 | 897.6 | 3 751.0 | 108.1 | 905.3 | 3 792.3 | 107.8 |
| 4 627.6 | 107.2 | 1 018.5 | 4 713.0 | 107.3 | 1 035.5 | 4 803.2 | 107.2 |
| 2 411.2 | 106.8 | 484.5 | 2 452.8 | 107.2 | 493.1 | 2 487.9 | 106.5 |
| 3 118.0 | 106.8 | 615.4 | 3 182.8 | 106.7 | 623.3 | 3 229.0 | 106.6 |
| 7 098.7 | 102.5 | 1 611.0 | 7 159.6 | 102.5 | 1 639.4 | 7 231.6 | 102.5 |
| 6 957.1 | 103.8 | 1 430.9 | 7 066.6 | 103.8 | 1 460.8 | 7 189.4 | 103.8 |
| 4 520.7 | 105.5 | 940.0 | 4 574.9 | 105.5 | 954.6 | 4 632.8 | 105.3 |
| 5 111.8 | 108.3 | 1 167.5 | 5 165.9 | 108.2 | 1 184.8 | 5 223.1 | 108.0 |
| 5 501.9 | 104.4 | 1 150.7 | 5 592.6 | 104.4 | 1 167.1 | 5 680.8 | 104.4 |
| 3 328.9 | 106.3 | 665.0 | 3 401.6 | 106.3 | 666.0 | 3 470.3 | 106.1 |
| 9 659.4 | 105.2 | 2 164.9 | 9 707.5 | 105.3 | 2 183.4 | 9 774.2 | 105.4 |
| 2 640.1 | 103.3 | 538.7 | 2 686.4 | 103.3 | 546.4 | 2 731.0 | 103.2 |
| 3 024.6 | 100.4 | 571.8 | 3 091.5 | 100.4 | 577.5 | 3 134.8 | 100.2 |
| 175.4 | 94.8 | 34.8 | 178.8 | 95.4 | 34.4 | 182.9 | 95.8 |
| 2 751.1 | 108.2 | 560.8 | 2 779.5 | 108.1 | 572.3 | 2 807.1 | 107.8 |
| 1 850.2 | 106.8 | 350.8 | 1 872.9 | 106.8 | 354.6 | 1 893.8 | 106.6 |
| 356.8 | 107.7 | 65.4 | 364.9 | 107.8 | 67.5 | 372.0 | 106.9 |
| 357.0 | 107.4 | 69.1 | 366.1 | 107.5 | 69.0 | 364.1 | 106.8 |
| 1 209.0 | 104.8 | 292.1 | 1 233.0 | 104.5 | 293.2 | 1 256.0 | 104.4 |
| 450.0 | | | 450.0 | | | 450.0 | |

4—5 续表 5

| 地区 | 1980年 | | | 1981年 | | | |
|---|---|---|---|---|---|---|---|
| | 总户数 | 总人口 | 性别比（女=100） | 总户数 | 总人口 | 性别比（女=100） | 总户数 |
| **总计** | **21 396.3** | **98 705.6** | **106.0** | **22 056.7** | **100 072.2** | **106.1** | **22 537.9** |
| 北京市 | 223.2 | 886.0 | 102.5 | 234.8 | 901.9 | 102.8 | 245.0 |
| 天津市 | 179.7 | 751.4 | 103.4 | 188.6 | 762.8 | 103.4 | 196.6 |
| 河北省 | 1 207.2 | 5 167.6 | 105.3 | 1 245.0 | 5 256.3 | 104.9 | 1 271.3 |
| 山西省 | 581.2 | 2 476.4 | 110.4 | 595.0 | 2 508.8 | 109.5 | 597.7 |
| 内蒙古自治区 | 402.7 | 1 876.5 | 110.0 | 419.1 | 1 902.9 | 109.6 | 428.2 |
| 辽宁省 | 792.2 | 3 486.9 | 104.2 | 840.1 | 3 534.8 | 104.1 | 874.6 |
| 吉林省 | 479.6 | 2 210.7 | 105.0 | 497.7 | 2 230.9 | 104.8 | 509.9 |
| 黑龙江省 | 680.0 | 3 203.8 | 105.2 | 707.7 | 3 239.3 | 105.1 | 729.6 |
| 上海市 | 303.9 | 1 146.3 | 98.6 | 314.6 | 1 162.8 | 99.1 | 321.7 |
| 江苏省 | 1 471.8 | 5 938.2 | 102.4 | 1 518.9 | 6 010.2 | 102.9 | 1 554.8 |
| 浙江省 | 923.6 | 3 826.6 | 107.9 | 965.9 | 3 871.5 | 107.7 | 990.7 |
| 安徽省 | 1 051.0 | 4 892.8 | 107.1 | 1 065.2 | 4 956.6 | 107.3 | 1 090.6 |
| 福建省 | 499.7 | 2 517.8 | 106.4 | 519.6 | 2 556.9 | 106.5 | 533.3 |
| 江西省 | 644.7 | 3 270.2 | 106.5 | 650.2 | 3 303.9 | 106.4 | 658.5 |
| 山东省 | 1 672.2 | 7 296.4 | 102.5 | 1 733.7 | 7 394.8 | 102.9 | 1 769.6 |
| 河南省 | 1 480.5 | 7 285.4 | 103.8 | 1 521.6 | 7 397.0 | 103.8 | 1 564.9 |
| 湖北省 | 975.0 | 4 684.4 | 105.2 | 1 006.7 | 4 740.3 | 105.3 | 1 028.4 |
| 湖南省 | 1 197.9 | 5 281.0 | 107.9 | 1 228.8 | 5 360.1 | 108.0 | 1 251.3 |
| 广东省 | 1 180.0 | 5 780.2 | 104.5 | 1 204.2 | 5 884.1 | 104.7 | 1 226.2 |
| 广西壮族自治区 | 676.2 | 3 538.4 | 106.1 | 694.4 | 3 612.8 | 106.3 | 706.2 |
| 海南省 | | | | | | | |
| 四川省 | 2 211.8 | 9 819.6 | 105.6 | 2 278.7 | 9 924.0 | 105.9 | 2 315.4 |
| 贵州省 | 552.9 | 2 776.7 | 103.1 | 566.4 | 2 826.8 | 103.8 | 576.9 |
| 云南省 | 590.9 | 3 173.4 | 100.4 | 605.8 | 3 222.8 | 101.4 | 617.5 |
| 西藏自治区 | 34.4 | 185.3 | 95.5 | 35.8 | 186.0 | 96.3 | 34.3 |
| 陕西省 | 584.8 | 2 831.4 | 107.7 | 603.5 | 2 864.5 | 107.8 | 621.1 |
| 甘肃省 | 361.9 | 1 918.4 | 106.6 | 369.7 | 1 941.4 | 107.2 | 376.6 |
| 青海省 | 68.4 | 376.9 | 106.3 | 69.8 | 381.6 | 106.3 | 72.4 |
| 宁夏回族自治区 | 70.1 | 373.7 | 106.8 | 72.3 | 383.4 | 106.6 | 74.5 |
| 新疆维吾尔自治区 | 298.8 | 1 283.2 | 104.2 | 302.9 | 1 303.0 | 104.9 | 300.1 |
| 其他 | | 450.0 | | | 450.0 | | |

单位:万户、万人

| 1982年 | | 1983年 | | | 1984年 | | |
|---|---|---|---|---|---|---|---|
| 总人口 | 性别比(女=100) | 总户数 | 总人口 | 性别比(女=100) | 总户数 | 总人口 | 性别比(女=100) |
| **101 540.7** | **106.3** | **23 000.4** | **102 495.1** | **106.5** | **23 475.5** | **103 475.3** | **106.7** |
| 919.0 | 102.9 | 255.1 | 933.5 | 103.5 | 263.1 | 947.1 | 103.7 |
| 777.9 | 103.5 | 203.5 | 788.6 | 103.6 | 210.0 | 798.9 | 103.6 |
| 5 356.3 | 104.9 | 1 296.3 | 5 420.2 | 105.1 | 1 321.5 | 5 487.5 | 105.3 |
| 2 546.0 | 109.4 | 612.5 | 2 572.3 | 109.8 | 622.7 | 2 600.4 | 110.2 |
| 1 937.3 | 109.4 | 440.0 | 1 955.5 | 109.4 | 450.0 | 1 985.3 | 109.6 |
| 3 592.1 | 104.1 | 896.6 | 3 629.1 | 104.3 | 920.5 | 3 654.8 | 104.4 |
| 2 257.6 | 104.8 | 523.2 | 2 269.5 | 105.0 | 533.4 | 2 284.5 | 105.1 |
| 3 281.1 | 104.7 | 743.4 | 3 305.7 | 104.8 | 754.6 | 3 295.4 | 105.0 |
| 1 180.5 | 99.5 | 330.6 | 1 194.0 | 99.9 | 340.8 | 1 204.8 | 100.1 |
| 6 088.9 | 103.3 | 1 574.5 | 6 135.0 | 103.6 | 1 597.8 | 6 171.4 | 103.8 |
| 3 924.3 | 107.7 | 1 014.0 | 3 963.1 | 107.8 | 1 038.8 | 3 993.1 | 107.8 |
| 5 015.9 | 107.6 | 1 124.0 | 5 056.4 | 108.1 | 1 137.6 | 5 102.9 | 108.3 |
| 2 604.0 | 106.4 | 545.6 | 2 639.8 | 106.6 | 557.6 | 2 676.8 | 106.7 |
| 3 348.3 | 106.5 | 664.5 | 3 384.3 | 106.7 | 685.2 | 3420.6 | 107.0 |
| 7 494.3 | 103.2 | 1 799.5 | 7 563.6 | 103.5 | 1 827.1 | 7 637.1 | 103.7 |
| 7 519.4 | 104.1 | 1 596.4 | 7 591.4 | 104.6 | 1 633.4 | 7 646.1 | 104.9 |
| 4 800.9 | 105.5 | 1 049.6 | 4 835.3 | 105.8 | 1 069.0 | 4 876.1 | 106.2 |
| 5 452.1 | 108.0 | 1 273.1 | 5 509.4 | 108.3 | 1 299.3 | 5 561.3 | 108.5 |
| 5 986.7 | 104.9 | 1 253.4 | 6 074.8 | 105.4 | 1 292.3 | 6 165.9 | 105.8 |
| 3 684.1 | 106.8 | 718.1 | 3 732.9 | 107.1 | 734.2 | 3 805.8 | 107.2 |
| 10 022.1 | 106.4 | 2 351.3 | 10 075.5 | 106.6 | 2 387.1 | 10 111.8 | 106.8 |
| 2 875.2 | 104.7 | 587.3 | 2 901.5 | 104.8 | 596.2 | 2 931.9 | 105.0 |
| 3 283.1 | 102.0 | 634.8 | 3 319.1 | 102.2 | 649.6 | 3 362.3 | 102.6 |
| 189.2 | 96.6 | 36.0 | 193.1 | 95.9 | 35.3 | 196.7 | 96.5 |
| 2 904.1 | 107.9 | 635.7 | 2 930.9 | 108.4 | 655.3 | 2 965.7 | 108.9 |
| 1 974.9 | 107.1 | 390.9 | 1 987.5 | 107.2 | 399.4 | 2 015.6 | 107.1 |
| 392.8 | 105.8 | 73.3 | 392.6 | 105.6 | 76.3 | 401.6 | 105.3 |
| 393.0 | 106.6 | 75.7 | 398.3 | 106.7 | 78.5 | 406.1 | 106.6 |
| 1 315.9 | 105.4 | 301.5 | 1 318.5 | 104.5 | 308.9 | 1 344.1 | 104.6 |
| 423.7 | | | 423.7 | | | 423.7 | |

4—5 续表 6

| 地区 | 1985年 | | | 1986年 | | | |
|---|---|---|---|---|---|---|---|
| | 总户数 | 总人口 | 性别比（女=100） | 总户数 | 总人口 | 性别比（女=100） | 总户数 |
| **总计** | **24 133.6** | **104 532.1** | **106.9** | **24 927.0** | **105 721.2** | **106.8** | **25 834.1** |
| 北京市 | 274.1 | 960.3 | 103.9 | 284.6 | 975.1 | 104.2 | 299.4 |
| 天津市 | 216.9 | 808.4 | 103.8 | 221.9 | 818.8 | 103.9 | 230.9 |
| 河北省 | 1 351.5 | 5 547.5 | 105.8 | 1 384.4 | 5 617.0 | 105.8 | 1 422.0 |
| 山西省 | 631.7 | 2 626.5 | 110.5 | 647.9 | 2 655.1 | 110.4 | 668.7 |
| 内蒙古自治区 | 461.6 | 2 006.7 | 109.3 | 473.6 | 2 029.3 | 109.2 | 486.9 |
| 辽宁省 | 951.4 | 3 686.2 | 104.5 | 977.5 | 3 726.0 | 104.5 | 1 011.8 |
| 吉林省 | 546.1 | 2 298.0 | 105.1 | 558.3 | 2 315.3 | 105.1 | 572.7 |
| 黑龙江省 | 771.9 | 3 311.4 | 104.8 | 789.2 | 3 331.6 | 105.0 | 810.3 |
| 上海市 | 352.7 | 1 216.7 | 100.5 | 364.9 | 1 232.3 | 100.9 | 380.2 |
| 江苏省 | 1 640.2 | 6 213.5 | 104.0 | 1 681.1 | 6 269.9 | 104.2 | 1 723.7 |
| 浙江省 | 1 081.2 | 4 029.6 | 107.8 | 1 122.1 | 4 070.1 | 107.9 | 1 167.3 |
| 安徽省 | 1 174.4 | 5 155.8 | 108.5 | 1 236.5 | 5 217.2 | 108.4 | 1 278.4 |
| 福建省 | 572.2 | 2 713.1 | 106.8 | 589.5 | 2 749.3 | 107.0 | 611.2 |
| 江西省 | 698.6 | 3 460.3 | 107.2 | 726.6 | 3 509.4 | 107.2 | 756.2 |
| 山东省 | 1 863.5 | 7 694.7 | 104.0 | 1 900.1 | 7 776.4 | 104.1 | 1 960.4 |
| 河南省 | 1 675.0 | 7 712.9 | 105.2 | 1 723.5 | 7 807.8 | 105.4 | 1 779.7 |
| 湖北省 | 1 119.1 | 4 930.9 | 106.2 | 1 162.2 | 4 989.0 | 106.5 | 1 211.2 |
| 湖南省 | 1 335.1 | 5 622.7 | 108.7 | 1 407.4 | 5 695.7 | 108.7 | 1 485.8 |
| 广东省 | 1 332.9 | 6 253.1 | 106.0 | 1 372.9 | 6 346.3 | 106.2 | 1 415.4 |
| 广西壮族自治区 | 756.9 | 3 872.9 | 107.4 | 782.6 | 3 945.9 | 107.5 | 807.6 |
| 海南省 | | | | | | | |
| 四川省 | 2 453.2 | 10 187.5 | 107.0 | 2 559.8 | 10 319.5 | 107.2 | 2 679.0 |
| 贵州省 | 614.2 | 2 967.9 | 105.1 | 634.6 | 3 008.0 | 105.2 | 661.7 |
| 云南省 | 667.4 | 3 406.2 | 102.9 | 690.6 | 3 455.6 | 103.1 | 721.4 |
| 西藏自治区 | 35.5 | 199.5 | 97.4 | 36.4 | 202.5 | 95.7 | 36.3 |
| 陕西省 | 676.8 | 3 001.7 | 109.0 | 698.3 | 3 042.6 | 109.2 | 723.8 |
| 甘肃省 | 410.2 | 2 041.3 | 107.4 | 420.3 | 2 071.1 | 107.1 | 438.5 |
| 青海省 | 78.9 | 407.4 | 104.8 | 81.2 | 412.5 | 104.6 | 83.5 |
| 宁夏回族自治区 | 80.8 | 414.6 | 106.4 | 84.0 | 424.3 | 106.5 | 88.0 |
| 新疆维吾尔自治区 | 309.6 | 1 361.1 | 104.9 | 315.0 | 1 383.6 | 104.9 | 322.1 |
| 其他 | | 423.7 | | | 324.0 | | |

单位:万户、万人

| 1987年 | | 1988年 | | | 1989年 | | |
|---|---|---|---|---|---|---|---|
| 总人口 | 性别比(女=100) | 总户数 | 总人口 | 性别比(女=100) | 总户数 | 总人口 | 性别比(女=100) |
| **107 240.4** | **106.9** | **26 932.7** | **108 978.0** | **106.9** | **27 888.0** | **110 676.0** | **106.9** |
| 992.6 | 104.1 | 310.8 | 1 003.9 | 103.9 | 322.5 | 1 024.7 | 103.9 |
| 832.4 | 103.9 | 241.6 | 843.4 | 103.8 | 249.4 | 856.9 | 103.8 |
| 5 695.8 | 105.8 | 1 468.1 | 5 791.9 | 105.7 | 1 508.7 | 5 888.4 | 105.6 |
| 2 690.8 | 110.3 | 693.8 | 2 731.4 | 110.0 | 718.3 | 2 774.4 | 100.1 |
| 2 053.6 | 109.6 | 502.5 | 2 083.1 | 109.4 | 516.6 | 2 112.5 | 109.3 |
| 3 777.4 | 104.5 | 1 046.6 | 3 825.5 | 104.6 | 1 084.5 | 3 876.0 | 104.4 |
| 2 336.4 | 105.0 | 589.2 | 2 357.4 | 105.2 | 612.5 | 2 395.4 | 105.2 |
| 3 364.0 | 104.9 | 830.7 | 3 401.5 | 104.9 | 858.3 | 3 442.4 | 104.9 |
| 1 249.5 | 101.3 | 394.9 | 1 262.4 | 101.5 | 406.8 | 1 276.4 | 101.7 |
| 6 348.0 | 104.4 | 1 834.3 | 6 438.3 | 104.5 | 1 903.4 | 6 535.9 | 104.5 |
| 4 121.2 | 107.7 | 1 211.1 | 4 169.9 | 107.6 | 1 240.4 | 4 208.9 | 107.5 |
| 5 286.6 | 108.4 | 1 339.1 | 5 377.1 | 108.3 | 1 397.6 | 5 469.2 | 108.2 |
| 2 800.5 | 106.9 | 634.8 | 2 845.3 | 106.9 | 652.8 | 2 889.0 | 107.0 |
| 3 559.0 | 107.3 | 785.8 | 3 633.4 | 107.1 | 818.6 | 3 695.2 | 107.2 |
| 7 889.5 | 104.4 | 2 039.0 | 8 009.2 | 104.5 | 2 115.2 | 8 180.9 | 104.5 |
| 7 933.5 | 105.6 | 1 862.9 | 8 079.8 | 105.6 | 1 933.6 | 8 231.1 | 105.8 |
| 5 058.1 | 106.5 | 1 272.7 | 5 144.3 | 106.4 | 1 316.3 | 5 223.9 | 106.5 |
| 5 782.6 | 108.8 | 1 562.4 | 5 915.7 | 108.6 | 1 623.0 | 6 013.6 | 108.6 |
| 6 447.2 | 106.3 | 1 326.1 | 5 928.3 | 106.2 | 1 358.6 | 6 025.0 | 106.3 |
| 4 016.4 | 107.6 | 831.4 | 4 088.1 | 107.6 | 866.9 | 4 150.0 | 107.7 |
| | | | 627.5 | 107.5 | 147.7 | 638.8 | 108.0 |
| 10 458.4 | 107.3 | 2 807.7 | 10 589.7 | 107.4 | 2 912.4 | 10 700.3 | 107.6 |
| 3 051.4 | 105.3 | 697.4 | 3 143.9 | 104.6 | 729.4 | 3 184.0 | 105.6 |
| 3 513.0 | 103.5 | 753.1 | 3 582.6 | 103.6 | 782.7 | 3 642.2 | 104.2 |
| 207.9 | 96.9 | 36.5 | 212.3 | 97.2 | 37.6 | 215.9 | 97.1 |
| 3 088.2 | 109.3 | 753.0 | 3 140.0 | 109.3 | 780.3 | 3 198.0 | 109.4 |
| 2 103.4 | 107.0 | 452.6 | 2 135.7 | 107.0 | 468.1 | 2 170.8 | 106.9 |
| 417.5 | 105.0 | 87.9 | 421.5 | 104.7 | 89.1 | 427.3 | 104.8 |
| 435.2 | 106.7 | 92.3 | 444.5 | 106.5 | 96.0 | 454.8 | 106.4 |
| 1 406.3 | 104.8 | 330.4 | 1 426.4 | 105.0 | 340.7 | 1 454.2 | 105.1 |
| 324.0 | | | 324.0 | | | 319.9 | |

4—5 续表 7

| 地区 | 1990年 | | |
| --- | --- | --- | --- |
| | 总户数 | 总人口 | 性别比（女=100） |
| **总计** | **28 830.0** | **113 274.2** | **106.3** |
| 北京市 | 335.0 | 1 035.7 | 103.6 |
| 天津市 | 258.4 | 870.5 | 103.6 |
| 河北省 | 1 583.8 | 6 116.8 | 105.1 |
| 山西省 | 740.6 | 2 845.2 | 109.6 |
| 内蒙古自治区 | 536.8 | 2 149.4 | 109.0 |
| 辽宁省 | 1 126.5 | 3 917.4 | 104.2 |
| 吉林省 | 637.2 | 2 440.2 | 104.7 |
| 黑龙江省 | 899.9 | 3 488.9 | 104.7 |
| 上海市 | 415.3 | 1 283.4 | 101.7 |
| 江苏省 | 1 956.9 | 6 671.7 | 104.3 |
| 浙江省 | 1 259.5 | 4 234.9 | 107.5 |
| 安徽省 | 1 444.7 | 5 660.7 | 107.6 |
| 福建省 | 679.7 | 2 999.8 | 106.4 |
| 江西省 | 852.5 | 3 761.4 | 107.3 |
| 山东省 | 2 204.1 | 8 423.6 | 104.2 |
| 河南省 | 2 014.0 | 8 564.4 | 105.5 |
| 湖北省 | 1 349.7 | 5 373.5 | 106.5 |
| 湖南省 | 1 661.4 | 6 110.6 | 108.4 |
| 广东省 | 1 411.1 | 6 246.3 | 105.9 |
| 广西壮族自治区 | 895.9 | 4 241.6 | 108.3 |
| 海南省 | 150.3 | 651.2 | 108.2 |
| 四川省 | 2 986.6 | 10 813.4 | 107.8 |
| 贵州省 | 749.1 | 3 237.0 | 106.4 |
| 云南省 | 812.0 | 3 694.5 | 105.0 |
| 西藏自治区 | 38.3 | 218.1 | 98.5 |
| 陕西省 | 802.0 | 3 275.0 | 108.8 |
| 甘肃省 | 486.7 | 2 229.9 | 107.1 |
| 青海省 | 91.5 | 434.8 | 105.0 |
| 宁夏回族自治区 | 100.9 | 465.7 | 106.1 |
| 新疆维吾尔自治区 | 349.6 | 1 498.7 | 105.5 |
| 其他 | | 319.9 | |

单位:万户、万人

| 1991年 | | | 1992年 | | |
|---|---|---|---|---|---|
| 总户数 | 总人口 | 性别比（女=100） | 总户数 | 总人口 | 性别比（女=100） |
| **29 457.9** | **114 510.8** | **106.8** | **30 039.0** | **115 563.0** | **106.9** |
| 343.1 | 1 042.9 | 103.4 | 349.3 | 1 048.7 | 103.3 |
| 262.8 | 876.6 | 103.5 | 266.8 | 882.7 | 103.3 |
| 1 613.2 | 6 183.2 | 105.0 | 1 650.1 | 6 249.3 | 104.9 |
| 754.6 | 2 883.4 | 109.4 | 766.5 | 2 919.1 | 109.6 |
| 548.7 | 2 164.8 | 108.7 | 559.7 | 2 178.5 | 108.7 |
| 1 146.0 | 3 938.5 | 104.2 | 1 166.9 | 3 957.9 | 104.1 |
| 648.9 | 2 459.7 | 104.8 | 661.2 | 2 474.0 | 104.7 |
| 921.4 | 3 510.7 | 104.6 | 932.8 | 3 526.2 | 104.6 |
| 425.8 | 1 287.2 | 101.7 | 431.7 | 1 289.4 | 101.7 |
| 1 987.5 | 6 733.9 | 104.4 | 2 015.2 | 6 767.5 | 104.5 |
| 1 276.8 | 4 261.4 | 107.4 | 1 297.8 | 4 285.9 | 107.3 |
| 1 481.3 | 5 744.0 | 107.6 | 1 500.3 | 5 817.5 | 107.6 |
| 693.5 | 3 039.0 | 106.6 | 707.5 | 3 066.9 | 106.6 |
| 872.8 | 3 801.9 | 107.5 | 887.7 | 3 827.0 | 107.6 |
| 2 261.5 | 8 534.0 | 104.1 | 2 325.1 | 8 579.8 | 104.0 |
| 2 064.9 | 8 687.0 | 105.6 | 2 118.0 | 8 811.5 | 105.8 |
| 1 383.2 | 5 446.8 | 106.2 | 1 407.8 | 5 513.6 | 106.3 |
| 1 696.9 | 6 167.0 | 108.4 | 1 723.1 | 6 209.2 | 108.6 |
| 1 454.5 | 6 349.0 | 106.0 | 1 504.6 | 6 463.2 | 106.1 |
| 918.2 | 4 294.5 | 108.4 | 949.7 | 4 359.4 | 109.0 |
| 155.4 | 661.5 | 108.6 | 158.2 | 671.3 | 109.0 |
| 3 030.6 | 10 886.8 | 107.9 | 3 064.0 | 10 942.9 | 108.0 |
| 767.9 | 3 271.4 | 106.5 | 776.9 | 3 301.0 | 106.8 |
| 837.4 | 3 734.7 | 105.2 | 857.9 | 3 767.1 | 105.5 |
| 39.2 | 221.8 | 97.0 | 40.2 | 225.3 | 96.9 |
| 817.7 | 3 309.9 | 109.0 | 836.1 | 3 340.3 | 109.2 |
| 499.0 | 2 258.0 | 107.0 | 512.6 | 2 288.1 | 107.2 |
| 93.6 | 439.4 | 105.1 | 96.4 | 443.1 | 104.8 |
| 103.5 | 473.8 | 106.1 | 107.1 | 482.3 | 106.2 |
| 358.0 | 1 528.0 | 105.5 | 367.5 | 1 554.1 | 105.5 |
| | 320.0 | | | 320.0 | |

# 二、市、镇人口

## 4—6 全国历年市、镇人口

单位:万人

| 年份 | 市镇总人口 | | | 市镇总人口中的非农业人口 | | |
|---|---|---|---|---|---|---|
| | 合计 | 市 | 镇 | 合计 | 市 | 镇 |
| 1954 | 9 253 | 5 768 | 3 485 | | | |
| 1955 | 9 361 | 5 884 | 3 477 | | | |
| 1956 | 9 715 | 6 343 | 3 372 | | | |
| 1957 | 10 619 | 6 902 | 3 717 | | | |
| 1958 | 13 685 | 9 794 | 3 891 | | | |
| 1959 | 14 981 | 10 428 | 4 553 | | | |
| 1960 | 16 348 | 11 771 | 4 577 | | | |
| 1961 | 14 783 | 10 277 | 4 506 | 10 603 | 7 004 | 3 599 |
| 1962 | 13 727 | 9 671 | 4 056 | 9 819 | 6 535 | 3 284 |
| 1963 | 13 369 | 9 255 | 4 114 | 10 007 | 6 607 | 3 400 |
| 1964 | 12 950 | 9 317 | 3 633 | 9 885 | 6 944 | 2 941 |
| 1965 | 13 045 | 9 252 | 3 793 | 10 170 | 7 087 | 3 083 |
| 1966 | 13 413 | 9 394 | 4 019 | 10 301 | 7 164 | 3 137 |
| 1967 | | 9 544 | | 10 609 | 7 221 | 3 388 |
| 1968 | | 9 587 | | 10 472 | 7 214 | 3 258 |
| 1969 | | 9 520 | | 10 401 | 7 058 | 3 343 |
| 1970 | 14 424 | 9 848 | 4 576 | 10 525 | 7 113 | 3 412 |
| 1971 | 14 493 | 10 047 | 4 446 | 10 709 | 7 331 | 3 378 |
| 1972 | 14 928 | 10 364 | 4 564 | 11 070 | 7 535 | 3 535 |
| 1973 | 15 340 | 10 610 | 4 730 | 11 349 | 7 690 | 3 659 |
| 1974 | 15 595 | 10 775 | 4 820 | 11 458 | 7 748 | 3 710 |
| 1975 | 16 056 | 11 105 | 4 951 | 11 609 | 7 852 | 3 757 |
| 1976 | 16 341 | 11 300 | 5 041 | 11 792 | 7 956 | 3 836 |
| 1977 | 16 668 | 11 515 | 5 153 | 11 956 | 8 055 | 3 901 |
| 1978 | 17 245 | 11 929 | 5 316 | 12 444 | 8 405 | 4 039 |
| 1979 | 18 496 | 12 940 | 5 556 | 13 312 | 9 037 | 4 275 |
| 1980 | 19 141 | 13 448 | 5 693 | 13 863 | 9 448 | 4 415 |
| 1981 | 20 172 | 14 332 | 5 840 | 14 320 | 9 828 | 4 492 |
| 1982 | 21 156 | 14 940 | 6 216 | 14 715 | 10 136 | 4 579 |
| 1983 | 24 123 | 17 895 | 6 228 | 15 234 | 10 752 | 4 482 |
| 1984 | 33 006 | 19 559 | 13 447 | 16 689 | 11 461 | 5 228 |
| 1985 | 38 244 | 21 611 | 16 633 | 17 971 | 12 250 | 5 721 |
| 1986 | 43 753 | 23 384 | 20 369 | 18 515 | 12 552 | 5 963 |
| 1987 | 50 101 | 26 435 | 23 666 | 19 441 | 13 298 | 6 143 |
| 1988 | 54 249 | 30 405 | 23 844 | 20 406 | 14 373 | 6 033 |
| 1989 | 57 383 | 31 890 | 25 493 | 21 170 | 14 934 | 6 236 |
| 1990 | 59 808 | 33 506 | 26 302 | 21 733 | 15 348 | 6 385 |
| 1991 | 61 888 | 34 717 | 27 171 | 22 292 | 15 756 | 6 536 |
| 1992 | 71 234 | 37 574 | 33 660 | 23 412 | 16 642 | 6 770 |

注:1. 本表为公安年报数。2. 总人口含现役军人数。3. 现役军人列为市镇人口和非农业人口统计。

# 4—7 省、自治区、直辖市部分年市、镇人口

单位:万人

| 地区 | 1957 | 1965 | | 1970 | | 1975 | | 1980 | |
|---|---|---|---|---|---|---|---|---|---|
| | 市镇人口 | 市镇人口 | 其中:非农业人口 | 市镇人口 | 其中:非农业人口 | 市镇人口 | 其中:非农业人口 | 市镇人口 | 其中:非农业人口 |
| **总计** | **10 619** | **13 045** | **10 170** | **14 424** | **10 525** | **16 055** | **11 609** | **19 140** | **13 863** |
| 北京市 | 401 | 505 | 432 | 470 | 387 | 511 | 423 | 572 | 487 |
| 天津市 | 323 | 435 | 343 | 423 | 306 | 469 | 340 | 512 | 388 |
| 河北省 | 573 | 441 | 297 | 495 | 321 | 560 | 380 | 671 | 469 |
| 山西省 | 289 | 307 | 222 | 352 | 246 | 438 | 281 | 503 | 337 |
| 内蒙古自治区 | 196 | 330 | 268 | 227 | 174 | 264 | 214 | 535 | 433 |
| 辽宁省 | 938 | 1 132 | 945 | 1 312 | 950 | 1 321 | 958 | 1 419 | 1 139 |
| 吉林省 | 384 | 579 | 463 | 697 | 503 | 767 | 572 | 854 | 639 |
| 黑龙江省 | 565 | 827 | 704 | 1 020 | 847 | 1 161 | 941 | 1 233 | 993 |
| 上海市 | 690 | 698 | 689 | 643 | 580 | 614 | 604 | 667 | 659 |
| 江苏省 | 766 | 688 | 556 | 663 | 504 | 741 | 559 | 902 | 717 |
| 浙江省 | 365 | 423 | 298 | 477 | 294 | 494 | 321 | 569 | 381 |
| 安徽省 | 317 | 388 | 310 | 432 | 331 | 523 | 378 | 663 | 452 |
| 福建省 | 191 | 357 | 235 | 399 | 243 | 439 | 257 | 498 | 300 |
| 江西省 | 235 | 372 | 250 | 391 | 257 | 491 | 305 | 614 | 377 |
| 山东省 | 536 | 662 | 373 | 817 | 412 | 895 | 449 | 1 030 | 545 |
| 河南省 | 528 | 576 | 355 | 641 | 380 | 793 | 443 | 895 | 558 |
| 湖北省 | 411 | 485 | 409 | 520 | 418 | 638 | 497 | 786 | 612 |
| 湖南省 | 315 | 406 | 331 | 445 | 355 | 532 | 405 | 671 | 499 |
| 广东省 | 541 | 717 | 542 | 773 | 544 | 876 | 598 | 1 069 | 733 |
| 广西壮族自治区 | 162 | 241 | 183 | 273 | 198 | 315 | 229 | 388 | 292 |
| 海南省 | | | | | | | | | |
| 四川省 | 780 | 864 | 664 | 946 | 701 | 1 038 | 776 | 1 336 | 902 |
| 贵州省 | 195 | 225 | 175 | 282 | 207 | 298 | 212 | 543 | 258 |
| 云南省 | 244 | 260 | 178 | 337 | 216 | 335 | 213 | 396 | 260 |
| 西藏自治区 | — | 11 | 11 | 14 | 6 | 15 | 12 | 24 | 18 |
| 陕西省 | 288 | 334 | 241 | 402 | 284 | 435 | 296 | 522 | 349 |
| 甘肃省 | 231 | 213 | 162 | 218 | 163 | 267 | 187 | 290 | 214 |
| 青海省 | 53 | 43 | 34 | 65 | 53 | 63 | 53 | 75 | 64 |
| 宁夏回族自治区 | — | 41 | 29 | 68 | 45 | 70 | 48 | 80 | 55 |
| 新疆维吾尔自治区 | 102 | 149 | 135 | 172 | 150 | 242 | 208 | 373 | 283 |
| 其他 | | 336 | 336 | 450 | 450 | 450 | 450 | 450 | 450 |

注:1988年以前海南省为广东省管辖。

4—7 续表1

单位:万人

| 地区 | 1985 | | 1986 | | 1987 | | 1988 | |
|---|---|---|---|---|---|---|---|---|
| | 市镇人口 | 其中:非农业人口 | 市镇人口 | 其中:非农业人口 | 市镇人口 | 其中:非农业人口 | 市镇人口 | 其中:非农业人口 |
| **总计** | **38 244** | **17 971** | **43 753** | **18 515** | **50 101** | **19 441** | **54 249** | **20 406** |
| 北京市 | 640 | 549 | 655 | 564 | 719 | 584 | 734 | 597 |
| 天津市 | 565 | 434 | 579 | 439 | 594 | 447 | 623 | 460 |
| 河北省 | 1 749 | 657 | 2 013 | 699 | 2 102 | 730 | 2 298 | 757 |
| 山西省 | 1 483 | 490 | 1 512 | 516 | 1 538 | 537 | 1 573 | 561 |
| 内蒙古自治区 | 870 | 522 | 927 | 541 | 989 | 563 | 1 020 | 586 |
| 辽宁省 | 2 482 | 1 425 | 2 570 | 1 448 | 2 680 | 1 495 | 2 783 | 1 538 |
| 吉林省 | 1 422 | 786 | 1 471 | 812 | 1 598 | 842 | 1 729 | 875 |
| 黑龙江省 | 1 929 | 1 183 | 2 038 | 1 205 | 2 145 | 1 266 | 2 332 | 1 315 |
| 上海市 | 749 | 736 | 780 | 752 | 799 | 768 | 812 | 782 |
| 江苏省 | 1 596 | 970 | 2 059 | 959 | 2 881 | 1 031 | 3 213 | 1 128 |
| 浙江省 | 1 534 | 599 | 1 780 | 589 | 2 127 | 615 | 2 399 | 636 |
| 安徽省 | 975 | 569 | 1 527 | 647 | 1 656 | 679 | 1 802 | 706 |
| 福建省 | 1 163 | 385 | 1 202 | 396 | 1 275 | 407 | 1 420 | 422 |
| 江西省 | 965 | 490 | 1 029 | 509 | 1 116 | 535 | 1 257 | 554 |
| 山东省 | 4 088 | 896 | 4 449 | 894 | 4 674 | 956 | 4 982 | 1 158 |
| 河南省 | 1 440 | 730 | 1 674 | 761 | 1 985 | 808 | 2 661 | 875 |
| 湖北省 | 1 883 | 886 | 2 357 | 939 | 3 627 | 1 019 | 3 837 | 1 062 |
| 湖南省 | 1 724 | 672 | 1 879 | 701 | 2 257 | 737 | 2 460 | 782 |
| 广东省 | 1 877 | 1 067 | 3 744 | 1 209 | 5 551 | 1 360 | 4 935 | 1 212 |
| 广西壮族自治区 | 1 483 | 385 | 1 506 | 397 | 1 529 | 417 | 2 152 | 552 |
| 海南省 | | | | | | | 442 | 107 |
| 四川省 | 2 599 | 1 164 | 2 823 | 1 204 | 2 947 | 1 235 | 3 225 | 1 295 |
| 贵州省 | 875 | 307 | 904 | 314 | 936 | 321 | 686 | 299 |
| 云南省 | 901 | 327 | 1 000 | 336 | 991 | 349 | 1 422 | 365 |
| 西藏自治区 | 21 | 18 | 25 | 17 | 26 | 19 | 28 | 19 |
| 陕西省 | 1 167 | 480 | 1 203 | 492 | 1 244 | 509 | 1 405 | 528 |
| 甘肃省 | 771 | 285 | 813 | 303 | 848 | 312 | 869 | 318 |
| 青海省 | 138 | 94 | 140 | 96 | 143 | 99 | 147 | 100 |
| 宁夏回族自治区 | 146 | 74 | 170 | 84 | 170 | 90 | 176 | 94 |
| 新疆维吾尔自治区 | 585 | 367 | 600 | 368 | 630 | 387 | 503 | 399 |
| 其他 | 424 | 424 | 324 | 324 | 324 | 324 | 324 | 324 |

4—7 续表 2 单位:万人

| 地区 | 1989 | | 1990 | | 1991 | | 1992 | |
|---|---|---|---|---|---|---|---|---|
| | 市镇人口 | 其中:非农业人口 | 市镇人口 | 其中:非农业人口 | 市镇人口 | 其中:非农业人口 | 市镇人口 | 其中:非农业人口 |
| **总计** | **57 383** | **21 170** | **59 807** | **21 734** | **61 888** | **22 292** | **70 914** | **23 092** |
| 北京市 | 748 | 612 | 759 | 621 | 883 | 640 | 892 | 648 |
| 天津市 | 636 | 469 | 645 | 478 | 655 | 483 | 660 | 487 |
| 河北省 | 2 563 | 794 | 2 733 | 808 | 2 889 | 833 | 3 055 | 887 |
| 山西省 | 1 644 | 580 | 1 699 | 599 | 1 724 | 609 | 1 788 | 625 |
| 内蒙古自治区 | 1 043 | 604 | 1 090 | 616 | 1 101 | 624 | 1 114 | 633 |
| 辽宁省 | 2 842 | 1 572 | 2 881 | 1 593 | 2 967 | 1 618 | 3 037 | 1 648 |
| 吉林省 | 1 778 | 898 | 1 888 | 920 | 1 908 | 935 | 2 060 | 961 |
| 黑龙江省 | 2 359 | 1 329 | 2 459 | 1 370 | 2 478 | 1 379 | 2 559 | 1 402 |
| 上海市 | 859 | 803 | 869 | 810 | 878 | 815 | 886 | 820 |
| 江苏省 | 3 494 | 1 203 | 3 686 | 1 240 | 3 975 | 1 277 | 4 334 | 1 340 |
| 浙江省 | 2 612 | 656 | 2 650 | 661 | 2 733 | 672 | 3 593 | 711 |
| 安徽省 | 1 903 | 725 | 1 967 | 739 | 2 008 | 769 | 3 838 | 884 |
| 福建省 | 1 529 | 441 | 1 698 | 455 | 1 801 | 466 | 2 364 | 502 |
| 江西省 | 1 350 | 573 | 1 419 | 589 | 1 493 | 606 | 1 570 | 629 |
| 山东省 | 5 217 | 1 240 | 5 481 | 1 316 | 5 583 | 1 374 | 5 801 | 1 483 |
| 河南省 | 2 884 | 924 | 3 087 | 971 | 3 213 | 1 010 | 3 307 | 1 065 |
| 湖北省 | 3 920 | 1 100 | 4 053 | 1 112 | 4 167 | 1 147 | 4 301 | 1 199 |
| 湖南省 | 2 597 | 811 | 2 679 | 830 | 2 738 | 848 | 2 812 | 894 |
| 广东省 | 5 486 | 1 376 | 5 739 | 1 438 | 5 835 | 1 504 | 5 980 | 1 603 |
| 广西壮族自治区 | 1 877 | 466 | 1 960 | 476 | 2 064 | 498 | 2 200 | 544 |
| 海南省 | 454 | 112 | 467 | 119 | 477 | 122 | 483 | 127 |
| 四川省 | 3 391 | 1 331 | 3 557 | 1 375 | 3 715 | 1 405 | 6 885 | 1 565 |
| 贵州省 | 1 004 | 344 | 1 074 | 351 | 1 230 | 365 | 2 216 | 396 |
| 云南省 | 1 522 | 379 | 1 500 | 387 | 1 536 | 396 | 1 581 | 414 |
| 西藏自治区 | 36 | 21 | 36 | 19 | 36 | 19 | 37 | 19 |
| 陕西省 | 1 439 | 545 | 1 483 | 559 | 1 515 | 573 | 1 546 | 594 |
| 甘肃省 | 890 | 332 | 914 | 339 | 927 | 347 | 945 | 359 |
| 青海省 | 151 | 102 | 153 | 103 | 155 | 104 | 157 | 105 |
| 宁夏回族自治区 | 178 | 96 | 189 | 103 | 197 | 106 | 209 | 109 |
| 新疆维吾尔自治区 | 657 | 412 | 672 | 417 | 687 | 428 | 704 | 439 |
| 其他 | 320 | 320 | 320 | 320 | 320 | 320 | 320 | 320 |

## 4—8 全国历年按非农业人口分组的市数

单位:个

| 年份 | 总计 | 10万人以下 | 10—30万人 | 30—50万人 | 50—100万人 | 100—200万人 | 200万人以上 |
|---|---|---|---|---|---|---|---|
| 1959 | 183 | 42 | 81 | 24 | 21 | 10 | 5 |
| 1960 | | | | | | | |
| 1961 | 208 | 55 | 88 | 26 | 24 | 9 | 6 |
| 1962 | 198 | 55 | 81 | 27 | 21 | 8 | 6 |
| 1963 | 174 | 35 | 77 | 28 | 19 | 9 | 6 |
| 1964 | 169 | 44 | 71 | 23 | 18 | 8 | 5 |
| 1965 | 171 | 44 | 73 | 23 | 18 | 8 | 5 |
| 1966 | 175 | 42 | 78 | 22 | 20 | 8 | 5 |
| 1967 | 175 | 41 | 78 | 23 | 20 | 8 | 5 |
| 1968 | 175 | 41 | 80 | 22 | 19 | 8 | 5 |
| 1969 | 175 | 36 | 82 | 25 | 21 | 6 | 5 |
| 1970 | 176 | 40 | 81 | 23 | 21 | 6 | 5 |
| 1971 | 180 | 39 | 83 | 22 | 25 | 6 | 5 |
| 1972 | 181 | 36 | 84 | 26 | 23 | 7 | 5 |
| 1973 | 181 | 33 | 87 | 24 | 24 | 8 | 5 |
| 1974 | 181 | 31 | 89 | 24 | 24 | 8 | 5 |
| 1975 | 184 | 33 | 87 | 26 | 25 | 8 | 5 |
| 1976 | 187 | 32 | 90 | 27 | 25 | 8 | 5 |
| 1977 | 189 | 32 | 90 | 28 | 26 | 8 | 5 |
| 1978 | 191 | 29 | 91 | 31 | 27 | 7 | 6 |
| 1979 | 203 | 32 | 93 | 35 | 28 | 9 | 6 |
| 1980 | 217 | 43 | 98 | 31 | 30 | 8 | 7 |
| 1981 | 229 | 49 | 103 | 31 | 28 | 11 | 7 |
| 1982 | 239 | 55 | 105 | 31 | 28 | 13 | 7 |
| 1983 | 271 | 62 | 126 | 35 | 26 | 13 | 7 |
| 1984 | 295 | 69 | 137 | 39 | 30 | 12 | 8 |
| 1985 | 324 | 77 | 150 | 45 | 30 | 14 | 8 |
| 1986 | 347 | 92 | 159 | 42 | 31 | 15 | 8 |
| 1987 | 381 | 105 | 171 | 50 | 30 | 17 | 8 |
| 1988 | 432 | 114 | 210 | 50 | 30 | 19 | 9 |
| 1989 | 446 | 116 | 218 | 54 | 28 | 21 | 9 |
| 1990 | 461 | 121 | 221 | 60 | 28 | 22 | 9 |
| 1991 | 475 | 129 | 224 | 61 | 30 | 22 | 9 |
| 1992 | 507 | 133 | 246 | 66 | 30 | 22 | 10 |

# 三、人口自然变动

## 4—9 全国历年人口自然变动情况

单位:万人

| 年份 | 出生 | | 死亡 | | 自然增长 | |
|---|---|---|---|---|---|---|
| | 人数 | ‰ | 人数 | ‰ | 人数 | ‰ |
| 1949 | | 36.00 | | 20.00 | | 16.00 |
| 1950 | 2 023 | 37.00 | 984 | 18.00 | 1 039 | 19.00 |
| 1954 | 2 245 | 37.97 | 779 | 13.18 | 1 466 | 24.79 |
| 1955 | 1 978 | 32.60 | 745 | 12.28 | 1 233 | 20.32 |
| 1956 | 1 976 | 31.90 | 706 | 11.40 | 1 270 | 20.50 |
| 1957 | 2 167 | 34.03 | 688 | 10.80 | 1 479 | 23.23 |
| 1958 | 1 905 | 29.22 | 781 | 11.98 | 1 124 | 17.24 |
| 1959 | 1 647 | 24.78 | 970 | 14.59 | 677 | 10.19 |
| 1960 | 1 389 | 20.86 | 1 693 | 25.43 | −304 | −4.57 |
| 1961 | 1 188 | 18.02 | 939 | 14.24 | 249 | 3.78 |
| 1962 | 2 460 | 37.01 | 666 | 10.02 | 1 794 | 26.99 |
| 1963 | 2 954 | 43.37 | 684 | 10.04 | 2 270 | 33.33 |
| 1964 | 2 729 | 39.14 | 802 | 11.50 | 1 927 | 27.64 |
| 1965 | 2 704 | 37.88 | 678 | 9.50 | 2 026 | 28.38 |
| 1966 | 2 579 | 35.05 | 649 | 8.83 | 1 928 | 26.22 |
| 1967 | 2 563 | 33.96 | 636 | 8.43 | 1 927 | 25.53 |
| 1968 | 2 757 | 35.59 | 636 | 8.21 | 2 121 | 27.38 |
| 1969 | 2 715 | 34.11 | 639 | 8.03 | 2 076 | 26.08 |
| 1970 | 2 736 | 33.43 | 622 | 7.60 | 2 114 | 25.83 |
| 1971 | 2 567 | 30.65 | 613 | 7.32 | 1 954 | 23.33 |
| 1972 | 2 566 | 29.77 | 656 | 7.61 | 1 910 | 22.16 |
| 1973 | 2 463 | 27.93 | 621 | 7.04 | 1 842 | 20.89 |
| 1974 | 2 235 | 24.82 | 661 | 7.34 | 1 574 | 17.48 |
| 1975 | 2 109 | 23.01 | 671 | 7.32 | 1 438 | 15.69 |
| 1976 | 1 853 | 19.91 | 675 | 7.25 | 1 178 | 12.66 |
| 1977 | 1 787 | 18.93 | 649 | 6.87 | 1 138 | 12.06 |
| 1978 | 1 745 | 18.25 | 598 | 6.25 | 1 147 | 12.00 |
| 1979 | 1 727 | 17.82 | 602 | 6.21 | 1 125 | 11.61 |
| 1980 | 1 779 | 18.21 | 619 | 6.34 | 1 160 | 11.87 |
| 1981 | 2 069 | 20.91 | 629 | 6.36 | 1 440 | 14.55 |
| 1982 | | 22.28 | | 6.60 | | 15.68 |
| 1983 | | 20.19 | | 6.90 | | 13.29 |
| 1984 | | 19.90 | | 6.82 | | 13.08 |
| 1985 | | 21.04 | | 6.78 | | 14.26 |
| 1986 | | 22.43 | | 6.86 | | 15.57 |
| 1987 | | 23.33 | | 6.72 | | 16.61 |
| 1988 | | 22.37 | | 6.64 | | 15.73 |
| 1989 | | 21.58 | | 6.54 | | 15.04 |
| 1990 | | 21.06 | | 6.67 | | 14.39 |
| 1991 | | 19.68 | | 6.70 | | 12.98 |
| 1992 | | 18.24 | | 6.64 | | 11.60 |

注:1982—1989年数据是根据1982、1990年两次人口普查推算数,1990年以后是人口变动情况抽样调查数,其余均为公安年报数。

## 4—10 省、自治区、直辖市部分年份人口自然变动情况

单位:‰

| 地区 | 1957年 | | | 1961年 | | | 1965年 | | |
|---|---|---|---|---|---|---|---|---|---|
| | 出生率 | 死亡率 | 自然增长率 | 出生率 | 死亡率 | 自然增长率 | 出生率 | 死亡率 | 自然增长率 |
| **总计** | **34.03** | **10.80** | **23.23** | **18.02** | **14.24** | **3.78** | **37.88** | **9.50** | **28.38** |
| 北京市 | 44.25 | 8.10 | 36.15 | 25.73 | 10.81 | 14.92 | 23.10 | 6.70 | 16.40 |
| 天津市 | 45.21 | 8.13 | 37.08 | | | | | | |
| 河北省 | 30.39 | 11.60 | 18.79 | 15.41 | 13.43 | 1.98 | 31.80 | 8.40 | 23.40 |
| 山西省 | 33.07 | 12.61 | 20.46 | 19.04 | 12.20 | 6.84 | 34.00 | 10.40 | 23.60 |
| 内蒙古自治区 | 37.17 | 10.69 | 26.48 | 22.05 | 8.61 | 13.44 | 38.00 | 9.60 | 28.40 |
| 辽宁省 | 41.60 | 9.38 | 32.22 | 17.28 | 17.14 | 0.14 | 36.20 | 7.10 | 29.10 |
| 吉林省 | 34.64 | 9.23 | 25.41 | 26.45 | 12.04 | 14.41 | 40.50 | 9.70 | 30.80 |
| 黑龙江省 | 36.43 | 10.38 | 26.05 | 27.25 | 11.12 | 16.13 | 40.40 | 8.00 | 32.40 |
| 上海市 | 46.00 | 6.06 | 39.94 | 22.49 | 7.70 | 14.79 | 17.00 | 5.70 | 11.30 |
| 江苏省 | 34.01 | 9.99 | 24.02 | 18.60 | 13.22 | 5.38 | 36.90 | 9.50 | 27.40 |
| 浙江省 | 34.62 | 9.24 | 25.38 | 17.56 | 9.83 | 7.73 | 36.50 | 8.10 | 28.40 |
| 安徽省 | 29.51 | 9.03 | 20.48 | 12.29 | 8.07 | 4.22 | 41.80 | 7.20 | 34.60 |
| 福建省 | 37.90 | 8.92 | 28.98 | 17.42 | 11.87 | 5.55 | 41.10 | 7.30 | 33.80 |
| 江西省 | 38.15 | 11.42 | 26.73 | 21.00 | 11.54 | 9.46 | 38.90 | 9.40 | 29.50 |
| 山东省 | 35.59 | 11.98 | 23.61 | 21.54 | 18.49 | 3.05 | 35.50 | 10.20 | 25.30 |
| 河南省 | 33.48 | 11.74 | 21.74 | 15.25 | 10.20 | 5.05 | 36.10 | 8.50 | 27.60 |
| 湖北省 | 34.21 | 9.56 | 24.65 | 27.22 | 9.08 | 18.14 | 35.10 | 10.00 | 25.10 |
| 湖南省 | 33.28 | 10.35 | 22.93 | 12.51 | 17.48 | −4.97 | 42.30 | 11.20 | 31.10 |
| 广东省 | 34.73 | 8.55 | 26.18 | 21.51 | 10.74 | 10.77 | 36.30 | 6.80 | 29.50 |
| 广西壮族自治区 | 32.98 | 11.94 | 21.04 | 15.97 | 20.08 | −4.11 | 42.40 | 9.00 | 33.40 |
| 四川省 | 30.63 | 11.82 | 18.81 | 28.01 | 11.65 | 16.36 | 42.40 | 11.50 | 30.90 |
| 贵州省 | 34.27 | 12.29 | 21.98 | 15.81 | 20.04 | −4.23 | 50.00 | 15.20 | 34.80 |
| 云南省 | 36.02 | 16.06 | 19.96 | 19.41 | 11.83 | 7.58 | 44.10 | 13.00 | 31.10 |
| 西藏自治区 | | | | | | | | | |
| 陕西省 | 32.00 | 10.25 | 21.75 | 20.98 | 8.76 | 12.22 | 34.70 | 13.00 | 21.70 |
| 甘肃省 | 34.06 | 11.07 | 22.99 | 14.76 | 11.48 | 3.28 | 45.30 | 12.30 | 33.00 |
| 青海省 | 32.18 | 10.40 | 21.78 | 11.43 | 11.68 | −0.25 | 48.70 | 9.10 | 39.60 |
| 宁夏回族自治区 | | | | 13.02 | 10.71 | 2.31 | 48.10 | 9.30 | 38.80 |
| 新疆维吾尔自治区 | 28.00 | 14.06 | 13.94 | 25.50 | 11.02 | 14.48 | 41.70 | 11.10 | 30.60 |

注:1.1954—1980年为公安年报数。2.1985—1989年数据是根据1982年、1990年两次人口普查数据的调整数(全国部分)和人口变动抽样调查推算数(地区部分)。3.1990年、1991年数据为人口变动抽样调查推算数。

4—10 续表1 单位:‰

| 地区 | 1970年 | | | 1975年 | | | 1980年 | | |
|---|---|---|---|---|---|---|---|---|---|
| | 出生率 | 死亡率 | 自然增长率 | 出生率 | 死亡率 | 自然增长率 | 出生率 | 死亡率 | 自然增长率 |
| **总计** | **33.43** | **7.60** | **25.83** | **23.01** | **7.32** | **15.69** | **18.21** | **6.34** | **11.87** |
| 北京市 | 20.68 | 6.37 | 14.31 | 9.94 | 6.53 | 3.41 | 15.58 | 6.30 | 9.28 |
| 天津市 | 19.29 | 6.35 | 12.94 | 13.94 | 6.59 | 7.35 | 13.45 | 6.03 | 7.42 |
| 河北省 | 26.76 | 6.48 | 20.28 | 15.57 | 7.22 | 8.35 | 19.64 | 7.27 | 12.37 |
| 山西省 | 31.11 | 8.13 | 22.98 | 23.22 | 7.85 | 15.37 | 17.50 | 6.73 | 10.77 |
| 内蒙古自治区 | 28.92 | 5.81 | 23.11 | 22.19 | 5.68 | 16.51 | 18.51 | 5.46 | 13.05 |
| 辽宁省 | 27.40 | 5.14 | 22.26 | 16.36 | 6.16 | 10.20 | 15.84 | 5.60 | 10.24 |
| 吉林省 | 33.17 | 6.33 | 26.84 | 20.48 | 6.74 | 13.74 | 17.85 | 6.20 | 11.65 |
| 黑龙江省 | 34.81 | 5.80 | 29.01 | 21.97 | 5.43 | 16.54 | 23.57 | 7.24 | 16.33 |
| 上海市 | 13.85 | 4.99 | 8.86 | 9.43 | 6.01 | 3.42 | 12.57 | 6.49 | 6.08 |
| 江苏省 | 30.69 | 6.85 | 23.84 | 17.86 | 6.46 | 11.40 | 14.69 | 6.57 | 8.12 |
| 浙江省 | 26.16 | 5.97 | 20.19 | 19.49 | 6.31 | 13.18 | 15.10 | 6.29 | 8.81 |
| 安徽省 | 37.19 | 6.44 | 30.75 | 22.13 | 5.68 | 16.45 | 15.52 | 4.73 | 10.79 |
| 福建省 | 33.42 | 6.02 | 27.40 | 28.83 | 6.54 | 22.29 | 18.65 | 6.54 | 12.11 |
| 江西省 | 31.56 | 7.74 | 23.82 | 33.98 | 8.01 | 25.97 | 16.01 | 5.30 | 10.71 |
| 山东省 | 33.91 | 7.34 | 26.57 | 21.56 | 7.53 | 14.03 | 15.29 | 6.61 | 8.68 |
| 河南省 | 31.59 | 7.43 | 24.16 | 22.75 | 7.66 | 15.09 | 17.25 | 5.22 | 12.03 |
| 湖北省 | 29.92 | 7.70 | 22.22 | 19.93 | 7.88 | 12.05 | 16.52 | 7.09 | 9.43 |
| 湖南省 | 37.22 | 10.16 | 27.06 | 25.04 | 8.34 | 16.70 | 16.19 | 6.87 | 9.32 |
| 广东省 | 29.64 | 5.89 | 23.75 | 21.03 | 6.06 | 14.97 | 20.72 | 5.41 | 15.31 |
| 广西壮族自治区 | 31.14 | 6.76 | 24.38 | 27.53 | 6.77 | 20.76 | 22.87 | 5.88 | 16.99 |
| 四川省 | 52.70 | 12.60 | 40.10 | 29.14 | 8.86 | 20.28 | 11.93 | 6.81 | 5.12 |
| 贵州省 | 43.10 | 10.78 | 32.32 | 37.52 | 10.53 | 26.99 | 21.00 | 7.04 | 13.96 |
| 云南省 | 28.51 | 8.15 | 20.36 | 29.54 | 8.68 | 20.86 | 17.83 | 7.42 | 10.41 |
| 西藏自治区 | 19.44 | 7.64 | 11.80 | 22.35 | 9.05 | 13.30 | 22.35 | 8.20 | 14.15 |
| 陕西省 | 26.76 | 6.28 | 20.48 | 21.70 | 8.16 | 13.54 | 16.15 | 7.23 | 8.92 |
| 甘肃省 | 39.46 | 7.94 | 31.52 | 20.96 | 7.42 | 13.54 | 16.51 | 5.53 | 10.98 |
| 青海省 | 39.93 | 7.56 | 32.37 | 31.95 | 8.24 | 23.71 | 22.26 | 6.09 | 16.17 |
| 宁夏回族自治区 | 40.36 | 6.43 | 33.93 | 36.34 | 7.74 | 28.60 | 27.37 | 5.67 | 21.70 |
| 新疆维吾尔自治区 | 36.67 | 8.23 | 28.44 | 33.10 | 8.74 | 24.36 | 21.83 | 7.70 | 14.13 |

4—10 续表 2

单位:‰

| 地区 | 1985年 | | | 1988年 | | | 1989年 | | |
|---|---|---|---|---|---|---|---|---|---|
| | 出生率 | 死亡率 | 自然增长率 | 出生率 | 死亡率 | 自然增长率 | 出生率 | 死亡率 | 自然增长率 |
| **总计** | 21.04 | 6.78 | 14.26 | 22.37 | 6.64 | 15.73 | 21.58 | 6.54 | 15.04 |
| 北京市 | 14.43 | 5.50 | 8.93 | 14.40 | 5.54 | 8.86 | 12.84 | 5.63 | 7.21 |
| 天津市 | 14.53 | 5.78 | 8.75 | 15.92 | 5.65 | 10.27 | 15.48 | 5.47 | 10.01 |
| 河北省 | 13.40 | 5.69 | 7.71 | 20.32 | 5.50 | 14.82 | 20.19 | 5.44 | 14.75 |
| 山西省 | 14.16 | 5.98 | 8.18 | 20.28 | 6.42 | 13.86 | 20.15 | 6.30 | 13.85 |
| 内蒙古自治区 | 13.80 | 4.46 | 9.34 | 19.96 | 5.71 | 14.25 | 19.25 | 5.81 | 13.44 |
| 辽宁省 | 11.85 | 5.27 | 6.58 | 16.14 | 5.43 | 10.71 | 15.04 | 5.61 | 9.43 |
| 吉林省 | 11.93 | 5.34 | 6.59 | 18.35 | 5.63 | 12.72 | 19.35 | 6.40 | 12.95 |
| 黑龙江省 | 10.74 | 4.29 | 6.45 | 17.12 | 4.41 | 12.71 | 18.84 | 5.47 | 13.37 |
| 上海市 | 12.74 | 6.69 | 6.05 | 13.20 | 6.80 | 6.40 | 12.53 | 6.64 | 5.89 |
| 江苏省 | 10.84 | 5.87 | 4.97 | 16.30 | 5.89 | 10.41 | 20.38 | 6.54 | 13.84 |
| 浙江省 | 12.11 | 6.05 | 6.06 | 15.54 | 6.35 | 9.19 | 15.20 | 6.41 | 8.79 |
| 安徽省 | 12.75 | 5.16 | 7.59 | 20.81 | 5.61 | 15.20 | 23.61 | 5.92 | 17.69 |
| 福建省 | 17.49 | 5.38 | 12.11 | 20.35 | 5.64 | 14.71 | 23.78 | 6.09 | 17.69 |
| 江西省 | 14.28 | 5.54 | 8.74 | 19.79 | 5.80 | 13.99 | 23.04 | 6.26 | 16.78 |
| 山东省 | 11.75 | 5.90 | 5.85 | 17.54 | 6.04 | 11.50 | 16.88 | 5.70 | 11.18 |
| 河南省 | 11.51 | 6.22 | 5.29 | 21.52 | 5.93 | 15.59 | 24.25 | 6.24 | 18.01 |
| 湖北省 | 13.20 | 6.69 | 6.51 | 19.08 | 6.44 | 12.64 | 21.09 | 6.94 | 14.15 |
| 湖南省 | 14.44 | 6.46 | 7.98 | 23.32 | 6.82 | 16.50 | 22.91 | 7.07 | 15.84 |
| 广东省 | 15.68 | 5.01 | 10.67 | 20.90 | 5.07 | 15.83 | 20.27 | 5.73 | 14.54 |
| 广西壮族自治区 | 19.46 | 5.05 | 14.41 | 22.18 | 6.36 | 15.82 | 20.34 | 5.72 | 14.62 |
| 海南省 | | | | 20.60 | 5.23 | 15.37 | 23.46 | 5.54 | 17.92 |
| 四川省 | 12.79 | 6.67 | 6.12 | 18.29 | 6.59 | 11.70 | 19.09 | 7.32 | 11.77 |
| 贵州省 | 14.95 | 6.37 | 8.58 | 23.81 | 6.01 | 17.80 | 21.16 | 7.02 | 14.14 |
| 云南省 | 16.79 | 6.56 | 10.23 | 24.01 | 7.13 | 16.88 | 23.07 | 8.05 | 15.02 |
| 西藏自治区 | 23.32 | 10.13 | 13.19 | 24.20 | 7.02 | 17.18 | 24.17 | 7.94 | 16.23 |
| 陕西省 | 16.09 | 5.99 | 10.10 | 21.04 | 6.11 | 14.93 | 22.25 | 6.32 | 15.93 |
| 甘肃省 | 14.32 | 4.99 | 9.33 | 20.41 | 5.06 | 15.35 | 22.57 | 5.60 | 16.97 |
| 青海省 | 14.21 | 4.58 | 9.63 | 19.27 | 4.68 | 14.59 | 20.11 | 5.11 | 15.00 |
| 宁夏回族自治区 | 17.09 | 3.77 | 13.32 | 24.79 | 5.24 | 19.55 | 23.56 | 4.61 | 18.95 |
| 新疆维吾尔自治区 | 19.80 | 6.39 | 13.41 | 19.72 | 5.99 | 13.73 | 26.52 | 5.71 | 20.81 |

4—10 续表 3 单位:‰

| 地区 | 1990年 | | | 1991年 | | | 1992年 | | |
|---|---|---|---|---|---|---|---|---|---|
| | 出生率 | 死亡率 | 自然增长率 | 出生率 | 死亡率 | 自然增长率 | 出生率 | 死亡率 | 自然增长率 |
| **总计** | **21.06** | **6.67** | **14.39** | **19.68** | **6.70** | **12.98** | **18.24** | **6.64** | **11.60** |
| 北京市 | 13.01 | 5.81 | 7.20 | 8.03 | 5.82 | 2.21 | 9.22 | 6.11 | 3.11 |
| 天津市 | 15.61 | 5.78 | 9.83 | 11.94 | 5.78 | 6.16 | 12.50 | 6.00 | 6.50 |
| 河北省 | 20.46 | 6.82 | 13.64 | 16.59 | 6.75 | 9.84 | 15.33 | 6.43 | 8.90 |
| 山西省 | 22.54 | 6.56 | 15.98 | 21.56 | 6.87 | 14.69 | 19.59 | 6.94 | 12.65 |
| 内蒙古自治区 | 21.19 | 7.21 | 13.98 | 16.77 | 6.97 | 9.80 | 17.07 | 6.73 | 10.34 |
| 辽宁省 | 16.30 | 6.59 | 9.71 | 12.10 | 6.64 | 5.46 | 12.57 | 6.11 | 6.46 |
| 吉林省 | 19.49 | 6.56 | 12.93 | 17.09 | 6.84 | 10.25 | 15.74 | 6.57 | 9.17 |
| 黑龙江省 | 18.11 | 6.35 | 11.76 | 15.89 | 5.70 | 10.19 | 16.25 | 6.12 | 10.13 |
| 上海市 | 10.31 | 6.64 | 3.67 | 7.68 | 7.01 | 0.67 | 7.28 | 6.74 | 0.54 |
| 江苏省 | 20.54 | 6.53 | 14.01 | 17.05 | 6.50 | 10.55 | 15.71 | 6.76 | 8.95 |
| 浙江省 | 15.33 | 6.31 | 9.02 | 14.48 | 6.39 | 8.09 | 14.72 | 6.57 | 8.15 |
| 安徽省 | 24.47 | 6.25 | 18.22 | 21.19 | 6.06 | 15.13 | 18.76 | 6.14 | 12.62 |
| 福建省 | 24.44 | 6.71 | 17.73 | 20.03 | 6.26 | 13.77 | 18.18 | 6.02 | 12.16 |
| 江西省 | 24.59 | 7.54 | 17.05 | 21.20 | 7.13 | 14.07 | 19.53 | 7.07 | 12.46 |
| 山东省 | 18.21 | 6.96 | 11.25 | 15.40 | 6.54 | 8.86 | 11.43 | 6.88 | 4.55 |
| 河南省 | 24.92 | 6.52 | 18.40 | 19.78 | 6.63 | 13.15 | 18.13 | 6.99 | 11.14 |
| 湖北省 | 21.60 | 7.30 | 14.30 | 20.70 | 7.36 | 13.34 | 19.05 | 6.87 | 12.18 |
| 湖南省 | 23.93 | 7.23 | 16.70 | 20.50 | 7.30 | 13.20 | 16.70 | 7.30 | 9.40 |
| 广东省 | 22.26 | 5.76 | 16.50 | 20.54 | 5.95 | 14.59 | 19.31 | 6.17 | 13.14 |
| 广西壮族自治区 | 20.20 | 6.60 | 13.60 | 21.89 | 7.24 | 14.65 | 20.19 | 7.28 | 12.91 |
| 海南省 | 24.86 | 6.26 | 18.60 | 22.97 | 5.97 | 17.00 | 21.31 | 6.07 | 15.24 |
| 四川省 | 19.11 | 7.66 | 11.45 | 15.82 | 7.29 | 8.53 | 16.27 | 7.03 | 9.24 |
| 贵州省 | 23.09 | 7.90 | 15.19 | 22.42 | 8.11 | 14.31 | 22.40 | 8.52 | 13.88 |
| 云南省 | 23.60 | 7.92 | 15.68 | 21.80 | 8.10 | 13.70 | 21.00 | 8.00 | 13.00 |
| 西藏自治区 | 23.98 | 7.55 | 16.43 | 23.53 | 7.40 | 16.13 | 23.63 | 8.09 | 15.54 |
| 陕西省 | 23.48 | 6.52 | 16.96 | 19.82 | 6.51 | 13.31 | 18.85 | 6.57 | 12.28 |
| 甘肃省 | 20.68 | 6.20 | 14.48 | 19.38 | 6.05 | 13.33 | 19.37 | 6.64 | 12.73 |
| 青海省 | 24.34 | 7.47 | 16.87 | 23.37 | 8.35 | 15.02 | 22.54 | 8.14 | 14.40 |
| 宁夏回族自治区 | 24.34 | 5.52 | 18.82 | 21.96 | 5.13 | 16.83 | 20.11 | 5.36 | 14.75 |
| 新疆维吾尔自治区 | 26.44 | 7.82 | 18.62 | 24.45 | 7.86 | 16.59 | 22.80 | 7.84 | 14.96 |

# 四、人 口 教 育

4—11 各 级 学

| 年 份 | 普通高等学校 | | 中 等 学 校 | |
| --- | --- | --- | --- | --- |
| | 学校数 | 教师数 | 学校数 | 教师数 |
| 1952 | 201 | 2.7 | 6 059 | 13.0 |
| 1957 | 229 | 7.0 | 12 474 | 29.4 |
| 1962 | 610 | 14.4 | 24 756 | 47.3 |
| 1965 | 434 | 13.8 | 80 993 | 70.9 |
| 1970 | 434 | 12.9 | 106 041 | 121.3 |
| 1975 | 387 | 15.6 | 125 718 | 216.5 |
| 1976 | 392 | 16.7 | 194 595 | 280.9 |
| 1977 | 404 | 18.6 | 203 753 | 327.4 |
| 1978 | 598 | 20.6 | 165 105 | 328.1 |
| 1979 | 633 | 23.7 | 147 266 | 319.1 |
| 1980 | 675 | 24.7 | 124 760 | 317.1 |
| 1981 | 704 | 25.0 | 112 505 | 300.9 |
| 1982 | 715 | 28.7 | 107 829 | 287.1 |
| 1983 | 805 | 30.3 | 105 045 | 282.6 |
| 1984 | 902 | 31.5 | 104 017 | 282.2 |
| 1985 | 1 016 | 34.4 | 104 848 | 296.7 |
| 1986 | 1 054 | 37.2 | 104 936 | 311.5 |
| 1987 | 1 063 | 38.5 | 105 151 | 326.5 |
| 1988 | 1 075 | 39.3 | 104 468 | 338.9 |
| 1989 | 1 075 | 39.7 | 102 732 | 342.3 |
| 1990 | 1 075 | 39.5 | 100 777 | 349.2 |
| 1991 | 1 075 | 39.1 | 99 348 | 355.7 |
| 1992 | 1 053 | 38.8 | 102 271 | 362.6 |

## 校　数、教　师　数

单位:所、万人

| 小学 | | 幼儿园 | | 盲、聋、哑学校 | |
|---|---|---|---|---|---|
| 学校数 | 教师数 | 学校数 | 教师数 | 学校数 | 教师数 |
| 526 964 | 143.5 | 6 531 | 1.4 | ... | ... |
| | | | | | |
| 547 306 | 188.4 | 16 420 | 5.0 | 66 | 0.1 |
| 668 318 | 251.1 | 17 564 | 7.0 | 261 | 0.2 |
| 1 681 939 | 385.7 | 19 226 | 6.2 | 266 | 0.3 |
| 961 131 | 361.2 | ... | ... | ... | ... |
| 1 093 317 | 520.4 | 171 749 | 23.7 | 246 | 0.3 |
| | | | | | |
| 1 044 274 | 528.9 | 442 650 | 51.4 | 269 | 0.4 |
| 982 291 | 522.6 | 261 936 | 33.5 | 286 | 0.4 |
| 949 323 | 522.6 | 163 952 | 27.7 | 292 | 0.4 |
| 923 532 | 538.2 | 165 629 | 29.5 | 289 | 0.5 |
| 917 316 | 549.9 | 170 419 | 41.1 | 292 | 0.5 |
| | | | | | |
| 894 074 | 558.0 | 130 296 | 40.1 | 302 | 0.5 |
| 880 516 | 550.5 | 122 107 | 41.5 | 312 | 0.5 |
| 862 165 | 542.5 | 136 306 | 43.3 | 318 | 0.6 |
| 853 740 | 537.0 | 166 526 | 49.1 | 326 | 0.6 |
| 832 309 | 537.7 | 172 262 | 55.0 | 350 | 0.7 |
| | | | | | |
| 820 846 | 541.4 | 173 376 | 60.5 | 387 | 0.7 |
| 807 406 | 543.4 | 176 775 | 65.1 | 414 | 0.8 |
| 793 261 | 550.1 | 171 845 | 67.0 | 446 | 0.9 |
| 777 244 | 554.4 | 172 634 | 70.9 | 483 | 0.9 |
| 766 072 | 558.2 | 172 322 | 75.0 | 555 | 1.1 |
| | | | | | |
| 729 158 | 553.2 | 164 465 | 76.9 | 651 | 1.2 |
| 712 973 | 552.7 | 172 506 | 81.5 | 754 | 1.3 |

| 年份 | 合计 | | 中等专业学校 | | | | | |
|---|---|---|---|---|---|---|---|---|
| | | | 小计 | | 中等技术学校 | | 中等师范学校 | |
| | 学校数 | 教师数 | 学校数 | 教师数 | 学校数 | 教师数 | 学校数 | 教师数 |
| 1952 | 6 059 | 13.0 | 1 710 | 3.5 | 794 | 1.5 | 916 | 2.0 |
| 1957 | 12 474 | 29.4 | 1 320 | 5.8 | 728 | 4.3 | 592 | 1.5 |
| 1962 | 24 756 | 47.3 | 1 514 | 6.1 | 956 | 4.7 | 558 | 1.4 |
| 1965 | 80 993 | 70.9 | 1 265 | 5.5 | 871 | 4.4 | 394 | 1.1 |
| 1970 | 106 041 | 121.3 | 1 087 | 3.9 | 685 | 2.6 | 402 | 1.3 |
| 1975 | 125 718 | 216.5 | 2 213 | 7.3 | 1 326 | 4.8 | 887 | 2.5 |
| 1976 | 194 595 | 280.9 | 2 443 | 8.0 | 1 461 | 5.2 | 982 | 2.8 |
| 1977 | 203 753 | 327.4 | 2 485 | 8.7 | 1 457 | 5.8 | 1 028 | 2.9 |
| 1978 | 165 105 | 328.1 | 2 760 | 9.9 | 1 714 | 6.9 | 1 046 | 3.0 |
| 1979 | 147 266 | 319.1 | 3 033 | 11.3 | 1 980 | 7.9 | 1 053 | 3.4 |
| 1980 | 124 760 | 317.1 | 3 069 | 12.8 | 2 052 | 7.1 | 1 017 | 3.7 |
| 1981 | 112 505 | 300.9 | 3 132 | 13.6 | 2 170 | 9.8 | 962 | 3.8 |
| 1982 | 107 829 | 287.1 | 3 076 | 15.0 | 2 168 | 11.0 | 908 | 4.0 |
| 1983 | 105 045 | 282.6 | 3 090 | 15.6 | 2 229 | 11.6 | 861 | 4.0 |
| 1984 | 104 017 | 282.2 | 3 301 | 16.1 | 2 293 | 11.9 | 1 008 | 4.3 |
| 1985 | 104 848 | 296.7 | 3 557 | 17.4 | 2 529 | 12.8 | 1 028 | 4.6 |
| 1986 | 104 936 | 311.5 | 3 782 | 19.3 | 2 741 | 14.3 | 1 041 | 5.0 |
| 1987 | 105 151 | 326.6 | 3 913 | 21.0 | 2 854 | 15.6 | 1 059 | 5.4 |
| 1988 | 104 468 | 338.9 | 4 022 | 22.5 | 2 957 | 16.8 | 1 065 | 5.7 |
| 1989 | 102 732 | 342.3 | 3 984 | 22.9 | 2 940 | 17.1 | 1 044 | 5.8 |
| 1990 | 100 777 | 349.2 | 3 982 | 23.4 | 2 956 | 17.6 | 1 026 | 5.8 |
| 1991 | 99 348 | 355.7 | 3 925 | 23.2 | 2 977 | 17.5 | 948 | 5.7 |
| 1992 | 102 271 | 362.6 | 3 903 | 23.5 | 2 984 | 17.8 | 919 | 5.7 |

## 类学校数、教师数

单位：所、万人

| 普通中学 |  |  |  |  |  | 农业中学、职业中学 |  |
|---|---|---|---|---|---|---|---|
| 小计 |  | 高中 |  | 初中 |  | 学校数 | 教师数 |
| 学校数 | 教师数 | 学校数 | 教师数 | 学校数 | 教师数 |  |  |
| 4 298 | 9.4 | 1 181 | 1.3 | 3 117 | 8.1 |  |  |
|  |  |  |  |  |  |  |  |
| 11 096 | 23.4 | 2 184 | 4.0 | 8 912 | 19.4 |  |  |
| 19 521 | 39.9 | 4 434 | 8.1 | 15 087 | 31.8 | 3 715 | 1.3 |
| 18 102 | 45.7 | 4 112 | 7.8 | 13 990 | 37.9 | 61 626 | 19.7 |
| 104 954 | 117.4 |  |  |  |  | … | … |
| 123 505 | 209.2 | 39 120 | 53.0 | 84 385 | 156.2 | … | … |
|  |  |  |  |  |  |  |  |
| 192 152 | 272.9 | 60 535 | 69.4 | 131 617 | 203.5 | … | … |
| 201 268 | 318.7 | 64 903 | 82.6 | 136 365 | 236.1 | … | … |
| 162 345 | 318.2 | 49 215 | 74.1 | 113 130 | 244.1 | … | … |
| 144 233 | 307.8 | 40 289 | 66.8 | 103 944 | 241.0 | … | … |
| 118 377 | 302.0 | 31 300 | 57.1 | 87 077 | 244.9 | 3 314 | 2.3 |
|  |  |  |  |  |  |  |  |
| 106 718 | 284.4 | 24 447 | 49.4 | 82 271 | 235.0 | 2 655 | 2.9 |
| 101 649 | 268.1 | 20 874 | 46.6 | 80 775 | 221.5 | 3 104 | 4.0 |
| 96 474 | 259.7 | 18 876 | 45.1 | 77 598 | 241.6 | 5 481 | 7.3 |
| 93 714 | 255.7 | 17 847 | 45.9 | 75 867 | 209.7 | 7 002 | 10.4 |
| 93 221 | 265.2 | 17 318 | 49.2 | 75 903 | 216.0 | 8 070 | 14.1 |
|  |  |  |  |  |  |  |  |
| 92 967 | 275.8 | 17 111 | 51.8 | 75 856 | 223.9 | 8 187 | 16.4 |
| 92 857 | 287.0 | 16 930 | 54.4 | 75 927 | 232.7 | 8 381 | 18.5 |
| 91 492 | 296.0 | 16 524 | 55.7 | 74 968 | 240.3 | 8 954 | 20.3 |
| 89 575 | 298.0 | 16 050 | 55.4 | 73 525 | 242.7 | 9 173 | 21.4 |
| 87 631 | 303.3 | 15 678 | 56.2 | 71 953 | 247.0 | 9 164 | 22.4 |
|  |  |  |  |  |  |  |  |
| 85 851 | 309.0 | 15 243 | 57.3 | 70 608 | 251.7 | 9 572 | 23.5 |
| 84 021 | 314.1 | 14 850 | 57.6 | 69 171 | 256.5 | 9 860 | 24.8 |

## 4—13 普通高等学校各类学生数

单位:万人

| 年份 | 招生 | 在校生 | 毕业生 |
|---|---|---|---|
| 1949 | | 11.7 | 2.1 |
| 1950 | | 13.7 | 1.8 |
| 1952 | 7.9 | 19.1 | 3.2 |
| 1955 | | 28.8 | 5.5 |
| 1957 | 10.6 | 44.1 | 5.6 |
| 1962 | 10.7 | 83.0 | 17.7 |
| 1963 | | 75.0 | 19.9 |
| 1964 | | 68.5 | 20.4 |
| 1965 | 16.4 | 67.4 | 18.6 |
| 1966 | | 53.4 | 14.1 |
| 1967 | | 40.9 | 12.5 |
| 1968 | | 25.9 | 15.0 |
| 1969 | | 10.9 | 15.0 |
| 1970 | 4.2 | 4.8 | 10.3 |
| 1971 | | 8.3 | 0.6 |
| 1972 | | 19.4 | 1.7 |
| 1973 | | 31.4 | 3.0 |
| 1974 | | 43.0 | 4.3 |
| 1975 | 19.1 | 50.1 | 11.9 |
| 1976 | 21.7 | 56.5 | 14.9 |
| 1977 | 27.3 | 62.5 | 19.4 |
| 1978 | 40.1 | 85.6 | 16.5 |
| 1979 | 27.5 | 102.0 | 8.5 |
| 1980 | 28.1 | 114.4 | 14.7 |
| 1981 | 27.9 | 127.9 | 14.0 |
| 1982 | 31.5 | 115.4 | 45.7 |
| 1983 | 39.1 | 120.7 | 33.5 |
| 1984 | 47.5 | 139.6 | 28.7 |
| 1985 | 61.9 | 170.3 | 31.6 |
| 1986 | 57.2 | 188.0 | 39.3 |
| 1987 | 61.7 | 195.9 | 53.2 |
| 1988 | 67.0 | 206.6 | 55.3 |
| 1989 | 59.7 | 208.2 | 57.6 |
| 1990 | 60.9 | 206.3 | 61.4 |
| 1991 | 62.0 | 204.4 | 61.4 |
| 1992 | 75.4 | 218.4 | 60.4 |

## 4—14 小学各类学生数

单位:万人

| 年份 | 招生 | 在校生 | 毕业生 |
|---|---|---|---|
| 1949 | | 2 439.1 | 64.6 |
| 1950 | | 2 892.4 | 78.3 |
| 1952 | 1 149.3 | 5 110.0 | 149.0 |
| 1955 | | 5 312.6 | 322.9 |
| 1957 | 1 249.2 | 6 428.3 | 498.0 |
| 1962 | 1 586.3 | 6 923.9 | 559.0 |
| 1963 | | 7 157.5 | 476.8 |
| 1964 | | 9 294.5 | 567.4 |
| 1965 | 3 296.0 | 11 620.9 | 667.6 |
| 1966 | | 10 341.7 | 900.5 |
| 1967 | | 10 244.3 | 899.5 |
| 1968 | | 10 036.3 | 1 428.2 |
| 1969 | | 10 066.8 | 1 489.5 |
| 1970 | 2 831.8 | 10 528.0 | 1 652.5 |
| 1971 | | 11 211.2 | 1 376.0 |
| 1972 | | 12 549.2 | 1 414.9 |
| 1973 | | 13 570.4 | 1 349.0 |
| 1974 | | 14 481.4 | 1 521.0 |
| 1975 | 3 352.1 | 15 094.1 | 1 999.4 |
| 1976 | 3 161.1 | 15 005.5 | 2 489.5 |
| 1977 | 3 111.5 | 14 617.6 | 2 573.9 |
| 1978 | 3 315.4 | 14 624.0 | 2 287.9 |
| 1979 | 3 101.7 | 14 662.9 | 2 087.9 |
| 1980 | 2 942.3 | 14 627.0 | 2 053.3 |
| 1981 | 2 749.2 | 14 332.8 | 2 075.7 |
| 1982 | 2 671.7 | 13 972.0 | 2 068.9 |
| 1983 | 2 544.0 | 13 578.0 | 1 980.7 |
| 1984 | 2 472.9 | 13 557.1 | 1 995.0 |
| 1985 | 2 298.2 | 13 370.2 | 1 999.9 |
| 1986 | 2 258.2 | 13 182.5 | 2 016.1 |
| 1987 | 2 094.6 | 12 835.9 | 2 043.0 |
| 1988 | 2 123.3 | 12 535.8 | 1 930.3 |
| 1989 | 2 151.5 | 12 373.1 | 1 857.1 |
| 1990 | 2 064.0 | 12 241.4 | 1 863.1 |
| 1991 | 2 072.7 | 12 164.2 | 1 846.7 |
| 1992 | 2 183.2 | 12 201.3 | 1 872.4 |

## 4—15 盲、聋哑学校各类学生数

单位:万人

| 年份 | 招生 | 在校生 | 毕业生 |
|---|---|---|---|
| 1949 | | … | … |
| 1950 | | … | … |
| 1952 | | … | … |
| 1955 | | 0.5 | 0.1 |
| 1957 | | 0.8 | … |
| 1962 | | 1.8 | … |
| 1963 | | 1.8 | 0.1 |
| 1964 | | 2.0 | 0.1 |
| 1965 | | 2.3 | 0.2 |
| 1966 | | … | … |
| 1967 | | … | … |
| 1968 | | … | … |
| 1969 | | … | … |
| 1970 | | … | … |
| 1971 | | … | … |
| 1972 | | … | … |
| 1973 | | 2.5 | 0.3 |
| 1974 | | 2.6 | 0.3 |
| 1975 | 0.5 | 2.7 | 0.3 |
| 1976 | 0.5 | 2.9 | 0.3 |
| 1977 | 0.6 | 3.0 | 0.3 |
| 1978 | 0.6 | 3.1 | 0.3 |
| 1979 | 0.6 | 3.2 | 0.3 |
| 1980 | 0.6 | 3.3 | 0.4 |
| 1981 | 0.6 | 3.3 | 0.4 |
| 1982 | 0.6 | 3.4 | 0.4 |
| 1983 | 0.6 | 3.6 | 0.3 |
| 1984 | 0.7 | 3.6 | 0.4 |
| 1985 | 0.7 | 3.8 | 0.4 |
| 1986 | 0.9 | 4.1 | 0.5 |
| 1987 | 0.9 | 4.3 | 0.4 |
| 1988 | 0.9 | 4.5 | 0.4 |
| 1989 | 0.9 | 4.7 | 0.5 |
| 1990 | 1.0 | 5.1 | 0.5 |
| 1991 | 1.2 | 5.6 | 0.5 |
| 1992 | 1.2 | 6.7 | 0.5 |

## 4—16 幼儿园各类学生数

单位:万人

| 年份 | 招生 | 在校生 | 毕业生 |
|---|---|---|---|
| 1949 | | … | |
| 1950 | | 14.0 | |
| 1952 | | 42.4 | |
| 1955 | | 56.2 | |
| 1957 | | 108.8 | |
| 1962 | | 144.6 | |
| 1963 | | 147.2 | |
| 1964 | | 158.9 | |
| 1965 | | 171.3 | |
| 1966 | | … | |
| 1967 | | … | |
| 1968 | | … | |
| 1969 | | … | |
| 1970 | | … | |
| 1971 | | … | |
| 1972 | | … | |
| 1973 | | 245.0 | |
| 1974 | | 263.8 | |
| 1975 | | 620.0 | |
| 1976 | | 1 395.5 | |
| 1977 | | 896.8 | |
| 1978 | | 787.7 | |
| 1979 | | 879.2 | |
| 1980 | | 1 150.8 | |
| 1981 | | 1 056.2 | |
| 1982 | | 1 113.1 | |
| 1983 | | 1 140.3 | |
| 1984 | | 1 294.7 | |
| 1985 | | 1 479.7 | |
| 1986 | | 1 629.0 | |
| 1987 | | 1 807.8 | |
| 1988 | | 1 854.5 | |
| 1989 | | 1 847.7 | |
| 1990 | | 1 972.2 | |
| 1991 | | 2 209.3 | |
| 1992 | 1627.6 | 2 428.2 | 1348.4 |

## 4—17 中等学校

| 年份 | 合计 | | | | |
|---|---|---|---|---|---|
| | | | | 小计 | |
| | 招生 | 在校 | 毕业 | 招生 | 在校 |
| 1949 | | 126.8 | 35.2 | | 22.9 |
| 1950 | | 156.6 | 37.1 | | 25.7 |
| 1952 | 174.6 | 314.5 | 28.9 | 35.1 | 63.6 |
| 1955 | | 447.3 | 121.1 | | 53.7 |
| 1957 | 261.6 | 708.1 | 145.2 | 12.3 | 77.8 |
| 1962 | 298.8 | 833.5 | 237.5 | 3.9 | 53.5 |
| 1963 | | 837.6 | 217.6 | | 45.2 |
| 1964 | | 1 019.5 | 196.7 | | 53.1 |
| 1965 | 673.0 | 1 431.8 | 232.5 | 20.8 | 54.7 |
| 1966 | | 1 296.8 | 201.9 | | 47.0 |
| 1967 | | 1 254.5 | 230.2 | | 30.8 |
| 1968 | | 1 405.1 | 618.1 | | 12.8 |
| 1969 | | 2 025.3 | 409.7 | | 3.8 |
| 1970 | 1 420.7 | 2 648.3 | 689.3 | 5.4 | 6.4 |
| 1971 | | 3 149.4 | 944.3 | | 21.8 |
| 1972 | | 3 616.7 | 1 260.9 | | 34.2 |
| 1973 | | 3 494.7 | 1 491.0 | | 48.2 |
| 1974 | | 3 713.7 | 1 495.1 | | 63.4 |
| 1975 | 2 478.0 | 4 536.8 | 1 519.5 | 34.4 | 70.7 |
| 1976 | 3 240.2 | 5 905.5 | 1 757.1 | 34.8 | 69.0 |
| 1977 | 3 397.4 | 6 848.8 | 2 178.4 | 36.6 | 68.9 |
| 1978 | 2 743.6 | 6 637.2 | 2 398.5 | 44.7 | 88.9 |
| 1979 | 2 391.0 | 6 024.9 | 2 402.5 | 49.1 | 119.9 |
| 1980 | 2 011.8 | 5 677.8 | 1 629.9 | 46.8 | 124.3 |
| 1981 | 1 810.5 | 5 014.6 | 1 710.2 | 43.3 | 106.9 |
| 1982 | 1 726.9 | 4 702.8 | 1 400.4 | 41.9 | 103.9 |
| 1983 | 1 700.4 | 4 634.7 | 1 254.5 | 47.8 | 114.3 |
| 1984 | 1 713.4 | 4 860.9 | 1 205.6 | 54.6 | 132.2 |
| 1985 | 1 789.8 | 5 092.6 | 1 279.1 | 66.8 | 157.1 |
| 1986 | 1 824.4 | 5 321.6 | 1 388.5 | 67.7 | 175.7 |
| 1987 | 1 834.2 | 5 403.1 | 1 496.9 | 71.5 | 187.4 |
| 1988 | 1 781.9 | 5 246.1 | 1 548.4 | 77.6 | 205.2 |
| 1989 | 1 743.3 | 5 054.0 | 1 520.9 | 73.5 | 217.8 |
| 1990 | 1 815.8 | 5 105.4 | 1 497.5 | 73.0 | 224.4 |
| 1991 | 1 871.0 | 5 226.8 | 1 477.0 | 78.0 | 227.7 |
| 1992 | 2 000.2 | 5 510.5 | 1 545.3 | 87.9 | 240.8 |

# 各类学生数

单位:万人

| 中等专业学校 | | | | | | |
|---|---|---|---|---|---|---|
| | 中等技术学校 | | | 中等师范学校 | | |
| 毕业 | 招生 | 在校 | 毕业 | 招生 | 在校 | 毕业 |
| 7.2 | | 7.7 | 2.4 | | 15.2 | 4.8 |
| 7.5 | | 9.8 | 2.2 | | 15.9 | 5.3 |
| 6.8 | 16.9 | 29.1 | 4.1 | 18.2 | 34.5 | 2.7 |
| 23.5 | | 31.8 | 9.7 | | 21.9 | 13.8 |
| 14.6 | 6.0 | 48.2 | 9.6 | 6.3 | 29.6 | 5.0 |
| 30.5 | 2.6 | 35.3 | 15.9 | 1.3 | 18.2 | 14.6 |
| 19.6 | | 32.1 | 10.7 | | 13.1 | 8.9 |
| 16.5 | | 39.7 | 10.3 | | 13.4 | 6.2 |
| 9.1 | 14.6 | 39.2 | 7.3 | 6.2 | 15.5 | 1.8 |
| 11.9 | | 33.6 | 8.0 | | 13.4 | 3.9 |
| 17.0 | | 22.4 | 11.8 | | 8.4 | 5.2 |
| 19.7 | | 9.8 | 13.5 | | 3.0 | 6.2 |
| 10.3 | | 2.3 | 8.2 | | 1.5 | 2.1 |
| 2.8 | 2.5 | 3.2 | 1.7 | 2.9 | 3.2 | 1.1 |
| 8.9 | | 9.8 | 3.8 | | 12.0 | 5.1 |
| 9.5 | | 14.7 | 3.6 | | 19.5 | 5.9 |
| 12.2 | | 26.4 | 3.8 | | 21.8 | 8.4 |
| 16.6 | | 34.9 | 7.8 | | 28.5 | 8.8 |
| 24.8 | 18.4 | 40.5 | 12.4 | 16.0 | 30.2 | 12.4 |
| 33.9 | 19.3 | 38.6 | 19.1 | 15.5 | 30.4 | 14.8 |
| 34.0 | 20.8 | 39.1 | 17.9 | 15.8 | 29.8 | 16.1 |
| 23.2 | 26.8 | 52.9 | 11.9 | 17.9 | 36.0 | 11.3 |
| 18.1 | 26.5 | 71.4 | 7.9 | 22.6 | 48.5 | 10.2 |
| 41.0 | 25.3 | 76.1 | 20.1 | 21.5 | 48.2 | 20.9 |
| 60.5 | 23.8 | 63.2 | 36.5 | 19.5 | 43.7 | 24.0 |
| 44.6 | 24.1 | 62.8 | 24.2 | 17.8 | 41.1 | 20.4 |
| 37.5 | 28.7 | 68.8 | 23.0 | 19.1 | 45.5 | 14.5 |
| 37.6 | 35.1 | 81.1 | 23.8 | 19.5 | 51.1 | 13.8 |
| 42.9 | 45.3 | 101.3 | 26.2 | 21.5 | 55.8 | 16.7 |
| 49.6 | 45.0 | 114.6 | 32.1 | 22.7 | 61.1 | 17.5 |
| 57.8 | 48.5 | 122.3 | 38.9 | 23.0 | 65.1 | 18.9 |
| 59.6 | 54.0 | 136.8 | 39.2 | 23.6 | 68.4 | 20.4 |
| 59.1 | 50.8 | 149.3 | 36.5 | 22.7 | 68.5 | 22.6 |
| 66.1 | 50.3 | 156.7 | 42.8 | 22.7 | 67.7 | 23.4 |
| 74.0 | 55.1 | 161.6 | 49.6 | 22.9 | 66.1 | 24.4 |
| 74.3 | 63.8 | 174.3 | 50.7 | 24.1 | 66.6 | 23.6 |

4—17 续表

| 年份 | 普 | | | 通 | |
|---|---|---|---|---|---|
| | 小 | 计 | | 高 | 中 |
| | 招生 | 在校 | 毕业 | 招生 | 在校 |
| 1949 | | 103.9 | 28.0 | | 20.7 |
| 1950 | | 130.5 | 29.6 | | 23.8 |
| 1952 | 138.3 | 249.0 | 22.1 | 14.1 | 26.0 |
| 1955 | | 390.0 | 96.9 | | 58.0 |
| 1957 | 249.3 | 628.1 | 129.9 | 32.3 | 90.4 |
| 1962 | 280.0 | 752.8 | 202.5 | 41.7 | 133.9 |
| 1963 | | 761.6 | 195.0 | | 123.5 |
| 1964 | | 854.1 | 175.3 | | 124.7 |
| 1965 | 345.7 | 933.8 | 209.8 | 45.9 | 130.8 |
| 1966 | | 1 249.8 | 190.0 | | 137.3 |
| 1967 | | 1 223.7 | 213.2 | | 126.5 |
| 1968 | | 1 392.3 | 598.4 | | 140.8 |
| 1969 | | 2 021.5 | 399.4 | | 189.1 |
| 1970 | 1 415.3 | 2 641.9 | 686.5 | 239.0 | 349.7 |
| 1971 | | 3 127.6 | 935.4 | | 558.7 |
| 1972 | | 3 582.5 | 1 251.4 | | 858.1 |
| 1973 | | 3 446.5 | 1 478.8 | | 923.3 |
| 1974 | | 3 650.3 | 1 478.5 | | 1 002.7 |
| 1975 | 2 443.6 | 4 466.1 | 1 494.7 | 633.1 | 1 163.7 |
| 1976 | 3 205.4 | 5 836.5 | 1 723.2 | 861.1 | 1 483.6 |
| 1977 | 3 360.8 | 6 779.9 | 2 144.4 | 993.1 | 1 800.0 |
| 1978 | 2 698.9 | 6 548.3 | 2 375.3 | 692.9 | 1 553.1 |
| 1979 | 2 341.9 | 5 905.0 | 2 384.4 | 614.1 | 1 292.0 |
| 1980 | 1 934.3 | 5 508.1 | 1 581.0 | 383.4 | 969.8 |
| 1981 | 1 740.5 | 4 859.6 | 1 640.3 | 327.8 | 715.0 |
| 1982 | 1 642.4 | 4 528.5 | 1 342.7 | 279.3 | 640.5 |
| 1983 | 1 576.9 | 4 397.8 | 1 195.4 | 259.8 | 629.0 |
| 1984 | 1 564.9 | 4 554.2 | 1 140.2 | 262.3 | 689.8 |
| 1985 | 1 606.9 | 4 706.0 | 1 194.9 | 257.5 | 741.1 |
| 1986 | 1 643.9 | 4 889.9 | 1 281.0 | 257.3 | 773.4 |
| 1987 | 1 649.5 | 4 948.1 | 1 364.1 | 255.2 | 773.7 |
| 1988 | 1 584.8 | 4 761.5 | 1 407.8 | 244.3 | 746.0 |
| 1989 | 1 551.5 | 4 554.0 | 1 377.5 | 242.1 | 716.1 |
| 1990 | 1 619.6 | 4 586.0 | 1 342.1 | 249.8 | 717.3 |
| 1991 | 1 655.2 | 4 683.5 | 1 308.5 | 243.8 | 722.9 |
| 1992 | 1 699.7 | 4 770.8 | 1 328.4 | 234.7 | 704.9 |

单位:万人

| 中 | 学 | | | | 农业中学和职业中学 | | |
|---|---|---|---|---|---|---|---|
| | 初 | 中 | | | | | |
| 毕业 | 招生 | 在校 | 毕业 | | 招生 | 在校 | 毕业 |
| 6.1 | | 83.2 | 21.9 | | | | |
| 6.2 | | 106.7 | 23.4 | | | | |
| 3.6 | 124.2 | 223.0 | 18.5 | | | | |
| 9.9 | | 332.0 | 87.0 | | | | |
| 18.7 | 217.0 | 537.7 | 111.2 | | | | |
| 44.1 | 238.3 | 618.0 | 158.4 | | 14.9 | 26.7 | 4.5 |
| 43.3 | | 638.1 | 152.3 | | | 30.8 | 2.4 |
| 36.7 | | 729.4 | 138.6 | | | 112.3 | 4.9 |
| 36.0 | 299.8 | 803.0 | 173.8 | | 306.5 | 443.3 | 13.6 |
| 28.0 | | 1 112.3 | 162.0 | | | | |
| 26.8 | | 1 097.2 | 186.4 | | | | |
| 79.4 | | 1 251.5 | 519.0 | | | | |
| 38.0 | | 1 832.4 | 361.4 | | | | |
| 67.6 | 1 176.3 | 2 292.2 | 618.9 | | | | |
| 100.4 | | 2 568.9 | 835.0 | | | | |
| 215.9 | | 2 724.4 | 1 035.5 | | | | |
| 349.4 | | 2 523.2 | 1 129.4 | | | | |
| 417.9 | | 2 647.6 | 1 060.6 | | | | |
| 447.0 | 1 810.5 | 3 302.4 | 1 047.7 | | | | |
| 517.2 | 2 344.3 | 4 352.9 | 1 206.0 | | | | |
| 585.8 | 2 367.7 | 4 979.9 | 1 558.6 | | | | |
| 682.7 | 2 006.0 | 4 995.2 | 1 692.6 | | | | |
| 726.5 | 1 727.8 | 4 613.0 | 1 657.9 | | | | |
| 616.2 | 1 550.9 | 4 538.3 | 964.8 | | 30.7 | 45.4 | 7.9 |
| 486.1 | 1 412.7 | 4 144.6 | 1 154.2 | | 26.7 | 48.1 | 9.4 |
| 310.6 | 1 363.1 | 3 888.0 | 1 032.2 | | 42.6 | 70.4 | 13.1 |
| 235.1 | 1 317.1 | 3 768.8 | 960.3 | | 75.7 | 122.0 | 21.6 |
| 189.8 | 1 302.5 | 3 864.3 | 950.4 | | 93.9 | 174.5 | 27.8 |
| 196.6 | 1 349.4 | 3 964.8 | 998.3 | | 116.1 | 229.5 | 41.3 |
| 224.0 | 1 386.6 | 4 116.6 | 1 057.0 | | 112.8 | 256.0 | 57.9 |
| 246.8 | 1 394.3 | 4 174.4 | 1 117.3 | | 113.2 | 267.6 | 75.0 |
| 250.6 | 1 340.5 | 4 015.5 | 1 157.2 | | 119.5 | 279.4 | 81.0 |
| 243.2 | 1 309.4 | 3 837.9 | 1 134.3 | | 118.3 | 282.3 | 86.3 |
| 233.0 | 1 369.9 | 3 868.7 | 1 109.1 | | 123.2 | 295.0 | 89.3 |
| 222.9 | 1 141.3 | 3 960.6 | 1 085.6 | | 137.8 | 315.6 | 94.5 |
| 226.1 | 1 465.0 | 4 065.9 | 1 102.2 | | 152.1 | 342.8 | 96.7 |

## 4—18 初中毕业生和小学毕业生升学率

| 年份 | 初中毕业生数（万人） | 高级中等学校招生数（万人） | 初中毕业生升学率（%） | 小学毕业生数（万人） | 初级中等学校招生数（万人） | 小学毕业生（升学率）（%） |
|---|---|---|---|---|---|---|
| 1952 | 18.5 | 31.2 | 168.6 | 149.0 | 143.0 | 96.0 |
| 1957 | 111.2 | 44.2 | 39.8 | 498.0 | 219.9 | 44.2 |
| 1962 | 158.4 | 47.5 | 30.0 | 559.0 | 253.3 | 45.3 |
| 1965 | 184.0 | 121.5 | 66.0 | 667.6 | 550.7 | 82.5 |
| 1970 | 618.9 | 239.0 | 38.6 | 1 652.5 | 1 176.3 | 71.2 |
| 1975 | 1 047.6 | 633.1 | 60.4 | 1 999.4 | 1 810.5 | 90.6 |
| 1980 | 964.9 | 416.1 | 43.1 | 2 053.3 | 1 557.6 | 75.9 |
| 1985 | 998.3 | 416.2 | 41.7 | 1 999.9 | 1 367.0 | 68.4 |
| 1986 | 1 057.0 | 429.2 | 40.6 | 2 016.1 | 1 402.0 | 69.5 |
| 1987 | 1 128.4 | 437.0 | 39.1 | 2 043.0 | 1 410.9 | 69.1 |
| 1988 | 1 169.0 | 439.6 | 38.0 | 1 930.4 | 1 359.0 | 70.4 |
| 1989 | 1 134.3 | 434.6 | 38.3 | 1 857.1 | 1 328.4 | 71.5 |
| 1990 | 1 109.1 | 450.4 | 40.6 | 1 863.1 | 1 389.2 | 74.6 |
| 1991 | 1 085.5 | 462.9 | 42.6 | 1 846.7 | 1 435.1 | 77.7 |
| 1992 | 1 102.3 | 478.1 | 43.4 | 1 872.4 | 1 491.7 | 79.7 |

## 4—19 小学学龄儿童入学率

| 年份 | 学龄儿童数（万人） | 已入学学龄儿童数（万人） | 入学率（%） |
|---|---|---|---|
| 1952 | 6 642.4 | 3 268.1 | 49.2 |
| 1957 | 8 077.7 | 4 986.6 | 61.7 |
| 1962 | 10 836.0 | 6 082.0 | 56.1 |
| 1965 | 11 603.2 | 9 829.1 | 84.7 |
| 1975 | 12 261.9 | 11 868.5 | 95.0 |
| 1980 | 12 219.6 | 11 478.2 | 93.0 |
| 1985 | 10 362.3 | 9 942.8 | 95.9 |
| 1986 | 10 067.5 | 9 702.1 | 96.4 |
| 1987 | 9 750.9 | 9 477.2 | 97.2 |
| 1988 | 9 623.9 | 9 351.4 | 97.2 |
| 1989 | 9 699.1 | 9 450.7 | 97.4 |
| 1990 | 9 740.7 | 9 529.7 | 97.8 |
| 1991 | 9 806.6 | 9 594.8 | 97.8 |
| 1992 | 11 156.2 | 10 845.5 | 97.2 |

# 第 五 部 分

# 全国户籍统计人口数据

（1 9 9 2 年 度）

## 5—1 总户数、总人口

| 地区 | 总户数（户） | 总人口（人） | | | 占总人口% | |
|---|---|---|---|---|---|---|
| | | 合计 | 男 | 女 | 男 | 女 |
| **总计** | 300 388 130 | 1 152 428 217 | 593 945 252 | 558 482 965 | 51.54 | 48.46 |
| 北京 | 3 492 934 | 10 487 445 | 5 329 255 | 5 158 190 | 50.82 | 49.18 |
| 天津 | 2 668 167 | 8 827 215 | 4 485 968 | 4 341 247 | 50.82 | 49.18 |
| 河北 | 16 500 558 | 62 493 293 | 31 990 412 | 30 502 881 | 51.19 | 48.81 |
| 山西 | 7 665 250 | 29 190 757 | 15 260 603 | 13 930 154 | 52.28 | 47.72 |
| 内蒙古 | 5 597 216 | 21 785 486 | 11 344 818 | 10 440 668 | 52.08 | 47.92 |
| 辽宁 | 11 668 903 | 39 578 534 | 20 189 026 | 19 389 508 | 51.01 | 48.99 |
| 吉林 | 6 612 081 | 24 740 149 | 12 653 040 | 12 087 109 | 51.14 | 48.86 |
| 黑龙江 | 9 328 246 | 35 261 686 | 18 024 030 | 17 237 656 | 51.12 | 48.88 |
| 上海 | 4 316 678 | 12 893 686 | 6 499 654 | 6 394 032 | 50.41 | 49.59 |
| 江苏 | 20 151 654 | 67 674 892 | 34 577 654 | 33 097 238 | 51.09 | 48.91 |
| 浙江 | 12 978 093 | 42 859 147 | 22 187 196 | 20 671 951 | 51.77 | 48.23 |
| 安徽 | 15 002 785 | 58 174 827 | 30 151 282 | 28 023 545 | 51.83 | 48.17 |
| 福建 | 7 074 601 | 30 668 527 | 15 826 245 | 14 842 282 | 51.60 | 48.40 |
| 江西 | 8 877 008 | 38 270 302 | 19 838 346 | 18 431 956 | 51.84 | 48.16 |
| 山东 | 23 251 292 | 85 797 797 | 43 730 278 | 42 067 519 | 50.97 | 49.03 |
| 河南 | 21 179 523 | 88 114 858 | 45 289 840 | 42 825 018 | 51.40 | 48.60 |
| 湖北 | 14 078 314 | 55 136 488 | 28 412 503 | 26 723 985 | 51.53 | 48.47 |
| 湖南 | 17 230 817 | 62 092 457 | 32 320 995 | 29 771 462 | 52.05 | 47.95 |
| 广东 | 15 046 378 | 64 631 689 | 33 276 656 | 31 355 033 | 51.49 | 48.51 |
| 广西 | 9 496 880 | 43 593 638 | 22 736 445 | 20 857 193 | 52.16 | 47.84 |
| 海南 | 1 582 183 | 6 713 238 | 3 500 453 | 3 212 785 | 52.14 | 47.86 |
| 四川 | 30 640 166 | 109 429 421 | 56 825 615 | 52 603 806 | 51.93 | 48.07 |
| 贵州 | 7 769 217 | 33 009 727 | 17 044 867 | 15 964 860 | 51.64 | 48.36 |
| 云南 | 8 578 988 | 37 671 496 | 19 339 303 | 18 332 193 | 51.34 | 48.66 |
| 西藏 | 402 066 | 2 252 666 | 1 108 619 | 1 144 047 | 49.21 | 50.79 |
| 陕西 | 8 361 352 | 33 402 887 | 17 432 746 | 15 970 141 | 52.19 | 47.81 |
| 甘肃 | 5 126 467 | 22 881 245 | 11 839 936 | 11 041 309 | 51.75 | 48.25 |
| 青海 | 964 050 | 4 430 563 | 2 267 521 | 2 163 042 | 51.18 | 48.82 |
| 宁夏 | 1 071 292 | 4 822 697 | 2 483 462 | 2 339 235 | 51.50 | 48.50 |
| 新疆 | 3 674 971 | 15 541 404 | 7 978 484 | 7 562 920 | 51.34 | 48.66 |

5—2 非农业、

| 地区 | 全国 | | | 市 | | |
|---|---|---|---|---|---|---|
| | 合计 | 非农业 | 农业 | 小计 | 非农业 | 农业 |
| **总计** | 1 152 428 217 | 249 778 067 | 902 650 150 | 372 540 638 | 163 221 373 | 209 319 265 |
| 北京 | 10 487 445 | 6 565 264 | 3 922 181 | 7 105 196 | 5 893 287 | 1 211 909 |
| 天津 | 8 827 215 | 4 967 635 | 3 859 580 | 5 849 456 | 4 648 293 | 1 201 163 |
| 河北 | 62 493 293 | 9 610 413 | 52 882 880 | 16 895 067 | 6 501 711 | 10 393 356 |
| 山西 | 29 190 757 | 6 530 869 | 22 659 888 | 8 728 093 | 4 322 286 | 4 405 807 |
| 内蒙古 | 21 785 486 | 6 783 977 | 15 001 509 | 6 800 107 | 4 131 926 | 2 668 181 |
| 辽宁 | 39 578 534 | 16 934 554 | 22 643 980 | 20 818 229 | 13 866 702 | 6 951 527 |
| 吉林 | 24 740 149 | 9 853 808 | 14 886 341 | 14 395 027 | 7 280 163 | 7 114 864 |
| 黑龙江 | 35 261 686 | 15 232 072 | 20 029 614 | 17 888 859 | 10 533 188 | 7 355 671 |
| 上海 | 12 893 686 | 8 755 491 | 4 138 195 | 7 927 501 | 7 561 009 | 366 492 |
| 江苏 | 67 674 892 | 14 767 982 | 52 906 910 | 29 905 120 | 10 181 016 | 19 724 104 |
| 浙江 | 42 859 147 | 7 257 839 | 35 601 308 | 20 868 335 | 4 944 891 | 15 923 444 |
| 安徽 | 58 174 827 | 9 403 764 | 48 771 063 | 11 162 539 | 5 075 513 | 6 087 026 |
| 福建 | 30 668 527 | 5 257 764 | 25 410 763 | 8 517 955 | 3 025 673 | 5 492 282 |
| 江西 | 38 270 302 | 7 407 802 | 30 862 500 | 8 693 037 | 3 727 109 | 4 965 928 |
| 山东 | 85 797 797 | 17 608 879 | 68 188 918 | 40 720 262 | 12 443 629 | 28 276 633 |
| 河南 | 88 114 858 | 12 046 670 | 76 068 188 | 16 053 762 | 7 004 611 | 9 049 151 |
| 湖北 | 55 136 488 | 12 813 211 | 42 323 277 | 27 099 849 | 8 888 570 | 18 211 279 |
| 湖南 | 62 092 457 | 9 878 955 | 52 213 502 | 15 296 496 | 5 569 587 | 9 726 909 |
| 广东 | 64 631 689 | 16 407 966 | 48 223 723 | 19 427 534 | 9 288 644 | 10 138 890 |
| 广西 | 43 593 638 | 6 287 063 | 37 306 575 | 7 727 482 | 2 854 763 | 4 872 719 |
| 海南 | 6 713 238 | 1 464 967 | 5 248 271 | 880 195 | 472 255 | 407 940 |
| 四川 | 109 429 421 | 16 844 910 | 92 584 511 | 25 024 310 | 9 118 896 | 15 905 414 |
| 贵州 | 33 009 727 | 4 130 201 | 28 879 526 | 6 966 954 | 2 423 143 | 4 543 811 |
| 云南 | 37 671 496 | 4 766 504 | 32 904 992 | 6 054 689 | 2 246 417 | 3 808 272 |
| 西藏 | 2 252 666 | 308 308 | 1 944 358 | 207 045 | 136 451 | 70 594 |
| 陕西 | 33 402 887 | 6 442 122 | 26 960 765 | 8 415 143 | 3 942 060 | 4 473 083 |
| 甘肃 | 22 881 245 | 3 822 764 | 19 058 481 | 6 072 967 | 2 601 447 | 3 471 520 |
| 青海 | 4 430 563 | 1 248 093 | 3 182 470 | 779 754 | 648 445 | 131 309 |
| 宁夏 | 4 822 697 | 1 165 748 | 3 656 949 | 1 273 702 | 761 773 | 511 929 |
| 新疆 | 15 541 404 | 5 212 472 | 10 328 932 | 4 985 973 | 3 127 915 | 1 858 058 |

## 农　业　人　口

单位：人

| 县 | | | 县辖镇 | | |
|---|---|---|---|---|---|
| 小　计 | 非农业 | 农　业 | 小　计 | 非农业 | 农　业 |
| 779 887 579 | 86 556 694 | 693 330 885 | 336 595 435 | 67 696 649 | 268 898 786 |
| 3 382 249 | 671 977 | 2 710 272 | 1 813 403 | 586 552 | 1 226 851 |
| 2 977 759 | 319 342 | 2 658 417 | 749 679 | 222 873 | 526 806 |
| 45 598 226 | 3 108 702 | 42 489 524 | 13 655 899 | 2 372 170 | 11 283 729 |
| 20 462 664 | 2 208 583 | 18 254 081 | 9 153 942 | 1 923 719 | 7 230 223 |
| 14 985 379 | 2 652 051 | 12 333 328 | 4 342 104 | 2 194 791 | 2 147 313 |
| 18 760 305 | 3 067 852 | 15 692 453 | 9 553 552 | 2 614 665 | 6 938 887 |
| 10 345 122 | 2 573 645 | 7 771 477 | 6 206 545 | 2 325 855 | 3 880 690 |
| 17 372 827 | 4 698 884 | 12 673 943 | 7 700 593 | 3 484 588 | 4 216 005 |
| 4 966 185 | 1 194 482 | 3 771 703 | 931 531 | 639 541 | 291 990 |
| 37 769 772 | 4 586 966 | 33 182 806 | 13 434 325 | 3 223 051 | 10 211 274 |
| 21 990 812 | 2 312 948 | 19 677 864 | 15 060 475 | 2 169 777 | 12 890 698 |
| 47 012 288 | 4 328 251 | 42 684 037 | 27 216 884 | 3 768 210 | 23 448 674 |
| 22 150 572 | 2 232 091 | 19 918 481 | 15 126 222 | 1 995 031 | 13 131 191 |
| 29 577 265 | 3 680 693 | 25 896 572 | 7 005 577 | 2 561 551 | 4 444 026 |
| 45 077 535 | 5 165 250 | 39 912 285 | 17 292 263 | 2 384 955 | 14 907 308 |
| 72 061 096 | 5 042 059 | 67 019 037 | 17 016 782 | 3 648 068 | 13 368 714 |
| 28 036 639 | 3 924 641 | 24 111 998 | 15 910 844 | 3 104 243 | 12 806 601 |
| 46 795 961 | 4 309 368 | 42 486 593 | 12 826 253 | 3 374 145 | 9 452 108 |
| 45 204 155 | 7 119 322 | 38 084 833 | 40 375 058 | 6 739 818 | 33 635 240 |
| 35 866 156 | 3 432 300 | 32 433 856 | 14 270 314 | 2 587 515 | 11 682 799 |
| 5 833 043 | 992 712 | 4 840 331 | 3 947 132 | 793 072 | 3 154 060 |
| 84 405 111 | 7 726 014 | 76 679 097 | 43 820 891 | 6 530 043 | 37 290 848 |
| 26 042 773 | 1 707 058 | 24 335 715 | 15 190 923 | 1 534 246 | 13 656 677 |
| 31 616 807 | 2 520 087 | 29 096 720 | 9 757 174 | 1 890 170 | 7 867 004 |
| 2 045 621 | 171 857 | 1 873 764 | 163 028 | 57 466 | 105 562 |
| 24 987 744 | 2 500 062 | 22 487 682 | 7 043 848 | 1 999 967 | 5 043 881 |
| 16 808 278 | 1 221 317 | 15 586 961 | 3 378 982 | 985 239 | 2 393 743 |
| 3 650 809 | 599 648 | 3 051 161 | 787 692 | 399 747 | 387 945 |
| 3 548 995 | 403 975 | 3 145 020 | 813 066 | 325 507 | 487 559 |
| 10 555 431 | 2 084 557 | 8 470 874 | 2 050 454 | 1 260 074 | 790 380 |

## 5—3 非农业、农业人口所占比重

单位：%

| 地区 | 全国 | | 市 | | 县 | | 县辖镇 | |
|---|---|---|---|---|---|---|---|---|
| | 非农业 | 农业 | 非农业 | 农业 | 非农业 | 农业 | 非农业 | 农业 |
| **总计** | 21.67 | 78.33 | 43.81 | 56.19 | 11.10 | 88.90 | 20.11 | 79.89 |
| 北京 | 62.60 | 37.40 | 82.94 | 17.06 | 19.87 | 80.13 | 32.35 | 67.65 |
| 天津 | 56.28 | 43.72 | 79.47 | 20.53 | 10.72 | 89.28 | 29.73 | 70.27 |
| 河北 | 15.38 | 84.62 | 38.48 | 61.52 | 6.82 | 93.18 | 17.37 | 82.63 |
| 山西 | 22.37 | 77.63 | 49.52 | 50.48 | 10.79 | 89.21 | 21.02 | 78.98 |
| 内蒙古 | 31.14 | 68.86 | 60.76 | 39.24 | 17.70 | 82.30 | 50.55 | 49.45 |
| 辽宁 | 42.79 | 57.21 | 66.61 | 33.39 | 16.35 | 83.65 | 27.37 | 72.63 |
| 吉林 | 39.83 | 60.17 | 50.57 | 49.43 | 24.88 | 75.12 | 37.47 | 62.53 |
| 黑龙江 | 43.20 | 56.80 | 58.88 | 41.12 | 27.05 | 72.95 | 45.25 | 54.75 |
| 上海 | 67.91 | 32.09 | 95.38 | 4.62 | 24.05 | 75.95 | 68.65 | 31.35 |
| 江苏 | 21.82 | 78.18 | 34.04 | 65.96 | 12.14 | 87.86 | 23.99 | 76.01 |
| 浙江 | 16.93 | 83.07 | 23.70 | 76.30 | 10.52 | 89.48 | 14.41 | 85.59 |
| 安徽 | 16.16 | 83.84 | 45.47 | 54.53 | 9.21 | 90.79 | 13.85 | 86.15 |
| 福建 | 17.14 | 82.86 | 35.52 | 64.48 | 10.08 | 89.92 | 13.19 | 86.81 |
| 江西 | 19.36 | 80.64 | 42.87 | 57.13 | 12.44 | 87.56 | 36.56 | 63.44 |
| 山东 | 20.52 | 79.48 | 30.56 | 69.44 | 11.46 | 88.54 | 13.79 | 86.21 |
| 河南 | 13.67 | 86.33 | 43.63 | 56.37 | 7.00 | 93.00 | 21.44 | 78.56 |
| 湖北 | 23.24 | 76.76 | 32.80 | 67.20 | 14.00 | 86.00 | 19.51 | 80.49 |
| 湖南 | 15.91 | 84.09 | 36.41 | 63.59 | 9.21 | 90.79 | 26.31 | 73.69 |
| 广东 | 25.39 | 74.61 | 47.81 | 52.19 | 15.75 | 84.25 | 16.69 | 83.31 |
| 广西 | 14.42 | 85.58 | 36.94 | 63.06 | 9.57 | 90.43 | 18.13 | 81.87 |
| 海南 | 21.82 | 78.18 | 53.65 | 46.35 | 17.02 | 82.98 | 20.09 | 79.91 |
| 四川 | 15.39 | 84.61 | 36.44 | 63.56 | 9.15 | 90.85 | 14.90 | 85.10 |
| 贵州 | 12.51 | 87.49 | 34.78 | 65.22 | 6.55 | 93.45 | 10.10 | 89.90 |
| 云南 | 12.65 | 87.35 | 37.10 | 62.90 | 7.97 | 92.03 | 19.37 | 80.63 |
| 西藏 | 13.69 | 86.31 | 65.90 | 34.10 | 8.40 | 91.60 | 35.25 | 64.75 |
| 陕西 | 19.29 | 80.71 | 46.84 | 53.16 | 10.01 | 89.99 | 28.39 | 71.61 |
| 甘肃 | 16.71 | 83.29 | 42.84 | 57.16 | 7.27 | 92.73 | 29.16 | 70.84 |
| 青海 | 28.17 | 71.83 | 83.16 | 16.84 | 16.43 | 83.57 | 50.75 | 49.25 |
| 宁夏 | 24.17 | 75.83 | 59.81 | 40.19 | 11.38 | 88.62 | 40.03 | 59.97 |
| 新疆 | 33.54 | 66.46 | 62.73 | 37.27 | 19.75 | 80.25 | 61.45 | 38.55 |

## 5—4 市、县、县辖镇个数及人口数

单位：人

| 地区 | 市 | | 县 | | 县辖镇 | |
|---|---|---|---|---|---|---|
| | 个数 | 人口数 | 个数 | 人口数 | 个数 | 人口数 |
| **总计** | **507** | **372 540 638** | **1 863** | **779 887 579** | **10 587** | **336 595 435** |
| 北京 | 1 | 7 105 196 | 8 | 3 382 249 | 65 | 1 813 403 |
| 天津 | 1 | 5 849 456 | 5 | 2 977 759 | 26 | 749 679 |
| 河北 | 26 | 16 895 067 | 123 | 45 598 226 | 551 | 13 655 899 |
| 山西 | 15 | 8 728 093 | 91 | 20 462 664 | 423 | 9 153 942 |
| 内蒙古 | 17 | 6 800 107 | 71 | 14 985 379 | 209 | 4 342 104 |
| 辽宁 | 21 | 20 818 229 | 37 | 18 760 305 | 330 | 9 553 552 |
| 吉林 | 23 | 14 395 027 | 25 | 10 345 122 | 231 | 6 206 545 |
| 黑龙江 | 27 | 17 888 859 | 52 | 17 372 827 | 271 | 7 700 593 |
| 上海 | 1 | 7 927 501 | 9 | 4 966 185 | 33 | 931 531 |
| 江苏 | 31 | 29 905 120 | 44 | 37 769 772 | 383 | 13 434 325 |
| 浙江 | 29 | 20 868 335 | 46 | 21 990 812 | 501 | 15 060 475 |
| 安徽 | 18 | 11 162 539 | 63 | 47 012 288 | 691 | 27 216 884 |
| 福建 | 17 | 8 517 955 | 53 | 22 150 572 | 361 | 15 126 222 |
| 江西 | 16 | 8 693 037 | 75 | 29 577 265 | 252 | 7 005 577 |
| 山东 | 40 | 40 720 262 | 70 | 45 077 535 | 406 | 17 292 263 |
| 河南 | 27 | 16 053 762 | 103 | 72 061 096 | 351 | 17 016 782 |
| 湖北 | 31 | 27 099 849 | 48 | 28 036 639 | 446 | 15 910 844 |
| 湖南 | 26 | 15 296 496 | 78 | 46 795 961 | 525 | 12 826 253 |
| 广东 | 26 | 19 427 534 | 73 | 45 204 155 | 1 030 | 40 375 058 |
| 广西 | 12 | 7 727 482 | 76 | 35 866 156 | 337 | 14 270 314 |
| 海南 | 3 | 880 195 | 19 | 5 833 043 | 189 | 3 947 132 |
| 四川 | 27 | 25 024 310 | 165 | 84 405 111 | 1 406 | 43 820 891 |
| 贵州 | 10 | 6 966 954 | 70 | 26 042 773 | 541 | 15 190 923 |
| 云南 | 12 | 6 054 689 | 113 | 31 616 807 | 304 | 9 757 174 |
| 西藏 | 2 | 207 045 | 70 | 2 045 621 | 31 | 163 028 |
| 陕西 | 12 | 8 415 143 | 85 | 24 987 744 | 343 | 7 043 848 |
| 甘肃 | 13 | 6 072 967 | 67 | 16 808 278 | 155 | 3 378 982 |
| 青海 | 3 | 779 754 | 37 | 3 650 809 | 35 | 787 692 |
| 宁夏 | 4 | 1 273 702 | 16 | 3 548 995 | 45 | 813 066 |
| 新疆 | 16 | 4 985 973 | 71 | 10 555 431 | 116 | 2 050 454 |

## 5—5 全国及市、县、县辖镇性别比

（女＝100）

| 地　　区 | 全　国 | 市 | 县 | 县　辖　镇 |
|---|---|---|---|---|
| **总　　计** | 106.35 | 106.06 | 106.49 | 106.82 |
| 北　　京 | 103.32 | 104.26 | 101.36 | 101.88 |
| 天　　津 | 103.33 | 103.41 | 103.18 | 106.12 |
| 河　　北 | 104.88 | 105.54 | 104.63 | 105.48 |
| 山　　西 | 109.55 | 111.34 | 108.80 | 110.56 |
| 内　蒙　古 | 108.66 | 106.77 | 109.53 | 107.43 |
| 辽　　宁 | 104.12 | 103.45 | 104.87 | 105.20 |
| 吉　　林 | 104.68 | 104.10 | 105.50 | 104.91 |
| 黑　龙　江 | 104.56 | 104.05 | 105.09 | 104.04 |
| 上　　海 | 101.65 | 104.75 | 96.89 | 105.59 |
| 江　　苏 | 104.47 | 105.31 | 103.82 | 104.04 |
| 浙　　江 | 107.33 | 105.79 | 108.81 | 108.30 |
| 安　　徽 | 107.59 | 108.59 | 107.36 | 106.92 |
| 福　　建 | 106.63 | 108.12 | 106.06 | 105.25 |
| 江　　西 | 107.63 | 108.69 | 107.32 | 109.49 |
| 山　　东 | 103.95 | 104.27 | 103.67 | 104.32 |
| 河　　南 | 105.76 | 107.21 | 105.43 | 106.65 |
| 湖　　北 | 106.32 | 106.05 | 106.58 | 105.85 |
| 湖　　南 | 108.56 | 108.77 | 108.50 | 108.89 |
| 广　　东 | 106.13 | 104.76 | 106.72 | 106.56 |
| 广　　西 | 109.01 | 110.12 | 108.77 | 109.43 |
| 海　　南 | 108.95 | 110.29 | 108.75 | 108.00 |
| 四　　川 | 108.03 | 107.32 | 108.24 | 107.99 |
| 贵　　州 | 106.76 | 108.33 | 106.35 | 106.01 |
| 云　　南 | 105.49 | 106.08 | 105.38 | 105.72 |
| 西　　藏 | 96.90 | 102.82 | 96.32 | 101.50 |
| 陕　　西 | 109.16 | 109.46 | 109.06 | 110.62 |
| 甘　　肃 | 107.23 | 107.90 | 106.99 | 109.11 |
| 青　　海 | 104.83 | 105.75 | 104.63 | 106.88 |
| 宁　　夏 | 106.17 | 105.87 | 106.27 | 110.67 |
| 新　　疆 | 105.49 | 106.08 | 105.22 | 106.96 |

## 5—6 人口密度及人口分布

| 地区 | 总人口（人） | 面积（万平方公里） | 人口密度（人/平方公里） | 占总人口比重（%） |
|---|---|---|---|---|
| **总计** | 1 152 428 217 | 960.0 | 120 | 100.00 |
| 北京 | 10 487 445 | 1.7 | 617 | 0.91 |
| 天津 | 8 827 215 | 1.2 | 736 | 0.77 |
| 河北 | 62 493 293 | 19.0 | 329 | 5.42 |
| 山西 | 29 190 757 | 15.7 | 186 | 2.53 |
| 内蒙古 | 21 785 486 | 114.2 | 19 | 1.89 |
| 辽宁 | 39 578 534 | 15.0 | 264 | 3.43 |
| 吉林 | 24 740 149 | 18.9 | 131 | 2.15 |
| 黑龙江 | 35 261 686 | 46.0 | 77 | 3.06 |
| 上海 | 12 893 686 | 0.8 | 1 612 | 1.12 |
| 江苏 | 67 674 892 | 10.5 | 645 | 5.87 |
| 浙江 | 42 859 147 | 10.5 | 408 | 3.72 |
| 安徽 | 58 174 827 | 14.0 | 416 | 5.05 |
| 福建 | 30 668 527 | 12.2 | 251 | 2.66 |
| 江西 | 38 270 302 | 16.7 | 229 | 3.32 |
| 山东 | 85 797 797 | 15.8 | 543 | 7.44 |
| 河南 | 88 114 858 | 16.6 | 531 | 7.65 |
| 湖北 | 55 136 488 | 18.6 | 296 | 4.78 |
| 湖南 | 62 092 457 | 21.2 | 293 | 5.39 |
| 广东 | 64 631 689 | 17.8 | 363 | 5.61 |
| 广西 | 43 593 638 | 23.6 | 185 | 3.78 |
| 海南 | 6 713 238 | 3.5 | 192 | 0.58 |
| 四川 | 109 429 421 | 56.6 | 193 | 9.50 |
| 贵州 | 33 009 727 | 17.6 | 188 | 2.86 |
| 云南 | 37 671 496 | 38.4 | 98 | 3.27 |
| 西藏 | 2 252 666 | 120.2 | 2 | 0.20 |
| 陕西 | 33 402 887 | 20.5 | 163 | 2.90 |
| 甘肃 | 22 881 245 | 40.6 | 56 | 1.99 |
| 青海 | 4 430 563 | 72.0 | 6 | 0.38 |
| 宁夏 | 4 822 697 | 6.6 | 73 | 0.42 |
| 新疆 | 15 541 404 | 166.3 | 9 | 1.35 |

## 5—7 地级市及县级市个数、总人口、非农业人口

单位：人

| 地区 | 地级市 | | | 县级市 | | |
|---|---|---|---|---|---|---|
| | 个数 | 总人口 | 非农业人口 | 个数 | 总人口 | 非农业人口 |
| **总计** | 189 | 165 966 337 | 104 500 890 | 315 | 185 692 148 | 40 617 894 |
| 北京 | 10 | 7 750 489 | 5 495 855 | 16 | 9 144 578 | 1 005 856 |
| 天津 | 6 | 5 392 830 | 3 307 796 | 9 | 3 335 263 | 1 014 490 |
| 河北 | 4 | 3 396 962 | 2 299 087 | 13 | 3 403 145 | 1 832 839 |
| 山西 | 14 | 16 194 371 | 12 688 398 | 7 | 4 623 858 | 1 178 304 |
| 内蒙古 | 7 | 6 405 568 | 4 538 340 | 16 | 7 989 459 | 2 741 823 |
| 辽宁 | 10 | 9 954 740 | 8 031 176 | 17 | 7 934 119 | 2 502 012 |
| 吉林 | 11 | 9 881 192 | 7 170 854 | 20 | 20 023 928 | 3 010 162 |
| 黑龙江 | 9 | 6 836 994 | 3 192 082 | 20 | 14 031 341 | 1 752 809 |
| 上海 | 9 | 5 881 956 | 3 901 703 | 9 | 5 280 583 | 1 173 810 |
| 江苏 | 6 | 3 358 206 | 1 976 678 | 11 | 5 159 749 | 1 048 995 |
| 浙江 | 6 | 4 453 459 | 2 429 417 | 10 | 4 239 578 | 1 297 692 |
| 安徽 | 12 | 16 291 068 | 7 382 457 | 28 | 24 429 194 | 5 061 172 |
| 福建 | 12 | 7 767 751 | 5 257 319 | 15 | 8 286 011 | 1 747 292 |
| 江西 | 8 | 8 163 610 | 5 729 550 | 23 | 18 936 239 | 3 159 020 |
| 山东 | 8 | 6 028 298 | 3 542 747 | 18 | 9 268 198 | 2 026 840 |
| 河南 | 20 | 14 314 579 | 8 046 205 | 6 | 5 112 955 | 1 242 439 |
| 湖北 | 5 | 2 932 959 | 2 140 536 | 7 | 4 794 523 | 714 227 |
| 湖南 | 2 | 786 013 | 435 301 | 1 | 94 182 | 36 954 |
| 广东 | 11 | 14 121 562 | 6 689 499 | 16 | 10 902 748 | 2 429 397 |
| 广西 | 2 | 3 452 775 | 1 442 046 | 8 | 3 514 179 | 981 097 |
| 海南 | 2 | 1 862 297 | 1 244 838 | 10 | 4 192 392 | 1 001 579 |
| 四川 | 1 | 125 828 | 112 237 | 1 | 81 217 | 24 214 |
| 贵州 | 4 | 4 482 526 | 3 036 968 | 8 | 3 932 617 | 905 092 |
| 云南 | 5 | 3 267 016 | 1 914 158 | 8 | 2 805 951 | 687 289 |
| 西藏 | 1 | 661 119 | 560 911 | 2 | 118 635 | 87 534 |
| 陕西 | 2 | 783 060 | 639 346 | 2 | 490 642 | 122 427 |
| 甘肃 | 2 | 1 419 109 | 1 295 386 | 14 | 3 566 864 | 1 832 529 |
| 青海 | | | | | | |
| 宁夏 | | | | | | |
| 新疆 | | | | | | |

## 5—8 市人口分组

单位：人

| 组别 | 按市总人口分组 | | | 按市非农业人口分组 | | |
|---|---|---|---|---|---|---|
| | 市个数 | 人数 | 占市总人口% | 市个数 | 人数 | 占市非农业人口% |
| **总计** | **507** | **372 540 638** | **100.00** | **507** | **163 221 373** | **100.00** |
| 200万以上 | 17 | 60 706 923 | 16.30 | 10 | 37 078 267 | 22.72 |
| 100万－200万 | 90 | 113 648 558 | 30.51 | 22 | 28 088 271 | 17.21 |
| 90万－100万 | 22 | 21 007 999 | 5.64 | 1 | 909 060 | 0.56 |
| 80万－90万 | 31 | 26 494 610 | 7.11 | 4 | 3 359 557 | 2.06 |
| 70万－80万 | 34 | 25 443 310 | 6.83 | 8 | 6 106 316 | 3.74 |
| 60万－70万 | 47 | 30 400 483 | 8.16 | 5 | 3 270 765 | 2.00 |
| 50万－60万 | 47 | 25 763 247 | 6.92 | 12 | 6 576 682 | 4.03 |
| 40万－50万 | 69 | 30 840 024 | 8.28 | 24 | 10 804 524 | 6.62 |
| 30万－40万 | 53 | 18 646 538 | 5.01 | 42 | 14 763 956 | 9.05 |
| 20万－30万 | 59 | 15 111 295 | 4.06 | 75 | 17 897 307 | 10.97 |
| 10万－20万 | 24 | 3 645 418 | 0.98 | 171 | 25 196 403 | 15.44 |
| 10万以下 | 14 | 832 233 | 0.22 | 133 | 9 170 265 | 5.62 |

## 5—9 按总人口排序的市及其人口数

单位：人

| 城市名称 | 人口数 | 城市名称 | 人口数 | 城市名称 | 人口数 |
|---|---|---|---|---|---|
| **总计** | **372 540 638** | 泰兴 | 1 401 569 | 麻城 | 1 092 457 |
| **400万以上** | **25 491 036** | 齐齐哈尔 | 1 398 381 | 乐山 | 1 088 321 |
| 上海 | 7 927 501 | 南昌 | 1 395 096 | 福清 | 1 084 732 |
| 北京 | 7 105 196 | 盐城 | 1 378 446 | 宜兴 | 1 082 025 |
| 天津 | 5 849 456 | 长沙 | 1 372 749 | 日照 | 1 072 377 |
| 沈阳 | 4 608 883 | 抚顺 | 1 365 263 | 邹城 | 1 069 849 |
| **200万－400万** | **35 215 887** | 杭州 | 1 362 973 | 天水 | 1 064 525 |
| 武汉 | 3 828 457 | 东莞 | 1 360 597 | 钦州 | 1 064 350 |
| 广州 | 3 672 099 | 石家庄 | 1 359 463 | 合肥 | 1 059 860 |
| 重庆 | 3 029 604 | 孝感 | 1 355 196 | 荆门 | 1 057 272 |
| 成都 | 2 882 751 | 吉林 | 1 337 962 | 定州 | 1 056 510 |
| 哈尔滨 | 2 854 499 | 福州 | 1 321 372 | 临海 | 1 050 461 |
| 西安 | 2 830 135 | 新泰 | 1 318 850 | 涪陵 | 1 045 227 |
| 南京 | 2 546 870 | 内江 | 1 316 670 | 海城 | 1 040 809 |
| 淄博 | 2 498 345 | 平度 | 1 309 296 | 常熟 | 1 039 279 |
| 大连 | 2 449 376 | 遂宁 | 1 302 014 | 即墨 | 1 038 319 |
| 济南 | 2 369 971 | 亳州 | 1 286 151 | 诸城 | 1 035 118 |
| 长春 | 2 156 034 | 淮南 | 1 251 467 | 湖州 | 1 032 496 |
| 青岛 | 2 092 799 | 常德 | 1 244 220 | 涟源 | 1 027 444 |
| 太原 | 2 004 947 | 洛阳 | 1 221 686 | 诸暨 | 1 026 423 |
| **100万－200万** | **113 648 558** | 包头 | 1 214 587 | 枣阳 | 1 017 435 |
| 六盘水 | 1 866 752 | 乌鲁木齐 | 1 203 960 | 永川 | 1 005 462 |
| 枣庄 | 1 827 825 | 中山 | 1 192 547 | 瓦房店 | 1 001 916 |
| 郑州 | 1 760 169 | 莱芜 | 1 186 401 | **90万－100万** | **21 007 999** |
| 临沂 | 1 640 688 | 榆树 | 1 179 718 | 自贡 | 997 189 |
| 贵阳 | 1 586 023 | 东台 | 1 179 498 | 台山 | 996 600 |
| 昆明 | 1 577 375 | 萧山 | 1 171 846 | 钟祥 | 990 021 |
| 天门 | 1 575 436 | 菏泽 | 1 164 710 | 赤峰 | 986 874 |
| 兰州 | 1 555 636 | 启东 | 1 163 301 | 公主岭 | 985 290 |
| 唐山 | 1 542 239 | 淮安 | 1 160 610 | 醴陵 | 977 431 |
| 兴化 | 1 531 921 | 潍坊 | 1 156 102 | 肥城 | 976 808 |
| 随州 | 1 509 615 | 邯郸 | 1 147 161 | 南海 | 973 607 |
| 贵港 | 1 496 093 | 耒阳 | 1 145 400 | 慈溪 | 971 551 |
| 合川 | 1 492 805 | 瑞安 | 1 136 572 | 大庆 | 969 273 |
| 邳州 | 1 460 647 | 大同 | 1 133 136 | 章丘 | 963 009 |
| 邓州 | 1 449 684 | 江阴 | 1 122 664 | 顺德 | 952 638 |
| 如皋 | 1 447 329 | 南宁 | 1 115 727 | 鄂州 | 949 978 |
| 江津 | 1 445 716 | 松原 | 1 111 990 | 无锡 | 944 428 |
| 滕州 | 1 439 601 | 宿迁 | 1 111 899 | 晋江 | 941 219 |
| 泰安 | 1 436 836 | 禹州 | 1 106 833 | 徐州 | 936 468 |
| 仙桃 | 1 431 704 | 湛江 | 1 106 819 | 本溪 | 933 077 |
| 萍乡 | 1 422 098 | 宁波 | 1 104 420 | 黄岩 | 929 967 |
| 玉林 | 1 411 575 | 温州 | 1 101 901 | 绵阳 | 922 597 |
| 鞍山 | 1 409 287 | 丰城 | 1 101 614 | 济宁 | 905 664 |

5—9 续表1 单位：人

| 城市名称 | 人口数 | 城市名称 | 人口数 | 城市名称 | 人口数 |
|---|---|---|---|---|---|
| 呼和浩特 | 902 567 | 吴江 | 772 150 | 武安 | 648 592 |
| 莱阳 | 901 743 | 东阳 | 763 667 | 佳木斯 | 648 477 |
| **80万—90万** | **26 494 610** | 溧阳 | 763 611 | 舒兰 | 647 915 |
| 新沂 | 897 364 | 保山 | 755 292 | 兰溪 | 646 476 |
| 汕头 | 893 972 | 荣成 | 754 334 | 昭通 | 646 302 |
| 潜江 | 893 934 | 上虞 | 753 101 | 辽阳 | 644 429 |
| 武威 | 893 594 | 辉县 | 750 445 | 淮北 | 642 405 |
| 安康 | 892 032 | 嘉兴 | 747 412 | 保定 | 640 495 |
| 鸡西 | 883 738 | 阜新 | 746 819 | 安阳 | 638 640 |
| 湘乡 | 883 154 | 双城 | 746 718 | 东营 | 636 616 |
| 莱州 | 881 469 | 张家口 | 746 494 | 新乡 | 634 905 |
| 新会 | 879 186 | 锦州 | 745 973 | 河源 | 634 537 |
| 聊城 | 878 347 | 巩义 | 744 986 | 义乌 | 630 416 |
| 汝州 | 877 036 | 恩施 | 728 656 | 乐陵 | 628 021 |
| 曲靖 | 874 108 | 河间 | 725 015 | 海宁 | 627 882 |
| 青州 | 870 156 | 胶州 | 724 871 | 北票 | 627 077 |
| 伊春 | 862 042 | 文登 | 722 331 | 厦门 | 626 368 |
| 广水 | 860 067 | 牡丹江 | 718 907 | 阿城 | 625 266 |
| 苏州 | 857 134 | 衡阳 | 717 562 | 焦作 | 623 718 |
| 阆中 | 856 007 | 沅江 | 715 978 | 应城 | 622 716 |
| 胶南 | 855 720 | 莱西 | 710 067 | 兴义 | 614 345 |
| 宜春 | 852 666 | 通辽 | 707 755 | 凌源 | 614 273 |
| 张家港 | 844 139 | 任丘 | 707 564 | 廊坊 | 609 692 |
| 锦西 | 838 047 | 开封 | 706 315 | 曲阜 | 608 863 |
| 洪湖 | 836 942 | 平顶山 | 704 618 | 临汾 | 605 307 |
| 高邮 | 831 721 | **60万—70万** | **30 400 483** | 济源 | 601 609 |
| 烟台 | 829 742 | 藁城 | 699 836 | 辛集 | 601 461 |
| 江油 | 827 583 | 蚌埠 | 699 499 | 龙口 | 601 374 |
| 广元 | 814 660 | 宜宾 | 695 490 | 石首 | 600 200 |
| 余姚 | 812 584 | 常州 | 690 849 | **50万—60万** | **25 763 247** |
| 九台 | 810 488 | 晋城 | 689 719 | 开原 | 597 551 |
| 肇东 | 803 694 | 讷河 | 689 058 | 湘潭 | 594 796 |
| 番禺 | 802 430 | 新余 | 688 292 | 株洲 | 594 503 |
| 丹阳 | 800 854 | 临清 | 687 158 | 营口 | 586 557 |
| **70万—80万** | **25 443 310** | 安顺 | 684 259 | 贵池 | 585 596 |
| 宣州 | 792 791 | 汨罗 | 682 294 | 南通 | 584 481 |
| 渭南 | 792 087 | 鹤岗 | 675 154 | 梅河口 | 583 915 |
| 利川 | 788 132 | 界首 | 673 449 | 兖州 | 581 748 |
| 海伦 | 786 727 | 舟山 | 670 364 | 仪征 | 580 614 |
| 巢湖 | 785 213 | 武穴 | 669 267 | 安陆 | 579 825 |
| 德阳 | 785 203 | 西宁 | 661 119 | 尚志 | 578 816 |
| 绥化 | 782 100 | 丹东 | 659 409 | 攀枝花 | 576 265 |
| 柳州 | 777 347 | 遵化 | 654 934 | 芜湖 | 575 738 |
| 咸阳 | 773 069 | 黄州 | 651 956 | | |

单位:人

| 城市名称 | 人口数 | 城市名称 | 人口数 | 城市名称 | 人口数 |
|---|---|---|---|---|---|
| 昆山 | 572 051 | 宜昌 | 479 764 | 龙岩 | 424 378 |
| 招远 | 571 642 | 咸宁 | 479 185 | 临河 | 424 357 |
| 阳泉 | 568 339 | 盘锦 | 475 337 | 大庸 | 424 088 |
| 襄樊 | 566 619 | 当阳 | 475 214 | 扎兰屯 | 422 774 |
| 滨州 | 564 199 | 深圳 | 472 765 | 都匀 | 421 989 |
| 永州 | 560 719 | 阳江 | 471 767 | 楚雄 | 421 595 |
| 茂名 | 559 157 | 平湖 | 471 740 | 椒江 | 420 849 |
| 都江堰 | 554 535 | 敦化 | 469 346 | 铜川 | 419 884 |
| 浑江 | 550 924 | 蒲圻 | 467 001 | 四平 | 415 472 |
| 江山 | 548 304 | 老河口 | 466 696 | 滁州 | 414 187 |
| 岳阳 | 546 125 | 朔州 | 465 339 | 阿克苏 | 412 357 |
| 广汉 | 545 850 | 蛟河 | 464 866 | 沁阳 | 412 271 |
| 福安 | 544 056 | 榆次 | 464 007 | 富锦 | 411 135 |
| 连云港 | 540 265 | 南平 | 460 673 | 大安 | 407 720 |
| 石河子 | 536 656 | 丹江口 | 460 067 | 十堰 | 406 946 |
| 邵阳 | 534 255 | 汉中 | 459 798 | 泸州 | 406 288 |
| 兴城 | 532 021 | 宝鸡 | 459 438 | 通化 | 405 991 |
| 长治 | 531 350 | 马鞍山 | 457 859 | 海口 | 405 831 |
| 黄石 | 530 788 | 卫辉 | 456 623 | **30万—40万** | **18 646 538** |
| 秦皇岛 | 529 113 | 安达 | 454 103 | 峨眉山 | 399 318 |
| 涿州 | 527 947 | 北安 | 453 246 | 遵义 | 397 572 |
| 桂林 | 526 483 | 七台河 | 452 859 | 平凉 | 397 107 |
| 商州 | 519 935 | 淮阴 | 451 680 | 赣州 | 392 648 |
| 洮南 | 519 860 | 扬州 | 450 270 | 佛山 | 390 460 |
| 安庆 | 518 644 | 清远 | 450 050 | 朝阳 | 387 623 |
| 永康 | 512 777 | 大理 | 448 214 | 铁力 | 386 840 |
| 揭阳 | 512 554 | 南宫 | 446 140 | 凯里 | 385 581 |
| 云浮 | 508 494 | 忻州 | 443 614 | 黄山 | 384 738 |
| 怀化 | 508 141 | 清镇 | 442 670 | 南阳 | 384 696 |
| 泊头 | 507 994 | 桦甸 | 441 702 | 枝城 | 384 517 |
| 运城 | 507 087 | 九江 | 441 136 | 鹤壁 | 383 671 |
| 樟树 | 504 325 | 德州 | 440 734 | 瑞昌 | 380 430 |
| 银川 | 501 332 | 韶关 | 437 986 | 三亚 | 380 182 |
| 镇江 | 500 301 | 黄骅 | 437 137 | 承德 | 379 129 |
| **40万—50万** | **30 840 024** | 张掖 | 436 648 | 濮阳 | 377 381 |
| 泉州 | 499 637 | 海林 | 435 979 | 白银 | 377 243 |
| 霸州 | 499 200 | 邢台 | 430 550 | 孝义 | 375 381 |
| 双鸭山 | 491 410 | 益阳 | 430 295 | 个旧 | 373 479 |
| 建德 | 490 324 | 沙河 | 429 315 | 宁德 | 373 079 |
| 蓬莱 | 490 169 | 辽源 | 427 195 | 榆林 | 371 090 |
| 晋州 | 487 629 | 牙克石 | 426 515 | 肇庆 | 370 594 |
| 西昌 | 487 172 | 密山 | 425 233 | 安国 | 369 108 |
| 奉化 | 480 939 | 冷水滩 | 424 676 | 沧州 | 366 153 |

单位:人

| 城市名称 | 人口数 | 城市名称 | 人口数 | 城市名称 | 人口数 |
|---|---|---|---|---|---|
| 景德镇 | 366 153 | 宿州 | 282 665 | 六安 | 203 054 |
| 汕尾 | 365 556 | 石嘴山 | 281 728 | 玉门 | 200 377 |
| 资兴 | 357 407 | 昌吉 | 281 510 | 抚州 | 200 125 |
| 韩城 | 349 612 | 南充 | 279 193 | **10万—20万** | **3 645 418** |
| 漳州 | 348 996 | 周口 | 278 963 | 集宁 | 193 006 |
| 衡水 | 346 196 | 威海 | 278 390 | 珲春 | 187 005 |
| 铁岭 | 344 291 | 西峰 | 278 235 | 阿勒泰 | 184 532 |
| 沙市 | 343 786 | 赤水 | 277 755 | 候马 | 184 325 |
| 介休 | 342 058 | 龙井 | 276 437 | 临夏 | 175 347 |
| 华蓥 | 340 947 | 库尔勒 | 275 541 | 阿图什 | 174 279 |
| 白城 | 336 819 | 伊宁 | 274 542 | 上饶 | 171 266 |
| 玉溪 | 331 968 | 信阳 | 274 047 | 博乐 | 169 000 |
| 娄底 | 329 492 | 惠州 | 272 917 | 古交 | 162 933 |
| 冷水江 | 327 814 | 石狮 | 270 191 | 金昌 | 160 286 |
| 丽水 | 323 482 | 吴忠 | 270 115 | 黑河 | 158 879 |
| 舞钢 | 316 804 | 漳平 | 265 935 | 满洲里 | 146 949 |
| 万县 | 315 293 | 龙泉 | 261 980 | 东胜 | 144 419 |
| 莆田 | 315 216 | 泰州 | 260 682 | 合山 | 142 502 |
| 延吉 | 314 650 | 驻马店 | 260 651 | 同江 | 141 125 |
| 延安 | 312 869 | 阜阳 | 257 477 | 鹰潭 | 140 684 |
| 江门 | 309 897 | 商丘 | 255 559 | 和田 | 139 903 |
| 达县 | 309 402 | 霍州 | 250 551 | 图们 | 139 508 |
| 丰镇 | 307 913 | 三明 | 246 617 | 塔城 | 133 654 |
| 潮州 | 306 866 | 开远 | 246 240 | 锡林浩特 | 125 874 |
| 酒泉 | 305 659 | 梅州 | 241 404 | 拉萨 | 125 828 |
| 许昌 | 304 876 | 津市 | 240 420 | 敦煌 | 118 984 |
| 雅安 | 302 748 | 郴州 | 237 789 | 义马 | 115 804 |
| 哈密 | 301 051 | 衢州 | 235 356 | 嘉峪关 | 109 326 |
| 永安 | 300 697 | 华阴 | 235 194 | **10万以下** | **832 233** |
| **20万—30万** | **15 111 295** | 吉首 | 234 335 | 韶山 | 98 622 |
| 百色 | 298 971 | 乌兰浩特 | 233 431 | 通什 | 94 182 |
| 金华 | 297 000 | 喀什 | 232 027 | 凭祥 | 90 760 |
| 吉安 | 294 780 | 奎屯 | 227 803 | 洪江 | 86 787 |
| 梧州 | 294 295 | 集安 | 224 220 | 瑞丽 | 84 851 |
| 乌海 | 292 934 | 吐鲁番 | 224 009 | 日喀则 | 81 217 |
| 珠海 | 292 035 | 青铜峡 | 220 527 | 格尔木 | 72 457 |
| 铜陵 | 291 746 | 北海 | 219 107 | 井冈山 | 54 442 |
| 邵武 | 291 610 | 克拉玛依 | 215 149 | 德令哈 | 46 178 |
| 河池 | 290 272 | 海拉尔 | 212 958 | 霍林郭勒 | 45 509 |
| 铜仁 | 290 008 | 铁法 | 210 211 | 绥芬河 | 32 568 |
| 德兴 | 287 282 | 三门峡 | 207 962 | 五大连池 | 22 632 |
| 绍兴 | 285 072 | 漯河 | 203 810 | 二连浩特 | 11 685 |
| 东川 | 284 922 | 武夷山 | 203 179 | 畹町 | 10 343 |

## 5—10 按非农业人口排序的市及其人口数

单位：人

| 城市名称 | 人口数 | 城市名称 | 人口数 | 城市名称 | 人口数 |
|---|---|---|---|---|---|
| **总计** | **163 221 373** | **70万－80万** | **6 106 316** | 淮北 | 438 468 |
| **400万以上** | **18 102 589** | 伊春 | 799 211 | 焦作 | 435 994 |
| 上海 | 7 561 009 | 洛阳 | 794 336 | 营口 | 435 472 |
| 北京 | 5 893 287 | 合肥 | 790 079 | 湛江 | 432 881 |
| 天津 | 4 648 293 | 本溪 | 782 695 | 温州 | 432 718 |
| **200万－400万** | **18 975 678** | 南宁 | 765 895 | 攀枝花 | 432 117 |
| 沈阳 | 3 687 013 | 淮南 | 743 137 | 株洲 | 431 703 |
| 武汉 | 3 354 110 | 苏州 | 722 608 | 厦门 | 410 761 |
| 广州 | 2 995 574 | 鸡西 | 708 355 | 自贡 | 407 613 |
| 哈尔滨 | 2 468 508 | **60万－70万** | **3 270 765** | 临沂 | 401 530 |
| 重庆 | 2 306 696 | 大庆 | 688 819 | **30万－40万** | **14 763 956** |
| 南京 | 2 140 071 | 呼和浩特 | 664 291 | 双鸭山 | 398 274 |
| 西安 | 2 023 706 | 柳州 | 653 522 | 浑江 | 394 631 |
| **100万－200万** | **28 088 271** | 阜新 | 648 743 | 盘锦 | 394 627 |
| 成都 | 1 783 255 | 汕头 | 615 390 | 宜昌 | 390 985 |
| 大连 | 1 776 993 | **50万－60万** | **6 576 682** | 南通 | 388 321 |
| 长春 | 1 726 340 | 牡丹江 | 587 513 | 秦皇岛 | 388 148 |
| 太原 | 1 568 046 | 锦州 | 587 096 | 泰安 | 388 017 |
| 济南 | 1 548 206 | 张家口 | 575 800 | 镇江 | 386 319 |
| 青岛 | 1 508 081 | 宁波 | 573 183 | 牙克石 | 380 301 |
| 兰州 | 1 238 909 | 西宁 | 560 911 | 桂林 | 379 744 |
| 鞍山 | 1 224 421 | 常州 | 554 647 | 六盘水 | 377 583 |
| 抚顺 | 1 220 276 | 鹤岗 | 544 678 | 连云港 | 375 859 |
| 淄博 | 1 215 239 | 丹东 | 535 262 | 阳泉 | 375 130 |
| 郑州 | 1 199 939 | 开封 | 519 283 | 咸阳 | 374 191 |
| 昆明 | 1 181 174 | 衡阳 | 518 758 | 韶关 | 374 031 |
| 长沙 | 1 157 387 | 辽阳 | 510 415 | 银川 | 373 462 |
| 杭州 | 1 127 183 | 佳木斯 | 509 136 | 锦西 | 371 060 |
| 南昌 | 1 118 492 | **40万－50万** | **10 804 524** | 滕州 | 368 729 |
| 石家庄 | 1 101 450 | 保定 | 497 463 | 辽源 | 365 685 |
| 乌鲁木齐 | 1 089 043 | 潍坊 | 496 645 | 赤峰 | 365 594 |
| 齐齐哈尔 | 1 085 065 | 新乡 | 496 312 | 乐山 | 358 429 |
| 吉林 | 1 079 914 | 烟台 | 488 264 | 宝鸡 | 354 294 |
| 唐山 | 1 073 971 | 枣庄 | 477 623 | 马鞍山 | 352 334 |
| 贵阳 | 1 064 463 | 黄石 | 475 239 | 岳阳 | 337 015 |
| 包头 | 1 000 424 | 深圳 | 472 765 | 四平 | 336 340 |
| **90万－100万** | **909 060** | 蚌埠 | 461 933 | 盐城 | 335 687 |
| 福州 | 909 060 | 襄樊 | 457 961 | 通化 | 332 465 |
| **80万－90万** | **3 359 557** | 湘潭 | 451 069 | 扬州 | 330 558 |
| 邯郸 | 861 477 | 平顶山 | 449 653 | 佛山 | 327 744 |
| 无锡 | 844 032 | 芜湖 | 442 348 | 东莞 | 327 061 |
| 徐州 | 840 110 | 萍乡 | 439 514 | 东营 | 326 064 |
| 大同 | 813 938 | 安阳 | 438 478 | 长治 | 325 371 |

5—10 续表1

单位：人

| 城市名称 | 人口数 | 城市名称 | 人口数 | 城市名称 | 人口数 |
|---|---|---|---|---|---|
| 邢台 | 323 780 | 江阴 | 238 966 | 濮阳 | 199 000 |
| 新泰 | 319 201 | 敦化 | 237 932 | 惠州 | 198 782 |
| 海口 | 316 122 | 海林 | 236 270 | 德阳 | 198 240 |
| 常德 | 314 541 | 荆门 | 233 448 | 榆次 | 197 924 |
| 安庆 | 310 081 | 绥化 | 232 682 | 洪湖 | 197 702 |
| 中山 | 309 874 | 如皋 | 232 342 | 阜阳 | 197 661 |
| 石河子 | 306 646 | 鄂州 | 231 671 | 莱州 | 197 513 |
| 九江 | 306 548 | 随州 | 230 527 | 北票 | 196 833 |
| 松原 | 302 965 | 赣州 | 228 474 | 泉州 | 196 431 |
| 莱芜 | 300 145 | 仙桃 | 224 068 | 临汾 | 196 091 |
| **20万—30万** | **17 897 307** | 湖州 | 223 286 | 章丘 | 195 029 |
| 济宁 | 298 341 | 白城 | 223 005 | 平度 | 194 827 |
| 绵阳 | 296 289 | 潜江 | 222 553 | 常熟 | 193 787 |
| 十堰 | 293 310 | 肇庆 | 221 463 | 南充 | 191 815 |
| 沙市 | 292 826 | 梅河口 | 220 544 | 新余 | 191 004 |
| 肥城 | 288 666 | 鹤壁 | 220 329 | 漳州 | 189 256 |
| 景德镇 | 288 023 | 梧州 | 220 202 | 舒兰 | 188 939 |
| 铜川 | 284 777 | 尚志 | 219 697 | 阳江 | 188 003 |
| 顺德 | 282 351 | 嘉兴 | 218 620 | 郴州 | 187 416 |
| 遵义 | 273 273 | 德州 | 217 924 | 伊宁 | 186 568 |
| 铁岭 | 272 768 | 许昌 | 217 698 | 江津 | 185 871 |
| 内江 | 272 558 | 菏泽 | 215 626 | 天门 | 185 854 |
| 泸州 | 272 230 | 白银 | 215 116 | 肇东 | 185 744 |
| 南阳 | 271 447 | 海城 | 213 879 | 绍兴 | 185 597 |
| 瓦房店 | 269 552 | 个旧 | 213 805 | 汉中 | 184 988 |
| 乌海 | 268 778 | 珠海 | 212 695 | 涪陵 | 184 954 |
| 铁力 | 266 712 | 北安 | 211 904 | 海拉尔 | 184 728 |
| 石嘴山 | 265 884 | 茂名 | 211 845 | 九台 | 183 870 |
| 邵阳 | 263 928 | 宜兴 | 211 006 | 江油 | 183 080 |
| 天水 | 260 062 | 番禺 | 210 308 | 喀什 | 182 060 |
| 通辽 | 259 706 | 丰城 | 209 690 | 桦甸 | 180 652 |
| 沧州 | 258 355 | 聊城 | 208 699 | 丹阳 | 180 148 |
| 延吉 | 256 588 | 东台 | 206 357 | 合川 | 179 824 |
| 江门 | 255 300 | 克拉玛依 | 206 343 | 商丘 | 178 920 |
| 承德 | 254 067 | 潮州 | 204 990 | 孝感 | 178 225 |
| 铜陵 | 253 826 | 广元 | 204 137 | 安顺 | 178 200 |
| 淮阴 | 252 642 | 阿城 | 203 382 | 兖州 | 175 139 |
| 南海 | 250 155 | 信阳 | 202 529 | 枣阳 | 175 132 |
| 宜宾 | 248 457 | 日照 | 202 337 | 台山 | 174 947 |
| 公主岭 | 244 495 | 南平 | 201 744 | 阿克苏 | 173 996 |
| 七台河 | 241 617 | 曲靖 | 201 120 | 三明 | 173 136 |
| 朝阳 | 241 557 | 达县 | 200 034 | 宿州 | 172 265 |
| 新会 | 240 033 | **10万—20万** | **25 196 403** | 荣成 | 172 108 |
| 邹城 | 239 487 | 益阳 | 199 329 | 库尔勒 | 170 185 |

5—10 续表 2　　　　单位：人

| 城市名称 | 人口数 | 城市名称 | 人口数 | 城市名称 | 人口数 |
|---|---|---|---|---|---|
| 哈密 | 170 069 | 安达 | 141 856 | 宣州 | 119 368 |
| 玉林 | 169 004 | 龙岩 | 141 568 | 招远 | 119 338 |
| 龙口 | 168 805 | 武威 | 140 949 | 三亚 | 119 179 |
| 集宁 | 168 630 | 密山 | 140 520 | 余姚 | 118 329 |
| 兴化 | 167 746 | 铁法 | 139 784 | 延安 | 117 868 |
| 萧山 | 166 686 | 上饶 | 139 505 | 永安 | 117 772 |
| 万县 | 166 650 | 龙井 | 139 384 | 凯里 | 117 737 |
| 蛟河 | 164 960 | 河源 | 138 831 | 沅江 | 116 940 |
| 乌兰浩特 | 164 942 | 大安 | 138 440 | 高邮 | 116 797 |
| 廊坊 | 161 344 | 榆树 | 137 654 | 衡水 | 116 734 |
| 宜春 | 160 010 | 海伦 | 137 373 | 醴陵 | 116 263 |
| 泰州 | 159 634 | 青州 | 136 890 | 玉门 | 116 210 |
| 瑞安 | 159 317 | 都匀 | 135 723 | 诸城 | 116 202 |
| 舟山 | 158 439 | 扎兰屯 | 135 722 | 溧阳 | 115 741 |
| 遂宁 | 157 935 | 黄州 | 135 445 | 昆山 | 115 286 |
| 娄底 | 156 049 | 滁州 | 135 279 | 讷河 | 114 301 |
| 胶州 | 156 046 | 三门峡 | 134 982 | 金昌 | 113 908 |
| 周口 | 155 644 | 淮安 | 134 870 | 运城 | 113 699 |
| 即墨 | 155 547 | 老河口 | 134 606 | 石首 | 112 430 |
| 六安 | 155 062 | 吴江 | 134 279 | 资兴 | 112 255 |
| 洮南 | 154 637 | 威海 | 133 495 | 拉萨 | 112 237 |
| 渭南 | 153 340 | 驻马店 | 133 115 | 广水 | 111 167 |
| 揭阳 | 152 624 | 文登 | 132 334 | 黄山 | 109 497 |
| 吉安 | 152 343 | 任丘 | 132 256 | 涟源 | 108 852 |
| 金华 | 151 755 | 巢湖 | 132 114 | 慈溪 | 108 427 |
| 漯河 | 151 315 | 启东 | 132 001 | 忻州 | 108 408 |
| 滨州 | 150 244 | 都江堰 | 130 963 | 邳州 | 106 697 |
| 安康 | 150 023 | 钦州 | 130 133 | 兴城 | 106 485 |
| 永川 | 149 690 | 莱阳 | 129 847 | 雅安 | 106 268 |
| 钟祥 | 149 486 | 临清 | 129 149 | 海宁 | 105 564 |
| 贵港 | 149 305 | 抚州 | 128 828 | 冷水滩 | 105 523 |
| 泰兴 | 148 275 | 开原 | 127 785 | 富锦 | 104 135 |
| 双城 | 147 465 | 仪征 | 126 515 | 应城 | 103 641 |
| 昌吉 | 147 310 | 胶南 | 125 808 | 珲春 | 103 163 |
| 西昌 | 144 798 | 丹江口 | 125 390 | 张家港 | 103 007 |
| 晋城 | 144 793 | 蒲圻 | 124 843 | 恩施 | 102 288 |
| 怀化 | 144 352 | 凌源 | 123 986 | 黄岩 | 101 758 |
| 冷水江 | 143 622 | 满洲里 | 123 712 | 平凉 | 100 943 |
| 大理 | 143 512 | 奎屯 | 122 361 | 莱西 | 100 640 |
| 耒阳 | 143 470 | 汕尾 | 121 633 | **10万以下** | **9 170 265** |
| 临河 | 143 277 | 衢州 | 121 301 | 宿迁 | 99 950 |
| 咸宁 | 143 249 | 北海 | 121 173 | 图们 | 99 806 |
| 梅州 | 142 817 | 亳州 | 121 048 | 武穴 | 98 514 |
| 清远 | 141 902 | | | | |

5—10 续表 3 单位：人

| 城市名称 | 人口数 | 城市名称 | 人口数 | 城市名称 | 人口数 |
|---|---|---|---|---|---|
| 莆田 | 98 034 | 清镇 | 82 885 | 东川 | 63 664 |
| 曲阜 | 97 956 | 津市 | 82 612 | 辛集 | 63 187 |
| 孝义 | 97 597 | 卫辉 | 82 549 | 合山 | 61 767 |
| 百色 | 97 507 | 榆林 | 82 260 | 吐鲁番 | 60 785 |
| 峨眉山 | 97 436 | 泊头 | 82 063 | 商州 | 60 124 |
| 开远 | 97 160 | 上虞 | 81 973 | 格尔木 | 58 876 |
| 临海 | 96 036 | 建德 | 81 857 | 博乐 | 58 222 |
| 涿州 | 95 792 | 侯马 | 81 283 | 利川 | 58 151 |
| 昭通 | 95 661 | 东胜 | 80 811 | 丰镇 | 57 439 |
| 樟树 | 95 658 | 朔州 | 80 518 | 西峰 | 56 842 |
| 晋江 | 95 523 | 阆中 | 80 302 | 江山 | 54 985 |
| 德兴 | 95 226 | 霍州 | 79 815 | 赤水 | 54 808 |
| 禹州 | 94 301 | 椒江 | 79 802 | 乐陵 | 54 155 |
| 蓬莱 | 93 733 | 义马 | 78 982 | 洪江 | 52 640 |
| 济源 | 93 632 | 酒泉 | 76 114 | 塔城 | 51 530 |
| 广汉 | 93 093 | 枝城 | 76 038 | 黄骅 | 51 464 |
| 麻城 | 92 828 | 汨罗 | 75 625 | 青铜峡 | 50 443 |
| 黑河 | 92 752 | 汝州 | 74 999 | 遵化 | 47 708 |
| 韩城 | 92 333 | 舞钢 | 74 829 | 永康 | 47 392 |
| 福清 | 91 983 | 和田 | 74 809 | 武安 | 45 294 |
| 永州 | 90 967 | 介休 | 74 697 | 霸州 | 41 716 |
| 湘乡 | 90 742 | 石狮 | 74 399 | 漳平 | 41 546 |
| 安陆 | 90 674 | 玉溪 | 74 126 | 阿图什 | 41 029 |
| 邵武 | 89 717 | 铜仁 | 72 637 | 武夷山 | 40 692 |
| 锡林浩特 | 88 405 | 瑞昌 | 72 441 | 河间 | 39 285 |
| 河池 | 88 255 | 丽水 | 72 197 | 藁城 | 38 971 |
| 张掖 | 88 003 | 贵池 | 72 020 | 同江 | 37 155 |
| 定州 | 87 876 | 吴忠 | 71 984 | 通什 | 36 954 |
| 楚雄 | 87 600 | 平湖 | 71 892 | 霍林郭勒 | 36 230 |
| 邓州 | 87 448 | 沙河 | 71 548 | 龙泉 | 34 394 |
| 吉首 | 87 115 | 义乌 | 69 430 | 南宫 | 33 846 |
| 诸暨 | 87 034 | 界首 | 68 993 | 安国 | 29 417 |
| 阿勒泰 | 86 959 | 保山 | 68 869 | 晋州 | 28 699 |
| 新沂 | 86 758 | 宁德 | 68 565 | 德令哈 | 28 658 |
| 当阳 | 86 209 | 大庸 | 68 346 | 日喀则 | 24 214 |
| 嘉峪关 | 86 163 | 辉县 | 68 252 | 敦煌 | 23 622 |
| 华蓥 | 86 162 | 奉化 | 67 942 | 绥芬河 | 22 321 |
| 鹰潭 | 85 836 | 集安 | 67 754 | 凭祥 | 18 256 |
| 福安 | 85 486 | 沁阳 | 66 806 | 瑞丽 | 15 806 |
| 云浮 | 84 645 | 兴义 | 65 834 | 井冈山 | 15 517 |
| 临夏 | 84 606 | 古交 | 64 976 | 韶山 | 13 068 |
| 兰溪 | 83 944 | 华阴 | 64 156 | 二连浩特 | 8 936 |
| 巩义 | 83 839 | 东阳 | 63 850 | 五大连池 | 7 743 |
|  |  |  |  | 畹町 | 3 920 |

## 5—11 按县总人口分组的县数

单位:个

| 地区 | 县数合计 | 1000000人以上 | 800000至999999 | 500000至799999 | 300000至499999 | 100000至299999 | 100000人以下 |
|---|---|---|---|---|---|---|---|
| **总计** | **1 863** | **126** | **104** | **350** | **494** | **555** | **231** |
| 北京 | 8 | — | — | 3 | 3 | 2 | — |
| 天津 | 5 | — | — | 3 | 2 | — | — |
| 河北 | 123 | — | — | 26 | 55 | 42 | — |
| 山西 | 91 | — | — | 2 | 19 | 57 | 13 |
| 内蒙古 | 71 | — | — | 2 | 18 | 34 | 17 |
| 辽宁 | 37 | — | 4 | 13 | 16 | 3 | 1 |
| 吉林 | 25 | 1 | 2 | 3 | 10 | 8 | 1 |
| 黑龙江 | 52 | — | 1 | 5 | 24 | 17 | 5 |
| 上海 | 9 | — | — | 6 | 3 | — | — |
| 江苏 | 44 | 17 | 7 | 12 | 6 | 2 | — |
| 浙江 | 46 | 3 | 3 | 12 | 19 | 8 | 1 |
| 安徽 | 63 | 19 | 6 | 20 | 11 | 6 | 1 |
| 福建 | 53 | 3 | 3 | 9 | 17 | 19 | 1 |
| 江西 | 75 | 1 | 1 | 19 | 22 | 30 | 2 |
| 山东 | 70 | 8 | 10 | 31 | 17 | 3 | 1 |
| 河南 | 103 | 15 | 14 | 49 | 22 | 3 | — |
| 湖北 | 48 | 6 | 7 | 15 | 13 | 6 | 1 |
| 湖南 | 78 | 7 | 10 | 27 | 22 | 12 | — |
| 广东 | 73 | 12 | 6 | 20 | 21 | 13 | 1 |
| 广西 | 76 | 6 | 6 | 11 | 32 | 21 | — |
| 海南 | 19 | — | — | 3 | 6 | 7 | 1 |
| 四川 | 165 | 24 | 19 | 29 | 26 | 34 | 33 |
| 贵州 | 70 | 2 | 3 | 11 | 19 | 34 | 1 |
| 云南 | 113 | 2 | 1 | 4 | 36 | 60 | 10 |
| 西藏 | 70 | — | — | — | — | — | 70 |
| 陕西 | 85 | — | 1 | 11 | 21 | 42 | 10 |
| 甘肃 | 67 | — | — | 3 | 20 | 34 | 10 |
| 青海 | 37 | — | — | — | 4 | 8 | 25 |
| 宁夏 | 16 | — | — | — | 3 | 10 | 3 |
| 新疆 | 71 | — | — | 1 | 7 | 40 | 23 |

# 第 六 部 分

# 全国计划生育统计

# 人 口 数 据

（1 9 9 2 年 度）

## 6—1 各地区各种节育措施的人口数

单位：人

| 地区 | 合计 | 男性绝育 | 女性绝育 | 宫内节育器 | 避孕药 | 避孕套 | 外用药 | 其他 |
|---|---|---|---|---|---|---|---|---|
| **总计** | **198 861 871** | **23 986 381** | **78 828 727** | **77 791 681** | **8 208 675** | **7 723 289** | **1 399 749** | **923 369** |
| 北京 | 2 011 275 | 8 208 | 221 742 | 1 254 884 | 185 348 | 306 955 | 16 342 | 17 796 |
| 天津 | 1 704 116 | 9 878 | 274 855 | 942 639 | 104 450 | 352 242 | 10 885 | 9 167 |
| 河北 | 11 157 684 | 940 568 | 5 982 871 | 3 466 987 | 333 856 | 335 265 | 45 847 | 52 290 |
| 山西 | 4 875 339 | 56 439 | 2 324 914 | 2 067 893 | 220 157 | 138 572 | 51 366 | 15 998 |
| 内蒙古 | 3 849 540 | 15 127 | 1 925 477 | 1 433 323 | 250 937 | 143 998 | 33 755 | 46 923 |
| 辽宁 | 7 755 128 | 13 225 | 2 136 587 | 5 029 303 | 186 816 | 350 484 | 26 156 | 12 557 |
| 吉林 | 4 780 676 | 2 063 | 1 766 458 | 2 722 963 | 125 944 | 138 756 | 12 463 | 12 029 |
| 黑龙江 | 6 701 582 | 17 484 | 2 734 886 | 3 281 295 | 286 146 | 327 440 | 29 265 | 25 066 |
| 上海 | 2 576 918 | 28 778 | 199 517 | 1 822 157 | 222 229 | 233 381 | 9 616 | 61 240 |
| 江苏 | 13 191 115 | 755 940 | 4 018 335 | 7 321 962 | 715 435 | 330 354 | 44 499 | 4 590 |
| 浙江 | 8 318 058 | 155 264 | 3 739 731 | 3 462 963 | 485 419 | 322 180 | 39 390 | 113 111 |
| 安徽 | 9 076 186 | 1 494 959 | 3 751 138 | 2 973 169 | 560 397 | 222 824 | 39 998 | 33 701 |
| 福建 | 5 325 357 | 572 126 | 2 923 361 | 1 285 541 | 164 277 | 301 198 | 64 167 | 14 687 |
| 江西 | 6 482 080 | 78 973 | 4 622 479 | 1 544 679 | 98 962 | 82 769 | 26 756 | 27 462 |
| 山东 | 15 369 312 | 3 424 248 | 4 958 216 | 5 665 223 | 409 517 | 725 013 | 117 730 | 69 365 |
| 河南 | 14 910 191 | 2 705 629 | 7 187 052 | 3 542 837 | 449 830 | 845 774 | 158 088 | 20 981 |
| 湖北 | 9 252 382 | 815 337 | 4 731 603 | 3 091 036 | 351 039 | 191 826 | 42 555 | 28 986 |
| 湖南 | 10 981 355 | 1 434 989 | 5 888 494 | 2 924 064 | 291 230 | 333 884 | 77 276 | 31 418 |
| 广东 | 9 673 195 | 1 573 625 | 4 921 550 | 2 428 636 | 267 222 | 348 261 | 105 486 | 28 415 |
| 广西 | 5 928 610 | 1 007 776 | 1 939 151 | 2 622 072 | 199 111 | 72 837 | 39 791 | 47 872 |
| 海南 | 854 612 | 50 617 | 478 401 | 277 612 | 17 348 | 15 581 | 10 255 | 4 798 |
| 四川 | 19 944 420 | 6 768 690 | 1 834 270 | 9 699 392 | 640 379 | 771 655 | 151 791 | 78 243 |
| 贵州 | 5 040 869 | 1 231 289 | 2 008 492 | 1 327 479 | 259 774 | 157 186 | 47 632 | 9 017 |
| 云南 | 5 613 805 | 454 043 | 1 409 518 | 3 154 874 | 376 313 | 131 974 | 38 381 | 48 702 |
| 陕西 | 5 882 596 | 350 251 | 3 080 287 | 2 167 280 | 113 106 | 124 725 | 35 993 | 10 954 |
| 甘肃 | 4 088 273 | 11 996 | 2 739 278 | 1 037 057 | 110 816 | 142 275 | 31 617 | 15 234 |
| 青海 | 670 746 | 1 640 | 291 081 | 234 708 | 105 358 | 26 421 | 8 516 | 3 022 |
| 宁夏 | 767 046 | 807 | 339 468 | 212 588 | 145 384 | 47 764 | 15 778 | 5 257 |
| 新疆 | 2 079 405 | 6 412 | 399 515 | 797 065 | 531 875 | 201 695 | 68 355 | 74 488 |

注：西藏未进行本项目统计（其余各表同）。

## 6—2 各地区各种节育措施与上年比较情况

单位：人

| 地区 | 合计 | 男性绝育 | 女性绝育 | 宫内节育器 | 避孕药 | 避孕套 | 外用药 | 其他 |
|---|---|---|---|---|---|---|---|---|
| **总计** | 6 598 511 | 706 876 | 4 052 265 | 2 901 488 | −1 082 654 | 279 012 | −208 107 | −50 369 |
| 北京 | 85 752 | −280 | −426 | 91 497 | −10 229 | 4 517 | −2 048 | 2 721 |
| 天津 | 34 371 | −205 | 18 045 | 27 467 | −9 842 | 1 139 | 65 | −2 298 |
| 河北 | 331 366 | 4 367 | 245 875 | 59 280 | −11 681 | 18 093 | 6 611 | 8 821 |
| 山西 | 152 412 | 7 411 | 181 120 | −610 | −21 890 | −3 683 | −6 451 | −3 485 |
| 内蒙古 | 150 416 | −503 | 116 154 | 70 256 | −17 345 | −16 350 | −2 248 | 452 |
| 辽宁 | 151 553 | −1 216 | −26 061 | 232 516 | −20 384 | −27 563 | −4 863 | −876 |
| 吉林 | 208 495 | −430 | 83 301 | 118 404 | −2 088 | 5 890 | 7 | 3 411 |
| 黑龙江 | 120 431 | −1 058 | −1 671 | 52 180 | 26 720 | 42 154 | 2 416 | −310 |
| 上海 | 43 605 | −2 638 | −12 611 | 128 704 | −35 701 | −32 052 | −542 | −1 555 |
| 江苏 | 418 371 | −2 761 | 316 794 | 521 753 | −394 516 | 17 780 | −26 252 | −14 427 |
| 浙江 | 168 237 | −7 815 | 63 281 | 157 037 | −33 214 | 546 | −5 768 | −5 830 |
| 安徽 | 431 476 | −240 | 291 212 | 209 349 | −68 158 | 4 495 | −2 733 | −2 449 |
| 福建 | 204 927 | −6 791 | 94 884 | 29 603 | 10 137 | 88 001 | −10 959 | 52 |
| 江西 | 283 825 | −7 577 | 193 421 | 122 767 | −32 683 | 4 158 | 569 | 3 170 |
| 山东 | 571 581 | 3 002 | 196 987 | 335 193 | −49 029 | 94 051 | −9 435 | 812 |
| 河南 | 500 107 | 534 219 | 183 213 | −269 510 | −83 260 | 144 339 | −10 256 | 1 362 |
| 湖北 | 301 375 | 17 577 | 259 213 | 107 938 | −64 004 | −8 118 | −7 731 | −3 500 |
| 湖南 | 413 674 | 10 370 | 302 078 | 154 718 | −28 572 | −12 031 | −7 878 | −5 011 |
| 广东 | 14 574 | 29 660 | 231 695 | 1 100 | −31 589 | −137 337 | −76 873 | −2 082 |
| 广西 | 388 070 | 160 442 | 540 825 | −272 847 | −36 785 | −443 | −2 952 | −170 |
| 海南 | 23 400 | −1 522 | 35 866 | −7 120 | −1 126 | −1 360 | −1 787 | 449 |
| 四川 | 382 313 | −37 806 | −23 937 | 602 653 | −184 392 | 40 655 | −13 436 | −1 424 |
| 贵州 | 405 623 | 1 833 | 157 157 | −19 750 | 147 182 | 90 404 | 31 681 | −2 884 |
| 云南 | 232 511 | −2 996 | 122 758 | 130 904 | −15 325 | 1 420 | 341 | −4 591 |
| 陕西 | 89 074 | 12 493 | 156 693 | −50 085 | −12 809 | −5 721 | −6 991 | −4 506 |
| 甘肃 | 314 649 | −1 595 | 258 823 | 169 320 | −24 922 | −51 034 | −45 279 | 9 336 |
| 青海 | 6 203 | 196 | 26 971 | 8 477 | −22 324 | −1 410 | −5 045 | −662 |
| 宁夏 | 24 083 | −67 | 23 623 | 17 864 | −11 902 | −1 534 | −771 | −3 130 |
| 新疆 | 146 037 | 806 | 16 982 | 172 430 | −42 923 | 20 006 | 501 | −21 765 |

## 6—3 各地区节育率及各种节育措施所占比重

单位:%

| 地区 | 节育率 | 男性绝育 | 女性绝育 | 宫内节育器 | 避孕药 | 避孕套 | 外用药 | 其他 |
|---|---|---|---|---|---|---|---|---|
| **总计** | **90.59** | **12.06** | **39.64** | **39.12** | **4.13** | **3.88** | **0.70** | **0.46** |
| 北京 | 90.07 | 0.41 | 11.02 | 62.39 | 9.22 | 15.26 | 0.81 | 0.88 |
| 天津 | 91.91 | 0.58 | 16.13 | 55.32 | 6.13 | 20.67 | 0.64 | 0.54 |
| 河北 | 92.06 | 8.43 | 53.62 | 31.07 | 2.99 | 3.00 | 0.41 | 0.47 |
| 山西 | 91.64 | 1.16 | 47.69 | 42.42 | 4.52 | 2.84 | 1.05 | 0.33 |
| 内蒙古 | 91.43 | 0.39 | 50.02 | 37.23 | 6.52 | 3.74 | 0.88 | 1.22 |
| 辽宁 | 90.62 | 0.17 | 27.55 | 64.85 | 2.41 | 4.52 | 0.34 | 0.16 |
| 吉林 | 92.08 | 0.04 | 36.95 | 56.96 | 2.63 | 2.90 | 0.26 | 0.25 |
| 黑龙江 | 92.02 | 0.26 | 40.81 | 48.96 | 4.27 | 4.89 | 0.44 | 0.37 |
| 上海 | 92.04 | 1.12 | 7.74 | 70.71 | 8.62 | 9.06 | 0.37 | 2.38 |
| 江苏 | 91.81 | 5.73 | 30.46 | 55.51 | 5.42 | 2.50 | 0.34 | 0.03 |
| 浙江 | 92.08 | 1.87 | 44.96 | 41.63 | 5.84 | 3.87 | 0.47 | 1.36 |
| 安徽 | 88.95 | 16.47 | 41.33 | 32.76 | 6.17 | 2.46 | 0.44 | 0.37 |
| 福建 | 90.98 | 10.74 | 54.90 | 24.14 | 3.08 | 5.66 | 1.20 | 0.28 |
| 江西 | 92.29 | 1.22 | 71.31 | 23.83 | 1.53 | 1.28 | 0.41 | 0.42 |
| 山东 | 93.44 | 22.28 | 32.26 | 36.86 | 2.66 | 4.72 | 0.77 | 0.45 |
| 河南 | 90.00 | 18.15 | 48.20 | 23.76 | 3.02 | 5.67 | 1.06 | 0.14 |
| 湖北 | 90.79 | 8.81 | 51.14 | 33.41 | 3.79 | 2.07 | 0.46 | 0.31 |
| 湖南 | 92.89 | 13.07 | 53.62 | 26.63 | 2.65 | 3.04 | 0.70 | 0.29 |
| 广东 | 87.79 | 16.27 | 50.88 | 25.11 | 2.76 | 3.60 | 1.09 | 0.29 |
| 广西 | 88.36 | 17.00 | 32.71 | 44.23 | 3.36 | 1.23 | 0.67 | 0.81 |
| 海南 | 83.02 | 5.92 | 55.98 | 32.48 | 2.03 | 1.82 | 1.20 | 0.56 |
| 四川 | 91.04 | 33.94 | 9.20 | 48.63 | 3.21 | 3.87 | 0.76 | 0.39 |
| 贵州 | 91.60 | 24.43 | 39.84 | 26.33 | 5.15 | 3.12 | 0.94 | 0.18 |
| 云南 | 83.90 | 8.09 | 25.11 | 56.20 | 6.70 | 2.35 | 0.68 | 0.87 |
| 陕西 | 91.14 | 5.95 | 52.36 | 36.84 | 1.92 | 2.12 | 0.61 | 0.19 |
| 甘肃 | 88.65 | 0.29 | 67.00 | 25.37 | 2.71 | 3.48 | 0.77 | 0.37 |
| 青海 | 82.91 | 0.24 | 43.40 | 34.99 | 15.71 | 3.94 | 1.27 | 0.45 |
| 宁夏 | 85.13 | 0.11 | 44.26 | 27.72 | 18.95 | 6.23 | 2.06 | 0.69 |
| 新疆 | 73.95 | 0.31 | 19.21 | 38.33 | 25.58 | 9.70 | 3.29 | 3.58 |

## 6—4 各地区各种节育措施所占比重与上年比较情况

单位:%

| 地区 | 节育率 | 男性绝育 | 女性绝育 | 宫内节育器 | 避孕药 | 避孕套 | 外用药 | 其他 |
|---|---|---|---|---|---|---|---|---|
| **总计** | **0.77** | **−0.05** | **0.75** | **0.17** | **−0.70** | **0.01** | **−0.13** | **−0.04** |
| 北京 | −0.16 | −0.03 | −0.51 | 1.97 | −0.94 | −0.45 | −0.14 | 0.10 |
| 天津 | −0.84 | −0.02 | 0.75 | 0.51 | −0.72 | −0.36 | −0.01 | −0.15 |
| 河北 | 1.00 | −0.22 | 0.63 | −0.40 | −0.20 | 0.08 | 0.05 | 0.07 |
| 山西 | 0.99 | 0.12 | 2.30 | −1.38 | −0.61 | −0.17 | −0.17 | −0.08 |
| 内蒙古 | 0.81 | −0.03 | 1.11 | 0.39 | −0.73 | −0.59 | −0.10 | −0.04 |
| 辽宁 | −0.03 | −0.02 | −0.89 | 1.77 | −0.32 | −0.45 | −0.07 | −0.01 |
| 吉林 | 0.29 | −0.01 | 0.14 | −0.01 | −0.17 | 0.00 | −0.01 | 0.06 |
| 黑龙江 | 0.39 | −0.02 | −0.77 | −0.10 | 0.33 | 0.55 | 0.03 | −0.01 |
| 上海 | 0.01 | −0.12 | −0.63 | 3.86 | −1.56 | −1.42 | −0.03 | −0.10 |
| 江苏 | 1.13 | −0.21 | 1.48 | 2.27 | −3.27 | 0.06 | −0.22 | −0.11 |
| 浙江 | −0.52 | −0.13 | −0.15 | 1.07 | −0.53 | −0.07 | −0.08 | −0.10 |
| 安徽 | 0.25 | −0.82 | 1.31 | 0.79 | −1.10 | −0.07 | −0.05 | −0.05 |
| 福建 | 1.15 | −0.56 | −0.34 | −0.39 | 0.07 | 1.49 | −0.26 | −0.01 |
| 江西 | 1.84 | −0.18 | −0.14 | 0.89 | −0.60 | 0.01 | −0.01 | 0.03 |
| 山东 | 1.57 | −0.84 | 0.09 | 0.84 | −0.43 | 0.45 | −0.09 | −0.01 |
| 河南 | −0.12 | 3.08 | −0.40 | −2.69 | −0.68 | 0.80 | −0.11 | 0.00 |
| 湖北 | 1.74 | −0.10 | 1.17 | 0.08 | −0.84 | −0.16 | −0.10 | −0.05 |
| 湖南 | 1.89 | −0.41 | 0.76 | 0.42 | −0.37 | −0.23 | −0.10 | −0.06 |
| 广东 | −0.36 | 0.28 | 2.32 | −0.03 | −0.33 | −1.43 | −0.80 | −0.02 |
| 广西 | 1.94 | 1.71 | 7.47 | −8.02 | −0.90 | −0.09 | −0.10 | −0.06 |
| 海南 | 0.63 | −0.35 | 2.74 | −1.77 | −0.19 | −0.21 | −0.25 | 0.04 |
| 四川 | −0.33 | −0.86 | −0.30 | 2.13 | −1.01 | 0.13 | −0.08 | −0.01 |
| 贵州 | 3.45 | −2.10 | −0.10 | −2.73 | 2.72 | 1.68 | 0.60 | −0.08 |
| 云南 | 1.35 | −0.41 | 1.20 | 0.00 | −0.57 | −0.08 | −0.02 | −0.12 |
| 陕西 | 0.00 | 0.12 | 1.90 | −1.43 | −0.25 | −0.13 | −0.13 | −0.08 |
| 甘肃 | 2.00 | −0.07 | 1.27 | 2.37 | −0.89 | −1.64 | −1.26 | 0.22 |
| 青海 | −0.67 | 0.03 | 3.65 | 0.95 | −3.51 | −0.25 | −0.77 | −0.10 |
| 宁夏 | 1.03 | −0.01 | 1.74 | 1.51 | −2.22 | −0.41 | −0.17 | −0.44 |
| 新疆 | 3.46 | 0.02 | −0.57 | 6.02 | −4.15 | 0.30 | −0.22 | −1.40 |

## 6—5 各地区节育率及各分项措施节育率

单位:%

| 地区 | 节育率 | 男性绝育 | 女性绝育 | 宫内节育器 | 避孕药 | 避孕套 | 外用药 | 其他 |
|---|---|---|---|---|---|---|---|---|
| **总计** | **90.59** | **10.93** | **35.91** | **35.44** | **3.74** | **3.52** | **0.64** | **0.42** |
| 北京 | 90.07 | 0.37 | 9.93 | 56.20 | 8.30 | 13.75 | 0.73 | 0.80 |
| 天津 | 91.91 | 0.53 | 14.82 | 50.84 | 5.63 | 19.00 | 0.59 | 0.49 |
| 河北 | 92.06 | 7.76 | 49.36 | 28.61 | 2.75 | 2.77 | 0.38 | 0.43 |
| 山西 | 91.64 | 1.06 | 43.70 | 38.87 | 4.14 | 2.60 | 0.97 | 0.30 |
| 内蒙古 | 91.43 | 0.36 | 45.73 | 34.04 | 5.96 | 3.42 | 0.80 | 1.11 |
| 辽宁 | 90.62 | 0.15 | 24.97 | 58.77 | 2.18 | 4.10 | 0.31 | 0.15 |
| 吉林 | 92.08 | 0.04 | 34.02 | 52.45 | 2.43 | 2.67 | 0.24 | 0.23 |
| 黑龙江 | 92.02 | 0.24 | 37.55 | 45.06 | 3.93 | 4.50 | 0.40 | 0.34 |
| 上海 | 92.04 | 1.03 | 7.13 | 65.08 | 7.94 | 8.34 | 0.34 | 2.19 |
| 江苏 | 91.81 | 5.26 | 27.97 | 50.96 | 4.98 | 2.30 | 0.31 | 0.03 |
| 浙江 | 92.08 | 1.72 | 41.40 | 38.33 | 5.37 | 3.57 | 0.44 | 1.25 |
| 安徽 | 88.95 | 14.65 | 36.76 | 29.14 | 5.49 | 2.18 | 0.39 | 0.33 |
| 福建 | 90.98 | 9.77 | 49.94 | 21.96 | 2.81 | 5.15 | 1.10 | 0.25 |
| 江西 | 92.29 | 1.12 | 65.81 | 21.99 | 1.41 | 1.18 | 0.38 | 0.39 |
| 山东 | 93.44 | 20.82 | 30.14 | 34.44 | 2.49 | 4.41 | 0.72 | 0.42 |
| 河南 | 90.00 | 16.33 | 43.38 | 21.39 | 2.72 | 5.11 | 0.95 | 0.13 |
| 湖北 | 90.79 | 8.00 | 46.43 | 30.33 | 3.44 | 1.88 | 0.42 | 0.28 |
| 湖南 | 92.80 | 12.14 | 49.81 | 24.73 | 2.46 | 2.82 | 0.65 | 0.27 |
| 广东 | 87.79 | 14.28 | 44.67 | 22.04 | 2.43 | 3.16 | 0.96 | 0.26 |
| 广西 | 88.36 | 15.02 | 28.90 | 39.08 | 2.97 | 1.09 | 0.59 | 0.71 |
| 海南 | 83.02 | 4.92 | 46.47 | 26.97 | 1.69 | 1.51 | 1.00 | 0.47 |
| 四川 | 91.04 | 30.90 | 8.37 | 44.27 | 2.92 | 3.52 | 0.69 | 0.36 |
| 贵州 | 91.60 | 22.37 | 36.50 | 24.12 | 4.72 | 2.86 | 0.87 | 0.16 |
| 云南 | 83.90 | 6.79 | 21.07 | 47.15 | 5.62 | 1.97 | 0.57 | 0.73 |
| 陕西 | 91.14 | 5.43 | 47.72 | 33.58 | 1.75 | 1.93 | 0.56 | 0.17 |
| 甘肃 | 88.65 | 0.26 | 59.40 | 22.49 | 2.40 | 3.09 | 0.69 | 0.33 |
| 青海 | 82.91 | 0.20 | 35.98 | 29.01 | 13.02 | 3.27 | 1.05 | 0.37 |
| 宁夏 | 85.13 | 0.09 | 37.68 | 23.59 | 16.14 | 5.30 | 1.75 | 0.58 |
| 新疆 | 73.95 | 0.23 | 14.21 | 28.35 | 18.92 | 7.17 | 2.43 | 2.65 |

## 6—6 各地区节育率及各分项措施节育率与上年比较情况

单位：%

| 地区 | 节育率 | 男性绝育 | 女性绝育 | 宫内节育器 | 避孕药 | 避孕套 | 外用药 | 其他 |
|---|---|---|---|---|---|---|---|---|
| **总计** | 0.77 | 0.05 | 0.98 | 0.45 | -0.60 | 0.04 | -0.11 | -0.03 |
| 北京 | -0.16 | -0.03 | -0.48 | 1.68 | -0.86 | -0.43 | -0.13 | 0.09 |
| 天津 | -0.84 | -0.03 | 0.56 | 0.00 | -0.72 | -0.50 | -0.01 | -0.14 |
| 河北 | 1.00 | -0.11 | 1.11 | -0.06 | -0.15 | 0.10 | 0.05 | 0.07 |
| 山西 | 0.99 | 0.12 | 2.55 | -0.83 | -0.51 | -0.13 | -0.14 | -0.07 |
| 内蒙古 | 0.81 | -0.02 | 1.41 | 0.65 | -0.61 | -0.51 | -0.08 | -0.02 |
| 辽宁 | -0.03 | -0.02 | -0.82 | 1.58 | -0.29 | -0.41 | -0.06 | -0.01 |
| 吉林 | 0.29 | -0.01 | 0.23 | 0.16 | -0.14 | 0.01 | -0.01 | 0.06 |
| 黑龙江 | 0.39 | -0.02 | -0.55 | 0.10 | 0.32 | 0.52 | 0.03 | -0.01 |
| 上海 | 0.01 | -0.11 | -0.58 | 3.56 | -1.43 | -1.31 | -0.03 | -0.09 |
| 江苏 | 1.13 | -0.13 | 1.69 | 2.68 | -2.90 | 0.08 | -0.19 | -0.10 |
| 浙江 | -0.52 | -0.13 | -0.37 | 0.77 | -0.52 | -0.09 | -0.08 | -0.10 |
| 安徽 | 0.25 | -0.69 | 1.26 | 0.78 | -0.96 | -0.06 | -0.05 | -0.04 |
| 福建 | 1.15 | -0.38 | 0.32 | -0.07 | 0.10 | 1.41 | -0.22 | -0.01 |
| 江西 | 1.84 | -0.14 | 1.18 | 1.24 | -0.51 | 0.03 | 0.00 | 0.04 |
| 山东 | 1.57 | -0.42 | 0.58 | 1.35 | -0.36 | 0.49 | -0.07 | 0.00 |
| 河南 | -0.12 | 2.75 | -0.42 | -2.46 | -0.62 | 0.72 | -0.10 | 0.00 |
| 湖北 | 1.74 | 0.06 | 1.94 | 0.65 | -0.68 | -0.11 | -0.08 | -0.04 |
| 湖南 | 1.89 | -0.13 | 1.70 | 0.89 | -0.29 | -0.15 | -0.08 | -0.05 |
| 广东 | -0.36 | 0.19 | 1.86 | -0.11 | -0.30 | -1.27 | -0.71 | -0.02 |
| 广西 | 1.94 | 1.80 | 7.09 | -6.07 | -0.71 | -0.06 | -0.07 | -0.04 |
| 海南 | 0.63 | -0.25 | 2.61 | -1.25 | -0.15 | -0.17 | -0.20 | 0.04 |
| 四川 | -0.33 | -0.89 | -0.31 | 1.79 | -0.93 | 0.11 | -0.08 | -0.01 |
| 贵州 | 3.45 | -1.01 | 1.29 | -1.50 | 2.58 | 1.59 | 0.56 | -0.06 |
| 云南 | 1.35 | -0.23 | 1.33 | 0.76 | -0.38 | -0.03 | -0.01 | -0.09 |
| 陕西 | -0.01 | 0.11 | 1.73 | -1.31 | -0.23 | -0.12 | -0.12 | -0.07 |
| 甘肃 | 2.00 | -0.05 | 2.44 | 2.56 | -0.71 | -1.35 | -1.08 | 0.19 |
| 青海 | -0.67 | 0.02 | 2.76 | 0.56 | -3.04 | -0.23 | -0.65 | -0.09 |
| 宁夏 | 1.03 | -0.01 | 1.92 | 1.55 | -1.67 | -0.28 | -0.12 | -0.37 |
| 新疆 | 3.46 | 0.02 | 0.26 | 5.57 | -2.04 | 0.55 | -0.04 | -0.86 |

## 6—7 各地区已婚育龄妇女及领证情况

单位:人、%

| 地区 | 已婚育龄妇女人数 | 较上年增加 | 领证人数 | 较上年增加 | 领证率 | 较上年增加 |
|---|---|---|---|---|---|---|
| **总计** | 219 524 536 | 5 464 213 | 42 155 711 | 2 220 240 | 19.20 | 0.55 |
| 北京 | 2 232 973 | 98 965 | 1 257 681 | 59 539 | 56.32 | 0.18 |
| 天津 | 1 854 087 | 53 877 | 963 647 | 37 638 | 51.97 | 0.54 |
| 河北 | 12 119 651 | 230 450 | 1 434 116 | 59 429 | 11.83 | 0.27 |
| 山西 | 5 319 866 | 109 760 | 672 732 | —20 411 | 12.65 | —0.66 |
| 内蒙古 | 4 210 243 | 128 513 | 551 518 | 39 637 | 13.10 | 0.56 |
| 辽宁 | 8 558 130 | 170 371 | 3 368 032 | 173 466 | 39.35 | 1.27 |
| 吉林 | 5 191 660 | 210 717 | 1 350 887 | 55 760 | 26.02 | 0.02 |
| 黑龙江 | 7 282 771 | 100 755 | 2 044 411 | 61 014 | 28.07 | 0.46 |
| 上海 | 2 799 640 | 46 934 | 1 940 677 | 46 483 | 69.32 | 0.51 |
| 江苏 | 14 368 077 | 282 979 | 5 736 838 | 415 726 | 39.93 | 2.15 |
| 浙江 | 9 033 116 | 232 512 | 2 113 340 | 98 917 | 23.40 | 0.51 |
| 安徽 | 10 203 775 | 457 187 | 991 447 | 119 413 | 9.72 | 0.77 |
| 福建 | 5 853 246 | 152 939 | 618 499 | 48 464 | 10.57 | 0.57 |
| 江西 | 7 023 600 | 170 975 | 580 469 | 48 267 | 8.26 | 0.50 |
| 山东 | 16 447 470 | 340 872 | 3 487 421 | 123 438 | 21.20 | 0.32 |
| 河南 | 16 566 879 | 576 640 | 1 566 511 | —23 355 | 9.46 | —0.49 |
| 湖北 | 10 191 360 | 139 694 | 1 531 413 | 83 784 | 15.03 | 0.62 |
| 湖南 | 11 821 654 | 209 201 | 1 145 987 | 65 398 | 9.69 | 0.39 |
| 广东 | 11 018 200 | 61 171 | 1 031 414 | 82 787 | 9.36 | 0.70 |
| 广西 | 6 709 446 | 298 369 | 433 248 | 29 391 | 6.46 | 0.16 |
| 海南 | 1 029 392 | 20 513 | 76 580 | 2 572 | 7.44 | 0.10 |
| 四川 | 21 907 134 | 498 709 | 6 663 327 | 460 481 | 30.42 | 1.44 |
| 贵州 | 5 503 359 | 244 731 | 338 935 | 31 945 | 6.16 | 0.32 |
| 云南 | 6 690 689 | 171 982 | 518 232 | 41 114 | 7.75 | 0.43 |
| 陕西 | 6 454 234 | 97 900 | 786 514 | 21 003 | 12.19 | 0.14 |
| 甘肃 | 4 611 766 | 256 796 | 441 500 | 14 627 | 9.57 | —0.23 |
| 青海 | 809 033 | 13 915 | 87 002 | 1 617 | 10.75 | 0.02 |
| 宁夏 | 901 002 | 17 585 | 98 439 | 9 070 | 10.93 | 0.81 |
| 新疆 | 2 812 083 | 69 201 | 324 894 | 33 026 | 11.55 | 0.91 |

# 第 七 部 分

## 全国民政统计人口数据

（1 9 9 2 年 度）

# 7—1 省、自治区、直辖市主要民政对象情况

单位：人

| 地区 | 总数 | 优抚对象 | 离退休、退职人员 | 社会困难户 | 社会散居孤老残幼 |
|---|---|---|---|---|---|
| **总计** | 125 836 153 | 39 401 110 | 286 548 | 82 758 342 | 3 390 153 |
| 北京 | 440 103 | 311 019 | 32 997 | 91 342 | 4 745 |
| 天津 | 353 333 | 282 885 | 7 145 | 56 814 | 6 489 |
| 河北 | 6 205 134 | 2 974 502 | 16 004 | 3 067 405 | 147 223 |
| 山西 | 3 231 215 | 989 359 | 6 937 | 2 159 830 | 75 089 |
| 内蒙古 | 2 593 035 | 441 329 | 5 760 | 2 072 626 | 73 320 |
| 辽宁 | 2 002 501 | 1 302 053 | 21 911 | 624 018 | 54 519 |
| 吉林 | 1 778 292 | 965 357 | 5 864 | 747 631 | 59 440 |
| 黑龙江 | 3 037 307 | 935 965 | 1 672 | 2 021 347 | 78 323 |
| 上海 | 266 132 | 244 170 | 4 255 | 14 520 | 3 187 |
| 江苏 | 5 391 185 | 2 764 271 | 22 874 | 2 439 649 | 164 391 |
| 浙江 | 2 851 680 | 1 178 864 | 14 913 | 1 584 245 | 73 658 |
| 安徽 | 6 785 709 | 1 733 755 | 5 113 | 4 794 952 | 251 889 |
| 福建 | 3 118 904 | 935 301 | 14 578 | 2 082 581 | 86 444 |
| 江西 | 4 854 669 | 1 603 852 | 8 069 | 3 061 521 | 181 227 |
| 山东 | 9 440 856 | 4 072 175 | 33 065 | 5 164 047 | 171 569 |
| 河南 | 12 287 243 | 3 485 157 | 7 833 | 8 442 703 | 351 550 |
| 湖北 | 6 566 792 | 2 442 960 | 13 863 | 3 876 144 | 233 825 |
| 湖南 | 8 830 091 | 2 311 587 | 10 837 | 6 190 326 | 317 341 |
| 广东 | 4 818 878 | 1 371 959 | 14 780 | 3 258 096 | 174 043 |
| 广西 | 6 045 006 | 853 713 | 3 180 | 5 000 185 | 187 928 |
| 海南 | 930 836 | 145 857 | 925 | 752 875 | 31 179 |
| 四川 | 10 422 039 | 3 915 455 | 13 580 | 6 176 596 | 316 408 |
| 贵州 | 7 104 477 | 709 456 | 2 214 | 6 303 327 | 89 480 |
| 云南 | 7 447 123 | 920 401 | 6 092 | 6 432 358 | 88 272 |
| 西藏 | 324 087 | 36 908 | 305 | 280 000 | 6 874 |
| 陕西 | 3 973 310 | 1 399 154 | 6 092 | 2 498 215 | 69 849 |
| 甘肃 | 3 062 434 | 670 081 | 1 971 | 2 352 432 | 37 950 |
| 青海 | 384 253 | 90 753 | 1 318 | 284 424 | 7 758 |
| 宁夏 | 609 063 | 80 462 | 516 | 522 213 | 5 872 |
| 新疆 | 680 466 | 232 350 | 1 885 | 405 920 | 40 311 |

7—2 省、自治区、直

| 地区 | 烈军属家庭（户） | | | |
| --- | --- | --- | --- | --- |
| | 合计 | 烈士家属 | 牺牲病故军人家属 | 现役军人家属 |
| **总计** | **5 134 588** | **805 577** | **154 702** | **4 174 309** |
| 北京 | 54 965 | 8 017 | 997 | 45 951 |
| 天津 | 44 469 | 3 662 | 590 | 40 217 |
| 河北 | 413 198 | 68 951 | 7 992 | 336 255 |
| 山西 | 152 486 | 35 759 | 3 599 | 113 128 |
| 内蒙古 | 63 087 | 5 467 | 1 079 | 56 541 |
| 辽宁 | 208 489 | 17 094 | 3 448 | 187 947 |
| 吉林 | 140 336 | 15 744 | 2 618 | 121 974 |
| 黑龙江 | 131 411 | 14 171 | 2 235 | 115 005 |
| 上海 | 41 029 | 3 664 | 1 650 | 35 715 |
| 江苏 | 390 225 | 63 937 | 10 028 | 316 260 |
| 浙江 | 131 852 | 7 946 | 2 783 | 121 123 |
| 安徽 | 224 218 | 33 722 | 6 098 | 184 398 |
| 福建 | 113 385 | 21 248 | 6 133 | 86 004 |
| 江西 | 237 842 | 128 020 | 4 090 | 105 732 |
| 山东 | 532 344 | 77 524 | 11 610 | 443 210 |
| 河南 | 447 280 | 39 809 | 20 037 | 387 434 |
| 湖北 | 312 010 | 74 760 | 24 864 | 212 386 |
| 湖南 | 265 949 | 62 138 | 8 119 | 195 692 |
| 广东 | 151 034 | 17 916 | 3 527 | 129 591 |
| 广西 | 89 228 | 10 509 | 1 913 | 76 806 |
| 海南 | 18 655 | 7 286 | 638 | 10 731 |
| 四川 | 456 842 | 51 994 | 18 547 | 386 301 |
| 贵州 | 70 376 | 5 176 | 2 138 | 63 062 |
| 云南 | 82 162 | 8 861 | 3 218 | 70 083 |
| 西藏 | 5 602 | 565 | 378 | 4 659 |
| 陕西 | 206 997 | 13 776 | 3 328 | 189 893 |
| 甘肃 | 81 620 | 4 844 | 2 020 | 74 756 |
| 青海 | 10 547 | 616 | 288 | 9 643 |
| 宁夏 | 10 188 | 649 | 189 | 9 350 |
| 新疆 | 46 762 | 1 752 | 548 | 44 462 |

## 辖市优抚对象情况

| 优抚对象总人数（人） | 其中孤老人口 | 革命伤残人员（人） | | | | |
|---|---|---|---|---|---|---|
| | | 合计 | 革命伤残军人 | 革命伤残工作人员 | 革命伤残人民警察 | 革命伤残民兵民工 |
| **39 401 110** | **417 689** | **876 166** | **846 200** | **17 693** | **3 907** | **8 366** |
| 311 019 | 1 621 | 13 474 | 12 893 | 348 | 120 | 113 |
| 282 885 | 1 379 | 7 958 | 7 700 | 105 | 99 | 54 |
| 2 974 502 | 43 621 | 82 654 | 80 672 | 1 037 | 199 | 746 |
| 989 359 | 13 687 | 47 092 | 45 397 | 755 | 74 | 866 |
| 441 329 | 12 552 | 14 927 | 13 597 | 1 018 | 162 | 150 |
| 1 302 053 | 8 492 | 43 679 | 41 829 | 860 | 437 | 553 |
| 965 357 | 7 374 | 28 854 | 27 442 | 968 | 185 | 259 |
| 935 965 | 13 199 | 30 627 | 29 700 | 540 | 128 | 259 |
| 244 170 | 195 | 8 292 | 8 084 | 134 | 33 | 41 |
| 2 764 271 | 27 873 | 67 732 | 66 132 | 823 | 234 | 543 |
| 1 178 864 | 10 255 | 22 083 | 21 540 | 279 | 65 | 199 |
| 1 733 755 | 25 944 | 36 977 | 35 263 | 1 357 | 185 | 172 |
| 935 301 | 8 633 | 10 425 | 9 903 | 358 | 54 | 110 |
| 1 603 852 | 23 167 | 17 962 | 17 308 | 465 | 114 | 75 |
| 4 072 175 | 41 602 | 129 269 | 126 441 | 1 461 | 208 | 1 159 |
| 3 485 157 | 38 915 | 65 675 | 63 882 | 902 | 143 | 748 |
| 2 442 960 | 33 450 | 33 499 | 32 521 | 649 | 216 | 113 |
| 2 311 587 | 26 999 | 32 503 | 31 982 | 333 | 140 | 48 |
| 1 371 959 | 7 171 | 22 956 | 22 464 | 323 | 75 | 94 |
| 853 713 | 7 417 | 11 638 | 10 615 | 243 | 39 | 741 |
| 145 857 | 2 517 | 2 531 | 2 390 | 105 | 12 | 24 |
| 3 915 455 | 28 914 | 73 504 | 71 178 | 1 595 | 315 | 416 |
| 709 456 | 5 848 | 14 393 | 14 045 | 222 | 90 | 36 |
| 920 401 | 3 485 | 17 052 | 15 861 | 534 | 150 | 507 |
| 36 908 | 29 | 614 | 260 | 217 | 82 | 55 |
| 1 399 154 | 13 072 | 20 947 | 20 333 | 429 | 107 | 78 |
| 670 081 | 7 365 | 9 487 | 8 976 | 356 | 77 | 78 |
| 90 753 | 147 | 2 388 | 1 599 | 628 | 84 | 77 |
| 80 462 | 951 | 1 802 | 1 673 | 84 | 28 | 17 |
| 232 350 | 1 815 | 5 172 | 4 520 | 565 | 52 | 35 |

7—2 续表

| 地区 | 烈军属人数（人） | | | |
|---|---|---|---|---|
| | 合计 | 烈士家属 | 牺牲病故军人家属 | 现役军人家属 |
| **总计** | **18 545 503** | **2 546 680** | **473 772** | **15 525 051** |
| 北京 | 180 296 | 20 340 | 2 714 | 157 242 |
| 天津 | 166 045 | 12 219 | 1 710 | 152 116 |
| 河北 | 1 420 830 | 150 182 | 21 137 | 1 249 511 |
| 山西 | 460 104 | 71 405 | 9 472 | 379 227 |
| 内蒙古 | 235 418 | 15 514 | 3 276 | 216 628 |
| 辽宁 | 625 673 | 30 558 | 8 097 | 587 018 |
| 吉林 | 469 148 | 32 878 | 7 921 | 428 349 |
| 黑龙江 | 400 713 | 30 292 | 6 214 | 364 207 |
| 上海 | 99 329 | 7 317 | 3 860 | 88 152 |
| 江苏 | 1 169 013 | 136 208 | 26 718 | 1 006 087 |
| 浙江 | 449 515 | 18 121 | 6 541 | 424 853 |
| 安徽 | 801 119 | 91 582 | 17 474 | 692 063 |
| 福建 | 428 737 | 68 705 | 13 595 | 346 437 |
| 江西 | 1 102 441 | 607 447 | 18 493 | 476 501 |
| 山东 | 1 862 123 | 207 983 | 35 093 | 1 619 047 |
| 河南 | 1 699 370 | 140 650 | 72 578 | 1 486 142 |
| 湖北 | 1 347 613 | 319 291 | 82 586 | 945 736 |
| 湖南 | 997 180 | 231 393 | 28 349 | 737 438 |
| 广东 | 611 859 | 50 562 | 12 291 | 549 006 |
| 广西 | 380 957 | 20 647 | 4 398 | 355 912 |
| 海南 | 70 172 | 22 604 | 2 285 | 45 283 |
| 四川 | 1 550 058 | 147 010 | 48 083 | 1 354 965 |
| 贵州 | 285 693 | 16 700 | 7 337 | 261 656 |
| 云南 | 350 411 | 30 836 | 10 912 | 308 663 |
| 西藏 | 24 153 | 1 988 | 1 217 | 20 948 |
| 陕西 | 765 382 | 35 567 | 10 222 | 719 593 |
| 甘肃 | 348 177 | 19 395 | 8 296 | 320 486 |
| 青海 | 44 832 | 1 610 | 624 | 42 598 |
| 宁夏 | 43 146 | 2 000 | 661 | 40 485 |
| 新疆 | 155 996 | 5 676 | 1 618 | 148 702 |

| 在乡退伍红军老战士（人） | 在乡复员军人（人） | 在乡退伍军人（人） | |
|---|---|---|---|
| | | 总数 | 其中:带病回乡 |
| **6 599** | **3 107 602** | **16 865 240** | **928 942** |
| 7 | 17 677 | 99 565 | 4 712 |
| 4 | 11 076 | 97 802 | 4 119 |
| 75 | 182 544 | 1 288 399 | 70 133 |
| 306 | 98 935 | 382 922 | 17 569 |
| 43 | 61 274 | 129 667 | 10 311 |
| 23 | 93 604 | 539 074 | 15 864 |
| 41 | 79 801 | 387 513 | 21 127 |
| 71 | 129 871 | 374 683 | 22 667 |
| 7 456 | 129 093 | 4 391 | |
| 45 | 179 108 | 1 348 373 | 63 495 |
| 2 | 89 981 | 617 283 | 53 568 |
| 94 | 133 829 | 761 736 | 63 400 |
| 42 | 66 541 | 429 556 | 12 808 |
| 145 | 85 841 | 397 463 | 26 565 |
| 77 | 289 931 | 1 790 775 | 84 255 |
| 233 | 235 031 | 1 484 848 | 53 689 |
| 102 | 190 994 | 870 752 | 85 712 |
| 72 | 222 543 | 1 059 289 | 90 874 |
| 2 | 83 040 | 654 102 | 18 487 |
| 22 | 95 207 | 365 889 | 3 981 |
| — | 19 151 | 54 003 | 1 300 |
| 1 805 | 381 313 | 1 908 775 | 146 946 |
| 12 | 89 574 | 319 784 | 11 532 |
| 6 | 85 726 | 467 206 | 12 749 |
| — | 1 564 | 10 577 | 103 |
| 2 489 | 102 022 | 508 314 | 18 982 |
| 612 | 41 069 | 270 736 | 8 181 |
| 182 | 7 099 | 36 252 | 507 |
| 71 | 7 015 | 28 428 | 455 |
| 16 | 18 785 | 52 381 | 460 |

7—3　省、自治区、直辖

| 地　区 | 申请结婚登 | | | | | |
|---|---|---|---|---|---|---|
| | 合计 | 准予登记结婚 | 初婚（人） | 再婚（人） | | |
| | | | | 小计 | 男 | 女 |
| **总　计** | **9 989 021** | **9 545 047** | **18 320 957** | **769 137** | **398 190** | **370 947** |
| 北　京 | 88 842 | 88 322 | 158 102 | 18 542 | 9 414 | 9 128 |
| 天　津 | 74 559 | 74 364 | 137 840 | 10 888 | 5 790 | 5 098 |
| 河　北 | 462 432 | 439 976 | 848 865 | 31 087 | 15 999 | 15 088 |
| 山　西 | 222 713 | 212 050 | 405 917 | 18 183 | 9 131 | 9 052 |
| 内蒙古 | 176 456 | 169 733 | 327 620 | 11 846 | 6 185 | 5 661 |
| 辽　宁 | 418 955 | 411 425 | 772 983 | 49 867 | 26 219 | 23 648 |
| 吉　林 | 236 991 | 220 209 | 414 669 | 25 749 | 14 062 | 11 687 |
| 黑龙江 | 303 546 | 281 035 | 524 767 | 37 303 | 20 316 | 16 987 |
| 上　海 | 95 519 | 95 120 | 171 590 | 18 650 | 8 684 | 9 966 |
| 江　苏 | 593 340 | 579 037 | 1 131 883 | 26 191 | 12 896 | 13 295 |
| 浙　江 | 370 632 | 354 527 | 686 473 | 22 581 | 10 383 | 12 198 |
| 安　徽 | 575 711 | 559 811 | 1 101 286 | 18 336 | 9 256 | 9 080 |
| 福　建 | 287 622 | 281 795 | 555 796 | 7 794 | 3 991 | 3 803 |
| 江　西 | 265 253 | 255 460 | 495 767 | 15 153 | 7 876 | 7 277 |
| 山　东 | 653 463 | 612 284 | 1 176 523 | 48 045 | 21 363 | 26 682 |
| 河　南 | 788 137 | 747 759 | 1 455 209 | 40 309 | 21 576 | 18 733 |
| 湖　北 | 492 917 | 463 279 | 897 899 | 28 659 | 15 431 | 13 228 |
| 湖　南 | 545 489 | 505 878 | 970 235 | 41 521 | 21 927 | 19 594 |
| 广　东 | 519 099 | 510 127 | 996 809 | 23 445 | 12 729 | 10 716 |
| 广　西 | 322 136 | 311 960 | 605 532 | 18 388 | 9 477 | 8 911 |
| 海　南 | 49 212 | 48 702 | 96 541 | 863 | 474 | 389 |
| 四　川 | 1 086 455 | 1 033 466 | 1 974 036 | 92 896 | 46 770 | 46 126 |
| 贵　州 | 306 054 | 294 445 | 571 756 | 17 134 | 9 431 | 7 703 |
| 云　南 | 313 991 | 300 660 | 570 207 | 31 113 | 16 099 | 15 014 |
| 西　藏 | 8 119 | 7 898 | 14 722 | 1 074 | 537 | 537 |
| 陕　西 | 280 128 | 262 949 | 504 870 | 21 028 | 10 589 | 10 439 |
| 甘　肃 | 197 768 | 188 227 | 368 528 | 7 926 | 4 110 | 3 816 |
| 青　海 | 34 060 | 32 746 | 61 766 | 3 726 | 2 137 | 1 589 |
| 宁　夏 | 38 181 | 36 680 | 70 462 | 2 898 | 1 604 | 1 294 |
| 新　疆 | 181 241 | 165 123 | 252 304 | 77 942 | 43 734 | 34 208 |

# 市 婚 姻 登 记 情 况

单位:对

| 记 | | 申请离婚数 | | 附:法院判决、调解离婚(件) | |
|---|---|---|---|---|---|
| 再婚中恢复结婚 | 申请结婚未予登记 | 合计 | 其中:准予登记离婚数 | 收案合计 | 其中:判决调解离婚数 |
| 43 406 | 443 974 | 565 625 | 315 202 | 887 709 | 534 408 |
| | | | | | |
| 582 | 520 | 7 908 | 6 472 | 16 819 | 8 977 |
| 383 | 195 | 3 315 | 2 539 | 11 508 | 5 530 |
| 2 257 | 22 456 | 18 044 | 10 349 | 44 411 | 27 682 |
| 952 | 10 663 | 14 972 | 6 942 | 21 941 | 14 100 |
| 892 | 6 723 | 11 537 | 5 757 | 26 593 | 14 962 |
| | | | | | |
| 3 492 | 7 530 | 37 564 | 24 565 | 65 152 | 36 312 |
| 2 246 | 16 782 | 27 400 | 18 701 | 39 150 | 22 601 |
| 3 158 | 22 511 | 28 452 | 15 958 | 70 143 | 41 374 |
| | | | | | |
| 686 | 399 | 12 944 | 7 867 | 18 819 | 9 716 |
| 1 167 | 14 303 | 17 289 | 9 897 | 42 089 | 22 317 |
| 797 | 16 105 | 14 087 | 8 958 | 25 095 | 14 344 |
| 1 417 | 15 900 | 22 377 | 6 790 | 26 586 | 15 561 |
| 418 | 5 827 | 7 554 | 4 446 | 12 651 | 7 833 |
| 1 004 | 9 793 | 12 237 | 7 306 | 19 409 | 10 373 |
| 1 008 | 41 179 | 19 639 | 10 836 | 45 779 | 29 753 |
| | | | | | |
| 2 529 | 40 378 | 36 297 | 19 021 | 44 866 | 29 833 |
| 2 453 | 29 638 | 22 959 | 10 793 | 29 403 | 15 700 |
| 2 523 | 39 611 | 35 287 | 16 484 | 40 721 | 29 144 |
| 784 | 8 972 | 17 215 | 10 081 | 25 129 | 17 124 |
| 896 | 10 176 | 17 340 | 8 127 | 26 453 | 15 138 |
| 49 | 510 | 1 531 | 784 | 2 857 | 1 832 |
| | | | | | |
| 4 768 | 52 989 | 65 973 | 33 065 | 96 149 | 58 017 |
| 862 | 11 609 | 12 558 | 7 728 | 21 356 | 12 982 |
| 1 337 | 13 331 | 14 767 | 8 572 | 27 562 | 16 777 |
| 361 | 221 | 681 | 532 | 560 | 470 |
| | | | | | |
| 876 | 17 179 | 18 346 | 8 442 | 29 606 | 17 569 |
| 481 | 9 541 | 7 859 | 4 039 | 16 382 | 10 376 |
| 181 | 1 314 | 2 318 | 1 481 | 6 706 | 4 221 |
| 194 | 1 501 | 2 960 | 1 476 | 4 872 | 2 800 |
| 4 653 | 16 118 | 54 215 | 37 194 | 28 942 | 20 990 |

## 7—4 省、自治区、直辖市涉外及华

<table>
<tr><th rowspan="3">地区</th><th colspan="3">准予登记结婚</th><th colspan="4">准予登记</th></tr>
<tr><th>合计<br>（对）</th><th>初婚<br>（人）</th><th>再婚<br>（人）</th><th rowspan="2">合计</th><th colspan="3">国内公民</th></tr>
<tr><th></th><th></th><th></th><th>小计</th><th>男</th><th>女</th></tr>
<tr><td>**总计**</td><td>29 589</td><td>49 251</td><td>9 927</td><td>59 178</td><td>29 497</td><td>3 518</td><td>25 979</td></tr>
<tr><td>北京</td><td>773</td><td>1 486</td><td>60</td><td>1 546</td><td>760</td><td>116</td><td>644</td></tr>
<tr><td>天津</td><td>205</td><td>308</td><td>102</td><td>410</td><td>205</td><td>181</td><td>24</td></tr>
<tr><td>河北</td><td>56</td><td>93</td><td>19</td><td>112</td><td>55</td><td>5</td><td>50</td></tr>
<tr><td>山西</td><td>31</td><td>49</td><td>13</td><td>62</td><td>31</td><td>14</td><td>17</td></tr>
<tr><td>内蒙古</td><td>33</td><td>50</td><td>16</td><td>66</td><td>33</td><td>6</td><td>27</td></tr>
<tr><td>辽宁</td><td>478</td><td>756</td><td>200</td><td>956</td><td>477</td><td>60</td><td>417</td></tr>
<tr><td>吉林</td><td>287</td><td>447</td><td>127</td><td>574</td><td>286</td><td>12</td><td>274</td></tr>
<tr><td>黑龙江</td><td>302</td><td>414</td><td>190</td><td>604</td><td>302</td><td>36</td><td>266</td></tr>
<tr><td>上海</td><td>2 555</td><td>3 583</td><td>1 527</td><td>5 110</td><td>2 554</td><td>214</td><td>2 340</td></tr>
<tr><td>江苏</td><td>714</td><td>1 124</td><td>304</td><td>1 428</td><td>714</td><td>96</td><td>618</td></tr>
<tr><td>浙江</td><td>1 380</td><td>1 911</td><td>849</td><td>2 760</td><td>1 375</td><td>148</td><td>1 227</td></tr>
<tr><td>安徽</td><td>168</td><td>241</td><td>95</td><td>336</td><td>167</td><td>31</td><td>136</td></tr>
<tr><td>福建</td><td>2 019</td><td>3 694</td><td>344</td><td>4 038</td><td>2 004</td><td>538</td><td>1 466</td></tr>
<tr><td>江西</td><td>317</td><td>434</td><td>200</td><td>634</td><td>317</td><td>9</td><td>308</td></tr>
<tr><td>山东</td><td>344</td><td>445</td><td>243</td><td>688</td><td>344</td><td>29</td><td>315</td></tr>
<tr><td>河南</td><td>199</td><td>330</td><td>68</td><td>398</td><td>199</td><td>8</td><td>191</td></tr>
<tr><td>湖北</td><td>466</td><td>759</td><td>173</td><td>932</td><td>466</td><td>30</td><td>436</td></tr>
<tr><td>湖南</td><td>676</td><td>952</td><td>400</td><td>1 352</td><td>676</td><td>7</td><td>669</td></tr>
<tr><td>广东</td><td>14 319</td><td>25 069</td><td>3 569</td><td>28 638</td><td>14 276</td><td>1 663</td><td>12 613</td></tr>
<tr><td>广西</td><td>1 342</td><td>2 231</td><td>453</td><td>2 684</td><td>1 338</td><td>77</td><td>1 261</td></tr>
<tr><td>海南</td><td>1 341</td><td>2 472</td><td>210</td><td>2 682</td><td>1 341</td><td>132</td><td>1 209</td></tr>
<tr><td>四川</td><td>650</td><td>986</td><td>314</td><td>1 300</td><td>650</td><td>20</td><td>630</td></tr>
<tr><td>贵州</td><td>280</td><td>406</td><td>154</td><td>560</td><td>280</td><td>8</td><td>272</td></tr>
<tr><td>云南</td><td>291</td><td>460</td><td>122</td><td>582</td><td>285</td><td>49</td><td>236</td></tr>
<tr><td>西藏</td><td>6</td><td>10</td><td>2</td><td>12</td><td>5</td><td>1</td><td>4</td></tr>
<tr><td>陕西</td><td>212</td><td>328</td><td>96</td><td>424</td><td>212</td><td>14</td><td>198</td></tr>
<tr><td>甘肃</td><td>39</td><td>63</td><td>15</td><td>78</td><td>39</td><td>7</td><td>32</td></tr>
<tr><td>青海</td><td>—</td><td>—</td><td>—</td><td>—</td><td>—</td><td>—</td><td>—</td></tr>
<tr><td>宁夏</td><td>25</td><td>39</td><td>11</td><td>50</td><td>25</td><td>1</td><td>24</td></tr>
<tr><td>新疆</td><td>81</td><td>111</td><td>51</td><td>162</td><td>81</td><td>6</td><td>75</td></tr>
</table>

## 侨、港澳台同胞婚姻情况

| 结婚人员分类（人） | | | | | 申请离婚数(对) | |
|---|---|---|---|---|---|---|
| 港澳同胞 | 台胞 | 华侨 | 外籍华人 | 外国人 | 合计 | 其中：准予登记离婚数 |
| 17 174 | 3 684 | 3 135 | 2 720 | 2 968 | 1 122 | 833 |
| 235 | 101 | 84 | 61 | 305 | 5 | 5 |
| 70 | 37 | 20 | 7 | 71 | 6 | 6 |
| 30 | 13 | 2 | 4 | 8 | 3 | 3 |
| 5 | 5 | 3 | | 18 | | |
| 16 | 1 | 4 | 1 | 11 | | |
| 139 | 50 | 93 | 40 | 157 | 16 | 16 |
| 103 | 16 | 35 | 7 | 127 | 1 | 1 |
| 71 | 17 | 34 | 12 | 168 | | |
| 480 | 380 | 266 | 213 | 1 217 | 48 | 41 |
| 330 | 167 | 64 | 48 | 105 | 25 | 25 |
| 596 | 310 | 282 | 90 | 107 | 88 | 67 |
| 60 | 81 | 7 | 1 | 20 | 1 | 1 |
| 1 549 | 259 | 61 | 144 | 21 | 325 | 280 |
| 132 | 151 | 7 | 8 | 19 | 5 | 5 |
| 65 | 193 | 23 | 10 | 53 | 2 | 2 |
| 93 | 81 | 5 | 5 | 15 | 1 | 1 |
| 241 | 167 | 13 | 11 | 34 | 18 | 14 |
| 360 | 284 | 8 | 13 | 11 | 3 | 3 |
| 9 814 | 605 | 1 958 | 1 714 | 271 | 444 | 270 |
| 831 | 247 | 81 | 154 | 33 | 23 | 19 |
| 1 126 | 94 | 17 | 95 | 9 | 82 | 51 |
| 330 | 207 | 19 | 26 | 68 | 15 | 15 |
| 192 | 77 | 2 | 2 | 7 | | |
| 134 | 66 | 17 | 28 | 52 | 4 | 3 |
| | | | 5 | 2 | | |
| 96 | 57 | 12 | 7 | 40 | 4 | 4 |
| 14 | 8 | 2 | 3 | 12 | | |
| — | — | — | — | — | — | — |
| 24 | | | 1 | | | |
| 38 | 10 | 16 | 10 | 7 | 3 | 1 |

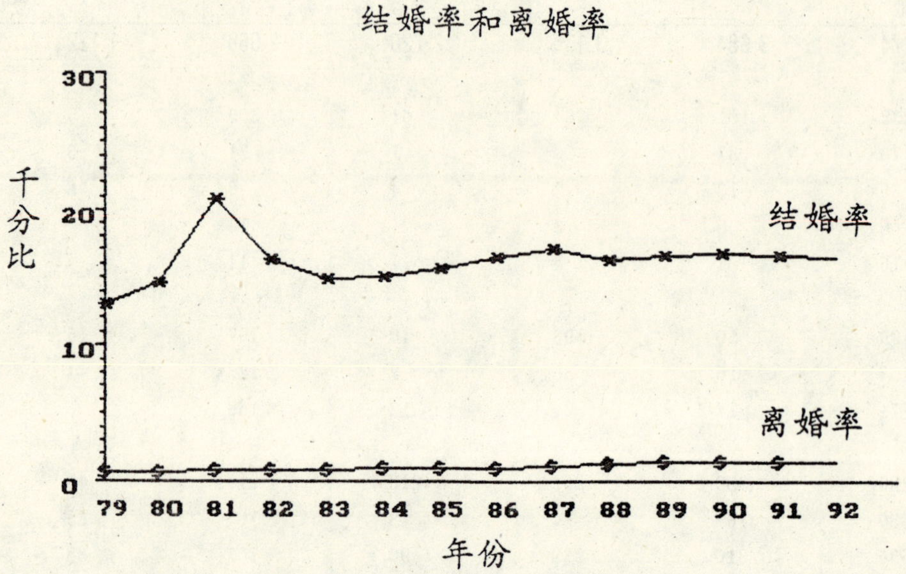


## 7—5 1979—1992年全国婚姻登记情况

单位:对

| 年份 | 准予登记结婚 | 准予离婚 | 涉外、华侨、港澳台婚姻准予登记结婚 |
|---|---|---|---|
| 1979 | 6 362 678 | 319 252 | 8 460 |
| 1980 | 7 197 860 | 340 998 | 11 317 |
| 1981 | 10 403 171 | 389 153 | 13 866 |
| 1982 | 8 354 922 | 427 584 | 14 193 |
| 1983 | 7 641 813 | 418 068 | 12 540 |
| 1984 | 7 834 076 | 453 715 | 13 921 |
| 1985 | 8 290 588 | 457 938 | 22 249 |
| 1986 | 8 822 935 | 505 675 | 16 851 |
| 1987 | 9 247 372 | 581 484 | 20 084 |
| 1988 | 8 971 750 | 655 168 | 20 021 |
| 1989 | 9 351 915 | 752 396 | 20 389 |
| 1990 | 9 486 870 | 800 037 | 23 762 |
| 1991 | 9 509 849 | 829 449 | 26 382 |
| 1992 | 9 545 047 | 849 616 | 29 589 |

# 第 八 部 分

# 世界各国主要人口数据

## 8—1 1992年世界人口超过1亿的国家

| 国　　家 | 人　　口<br>（亿人） | 占世界人口比重(%) | 国　　家 | 人　　口<br>（亿人） | 占世界人口比重（%） |
|---|---|---|---|---|---|
| 中　　国 | 11.88 | 21.7 | 俄罗斯联邦 | 1.49 | 2.7 |
| 印　　度 | 8.79 | 16.1 | 巴 基 斯 坦 | 1.25 | 2.3 |
| 美　　国 | 2.55 | 4.7 | 日　　本 | 1.24 | 2.3 |
| 印　　尼 | 1.91 | 3.5 | 孟 加 拉 国 | 1.19 | 2.2 |
| 巴　　西 | 1.54 | 2.8 | 尼 日 利 亚 | 1.16 | 2.1 |

**注释**(8－1**表和**8－2**表**)：

这里引用的数字来自联合国1992年修正的评价和规划的中间变量。该评价和规划的磁盘可以从设在纽约NY10017的联合国经济和社会发展部人口处购买。

.. 表示该数据没有报上来。

* 较发达地区包括欧洲所有地区和北美、澳大利亚－新西兰、日本和前苏联。

＋ 较不达地区 包括非洲所有地区、亚州(日本除外)和拉丁美洲，以及美拉尼西亚、麦克罗尼西亚和玻利尼西亚。

□ 最不发达国家，由联合国大会定义，如1991年包括47个国家，其中32个在非 州，9个在亚州，1个在拉丁美洲，5个在大洋州。它们也包括在较不发达国家中。

①包括阿加累萨、罗德里格斯和圣布兰登。

②包括阿森松岛和特里斯坦达库尼亚群岛。

③包括圣诞岛、科科斯(基林)群岛和诺福克岛。

④包括皮特凯恩岛、托克劳群岛、约翰斯顿岛和中途岛。

⑤除北欧内的爱沙尼亚、拉脱维亚和立陶宛之外。

## 8—2 世界各国

| 国家（或地区） | 年中总人口（千人） | | | | |
|---|---|---|---|---|---|
| | 1992 | 2000 | 2025 | 年增长率（%） | 粗出生率（‰） |
| **全世界** | 5 479 046 | 6 228 254 | 8 472 445 | 1.7 | 27 |
| **较发达地区（*）** | 1 224 744 | 1 277 963 | 1 403 275 | 0.6 | 15 |
| **较不发达地区（+）** | 4 254 301 | 4 950 290 | 7 069 171 | 2.1 | 31 |
| **最不发达地区（□）** | 540 639 | 675 251 | 1 215 258 | 2.7 | 45 |
| **一、非洲** | 681 685 | 856 154 | 1 582 539 | 2.9 | 45 |
| **1. 东非** | 207 391 | 263 997 | 516 007 | 3.0 | 48 |
| 英辖印度洋领域 | 2 | 2 | 2 | .. | .. |
| 布隆迪 | 5 823 | 7 237 | 13 392 | 2.9 | 47 |
| 科摩罗群岛 | 585 | 778 | 1 646 | 3.6 | 49 |
| 吉布提 | 467 | 591 | 1 159 | 2.9 | 47 |
| 埃塞俄比亚 | 52 981 | 67 173 | 130 674 | 2.9 | 49 |
| 肯尼亚 | 25 230 | 32 818 | 63 826 | 3.4 | 46 |
| 马达加斯加 | 12 827 | 16 579 | 33 746 | 3.2 | 46 |
| 马拉维 | 10 356 | 12 612 | 24 923 | 5.3 | 56 |
| 毛里求斯① | 1 098 | 1 183 | 1 397 | 1.1 | 19 |
| 莫桑比克 | 14 872 | 19 436 | 36 290 | 0.9 | 46 |
| 留尼汪（岛） | 624 | 697 | 900 | 1.9 | 23 |
| 卢旺达 | 7 526 | 9 766 | 20 595 | 3.3 | 52 |
| 塞舌尔（群岛） | 72 | 77 | 84 | 1.0 | .. |
| 索马里 | 9 204 | 11 864 | 23 401 | 1.9 | 50 |
| 乌干达 | 18 674 | 23 401 | 45 933 | 3.1 | 51 |
| 坦桑尼亚联邦共和国 | 27 829 | 35 916 | 74 172 | 3.4 | 48 |
| 赞比亚 | 8 638 | 10 672 | 20 981 | 3.4 | 49 |
| 津巴布韦 | 10 583 | 13 194 | 22 889 | 3.4 | 43 |
| **2. 中非** | 75 086 | 95 685 | 190 003 | 3.0 | 47 |
| 安哥拉 | 9 888 | 13 074 | 26 619 | 2.8 | 51 |
| 喀麦隆 | 12 198 | 15 293 | 29 262 | 2.9 | 42 |
| 中非共和国 | 3 173 | 3 862 | 7 046 | 2.7 | 45 |
| 乍得 | 5 846 | 7 307 | 12 907 | 2.0 | 44 |
| 刚果 | 2 368 | 2 976 | 5 757 | 3.0 | 44 |
| 赤道几内亚 | 369 | 452 | 798 | 2.4 | 44 |
| 加蓬 | 1 237 | 1 604 | 2 869 | 3.3 | 39 |
| 圣多美与普林西比岛 | 124 | 146 | 215 | 2.3 | .. |
| 扎伊尔 | 39 882 | 50 970 | 104 530 | 3.3 | 48 |
| **3. 北非** | 147 688 | 178 897 | 280 371 | 2.6 | 37 |
| 阿尔及利亚 | 26 346 | 32 693 | 51 830 | 2.7 | 35 |
| 埃及 | 54 842 | 64 810 | 93 536 | 2.4 | 35 |

# 主　要　人　口　数　据

| 1985—1990 | | | | 1990 | | | |
|---|---|---|---|---|---|---|---|
| 死亡率（‰） | 总和生育率（‰） | 预期寿命（岁） | 婴儿死亡率（‰） | 15岁及以下人口比重（%） | 65岁及以上人口比重（%） | 年龄中位数（岁） | 城市人口比重（%） |
| **10** | **3.4** | **63** | **68** | **32** | **6** | **24** | **43** |
| **9** | **1.9** | **74** | **15** | **21** | **12** | **34** | **73** |
| **10** | **3.9** | **61** | **76** | **36** | **4** | **22** | **34** |
| **17** | **6.1** | **49** | **120** | **44** | **3** | **18** | **20** |
| **15** | **6.3** | **52** | **103** | **45** | **3** | **17** | **32** |
| **17** | **6.9** | **49** | **115** | **47** | **3** | **17** | **19** |
| .. | .. | .. | .. | .. | .. | .. | .. |
| 17 | 6.8 | 48 | 112 | 46 | 3 | 17 | 5 |
| 13 | 7.0 | 54 | 99 | 48 | 2 | 16 | 28 |
| 18 | 6.6 | 47 | 122 | 45 | 2 | 17 | 81 |
| 20 | 7.0 | 45 | 132 | 46 | 3 | 17 | 12 |
| 11 | 6.8 | 58 | 72 | 49 | 3 | 15 | 24 |
| 14 | 6.6 | 53 | 120 | 45 | 3 | 17 | 24 |
| 21 | 7.6 | 45 | 149 | 48 | 3 | 16 | 12 |
| 7 | 2.1 | 69 | 24 | 30 | 5 | 26 | 41 |
| 19 | 6.5 | 46 | 155 | 44 | 3 | 18 | 27 |
| 5 | 2.5 | 72 | 8 | 31 | 5 | 25 | 64 |
| 18 | 8.5 | 47 | 116 | 49 | 2 | 15 | 6 |
| .. | .. | .. | .. | .. | .. | .. | 59 |
| 20 | 7.0 | 45 | 132 | 47 | 3 | 16 | 24 |
| 19 | 7.3 | 45 | 108 | 48 | 3 | 16 | 11 |
| 14 | 6.8 | 52 | 108 | 47 | 2 | 16 | 21 |
| 16 | 6.8 | 49 | 86 | 48 | 2 | 16 | 42 |
| 11 | 5.8 | 57 | 67 | 45 | 3 | 17 | 29 |
| **16** | **6.5** | **50** | **105** | **46** | **3** | **17** | **32** |
| 21 | 7.2 | 44 | 137 | 47 | 3 | 16 | 28 |
| 14 | 6.1 | 53 | 74 | 45 | 4 | 18 | 40 |
| 18 | 6.2 | 48 | 109 | 44 | 4 | 18 | 47 |
| 19 | 5.9 | 46 | 132 | 43 | 4 | 18 | 32 |
| 15 | 6.3 | 52 | 84 | 45 | 3 | 17 | 40 |
| 20 | 5.9 | 46 | 127 | 42 | 4 | 19 | 29 |
| 17 | 5.0 | 52 | 103 | 33 | 6 | 23 | 46 |
| .. | .. | .. | .. | .. | .. | .. | 42 |
| 15 | 6.7 | 52 | 102 | 47 | 3 | 16 | 28 |
| **11** | **5.1** | **59** | **79** | **41** | **4** | **19** | **44** |
| 8 | 5.4 | 64 | 74 | 44 | 4 | 18 | 52 |
| 11 | 4.5 | 59 | 65 | 39 | 4 | 21 | 44 |

8—2 续表1

| 国 家 （或 地 区） | 年中总人口（千人） | | | 年增长率（%） | 粗出生率（‰） |
|---|---|---|---|---|---|
| | 1992 | 2000 | 2025 | | |
| 利比亚阿拉伯加马西利亚 | 4 875 | 6 386 | 12 873 | 3.6 | 44 |
| 摩洛哥 | 26 318 | 31 719 | 47 477 | 2.6 | 36 |
| 苏丹 | 26 656 | 33 166 | 60 602 | 2.9 | 45 |
| 突尼斯 | 8 401 | 9 781 | 13 425 | 2.1 | 29 |
| 西撒哈拉 | 250 | 342 | 627 | 4.4 | .. |
| **4. 南非** | **45 294** | **54 743** | **85 337** | **2.5** | **34** |
| 博茨瓦纳 | 1 313 | 1 650 | 2 853 | 2.9 | 41 |
| 莱索托 | 1 836 | 2 233 | 3 783 | 2.5 | 36 |
| 纳米比亚 | 1 534 | 1 964 | 3 751 | 3.1 | 43 |
| 南非 | 39 818 | 47 912 | 73 211 | 2.4 | 33 |
| 斯威士兰 | 792 | 984 | 1 739 | 2.6 | 38 |
| **5. 西非** | **206 225** | **262 833** | **510 821** | **3.2** | **48** |
| 贝宁 | 4 918 | 6 269 | 12 354 | 3.0 | 49 |
| 布基纳法索 | 9 513 | 11 833 | 22 633 | 2.6 | 47 |
| 佛得角 | 384 | 479 | 774 | 2.3 | 37 |
| 科特迪瓦 | 12 910 | 17 065 | 37 942 | 3.7 | 50 |
| 刚比亚 | 908 | 1 105 | 1 875 | 2.9 | 47 |
| 加纳 | 15 959 | 20 172 | 37 988 | 3.1 | 44 |
| 几内亚 | 6 116 | 7 759 | 15 088 | 2.9 | 51 |
| 几内亚比绍 | 1 006 | 1 192 | 1 978 | 2.0 | 43 |
| 利比里亚 | 2 751 | 3 565 | 7 234 | 3.2 | 47 |
| 马里 | 9 818 | 12 561 | 24 580 | 3.0 | 51 |
| 毛里塔尼亚 | 2 143 | 2 680 | 4 993 | 2.7 | 46 |
| 尼日尔 | 8 252 | 10 640 | 21 287 | 3.1 | 52 |
| 尼日利亚 | 115 664 | 147 709 | 285 823 | 3.3 | 49 |
| 圣赫勒纳② | 7 | 10 | 19 | 3.3 | .. |
| 塞内加尔 | 7 736 | 9 581 | 17 078 | 2.8 | 45 |
| 塞拉利昂 | 4 376 | 5 395 | 9 800 | 2.5 | 48 |
| 多哥 | 3 763 | 4 818 | 9 377 | 3.1 | 45 |
| **二、亚洲** | **3 232 968** | **3 691 578** | **4 900 256** | **1.9** | **28** |
| **1. 东亚** | **1 387 871** | **1 520 192** | **1 762 179** | **1.4** | **20** |
| 中国 | 1 187 997 | 1 309 743 | 1 539 758 | 1.5 | 22 |
| 朝鲜 | 22 618 | 25 934 | 33 339 | 1.8 | 24 |
| 香港 | 5 800 | 6 120 | 6 411 | 0.9 | 13 |
| 日本 | 124 491 | 128 066 | 127 034 | 0.4 | 11 |
| 澳门 | 492 | 602 | 764 | 3.3 | .. |
| 蒙古 | 2 310 | 2 830 | 4 584 | 2.7 | 36 |
| 韩国 | 44 163 | 46 897 | 50 289 | 1.2 | 16 |

| 1985—1990 | | | | 1990 | | | |
|---|---|---|---|---|---|---|---|
| 死亡率（‰） | 总和生育率（‰） | 预期寿命（岁） | 婴儿死亡率（‰） | 15岁及以下人口比重（%） | 65岁及以上人口比重（%） | 年龄中位数（岁） | 城市人口比重（%） |
| 9 | 6.9 | 61 | 82 | 46 | 2 | 17 | 82 |
| 10 | 4.8 | 61 | 82 | 41 | 4 | 19 | 46 |
| 16 | 6.4 | 50 | 108 | 45 | 3 | 17 | 23 |
| 7 | 3.9 | 66 | 49 | 37 | 4 | 21 | 56 |
| .. | .. | .. | .. | .. | .. | .. | 56 |
| 10 | 4.5 | 60 | 61 | 39 | 4 | 20 | 46 |
| 11 | 5.5 | 59 | 67 | 46 | 4 | 17 | 25 |
| 11 | 5.0 | 58 | 89 | 42 | 4 | 19 | 19 |
| 12 | 6.0 | 56 | 80 | 45 | 3 | 18 | 28 |
| 10 | 4.4 | 60 | 58 | 39 | 4 | 20 | 49 |
| 12 | 5.3 | 55 | 83 | 45 | 3 | 17 | 26 |
| 16 | 6.8 | 49 | 111 | 47 | 3 | 17 | 33 |
| 19 | 7.1 | 45 | 91 | 47 | 3 | 17 | 38 |
| 19 | 6.5 | 47 | 126 | 44 | 3 | 18 | 15 |
| 8 | 4.8 | 66 | 54 | 44 | 4 | 18 | 29 |
| 15 | 7.4 | 52 | 98 | 48 | 3 | 16 | 40 |
| 21 | 6.5 | 43 | 143 | 44 | 3 | 18 | 23 |
| 13 | 6.4 | 54 | 90 | 45 | 3 | 17 | 34 |
| 22 | 7.0 | 43 | 145 | 47 | 3 | 17 | 26 |
| 23 | 5.8 | 42 | 151 | 41 | 4 | 20 | 20 |
| 16 | 6.8 | 53 | 142 | 45 | 4 | 17 | 45 |
| 21 | 7.1 | 44 | 169 | 47 | 3 | 16 | 24 |
| 19 | 6.5 | 46 | 127 | 45 | 3 | 18 | 47 |
| 20 | 7.1 | 45 | 135 | 48 | 2 | 16 | 19 |
| 16 | 6.9 | 51 | 105 | 47 | 3 | 16 | 35 |
| .. | .. | .. | .. | .. | .. | .. | 17 |
| 18 | 6.5 | 47 | 87 | 45 | 3 | 17 | 40 |
| 23 | 6.5 | 41 | 154 | 44 | 3 | 18 | 32 |
| 14 | 6.6 | 53 | 94 | 45 | 3 | 17 | 28 |
| 9 | 3.4 | 63 | 69 | 33 | 5 | 23 | 31 |
| 7 | 2.3 | 70 | 31 | 27 | 6 | 26 | 33 |
| 7 | 2.4 | 69 | 32 | 27 | 6 | 25 | 26 |
| 5 | 2.5 | 70 | 28 | 29 | 4 | 24 | 60 |
| 6 | 1.4 | 77 | 7 | 21 | 9 | 31 | 94 |
| 6 | 1.7 | 78 | 5 | 18 | 12 | 37 | 77 |
| .. | .. | .. | .. | .. | .. | .. | 99 |
| 9 | 5.0 | 61 | 68 | 41 | 3 | 19 | 58 |
| 6 | 1.7 | 69 | 25 | 26 | 5 | 27 | 72 |

8—2 续表 2

| 国 家 (或 地 区) | 年中总人口(千人) | | | 年增长率(%) | 粗出生率(‰) |
|---|---|---|---|---|---|
| | 1992 | 2000 | 2025 | | |
| **2.东 南 亚** | **461 501** | **531 004** | **715 600** | **2.0** | **30** |
| 文 莱 | 270 | 318 | 425 | 2.6 | 26 |
| 柬 埔 寨 | 8 774 | 10 580 | 16 716 | 2.6 | 42 |
| 东 帝 汶 | 791 | 901 | 1 174 | 2.8 | 44 |
| 印度尼西亚 | 191 170 | 217 998 | 283 318 | 1.9 | 29 |
| 老 挝 | 4 469 | 5 592 | 9 411 | 3.1 | 45 |
| 马 来 西 亚 | 18 792 | 22 263 | 31 274 | 2.6 | 32 |
| 缅 甸 | 43 668 | 51 567 | 75 604 | 2.2 | 34 |
| 菲 律 宾 | 65 186 | 76 091 | 105 147 | 2.4 | 33 |
| 新 加 坡 | 2 769 | 2 976 | 3 309 | 1.1 | 17 |
| 泰 国 | 56 129 | 61 202 | 72 264 | 1.3 | 23 |
| 越 南 | 69 485 | 81 516 | 116 958 | 2.1 | 32 |
| **3.南 亚** | **1 244 318** | **1 468 953** | **2 135 831** | **2.2** | **34** |
| 阿 富 汗 | 19 062 | 26 767 | 45 832 | 2.6 | 49 |
| 孟 加 拉 国 | 119 288 | 144 265 | 223 252 | 2.4 | 39 |
| 不 丹 | 1 612 | 1 942 | 3 395 | 2.2 | 40 |
| 印 度 | 879 548 | 1 018 673 | 1 393 871 | 2.0 | 31 |
| 伊 朗 | 61 565 | 77 929 | 144 625 | 3.5 | 43 |
| 马 尔 代 夫 | 227 | 286 | 500 | 3.0 | 40 |
| 尼 泊 尔 | 20 577 | 24 858 | 40 055 | 2.7 | 42 |
| 巴 基 斯 坦 | 124 773 | 154 794 | 259 562 | 3.2 | 44 |
| 斯 里 兰 卡 | 17 666 | 19 438 | 24 738 | 1.3 | 23 |
| **4.西 亚** | **139 278** | **171 430** | **286 645** | **2.8** | **35** |
| 巴 林 | 533 | 653 | 1 014 | 3.2 | 28 |
| 塞 浦 路 斯 | 716 | 765 | 904 | 1.1 | 19 |
| 加沙地带(巴勒斯坦) | 654 | 760 | 1 227 | 3.8 | .. |
| 伊 拉 克 | 19 290 | 24 779 | 46 260 | 3.3 | 40 |
| 以 色 列 | 5 131 | 6 336 | 8 146 | 1.9 | 23 |
| 约 旦 | 4 291 | 5 624 | 10 807 | 3.3 | 39 |
| 科 威 得 | 1 970 | 1 718 | 2 789 | 4.4 | 28 |
| 黎 巴 嫩 | 2 838 | 3 312 | 4 476 | 0.5 | 28 |
| 阿 曼 | 1 637 | 2 168 | 4 705 | 3.8 | 43 |
| 卡 塔 尔 | 453 | 542 | 731 | 3.5 | 27 |
| 沙特阿拉伯 | 15 922 | 20 667 | 40 426 | 3.7 | 37 |
| 叙 利 亚 | 13 276 | 17 546 | 35 250 | 3.6 | 44 |
| 土 耳 其 | 58 362 | 68 165 | 92 881 | 2.1 | 30 |
| 阿拉伯联合酋长国 | 1 670 | 1 970 | 2 792 | 3.3 | 23 |
| 也 门 | 12 535 | 16 424 | 34 237 | 3.6 | 52 |

| 1985—1990 | | | | 1990 | | | |
|---|---|---|---|---|---|---|---|
| 死亡率（‰） | 总和生育率（‰） | 预期寿命（岁） | 婴儿死亡率（‰） | 15岁及以下人口比重（%） | 65岁及以上人口比重（%） | 年龄中位数（岁） | 城市人口比重（%） |
| **9** | **3.7** | **61** | **63** | **37** | **4** | **21** | **29** |
| 4 | 3.4 | 73 | 10 | 34 | 4 | 23 | 58 |
| 16 | 4.6 | 49 | 130 | 41 | 3 | 20 | 12 |
| 21 | 5.4 | 42 | 166 | 35 | 3 | 22 | 13 |
| 9 | 3.5 | 60 | 75 | 36 | 4 | 22 | 29 |
| 17 | 6.7 | 48 | 110 | 44 | 3 | 18 | 19 |
| 6 | 4.0 | 69 | 17 | 38 | 4 | 21 | 43 |
| 12 | 4.5 | 55 | 94 | 38 | 4 | 21 | 25 |
| 7 | 4.3 | 63 | 45 | 40 | 3 | 20 | 43 |
| 5 | 1.7 | 73 | 8 | 23 | 6 | 30 | 100 |
| 6 | 2.6 | 67 | 32 | 32 | 4 | 23 | 22 |
| 10 | 4.2 | 63 | 47 | 39 | 5 | 20 | 20 |
| **12** | **4.7** | **57** | **99** | **38** | **4** | **21** | **26** |
| 23 | 6.9 | 41 | 172 | 42 | 3 | 19 | 18 |
| 15 | 5.1 | 51 | 119 | 41 | 3 | 19 | 16 |
| 18 | 5.9 | 46 | 143 | 41 | 3 | 20 | 5 |
| 11 | 4.2 | 58 | 96 | 36 | 5 | 22 | 26 |
| 8 | 6.5 | 65 | 52 | 46 | 4 | 17 | 57 |
| 10 | 6.5 | 61 | 66 | 44 | 4 | 18 | 29 |
| 15 | 5.9 | 51 | 110 | 43 | 3 | 18 | 11 |
| 12 | 6.8 | 56 | 109 | 44 | 3 | 18 | 32 |
| 6 | 2.7 | 70 | 28 | 33 | 5 | 24 | 21 |
| **8** | **5.0** | **65** | **64** | **40** | **4** | **20** | **63** |
| 4 | 4.1 | 70 | 20 | 35 | 2 | 24 | 83 |
| 9 | 2.4 | 76 | 11 | 26 | 10 | 30 | 53 |
| .. | .. | .. | .. | .. | .. | .. | 94 |
| 7 | 6.1 | 65 | 63 | 44 | 3 | 18 | 72 |
| 7 | 3.1 | 76 | 11 | 31 | 9 | 26 | 92 |
| 6 | 6.1 | 66 | 44 | 44 | 3 | 17 | 68 |
| 2 | 3.9 | 75 | 14 | 37 | 1 | 23 | 96 |
| 8 | 3.4 | 67 | 40 | 35 | 5 | 22 | 84 |
| 6 | 7.2 | 68 | 36 | 47 | 3 | 17 | 11 |
| 4 | 4.8 | 69 | 31 | 30 | 1 | 30 | 90 |
| 5 | 6.8 | 68 | 37 | 43 | 3 | 19 | 77 |
| 7 | 6.7 | 65 | 48 | 48 | 3 | 16 | 50 |
| 8 | 3.8 | 65 | 68 | 36 | 4 | 22 | 61 |
| 4 | 4.8 | 70 | 26 | 31 | 2 | 30 | 81 |
| 16 | 7.7 | 50 | 120 | 50 | 2 | 15 | 29 |

8—2 续表 3

| 国家（或地区） | 年中总人口（千人） | | | 年增长率 | 粗出生率 |
|---|---|---|---|---|---|
| | 1992 | 2000 | 2025 | （%） | （‰） |
| **三、欧　洲** | **512 023** | **523 749** | **541 784** | **0.4** | **13** |
| **1. 东　欧** | **96 939** | **99 249** | **107 174** | **0.3** | **15** |
| 保加利亚 | 8 952 | 8 897 | 8 802 | 0.1 | 13 |
| 捷克斯洛伐克 | 15 731 | 16 298 | 17 919 | 0.2 | 14 |
| 匈牙利 | 10 512 | 10 507 | 10 396 | —0.2 | 12 |
| 波　兰 | 38 417 | 39 508 | 43 788 | 0.5 | 16 |
| 罗马尼亚 | 23 327 | 24 039 | 26 270 | 0.4 | 16 |
| **2. 北　欧** | **92 823** | **94 663** | **97 760** | **0.3** | **14** |
| 海峡群岛(英) | 143 | 145 | 149 | 1.4 | .. |
| 丹　麦 | 5 158 | 5 245 | 5 140 | 0.1 | 11 |
| 爱沙尼亚 | 1 582 | 1 576 | 1 666 | 0.6 | 16 |
| 费罗群岛(丹) | 47 | 48 | 49 | 0.6 | .. |
| 芬　兰 | 5 008 | 5 113 | 5 173 | 0.3 | 13 |
| 冰　岛 | 260 | 283 | 344 | 1.1 | 17 |
| 爱尔兰 | 3 486 | 3 436 | 3 583 | —0.3 | 16 |
| 马恩岛(英) | 69 | 70 | 71 | 1.6 | .. |
| 拉脱维亚(苏) | 2 679 | 2 647 | 2 753 | 0.6 | 15 |
| 立陶宛 | 3 755 | 3 829 | 4 135 | 0.8 | 16 |
| 挪　威 | 4 288 | 4 485 | 4 916 | 0.4 | 13 |
| 瑞　典 | 8 652 | 8 976 | 9 529 | 0.5 | 13 |
| (大不列颠和北爱尔兰)联合王国 | 57 696 | 58 810 | 60 251 | 0.3 | 14 |
| **3. 南　欧** | **144 647** | **146 718** | **148 156** | **0.3** | **12** |
| 阿尔巴尼亚 | 3 315 | 3 589 | 4 458 | 1.9 | 25 |
| 安道尔 | 47 | 49 | 54 | 1.1 | .. |
| 直布罗陀 | 31 | 32 | 32 | 1.6 | .. |
| 希　腊 | 10 182 | 10 324 | 10 103 | 0.4 | 11 |
| 罗马教廷 | 1 | 1 | 1 | 0.0 | .. |
| 意大利 | 57 782 | 58 148 | 56 237 | 0.2 | 10 |
| 马耳他 | 359 | 380 | 432 | 0.6 | 16 |
| 葡萄牙 | 9 866 | 9 932 | 10 125 | —0.1 | 12 |
| 圣马力诺 | 23 | 23 | 21 | 0.6 | .. |
| 西班牙 | 39 092 | 39 640 | 40 613 | 0.3 | 11 |
| 南斯拉夫 | 23 949 | 24 600 | 26 081 | 0.6 | 15 |
| **4. 西　欧** | **177 614** | **183 119** | **188 693** | **0.5** | **12** |
| 奥地利 | 7 776 | 7 975 | 8 263 | 0.4 | 12 |
| 比利时 | 9 998 | 10 084 | 9 908 | 0.2 | 12 |
| 法　国 | 57 182 | 58 792 | 60 785 | 0.6 | 14 |

| 1985—1990 | | | | 1990 | | | |
|---|---|---|---|---|---|---|---|
| 死亡率 (‰) | 总和生育率 (‰) | 预期寿命 (岁) | 婴儿死亡率 (‰) | 15岁及以下人口比重 (%) | 65岁及以上人口比重 (%) | 年龄中位数 (岁) | 城市人口比重 (%) |
| 10 | 1.7 | 74 | 12 | 20 | 13 | 35 | 73 |
| 11 | 2.1 | 71 | 18 | 24 | 11 | 33 | 63 |
| 12 | 1.9 | 71 | 14 | 20 | 13 | 36 | 68 |
| 12 | 2.0 | 71 | 13 | 23 | 12 | 34 | 77 |
| 14 | 1.8 | 70 | 17 | 21 | 13 | 36 | 64 |
| 10 | 2.2 | 71 | 17 | 25 | 10 | 32 | 62 |
| 11 | 2.3 | 69 | 26 | 24 | 10 | 33 | 54 |
| 11 | 1.8 | 75 | 9 | 19 | 15 | 36 | 83 |
| .. | .. | .. | .. | .. | .. | .. | 31 |
| 11 | 1.5 | 75 | 8 | 17 | 16 | 37 | 85 |
| 12 | 2.2 | 70 | 15 | 22 | 12 | 34 | 72 |
| .. | .. | .. | .. | .. | .. | .. | 31 |
| 10 | 1.7 | 75 | 6 | 19 | 13 | 36 | 60 |
| 7 | 2.1 | 78 | 6 | 25 | 11 | 30 | 91 |
| 9 | 2.3 | 74 | 8 | 27 | 11 | 29 | 57 |
| .. | .. | .. | .. | .. | .. | .. | 74 |
| 12 | 2.1 | 70 | 12 | 21 | 12 | 35 | 71 |
| 10 | 2.1 | 72 | 12 | 23 | 11 | 33 | 69 |
| 11 | 1.8 | 76 | 8 | 19 | 16 | 35 | 75 |
| 11 | 1.9 | 77 | 6 | 18 | 18 | 38 | 84 |
| 11 | 1.8 | 75 | 9 | 19 | 16 | 36 | 89 |
| 9 | 1.5 | 75 | 14 | 20 | 13 | 34 | 66 |
| 6 | 3.1 | 72 | 31 | 33 | 5 | 21 | 36 |
| .. | .. | .. | .. | .. | .. | .. | 63 |
| .. | .. | .. | .. | .. | .. | .. | 100 |
| 9 | 1.5 | 77 | 11 | 19 | 14 | 36 | 62 |
| .. | .. | .. | .. | .. | .. | .. | 100 |
| 10 | 1.3 | 76 | 10 | 17 | 14 | 36 | 69 |
| 8 | 2.0 | 75 | 9 | 23 | 10 | 33 | 87 |
| 10 | 1.6 | 74 | 14 | 21 | 13 | 33 | 34 |
| .. | .. | .. | .. | .. | .. | .. | 92 |
| 8 | 1.5 | 77 | 8 | 20 | 13 | 34 | 78 |
| 9 | 2.0 | 71 | 25 | 23 | 9 | 33 | 56 |
| 11 | 1.6 | 76 | 8 | 18 | 14 | 36 | 80 |
| 11 | 1.4 | 75 | 9 | 17 | 15 | 36 | 58 |
| 11 | 1.6 | 75 | 9 | 18 | 15 | 36 | 96 |
| 10 | 1.8 | 76 | 8 | 20 | 14 | 35 | 73 |

8—2 续表 4

| 国家（或地区） | 年中总人口（千人） 1992 | 2000 | 2025 | 年增长率（%） | 粗出生率（‰） |
|---|---|---|---|---|---|
| 德国 | 80 253 | 82 583 | 83 877 | 0.5 | 11 |
| 列支敦士登 | 28 | 28 | 28 | 0.8 | .. |
| 卢森堡 | 378 | 400 | 428 | 0.4 | 12 |
| 摩纳哥 | 28 | 28 | 30 | 0.4 | .. |
| 荷兰 | 15 158 | 16 073 | 17 673 | 0.6 | 13 |
| 瑞士 | 6 813 | 7 156 | 7 702 | 0.7 | 12 |
| **四、拉丁美洲** | **457 661** | **522 962** | **701 557** | **2.0** | **28** |
| **1.加勒比** | **34 592** | **38 364** | **50 375** | **1.4** | **25** |
| 安圭拉 | 8 | 8 | 10 | 1.4 | .. |
| 安提瓜和巴布达 | 66 | 70 | 87 | 0.7 | .. |
| 阿鲁巴 | 62 | 63 | 75 | 0.1 | .. |
| 巴哈马 | 264 | 295 | 361 | 1.8 | 21 |
| 巴巴多斯 | 259 | 268 | 305 | 0.4 | 16 |
| 不列颠维尔京群岛 | 17 | 21 | 32 | 3.2 | .. |
| 开曼群岛 | 29 | 40 | 67 | 4.7 | .. |
| 古巴 | 10 811 | 11 504 | 12 993 | 1.0 | 18 |
| 多米尼加 | 72 | 71 | 82 | −0.4 | .. |
| 多米尼加共和国 | 7 471 | 8 621 | 11 447 | 2.2 | 31 |
| 格林纳达 | 91 | 94 | 113 | 0.2 | .. |
| 瓜德罗普 | 400 | 437 | 513 | 1.9 | 20 |
| 海地 | 6 755 | 7 959 | 13 128 | 2.0 | 36 |
| 牙买加 | 2 469 | 2 677 | 3 509 | 0.9 | 24 |
| 马提尼克 | 368 | 391 | 443 | 1.1 | 18 |
| 蒙特塞拉特 | 11 | 11 | 12 | −0.6 | .. |
| 荷(属)安的列斯 | 175 | 178 | 211 | 0.0 | .. |
| 波多黎各 | 3 594 | 3 853 | 4 657 | 0.9 | 19 |
| 圣基茨和尼维斯 | 42 | 41 | 47 | −0.5 | .. |
| 圣卢西亚 | 137 | 152 | 199 | 1.4 | .. |
| 圣文森特和格林纳达群岛 | 109 | 117 | 147 | 0.9 | .. |
| 特立尼达和多巴哥 | 1 265 | 1 365 | 1 779 | 1.3 | 26 |
| 特克斯和凯科斯群岛 | 13 | 17 | 27 | 4.3 | .. |
| 美国维尔京群岛 | 107 | 109 | 130 | 0.0 | .. |
| **2.中美洲** | **118 614** | **140 137** | **199 236** | **2.3** | **32** |
| 贝利塞 | 198 | 229 | 290 | 2.6 | .. |
| 哥斯达黎加 | 3 192 | 3 798 | 5 608 | 2.8 | 29 |
| 萨尔瓦多 | 5 396 | 6 425 | 9 735 | 1.8 | 35 |
| 危地马拉 | 9 745 | 12 222 | 21 668 | 2.9 | 41 |
| 洪都拉斯 | 5 462 | 6 846 | 11 510 | 3.2 | 40 |

| 1985——1990 | | | | 1990 | | | |
|---|---|---|---|---|---|---|---|
| 死亡率<br>（‰） | 总和生育率<br>（‰） | 预期寿命<br>（岁） | 婴儿死亡率<br>（‰） | 15岁及以下人口比重<br>（%） | 65岁及以上人口比重<br>（%） | 年龄中位数<br>（岁） | 城市人口比重<br>（%） |
| 12 | 1.4 | 75 | 8 | 17 | 15 | 37 | 85 |
| .. | .. | .. | .. | .. | .. | .. | 20 |
| 11 | 1.5 | 74 | 9 | 17 | 13 | 36 | 84 |
| .. | .. | .. | .. | .. | .. | .. | 100 |
| 9 | 1.6 | 77 | 9 | 18 | 13 | 34 | 89 |
| 9 | 1.5 | 77 | 7 | 17 | 15 | 37 | 62 |
| | | | | | | | |
| **7** | **3.4** | **67** | **53** | **36** | **5** | **22** | **72** |
| **8** | **3.0** | **68** | **52** | **31** | **6** | **24** | **59** |
| .. | .. | .. | .. | .. | .. | .. | .. |
| .. | .. | .. | .. | .. | .. | .. | 32 |
| .. | .. | .. | .. | .. | .. | .. | 68 |
| 5 | 2.2 | 71 | 26 | 30 | 4 | 24 | 64 |
| 9 | 1.6 | 75 | 12 | 24 | 12 | 28 | 45 |
| .. | .. | .. | .. | .. | .. | .. | .. |
| .. | .. | .. | .. | .. | .. | .. | 100 |
| 6 | 1.8 | 75 | 15 | 23 | 8 | 28 | 74 |
| .. | .. | .. | .. | .. | .. | .. | .. |
| 7 | 3.8 | 66 | 65 | 38 | 3 | 21 | 60 |
| .. | .. | .. | .. | .. | .. | .. | .. |
| 7 | 2.4 | 74 | 14 | 27 | 8 | 27 | 48 |
| 13 | 5.0 | 55 | 97 | 40 | 4 | 20 | 29 |
| 7 | 2.6 | 73 | 17 | 33 | 7 | 22 | 52 |
| 6 | 2.1 | 75 | 11 | 25 | 10 | 28 | 75 |
| .. | .. | .. | .. | .. | .. | .. | 12 |
| .. | .. | .. | .. | .. | .. | .. | .. |
| 7 | 2.2 | 74 | 14 | 28 | 9 | 27 | 74 |
| .. | .. | .. | .. | .. | .. | .. | 49 |
| .. | .. | .. | .. | .. | .. | .. | 44 |
| .. | .. | .. | .. | .. | .. | .. | 20 |
| 7 | 2.9 | 70 | 24 | 34 | 6 | 23 | 65 |
| .. | .. | .. | .. | .. | .. | .. | 51 |
| .. | .. | .. | .. | .. | .. | .. | 47 |
| | | | | | | | |
| **6** | **3.9** | **68** | **46** | **39** | **4** | **20** | **66** |
| .. | .. | .. | .. | .. | .. | .. | 51 |
| 4 | 3.4 | 75 | 16 | 36 | 4 | 22 | 47 |
| 9 | 4.5 | 62 | 59 | 44 | 4 | 18 | 44 |
| 9 | 5.8 | 62 | 59 | 45 | 3 | 17 | 39 |
| 8 | 5.5 | 64 | 68 | 45 | 3 | 17 | 44 |

8—2 续表5

| 国家（或地区） | 年中总人口（千人） 1992 | 2000 | 2025 | 年增长率（%） | 粗出生率（‰） |
|---|---|---|---|---|---|
| 墨西哥 | 88 153 | 102 555 | 137 483 | 2.2 | 30 |
| 尼加拉瓜 | 3 955 | 5 169 | 9 079 | 2.6 | 44 |
| 巴拿马 | 2 515 | 2 893 | 3 862 | 2.1 | 27 |
| **3. 南美洲** | **304 454** | **344 461** | **451 947** | **1.9** | **27** |
| 阿根廷 | 33 100 | 36 238 | 45 505 | 1.3 | 21 |
| 波利维亚 | 7 524 | 9 038 | 14 096 | 2.5 | 37 |
| 巴西 | 154 113 | 172 777 | 219 673 | 1.9 | 27 |
| 智利 | 13 600 | 15 272 | 19 774 | 1.7 | 24 |
| 哥伦比亚 | 33 424 | 37 822 | 49 359 | 1.8 | 26 |
| 厄瓜多尔 | 11 055 | 13 090 | 18 643 | 2.5 | 32 |
| 福克兰群岛(马尔维纳斯) | 2 | 2 | 2 | 0.2 | .. |
| 法属圭亚那 | 104 | 130 | 197 | 3.4 | .. |
| 圭亚那 | 808 | 883 | 1 141 | 0.1 | 27 |
| 巴拉圭 | 4 519 | 5 538 | 9 182 | 2.9 | 35 |
| 秘鲁 | 22 451 | 26 276 | 37 350 | 2.1 | 31 |
| 苏里南 | 438 | 500 | 668 | 1.9 | 28 |
| 乌拉圭 | 3 130 | 3 274 | 3 691 | 0.6 | 18 |
| 委内瑞拉 | 20 186 | 23 622 | 32 665 | 2.4 | 28 |
| **五、北美洲** | **282 651** | **305 881** | **360 511** | **1.0** | **16** |
| 百慕大 | 62 | 65 | 73 | 1.7 | .. |
| 加拿大 | 27 367 | 30 425 | 38 356 | 1.1 | 15 |
| 格陵兰 | 57 | 60 | 67 | 1.0 | .. |
| 圣皮埃尔和密克隆 | 6 | 7 | 8 | 0.8 | .. |
| 美国 | 255 159 | 275 324 | 322 007 | 0.9 | 16 |
| **六、大洋洲** | **27 530** | **30 967** | **41 342** | **1.6** | **19** |
| **1. 澳大利亚—新西兰** | **21 051** | **23 304** | **29 489** | **1.5** | **15** |
| 澳大利亚③ | 17 596 | 19 595 | 25 210 | 1.6 | 15 |
| 新西兰 | 3 455 | 3 710 | 4 279 | 0.9 | 17 |
| **2. 美拉尼西亚** | **5 467** | **6 494** | **10 176** | **2.1** | **23** |
| 斐济 | 739 | 800 | 974 | 0.8 | 26 |
| 新喀里多尼亚 | 173 | 193 | 251 | 1.6 | .. |
| 巴布亚新几内亚 | 4 056 | 4 867 | 7 770 | 2.3 | 34 |
| 所罗门群岛 | 342 | 444 | 844 | 3.4 | 39 |
| 瓦努阿图 | 157 | 191 | 338 | 2.4 | .. |

| 1985 —— 1990 | | | | 1990 | | | |
|---|---|---|---|---|---|---|---|
| 死亡率 (‰) | 总和生育率 (‰) | 预期寿命 (岁) | 婴儿死亡率 (‰) | 15岁及以下人口比重 (%) | 65岁及以上人口比重 (%) | 年龄中位数 (岁) | 城市人口比重 (%) |
| 6 | 3.6 | 69 | 41 | 38 | 4 | 20 | 73 |
| 9 | 5.5 | 62 | 71 | 48 | 3 | 16 | 60 |
| 5 | 3.1 | 72 | 23 | 35 | 5 | 22 | 53 |
| **8** | **3.3** | **66** | **57** | **35** | **5** | **23** | **75** |
| 9 | 3.0 | 71 | 32 | 30 | 9 | 28 | 86 |
| 11 | 5.0 | 59 | 98 | 41 | 4 | 19 | 51 |
| 8 | 3.2 | 65 | 63 | 35 | 5 | 23 | 75 |
| 6 | 2.7 | 72 | 18 | 31 | 6 | 25 | 85 |
| 6 | 2.9 | 68 | 40 | 35 | 4 | 22 | 70 |
| 7 | 4.1 | 65 | 63 | 39 | 4 | 20 | 56 |
| .. | .. | .. | .. | .. | .. | .. | .. |
| .. | .. | .. | .. | .. | .. | .. | 75 |
| 8 | 2.8 | 63 | 56 | 33 | 4 | 22 | 33 |
| 7 | 4.6 | 67 | 49 | 40 | 4 | 20 | 47 |
| 9 | 4.0 | 61 | 88 | 38 | 4 | 21 | 70 |
| 6 | 3.0 | 69 | 33 | 34 | 4 | 22 | 48 |
| 10 | 2.4 | 72 | 24 | 26 | 12 | 31 | 89 |
| 5 | 3.4 | 70 | 36 | 37 | 4 | 21 | 90 |
| **9** | **1.9** | **75** | **10** | **21** | **12** | **33** | **75** |
| .. | .. | .. | .. | .. | .. | .. | 100 |
| 7 | 1.7 | 77 | 7 | 21 | 11 | 33 | 77 |
| .. | .. | .. | .. | .. | .. | .. | 78 |
| .. | .. | .. | .. | .. | .. | .. | 91 |
| 9 | 1.9 | 75 | 10 | 22 | 13 | 33 | 75 |
| **8** | **2.5** | **72** | **25** | **26** | **9** | **29** | **71** |
| **7** | **1.9** | **76** | **9** | **22** | **11** | **32** | **85** |
| 7 | 1.9 | 76 | 9 | 22 | 11 | 32 | 85 |
| 8 | 2.0 | 75 | 11 | 23 | 11 | 31 | 84 |
| **10** | **4.9** | **57** | **53** | **40** | **3** | **19** | **20** |
| 5 | 3.2 | 70 | 27 | 38 | 3 | 21 | 39 |
| .. | .. | .. | .. | .. | .. | .. | 60 |
| 12 | 5.3 | 54 | 59 | 40 | 2 | 19 | 16 |
| 5 | 5.8 | 69 | 32 | 46 | 3 | 17 | 15 |
| .. | .. | .. | .. | .. | .. | .. | 18 |

8—2 续表 6

| 国 家 (或 地 区) | 年中总人口(千人) | | | 年增长率(%) | 粗出生率(‰) |
|---|---|---|---|---|---|
| | 1992 | 2000 | 2025 | | |
| **3. 密克罗尼西亚** | **448** | **543** | **885** | **3.6** | **33** |
| 关 岛 | 139 | 156 | 204 | 2.1 | 24 |
| 基里巴斯 | 74 | 88 | 132 | 2.0 | .. |
| 马歇尔群岛 | 49 | 65 | 128 | 3.6 | .. |
| 密克罗尼西亚联邦国家 | 110 | 145 | 285 | 3.4 | .. |
| 淄 鲁 | 10 | 12 | 18 | 2.6 | .. |
| 北马里安纳群岛 | 47 | 53 | 80 | 16.1 | .. |
| 太平洋群岛(帕劳) | 16 | 19 | 28 | 1.9 | .. |
| 威 克 岛 | 4 | 5 | 10 | 3.6 | .. |
| **4. 玻利尼西亚** | **563** | **626** | **792** | **1.4** | **30** |
| 美属萨摩亚 | 50 | 62 | 83 | 3.7 | .. |
| 库克群岛 | 17 | 17 | 19 | －0.4 | .. |
| 法属波利尼西亚 | 207 | 245 | 350 | 2.6 | 30 |
| 纽 埃 | 2 | 1 | 1 | －5.2 | .. |
| 萨 摩 亚 | 158 | 162 | 177 | 0.1 | .. |
| 汤 加 | 97 | 103 | 117 | 0.5 | .. |
| 图 瓦 卢 | 12 | 15 | 20 | 4.1 | .. |
| 瓦利斯和富图纳岛 | 14 | 15 | 19 | 1.3 | .. |
| 玻利尼西亚其它部分④ | 5 | 5 | 7 | 0.5 | .. |
| **七、苏联(前)⑤** | **284 528** | **296 962** | **344 457** | **0.8** | **19** |
| 亚美尼亚 | 3 489 | .. | .. | 0.0 | 23 |
| 阿塞拜疆 | 7 283 | .. | .. | 1.4 | 27 |
| 白俄罗斯 | 10 295 | .. | .. | 0.6 | 16 |
| 格鲁吉亚 | 5 471 | .. | .. | 0.9 | 18 |
| 哈 萨 克 | 17 048 | .. | .. | 1.0 | 24 |
| 吉尔吉斯坦 | 4 518 | .. | .. | 1.8 | 31 |
| 摩尔达维亚 | 4 362 | .. | .. | 1.0 | 21 |
| 俄罗斯联邦 | 149 003 | .. | .. | 0.6 | 16 |
| 塔吉克斯坦 | 5 587 | .. | .. | 3.0 | 40 |
| 土 库 曼 | 3 861 | .. | .. | 2.5 | 36 |
| 乌 克 兰 | 52 158 | .. | .. | 0.4 | 14 |
| 乌兹别克斯坦 | 21 453 | .. | .. | 2.4 | 36 |

| 1985—1990 | | | | 1990 | | | |
| --- | --- | --- | --- | --- | --- | --- | --- |
| 死亡率（‰） | 总和生育率（‰） | 预期寿命（岁） | 婴儿死亡率（‰） | 15岁及以下人口比重（%） | 65岁及以上人口比重（%） | 年龄中位数（岁） | 城市人口比重（%） |
| 7 | 4.7 | 65 | 45 | 39 | 4 | 20 | 47 |
| 4 | 2.8 | 75 | 10 | 32 | 4 | 25 | 53 |
| .. | .. | .. | .. | .. | .. | .. | 36 |
| .. | .. | .. | .. | .. | .. | .. | .. |
| .. | .. | .. | .. | .. | .. | .. | .. |
| .. | .. | .. | .. | .. | .. | .. | .. |
| .. | .. | .. | .. | .. | .. | .. | .. |
| .. | .. | .. | .. | .. | .. | .. | .. |
| .. | .. | .. | .. | .. | .. | .. | .. |
| 5 | 4.5 | 69 | 28 | 41 | 4 | 19 | 43 |
| .. | .. | .. | .. | .. | .. | .. | 47 |
| .. | .. | .. | .. | .. | .. | .. | 25 |
| 6 | 3.6 | 68 | 18 | 35 | 3 | 22 | 65 |
| .. | .. | .. | .. | .. | .. | .. | 23 |
| .. | .. | .. | .. | .. | .. | .. | 22 |
| .. | .. | .. | .. | .. | .. | .. | 35 |
| .. | .. | .. | .. | .. | .. | .. | .. |
| .. | .. | .. | .. | .. | .. | .. | .. |
| .. | .. | .. | .. | .. | .. | .. | .. |
| 10 | 2.4 | 69 | 24 | 26 | 9 | 31 | 66 |
| 6 | 2.6 | 71 | 23 | 30 | 6 | 27 | 68 |
| 7 | 2.8 | 70 | 28 | 33 | 5 | 24 | 54 |
| 10 | 2.0 | 72 | 13 | 23 | 11 | 33 | 67 |
| 9 | 2.3 | 72 | 22 | 25 | 9 | 31 | 56 |
| 8 | 3.0 | 69 | 28 | 32 | 6 | 26 | 57 |
| 7 | 4.0 | 68 | 36 | 38 | 5 | 22 | 38 |
| 10 | 2.6 | 68 | 24 | 28 | 8 | 30 | 47 |
| 11 | 2.1 | 70 | 19 | 23 | 10 | 33 | 74 |
| 7 | 5.4 | 70 | 46 | 43 | 4 | 18 | 32 |
| 8 | 4.6 | 65 | 54 | 41 | 4 | 20 | 45 |
| 12 | 2.0 | 71 | 14 | 21 | 12 | 35 | 67 |
| 7 | 4.4 | 69 | 43 | 41 | 4 | 19 | 41 |

附图　全国及各省、自治区、直辖市1990年人口普查人口年龄结构图

## 全　国

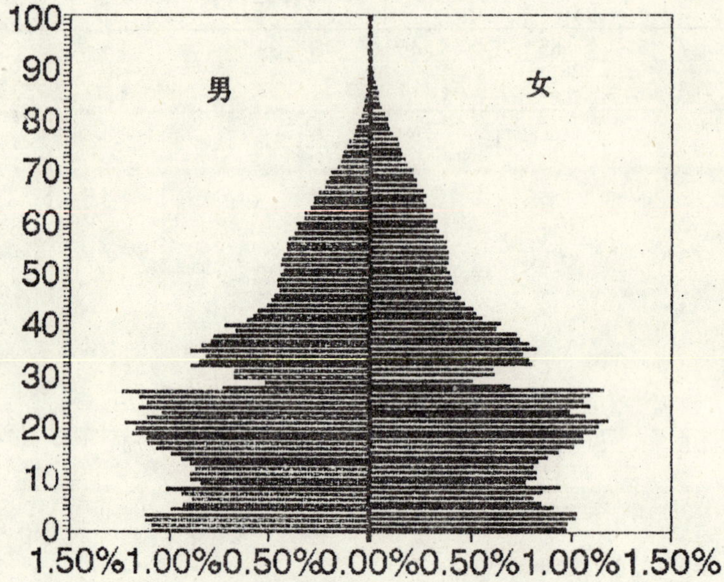


北　京　市

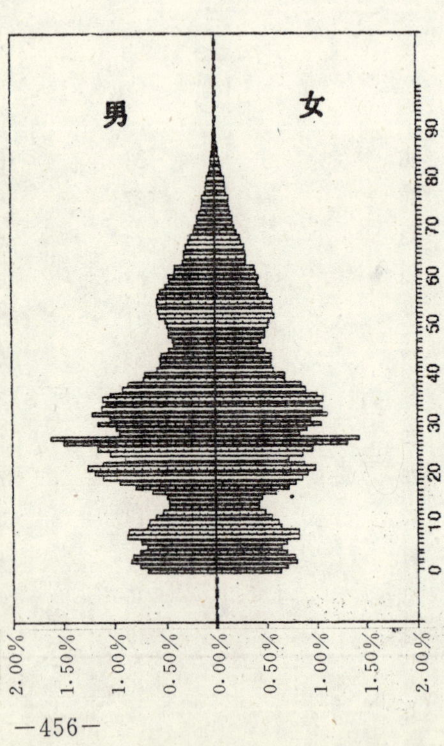


天　津　市

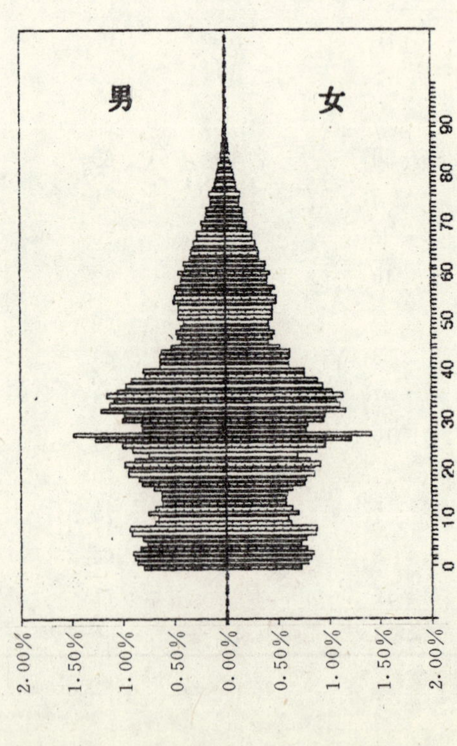

河　北　省

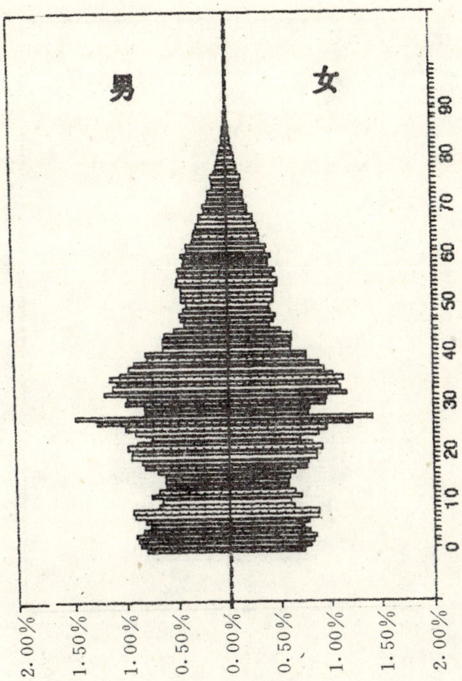


山　西　省

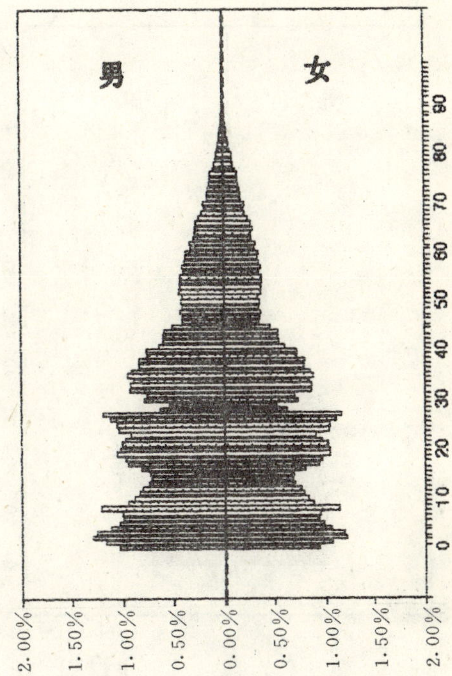


内蒙古自治区

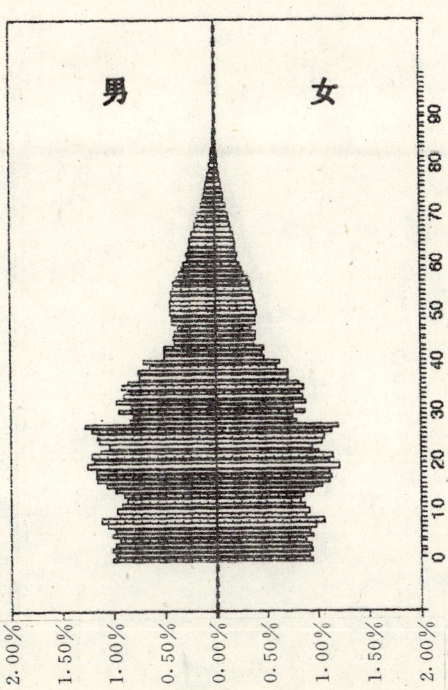


辽　宁　省

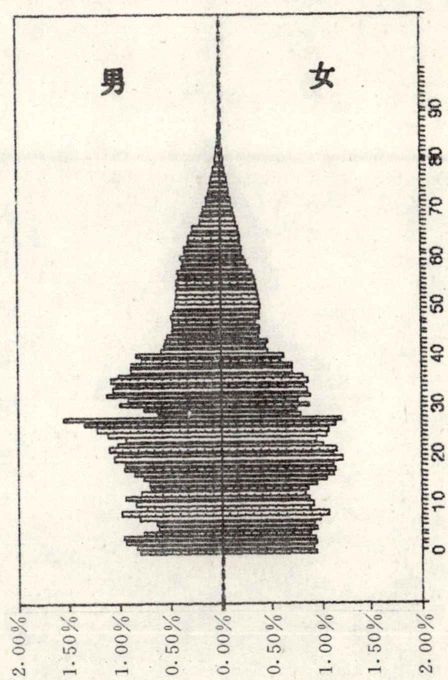

吉林省

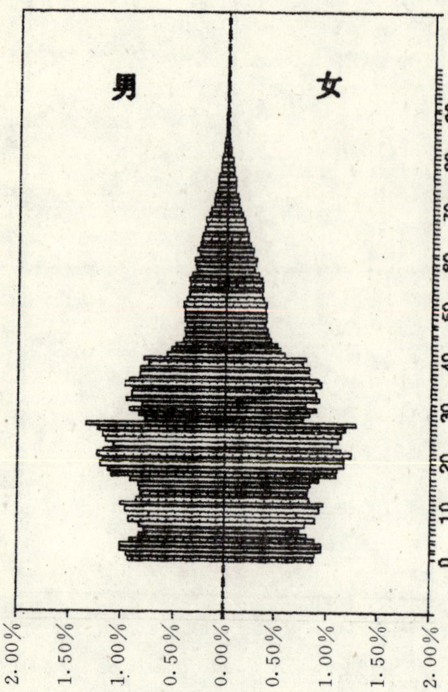


黑龙江省

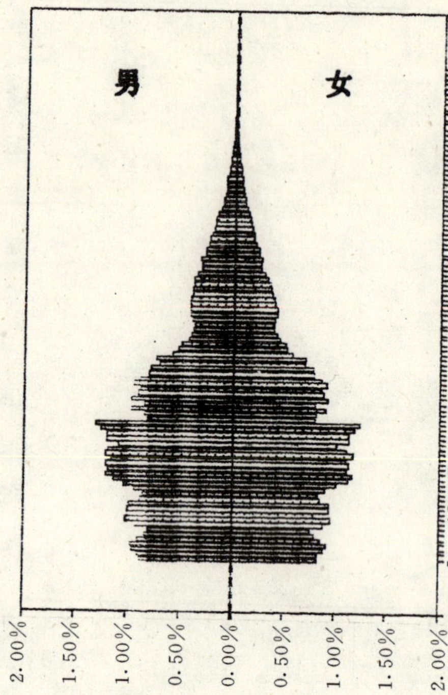


上海市

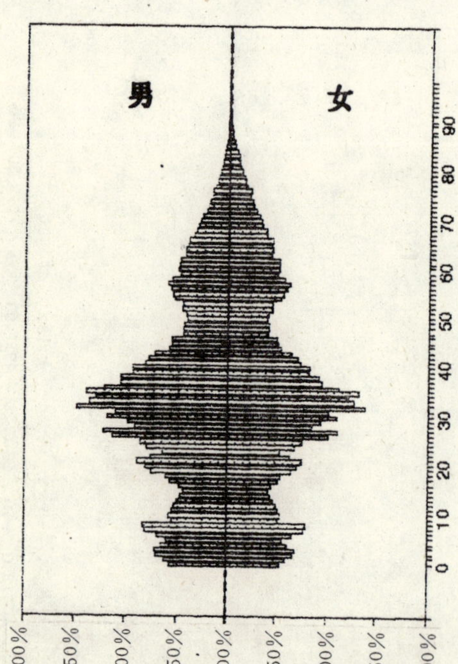


江苏省

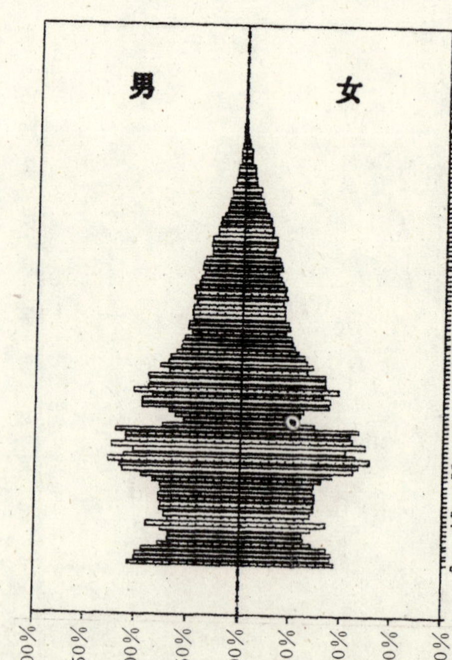

**浙　　江　　省**

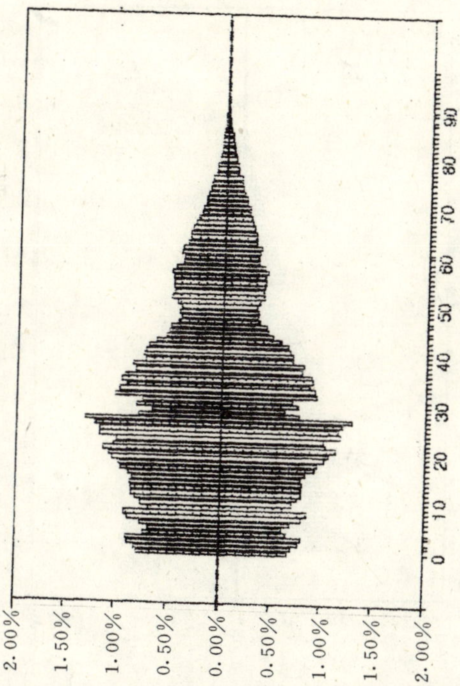


**安　　徽　　省**

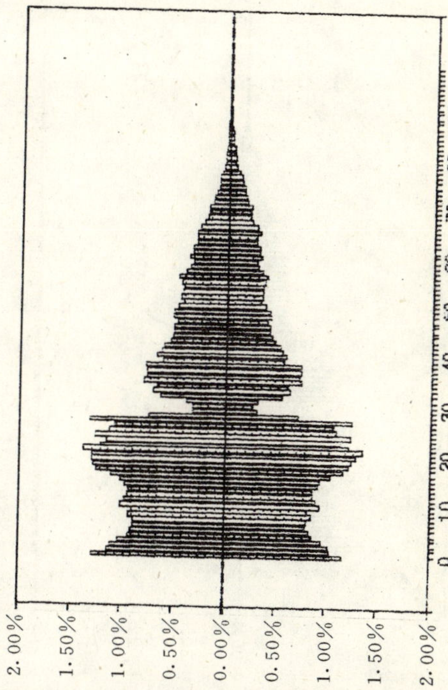


**福　　建　　省**

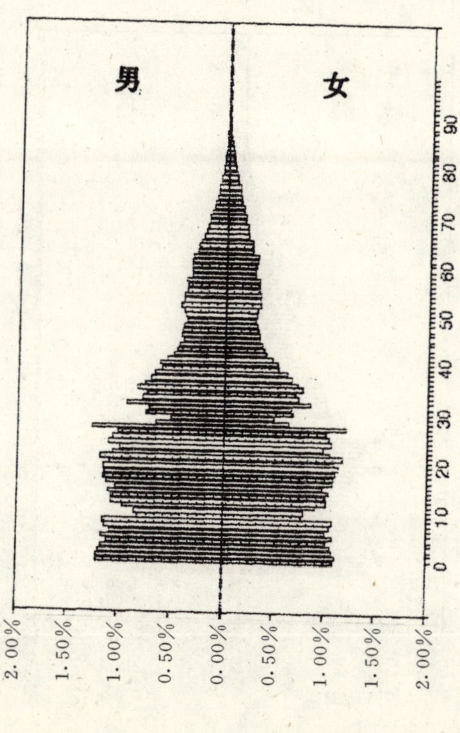


**江　　西　　省**

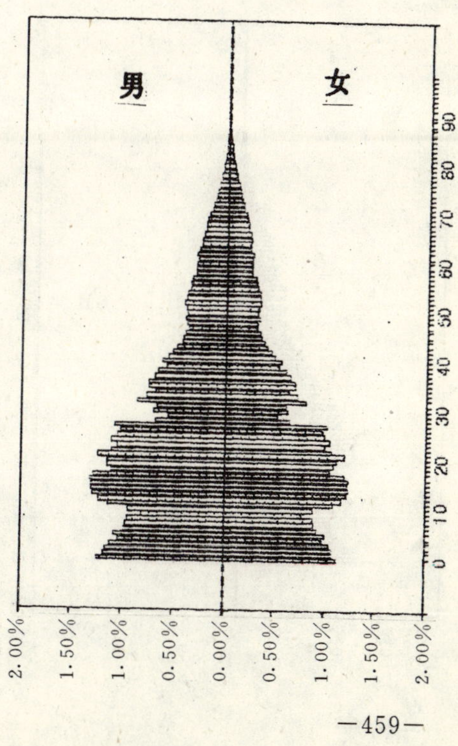

山　东　省

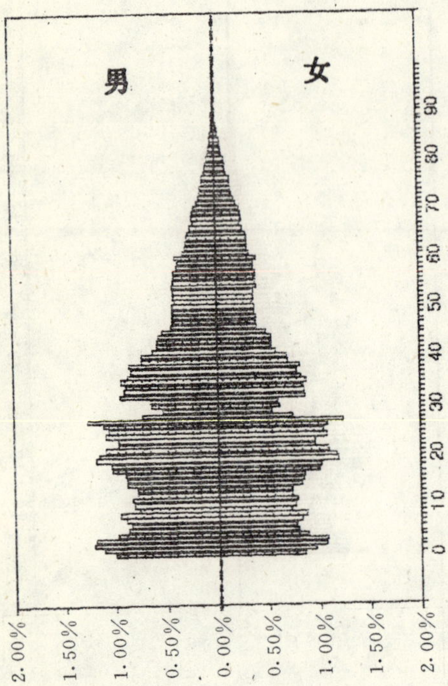


河　南　省

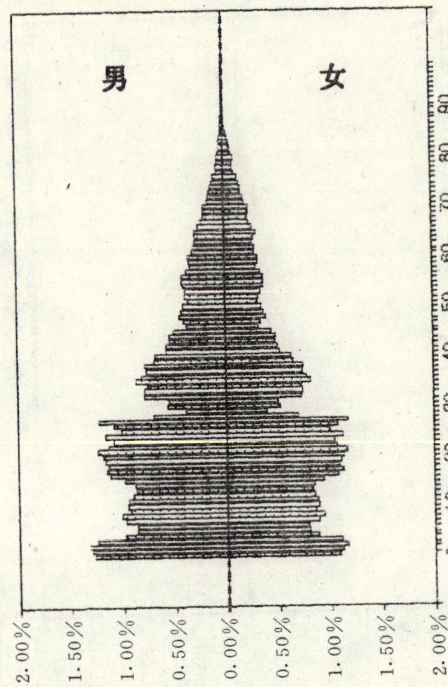


湖　北　省

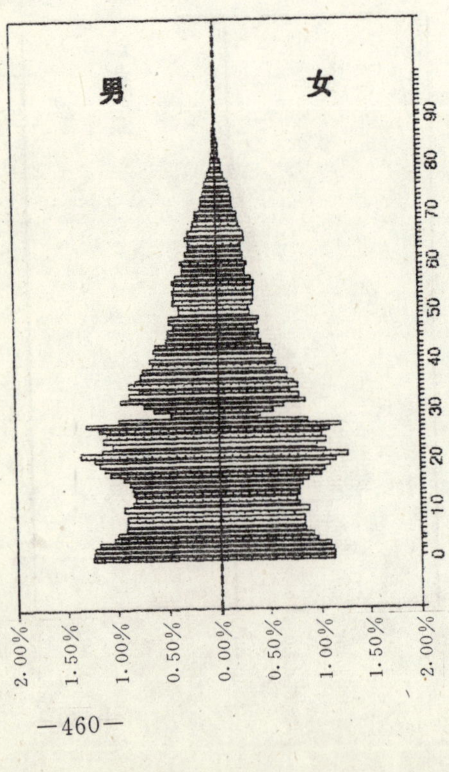


湖　南　省

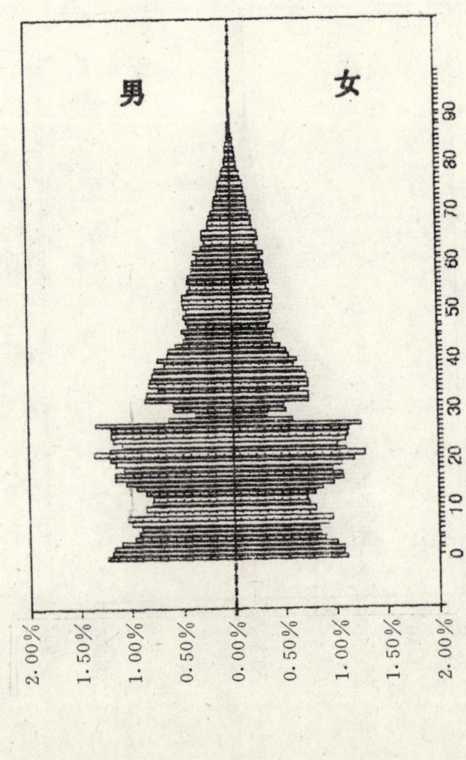

广　　东　　省

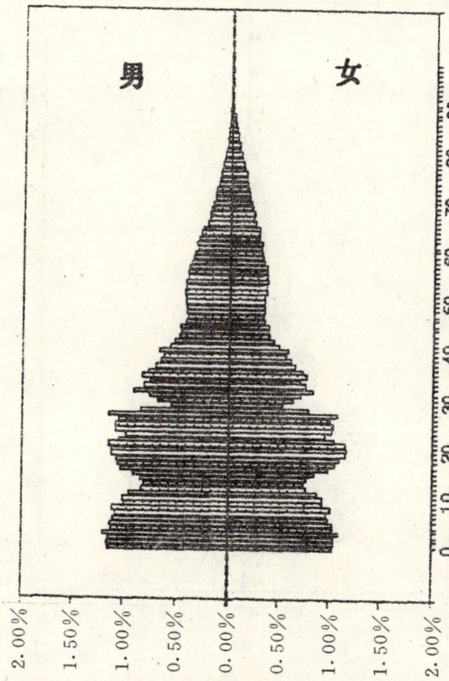


广西壮族自治区

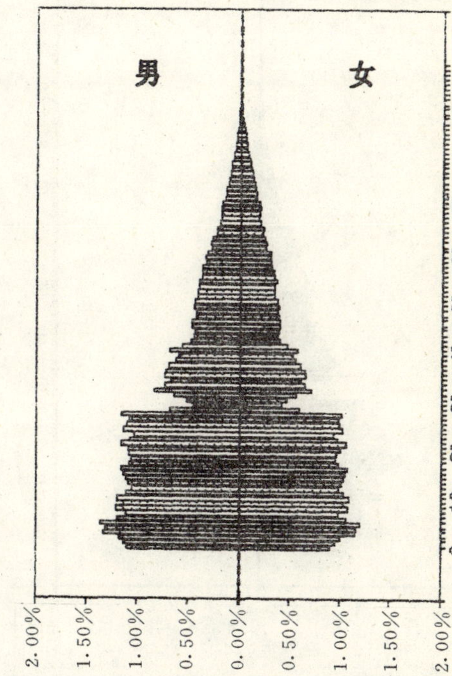


海　　南　　省

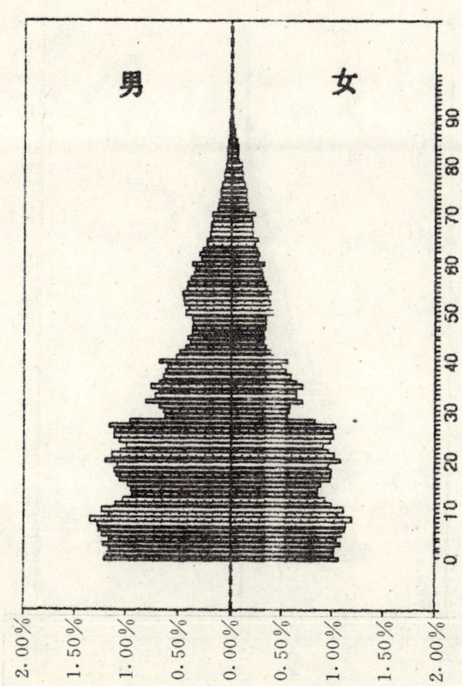


四　　川　　省

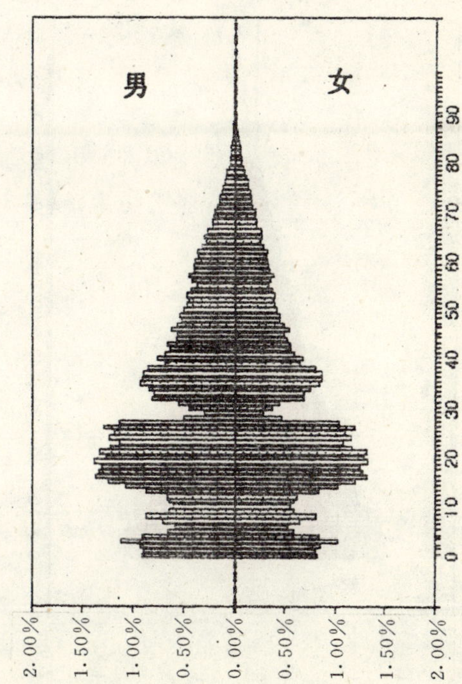

贵 州 省

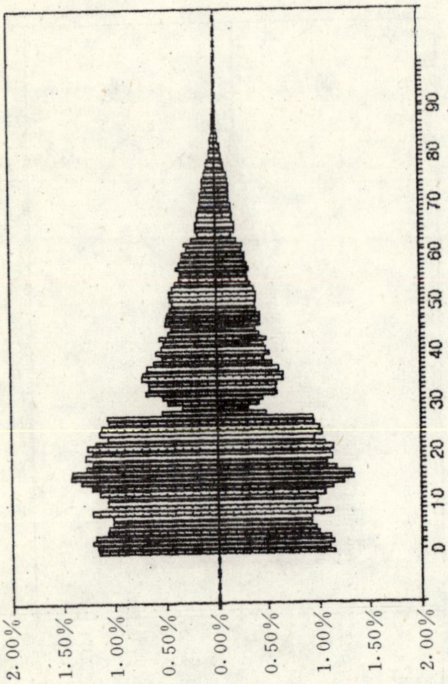


云 南 省

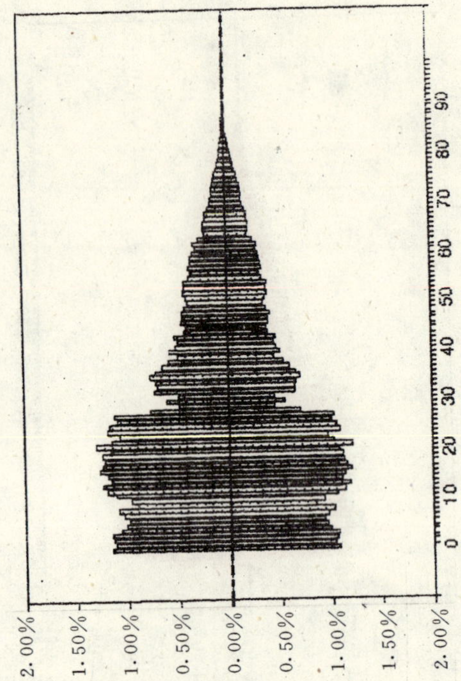


西藏自治区

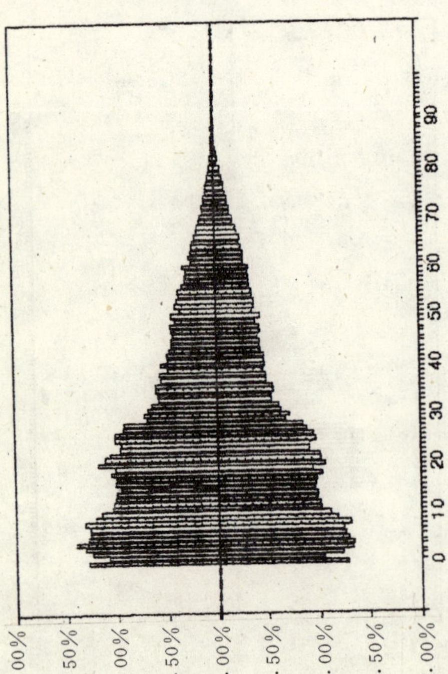


陕 西 省

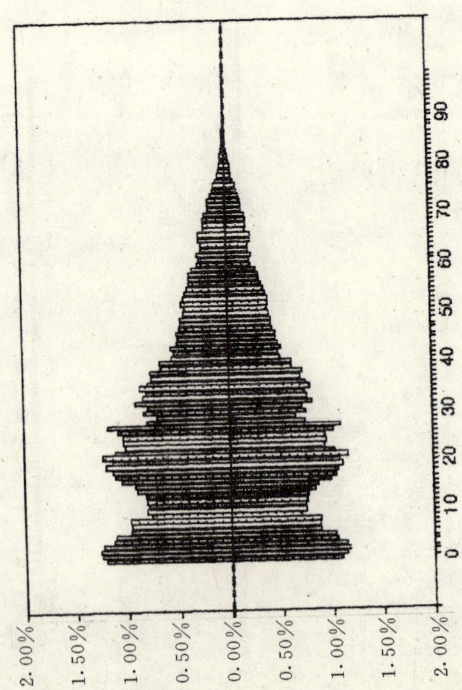

## 甘　　肃　　省

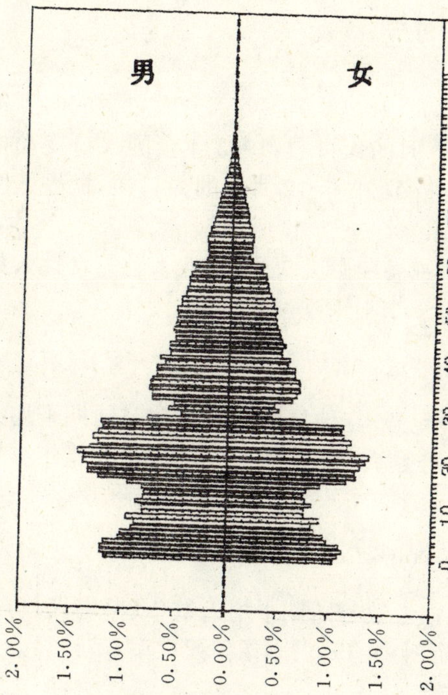


## 青　　海　　省

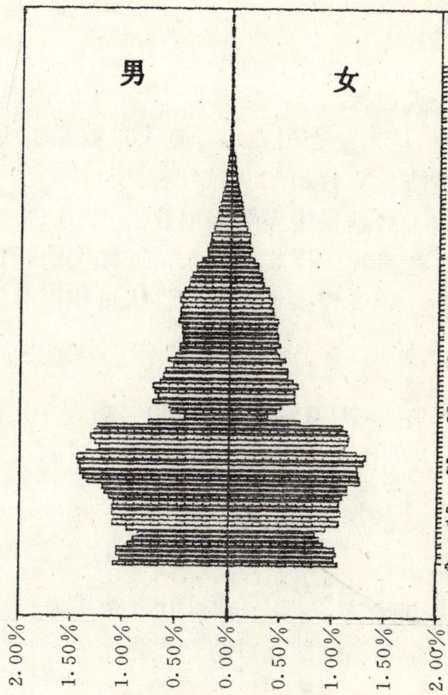


## 宁夏回族自治区

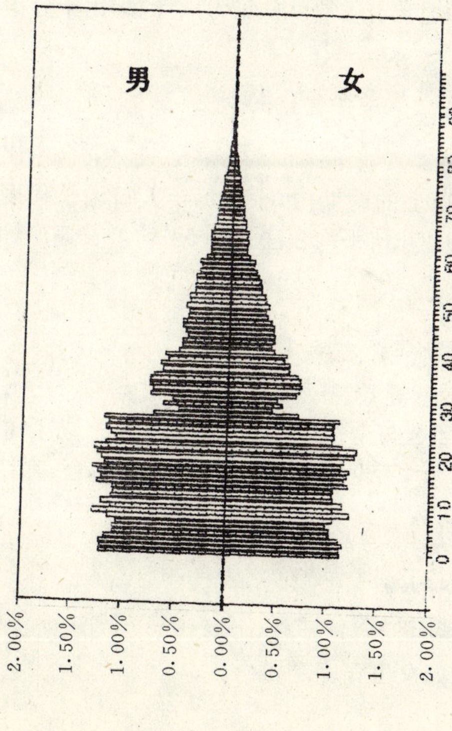


## 新疆维吾尔自治区

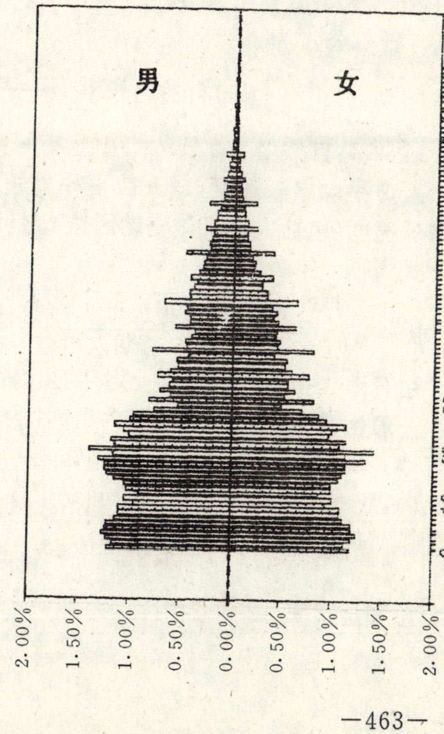

# 主要统计指标解释

**人口数** 指一定时点、一定地区范围内有生命的个人的总和。本年鉴各部分人口数的时点不一致，第四次全国人口普查人口数是指 1990 年 7 月 1 日 0 时的人口数，1992 年全国人口变动抽样调查推算数和 1992 年度公安、计划生育、民政统计数是指 1992 年 12 月底的人口数，世界主要国家人口数是指当年年中数。

**性别比** 反映两性人口间比例的指标。指在总人口中或各年龄人口中，男性人数与女性人数之比。通常用每 100 个女性人口相应有多少男性人口表示。其计算公式为：

$$\text{性别比}=\frac{\text{男性人口}}{\text{女性人口}}\times 100\%$$

**出生率(又称粗出生率)** 指在一定时期内(通常为一年)一定地区的出生人数与同期平均人数(或期中人数)之比。它反映人口的出生水平，一般以千分数表示。本资料中的出生率指年出生率，其计算公式为：

$$\text{出生率}=\frac{\text{年出生人数}}{\text{年平均人数}}\times 1000‰$$

**死亡率** 指一定时期内(通常为一年)一定地区的死亡人数与同期平均人数(或期中人数)之比。说明该时期人口的死亡强度，一般用千分率表示。本资料中的死亡率指年死亡率，其计算公式如下：

$$\text{死亡率}=\frac{\text{年死亡人数}}{\text{年平均人数}}\times 1000‰$$

**自然增长率** 表明人口自然增长的趋势和程度(或速度)的指标。即一定时期内人口自然增长数(出生人数减死亡人数)与同期平均人数(或期中人数)之比。通常以一年为期计算，用千分率表示。计算公式为：

$$\text{人口自然增长率}=\frac{\text{全年出生人数}-\text{全年死亡人数}}{\text{年平均人数}}\times 1000‰$$

或，人口自然增长率＝人口出生率－人口死亡率

**人口平均增长速度(或人口平均增长率)** 指在两年以上的时期内，平均每年人口增长程度或增长速度(包括人口机械变动因素)。最常用的计算方法是几何平均数法。人口平均增长速度计算公式为：

$$\overline{K}=\sqrt[n]{\frac{P_n}{P_0}}-1=\sqrt[\text{年数}]{\frac{\text{报告期人口数}}{\text{基期人口数}}}-1=\text{人口平均发展速度}-1$$

**生育率** 指按一定性别一定年龄计算的每千人生育的活婴数。

**一般生育率** 指一定时期内(通常为一年)出生的活婴数与全体育龄妇女人数之比。亦称总生育率。所谓全体育龄妇女，是指 15 岁到 49 岁的全体妇女，不论是否结婚，不论是否生育，都计算在内，故一般生育率也称育龄妇女生育率。其计算公式为：

$$\text{一般生育率}=\frac{\text{一年内出生活婴数}}{\text{育龄妇女(15－49 岁)人数}}\times 1000‰$$

**总和生育率** 指一定时期(如某一年)各年龄组妇女生育率的合计数。

$$\text{总和生育率}=f_T=\sum_{15}^{49}fx=\text{各年龄组妇女生育率之和}$$

**育龄妇女**　指处于生育年龄的妇女。人口统计中一般以15－49岁为妇女生育年龄。

**婚姻状况**　指一定地区的人口中，每个人在是否婚居方面所处的状态。婚姻状况通常分为四类，即：(1)未婚(指从未结过婚)，(2)已婚(亦称有配偶或婚居)，(3)丧偶(指配偶已死亡，本人并未再婚)，(4)离婚(指已正式与配偶解除婚姻关系，本人并未再婚)。

**抚养系数(又称抚养比)**　指人口中非劳动年龄人数对劳动年龄人数之比，以百分数表示。它表明，从整个社会来看，每100名劳动年龄人口负担多少非劳动年龄人口。抚养比的计算公式为：

$$\text{抚养比}=\frac{14\text{岁及以下人数}+65\text{岁及以上人数}}{15-64\text{岁人数}}\times 100\%$$

**少年儿童抚养系数(又称少年儿童抚养比)**　指人口中少年儿童人数与劳动年龄人数之比，以百分比表示。它表明，从整个社会来看，每100名劳动年龄人口负担多少少年儿童。计算公式为：

$$\text{少年儿童抚养比}=\frac{14\text{岁及以下人数}}{15-64\text{岁人数}}\times 100\%$$

**老年抚养系数(又称老年抚养比)**　指人口中老年人数与劳动年龄人数之比，以百分比表示。它表明，从整个社会来看，每100名劳动年龄人口负担多少老年人。其计算公式为：

$$\text{老年抚养比}=\frac{65\text{岁及以上人数}}{15-64\text{岁人数}}\times 100\%$$

**非农业人口**　指城乡中常年从事第二、三产业的人口及其所抚养的那部分人口，包括吃国家定量粮的人口、集镇自理口粮常住人口、国营农场中的行政管理人员以及附属的独立核算的工业企业中常年不从事农业生产的国家职工、乡镇党政机关的在编人口。